핵심만 골라 배우는

안드로이드 스튜디오 3 & 프로그래밍

핵심만 골라 배우는
안드로이드 스튜디오 3 & 프로그래밍

1쇄 발행 2017년 8월 11일 **3쇄 발행** 2019년 10월 18일

지은이 닐 스미스
옮긴이 심재철
펴낸이 장성두
펴낸곳 주식회사 제이펍

출판신고 2009년 11월 10일 제406-2009-000087호
주소 경기도 파주시 회동길 159 3층 3-B호
전화 070-8201-9010 / **팩스** 02-6280-0405
홈페이지 www.jpub.kr / **원고투고** jeipub@gmail.c om
독자문의 readers.jpub@gmail.com / **교재문의** jeipubmarketer@gmail.com

편집팀 이종무, 이민숙, 최병찬, 이 슬, 이주원 / **소통·기획팀** 민지환·송찬수 / **회계팀** 김유미
교정·교열 장성두 / **본문디자인** 이민숙 / **표지디자인** 미디어픽스
용지 신승지류유통 / **인쇄** 해외정판사 / **제본** 광우제책사

ISBN 979-11-85890-78-4 (93000)
값 37,000원

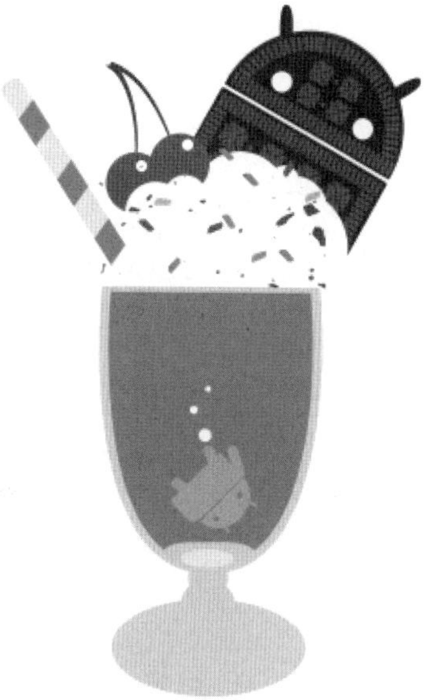

핵심만 골라 배우는

안드로이드 스튜디오 3 & 프로그래밍

닐 스미스 지음 / 심재철 옮김

Jpub 제이펍

※ 드리는 말씀

- 이 책은 《핵심만 골라 배우는 안드로이드 스튜디오 & 프로그래밍》의 최신 개정판입니다.
- 이 책에 기재된 내용을 기반으로 한 운용 결과에 대해 저/역자, 소프트웨어 개발자 및 제공자, 제이펍 출판사는 일체의 책임을 지지 않으므로 양해 바랍니다.
- 이 책에 기재한 회사명 및 제품명은 각 회사의 상표 및 등록명입니다.
- 이 책에서는 ™, ©, ® 등의 기호를 생략하고 있습니다.
- 이 책에서 사용하고 있는 실제 제품 버전은 독자의 학습 시점에 따라 책의 버전과 다를 수 있습니다.
- 이 책의 원서는 안드로이드 스튜디오 2.3과 안드로이드 7(누가) 버전으로 작성되었습니다만, 번역서는 안드로이드 스튜디오 3.0 Canary 8과 안드로이드 8.0 버전에 맞춰 업데이트하여 출간합니다.
- 제이펍의 다른 책들과는 달리 이 책은 빠른 출간을 위해 베타리딩을 진행하지 않고 출간합니다.
- 이 책에 나오는 안드로이드 스튜디오 예제 프로젝트 파일과 역자가 집필한 특별 부록 Kotlin(코틀린) 핵심 파악하기(PDF)는 다음의 사이트에서 다운로드할 수 있습니다.
  - https://github.com/Jpub/AndroidStudio3
- 책의 내용과 관련된 문의사항은 옮긴이나 출판사로 연락주시기 바랍니다.
  - 옮긴이: jcspro@hanafos.com
  - 출판사: readers.jpub@gmail.com

차례

CHAPTER 20 ConstraintLayout 예제 프로젝트 _ 209

CHAPTER 21 직접 XML 레이아웃 작성하기 _ 224

CHAPTER 22 ConstraintSet으로 ConstraintLayout 관리하기 _ 230

CHAPTER 23 안드로이드 ConstraintSet 예제 프로젝트 _ 238

CHAPTER 24 안드로이드 이벤트 처리 개요 _ 247

CHAPTER **51** 안드로이드 7의 알림 개요 _ 537

CHAPTER **52** 안드로이드 7 알림의 직접 응답 구현 _ 550

CHAPTER **53** 안드로이드 스튜디오에서 Firebase 사용하기 _ 559

CHAPTER **54** Firebase 원격 알림 사용하기 _ 567

CHAPTER 55 안드로이드 7의 다중 창 지원 개요 _ 575

CHAPTER 56 다중 창 예제 프로젝트 _ 585

CHAPTER 57 안드로이드 SQLite 데이터베이스 개요 _ 593

CHAPTER 58 TableLayout과 TableRow 개요 _ 603

CHAPTER 67 안드로이드 오디오 녹음과 재생하기 _ 693

CHAPTER 68 구글 맵 API 사용하기 _ 707

CHAPTER 69 안드로이드 인쇄 프레임워크 사용하기 _ 727

CHAPTER 70 HTML과 웹 콘텐트 인쇄 예제 프로젝트 _ 738

※ 부록 A, B는 독자들의 이해를 위해 옮긴이가 작성한 특별 부록입니다. 아래의 사이트에서 예제 프로젝트 파일과 함께 무료로 다운로드받으실 수 있습니다. URL *https://github.com/Jpub/AndroidStudio3*

옮긴이 머리말

"정성과 최선을 다했습니다."

한마디로 요약해서 독자 여러분께 드리고 싶은 제 진심의 표현입니다. 용어 하나하나, 내용 모두에 걸쳐 심사숙고하였으며, 실습용 프로젝트 코드의 작성 및 수정과 테스트를 병행하여 이 책을 완성하였습니다.

이 책에서는 안드로이드 스튜디오를 사용해서 안드로이드 애플리케이션을 개발하는 데 필요한 핵심적인 내용을 알려줍니다. 즉, 안드로이드 스튜디오를 사용하는 데 꼭 필요한 내용은 물론이고, 안드로이드 애플리케이션 개발에 반드시 알아야 할 내용도 골고루 가르쳐줍니다. 그리고 이 모든 것을 안드로이드 스튜디오의 실습 프로젝트로 구성하여 독자 여러분이 직접 만들어 체험하면서 쉽게 배울 수 있도록 구성되었습니다. 또한, 안드로이드 프로그래밍 기법과 안드로이드 스튜디오의 최신 기능을 반영하고 있습니다.

따라서 안드로이드 스튜디오를 사용해서 안드로이드 애플리케이션 개발을 배우고 시작하려는 분들께 적극 권하고 싶은 책입니다. 또한, 안드로이드 스튜디오를 빠른 시간 내에 파악하고 싶은 기존 개발자 분들께도 권하고 싶습니다.

이 책을 번역하면서 다음과 같은 부분에 중점을 두었습니다.

1. 모든 내용을 안드로이드 스튜디오 3 최신 버전에 맞춰 수정하고 보충하였습니다.
2. 용어 선정에 신중을 기하고 독자 여러분의 이해를 돕는 데 필요한 설명을 많이 추가하였습니다.
3. 책의 각종 프로젝트를 독자 여러분이 만들면서 실습하는 데 도움이 될 수 있도록 결함을 수정하고 미비한 점을 보완하였습니다.

이 책은 더욱 강력해진 안드로이드 스튜디오 3를 기준으로 만든 최신 안드로이드 도서입니다. 독자 여러분께 도움이 될 수 있는 책을 만들어야 한다는 집념이 있었기에 가능했던 것 같습니다. 이 책을 출간하는 데 아낌없는 배려와 수고를 해주신 제이펍 출판사의 장성두 사장님과 이민숙 과장님께 진심으로 감사드립니다.

2017년 7월

옮긴이 **심재철** 드림

개요

이 책은 최신 버전의 안드로이드 스튜디오(Android Studio)와 안드로이드 SDK(Software Development Kit)를 사용해서 안드로이드 애플리케이션(application, 줄여서 app)을 개발하는 데 필요한 기법을 가르쳐 준다. 안드로이드 스튜디오는 안드로이드 애플리케이션을 개발할 때 사용하는 **통합 개발 환경**(IDE, Integrated Development Environment)이다.

우선은 안드로이드 애플리케이션을 개발하고 테스트하는 환경을 구축하는 데 필요한 내용을 설명한다. 그리고 안드로이드 스튜디오의 주요 기능과 사용법을 살펴본다. 예를 들어, 각종 도구 창, 코드 편집기, 레이아웃 편집기와 같은 것들이다. 또한, 인스턴트 런(Instant Run) 기능과 향상된 AVD(Android Virtual Device) 에뮬레이터도 살펴본다.

그다음에 안드로이드의 아키텍처를 간략히 살펴본 후 안드로이드 스튜디오를 사용해서 애플리케이션과 사용자 인터페이스를 설계하고 만드는 방법들을 자세히 알아볼 것이다. 이때 데이터베이스, 콘텐트 제공자(content provider), 인텐트(intent)와 같은 여러 고급 주제들도 다룬다. 또한, 터치 스크린 처리, 제스처 인식, 카메라 사용, 비디오와 오디오의 재생과 녹화 방법도 설명한다. 그리고 인쇄, 애니메이션 화면 전환, 클라우드 기반 파일 스토리지도 다룬다.

이러한 보편적인 안드로이드 애플리케이션 개발 기법들 외에도 이 책에서는 구글 플레이(Google Play)와 연관된 내용들도 설명한다. 구글 맵(Google Map) API를 사용한 지도 구현이라든지, 구글 플레이 개발자 콘솔에 우리가 만든 애플리케이션을 게시하고 인앱 결제(in-app billing)를 하는 방법 등이다.

또한, 애플리케이션 프로젝트 파일들을 구성 및 관리하고 빌드(build)하기 위해 안드로이드 스튜디오에서 플러그인하여 사용하는 자동화 프로젝트 시스템(도구)인 그래들(Gradle)에 대해서도 살펴본다.

그리고 안드로이드 버전 5(롤리팝)에 소개된 머티리얼(material) 디자인의 개념과 안드로이드 버전 6(마시멜로)에서 완벽하게 구현된 머티리얼 사용자 인터페이스도 설명한다. 즉, 플로팅 액션 버튼(floating action button), 스낵바(Snackbar), 탭 인터페이스(tabbed interface), 카드 뷰(card view), 내비게이션 드로어(navigation drawers), 컬랩싱 툴바(collapsing toolbar) 등이다. 또한, 변경된 퍼미션 메커니즘과 지문 인식 구현 방법도 알아본다.

더불어 안드로이드 스튜디오 최신 버전에서 새롭게 변경된 레이아웃 편집기의 기능과 사용법을 알려주며, 안드로이드 버전 7(누가)에 새로 추가된 ConstraintLayout 클래스, 직접 응답 알림(direct reply notifications), Firebase 서비스, 다중 창 지원(multi-window support) 기능의 개념과 구현 방법도 배운다.

이 책에서는 여러분이 자바(Java) 프로그래밍을 해본 경험이 있다고 간주하므로 자바 언어에 관한 언급은 따로 하지 않을 것이다. 그리고 윈도우(Windows)나 맥(Mac) 또는 리눅스(Linux)가 실행되는 컴퓨터가 있고 안드로이드 스튜디오와 안드로이드 SDK를 다운로드 및 설치할 수 있으면 시작 준비가 된 것이다.

이 책의 모든 본문과 그림 및 프로젝트 코드는 안드로이드 스튜디오 최신 버전(3.0 이상)을 사용하여 작성되었다. 따라서 독자 여러분이 안드로이드 스튜디오를 사용한 최신 안드로이드 프로그래밍을 배우는 데 어려움이 없을 것이다.

1.1 안드로이드 스튜디오의 장점

안드로이드 스튜디오에서는 종전의 이클립스 IDE보다 훨씬 강력하고 특화된 기능을 제공한다. 그리고 앞으로 구글에서는 구글 클라우드 플랫폼(Google Cloud Platform)과 연계시켜 더욱 확장된 기능을 제공할 것이다. 중요한 것만 요약하면 다음과 같다.

- 유연성이 좋은 그래들(Gradle) 기반의 자동화 프로젝트 빌드 시스템을 사용한다(이클립스에서는 Ant 사용).
- 하나의 프로젝트 코드로 여러 안드로이드 장치용 애플리케이션을 구현할 수 있다. 이 기능은 안드로이드 웨어(Android Wear)에서 특히 유용하다.

- 구글의 각종 서비스와 다양한 장치 유형을 지원하는 각종 템플릿들이 있어서 프로젝트에 필요한 기본적인 코드와 파일들을 자동으로 생성해준다.
- 그래픽 레이아웃 편집기의 기능이 강력하고 사용하기 쉬워서 사용자 인터페이스 디자인이 편리하다.
- 코드의 성능이나 버전 호환성 및 기타 문제점을 잡아내는 Lint의 기능이 강화되었다.
- 구글 클라우드 플랫폼을 자체적으로 지원하여 구글 클라우드 메시징/앱 엔진과 쉽게 통합할 수 있다.
- 우리의 코드를 사전에 분석하여 완성도를 보완해주고 리팩토링(refactoring)을 해주는 각종 분석 도구를 지원한다.

1.2 소스 코드 다운로드하기

이 책에 나오는 각종 예제의 안드로이드 스튜디오 프로젝트 파일들은 다음에서 다운로드할 수 있다.

URL *https://github.com/Jpub/AndroidStudio3*

예제 프로젝트 코드를 안드로이드 스튜디오로 로드하는 절차는 다음과 같다.

1. Welcome to Android Studio 대화상자에서 Open an existing Android Studio project를 선택하거나 안드로이드 스튜디오 메인 메뉴의 File ➡ Open...을 선택한다.
2. 프로젝트 선택 대화상자가 나오면 열려는 프로젝트 관련 파일들이 있는 서브 디렉터리(프로젝트 이름과 동일함)를 선택하고 OK를 클릭한다.
3. Sync Android SDKs 대화상자가 나오면 OK를 클릭한다(열려는 프로젝트에 지정되어 있는 안드로이드 SDK 설치 디렉터리와 현재 사용 중인 컴퓨터의 안드로이드 SDK 설치 디렉터리가 달라서 이 대화상자가 나오는 것이다. OK를 클릭하면 현재 사용 중인 컴퓨터의 안드로이드 SDK 설치 디렉터리가 프로젝트의 디폴트로 사용된다).
4. 만일 프로젝트가 로드되면서 'Android Gradle Plugin Update Required' 대화상자가 나타날 때는 반드시 Update 버튼을 클릭해야 한다(프로젝트에 포함되는 그래들 플러그인의 버전이 업데이트되어야 하기 때문이다).
5. 프로젝트가 로드된 후 아무 창도 열려 있지 않으면 Alt와 숫자 1[맥 OS X에서는 Cmd와 숫자 1] 키를 같이 눌러 프로젝트 도구 창을 연 후 필요한 파일을 편집기 창으로 로드한다.

이 책의 실습 프로젝트에서는 여러 가지의 최소 SDK 버전을 사용한다. 안드로이드 5.1(롤리팝, API 22), 안드로이드 6.0(마시멜로, API 23), 안드로이드 7.x(누가, API 24/25) 등이다. 그리고 애플리케이션으로 실행할 때는 안드로이드 8(API 26) AVD 에뮬레이터와 실제 장치(스마트폰)를 같이 사용하였다. 만일 다운로드한 프로젝트 소스를 에뮬레이터가 아닌 각자의 스마트폰이나 태블릿으로 실행하고자 할 때는 그 장치의 안드로이드 버전과 같거나 또는 낮은 버전으로 최소 SDK 버전을 변경해야 한다. 이때는 프로젝트 도구 창의 Gradle Scripts ➡ build.gradle (Module: app) 파일을 더블 클릭하여 편집기에 로드한 후, minSdkVersion 번호를 해당 안드로이드 버전의 API 레벨 번호로 수정하고 실행하면 된다(그림 1-1).

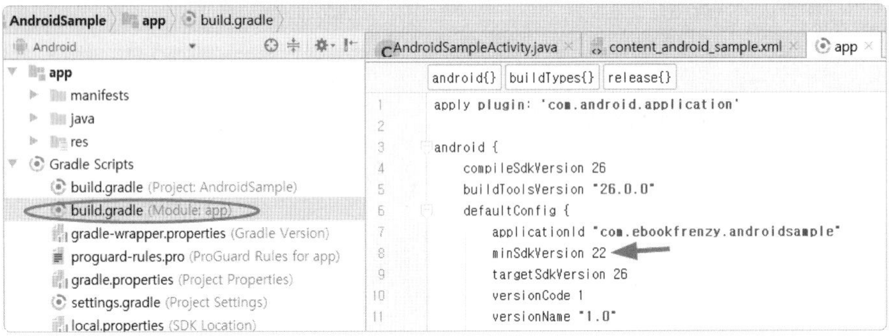

그림 1-1

1.3 단축키와 코드 표기

이 책에서는 두 개 이상의 키보드 키를 누를 때 + 기호로 나타내었다. 예를 들어, Alt 키와 Enter 키를 같이 누를 때는 Alt+Enter로 표기하였다. 또한, 단축 키는 윈도우 키[맥 OS X 키]의 형태로 표시되어 있다. 예를 들면 Alt+Enter[Option+Enter].

소스 코드의 삭제는 글자 가운데를 가로지르는 ~~취소선~~으로 표시하였으며, 추가되는 코드는 **진한 글씨**로 나타내었다.

1.4 안드로이드 스튜디오 최신 버전 사용하기

이 책의 모든 내용은 안드로이드 스튜디오 3.0 Canary 8 릴리즈를 기준으로 작성되었다. 따라서 안드로이드 스튜디오 3.0 이전 버전과는 다른 부분이 있을 수 있으므로 반드시 안드로이드 스튜디오 3.0 이상으로 실습해야 한다. 만일 이 책이 출간된 후에도 안드로이드 스튜디오 3.0 공식 버전이 발표되지 않았다면, 다음을 방문하여 프리뷰 버전을 다운로드 받자.

URL https://developer.android.com/studio/preview/index.html

그리고 별도의 설치 없이 압축을 푼 후 \bin 서브 디렉터리에 있는 studio.exe(32비트) 또는 studio64.exe(64비트)를 실행하면 안드로이드 스튜디오를 사용할 수 있다. 단, 안드로이드 SDK와 자바 JDK를 설치해야 하므로 2장에서 설명한 대로 현재의 공식 버전도 설치하기 바란다(안드로이드 스튜디오는 서로 다른 버전을 설치하고 사용해도 문제가 생기지 않는다).

1.5 독자 A/S

여러분이 만족하는 책이 되었으면 한다. 혹시 오류를 발견하거나 문의 사항이 있으면 *jcspro@hanafos.com* 혹은 *readers.jpub@gmail.com*으로 메일을 보내 주기 바란다.

1.6 오탈자

이 책의 내용에 오류가 없도록 최선의 노력을 했지만, 혹시 오탈자가 있을지도 모르겠다. 그런 경우는 제이펍(*www.jpub.kr*)의 이 책 소개 페이지에 있는 정오표 코너에서 안내하도록 하겠다.

안드로이드 스튜디오 개발 환경 구성하기

안드로이드 애플리케이션을 개발하기에 앞서 제일 먼저 할 일은 우리의 컴퓨터 시스템을 개발 플랫폼으로 구성하는 것이다. 그러기 위해서는 자바 JDK(Java Development Kit)와 안드로이드 스튜디오 IDE 및 안드로이드 SDK를 설치해야 한다. 단, 안드로이드 SDK는 안드로이드 스튜디오 패키지에 포함되어 제공되므로 별도로 다운로드할 필요는 없다.

이 장에서는 그런 소프트웨어들의 다운로드와 설치에 대해 설명한다(윈도우, 맥 OS X, 리눅스 운영체제 모두).

2.1 개발 시스템 요구 사항

안드로이드 애플리케이션 개발은 다음 중 어떤 운영체제에서도 가능하다(지원이 중단된 윈도우 XP 버전과 윈도우 비스타의 경우도 현재는 가능하지만 앞으로는 사용하지 않는 것이 좋다).

- 윈도우 7, 8, 10(32비트 또는 64비트)
- 맥 OS X 10.8.5 이상(인텔 기반의 시스템)
- 리눅스 시스템: GNU C 라이브러리(glibc) 2.11 버전 이상

그리고 필요한 하드웨어는 다음과 같다.

- 최소 2GB의 RAM(8GB 이상 권장)
- 4.5GB 이상의 디스크 공간

2.2 자바 JDK 설치하기

안드로이드 SDK는 자바 프로그래밍 언어를 사용해서 개발되었다. 마찬가지로, 안드로이드 애플리케이션도 자바로 개발한다. 따라서 자바 JDK를 제일 먼저 설치해야 한다. 안드로이드 애플리케이션 개발 시 필요한 자바 JDK는 JDK SE(Standard Edition) 8 버전 이상이어야 한다.

> 안드로이드 스튜디오 2.2 버전부터는 OpenJDK(오라클 자바 SE JDK의 오픈 소스 버전)를 포함하고 있으며 기본으로 설정되어 있다. 그러나 오라클의 자바 SE JDK를 설치해 두는 것이 좋다. 안드로이드 스튜디오에서 사용하는 JDK의 변경에 관한 내용은 2.10절을 참조하자.

2.2.1 윈도우에서 설치하기

다음의 오라클(Oracle) 사이트에서 최신 윈도우용 JDK를 다운로드하자.

URL *http://www.oracle.com/technetwork/java/javase/downloads/index.html*

이 웹 페이지의 위에 있는 Java SE Downloads의 Java DOWNLOAD 버튼 또는 중간의 JDK DOWNLOAD 버튼을 클릭하면 다운로드 페이지가 나올 것이다. 거기에서 Accept License Agreement를 클릭한 후, Windows x86(32비트) 또는 Windows x64(64비트)용 exe 파일을 클릭하여 다운로드하면 된다. 그리고 다운로드된 exe를 실행시켜 설치하자(설치할 위치만 지정하면 되므로 간단하다).

설치가 끝나면 다음과 같은 절차로 Path와 JAVA_HOME 두 개의 환경 변수를 지정한다(윈도우 7).

1. 시작 메뉴의 **컴퓨터**에서 오른쪽 마우스 버튼을 클릭한 후 속성을 선택한다.
2. 시스템 창에서 **고급 시스템 설정** 클릭 ➡ **고급** 탭 선택 ➡ **환경 변수** 버튼을 누른다.
3. 환경 변수 대화상자에서 시스템 변수의 **새로 만들기** 버튼을 누른다. 변수 이름은 JAVA_HOME으로 입력하고(모두 대문자임에 유의), 변수 값은 JDK가 설치된 디렉터리를 입력한 후 확인 버튼을 누른다.

예를 들어, JDK가 C:\Program Files\Java\jdk1.8.0_131에 설치되었다면 다음을 입력한다.

```
C:₩Program Files₩Java₩jdk1.8.0_131
```

만일 **JAVA_HOME** 변수가 이미 있다면 편집 버튼을 누르고 변수 값만 변경한다.

4. 그다음에는 시스템 변수의 Path 변수를 찾고 **편집** 버튼을 누른다. 문자열의 맨 끝에 다음을 추가한다.

```
;%JAVA_HOME%₩bin
```

이때 문자열의 맨 끝에 세미콜론(;)이 없다면 이처럼 제일 앞에 세미콜론(;)을 붙여야 한다.

5. 각 대화상자에서 **확인** 버튼을 눌러 속성 창을 닫는다.

윈도우 8.1에서는 다음과 같이 환경 변수를 지정한다.

1. 시작 화면에서 화면의 오른쪽 아래 모서리로 마우스 커서를 이동한 후, **메뉴**의 **검색**(Search)을 선택하고 **제어판**(Control Panel)을 입력한다. 검색 결과에서 제어판 아이콘이 나타나면 클릭한다.
2. 제어판 창이 열리면 오른쪽 위의 **범주**(Category)를 **큰 아이콘**(Large Icons)으로 선택한다. 그리고 아이콘 목록에서 **시스템**(System)을 선택한다.
3. 앞의 윈도우 7에서 설명한 2번부터 5번까지를 똑같이 수행한다.

윈도우 10에서는 다음과 같이 환경 변수를 지정한다.

1. 바탕 화면에서 **시작** 버튼을 클릭하고 메뉴의 **설정**을 선택한다.
2. **시스템** 버튼을 클릭하고 왼쪽 제일 밑의 **정보**를 클릭한다.
3. 앞의 윈도우 7에서 설명한 2번부터 5번까지를 똑같이 수행한다.

2.2.2 맥 OS X에서 설치하기

맥 OS X 최신 버전에는 기본적으로 자바가 설치되어 있지 않다. 자바의 설치 유무를 확인하기 위해 터미널 창(terminal window)을 열고 다음 명령을 실행해보자.

```
java -version
```

혹시 이전에 자바를 설치한 적이 있다면 자바 버전을 보여주는 내용이 터미널 창에 나타날 것이다. 그러나 자바가 설치되지 않은 경우는 오라클 자바 웹 페이지를 보여주는 More Info 버튼이 있는 대화상자와 함께 다음 메시지가 나타난다.

```
No Java runtime present, requesting install
```

오라클 자바 웹 페이지에 접속하여 맥 OS X용 자바 SE 8을 다운로드하자. 그리고 다운로드된 디스크 이미지(.dmg 파일)를 열고 아이콘을 더블 클릭하여 자바 패키지를 설치한다(그림 2-1 참조).

그림 2-1

Java for OS X 인스톨러 창이 나타나고 JDK 설치가 진행될 것이다. 그리고 설치가 완료되면 터미널 창에서 다음 명령을 실행하자. 앞에서처럼 자바 버전 정보가 터미널 창에 나올 것이다.

```
java -version
```

2.3 리눅스에서 설치하기

만일 우분투(Ubuntu) 64비트 버전이 실행 중인 시스템이라면 다음과 같이 32비트 라이브러리 지원 패키지를 먼저 설치해야 한다.

```
sudo apt-get install lib32stdc++6
```

그리고 윈도우 시스템에서처럼 다음의 오라클 웹사이트에서 리눅스용 자바 JDK 패키지를 다운로드하자.

URL *http://www.oracle.com/technetwork/java/javase/downloads/index.html*

리눅스 JDK 패키지는 두 가지 형태로 제공된다. 레드햇 엔터프라이즈(Red Hat Enterprise) 리눅스, 페도라(Fedora), 센트OS(CentOS) 등의 레드햇 기반 리눅스 시스템에 설치하기 위한 RPM 포맷과 우분투와 같은 다른 리눅스 시스템을 위한 tar 포맷이다.

레드햇 기반 리눅스 시스템에서는 .rpm JDK 파일을 다운로드한 후에 터미널 창에서 rpm 명령을 사용하여 설치한다. 예를 들어, 다운로드한 JDK 파일의 이름이 jdk-8u131-linux-x64.rpm이라면 설치하는 명령은 다음과 같다.

```
su
rpm -ihv jdk-8u131-linux-x64.rpm
```

tar 압축 패키지를 사용해서 설치할 때는 다음과 같이 하면 된다.

1. JDK를 설치할 디렉터리를 생성한다. 예를 들어, 여기서는 /home/demo/java로 할 것이다.
2. 오라클 웹사이트에서 각자 시스템에 적합한 tar.gz 패키지를 다운로드한다.
3. 1번의 디렉터리로 이동한 후 다음 명령을 실행한다. 여기서 <jdk-file>은 다운로드된 JDK 파일명으로 대체하면 된다.

   ```
   tar xvfz <jdk-file>.tar.gz
   ```

4. 다운로드된 tar.gz 파일을 삭제한다.
5. JDK가 설치된 디렉터리 밑에 있는 bin 디렉터리 경로를 $PATH 변수에 추가한다. 만일 JDK를 설치한 디렉터리가 /home/demo/java/jdk1.8.0_131이면 다음 내용을 $PATH 환경 변수에 추가하면 된다.

   ```
   /home/demo/java/jdk1.8.0_131/bin
   ```

   이 경우 우리 홈 디렉터리의 .bashrc 파일에 하나의 명령을 추가하는 것이 일반적이다. 예를 들어, 우리 홈 디렉터리로 이동한 후 거기에 있는 .bashrc 파일의 맨 끝에 다음 라인을 추가하고 저장한다.

```
export PATH=/home/demo/java/jdk1.8.0_131/bin:$PATH
```

이렇게 변경한 후에는 새로이 터미널 창을 열어 bash 셸(shell)을 사용할 때마다 JDK의 경로가 $PATH 환경 변수에 포함될 것이다. 따라서 자바 컴파일러(javac)와 그 외의 각종 도구를 쉽게 사용할 수 있다.

2.4 안드로이드 스튜디오 패키지 다운로드하기

대부분의 안드로이드 애플리케이션 개발 작업은 안드로이드 스튜디오 환경에서 이루어진다. 안드로이드 스튜디오는 다음 웹 페이지에서 다운로드할 수 있다.

URL *http://developer.android.com/sdk/index.html*

페이지 중앙의 ANDROID STUDIO 다운로드 버튼을 누르면 접속한 컴퓨터의 운영체제에 맞는 최신 버전의 안드로이드 스튜디오 다운로드가 시작된다. 그리고 그다음 화면에서 '본인은 상기 사용 약관을 읽었으며 이에 동의합니다.'를 체크하고 ANDROID STUDIO 다운로드 버튼을 누르면 다운로드가 시작된다(파일 다운로드 대화상자가 나오는 경우는 저장 버튼을 누르고 저장할 위치를 지정하면 된다).

2.5 안드로이드 스튜디오 설치하기

다운로드된 패키지에는 안드로이드 스튜디오와 안드로이드 SDK 및 플러그인 모두가 포함되어 있어서 이것을 안드로이드 스튜디오 번들(bundle)이라고 한다. 따라서 다운로드된 패키지를 설치하면 한 번에 모두 설치되어 안드로이드 스튜디오에서 바로 애플리케이션 개발을 시작할 수 있다. 설치하는 방법은 운영체제에 따라 다르며 그 내용은 다음과 같다(최신 컴포넌트가 필요할 때 실시간으로 다운로드되므로 인터넷 접속이 가능한 상태로 설치해야 한다).

2.5.1 윈도우에서 설치하기

다운로드된 안드로이드 스튜디오 설치 파일(android-studio-bundle-<버전번호>-windows.exe)을 윈도우 탐색기 창에서 찾은 후 더블 클릭하여 실행시키면 설치가 시작된다. 설치 절차는 간단하고 쉬우며, 다음과 같다. 그림 2-2의 안드로이드 스튜디오 설치 대화상자가 나타나면 Next 버튼을 누른다(구 버전의 안드로이드 스튜디오가 설치되어 있다면 Uninstall old version(구 버전 제거) 대화상자가 먼저 나타날 수 있다).

그림 2-2

그러면 설치할 컴포넌트를 선택할 수 있는 대화상자가 나타난다(그림 2-3).

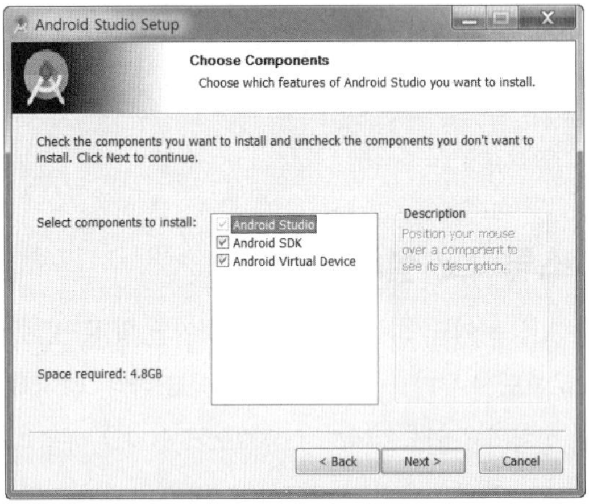

그림 2-3

안드로이드 스튜디오는 기본적으로 설치가 되며, AVD(Android Virtual Device)는 5장에서 생성할 것이므로 체크를 지우자. 그리고 안드로이드 SDK는 이미 설치된 것이 없을 때만 체크하면 된다. Next 버튼을 누르면 안드로이드 SDK의 License Agreement 대화상자가 나타난다(그림 2-4).

그림 2-4

I Agree 버튼을 누른다. 그다음에는 안드로이드 스튜디오를 설치할 위치와 안드로이드 SDK를 설치할 위치를 지정할 수 있는 대화상자가 나타난다(그림 2-5).

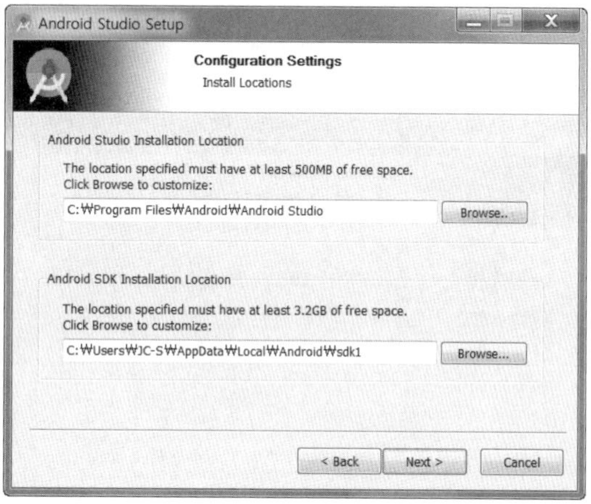

그림 2-5

(이미 설치된 안드로이드 SDK를 사용하기 위해 그림 2-3에서 안드로이드 SDK의 체크를 지운 경우는 그림 2-5 대신 그 SDK의 위치를 지정하는 대화상자와 안드로이드 스튜디오의 설치 위치를 지정하는 대화상자가 따로 나타난다.)

여기에 나타난 디폴트 디렉터리에 설치해도 되고 Browse... 버튼을 눌러 위치를 변경해도 된다.

Next 버튼을 누르면 시작 메뉴 폴더를 지정하는 대화상자가 나타난다(그림 2-6). Install 버튼을 누르면 설치가 시작된다.

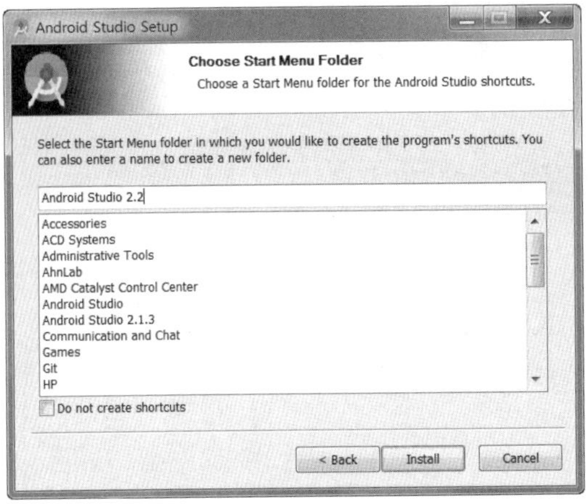

그림 2-6

설치가 정상적으로 끝나면 그림 2-7의 대화상자가 나타나며, Next 버튼을 누르면 그림 2-8의 설치 완료 대화상자가 나타난다. 여기서는 기본적으로 Start Android Studio가 체크되어 있으므로 Finish 버튼을 누르면 안드로이드 스튜디오가 최초로 실행된다. 이후의 설명은 더 뒤의 2.6 안드로이드 스튜디오 설정 위저드 절을 참조한다.

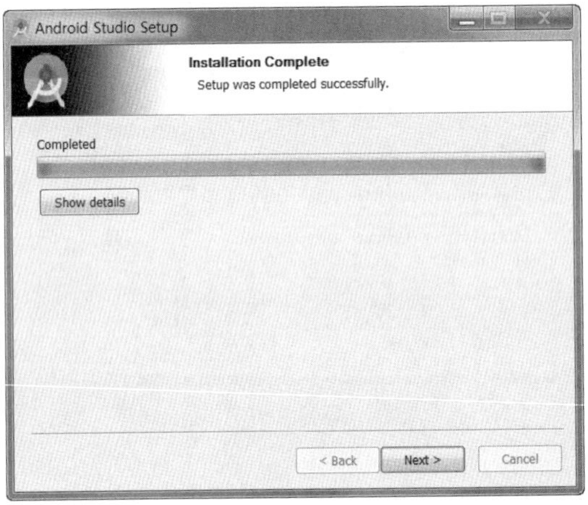

그림 2-7

그림 2-8

안드로이드 스튜디오 실행 파일은 32비트 버전(studio.exe)과 64비트 버전(studio64.exe)으로 제공되므로 각자 시스템에 적합한 것을 사용해야 한다.

2.5.2 맥 OS X에서 설치하기

맥 OS X 버전의 안드로이드 스튜디오는 디스크 이미지 파일(.dmg)로 다운로드된다. 다운로드가 완료되면 파인더(Finder) 창에서 그 파일(android-studio-ide-<버전 번호>-mac.dmg)을 찾아서 더블 클릭하자. 그러면 그림 2-9와 같이 보일 것이다.

그림 2-9

설치는 간단하다. Android Studio 아이콘을 마우스로 끌어서 **응용 프로그램** 폴더에 놓으면 된다. 그러면 안드로이드 스튜디오 패키지가 시스템의 **응용 프로그램** 폴더에 설치될 것이다.

설치된 안드로이드 스튜디오를 실행할 때는 파인더 창을 사용해서 **응용 프로그램** 폴더에 있는 실행 파일을 찾아 더블 클릭하면 된다. 그리고 더 쉽게 실행시키려면 파인더 창의 안드로이드 스튜디오 실행 파일 아이콘을 마우스로 끌어서 Dock에 넣으면 된다(Dock은 윈도우 시스템의 작업 표시줄과 유사하다).

안드로이드 스튜디오를 실행할 때 JVM을 찾을 수 없다는 에러 대화상자가 나타날 수 있다. 이 경우에는 Mac OS X 자바 6 JRE 패키지를 다운로드하고 설치할 필요가 있다. 이때는 다음 링크에 접속하여 애플 사이트에서 다운로드하면 된다.

URL *http://support.apple.com/kb/DL1572*

그리고 OS X 자바 패키지가 설치되면 안드로이드 스튜디오가 에러 없이 실행될 것이다.

2.5.3 리눅스에서 설치하기

터미널 창을 열고 안드로이드 스튜디오를 설치할 디렉터리로 이동한 후에 다음 명령을 실행한다.

```
unzip /<패키지 경로>/android-studio-ide-<버전 번호>-linux.zip
```

다운로드된 안드로이드 스튜디오 번들 패키지는 android-studio라는 서브 디렉터리에 설치된다. 따라서 이 명령이 /home/demo 디렉터리에서 실행되었다면 /home/demo/android-studio 밑에 압축이 풀려 설치될 것이다.

설치된 안드로이드 스튜디오를 실행할 때는 터미널 창을 열고 android-studio/bin 서브 디렉터리로 이동한 후 다음 명령을 실행하면 된다.

```
./studio.sh
```

리눅스 시스템에서는 안드로이드 스튜디오 설치가 끝난 후에 다음과 같이 자바 JDK의 위치를 지정해야 한다.

1. 안드로이드 스튜디오를 실행하면 그림 2-11의 웰컴 스크린이 나타난다.
2. 대화상자의 오른쪽 아래에서 Configure ➡ Project Defaults ➡ Project Structure를 선택한다.
3. JDK location 밑에 있는 Use embedded JDK의 체크를 해제한 후 JDK가 설치된 전체 경로를 그 밑에 직접 입력하거나 또는 제일 오른쪽의 버튼을 클릭하여 선택한다.
4. Apply 버튼을 누른 후 다시 OK 버튼을 눌러 대화상자를 닫는다.

2.6 안드로이드 스튜디오 설정 위저드

안드로이드 스튜디오가 설치된 후 처음 실행될 때는 이전 버전의 안드로이드 스튜디오 설정 내역을 가져오기 위한 옵션을 제공하는 대화상자가 나타날 수 있다. 만일 여러분의 컴퓨터에 이전 버전의 안드로이드 스튜디오가 설치된 적이 있어서 새로 설치한 최신 버전에 그것의 설정 내역을 가져오고자 한다면, 그 대화상자에서 'I want to import my settings from a custom location'을 선택한다. 그러나 처음 설치하거나 이전 설정 내역이 필요 없는 경우는 'I do not have a previous version of Android Studio or I do not want to import my settings'를 선택한다. 그다음에 OK 버튼을 누른다.

이어서 나타나는 대화상자에서 계속 Next 버튼을 누르면 그림 2-10의 설치 확인 대화상자가 나타난다. 그리고 Finish 버튼을 누르면 최신 버전의 각종 컴포넌트(SDK 포함)를 다운로드 및 업데이트한다.

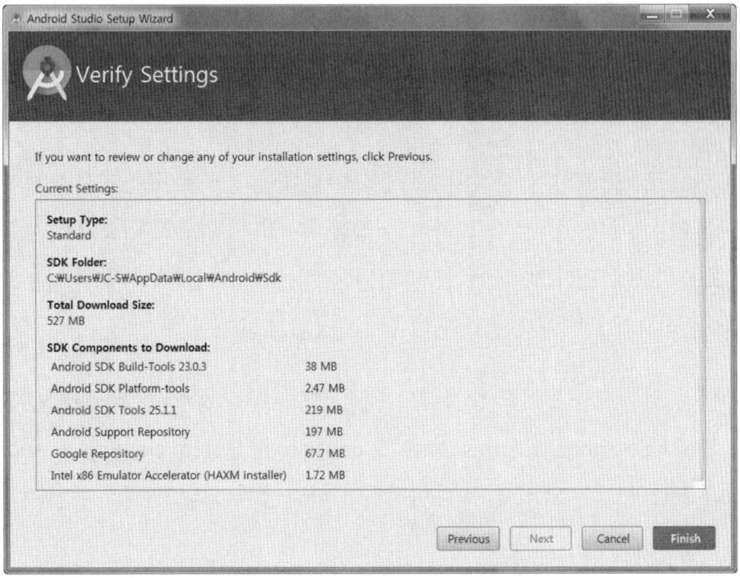

그림 2-10

모든 설치 작업이 끝나면 그림 2-11과 같은 안드로이드 스튜디오 웰컴 스크린(Welcome to Android Studio)이 나타날 것이다. 이후에 안드로이드 스튜디오를 실행할 때는 Setup Wizard가 나타나지 않고 곧바로 웰컴 스크린이 나타난다.

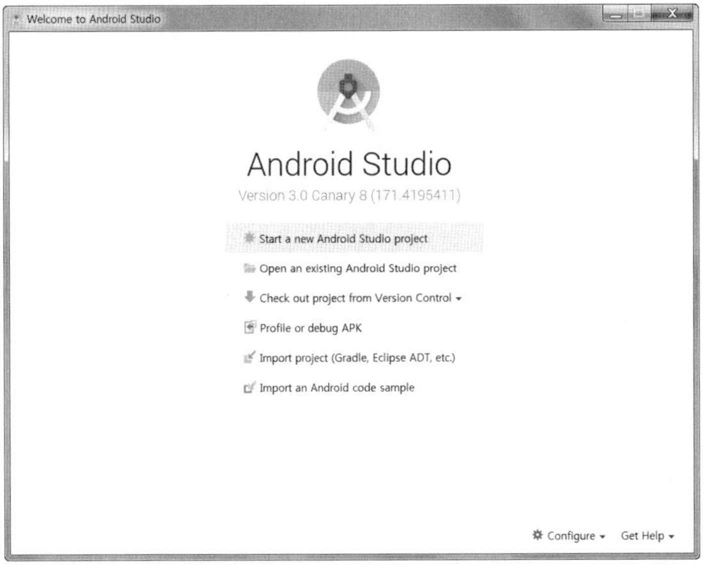

그림 2-11

2.7 가장 최신 버전의 안드로이드 SDK 패키지 설치하기

지금까지는 자바 JDK와 안드로이드 스튜디오 IDE 및 안드로이드 SDK를 설치하였다. 이제는 필요한 패키지들이 제대로 설치되었는지 그리고 누락된 패키지는 없는지를 확인해야 한다. 또한, SDK의 다른 버전들(최신 버전 포함)도 추가로 설치 또는 제거할 수 있다.

그런 작업은 안드로이드 SDK에 포함된 도구(소프트웨어)인 안드로이드 SDK 매니저가 해주며, 안드로이드 스튜디오에서 메뉴로 선택하여 실행할 수 있다. 안드로이드 SDK의 각종 도구가 안드로이드 스튜디오에 플러그인되어 있기 때문에 애플리케이션 개발에 필요한 모든 작업을 안드로이드 스튜디오를 벗어나지 않고 쉽게 할 수 있는 것이다.

프로젝트가 열려 있는 안드로이드 스튜디오 메인 메뉴의 Tools ➡ Android ➡ SDK Manager를 선택하거나, File ➡ Settings... ➡ Appearance & Behavior ➡ System Settings ➡ Android SDK를 선택하면 그림 2-12와 같이 SDK 설정 대화상자가 나타난다. 그리고 제일 위에는 SDK가 설치된 위치를 보여준다.

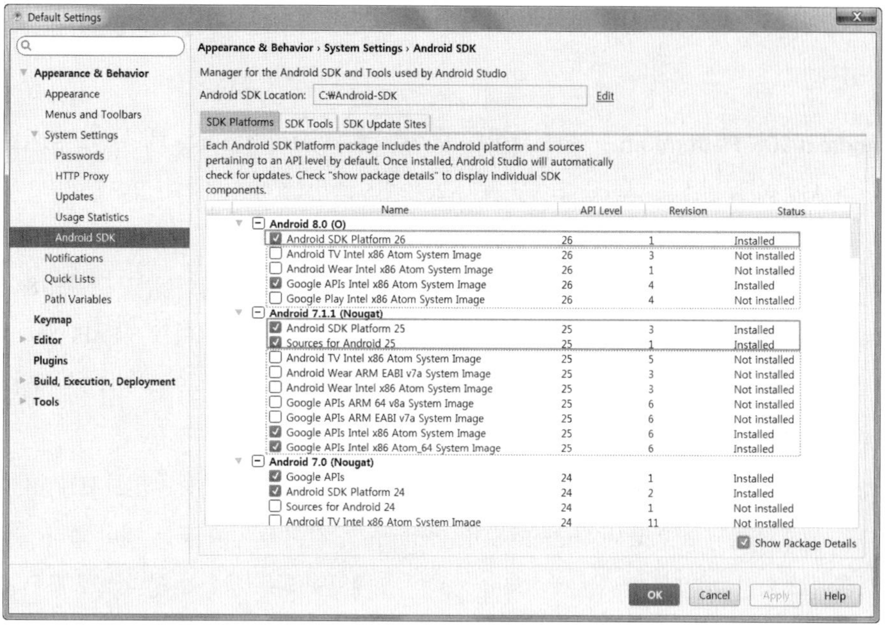

그림 2-12

위에 있는 Android SDK Location의 오른쪽 Edit 버튼을 누르면 SDK가 설치된 위치를 변경할 수 있다. 그리고 설치 또는 삭제할 컴포넌트는 탭으로 분류되어 있다. SDK Platforms 탭을 누르면 안드로이드 시스템 컴포넌트와 소스 코드 및 시스템 이미지(AVD 에뮬레이터를 구성함)를 선택할 수 있으며, SDK Tools 탭을 누르면 애플리케이션을 개발하고 빌드하는 데 필요한 각종 도구를 선택할 수 있다. SDK Update Sites 탭에서는 업그레이드할 것이 있는지 SDK 매니저가 확인하는 사이트를 선택할 수 있다. 탭 아래에는 설치나 삭제할 수 있는 컴포넌트들을 보여주며, 오른쪽 밑의 Show Package Details를 체크하면 상세한 내역이 나타난다. 그림 2-12처럼 이것을 체크하자.

제일 오른쪽의 Status에서는 해당 컴포넌트가 설치되었는지(Installed) 또는 아닌지(Not installed)의 여부와 업그레이드 버전(Update available)이 있는지를 보여준다. 또한, 설치되지 않은 컴포넌트의 제일 왼쪽 체크상자를 선택하면 설치하라는 의미이며(제일 왼쪽에 다운로드 아이콘이 나타남), 설치된 항목의 체크를 지우면 삭제를 나타낸다(제일 왼쪽에 X 아이콘이 나타남). 그리고 선택이 끝나고 Apply 버튼을 누르면 작업을 할 것인지의 여부를 확인받은 후 OK 버튼을 누르면 설치가 시작된다. 이때 컴포넌트 설치 대화상자가 나타나서 진행 내역을 알려주며, 설치가 끝났다는 Done 메시지가 나왔을 때 Finish 버튼을 누르면 그림 2-12의 대화상자로 복귀한다. 그리고 직전 설치 작업의 결과를 반영하여 현황을 다시 보여준다.

그림 2-12에 실선의 직사각형으로 표시된 컴포넌트는 반드시 설치되어야 하며, 그 내역은 다음과 같다.

Android SDK Platform nn — 안드로이드 시스템 컴포넌트이며, nn은 해당 안드로이드 버전의 API 레벨 번호를 나타낸다(예를 들어, 26은 안드로이드 8.0, 24와 25는 안드로이드 7 누가). 구버전을 포함해서 여러 버전의 안드로이드 시스템을 함께 설치할 수 있지만, 가장 최신 버전 및 직전의 두 개 버전은 같이 설치해 두는 것이 좋다. 예를 들어, 안드로이드 8.0(API 26), 안드로이드 7.0/7.1.1(API 24/25), 안드로이드 6.0(API 23), 안드로이드 5.1(API 22). 또한, 작성된 앱을 각자의 실제 장치에서 테스트할 때는 그 장치의 안드로이드 버전에 해당되는 Android SDK Platform도 설치하기 바란다.

Google Apis, Android nn — Android SDK Platform에 구글의 서비스 컴포넌트(예를 들어, 구글 맵)가 추가된 것으로서 Android SDK Platform과 같이 설치해 두는 것이 좋다. 단, 안드로이드 최신 버전의 경우는 (예를 들어, 8.0) 더 늦게 공개되는 경우가 많다.

Sources for Android nn — 안드로이드 시스템 컴포넌트의 소스 코드이며, 안드로이드 스튜디오에서 참조하여 개발자에게 도움을 줄 수 있으므로 설치하는 것이 좋다.

그림 2-12에 점선의 직사각형으로 표시된 것은 안드로이드 시스템 이미지이며, 애플리케이션을 실행 및 테스트하는 AVD 에뮬레이터를 구성한다. 쉽게 말해, 실제 장치에서 실행되는 안드로이드 운영체제와 유사하며, 리눅스 커널과 안드로이드 시스템을 포함한다(9장 참조). 따라서 최소한 하나 이상의 시스템 이미지를 선택해서 설치해야 한다.

Intel x86 — 사용하는 컴퓨터가 인텔 x86 계열 CPU(예를 들어, i3, i5, i7 등)를 탑재하고 하드웨어 가상화(VT)가 가능할 때(5장의 5.10절 참조) 선택하면 된다. 그리고 Atom은 32비트 시스템, Atom_64는 64비트 시스템을 나타낸다. 쉽게 말해, 윈도우 7(64비트)이 실행 중이면서 VT가 지원되는 시스템에서는 Intel x86 Atom_64 시스템 이미지를 설치하면 된다. 성능도 좋기 때문이다.

ARM — 대부분의 컴퓨터에서 사용 가능한 시스템 이미지다.

CPU 타입과는 달리, Android TV는 안드로이드 TV 애플리케이션을 테스트할 때만 필요한 시스템 이미지이며, Android Wear는 시계나 글라스 같은 웨어러블 장치의 애플리케이션을 테스트할 때만 필요하다.

그림 2-12 위의 SDK Tools 탭을 누르면 그림 2-13과 같이 애플리케이션을 개발하고 빌드하는 데 필요한 각종 도구의 내역이 나타난다.

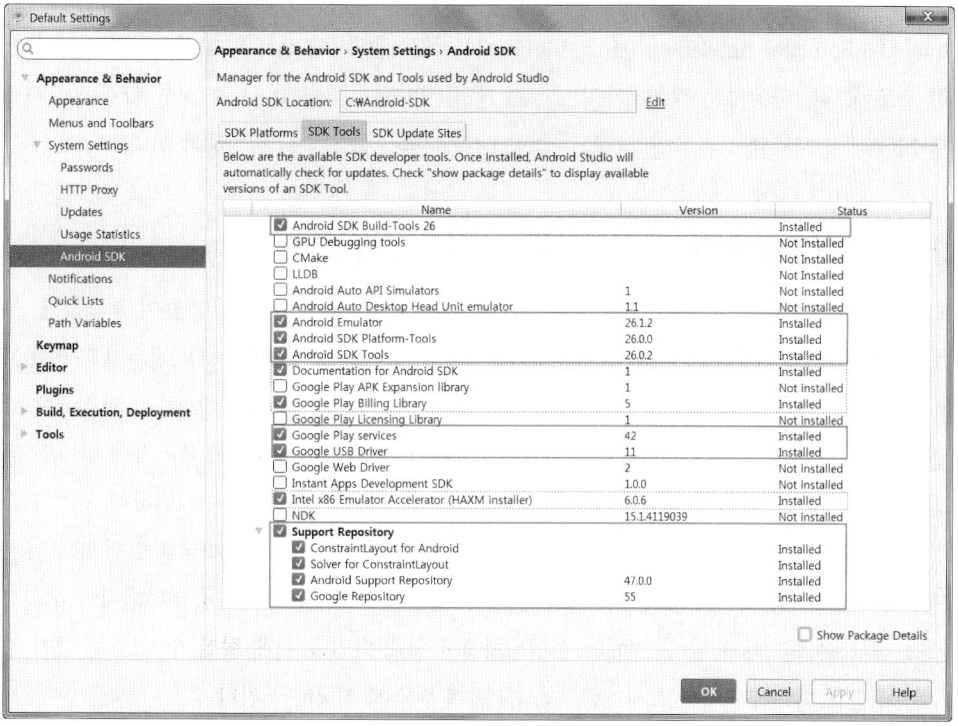

그림 2-13

여기서 실선의 직사각형으로 표시된 컴포넌트들은 모두 설치한다. 특히, Android SDK Build-Tools와 Android SDK Platform-Tools 및 Android SDK Tools는 안드로이드 애플리케이션을 개발 및 빌드할 때 필요한 소프트웨어들이다. 따라서 반드시 설치되어야 하며, 안드로이드 스튜디오를 설치할 때 자동 설치된다. Support Repository에 있는 것들은 애플리케이션 개발에 필요한 각종 라이브러리와 컴포넌트를 추가로 제공하므로 모두 설치되어야 한다. Google Play sevices는 구글에서 별도로 제공하는 각종 서비스(예를 들어, 구글 맵)를 사용하는 애플리케이션 개발 시에 필요하다. 그리고 Google USB Driver는 넥서스 또는 픽셀 계열의 구글 레퍼런스 폰이나 태블릿 장치를 윈도우 시스템이 실행되는 개발 컴퓨터에 연결하여 애플리케이션을 테스트할 때만 필요하지만 설치하는 것이 좋다.

그림 2-13에 점선의 직사각형으로 표시된 것은 선택 설치하면 된다. 우선, Documentation for Android SDK를 설치하면 애플리케이션 개발 시에 수시로 참조할 각종 문서(예를 들어, API 문서)

가 모두 다 개발 컴퓨터에 다운로드된다(안드로이드 SDK가 설치된 디렉터리 밑의 \docs 서브 디렉터리에 저장됨). 그러나 구글 개발자 페이지에 접속하면 이 내용을 수시로 볼 수 있으므로 반드시 설치할 필요는 없다.

Intel x86 Emulator Accelerator (HAXM installer)는 에뮬레이터의 성능을 향상시키기 위해 필요한 컴포넌트다. 사용하는 컴퓨터가 인텔 x86 계열 CPU(예를 들어, i3, i5, i7 등)를 탑재하고 시스템 BIOS에서 하드웨어 가상화(VT)를 지원할 때만(5장의 5.10절 참조) 설치해야 한다.

2.8 명령행에서 안드로이드 SDK 도구 사용하기

안드로이드 애플리케이션을 개발하기 위해서는 여러 도구(유틸리티 프로그램)들이 필요하다. 예를 들어, 앞에서 설명했던 SDK 매니저와 같은 도구들이다. 안드로이드 SDK에는 API 라이브러리 외에 그런 도구들이 실행 파일로 같이 제공된다. 애플리케이션을 개발하는 과정에서 그런 도구들을 우리가 일일이 찾아서 명령행(command-line)에서 따로따로 실행시켜야 한다면 무척 불편할 것이다. 따라서 안드로이드 스튜디오에서는 그런 도구들을 플러그인하여 우리가 스튜디오 환경을 벗어나지 않아도 쉽게 실행할 수 있도록 해준다. 그러나 때로는 그런 도구들을 명령 프롬프트 창(윈도우 시스템)이나 터미널 창(리눅스나 맥 OS X 시스템)의 명령행에서 우리가 직접 실행해야 할 때가 있다. 그때는 운영체제에서 실행 파일을 쉽게 찾을 수 있도록 그런 도구들이 있는 디렉터리 경로를 시스템의 PATH 환경 변수에 지정해야 한다.

다음 경로를 PATH 변수에 추가하자. 여기서 <path_to_android_sdk_installation>은 안드로이드 SDK가 설치된 파일 시스템 위치를 나타낸다(여기서 맥 OS X이나 리눅스의 경우는 \ 대신 / 사용).

```
<path_to_android_sdk_installation>\tools
<path_to_android_sdk_installation>\tools\bin
<path_to_android_sdk_installation>\platform-tools
```

각자 시스템에 설치된 SDK의 위치는 SDK 설정 창의 위를 보면 알 수 있다. 예를 들어, 윈도우 시스템에서는 그림 2-14와 같다.

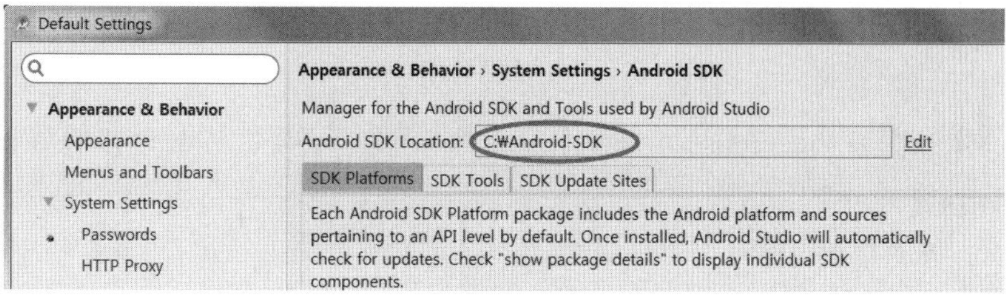

그림 2-14

PATH 변수에 추가하는 방법은 사용 중인 운영체제에 따라 다르며 그 내용은 다음과 같다.

2.8.1 윈도우 7

1. 시작 메뉴의 컴퓨터에서 오른쪽 마우스 버튼을 클릭한 후 속성을 선택한다
2. **고급 시스템 설정**을 클릭하고 **고급** 탭을 선택한 후 **환경 변수** 버튼을 누른다.
3. 환경 변수 대화상자에서 **시스템 변수**의 Path 변수를 찾고 **편집** 버튼을 누른다. 문자열의 맨 끝에 바로 위의 두 가지 경로를 추가한다. 이때 각 경로는 세미콜론(;)으로 구분해야 한다는 것에 유의하자. 예를 들어, 안드로이드 SDK가 C:\Users\demo\AppData\Local\Android\sdk에 설치되었다면 Path 변수 끝에 다음을 추가하면 된다.

```
;C:\Users\demo\AppData\Local\Android\sdk\platform-tools;
C:\Users\demo\AppData\Local\Android\sdk\tools;
C:\Users\demo\AppData\Local\Android\sdk\tools\bin
```

4. 각 대화상자에서 **확인** 버튼을 눌러서 속성 창을 닫는다.

그러면 path 지정이 잘 되었는지 확인해보자. **명령 프롬프트** 창을 열고 다음 명령을 실행한다.

```
echo %Path%
```

반환되는 path 변수의 값에 안드로이드 플랫폼 도구의 경로가 포함되어 있어야 한다. 그리고 다음과 같이 adb를 실행시켜서 SDK의 platform-tools 경로가 잘 지정되었는지 확인해보자.

```
adb
```

제대로 실행되면 지정 가능한 명령행 옵션들의 내역을 보여줄 것이다. 마찬가지로, 안드로이드 SDK 매니저를 실행시켜서 SDK의 tools 경로가 잘 지정되었는지 확인하자.

```
avdmanager
```

이 두 가지 명령 중 어느 하나라도 다음과 같은 메시지가 나온다면 Path 환경 변수에 추가한 경로가 잘못된 것이다.

```
'adb'은(는) 내부 또는 외부 명령, 실행할 수 있는 프로그램, 또는 배치 파일이 아닙니다.
```

2.8.2 윈도우 8.1

1. 시작 화면에서 화면의 오른쪽 아래 모서리로 마우스 커서를 이동한 후 메뉴의 **검색(Search)**을 선택하고 **제어판(Control Panel)**을 입력한다. 검색 결과에서 제어판 아이콘이 나타나면 클릭한다.
2. 제어판 창이 열리면 오른쪽 위의 **범주(Category)**를 **큰 아이콘(Large Icons)**으로 선택한다. 그리고 아이콘 목록에서 **시스템(System)**을 선택한다.
3. 앞의 2.8.1절에서 설명한 2번부터 4번까지를 똑같이 해준다.

그다음에는 path 지정이 잘 되었는지 확인해보자. 화면의 오른쪽 밑 모서리로 마우스 커서를 이동한 후 검색을 선택하고 cmd를 입력한다. 검색 결과에서 **명령 프롬프트**를 선택하여 명령 프롬프트 창을 연다. 그리고 명령 프롬프트 창에서 다음 명령을 실행한다.

```
echo %Path%
```

반환되는 path 변수의 값에 안드로이드 플랫폼 도구의 경로가 포함되어 있어야 한다. 그리고 다음과 같이 adb를 실행시켜서 SDK의 platform-tools 경로가 잘 지정되었는지 확인해보자.

```
adb
```

제대로 실행되면 지정 가능한 명령행 옵션들의 내역을 보여줄 것이다. 마찬가지로, 안드로이드 SDK 매니저를 실행시켜서 SDK의 tools 경로가 잘 지정되었는지 확인하자.

```
avdmanager
```

2.8.3 윈도우 10

1. 바탕 화면에서 시작 버튼을 클릭하고 메뉴의 **설정**을 선택한다.
2. 시스템 버튼을 클릭하고 왼쪽 제일 밑의 **정보**를 클릭한다.
3. 앞의 2.8.1절에서 설명한 2번부터 4번까지를 똑같이 해준다.

2.8.4 리눅스

리눅스에서는 자바 JDK 설치 시 수정했던 .bashrc 파일을 한 번 더 수정하면 된다.

```
export PATH=/home/demo/java/jdk1.8.0_131/bin:
/home/demo/Android/sdk/platformtools:/home/demo/Android/sdk/tools:
/home/demo/Android/sdk/tools/bin:/home/demo/android-studio/bin:$PATH
```

맨 끝에 android-studio/bin 디렉터리를 추가한 것에 유의하자. 안드로이드 스튜디오를 실행시키는 studio.sh 스크립트를 터미널 창의 현재 디렉터리와 관계없이 실행할 수 있게 하기 위함이다.

2.8.5 맥 OS X

맥 OS X에서 $PATH 환경 변수를 변경하는 방법은 여러 가지가 있을 수 있다. 그중에서 가장 확실한 방법은 $PATH에 추가될 경로를 포함하는 새로운 파일을 /etc/paths.d 디렉터리에 추가하는 것이다. 안드로이드 SDK를 설치한 위치가 /Users/demo/Library/Android/sdk라고 한다면, 다음 두 라인을 포함하는 android-sdk라는 파일을 /etc/paths.d 디렉터리에 생성하여 경로를 구성할 수 있다.

```
/Users/demo/Library/Android/sdk/tools
/Users/demo/Library/Android/sdk/tools/bin
/Users/demo/Library/Android/sdk/platform-tools
```

이것은 시스템 디렉터리이므로 파일을 생성할 때 sudo 명령을 사용해야 한다는 것에 유의하자. 예를 들면, 다음과 같다.

```
sudo vi /etc/paths.d/android-sdk
```

2.9 안드로이드 스튜디오와 SDK 버전 업그레이드하기

종종 안드로이드 스튜디오와 안드로이드 SDK의 새로운 릴리스(release)가 나오곤 한다. SDK의 경우는 그림 2-12에서 설명한 SDK 설정 대화상자를 사용하여 업그레이드한다.

안드로이드 스튜디오의 경우는 다음 두 가지 중 한 가지 방법으로 업그레이드한다. 안드로이드 스튜디오 웰컴 스크린 아래쪽의 Configure ➡ Check for Update를 클릭하거나, 프로젝트가 열려 있는 안드로이드 스튜디오 메인 메뉴에서 Help ➡ Check for Update...를 선택하면 된다.

안드로이드 스튜디오에서는 안드로이드 스튜디오 자체의 새로운 버전이 나왔거나 또는 안드로이드 SDK 컴포넌트를 업그레이드할 것이 생기면 자동으로 통보해준다. 그리고 통보된 메시지의 Update 버튼을 클릭하면 SDK 매니저가 실행되어 우리가 원하는 것을 업그레이드할 수 있다.

2.10 안드로이드 SDK와 NDK 및 자바 JDK 경로 변경하기

안드로이드 스튜디오를 설치하고 사용하다가 안드로이드 SDK나 자바 JDK의 경로를 변경해야 할 때가 있다. 예를 들어, JDK의 새로운 버전을 다른 경로에 설치하고 그것을 안드로이드 스튜디오에서 사용하고자 할 경우다. 이때는 다음과 같이 안드로이드 스튜디오에게 알려주면 된다.

안드로이드 스튜디오의 웰컴 스크린에서 아래쪽의 Configure ➡ Project Defaults를 클릭한 후 Project Structure를 선택하거나, 또는 안드로이드 스튜디오 메인 메뉴의 File ➡ Project Structure를 선택하면 그림 2-15의 Project Structure 대화상자가 나타난다.

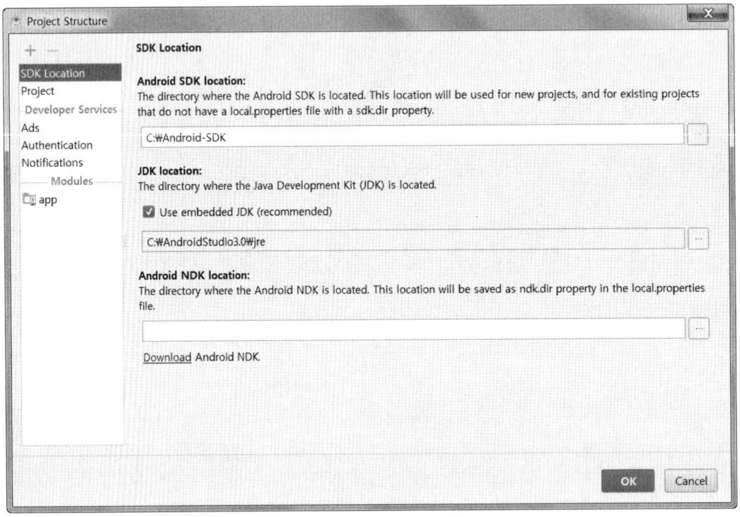

그림 2-15

왼쪽 패널의 SDK Location을 클릭하면 안드로이드 SDK와 NDK 및 자바 JDK의 현재 설정 경로가 나타난다. 만일 경로를 변경하고 싶으면 오른쪽의 버튼(...)을 눌러 원하는 경로로 변경한 후 OK 버튼을 누르면 된다. 이렇게 경로를 변경하면 이후의 모든 안드로이드 스튜디오 프로젝트에 이 설정이 적용된다.

이번 장 앞에서도 얘기했듯이, 안드로이드 스튜디오 2.2부터는 오픈 소스 버전의 JDK인 OpenJDK 8을 기본으로 사용한다(안드로이드 스튜디오 설치 디렉터리 밑의 jre 서브 디렉터리에 자동 설치된다). 따라서 그림 2-15의 대화상자에서 Use embedded JDK가 선택되어 있다. 그러나 만일 오라클의 자바 SE JDK를 사용할 필요가 있다면 Use embedded JDK의 체크를 지우고 오른쪽의 버튼(...)을 눌러 원하는 경로로 변경하면 된다. 어떤 JDK를 사용하든 버전 8 이상이면 문제가 없기 때문이다.

2.11 요약

안드로이드 애플리케이션을 개발하기에 앞서 제일 먼저 할 일은 자신에게 맞는 개발 환경을 구축하는 것이다. 그러기 위해서는 자바 JDK, 안드로이드 SDK, 안드로이드 스튜디오를 설치해야 한다. 이번 장에서는 세 가지 운영체제(윈도우, 맥 OS X, 리눅스)에 필수 패키지들을 설치하는 데 필요한 내용을 알아보았다.

안드로이드 스튜디오로 첫 번째 애플리케이션 만들기

안드로이드 스튜디오를 사용해서 안드로이드 애플리케이션 개발에 적합한 환경을 구성하는데 필요한 내용을 앞의 두 장에서 알아보았다. 본격적인 애플리케이션 개발에 앞서 이제는 필요한 개발 패키지들이 모두 설치되고 제대로 기능을 수행하는지 살펴볼 때가 되었다. 이럴 때는 간단한 애플리케이션을 하나 만들어서 빌드(build)하고 실행해보는 것이 가장 좋은 방법이다. 이번 장에서는 안드로이드 스튜디오를 사용해서 간단한 안드로이드 애플리케이션 프로젝트 하나를 생성하는 방법을 설명할 것이다. 그리고 5장과 7장에서는 안드로이드 에뮬레이터(emulator)와 실제 장치를 사용해서 우리의 애플리케이션을 실행시키는 방법을 알아볼 것이다.

3.1 새로운 안드로이드 프로젝트 생성하기

앱 개발 시 제일 먼저 할 일은 안드로이드 스튜디오에서 새로운 프로젝트를 만드는 것이다. 안드로이드 스튜디오를 실행시키자. 그러면 그림 3-1과 같은 안드로이드 스튜디오 웰컴 스크린(Welcome to Android Studio)이 나올 것이다.

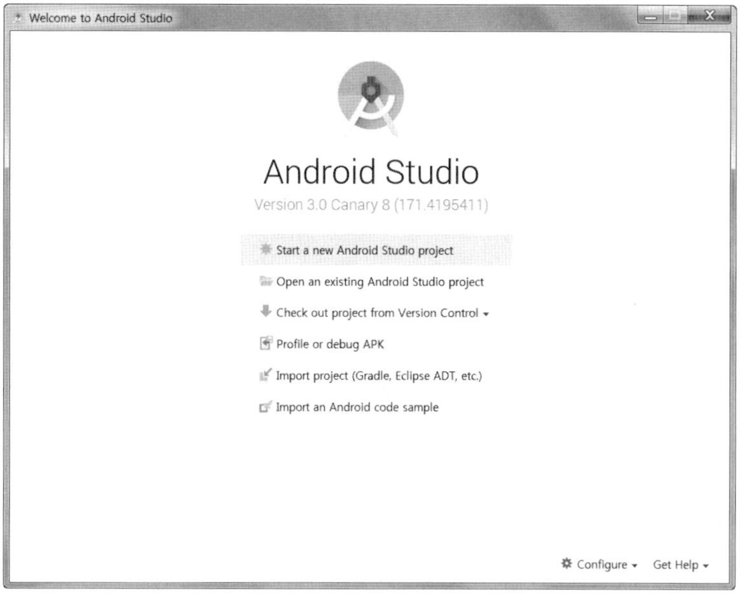

그림 3-1

이 대화상자가 나오면 새로운 프로젝트를 생성할 준비가 된 것이다. 여기서 Start a new Android Studio project를 클릭하면 그림 3-2와 같이 새 프로젝트를 생성하는 Create Android Project 위저드 대화상자가 나타난다(각 필드의 기본 값은 다를 수 있다).

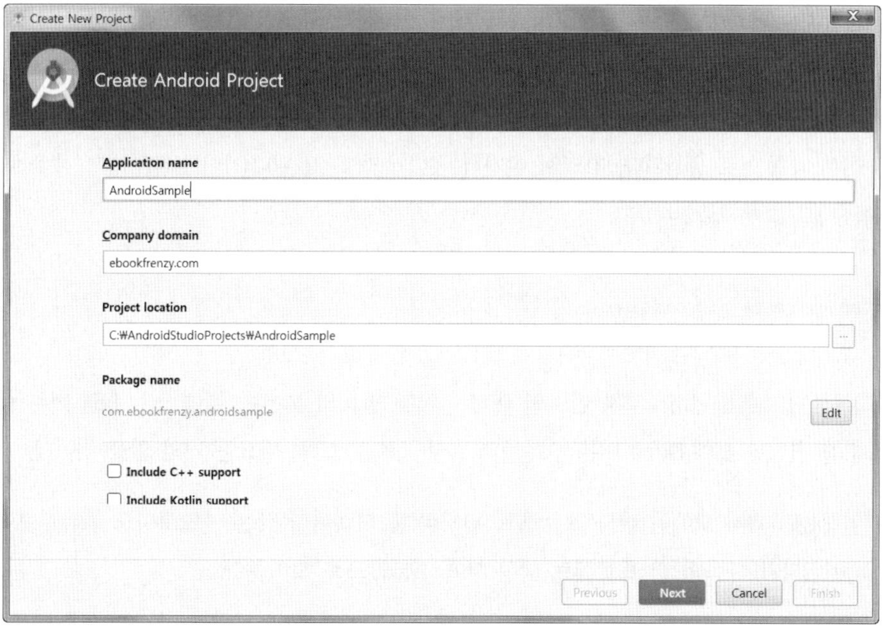

그림 3-2

3.2 프로젝트와 SDK 설정 정의하기

New Project(새 프로젝트) 창에서 Application name(애플리케이션 이름) 필드에 AndroidSample을 입력한다. 이것은 안드로이드 스튜디오 내부에서 참조와 식별에 사용되는 이름이다. 또한, 완성된 애플리케이션을 구글 플레이(Google Play) 스토어에서 판매할 때 사용되는 애플리케이션 이름이기도 하다.

Company domain(회사 도메인) 필드에는 필드에는 자신의 도메인 URL을 입력한다(www는 뺌). 만일 도메인 URL이 없다면 우리 애플리케이션을 테스트할 동안 이 책의 도메인 이름인 www.ebookfrenzy.com을 사용해도 좋다. 그러나 애플리케이션의 개발이 끝나고 구글 플레이 스토어에 게시하기 전에는 수정해야 할 것이다. 여기서는 ebookfrenzy.com을 입력한다.

Project location(프로젝트 위치) 필드는 우리 프로젝트의 모든 파일이 저장되고 관리되는 디렉터리 경로를 나타낸다. 이 필드의 오른쪽 … 버튼을 눌러서 우리가 원하는 디렉터리로 변경할 수 있다. 그리고 변경된 디렉터리는 우리 프로젝트의 홈 디렉터리가 되고, 그 밑에 앞에서 지정한 애플리케이션 이름과 같은 이름의 서브 디렉터리가 생성되어 우리 프로젝트의 모든 파일이 저장된다. 예를 들어, C:\AndroidStudioProjects를 홈 디렉터리로 지정하면 그 밑에 AndroidSample 서브 디렉터리가 생성되어 우리 프로젝트의 모든 파일이 저장된다(각자 자신의 홈 디렉터리를 만들어 사용하는 것이 좋다).

Package name(패키지 이름)은 안드로이드 생태계 전체(구글 플레이 스토어 포함)에서 우리 애플리케이션을 고유하게 식별하는 데 사용된다. 이름을 짓는 형식은 안드로이드 표준에 따르며, Company domain 필드에 입력한 우리 도메인 URL을 거꾸로 하고 그 뒤에 애플리케이션 이름이 붙어서 자동으로 생성된다. 따라서 여기서는 다음과 같이 된다(사이에 점을 넣고, 애플리케이션 이름은 모두 소문자로 한다).

```
com.ebookfrenzy.androidsample
```

패키지 이름을 굳이 변경하고자 한다면 패키지 이름 필드의 오른쪽 끝에 있는 Edit 버튼을 누르고 값을 변경한 후에 Done 버튼을 누르면 된다. 그러나 그럴 필요는 거의 없을 것이다.

한번 입력했던 회사 도메인 값과 프로젝트 위치의 홈 디렉터리 값은 안드로이드 스튜디오에서 기억하고 있다가 다음번 새 프로젝트 생성 시에 기본값으로 보여준다.

그리고 제일 밑의 Include C++ support를 체크하면 C++로 NDK 애플리케이션을 개발할 수 있으며, Include Kotlin support를 체크하면 코틀린(Kotlin) 언어로 안드로이드 애플리케이션을 개발할 수 있다. 여기서는 자바를 사용하므로 두 가지 모두 체크되지 않은 상태로 두자.

Next 버튼을 누르면 애플리케이션이 실행될 안드로이드 장치의 유형을 선택하는 화면이 나온다(그림3-3). 여기서는 우리 애플리케이션을 구글의 어떤 안드로이드 플랫폼으로 개발할 것인지를 선택한다(복수 개로 선택 가능). 또한, 우리 애플리케이션이 실행 가능한 각 플랫폼의 안드로이드 운영체제 버전이 최소 얼마 이상이 되어야 하는지를 지정한다.

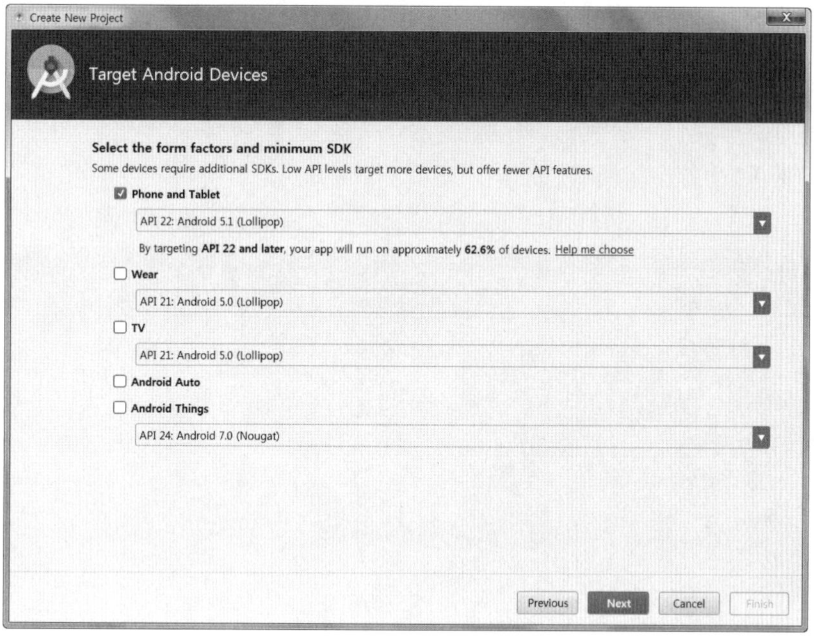

그림 3-3

폰(Phone)과 태블릿(Tablet)은 과거의 여러 안드로이드 버전부터 최신 버전(예를 들어, 안드로이드 7 누가) 중 선택이 가능하며, 구글 TV는 안드로이드 5.x 롤리팝 버전부터만 선택 가능하다. 그리고 구글 웨어(Wear)는 안드로이드 웨어 4.4W(KitKat Wear) 버전부터 선택 가능하며, Android Things는 안드로이드 7.0(누가) 버전부터 선택할 수 있다.

여기서는 폰과 태블릿(Phone and Tablet)만 선택하고, 최소(Minimum) SDK 버전은 API 22: Android 5.1 (Lollipop)으로 선택한다. 최소 SDK 버전을 더 오래된 것으로 선택하면 개발한 애플리케이션이 훨씬 더 많은 안드로이드 장치에서 실행될 수 있다는 장점이 있다. 현재 사용 중인 장치들의 안드로이드 운영체제 버전이 여러 가지이기 때문이다(반면에 최신 안드로이드 버전에 추가된 기능 중 일부는 사용할 수 없는 단점이 생길 수 있다).

그림 3-4에서는 현재 시장에서 사용되는 장치들의 안드로이드 운영체제 버전을 백분율로 보여준다(이 내용은 구글에서 정기적으로 업데이트한다). 예를 들어, 최소 SDK 버전을 2.2(Froyo)로 선택하면 거의 모든 안드로이드 장치에서 애플리케이션을 실행시킬 수 있다. 그러나 우리 애플리케이션에서 최신 버전에만 추가된 기능이 필요하다면 최소 SDK 버전을 그 버전으로 지정하면 된다. 최소 SDK 버전을 선택하는 드롭다운(drop-down) 상자 아래의 설명 글 맨 끝에 있는 Help me choose 링크를 클릭하면 그림 3-4의 도표를 볼 수 있다. 그리고 도표에서 특정 API 레벨(안드로이드 운영체제 버전)을 클릭하면 그 버전에서 지원 가능한 기능을 보여준다. OK 버튼을 누르면 다시 플랫폼 선택 화면으로 돌아온다(이 프로젝트 애플리케이션을 에뮬레이터가 아닌 각자의 스마트폰이나 태블릿으로 실행하고자 할 때는 그 장치의 안드로이드 버전과 같거나 낮은 버전으로 최소 SDK 버전을 지정해야 한다).

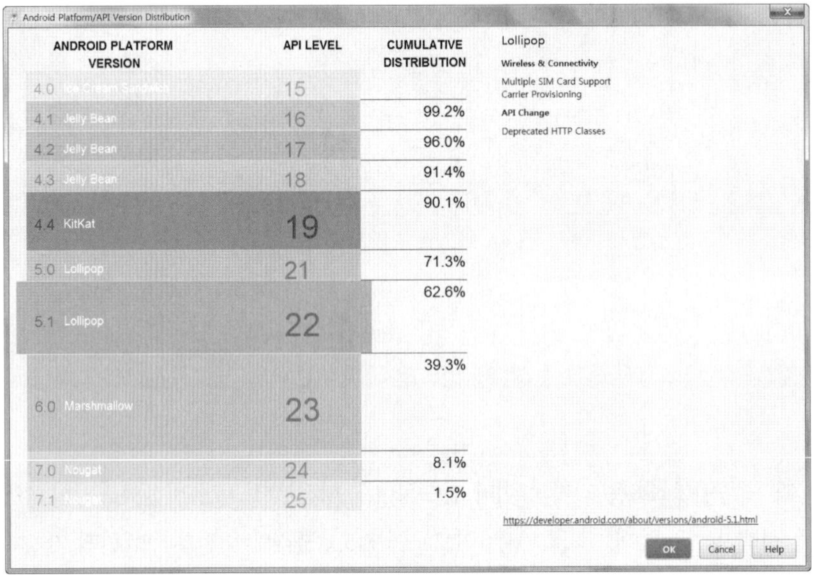

그림 3-4

구글 TV와 웨어러블, Android Auto와 Things 플랫폼은 선택하지 말고 Next 버튼을 누른다(여기서는 그런 장치에서 실행되는 애플리케이션을 개발하려는 것이 아니기 때문이다).

3.3 액티비티 생성하기

그다음에는 우리 애플리케이션이 실행될 때 제일 처음 실행될 액티비티(Activity)의 타입을 선택한다(그림 3-5). 안드로이드 애플리케이션에서는 다양한 타입의 액티비티를 사용할 수 있다. Empty, Master/Detail Flow, Google Maps, Navigation Drawer 액티비티는 이후의 다른 장에서 자세히 알아볼 것이다. 여기서는 Basic Activity를 선택하자. 이것을 선택하면 앱 바(app bar), 메뉴, 콘텐트 영역, 플로팅 액션 버튼(floating action button)으로 구성되는 기본적인 액티비티 코드와 레이아웃을 자동으로 생성해준다. 그리고 Next 버튼을 누른다.

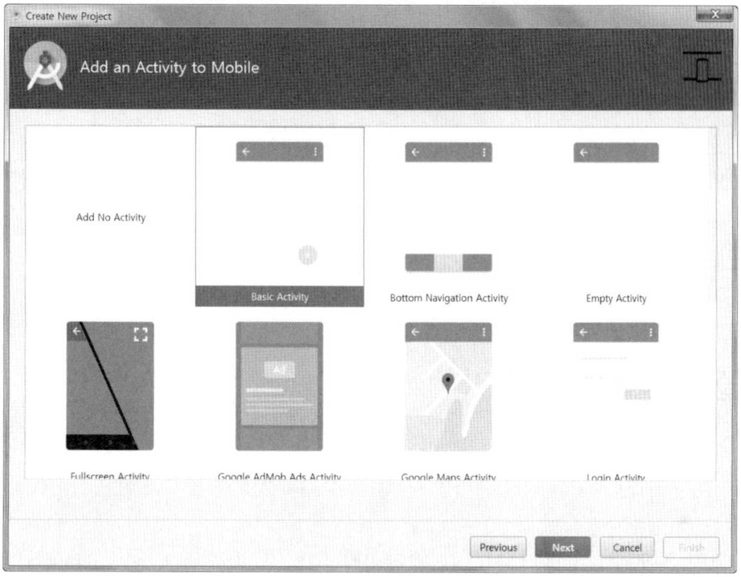

그림 3-5

새 프로젝트 생성의 마지막 화면이 나타난다(그림 3-6). Activity Name(액티비티 이름)에 AndroidSampleActivity를 입력한다. 액티비티 이름은 생성될 액티비티 클래스 이름을 나타내며, 이것은 안드로이드 Activity 클래스의 서브 클래스가 된다. 따라서 이름 맨 뒤에는 Activity를 붙이는 것이 좋다. 액티비티는 하나의 사용자 인터페이스 화면 레이아웃(layout)으로 구성되므로 레이아웃을 지정할 필요가 있다. 여기서는 Layout Name(레이아웃 이름)이 자동으로 activity_android_sample이 된다. 왜냐하면 우리가 입력한 액티비티 이름을 반영하여 액티비티 이름의 맨 끝 단어를 맨 앞으로 가져오고 모두 소문자로 만든 후 단어 사이에는 밑줄을 넣기 때문이다. Title(제목) 명칭인 AndroidSampleActivity는 그대로 두자.

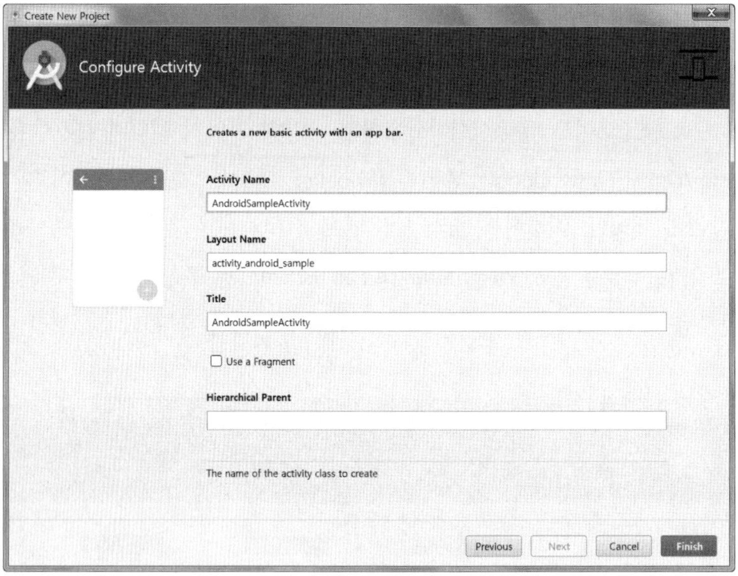

그림 3-6

마지막으로, Finish 버튼을 누르면 프로젝트가 생성된다.

3.4 애플리케이션 변경하기

이 시점에서 안드로이드 스튜디오는 최소한의 애플리케이션 프로젝트를 생성하고 메인 창을 연다(안드로이드 스튜디오에서는 여러 개의 프로젝트를 독립된 창으로 동시에 열고 작업할 수 있다).

이때 앞의 그림 3-5에서 우리가 선택한 액티비티 타입과 관련된 템플릿(template)을 사용해서 액티비티 클래스(java 파일)와 사용자 인터페이스 레이아웃(xml 파일)의 소스 코드를 자동 생성하고 메인 창의 중앙에 위치한 편집기에 열어서 보여준다. 만일 레이아웃 파일이 선택되어 있지 않으면, 그림 3-7의 화살표가 가리키는 content_android_sample.xml 탭을 클릭하여 선택한 후 아래쪽의 Design 탭을 클릭하여 디자인 모드로 변경한다.

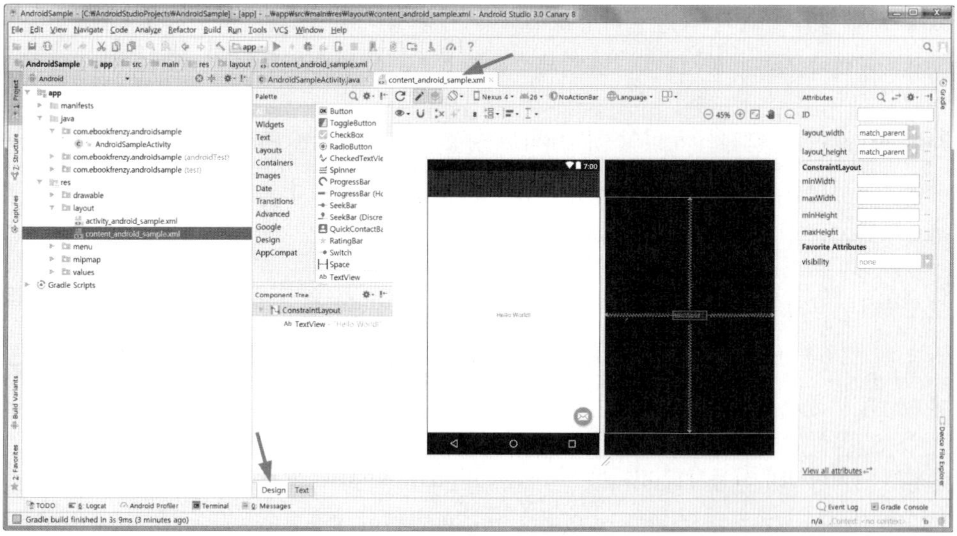

그림 3-7

새로 생성된 프로젝트와 관련 파일들의 참조는 **프로젝트**(Project) 도구 창에 나타난다(메인 프로젝트 창의 왼쪽). 프로젝트 도구 창은 프로젝트를 구성하는 파일들의 정보를 볼 수 있는 여러 뷰를 갖고 있으며, 기본적으로는 Android 뷰로 보여준다.

뷰 설정은 프로젝트 도구 창의 위에 있는 드롭다운으로 할 수 있으며, 클릭하면 선택 가능한 뷰 항목을 보여준다(그림 3-8).

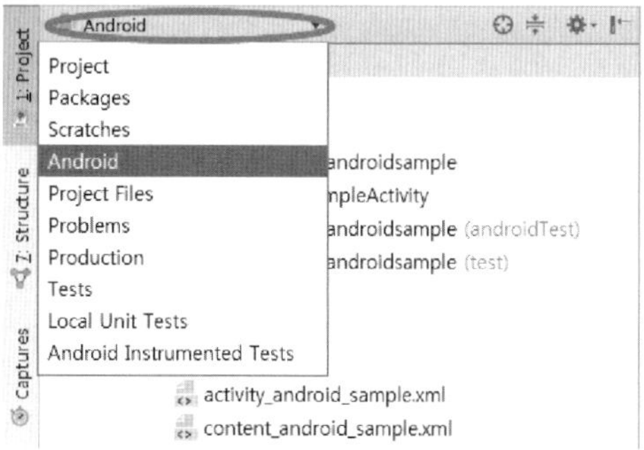

그림 3-8

Project 뷰에서는 프로젝트를 구성하는 모든 디렉터리와 파일을 컴퓨터 파일 시스템에 저장된 물리적인 형태로 볼 수 있으며, Android 뷰에서는 주로 사용하는 파일을 쉽게 찾을 수 있도록 그룹으로 분류하여 보여준다. 프로젝트 도구 창의 항목은 폴더(디렉터리)나 파일을 나타낸다.

그리고 각 항목 왼쪽의 작은 삼각형을 클릭하면 그 항목에 포함된 서브 디렉터리나 파일이 확장되어 나타난다. 또한, 파일을 더블 클릭하면 오른쪽의 편집기 창에 로드된다.

Basic Activity를 선택해서 하나의 액티비티로 생성된 프로젝트는 'Hello World!'라는 TextView 하나만 포함하는 사용자 인터페이스(화면)로 구성되며, 이 프로젝트를 애플리케이션으로 빌드하여 실행시키면 화면에 'Hello World!'가 나타난다.

이제부터는 우리 애플리케이션의 사용자 인터페이스를 변경하여 다른 메시지를 갖는 더 큰 텍스트 뷰 객체를 보여주게 할 것이다(안드로이드에서는 화면에 나타나는 것들을 여러 뷰(View) 객체로 제공한다).

생성된 액티비티의 사용자 인터페이스는 activity_android_sample.xml이라는 이름의 XML 레이아웃 파일에 저장된다. 그리고 이 파일은 프로젝트 파일 계층 구조의 app ➡ res ➡ layout에 위치한다(파일 시스템에서는 AndroidSample\app\src\main\res\layout 디렉터리 경로가 된다).

이 레이아웃 파일은 장치 화면의 위에 나타나는 앱 바(종전의 액션 바)를 포함한다(그림 3-9의 A 부분). 또한, **플로팅 액션** 버튼(그림 3-9의 B 버튼)도 포함하며, **콘텐트 레이아웃**(그림 3-9의 C 부분) 파일의 참조도 포함한다.

그림 3-9

프로젝트를 생성할 때 Basic Activity 템플릿을 선택하면 두 개의 레이아웃 파일을 생성해준다. 액티비티의 레이아웃 파일(여기서는 activity_android_sample.xml)과 콘텐트 레이아웃 파일(여기서는

content_android_sample.xml)이다. 우리가 화면에 보여줄 내용은 콘텐트 레이아웃 파일에 정의한다 (그림 3-10).

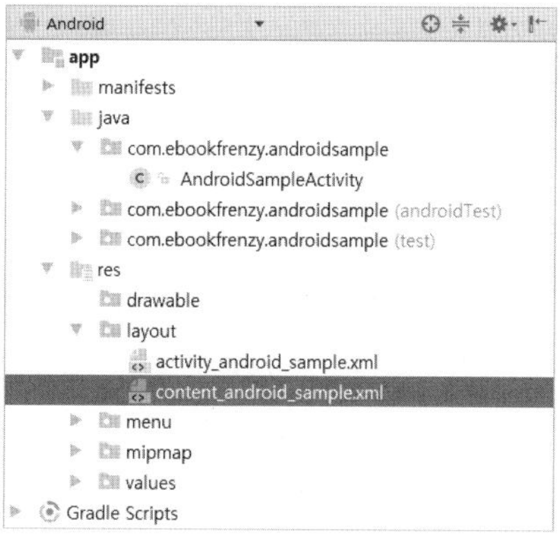

그림 3-10

이 파일은 안드로이드 스튜디오가 사용자 인터페이스 레이아웃 편집기 창에 자동으로 로드해 주지만 우리가 더블 클릭해도 로드된다.

레이아웃 편집기 창의 왼쪽 밑을 보면 두 개의 탭이 있다. Text 탭이 선택된 경우는 사용자 인터페이스를 XML 소스로 보여주며, Design 탭이 선택된 경우는 그래픽 형태로 보여준다. Design 탭을 클릭한 후 레이아웃 편집기 왼쪽 밑에 있는 컴포넌트 트리의 레이아웃(ConstraintLayout)을 선택하자(그림 3-11).

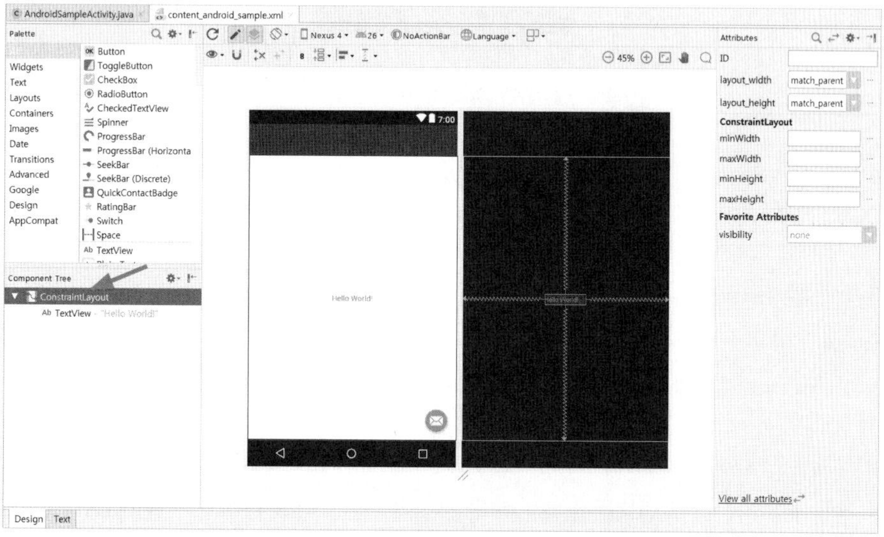

그림 3-11

레이아웃 편집기 창 위의 왼쪽에 있는 장치 툴바(toolbar)에는 현재 Nexus 4로 설정되어 있으며, 아래쪽 패널에는 그 장치의 화면을 시각적으로 나타내고 있다. 장치 툴바를 클릭하면 다양한 장치를 선택할 수 있다.

장치 화면의 방향(가로나 세로)을 변경하고자 할 때는 장치 툴바의 바로 왼쪽에 있는 아이콘( )을 클릭하면 된다.

장치 화면에서 볼 수 있듯이, 레이아웃에는 Hello World! 메시지를 보여주는 TextView 하나가 포함되어 있다. 장치 그림이 있는 패널 바로 왼쪽에는 팔레트(palette)가 있다. 팔레트에는 사용자 인터페이스 화면을 구성하는 서로 다른 종류의 사용자 인터페이스 컴포넌트들이 포함되어 있다. 예를 들어, 버튼, 라벨, 텍스트 필드 등이다. 그러나 사용자들이 모든 사용자 인터페이스 컴포넌트들을 볼 수 있는 것은 아니다. 예를 들어, 레이아웃(layout) 자체는 화면에 보이지 않는다. 시각적인 사용자 인터페이스 컴포넌트들이 화면에 위치하고 관리되는 방법을 제공하는 것이기 때문이다. 안드로이드는 다양한 종류의 레이아웃을 지원한다. 생성된 애플리케이션의 레이아웃은 컴포넌트 트리(Component Tree) 패널의 정보를 보면 알 수 있다. 기본적으로 이 패널은 레이아웃 편집기 창의 왼쪽 밑에 있으며, 우리가 원한다면 얼마든지 위치를 변경할 수 있다. 그리고 ConstraintLayout을 클릭한 후 레이아웃 편집기 왼쪽 위의 Autoconnect 버튼 모양이 이면 클릭하여 로 변경한다(이 버튼은 18장에서 자세히 설명한다).

컴포넌트 트리의 내역은 그림 3-12와 같다.

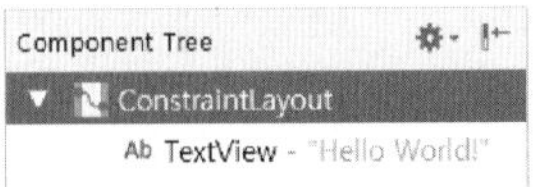

그림 3-12

컴포넌트 트리의 계층 구조를 보면 알 수 있듯이, 여기서는 사용자 인터페이스가 하나의 ConstraintLayout 부모로 구성되고 이 레이아웃은 하나의 TextView 객체를 자식으로 갖고 있다.

그러면 우선 TextView 컴포넌트를 삭제해보자. 레이아웃 편집기 패널의 장치 그림에 있는 TextView를 마우스로 클릭하면 주위에 푸른 경계선이 나타날 것이다. 그리고 키보드의 Delete 키를 누르면 레이아웃에서 삭제된다(컴포넌트 트리에서 선택하고 해도 된다).

팔레트 패널은 두 개의 열로 구성되어 있다. 왼쪽은 컴포넌트 분류를 나타내며, 오른쪽은 선택된 분류에 속하는 컴포넌트들을 보여준다. 예를 들어, 그림 3-13에서는 Widgets의 Button이 선택된 것을 보여준다.

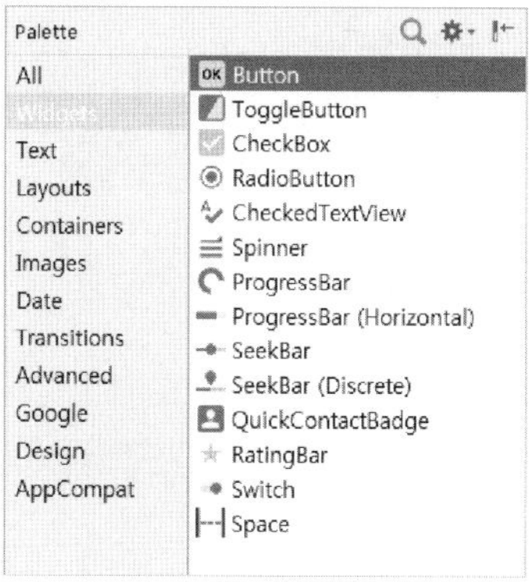

그림 3-13

또한, 팔레트 패널에서 위젯(Widgets) 부류의 Button 객체를 마우스로 클릭하고 끌어서 장치 화면 레이아웃의 중앙에 놓는다. 교차되는 수직선과 수평선이 모두 나타나야만 중앙이 된다(그림 3-14).

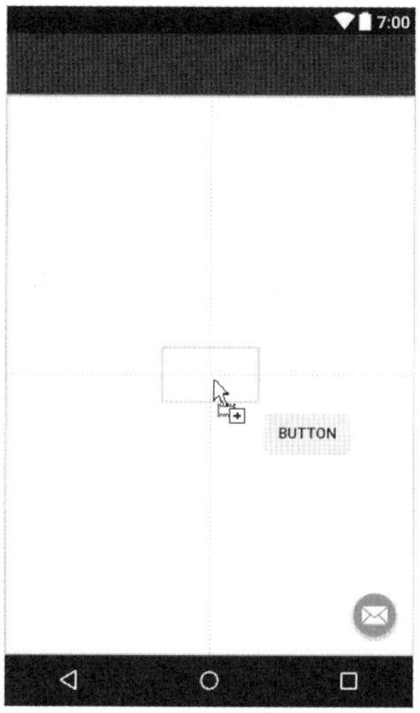

그림 3-14

그다음에는 Button 컴포넌트에 보여줄 텍스트를 변경해보자. 장치 화면 레이아웃의 Button을 클릭하면 오른쪽 속성(Properties) 창에 Button의 주요 속성들이 나타난다. 거기에서 아래쪽의 text 속성값을 'Button'에서 'Demo'로 변경하고 Enter 키를 누른다(그림 3-15). 또는 레이아웃의 Button을 더블 클릭하면 곧바로 속성 창의 text 속성으로 이동하므로 편리하다.

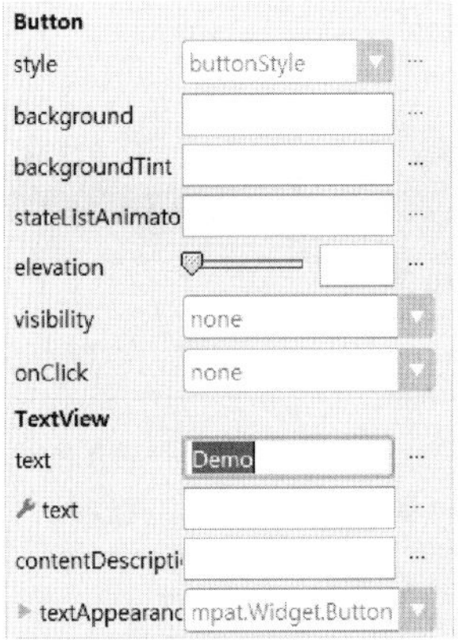

그림 3-15

text 속성 바로 밑의 두 번째 text 속성(스패너 모양의 아이콘이 있음)의 값은 애플리케이션이 실행될 때는 나타나지 않으므로 디자인 시점에만 확인하기 위해 사용할 수 있다.

그리고 여기서 알아 두어야 할 중요한 내용이 있다. 레이아웃 편집기 창의 오른쪽 위를 보면 그림 3-16에 화살표가 가리키는 작은 버튼이 있다. 이 버튼은 레이아웃의 컴포넌트에 경고나 에러가 있다는 것을 나타낸다.

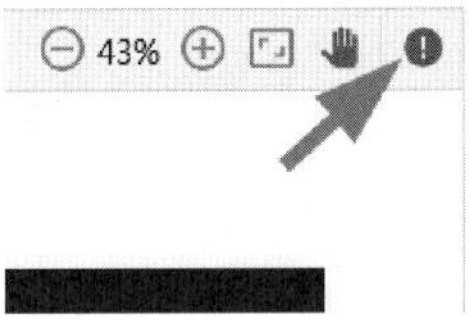

그림 3-16

이 버튼을 클릭하면 그림 3-17과 같이 자세한 설명과 해결 방안을 대화상자로 보여준다. 대화상자 위의 경계선을 마우스로 끌면 크기를 늘릴 수 있다.

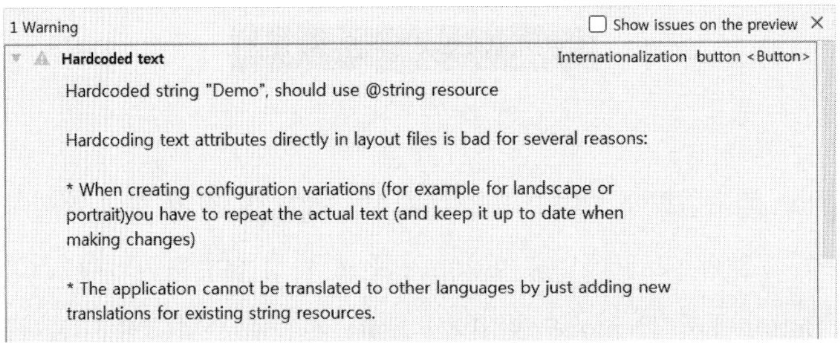

그림 3-17

현재 여기서는 하나의 경고만 있으며, 제목은 Hardcoded text이다. 즉, 문자열 값을 직접 코드 속에 넣지 말고 문자열 리소스로 지정하여 사용하라는 의미이다.

그렇다. 맞는 말이다. 텍스트 문자열과 같은 속성값은 가능한 한 **리소스(resource)**의 형태로 저장되어야 한다. 그렇지 않고 만일 소스 코드의 여기저기에 들어가 있으면 나중에 변경이 어려우므로 좋지 않다. 이것은 특히 사용자 인터페이스를 다른 나라의 언어로 번역할 때 중요하다. 만일 사용자 인터페이스의 모든 텍스트 문자열이 하나의 리소스 파일에 포함되어 있다면, 예를 들어 그 파일을 번역자에게 전달하여 번역 작업을 하게 한 후 번역된 파일을 애플리케이션에 포함시키면 된다. 따라서 소스 코드를 일체 변경하지 않고 다국어를 지원하는 애플리케이션을 만들 수 있다. 그러므로 여기서는 demostring이라는 문자열 리소스를 새로 만들고 'Demo' 문자열을 그것에 지정할 것이다.

그림 3-17 대화상자 아래쪽으로 스크롤하면 Fix 버튼이 있고 그것을 클릭하면 Extract Resource (리소스 추출) 대화상자가 나타난다(그림 3-18).

그림 3-18

대화상자에서 Resource name 필드에 demostring을 입력하고 OK 버튼을 누른다. 그러면 'Demo' 문자열이 app ➡ res ➡ values ➡ strings.xml 파일에 리소스로 저장된다. 그와 동시에 Button 객체의 text 속성값은 그 문자열을 참조하도록 @string/demostring으로 자동 변경된다.

문자열 리소스를 추가하는 또 다른 방법이 있다. 속성 창의 text 속성에 문자열을 입력한 후 오른쪽의 ... 버튼을 클릭하면 Resources 대화상자가 나타나며, 오른쪽 제일 위의 Add new resource ➡ New string Value...를 클릭하면 그림 3-18과 동일한 대화상자가 나오므로 문자열 리소스를 추가 하면 된다. 또는 아예 strings.xml 파일에 우리가 직접 추가해도 된다.

3.5 레이아웃과 리소스 파일 살펴보기

여기서는 사용자 인터페이스 디자인과 리소스 처리의 내부적인 관점 몇 가지를 살펴볼 것이다. 앞에서 사용자 인터페이스를 변경할 때는 레이아웃 편집기를 사용해서 content_android_sample.xml 레이아웃 파일을 변경하였다. 이때 레이아웃 편집기는 XML로 된 파일의 내용을 사용자가 쉽게 변경할 수 있는 방법을 제공한다. 그러나 XML 파일을 우리가 직접 변경할 수 있으며, 경우에 따라서는 그렇게 하는 것이 레이아웃 편집기를 사용하는 것보다 더 빠를 수도 있다.

레이아웃 편집기 패널의 밑에는 두 개의 탭이 있다. Design과 Text다. 그림 3-19에서처럼 Text 탭을 클릭하면 편집기 창에 XML이 나타난다. 오른쪽에 레이아웃 미리보기가 나타나 있지 않을 때는 동그라미로 표시한 Preview 도구 버튼을 클릭하면 볼 수 있다(다시 클릭하면 사라진다).

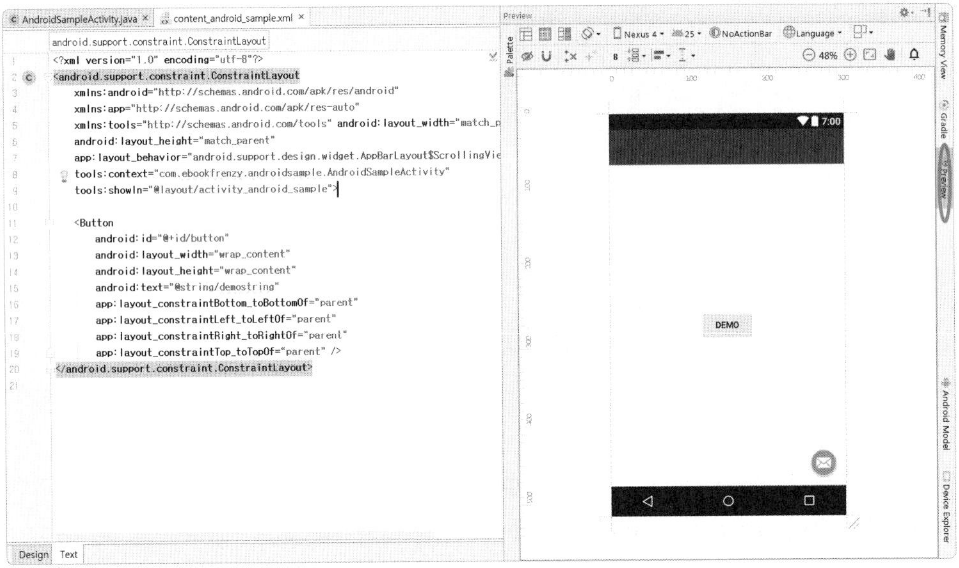

그림 3-19

XML 파일의 구조에서 볼 수 있듯이, 여기서는 사용자 인터페이스가 ConstraintLayout 컴포넌트로 구성된다. 그리고 ConstraintLayout은 Button 객체의 부모다. 또한, Button의 text 속성은 문자열 리소스 참조인 '@string/demostring'으로 나타나 있지만, 그 라인을 클릭한 후 Ctrl과 −[Cmd와 −] 키를 누르면 문자열 값으로 바꿔서 보여주며, Ctrl과 =[Cmd와 =] 키를 누르면 다시 문자열 리소스 참조로 보여준다. 복잡도나 뷰 객체들의 규모는 다를지라도 모든 사용자 인터페이스 레이아웃은 계층적이면서 XML 기반으로 구성된다.

안드로이드 스튜디오의 더욱 강력한 기능 중 하나가 XML 편집 패널의 오른쪽에 있다. 그것은 바로 미리보기(Preview) 패널이며, 레이아웃의 현재 보이는 모습을 나타낸다. (미리보기 패널은 안드로이드 스튜디오 메뉴의 View ➡ Tool Windows ➡ Preview를 선택하거나, 메인 창의 맨 오른쪽 테두리에 세로 글씨로 표시된 Preview 버튼을 클릭하면 볼 수 있다.) 그리고 XML을 변경하면 미리보기 패널에 즉각 반영된다. 정말 그런지 알아보기 위해 다음과 같이 XML을 수정하여(굵은 글씨체 라인 추가) ConstraintLayout의 배경색을 붉은색으로 변경해보자.

```
<?xml version="1.0" encoding="utf-8"?>
android.support.constraint.ConstraintLayout
    xmlns:android="http://schemas.android.com/apk/res/android"
    xmlns:app="http://schemas.android.com/apk/res-auto"
    xmlns:tools="http://schemas.android.com/tools"
    android:layout_width="match_parent"
    android:layout_height="match_parent"
    app:layout_behavior="@string/appbar_scrolling_view_behavior"
    tools:context="com.ebookfrenzy.androidsample.AndroidSampleActivity"
    tools:showIn="@layout/activity_android_sample"
    android:background="#ff2438" >
.
.
.
</android.support.constraint.ConstraintLayout>
```

위와 같이 XML 파일에 한 라인을 추가하면 그 즉시 미리보기의 색이 변경된다. 편집기 창에서 굵은 글씨체로 추가한 라인의 왼쪽 여백(마진(margin) 또는 거터(gutter)라고도 함)을 보면 빨간색의 작은 사각형이 나타난다. 이것은 background 속성이 빨간색으로 설정되었음을 시각적으로 나타내는 것이다. 색상 값을 #a0ff28로 변경해보자(16진수 값이므로 영문 대소문자를 구분하지 않는다). 그러면 왼쪽 여백의 작은 사각형과 미리보기 모두 초록색으로 바뀔 것이다. 또한, 왼쪽 여백의 작은 사각형을 클릭하면 그림 3-20과 같이 색상 선택 대화상자가 열린다. 그때 우리가 원하는 색을 선택하고(색 공간의 원하는 곳을 마우스로 클릭) Choose 버튼을 누르면 XML과 미리보기의 색이 모두 변경된다. 따라서 색상 값을 모르더라도 쉽게 바꿀 수 있다.

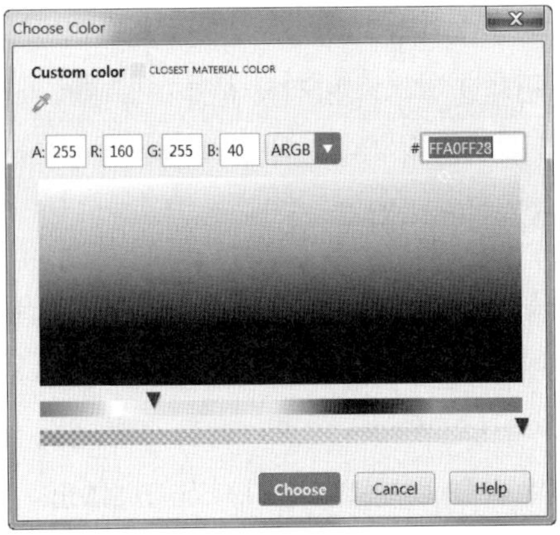

그림 3-20

끝으로, 프로젝트 창에서 app ➡ res ➡ values ➡ strings.xml 파일을 찾아 더블 클릭해보자. 다음과 같은 내용의 XML 코드가 편집기 창에 추가로 열릴 것이다.

```
<resources>
    <string name="app_name">AndroidSample</string>
    <string name="action_settings">Settings</string>
    <string name="demostring">Demo</string>
</resources>
```

여기서 demostring 문자열 리소스에 지정된 'Demo'를 'Hello'로 변경해보자. 그리고 편집기 창 위의 왼쪽에 있는 content_android_sample.xml 탭을 클릭해보자. 오른쪽의 미리보기와 XML 모두에서 Button의 text 속성이 바뀐 것을 볼 수 있을 것이다. 또한, 편집기 창 아래의 Design 탭을 클릭하면 레이아웃 편집기의 레이아웃에도 변경되어 있음을 알 수 있다.

XML 파일에서 참조되는 리소스의 값을 빨리 액세스하는 또 다른 방법이 있다. 레이아웃 편집기의 텍스트 모드(텍스트 탭을 누른 상태)에서 Button의 text 속성값인 '@string/demostring'을 클릭한 후 키보드에서 Ctrl+B[Cmd+B]를 눌러보자. 안드로이드 스튜디오가 문자열 리소스 파일인 strings.xml을 열고 그 리소스가 선언된 라인으로 커서를 위치시켜 줄 것이다. 이 기능을 사용해서 원래의 값인 'Demo'로 변경하자.

리소스 문자열은 안드로이드 스튜디오 번역 편집기(Translations Editor)를 사용해도 수정할 수 있다. 프로젝트 도구 창의 app ➡ res ➡ values ➡ strings.xml 파일에서 오른쪽 마우스를 클릭한 후 'Open Translations Editor' 메뉴를 선택한다. 그러면 안드로이드 스튜디오 메인 창의 중앙 패널에 번역 편집기를 열어준다. (strings.xml 파일이 편집기에 열려 있을 때는 오른쪽 위의 Open editor를 클릭해도 된다.)

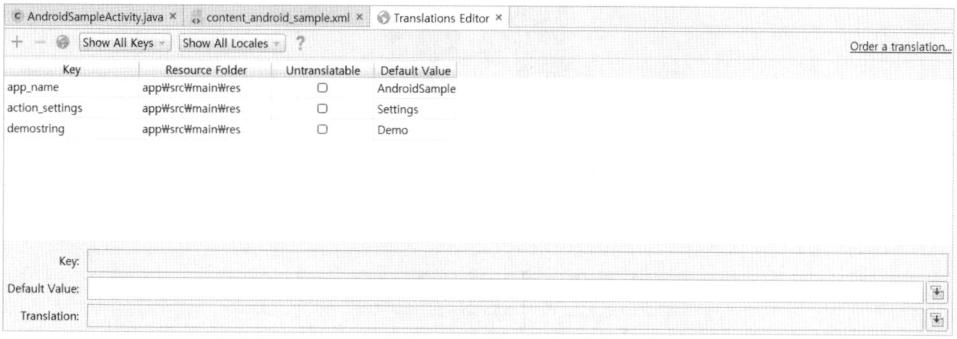

그림 3-21

이 편집기에서는 리소스 키(참조 명)에 지정된 문자열을 수정할 수 있으며, 다른 나라 언어로 번역할 수 있다. Order a translation... 링크는 애플리케이션에 포함된 문자열을 다른 나라 언어로 번역을 의뢰하는 데 사용된다. 번역 비용은 문자열의 개수에 따라 다를 수 있다.

3.6 요약

그다지 복잡하지는 않지만 안드로이드 개발 환경을 설정하는 데는 여러 작업이 필요하다. 그리고 그런 작업이 끝나면 간단한 애플리케이션을 만들어서 환경 설정과 구성이 잘 되었는지 확인해볼 필요가 있다. 이번 장에서는 간단한 애플리케이션을 만든 후 안드로이드 스튜디오 사용자 인터페이스 레이아웃 편집기를 사용해서 레이아웃을 변경해보았다. 그리고 그렇게 하면서 리소스(특히 문자열 리소스) 사용의 중요성을 살펴보았고, 레이아웃에 대해서도 간략하게 알아보았다. 또한, 안드로이드 애플리케이션의 사용자 인터페이스를 저장하는 데 사용되는 XML에 대해서도 간단히 살펴보았다.

안드로이드 스튜디오 레이아웃 편집기에서 레이아웃을 미리보기하는 것은 매우 유용하다. 그러나 실제 어떻게 화면에 나오고 동작하는지를 알려면 우리 애플리케이션을 빌드하고 실행하여 테스트해봐야 한다. 5장과 7장에서는 AVD(Android Virtual Device, 안드로이드 가상 장치)를 생성하여 애플리케이션 테스트용 에뮬레이터를 설정하는 방법과 실제 장치에서 애플리케이션을 테스트하는 방법을 자세히 설명할 것이다. 그리고 애플리케이션을 실행시키기에 앞서 다음 장에서는 안드로이드 스튜디오 자체의 사용법(사용자 인터페이스 포함)을 간략히 알아볼 것이다.

안드로이드 스튜디오 UI 둘러보기

당장이라도 앞 장에서 생성했던 애플리케이션을 실행하고 싶겠지만 조금만 참자. 안드로이드 스튜디오의 기본적인 사용자 인터페이스(UI, User Interface)에 관해 먼저 알아야 하기 때문이다. 그리고 이 내용은 안드로이드를 처음 접하는 사람들이나 기존에 이클립스를 사용해봤던 사람들 모두에게 해당된다.

안드로이드 스튜디오는 강력하고 풍부한 기능을 갖고 있으면서도 사용하기 쉬운 개발 환경이다. 그렇더라도 기본적인 사용법에 해당되는 UI 정도는 지금쯤 익혀두는 것이 좋다. 따라서 이번 장에서는 안드로이드 스튜디오 환경을 구성하는 다양한 요소를 전반적으로 둘러볼 것이다.

4.1 웰컴 스크린

아무런 프로젝트도 열려 있지 않은 상태에서 안드로이드 스튜디오가 실행될 때는 그림 4-1의 웰컴 스크린(welcome screen)이 언제든 나타난다. (안드로이드 스튜디오 메인 메뉴의 File ➡ Close Project를 선택하면 언제든지 열려 있는 프로젝트를 닫을 수 있다.) 만일 프로젝트가 열려 있는 상태에서 안드로이드 스튜디오를 끝내면, 그 이후에 안드로이드 스튜디오를 실행할 때는 웰컴 스크린을 보여주지 않고 앞서 열려 있던 프로젝트를 자동으로 연다.

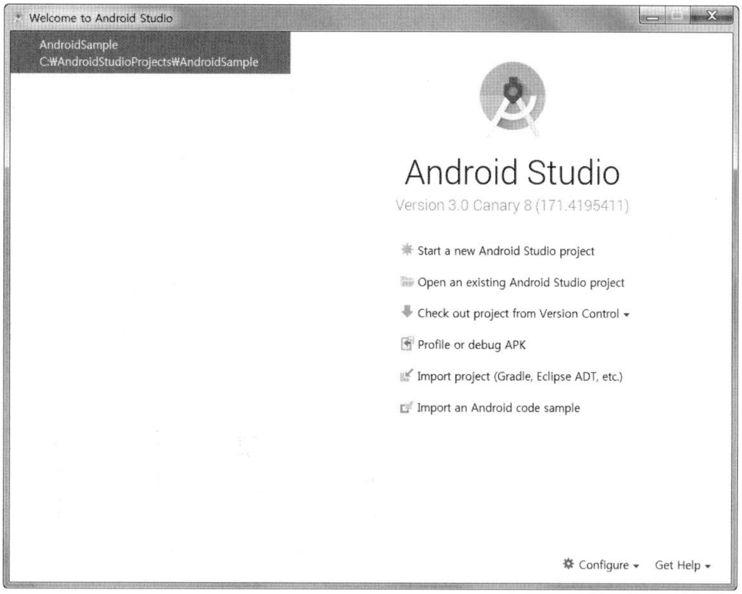

그림 4-1

웰컴 스크린의 왼쪽 패널에서는 최근에 작업했던 프로젝트들의 목록을 보여주며, 가장 최근에 작업한 프로젝트가 제일 위에 나타난다. 그리고 목록의 프로젝트를 클릭하면 그것을 바로 열어주며, 클릭하지 않고 마우스 커서만 댄 후 X를 클릭하면 목록에서 삭제 할 수 있다(프로젝트 자체가 삭제되는 것은 아니다). 또한, 오른쪽 패널의 메뉴에서는 새 프로젝트 생성, 기존의 안드로이드 스튜디오 프로젝트 열기, 버전 관리 시스템 사용, 다른 IDE(이클립스)의 프로젝트 가져오기 등과 같은 작업 옵션을 제공한다. 이와 더불어 제일 밑의 Configure(구성하기) 드롭다운에서는 SDK 매니저를 실행하거나 안드로이드 스튜디오의 각종 설정을 할 수 있다. 특히, Configure ➡ Check for Update를 선택하면 안드로이드 스튜디오를 최신 버전으로 업그레이드 할 수 있다(안드로이드 스튜디오에서 프로젝트를 연 상태에서 메인 메뉴의 Help ➡ Check for Updates...를 선택한 것과 동일하다). 또한 안드로이드 SDK관련 최신 업데이트가 있을 때는 Configure 드롭다운 왼쪽에 Events가 나타난다. 그리고 이것을 클릭하면 어떤 내용인지 간략하게 알려주며, 메시지의 update 링크를 클릭하면 대화상자가 나타나므로 업데이트를 할 수 있다.

4.2 메인 창

새로운 프로젝트를 생성하거나 또는 기존 프로젝트를 열면 안드로이드 스튜디오의 메인 창(main window)이 나타난다. 만일 여러 개의 프로젝트를 동시에 열면 각 프로젝트는 자신의 메인 창을 갖는다. 물론, 해당 프로젝트가 마지막으로 열렸을 당시에 어떤 도구 창과 패널이 나타나 있었는지에 따라 창의 구성이 달라질 수 있다. 3장에서 작성한 AndroidSample 프로젝트가 열려 있는 상태에서 중앙의 편집기에 열려 있는 AndroidSampleActivity.java 탭을 클릭하면 다음의 그림 4-2처럼 보일 것이다. (기존 프로젝트를 열었을 때 아무것도 없는 빈 화면이 나타날 때는 Alt+1[Cmd+1] 키를 눌러 프로젝트 도구 창을 열고 app ➡ java ➡ com.ebookfrenzy.androidsample 밑에 있는 AndroidSampleActivity를 더블 클릭하면 된다.)

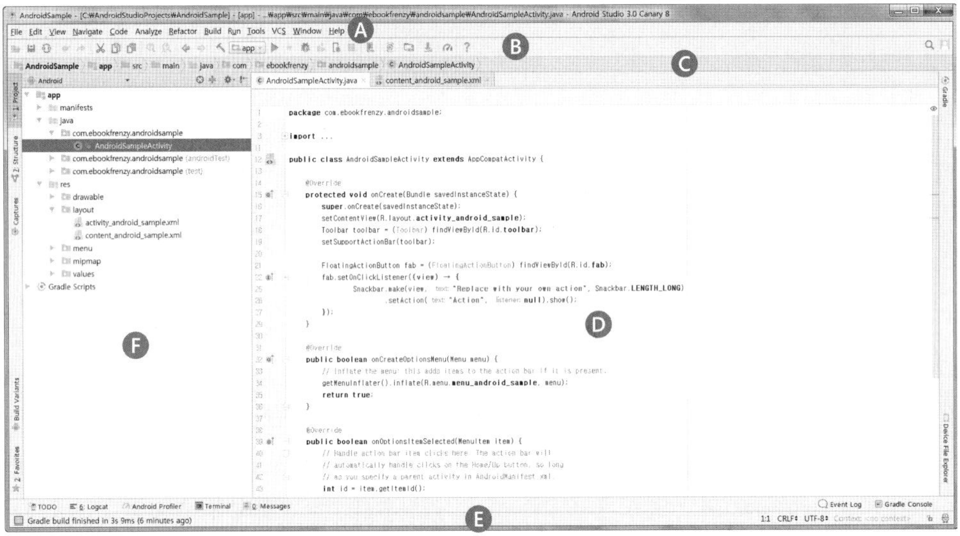

그림 4-2

메인 창의 다양한 구성 요소를 요약하면 다음과 같다.

Ⓐ **메뉴 바(Menu Bar)** — 안드로이드 스튜디오 환경에서 각종 작업을 수행하는 메인 메뉴들을 포함한다.

Ⓑ **툴바(Toolbar)** — 툴바의 버튼들은 메뉴 바의 각 메인 메뉴에 포함된 항목(액션)들을 빨리 선택할 수 있게 해준다. 툴바의 오른쪽 빈 공간에서 마우스 오른쪽 버튼을 누른 후 'Customize Menus and Toolbars...' 메뉴 옵션을 선택하면 툴바를 우리 입맛에 맞게 조정할 수 있다(메인 메뉴의 항목들을 툴바에 추가, 제거, 이동).

Ⓒ **내비게이션 바(Navigation Bar)** — 내비게이션 바는 프로젝트를 구성하는 파일과 폴더(디렉터리)를 편리하게 이동할 수 있게 해준다. 내비게이션 바에 나와 있는 요소(파일 또는 폴더)를 클릭하면 그 요소에 포함된 서브 폴더나 파일을 메뉴 항목으로 보여주어 빨리 이동할 수 있게 해준다. 프로젝트 도구 창 대신 사용할 수 있다.

D 편집기 창(Editor Window) — 편집기 창에는 개발자가 현재 작업 중인 파일의 내용을 보여준다. 그러나 파일의 내용에 따라 이 창에 보이는 것이 다를 수 있다. 예를 들어, 소스 코드를 편집할 때는 코드 편집기가 나타난다. 이와는 달리 레이아웃 파일의 경우는 사용자 인터페이스 레이아웃 편집기가 나타난다. 그리고 여러 개의 파일이 열려 있을 때는 그림 4-3처럼 각 파일은 편집기 위쪽의 탭으로 구분된다. 탭을 클릭하고 좌/우로 끌면 위치를 바꿀 수 있으며, 편집기 창 제일 오른쪽의 를 클릭하면 해당 파일을 닫을 수 있다. 또한 소스 코드 왼쪽에 보이는 줄 번호에서 오른쪽 마우스 버튼을 클릭한 후 메뉴에서 Show Line Numbers의 체크 표시를 해제하면 줄 번호가 나타나지 않게 할 수 있다.

AndroidSampleActivity.java ×
content_android_sample.xml ×
AndroidSampleActivity
onCreate()
package com.ebookfrenzy.androidsample;
import ...
public class AndroidSampleActivity extends AppCompatActivity {
@Override
protected void onCreate(Bundle savedInstanceState) {

그림 4-3

E 상태 바(Status Bar) — 상태 바에서는 안드로이드 스튜디오의 프로젝트와 작업 처리에 관한 정보를 보여준다. 또한, 왼쪽에는 도구 메뉴 버튼이 있다(이 버튼의 설명은 바로 아래의 4.3절 '도구 창'을 참조).

F 프로젝트 도구 창(Project Tool Window) — 프로젝트 도구 창에는 프로젝트의 서브 디렉터리와 파일들을 계층적으로 보여준다. 여기서 우리가 원하는 파일이나 폴더를 찾아 다양한 작업을 할 수 있다. 그리고 이 창 위에 있는 드롭다운을 클릭하면 프로젝트의 디렉터리나 파일을 여러 가지 뷰로 볼 수 있다. 기본적으로는 Android(안드로이드) 뷰로 설정되어 있으며, 이 책에서는 이 뷰를 주로 사용한다. 참고로, Project(프로젝트) 뷰에서는 프로젝트를 구성하는 모든 디렉터리와 파일을 컴퓨터 파일 시스템에 저장된 물리적인 형태로 볼 수 있으며, Android 뷰에서는 주로 사용하는 파일을 쉽게 찾을 수 있도록 그룹으로 분류하여 보여준다. 프로젝트 도구 창은 안드로이드 스튜디오 환경에서 사용 가능한 여러 도구 창 중 하나다.

4.3 도구 창

프로젝트 도구 창 외에도 안드로이드 스튜디오에는 다른 도구 창들이 많다. 그리고 그런 도구 창들이 활성화되면 메인 창의 아래 또는 옆쪽에 보인다. 그림 4-4처럼 상태 바의 맨 왼쪽 끝에 있는 도구 창 퀵 액세스(quick access) 메뉴 버튼에 마우스를 갖다 대면(클릭하지 않고) 각종 도구 창을 메뉴 항목으로 보여준다(메뉴 항목은 상황에 따라 달라질 수 있다).

퀵 액세스 메뉴에서 항목을 선택하면 해당 도구 창을 열어준다. 열린 도구 창을 닫을 때는 각 도구 창 위의 맨 오른쪽 끝에 있는 툴바 아이콘을 클릭하면 된다(왼쪽에 열린 창을 닫을 때는 ▮←, 오른쪽 창은 →▮, 아래쪽 창은 ⊥).

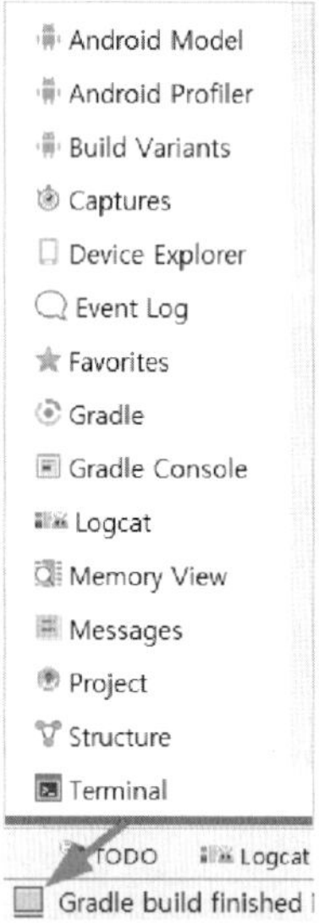

그림 4-4

도구 창들을 열거나 닫는 또 다른 방법이 있다. 그림 4-4의 퀵 액세스 메뉴 버튼을 마우스로 클릭하면 (갖다 대지만 말고) 모든 도구 창의 바(bar)가 메인 창 주변(왼쪽, 오른쪽, 아래)에 나타난다(그림 4-5에 화살표로 표시한 부분처럼 프로젝트를 열거나 새로 생성하면 기본적으로 보여준다). 이때 원하는 도구 창의 바를 클릭하면 그 도구 창이 나타나며, 다시 한 번 클릭하면 사라진다. 그리고 도구 창들의 바가 나타난 상태에서 퀵 액세스 메뉴 버튼을 다시 한 번 누르면 모든 도구 창의 바가 사라진다.

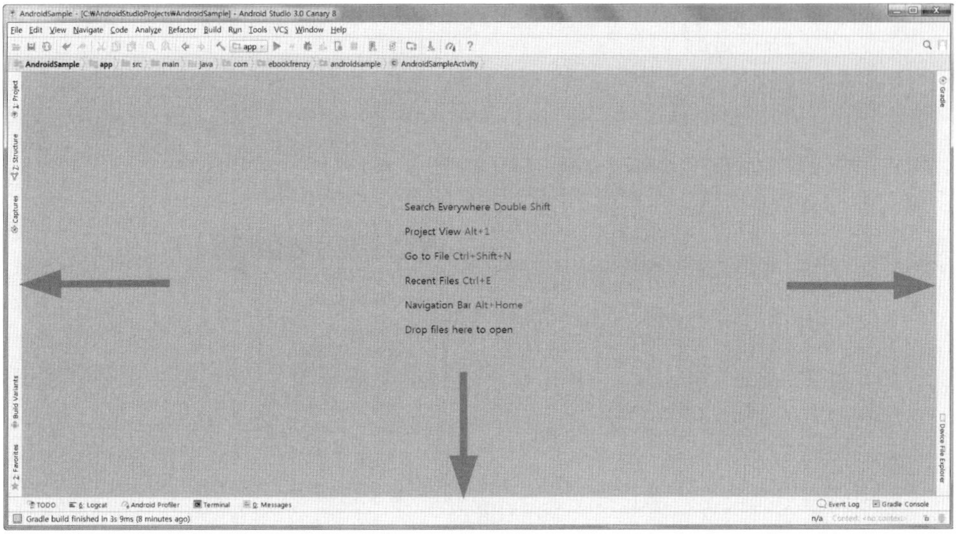

그림 4-5

도구 창의 바에 번호가 있는 경우는(예를 들어, 1: Project) 키보드의 Alt[Cmd] 키와 그 번호를 같이 눌러도 그 도구 창이 나타난다. 다시 한 번 누르면 사라진다.

도구 창의 바를 클릭했을 때 각 도구 창이 나타나는 위치는 그것의 바가 있는 위치와 같다. 예를 들어, 왼쪽 아래의 바를 클릭하면 그 바의 도구 창이 왼쪽 아래에 나타난다. 만일 그 위치를 변경하고 싶으면 해당 도구 창의 바를 마우스로 끌어서 다른 도구 창 바가 있는 곳에 넣으면 된다.

각 도구 창은 맨 위의 오른쪽에 자신의 툴바를 갖고 있으며, 툴바의 버튼들은 도구에 따라 다를 수 있다. 그러나 모든 도구 창이 공통적으로 갖는 버튼들이 있다. 우선, 맨 오른쪽에서 두 번째에 있는 **설정**(settings) 버튼( )이 있다. 이 버튼은 톱니 바퀴 모양의 아이콘으로 되어 있으며, 도구 창 자신의 배치 모드 등을 변경할 수 있다. 그림 4-6에서는 프로젝트 도구 창의 설정 메뉴를 보여준다. 예를 들어, 이 창을 별개의 창으로 분리해서 안드로이드 스튜디오의 메인 창 영역 밖에 둘 수 있는 옵션이 있다(이때는 Docked Mode의 체크를 지운다).

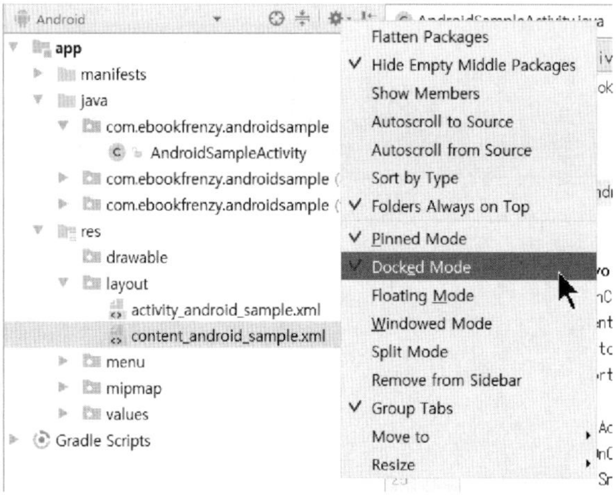

그림 4-6

또한, 도구 창의 명칭(왼쪽에 있음)과 툴바(오른쪽에 있음)가 있는 맨 위쪽의 빈 공간을 클릭하여 그 창을 선택한 후 항목을 검색할 수 있다. 예를 들어, 프로젝트 도구 창에서 strings.xml 파일을 찾는다고 해보자. 우선, 프로젝트 도구 창을 선택한다. 그리고 키보드의 s를 누르면 Search for: s라는 검색 상자가 도구 창의 명칭 위에 나타난다. 계속해서 trings.xml을 누르면 한 글자를 누를 때마다 입력했던 것과 일치하는 항목들의 문자들을 그때그때 노란색으로 표시해준다. 그리고 검색 상자에도 추가해준다. 입력이 끝나면 검색 상자에는 Search for: strings.xml이 나타나고, 우리가 입력한 것과 일치되는 strings.xml 파일을 선택된 것으로 표시해준다. 검색을 취소할 때는 언제든 Esc 키를 누르면 된다.

안드로이드 스튜디오는 여러 가지 도구 창을 제공한다. 가장 많이 사용되는 것들은 다음과 같다.

프로젝트(Project) — 프로젝트를 구성하는 서브 디렉터리와 파일의 전체 구조를 계층적으로 보여주므로 빠르게 파일을 찾고 작업할 수 있다. 특정 파일을 마우스로 더블 클릭하면 그 파일의 내용이 그것에 적합한 편집기 도구에 로드되어 편집기 창에 나타난다. 또한, 파일이나 디렉터리에서 마우스 오른쪽 버튼을 누르면 다양한 작업을 처리할 수 있는 메뉴가 나타난다.

구조(Structure) — 코드 편집기에 현재 나타나 있는 자바 소스 코드 파일의 구조를 일목요연하게 보여준다. 예를 들어, 클래스 이름과 그것에 포함된 메서드 시그니처(method signature) 및 변수 이름과 타입을 연관시켜 보여준다. 그리고 그런 항목 중 하나를 클릭하면 편집기 창의 소스 코드에서 그 위치를 찾아서 보여준다.

즐겨찾기(Favorites) — 다양한 프로젝트 요소를 즐겨찾기 목록에 추가하여 빨리 액세스할 수 있다. 예를 들어, 프로젝트 도구 창의 특정 파일에서 마우스 오른쪽 버튼을 클릭한 후 'Add to Favorites' 메뉴 항목을 선택하면, 추가할 즐겨찾기 목록을 선택하는 메뉴가 나타난다.

이때 우리 프로젝트와 같은 이름의 목록을 선택하면 된다(새로운 목록을 만들어 추가할 수도 있다). 이와 유사하게, 구조 도구 창에서 소스 코드의 특정 클래스를 마우스 오른쪽 버튼을 클릭한 후 'Add to Favorites' 메뉴 항목을 통해 같은 방법으로 추가할 수 있다. 즐겨찾기는 목록으로 구성되며, 미리 세 가지가 생성되어 있다. 우리 프로젝트와 동일한 이름의 목록(여기서는 AndroidSample), 북마크(Bookmarks) 목록, 중단점(Breakpoints) 목록이다.

이외에도 우리가 새로운 목록을 만들 수도 있다. 즐겨찾기에 등록된 항목을 더블 클릭하면 그 항목에 적합한 도구 창이 열린다. 예를 들어, 바로 위에서 추가했던 클래스를 즐겨찾기 창에서 더블 클릭하면 그 클래스가 포함된 소스 코드가 코드 편집기 창에 나타난다. 또한, 그 클래스에서 마우스 오른쪽 버튼을 클릭하면 프로젝트 도구 창에서 나오는 것과 동일한 메뉴를 통해 여러 작업을 할 수 있다.

빌드 변이(Build Variants) — 빌드 변이(變異) 도구 창에서는 현재 애플리케이션 프로젝트의 서로 다른 빌드 타깃을 빠르게 구성하는 방법을 제공한다. 예를 들어, 애플리케이션의 디버깅(debugging) 버전과 릴리스 버전에 대한 빌드 변이를 구성하거나 또는 하나의 애플리케이션으로 다수의 빌드 변이를 구성하여 서로 다른 장치에서 각각 실행 가능하게 할 수 있다.

할 일(TODO) — 이름에서 알 수 있듯이, 이 도구는 프로젝트에서 아직 완료되지 않은 사항들을 목록으로 제공한다. 안드로이드 스튜디오는 프로젝트를 구성하는 소스 파일들을 조사하여 이 목록을 만든다. 이때 지정된 TODO 패턴들과 일치하는 주석들을 찾는다. 안드로이드 메인 메뉴의 File ➡ Settings...를 선택하면 설정(Settings) 대화상자가 나타난다. 거기에서 Editor 밑에 있는 TODO를 클릭하면 그 패턴들을 변경할 수 있다.

메시지(Messages) — 메시지 도구 창은 그래들 빌드 시스템의 출력을 기록한다. 따라서 애플리케이션 프로젝트를 컴파일할 때 발생하는 빌드 문제점의 원인을 파악하는 데 유용하다(안드로이드 스튜디오가 프로젝트의 다양한 구성 부분을 실행 가능한 애플리케이션으로 빌드할 때 사용하는 기반 시스템이 그래들이다).

로그캣(Logcat) — 로그캣 도구 창에서는 다음과 같은 작업들이 수행될 수 있다. 실행 중인 애플리케이션에서 출력하는 로그 메시지를 모니터링, 애플리케이션의 화면을 캡처, 실행 중인 애플리케이션을 중단시킬 수 있다.

안드로이드 모델(Android Model) — 이 도구 창에서는 프로젝트에 구성된 여러 옵션과 설정들을 한곳에서 볼 수 있게 해준다. 예를 들어, 앱의 컴파일 SDK 버전, 빌드 타입과 같은 구성 정보 등이다.

터미널(Terminal) — 안드로이드 스튜디오가 실행 중인 컴퓨터 시스템의 터미널 창을 사용할 수 있게 해준다. 윈도우 시스템에서 이것은 명령 프롬프트이며, 리눅스와 맥 OS X 시스템에서는 터미널 프롬프트의 형태가 된다.

실행(Run) — 실행 도구 창은 애플리케이션이 실행될 때만 자동으로 열린다. 그리고 실행 결과를 볼 수 있게 해주며, 실행 중인 프로세스의 중단이나 다시 시작과 같은 옵션을 제공한다. 만일 실제 장치나 에뮬레이터에 애플리케이션을 설치하고 실행하는 데 실패하면, 이 창에서는 문제점과 관련된 오류 진단 정보를 제공한다.

이벤트 로그(Event Log) — 안드로이드 스튜디오 내부에서 수행되는 이벤트와 작업에 관련된 메시지를 보여준다. 예를 들어, 프로젝트가 성공적으로 빌드되었다든가 또는 애플리케이션이 지금 실행 중이라는 그런 내용이 이 도구 창에 나타난다.

그래들 콘솔(Gradle Console) — 안드로이드 스튜디오에서 프로젝트가 빌드되는 동안에 발생하는 그래들 시스템의 모든 출력을 보여주는 데 사용된다. 이 도구 창에는 빌드 프로세스의 성공과 실패에 관한 정보가 포함되며, 모든 에러나 경고 메시지의 상세한 정보도 같이 보여준다.

그래들(Gradle) — 프로젝트의 다양한 요소를 결합하여 실행 가능한 애플리케이션으로 만드는 데 필요한 그래들 작업들이 이 창에 나타난다. 이 창에 있는 최상위 레벨의 그래들 작업에서 오른쪽 마우스 버튼을 클릭한 후 'Open Gradle Config' 메뉴 옵션을 선택하면, 현재 프로젝트의 그래들 빌드 파일(build.gradle)을 코드 편집기로 로드할 수 있다. 그리고 우리가 원하는 그래들 작업을 구성하고 실행시킬 수 있다.

그래들 도구 창의 위에 있는 툴바 중에서 제일 왼쪽의 툴바()를 클릭하면 현재 프로젝트의 모든 그래들 작업을 찾아서 보여준다. 또한, 두 번째 툴바(+)를 클릭하면 다른 곳의 그래들 작업을 첨부할 수 있고, 세 번째 툴바(−)를 클릭하면 제거할 수 있다. 네 번째 툴바()를 클릭하면 아래쪽 패널에서 선택한 그래들 작업이 실행된다. 제일 오른쪽의 툴바()를 클릭하면 그래들의 환경 설정을 할 수 있다(홈 디렉터리와 작업 디렉터리 등). 그래들에 대해서는 이 책의 끝 부분에서 더 자세히 알아볼 것이다.

4.4 안드로이드 스튜디오의 단축키

자주 수행하는 작업(액션)들을 쉽게 시작시킬 수 있도록 안드로이드 스튜디오에는 많은 단축키가 있다. 메인 메뉴에서 Help ➡ Keymap Reference를 선택하면 모든 단축키 내역을 조회하거나 인쇄할 수 있다. 이때 단축키 내역을 수록한 PDF 파일을 웹 브라우저에서 보여준다(*https://resources.jetbrains.com/assets/products/intellij-idea/IntelliJIDEA_ReferenceCard.pdf*).

4.5 스위처와 최근 파일 기능을 이용한 내비게이션

안드로이드 스튜디오의 메인 창에서 사용할 수 있는 또 다른 유용한 내비게이션 메커니즘으로 스위처(Switcher)가 있다. 키보드 단축키인 Ctrl+Tab[Cmd+Tab]을 눌러서 사용할 수 있는 스위처는 도구 창들과 현재 열려 있는 파일들 모두를 보여주는 패널 형태로 나타난다(그림 4-7).

그림 4-7

Ctrl+Tab[Cmd+Tab] 키를 누르면 나타나는 스위처는 Ctrl 키를 계속 누르고 있어야만 없어지지 않는다. 그리고 Ctrl 키를 계속 누르고 있는 상태로 Tab 키를 반복해서 누르면 스위처 패널에 나와 있는 항목(도구 창이나 파일)들을 이동하면서 선택 표시를 해준다. 선택된 항목에서 Ctrl 키를 떼면 그 항목이 메인 창에 보인다. 만일 선택된 항목이 도구 창 가운데 하나라면 그 도구 창이 열린다(이미 열린 경우는 활성화된다). 그렇지 않고 선택된 항목이 현재 사용 중인 파일 가운데 하나라면 그 파일의 내용이 편집기 창에 열린다(이미 열려 있는 경우는 선택된다).

스위처와 더불어 또 다른 편리한 내비게이션 메커니즘으로는 최근 변경 파일(Recently Edited Files) 패널이 있다(그림 4-8).

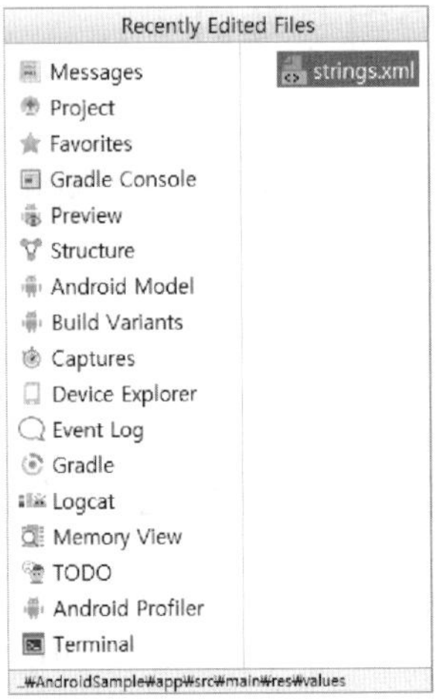

그림 4-8

이 패널에는 스위처와 동일하게 왼쪽에는 도구 창이, 오른쪽에는 최근 변경했던 파일이 나타난다. 그러나 스위처와는 다르게 단축키가 Ctrl+Shift+E[Cmd+Shift+E]이며, 키를 눌렀다 떼어도 없어지지 않는다. 그리고 마우스나 화살표 키를 사용해서 원하는 것을 선택할 수 있다. 이때 왼쪽 화살표 키를 누르면 도구 창 목록으로 이동하고, 오른쪽 화살표 키를 누르면 최근 파일 목록으로 이동한다. 위와 아래 화살표는 항목을 선택할 때 사용한다. 선택한 항목에서 Enter 키를 누르면 패널이 없어지면서 스위처와 동일한 방법으로 도구 창 또는 파일이 열리게 된다. 패널을 그냥 닫을 때는 Esc 키를 누른다.

4.6 안드로이드 스튜디오 테마 변경하기

웰컴 스크린에서 Configure ➡ Settings 옵션을 사용하거나 또는 메인 창의 메인 메뉴에서 File ➡ Settings...를 선택하면 안드로이드 스튜디오 환경의 전체 테마(theme)를 변경할 수 있다.

Settings(설정) 대화상자가 나타나면 왼쪽 패널에서 Appearance & Behavior 밑의 Appearance 옵션을 선택한 후 Theme의 설정을 변경하고 OK 버튼을 누르면 된다. 현재 설정 가능한 테마에는 IntelliJ, Windows, Darcula가 있다. 그림 4-9에서는 Darcula 테마로 설정된 메인 창의 모습을 보여준다. 각자 취향에 따라 테마를 선택하면 된다.

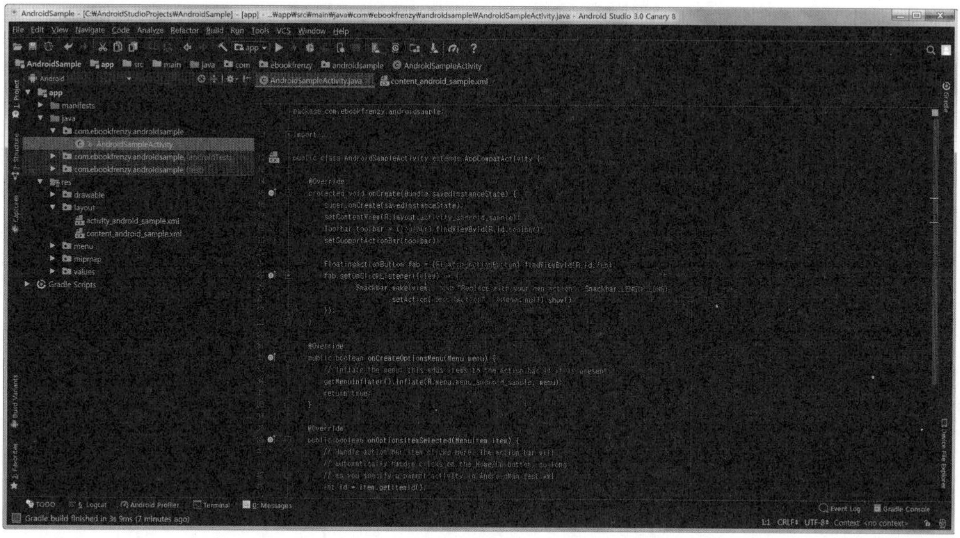

그림 4-9

4.7 요약

안드로이드 스튜디오의 주된 요소는 웰컴 스크린과 메인 창이다. 열린 프로젝트는 각각 자신의 메인 창을 갖는다. 그리고 메인 창은 메뉴 바, 툴바, 편집과 디자인 영역, 상태 바, 각종 도구 창들로 구성된다. 도구 창들은 메인 창의 옆쪽과 아래쪽에 나타나며, 상태 바에 있는 퀵 액세스 메뉴에서 선택하거나 또는 도구 창 바를 사용해서 액세스할 수 있다(상태 바의 맨 왼쪽 버튼에 마우스를 대면 퀵 액세스 메뉴가 나타나고, 그 버튼을 클릭하면 메인 창 테두리에 모든 도구 창 바가 나타난다).

안드로이드 스튜디오의 거의 모든 작업(액션)은 단축키를 사용해서 할 수 있다. 그리고 메인 창의 메뉴에서 Help ➡ Keymap Reference를 선택하면 언제든지 모든 단축키 내역을 조회하거나 인쇄할 수 있다.

안드로이드 스튜디오에서 AVD 생성하기

안드로이드 스튜디오로 안드로이드 애플리케이션을 개발하다 보면 애플리케이션의 컴파일과 실행을 여러 번 하게 된다. 안드로이드 애플리케이션은 **실제 장치** 또는 **안드로이드 가상 장치(AVD, Android Virtual Device)** 에뮬레이터 환경에서 설치 및 실행하여 테스트할 수 있다. 그러나 AVD를 사용하려면 그것이 특정 장치 모델의 사양에 맞도록 먼저 생성되어야 한다. 따라서 이번 장에서는 일례로 넥서스(Nexus) 5X를 사용하는 가상 장치를 생성하는 데 필요한 내용을 알아볼 것이다.

5.1 AVD 개요

AVD는 안드로이드 애플리케이션을 실제 안드로이드 장치에 설치하지 않고 테스트할 수 있는 에뮬레이터다. AVD는 실제 장치의 다양한 하드웨어 특성들을 모의 테스트하기 위해 구성될 수 있다. 그러한 하드웨어 특성은 장치의 화면 크기, 메모리 용량, 카메라나 GPS 내비게이션 지원 또는 가속도 센서 등의 존재 여부와 같은 것들이다. 안드로이드 스튜디오를 설치하면 다양한 장치의 AVD를 생성할 수 있는 정의 및 구성 파일들이 설치된다. 그리고 프로세서 타입, 메모리 용량, 화면 크기 및 픽셀 밀도와 같은 속성을 지정하여 실제 안드로이드 장치와 일치하도록 추가적인 AVD 구성을 만들 수 있다. 만일 자신의 실제 장치에 대한 에뮬레이터 정의가 궁금하다면 온라인 개발자 문서를 확인해보자.

안드로이드 스튜디오가 버전 2(2.x)로 업그레이드되는 것과 시점을 맞추어 AVD 에뮬레이터도 새로운 모습으로 진화하였다. 안드로이드 6.0 마시멜로 이상 버전의 시스템 이미지로 생성된 AVD 에뮬레이터를 사용하면 다음과 같은 장점을 얻을 수 있다.

1. SMP(Symmetric Multi-Processor)를 지원하므로 에뮬레이터의 성능이 많이 향상되었다. 따라서 멀티 코어 CPU를 사용하는 컴퓨터에서는 안드로이드 애플리케이션을 더욱 빠르게 실행할 수 있다.
2. 안드로이드 스튜디오에서 ADB(Android Debug Bridge)를 통해서 에뮬레이터로 APK를 전송하는 시간도 많이 빨라졌다. 따라서 용량이 큰 애플리케이션의 경우 많은 도움이 된다.
3. 에뮬레이터의 다양한 사용자 인터페이스가 추가되어 더욱 편리하게 애플리케이션을 테스트할 수 있다. 즉, 볼륨 조정, 화면 방향 전환, 화면 캡처 등의 기능을 수행하는 버튼들을 갖는 툴바가 나타난다. 그리고 APK나 데이터를 에뮬레이터로 드래그-드롭할 수 있으며, 더욱 확장된 UI를 통해 위치, 전화, 배터리, 지문 인식 등을 제어할 수 있다.
4. 인텔(Intel) x86 계열의 CPU를 갖는 컴퓨터에서는 Intel x86 Emulator Accelerator인 HAXM을 설치하여 사용하면 에뮬레이터의 속도가 훨씬 빨라진다. 이 내용은 이번 장 제일 뒤에서 설명한다.

AVD를 시작하면 모의 실행되는 안드로이드 장치 환경을 포함하는 창으로 나타난다. 예를 들어, 그림 5-1에서는 구글의 Nexus 5X 장치를 모의 실행하기 위해 구성된 AVD가 동작하는 것을 보여준다. 여기서는 사용 언어를 한국어로 설정한 상태이다. 언어 설정은 그림 5-1의 아래쪽에 원으로 표시한 화살표 아이콘을 클릭하거나 위로 끌어서 앱 아이콘들이 나타나게 한 후 Settings(설정) 앱을 실행한다. 그리고 Language & Input(언어 및 입력) ➡ Language(언어) ➡ Add Language(언어 추가) ➡ 제일 뒤쪽의 **한국어** ➡ **대한민국** 선택 ➡ 한국어 오른쪽의 막대 아이콘을 마우스로 끌어서 위로 올리면 기본 언어가 한국어로 바뀐다. (안드로이드 8.0, API 26 에뮬레이터부터는 System(시스템)을 선택한 후 Language & Input을 선택해야 한다.)

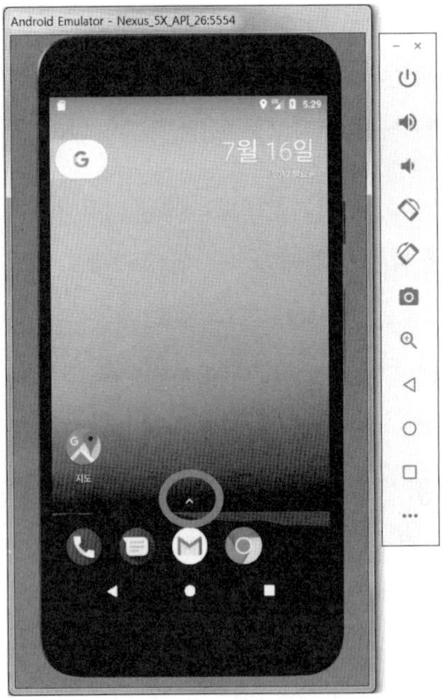

그림 5-1

AVD는 AVD 매니저(Manager)를 사용해서 새로 생성하고 관리한다. AVD 매니저는 안드로이드 SDK에 제공되는 도구이며, 명령행 모드에서 실행하거나 또는 그래픽 사용자 인터페이스(GUI, Graphical User Interface)에서 실행할 수 있다.

5.2 새로운 AVD 생성하기

에뮬레이터로 애플리케이션의 실행을 테스트하려면 특정 안드로이드 장치 구성을 갖는 AVD 에뮬레이터를 생성해야 한다. 에뮬레이터는 루팅(흔한 말로 탈옥)된 안드로이드 운영체제라고 생각하면 알기 쉬울 것이다(커널은 리눅스). 여기서는 Nexus 5와 호환되는 에뮬레이터를 생성할 것이다.

새로운 AVD를 생성하려면 우선 AVD 매니저를 실행해야 한다. 안드로이드 스튜디오에서는 메인 메뉴의 Tools ➡ Android ➡ AVD Manager를 선택하거나 메인 메뉴 바로 밑의 AVD 매니저 툴 바( )를 클릭하여 실행시킬 수 있다.

실행이 되면 그림 5-2처럼 AVD 매니저 창이 나타날 것이다. 위의 화면은 안드로이드 스튜디오와 SDK를 새로 설치하면서 아무런 AVD도 생성하지 않은 경우에 나타나며, 하나라도 AVD가 생성되어 있을 때는 아래의 화면이 나타난다.

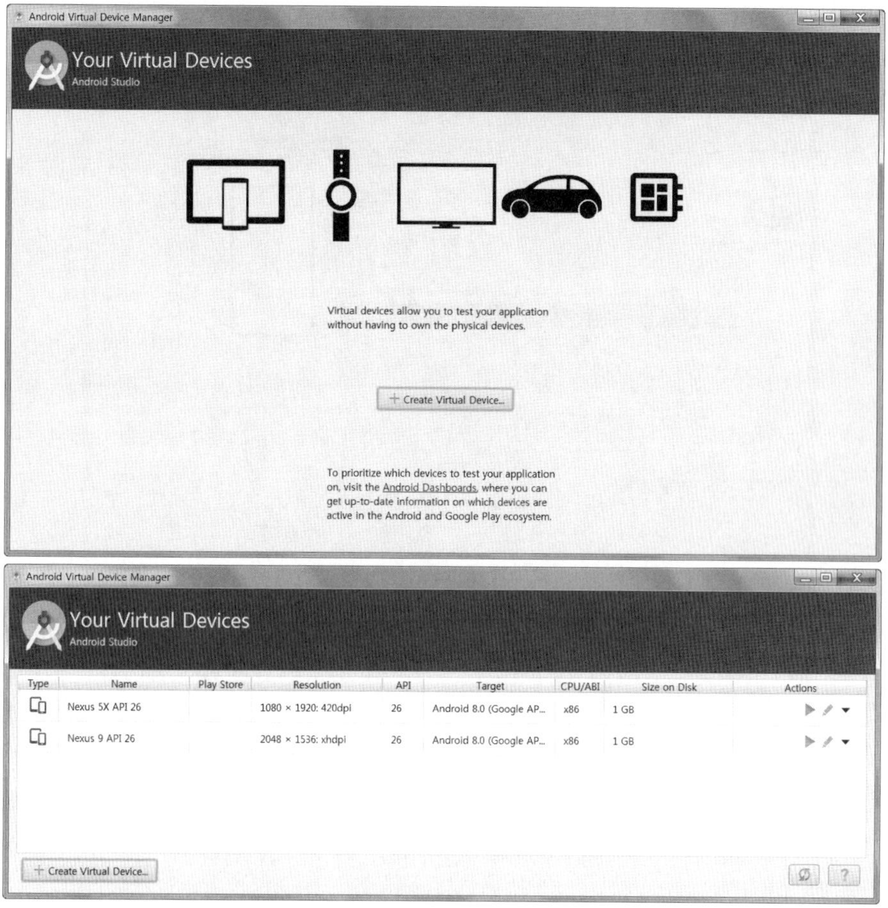

그림 5-2

둘 중 어떤 경우라도 Create Virtual Device... 버튼을 누르면 새로운 AVD를 생성하는 Virtual Device Configuration(가상 장치 구성) 대화상자가 나타난다(그림 5-3).

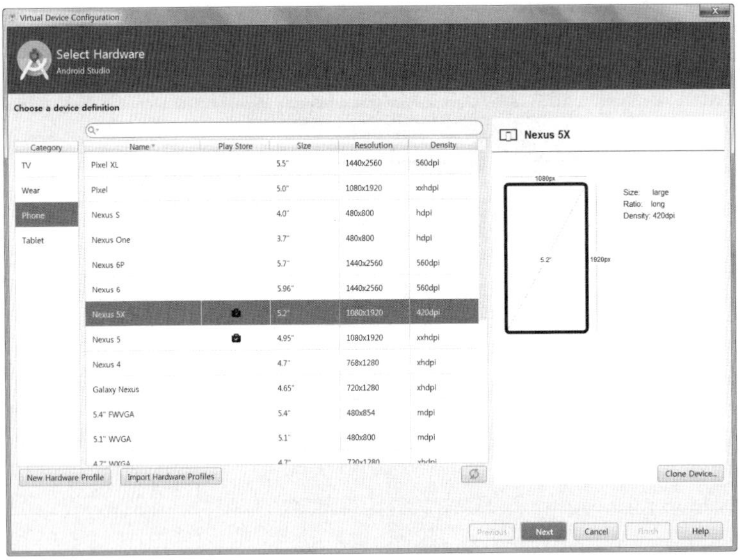

그림 5-3

Category 패널에서는 안드로이드 TV, 웨어, 폰, 태블릿 중에서 원하는 장치의 AVD를 선택할 수 있다. 여기서는 Phone과 Nexus 5X를 선택하고 Next 버튼을 누른다. (만일 개발 컴퓨터의 메모리가 2GB 미만이면 가급적 화면 해상도가 낮은 장치를 선택하는 것이 좋다. 그렇지 않고 너무 해상도가 높은 장치를 선택하면 AVD 에뮬레이터가 느려지거나 아예 실행되지 못할 수 있으니 주의하자.) 다음은 그림 5-4와 같은 시스템 이미지(System Image) 선택 대화상자가 나타난다.

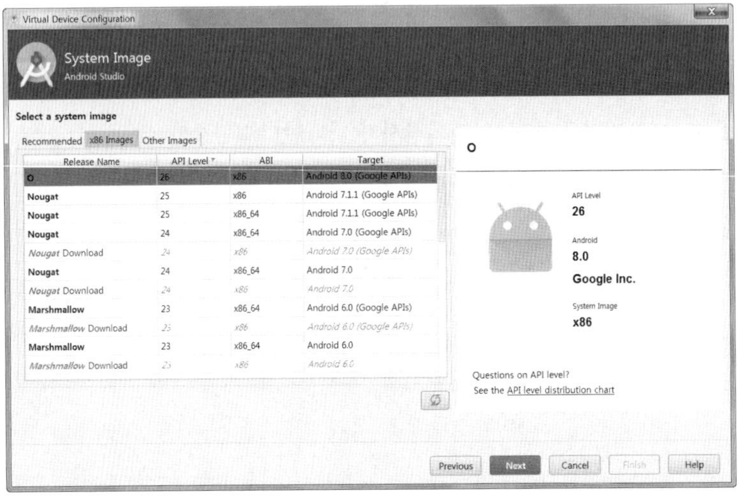

그림 5-4

시스템 이미지 화면의 제일 위에는 세 개의 탭이 있다. Recommended는 AVD 매니저가 컴퓨터의 사양을 감안하여 권장하는 시스템 이미지만 보여주며, x86 Images에서는 인텔 x86 계열의 CPU에 적합한 시스템 이미지를 보여준다. Other Images에서는 그 외의 CPU 아키텍처에서 사용 가능한 모든 시스템 이미지를 보여준다. 그리고 Release Name 열에서 Download라는 파란색 글씨가 나타나는 것은 컴퓨터에 설치가 안 된 시스템 이미지이므로 클릭하면 다운로드가 된다는 것을 의미한다.

Target 열에서는 Google APIs가 있는 것과 없는 것 중 어느 것을 선택해도 된다. 단, 구글 지도(map)와 같은 구글 서비스 API를 사용하는 애플리케이션의 경우에는 Google APIs가 지원되는 시스템 이미지를 선택해야 한다.

ABI가 x86/x86_64 또는 armeabi-v7a로 되어 있는 가장 최신 버전 안드로이드(예를 들어, API Level 26 Android 8.0 이상)를 선택하고 Next 버튼을 누른다(ABI는 장치의 CPU 아키텍처와 관련된 시스템 이미지를 의미한다). 인텔 x86 64비트 CPU의 컴퓨터에서는 x86_64를 선택한다.

다음은 더 구체적인 사항을 지정할 수 있는 AVD 구성 대화상자가 나타난다(그림 5-5).

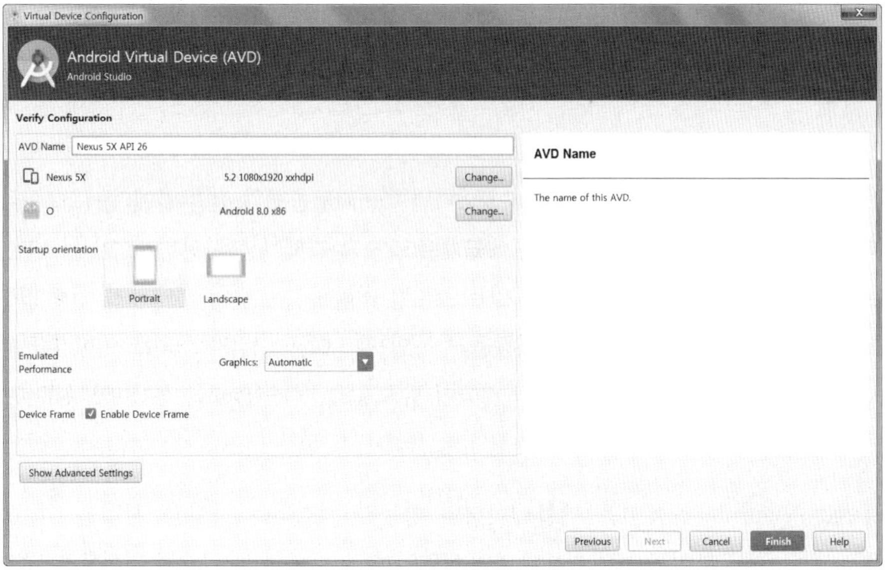

그림 5-5

AVD Name 필드에는 Nexus 5X와 같이 장치를 알아보기 쉬운 이름을 입력한다. 단, 이름 중간에는 특수 문자가 없어야 하며, 대문자, 소문자, 괄호 및 공백(space)을 사용할 수 있다. API 레벨을 포함해서 기본으로 지정되는 이름이 제일 무난하다.

아래쪽의 Show Advanced Settings 버튼을 누르면 그림 5-6의 추가적인 옵션을 밑에 보여준다.

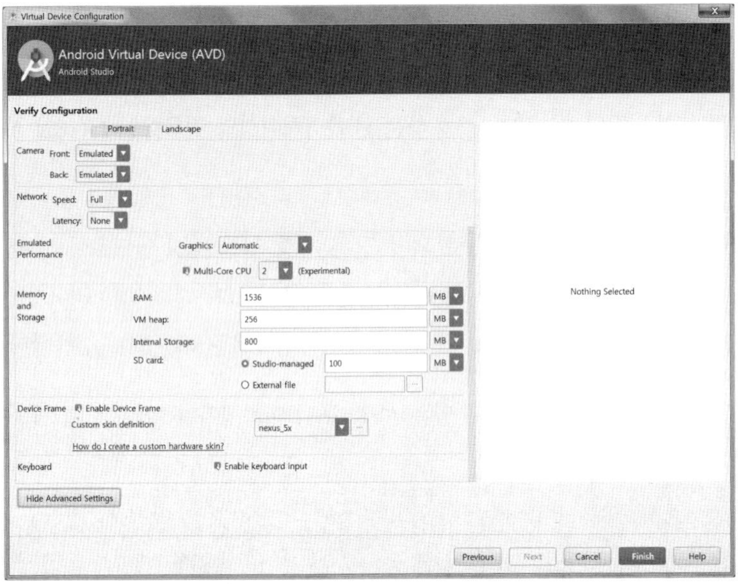

그림 5-6

만일 사용 중인 컴퓨터에 웹 캠(web cam)이 있다면 Camera 옵션의 전면 카메라(Front)나 후면 카메라(Back)를 Webcam0으로 선택해서 에뮬레이터가 그 카메라를 사용하게 할 수 있다. 또는 Emulated를 선택해서 마치 카메라가 있는 것처럼 처리해주는 모의 카메라를 선택해도 된다. 이때는 애플리케이션에서 카메라 기능을 사용할 때 에뮬레이터가 임의로 이미지를 만들어준다. 그러나 애플리케이션에서 카메라 기능이 필요 없을 때는 None을 선택하면 된다. 여기서는 기본값인 None을 선택한다.

Emulated Performance에서는 에뮬레이터의 성능과 직결되는 사항을 지정할 수 있다. Graphics에서는 하드웨어 그래픽 카드나 소프트웨어 중 어느 것으로 그래픽 처리를 할 것인지를 선택한다. 기본값인 Automatic을 선택하면 그래픽 카드의 유무를 에뮬레이터가 판단해서 처리해준다. 그리고 CPU 코어가 여러 개인 컴퓨터에서는 Multi-Core CPU를 체크하고 사용 코어 개수를 두 개 이상 지정하는 것이 좋다.

Memory and Storage의 RAM 옵션은 각자 컴퓨터의 메모리 사양을 감안해서 지정하는 것이 좋다. 만일 2GB 미만인 경우는 512MB부터 1024MB 사이의 값을 주는 것이 좋다. 그러나 4GB 이상인 경우는 기본으로 지정된 값을 사용하면 된다(대개의 경우 1.5GB).

그리고 그 밑에는 SD 카드의 용량을 지정할 수 있으며, 기본적으로 100MB가 지정된다. 따라서 실제 장치의 SD 카드와 동일하게 우리가 필요한 데이터를 읽고 쓸 수 있다. 이 책에서는 27장에서 제스처(gesture) 데이터 파일을 저장하고 읽는 데 사용할 것이다.

Keyboard 옵션의 Enable keyboard input을 체크하면 에뮬레이터가 실행 중일 때 개발 컴퓨터 시스템의 키보드를 사용하게 된다. 따라서 에뮬레이터에서 실행 중인 애플리케이션에서 텍스트 입력을 받으면 개발 컴퓨터의 하드웨어 키보드로부터 입력을 할 수 있다.

다 되었으면 Finish 버튼을 누른다. 조금 기다리면 AVD가 생성되고 AVD 내역을 보여주는 Your Virtual Devices 대화상자가 나타난다(그림 5-7).

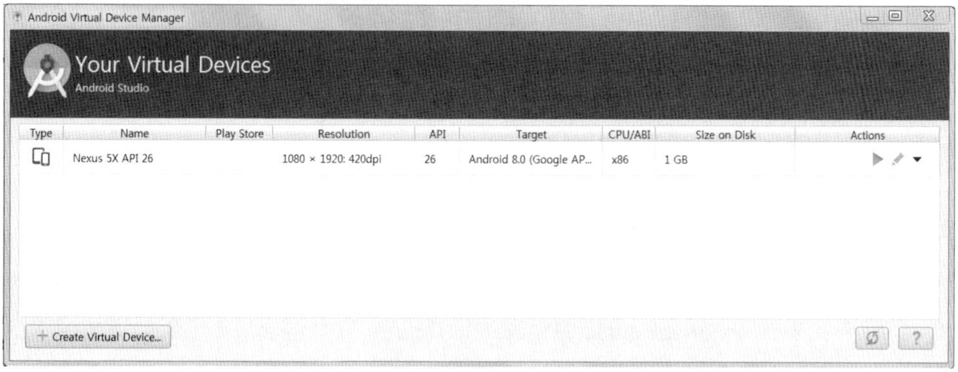

그림 5-7

이후로는 AVD 매니저를 실행할 때 이 대화상자가 나타난다. 그리고 원하는 AVD를 선택하고 오른쪽의 Actions에 있는 연필 모양의 아이콘(✎)을 클릭하면 그림 5-5의 AVD 구성 대화상자가 나타나므로 내역을 변경할 수 있다. 또한, 맨 끝의 뒤집힌 삼각형 아이콘(▼)을 클릭하면 AVD 조회나 삭제 및 복제를 할 수 있으며, 제일 왼쪽의 가로 누운 삼각형 아이콘(▶)을 클릭하면 해당 에뮬레이터를 실행시킬 수 있다. 그리고 대화상자 왼쪽 밑의 Create Virtual Device... 버튼을 클릭하면 새로운 AVD를 추가로 생성할 수 있다.

5.3 에뮬레이터 시작하기

새로 생성된 AVD 에뮬레이터가 잘 실행되는지 테스트하기 위해 그림 5-7의 AVD 내역에서 원하는 AVD를 선택하고, 오른쪽의 Actions에 있는 첫 번째 아이콘(▶)을 클릭하여 에뮬레이터를 시작시키자.

만일 "Intel HAXM is required to run this AVD. VT-x is disabled in BIOS"와 같이 HAXM 관련 에러가 발생하여 에뮬레이터가 실행되지 않을 때는 다음 세 가지 방법 중 하나로 해결할 수 있다. 첫 번째, 5.10절을 참조하여 HAXM을 올바르게 설치한다. 단, 이 방법은 시스템 BIOS에서 VT(가상화)가 지원되는 x86 CPU를 탑재한 컴퓨터만 가능하다. 두 번째, 컴퓨터에서 사용 중인 백신 프로그램 또는 그 외 다른 프로그램에서 이미 VT를 사용하고 있는지 확인한다. 만일 사용 중이라면 해제한 후 컴퓨터를 다시 부팅하면 된다. 세 번째, 앞의 두 가지 방법 모두 안 될 때는 그림 5-4에서 ABI를 armeabi-v7a로 선택하여 AVD 에뮬레이터를 생성한다.

잠시 후, 에뮬레이터가 새로운 창으로 나타난다. 그리고 실제 장치(폰이나 태블릿)에서 전원을 켰을 때처럼 초기 화면이 나오려면 조금 더 기다려야 한다(혹시 자물쇠가 나타나면 마우스로 천천히 끌어서 위로 올리면 된다). 사용 중인 컴퓨터의 사양에 따라 소요 시간이 다를 수 있지만, 애플리케이션을 개발 및 테스트하는 동안은 실행 상태로 두는 게 편리할 것이다.

5.4 AVD에서 애플리케이션 실행하기

AVD 에뮬레이터가 생성되었으므로 이제는 3장에서 생성했던 AndroidSample 애플리케이션을 실행할 수 있다. AndroidSample 프로젝트를 안드로이드 스튜디오에서 열고 툴바에 있는 초록색의 삼각형으로 된 Run(실행) 버튼을 누르면 된다(그림 5-8). 또는 메인 메뉴의 Run ➡ Run 'app'을 선택하거나 단축키인 Shift+F10[Ctrl+R]을 눌러도 된다.

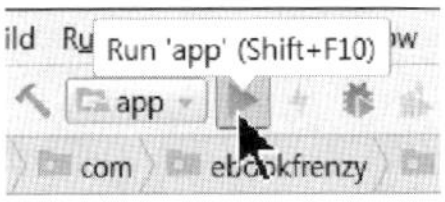

그림 5-8

위의 세 가지 방법 중 하나로 애플리케이션을 실행시키면 안드로이드 스튜디오에서 Select Deployment Target 대화상자를 보여준다. 여기서는 이미 실행 및 연결된 AVD 에뮬레이터(인스턴스)나 실제 장치가 여러 개일 때 그중 하나를 선택할 수 있으며, 또는 사용 가능하지만 아직 연결되지 않은 특정 AVD 에뮬레이터나 실제 장치를 시작시킬 수도 있다(그림 5-9).

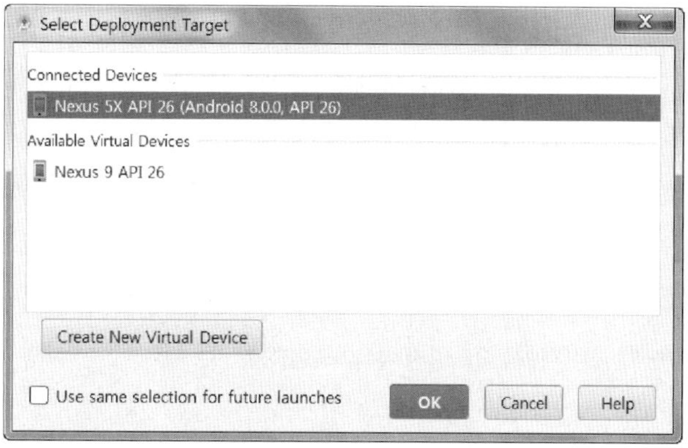

그림 5-9

그림 5-9에서는 두 개의 에뮬레이터를 보여준다. 그중에서 현재 연결된 장치는 Nexus 5X 에뮬레이터이며, Nexus 9 에뮬레이터는 생성은 되었으나 현재 실행되지 않은 상태다.

두 가지 중 어떤 장치에서도 우리의 애플리케이션을 실행시킬 수 있다. 현재 연결 중인 장치를 선택하면 우리 애플리케이션이 그 장치에 바로 설치되어 실행되며, 연결되지 않은 에뮬레이터를 선택하면 에뮬레이터가 먼저 실행되어 부팅된 후 우리 애플리케이션이 설치 및 실행된다.

앞에서 생성했던 Nexus 5X AVD를 선택한 상태에서 OK 버튼을 눌러서 우리 애플리케이션을 에뮬레이터에 설치하고 실행시키자.

우리 애플리케이션이 실행되면 액티비티 클래스인 AndroidSampleActivity의 사용자 인터페이스 화면이 에뮬레이터에 나타날 것이다(그림 5-10).

에뮬레이터가 최초 실행될 때 기본적으로 나타나는 화면 방향(가로 또는 세로)을 지정할 수 있다. 이때는 그림 5-7에서 해당 에뮬레이터의 오른쪽에 있는 연필 모양의 아이콘을 클릭한다. 그리고 그림 5-5의 대화상자가 나타나면 Startup orientation을 원하는 방향(Portrait는 세로 방향, Landscape은 가로 방향)으로 선택한 후 Finish 버튼을 눌러 저장한다. 그다음에 에뮬레이터를 종료했다가 다시 시작시키고 우리 애플리케이션을 실행하면 된다.

그림 5-10

우리 애플리케이션의 액티비티가 자동으로 론칭(시작)되지 않으면 애플리케이션의 론칭 아이콘(launching icon)이 에뮬레이터의 애플리케이션 내역에 나타나는지 확인해보자. 만일 있다면 설치는 된 것이므로 그 아이콘을 클릭하면 애플리케이션이 실행될 것이다. 일단, 프로세스의 실행이 시작되면 실행(Run) 도구 창이 자동으로 열리며, 문제가 생길 경우에는 로그캣(Logcat) 도구 창이 열린다(안드로이드에서는 애플리케이션의 액티비티가 리눅스 프로세스로 실행된다). 실행 도구 창에서는 애플리케이션 패키지가 설치되어 론칭되는 동안 그와 관련된 진단 정보를 보여준다. 그림 5-11에서는 애플리케이션이 성공적으로 론칭될 때 나타나는 실행 도구 창의 출력 내역을 보여준다.

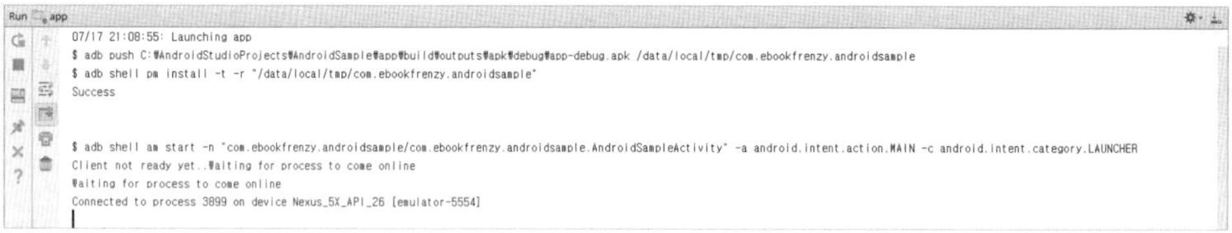

그림 5-11

만일 론칭 중에 문제가 발생하면 문제의 원인을 찾는 데 도움이 되는 정보가 실행 도구 창에 나타날 것이다.

앱이 에뮬레이터에 제대로 론칭되어 예상대로 실행된다면 안드로이드 개발 환경이 제대로 설치되고 구성되었음을 확인한 것이다.

5.5 Run/Debug 구성

안드로이드 스튜디오에서 애플리케이션이 실행될 때마다 자동으로 특정 장치나 특정 에뮬레이터를 사용하도록 프로젝트를 구성할 수 있다. 그럼으로써 애플리케이션을 실행할 때마다 해야 하는 실행 장치 선택을 하지 않아도 된다. 실행/디버그(Run/Debug) 구성을 조회하고 변경하려면 안드로이드 스튜디오 툴바의 Run 버튼 옆에 있는 app 버튼을 클릭한 후에 메뉴의 Edit Configurations... 옵션을 선택한다(그림 5-12).

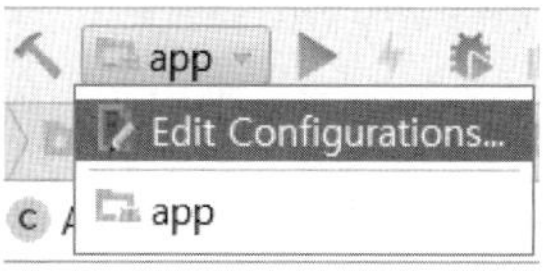

그림 5-12

그다음에 Run/Debug Configurations 대화상자(그림 5-13)에서 애플리케이션을 구성할 수 있다. 즉, 오른쪽 아래의 Target 드롭다운을 클릭하여 Emulator를 선택한다. 그러면 바로 밑에 Prefer Android Virtual Device 드롭다운이 나타나며, 그것을 클릭하여 우리가 원하는 에뮬레이터를 선택하면 된다. 예를 들어, 그림 5-13에서는 앞에서 생성한 Nexus 5 에뮬레이터가 실행되도록 AndroidSample 애플리케이션이 구성된 것을 보여준다.

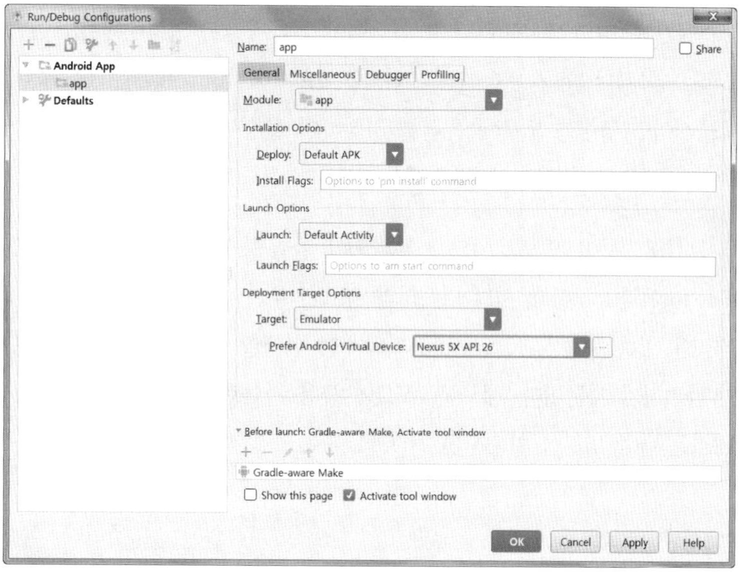

그림 5-13

여기서는 Target 드롭다운을 클릭하여 기본값인 'Open Select Deployment Target Dialog'를 선택한 후 OK 버튼을 누르자. 앱을 실행할 때마다 그림 5-9의 장치 선택 대화상자가 나타나게 하여 다른 에뮬레이터나 실제 장치에서도 실행하기 위해서다.

5.6 실행 중인 애플리케이션 중단시키기

테스트를 목적으로 애플리케이션을 빌드하고 실행할 때는 매번 애플리케이션의 새로운 수정 버전이 빌드되고 실행된다. 그리고 이때 장치나 에뮬레이터에서 실행 중인 수정 이전 버전의 애플리케이션은 자동으로 중단되고 수정 버전으로 교체되어 실행된다. 그러나 안드로이드 스튜디오로부터 실행 중인 애플리케이션을 수동으로 중단시킬 수도 있다.

이때는 그림 5-14와 같이 안드로이드 스튜디오의 툴바에 있는 Stop 'app' 버튼을 클릭하거나, 또는 메인 메뉴의 Run ➡ Stop 'app'을 선택하면 된다.

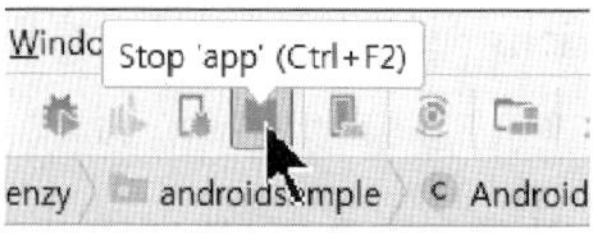

그림 5-14

5.7 명령행에서 AVD 조회하기

이 장 앞에서 얘기했듯이, 그래픽 사용자 인터페이스와 더불어 명령행에서도 AVD를 조회할 수 있다(안드로이드 스튜디오를 사용할 때는 이렇게 할 필요가 없지만 알아 두는 것도 좋다). 이때는 안드로이드 에뮬레이터 명령행 도구에 옵션을 지정하여 실행시키면 된다(윈도우 시스템의 명령 프롬프트 창 또는 리눅스나 맥 OS X의 터미널 창에서 실행한다).

이 책 2장에서 설명했듯이, 안드로이드 스튜디오가 실행 중인 컴퓨터의 PATH 환경 변수에 안드로이드 SDK tools와 tools\bin 서브 디렉터리 경로가 추가되어 있어야 편리하다. 그렇지 않으면 그 디렉터리에 있는 각종 SDK 도구(소프트웨어)를 실행할 때마다 디렉터리 경로를 지정해야 하므로 무척 불편하기 때문이다. 새로운 AVD에 사용 가능한 타깃(target) SDK 버전들의 시스템 이미지 내역은 다음 명령을 실행하면 된다.

```
avdmanager list target
```

이 명령에서는 SDK 매니저를 사용해서 우리가 설치했던 안드로이드 시스템 이미지들의 AVD 정의 내역만 보여주므로 각자 다른 결과를 보게 될 것이다. 이 명령으로 출력된 예를 보면 다음과 같다.

```
Available Android targets:
----------
id: 1 or "Google Inc.:Google APIs:22"
     Name: Google APIs
     Type: Add-On
     Vendor: Google Inc.
     Revision: 1
     Description: Google APIs
     Based on Android 5.1 (API level 22)
     Libraries:
      * com.google.android.maps (maps.jar)
          API for Google Maps
      * com.android.future.usb.accessory (usb.jar)
          API for USB Accessories
```

```
      * com.google.android.media.effects (effects.jar)
          Collection of video effects
......
......
id: 8 or "android-26"
     Name: Android API 26
     Type: Platform
     API level: 26
     Revision: 1
```

list avd 명령행 인자를 사용하면 우리가 생성한 AVD 에뮬레이터의 내역을 알 수 있다.

```
avdmanager list avd

Available Android Virtual Devices:
    Name: Nexus_5X_API_26
  Device: Nexus 5X (Google)
    Path: C:\Users\JC-S\.android\avd\Nexus_5X_API_26.avd
  Target: Google APIs (Google Inc.)
          Based on: Android API 26 Tag/ABI: google_apis/x86
    Skin: nexus_5x
  Sdcard: 100M
---------
    Name: Nexus_9_API_26
  Device: Nexus 9 (Google)
    Path: C:\Users\JC-S\.android\avd\Nexus_9_API_26.avd
  Target: Google APIs (Google Inc.)
          Based on: Android API 26 Tag/ABI: google_apis/x86
    Skin: nexus_9
  Sdcard: 100M
```

여기서 이름이 Nexus_5X_API_26인 AVD는 구글 API 26 안드로이드 8.0이 실행되는 에뮬레이터이며, 이름이 Nexus_9_API_26인 AVD도 구글 API 26 안드로이드 8.0이 실행되는 에뮬레이터이다. 그리고 Tag/ABIs의 x86(32비트)는 인텔 x86 계열 CPU에서 실행된다는 것을 의미한다.

이와 유사하게 기존 AVD를 삭제할 때는 다음과 같이 delete 옵션을 사용하면 된다.

```
avdmanager delete avd -n <avd name>
```

5.8 AVD 구성 파일들

기본적으로 AVD와 관련된 파일들은 사용자의 홈 디렉터리에 있는 .android/avd 서브 디렉터리에 저장된다. 그리고 파일 이름이나 서브 디렉터리 이름의 구조는 다음과 같다(여기서 <avd name>은 AVD에 지정된 이름으로 대체된다).

```
<avd name>.avd/config.ini
<avd name>.avd/userdata.img
<avd name>.ini
```

config.ini 구성 파일은 AVD 생성 시 지정된 화면 크기나 메모리와 같은 장치 구성 설정들을 포함하며, 우리가 직접 변경할 수 있다. 그리고 변경된 설정들은 AVD가 다음번에 실행될 때 적용된다.

<avd name>.ini 파일은 타깃 안드로이드 SDK의 참조와 AVD 파일들의 경로를 포함한다. config.ini 파일의 image.sysdir 값을 변경하면 이 파일의 target 값에 반영해주어야 한다는 것에 유의하자.

5.9 AVD의 위치 이동과 이름 변경

AVD 파일들의 현재 이름이나 위치는 명령행에서 avdmanager 도구의 move avd 인자를 사용하여 변경할 수 있다. 예를 들어, AVD 이름을 Nexus9에서 Nexus9B로 변경할 때는 다음 명령을 실행하면 된다.

```
avdmanager move avd -n Nexus9 -r Nexus9B
```

AVD 관련 파일들이 저장된 위치를 변경할 때는 다음 명령을 사용한다.

```
avdmanager move avd -n <avd name> -p <새로운 위치의 디렉터리 경로>
```

예를 들어, 현재의 파일 시스템 위치에서 /tmp/Nexus9Test로 AVD를 이동할 때는 다음과 같다.

```
avdmanager move avd -n Nexus9 -p /tmp/Nexus9Test
```

이동할 디렉터리가 이 명령을 실행하기 전에 이미 있으면 안 된다는 것에 유의하자.

(avdmanager를 사용해서 AVD 에뮬레이터를 생성할 수도 있지만, 이때는 가급적 안드로이드 스튜디오에서 하는 것이 좋다.)

5.10 Intel HAXM 사용으로 에뮬레이터 성능 향상시키기

Intel x86 계열의 CPU를 갖는 컴퓨터에서는 x86 Emulator Accelerator인 HAXM을 설치하여 사용하면 에뮬레이터의 속도가 훨씬 빨라진다. 요즘의 데스크톱이나 노트북에 장착되어 나오는 x86 CPU들(예를 들어, Intel Core i3/i5/i7 등)은 거의 대부분 HAXM을 사용할 수 있다.

윈도우 시스템에서 HAXM을 사용하려면 다음과 같이 컴퓨터를 설정하고 설치해야 한다. (맥 OS X에서 HAXM을 설치하고 사용하는 방법은 *https://software.intel.com/en-us/android/articles/installation-instructions-for-intel-hardware-accelerated-execution-manager-mac-os-x* 참조.)

1. 컴퓨터의 전원을 켜고 BIOS 메뉴로 들어간 후 하드웨어 가상화 기법인 VT(Virtualization Technology)를 Enabled로 변경한다. VT 옵션은 컴퓨터에 따라 다르지만, Bios advanced setting ➡ device(CPU) configurations 또는 System Configuration에 있다. HAXM에서 VT를 사용하므로 반드시 설정해야 한다. 만일 BIOS 메뉴에서 VT를 지원하지 않는 컴퓨터라면 HAXM을 사용할 수 없다.
2. 컴퓨터가 부팅된 후 HAXM installer를 실행하여 설치한다. 단, 1번의 VT를 Enabled로 변경하지 않으면 HAXM을 설치할 때 또는 에뮬레이터를 시작할 때 에러가 발생한다. HAXM installer는 다음 두 가지 방법 중 하나로 컴퓨터에 설치할 수 있다. (안드로이드 스튜디오를 설치할 때 자동으로 설치된 경우는 별도로 설치하지 않아도 된다.)

    - 안드로이드 스튜디오를 설치한 후 SDK 매니저를 실행하고 위쪽의 SDK Tools 탭을 클릭한다. 그리고 Intel x86 Emulator Accelerator(HAXM installer)가 설치되어 있는지 확인한다(installed로 나타나야 함). 만일 설치되어 있지 않으면 체크하여 선택한 후 OK 버튼을 누르면 설치된다. 그리고 안드로이드 SDK가 설치된 디렉터리 밑의 extras\intel\Hardware_Accelerated_Execution_Manager에 있는 intelhaxm-android.exe를 실행한다.
    - 다음의 Intel 사이트에 접속해서 최신 버전을 받은 후 압축을 풀고 installer를 실행한다. URL *https://software.intel.com/en-us/android/articles/intel-hardware-accelerated-execution-manager*

그리고 AVD 에뮬레이터를 생성할 때 x86 또는 x86_64 시스템 이미지를 선택한다.

HAXM을 사용하여 에뮬레이터를 실행시키면 많이 빨라지는 것을 느낄 수 있다. 에뮬레이터의 부팅 속도뿐만 아니라 애플리케이션 실행 속도도 빨라진다. HAXM 사용이 가능한 컴퓨터에서는 반드시 사용할 것을 권한다.

5.11 요약

일반적인 애플리케이션 개발 절차는 코드 작성, 빌드, 테스트 환경에서의 실행으로 이루어진다. 안드로이드 애플리케이션은 실제 안드로이드 장치 또는 AVD 에뮬레이터 모두에서 테스트할 수 있다. AVD는 AVD 매니저 도구를 통해 생성되고 관리된다.

AVD 매니저는 명령행 도구 또는 그래픽 사용자 인터페이스를 통해 사용될 수 있다. 특정 안드로이드 장치 모델로 모의 실행하기 위해 AVD를 생성할 때는 AVD가 실제 장치의 하드웨어 명세와 일치하도록 구성하는 것이 중요하다.

안드로이드 스튜디오 AVD 에뮬레이터 사용과 구성하기

안드로이드 스튜디오 1.x 때 사용되던 AVD 에뮬레이터는 말도 많고 탈도 많았었다. 느려 터지고 유연성도 떨어지니 개발자들의 원망을 사는 게 당연했을 것이다. 그러나 안드로이드 스튜디오 버전 2부터는 성능이나 유연성 측면 모두 많이 개선된 에뮬레이터를 사용할 수 있게 되었다. 또한, 새로운 구성 옵션들이 많이 추가되었고 애플리케이션 실행 중에도 그런 옵션들을 변경할 수 있다.

이번 장에서는 안드로이드 스튜디오 AVD 에뮬레이터의 주요 기능들을 살펴볼 것이다. 그리고 72장에서 자세히 알아볼 지문 인증을 처리하기 위해 지문을 등록하는 방법도 설명한다.

6.1 에뮬레이터 환경

에뮬레이터가 시작되면 로딩되는 동안 잠시 그림 6-1의 이미지를 보여준다.

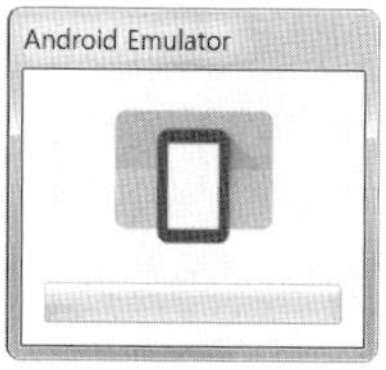

그림 6-1

그리고 일단 로드되면 우리가 선택한 장치 타입의 모습을 갖는 메인 에뮬레이터 창이 나타난다. 그림 6-2는 Nexus 5X 장치에서의 모습이다.

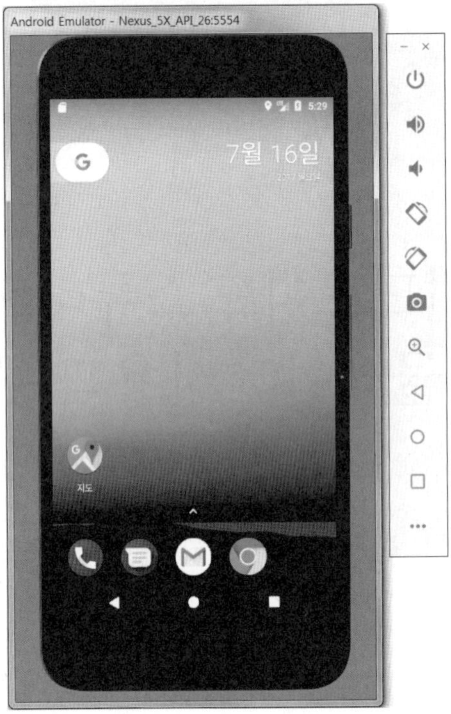

그림 6-2

에뮬레이터 창에서는 실제 장치와 유사한 화면을 보여주며, 실제 장치와 동일하게 앱을 실행하고 사용할 수 있다. 단, 앱 아이콘이나 화면을 손가락으로 터치하는 대신 마우스로 클릭하며, 끌거나 미는 동작은 마우스를 클릭한 후 끌거나 밀어야 한다. 그리고 오른쪽에는 에뮬레이터를 빠르게 제어하고 설정할 수 있는 툴바(toolbar)가 있다.

6.2 에뮬레이터 툴바

에뮬레이터 툴바(그림 6-3)에서는 에뮬레이터 환경의 모습과 동작에 관련된 다양한 옵션을 사용할 수 있다.

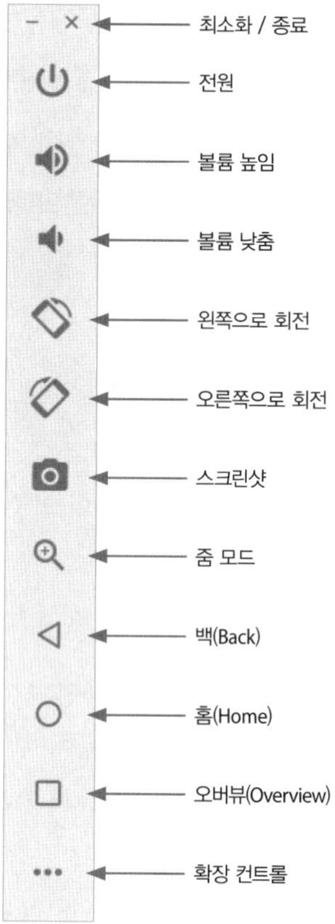

그림 6-3

툴바의 각 버튼은 마우스로 클릭하거나 또는 키보드의 단축 키를 눌러서 바로 사용할 수 있다. 각 버튼에 마우스 커서를 갖다 대면 버튼 설명과 단축 키를 보여주는 툴팁 메시지가 나타나므로 쉽게 알 수 있다.

툴바에 포함된 많은 옵션 버튼은 따로 설명하지 않아도 알 수 있는 것들이지만, 각 옵션 버튼의 기능을 요약해보면 다음과 같다.

- **최소화 / 종료** — 제일 위의 'x' 버튼을 누르면 에뮬레이터가 종료되고 '-'은 전체 창을 최소화한다.
- **전원** — 실제 안드로이드 장치의 전원 버튼과 유사하다. 이 버튼을 마우스로 클릭하면 에뮬레이터를 잠그고 화면이 꺼진다. 마우스를 클릭한 채로 누르고 있으면 장치의 '전원 끄기' 처럼 동작한다.
- **볼륨 높임 / 낮춤** — 두 개의 버튼은 오디오 재생 볼륨을 제어한다.

- **왼쪽 / 오른쪽으로 회전** — 두 개의 버튼은 에뮬레이터를 가로나 세로 방향으로 회전시킨다.
- **스크린샷** — 현재 화면에 나타난 콘텐트를 이미지로 캡처한다. 캡처된 이미지는 설정 화면에 지정된 위치에 저장된다. 설정 화면은 뒤에서 설명할 확장 컨트롤 패널에 있다.
- **줌(Zoom) 모드** — 줌인/줌아웃을 하는 버튼이다. 줌 모드는 잠시 뒤에 설명한다.
- **백(Back)** — 장치의 Back 버튼처럼 동작한다.
- **홈(Home)** — 장치의 Home 버튼처럼 동작한다.
- **오버뷰(Overview)** — 장치에서 현재 실행 중인 앱들을 보여주는 Overview 버튼처럼 동작한다.
- **확장 컨트롤** — 확장 컨트롤 패널을 보여준다. 이 패널에서는 모의 위치, 전화, 배터리 상태, 셀룰러 네트워크 타입, 지문 인증 등의 각종 옵션을 구성할 수 있다.

6.3 줌 모드 사용하기

에뮬레이터 툴바에 있는 **줌**(zoom) 버튼은 줌인/줌아웃을 전환한다. 줌 버튼을 클릭하고 장치 화면에 갖다 대면 마우스 커서(포인터)가 돋보기 모양으로 바뀐다. 그리고 화면의 특정 위치에서 왼쪽 마우스 버튼을 클릭하면 그 부근을 확대해서 보여주며, 계속 클릭하면 점점 더 크게 확대된다. 이와는 반대로, 오른쪽 마우스 버튼을 클릭하면 축소해서 보여준다. 그리고 툴바의 줌 버튼을 다시 클릭하면 원래의 크기로 환원시켜 준다.

줌 버튼을 클릭하여 줌 모드로 진입한 후 마우스를 클릭한 채로 끌었다가 놓으면 그 사각형 영역에 포함된 뷰가 확대된다. 줌 모드에서 확대하면 에뮬레이터 창의 오른쪽과 아래쪽 테두리에 스크롤 바가 나타나므로 그것을 사용해서 원하는 부분으로 이동할 수 있다.

6.4 에뮬레이터 창의 크기 조정

창의 모서리를 마우스로 클릭하고 끌면 에뮬레이터 창의 크기를 언제든지 변경할 수 있다. 단, 장치의 수직/수평 크기 비율은 일정하게 유지된다.

6.5 확장 제어 옵션

확장 제어 툴바 버튼을 누르면 그림 6-4의 패널이 나타나며, 기본적으로는 **위치**(Location) 설정 컨트롤들이 나타난다. 그리고 왼쪽 패널에서 다른 항목을 선택하면 그것과 연관된 컨트롤들을 오른쪽의 메인 패널에 보여준다.

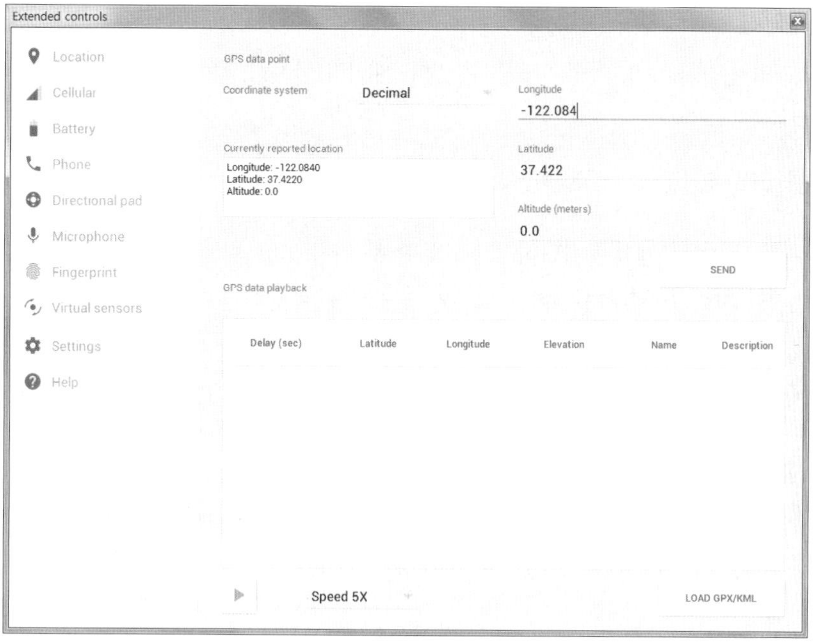

그림 6-4

6.5.1 위치

위치(Location)는 위도(Latitude), 경도(Longitude), 고도(Altitude)로 나타낸다. 위치 컨트롤을 사용하면 모의 위치 정보가 10진수 또는 60진수(sexagesimal) 좌표로 에뮬레이터에게 전달된다(60진수 좌표에서는 위도와 경도를 도, 분, 초로 표시). 위치 정보는 단일 위치 또는 장치의 이동을 나타내는 연속된 위치의 형태를 가질 수 있다. 그리고 연속된 위치 정보의 경우는 GPX(GPS Exchange) 또는 KML(Keyhole Markup Language) 형식의 파일로 제공된다.

단일 위치 정보는 오른쪽 중간의 SEND 버튼을 누를 때 에뮬레이터에게 하나씩 전달된다. 그리고 연속된 모의 위치 정보는 오른쪽 밑의 LOAD GPX/KML 버튼을 눌러서 모의 위치 데이터를 갖고 있는 파일을 지정한 후 Play 버튼(왼쪽 밑의 작은 삼각형 아이콘)을 누르면 에뮬레이터에게 전달된다. 이때 Play 버튼 옆에 있는 Speed 드롭다운을 사용하여 전송 속도를 지정할 수 있다. 에뮬레이터에게 전달된 모의 위치 정보는 실행 중인 앱에서 위치 정보를 요청할 때 사용된다.

6.5.2 셀룰러

셀룰러(Cellular) 연결 타입(GSM, EDGE, HSDPA 등)은 메인 패널의 Network type에서 선택하여 변경할 수 있다. 또한, 음성 통화는 Voice status에서, 그리고 데이터 통신은 Data status에서 사용 형태를 지정할 수 있다.

6.5.3 배터리

모의 배터리의 상태를 다양하게 지정할 수 있다. 배터리 잔존량, 충전기 연결 여부, 배터리 상태 등이다.

6.5.4 전화

전화(Phone) 확장 컨트롤에서는 간단하지만 유용한 두 가지 모의 옵션을 제공한다. 첫 번째 옵션에서는 지정된 전화번호로부터 전화가 걸려온 것처럼 해준다. 이때 CALL DEVICE 버튼을 누르면 되며, 전화번호는 버튼 바로 위의 텍스트 상자에서 변경 또는 선택할 수 있다. 따라서 에뮬레이터에서 실행되는 앱에서 이런 유형의 이벤트를 처리하는 방법을 테스트할 때 이 옵션이 유용하다.

두 번째 옵션에서는 문자 메시지가 수신되는 것처럼 해준다. 아래쪽의 SEND MESSAGE 버튼을 누르면 실제 장치처럼 이 메시지가 메시지 앱에 나타나며 알림(notification)이 전송된다. 메시지의 내용은 버튼 바로 위의 텍스트 상자에서 지정할 수 있다.

6.5.5 방향 패드

방향 패드(Directional Pad, D-Pad)에서는 안드로이드 장치나 외부 연결 장치(게임 컨트롤러 등)의 방향 패드를 에뮬레이터에서 모의로 동작시켜 준다.

6.5.6 마이크

마이크와 가상 헤드셋을 활성화할 수 있다.

6.5.7 지문

이제는 많은 안드로이드 장치들이 지문(Fingerprint) 센서를 갖고 있다. AVD 에뮬레이터에서는 지문 센서가 있는 실제 장치를 사용하지 않고도 지문 인증을 모의로 테스트할 수 있다. 에뮬레이터에 지문을 등록하는 방법은 잠시 후에 알아볼 것이다. 그리고 등록된 지문을 사용해서 인증하는 방법은 72장에서 설명한다.

6.5.8 가상 센서

가상 센서(virtual sensor) 패널에서는 실제 장치의 각종 센서를 시뮬레이션할 수 있다. 예를 들어, 실제 장치의 가속도(accelerometer) 센서와 자기(magnetometer) 센서를 사용하는 것처럼 장치 회전과 이동 및 기울임 효과를 시뮬레이션한다. 이때 요(yaw), 피치(pitch), 롤(roll) 값을 설정한다.

6.5.9 설정

설정(Settings) 패널에서는 에뮬레이터 환경 설정에 관한 옵션을 제공한다. 에뮬레이터 창의 테마, 스크린샷을 저장할 파일 시스템 위치, 에뮬레이터 창을 다른 창의 제일 위에 나타나게 할 것인지 등이다.

6.5.10 도움말

도움말(Help) 패널은 네 가지의 부속 패널로 구성된다. 에뮬레이터에서 사용할 수 있는 단축 키 내역, 에뮬레이터 온라인 문서, 관련 라이선스, 에뮬레이터 버전이다.

6.6 드래그-드롭

안드로이드 애플리케이션이 빌드되면 APK 파일로 생성된다. 그리고 APK 파일이 에뮬레이터에 전송 및 설치되어 실행된다. 이 책 3장에서 생성했던 AndroidSample 앱도 안드로이드 스튜디오에서 빌드하여 APK 파일로 생성해주었다.

안드로이드 에뮬레이터에서는 APK 파일을 에뮬레이터 창으로 드래그 - 드롭(끌어서 놓기)하여 설치할 수 있다. 정말 그런지 실제로 해보자. 에뮬레이터를 시작시키고 **설정(Settings)**을 실행한 후 **애플리케이션(Apps)** 옵션을 선택한다. 그리고 설치된 앱 리스트에서 AndroidSample 앱을 찾아 클릭한다. 그다음에 앱 정보 화면에서 **제거(Uninstall)** 버튼을 눌러 삭제한다(이 앱을 한 번이라도 실행한 적이 있어야 한다).

각자 운영체제의 파일 탐색기(예를 들어, 윈도우 시스템은 윈도우 탐색기, 맥 OS X은 파인더)를 실행하고 AndroidSample 프로젝트 디렉터리를 찾는다. 그리고 그 밑의 app/build/outputs/apk 서브 디렉터리를 보면 app-debug.apk 파일이 있을 것이다. 이 파일을 마우스로 끌어서 에뮬레이터 창에 놓자. 그러면 그림 6-5의 대화상자가 나타나고 그 APK 파일이 설치된다.

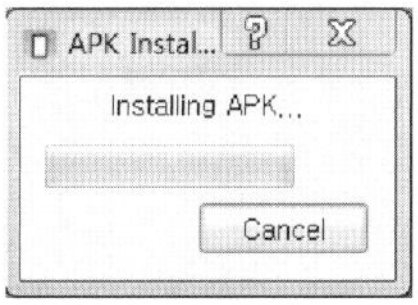

그림 6-5

APK 파일의 설치가 끝나고 대화상자가 없어지면 에뮬레이터에서 AndroidSample 앱 아이콘을 클릭하여 시작시키자. 잘 실행될 것이다.

또한 이미지, 비디오, 데이터 파일 등 어떤 타입의 파일도 드래그-드롭하여 에뮬레이터에 설치할 수 있다. 그리고 그런 파일들은 에뮬레이터의 SD 카드 스토리지 영역에 추가되어 향후에 앱 코드에서 사용할 수 있다.

6.7 모의 지문 구성하기

에뮬레이터는 10개까지의 모의 지문(fingerprint)을 구성할 수 있게 해주며, 이 지문들은 안드로이드 앱에서 지문 인증을 테스트하는 데 사용될 수 있다. 모의 지문을 구성하기 위해 우선 에뮬레이터를 시작시키고 **설정** 앱을 실행한 후 **보안** 옵션을 선택한다. (여기서는 한글화된 화면이나 옵션 이름을 사용한다. 에뮬레이터의 설정 앱에서 언어를 한국어로 설정하자.)

보안 설정 화면에서 **지문** 옵션을 선택하면 그림 6-6의 **지문으로 잠금 해제** 화면이 나온다.

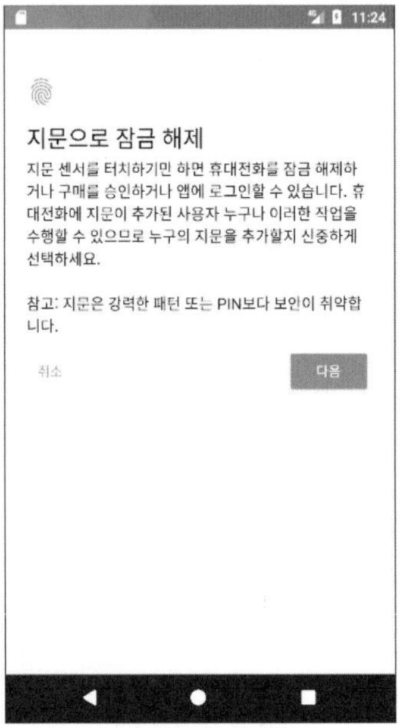

그림 6-6

다음 버튼을 누르면 **잠금해제** 선택 화면이 나온다. 지문으로 보안을 하려면 우선 백업 화면 잠금 방식(예를 들어, PIN 번호)을 구성해야 한다.

지문 + PIN을 클릭한 후 "요청 안함"을 선택하고 네 자리 이상의 숫자를 똑같이 두 번 입력한다. **확인** 버튼을 누르면 **알림** 화면이 나오며, **완료** 버튼을 누르면 **센서 찾기** 화면이 나타난다. **다음** 버튼을 누르면 그림 6-7의 **시작** 화면이 나타난다.

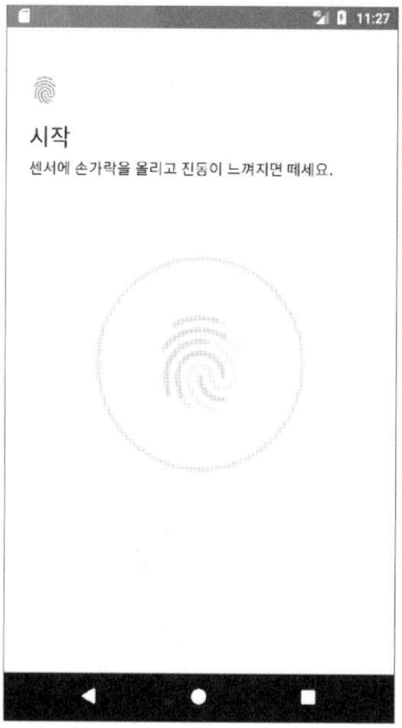

그림 6-7

이때 에뮬레이터 툴바(그림 6-3)의 제일 밑에 있는 … 버튼을 클릭하여 확장 컨트롤 대화상자를 연다. 그리고 왼쪽 패널의 Fingerprint를 선택하면 그림 6-8처럼 Finger 1이 선택되어 있을 것이다.

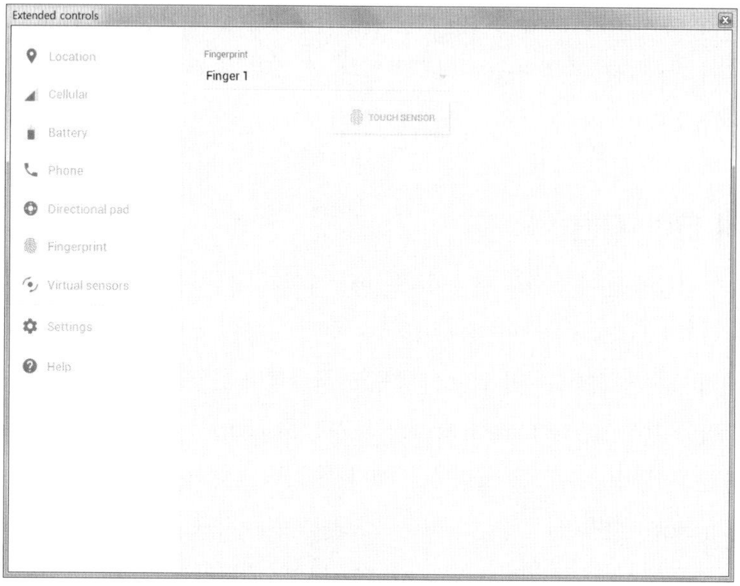

그림 6-8

TOUCH SENSOR 버튼을 클릭한다. 그러면 마치 손가락(Finger 1)으로 지문 센서를 터치한 것처럼 에뮬레이터가 처리해준다. 그리고 그림 6-9처럼 지문을 추가했다는 메시지를 보여준다.

그림 6-9

이제 모의 지문이 등록되었다. 다른 지문을 더 추가하려면 **다른 지문 추가** 버튼을 누른다. 그리고 앞에서와 같은 요령으로 추가하면 된다. 단, 확장 컨트롤 대화상자의 Fingerprint 패널에서 'Finger 1'이 아닌 다른 손가락을 선택해야 한다. (안드로이드 앱에서 지문 인증을 사용하는 방법은 72장에서 설명한다.)

6.8 멀티 코어 지원

에뮬레이터의 성능을 높이기 위해 구글에서는 에뮬레이터 내부에 실행되는 안드로이드 시스템 이미지가 컴퓨터 CPU의 멀티 코어를 사용할 수 있는 기능을 추가하였다. 에뮬레이터에서 사용하는 코어의 개수를 지정하려면 일단 실행 중인 에뮬레이터를 종료시켜야 한다. 그리고 안드로이드 스튜디오 메인 메뉴의 Tools ➡ Android ➡ AVD Manager를 선택한 후 목록에 있는 에뮬레이터의 연필 모양 아이콘(✎)을 클릭한다. 그다음에 AVD 대화상자의 왼쪽 밑에 있는 Show Advanced Settings 버튼을 클릭하고 아래로 스크롤하여 Multi-Core CPU를 찾는다(그림 6-10). 여기서 코어 개수를 선택하면 된다(사용 가능한 코어 개수는 컴퓨터의 CPU에 따라 다를 수 있다).

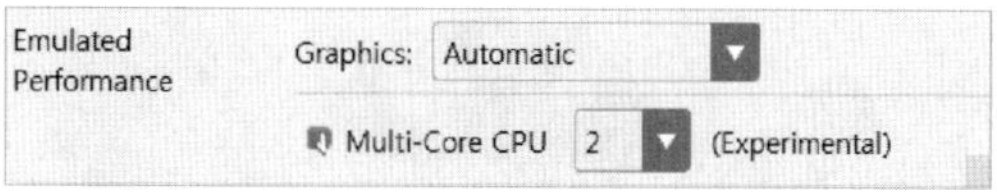

그림 6-10

설정이 되었으면 Finish 버튼을 눌러서 대화상자를 닫고 에뮬레이터를 다시 시작시키면 된다.

5장의 5.10절에서 설명하는 HAXM과 Multi-Core CPU를 같이 사용하면 AVD 에뮬레이터의 실행 속도가 확실히 빨라진다. 그러므로 Intel x86 CPU가 있는 컴퓨터에서는 두 가지 기능 모두를 사용하자.

6.9 요약

안드로이드 스튜디오에서는 새롭고 기능이 개선된 AVD 에뮬레이터 환경을 포함한다. 따라서 실제 안드로이드 장치에서 앱을 실행하지 않고도 쉽게 테스트할 수 있다. 이번 장에서는 에뮬레이터의 주요 기능과 사용법을 두루 살펴보았다.

실제 안드로이드 장치에서 애플리케이션 테스트하기

AVD를 사용해서 애플리케이션을 테스트하면 웬만한 것은 다 가능하다. 그러나 실제 안드로이드 장치에서 테스트하는 것을 대체할 수는 없다. 또한, 실제 장치에서만 사용 가능한 안드로이드 기능들도 많다.

실행 중인 AVD 인스턴스와 안드로이드 장치 모두와의 통신은 ADB(Android Debug Bridge)에 의해 처리된다. 이번 장에서는 ADB 환경을 구성하는 방법을 알아볼 것이다. 윈도우, 맥 OS X, 리눅스 시스템과 연결된 실제 안드로이드 장치에서 애플리케이션을 테스트할 수 있도록 하기 위함이다.

7.1 ADB 개요

ADB의 주 목적은 AVD 에뮬레이터 및 실제 안드로이드 장치와 개발 시스템(여기서는 안드로이드 스튜디오) 간의 상호작용을 가능하게 하는 것이다. 물론, 애플리케이션을 실행하거나 디버깅하기 위한 목적이다.

ADB는 개발 컴퓨터 시스템의 백그라운드에서 실행되는 클라이언트와 서버 프로세스, 그리고 폰이나 태블릿과 같은 실제 안드로이드 장치나 AVD에서 실행되는 데몬(daemon) 백그라운드 프로세스로 구성된다.

ADB 클라이언트는 다양한 형태가 될 수 있다. 예를 들어, adb라는 이름의 명령행 도구로 클라이언트가 제공된다(adb는 안드로이드 SDK 설치 디렉터리의 platform-tools 서브 디렉터리에 있다). 이와 유사하게 안드로이드 스튜디오도 자체적인 클라이언트를 갖고 있다.

adb 명령행 도구를 사용하면 여러 일을 할 수 있다. 예를 들어, 다음과 같이 devices 명령행 인자를 사용하면 현재 동작 중인 가상 장치 및 개발 시스템과 연결된 실제 장치의 내역을 알 수 있다. 여기서는 하나의 AVD만 있고 실제 장치는 연결된 것이 없음을 보여준다.

```
$ adb devices
List of devices attached
emulator-5554    device
```

7.2 안드로이드 장치에서 ADB 활성화하기

ADB를 사용해서 안드로이드 장치에 연결하려면 장치에서 연결을 허용하도록 USB 디버깅을 활성화해야 한다. 다음과 같이 설정한다.

안드로이드 4.0 이전 버전으로 실행 중인 장치에서는 설정(Settings) ➡ 애플리케이션(Applications) ➡ 개발(development)에서 USB 디버깅(debugging) 옵션을 체크하여 활성화(enable)한다.

안드로이드 4.0 또는 4.1 버전으로 실행 중인 장치에서는 설정 ➡ 개발자 옵션(Developer options)에서 USB 디버깅 옵션을 체크한다.

안드로이드 4.2 이상 버전(7.1, 8.0 포함)에서는 기본적으로 개발자 옵션이 보이지 않는다. 따라서 그것을 보이게 하려면 설정 ➡ 디바이스 정보(About Tablet/Phone)에서 빌드 번호(Build Number)를 일곱 번 두드린다. 그다음에 설정을 다시 보면 개발자 옵션을 볼 수 있고, 거기에 있는 USB 디버깅을 체크한다. (개발자 옵션이 이미 보이는 경우는 장치를 구입할 때 이전 장치의 데이터를 옮기는 작업을 해주기 위해 통신사 대리점 등에서 빌드 번호를 일곱 번 두드려 활성화했기 때문이다.)

*http://developer.android.com/tools/help/adb.html*에 가보면 adb에 관해 더 자세한 내용을 알 수 있으며, *http://developer.android.com/tools/device.html*에는 장치 연결에 도움이 되는 내용을 볼 수 있다.

이제는 개발 시스템의 adb로부터 디버깅 연결을 허용하도록 장치가 구성되었다. 이제 남은 것은 개발 시스템을 구성하여 장치가 연결될 때 인식하게 하는 것이다. 이 작업은 간단하지만 개발 시스템의 운영체제가 윈도우, 맥 OS X, 리눅스 중 어떤 것인가에 따라 달라진다. 그리고 2장에서 설명했듯이, 안드로이드 스튜디오가 실행 중인 컴퓨터의 PATH 환경 변수에 안드로이드 SDK의 platform-tools 서브 디렉터리 경로가 추가되어 있어야 편리하다. 그렇지 않으면 그 디렉터리에 있는 각종 SDK 도구(소프트웨어)를 실행할 때마다 디렉터리 경로를 지정해야 하므로 매우 불편하다.

7.2.1 맥 OS X에서 ADB 구성하기

맥 OS X 시스템에서 ADB 환경을 구성하려면 USB 케이블을 사용해서 폰이나 태블릿 등의 장치와 컴퓨터 시스템을 연결한 후 터미널 창을 열어서 다음 명령을 실행한다(USB 드라이버를 추가로 다운로드할 필요는 없다).

```
android update adb
```

그다음에 터미널 창에서 다음 명령을 실행시켜 adb 서버를 다시 시작시킨다.

```
$ adb kill-server
$ adb start-server
* daemon not running. starting it now on port 5037 *
* daemon started successfully *
```

서버가 성공적으로 실행되면 다음 명령을 실행시켜 장치가 잘 연결되었는지 확인한다.

```
$ adb devices
List of devices attached
74CE000600000001        offline
```

만일 여기처럼 장치가 offline으로 나타나면 장치에 그림 7-1과 같은 대화상자가 나와 있는지 확인한다. 그 대화상자에서는 USB 디버깅을 허용할 것인지 물어본다. **이 PC와 연결하는 것을 항상 허용**을 체크하고 **확인**을 터치한다. 그리고 다시 한 번 adb devices 명령을 실행하면 이제는 그 장치가 사용 가능한 것으로 나올 것이다.

```
List of devices attached
015d41d4454bf80c        device
```

장치가 내역에 나타나지 않는 경우는 로그아웃을 한 후 다시 맥 OS X 데스크톱으로 돌아가고, 그래도 여전히 안 될 때는 개발 시스템 컴퓨터를 다시 부팅하고 해보기 바란다.

7.2.2 윈도우에서 ADB 구성하기

ADB를 사용해서 안드로이드 장치에 연결하기 위해 윈도우 시스템을 구성할 때는 제일 먼저 할 일이 있다. 그것은 바로 적합한 USB 드라이버를 시스템에 설치하는 것이다. 설치할 USB 드라이버는 안드로이드 장치에 따라 다르다. 구글에서 만든 넥서스나 픽셀 계열의 레퍼런스(reference) 폰이나 태블릿 장치들은 구글 USB 드라이버를 설치해야 한다. 이때는 다음을 참조하면 된다.

URL *http://developer.android.com/sdk/win-usb.html*

구글 USB 드라이버를 지원하지 않는 안드로이드 장치들의 경우는 장치 제조사에서 제공하는 OEM 드라이버를 다운로드하고 설치해야 한다. 그런 드라이버의 자세한 내역(제조사와 다운로드 링크)은 다음에서 알 수 있다.

URL *http://developer.android.com/tools/extras/oem-usb.html*

장치 드라이버의 설치 방법은 장치 제조사에 따라 다를 수 있다. 예를 들어, 삼성 스마트폰의 경우는 삼성전자 사이트에서 모바일 폰의 통합 USB 드라이버를 다운로드받은 후 실행하면 바로 설치되며, 스마트폰을 USB로 연결하면 USB와 ADB 연결 모두 바로 되므로 편리하다.

드라이버가 설치되어 장치도 올바른 타입으로 인식되면 명령 프롬프트 창을 열고 다음 명령을 실행해보자.

```
adb devices
```

이 명령에서는 다음과 같이 연결 장치의 정보를 출력한다.

```
List of devices attached
02157df27b377e09        offline
```

만일 여기처럼 장치가 offline 또는 unauthorized로 나타나면 혹시 장치의 화면에 그림 7-1과 같은 대화상자가 나와 있는지 확인해보자. USB 디버깅의 허용 여부를 확인받는 것이다. 예를 들어, 삼성 갤럭시 노트5 스마트폰에서 보여주는 화면은 다음과 같다.

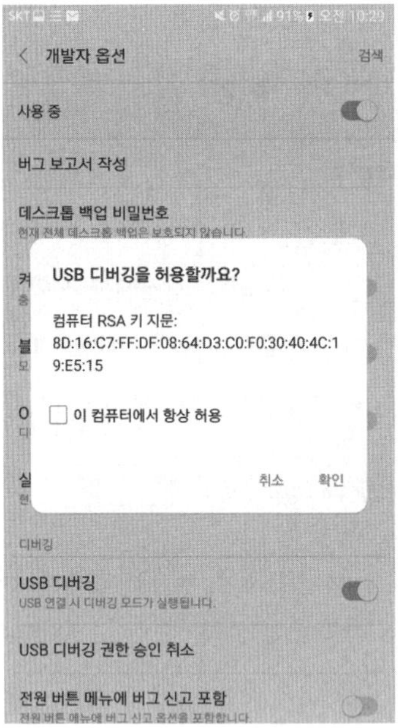

그림 7-1

이 컴퓨터에서 항상 허용을 체크하고 확인을 터치한다. 그런 다음에 다시 adb devices 명령을 실행해보면 장치가 연결되어 device로 나타날 것이다.

```
List of devices attached
02157df27b377e09        device
```

만일 아직도 장치가 내역에 나타나지 않으면 adb 서버를 다시 시작시키는 다음 명령을 실행해보자.

```
adb kill-server
adb start-server
```

그래도 여전히 장치가 나타나지 않으면 다음 명령을 실행해보자.

```
android update adb
```

이렇게까지 했는데도 안 된다면 시스템을 다시 부팅해보기 바란다.

7.2.3 리눅스에서 ADB 구성하기

실제 안드로이드 장치를 연결하기 위해 리눅스에서 ADB를 구성하는 예로 여기서는 우분투(Ubuntu) 리눅스를 사용한다고 가정할 것이다.

우선, 안드로이드 장치를 우분투 리눅스의 USB 포트에 연결하고 터미널 창을 연 후에 리눅스 lsusb 명령을 실행하면 현재 사용 가능한 USB 장치들이 나타난다.

```
~$ lsusb
Bus 001 Device 003: ID 18d1:4e44 asus Nexus 7 [9999]
Bus 001 Device 001: ID 1d6b:0001 Linux Foundation 1.1 root hub
```

여기서는 시스템에서 인식하는 각 USB 장치의 벤더 ID와 제품 ID가 같이 나타난다. USB 벤더 ID의 자세한 내역은 *http://developer.android.com/tools/device.html#VendorIds*에서 볼 수 있다. 이 출력 내역에서는 구글 Nexus 7 장치가 시스템에서 인식되었음을 보여준다. 각자 이 명령을 실행한 후 자신의 장치에 나타나는 벤더 ID 번호와 제품 ID 번호를 기록해두자(여기서는 18D1과 4E44이다).

sudo 명령을 사용해서 /etc/udev/rules.d 디렉터리에 있는 51-android.rules 파일을 수정한다. 예를 들면, 다음과 같다.

```
sudo gedit  /etc/udev/rules.d/51-android.rules
```

코드 편집기에서 다음과 같이 안드로이드 장치에 적합한 항목을 추가한다. 이때 <vendor_id>와 <product_id>를 lsusb 명령으로 출력된 벤더 ID와 상품 ID로 대체한다.

```
SUBSYSTEM=="usb", ATTR{idVendor}=="<vendor_id>", ATTRS{idProduct}=="<product_id>",
MODE="0660", OWNER="root", GROUP="androidadb", SYMLINK+="android%n"
```

이 항목이 추가되면 파일을 저장한 후 편집기를 빠져나온다. 그다음에 편집기를 사용해서 adb_usb.ini 파일을 변경(또는 파일이 없으면 생성)한다.

```
gedit  ~/.android/adb_usb.ini
```

파일이 편집기로 로드된 후에 다음 라인들을 추가하고 저장한다. 마찬가지로, 이때 <vendor_id>와 <product_id>를 lsusb 명령으로 출력된 벤더 ID와 상품 ID로 대체한다.

```
0x<vendor_id>
0x<product_id>
```

예를 들어, 여기서 사용하는 Nexus 7의 경우는 다음과 같다.

```
0x18d1
0x4e44
```

마지막으로 할 일은 androidadb 사용자 그룹을 생성하고 우리의 사용자 계정을 그 그룹에 추가하는 것이다. 이렇게 하려면 다음 명령을 실행하면 된다. 단, 여기서 <user name>을 우리의 우분투 사용자 계정명으로 대체해야 한다.

```
sudo addgroup --system androidadb
sudo adduser <username> androidadb
```

변경이 다 되었으면 우분투 시스템을 다시 부팅한다. 그리고 시스템이 시작되었으면 터미널 창을 열고 다음과 같이 adb 서버를 시작시킨 후 시스템에 연결된 장치를 확인해보자.

```
$ adb start-server
* daemon not running. starting it now on port 5037 *
* daemon started successfully *
$ adb devices
List of devices attached
015d41d4454bf80c        offline
```

만일 여기처럼 장치가 offline으로 나오면 혹시 장치의 화면에 그림 7-1과 같은 대화상자가 나와 있지 않은지 확인해보자. USB 디버깅의 허용 여부를 확인받는 것이다. 만일 나와 있다면 이 PC와 연결하는 것을 항상 허용을 체크하고 확인을 터치한다.

7.3 adb 연결 테스트하기

우리의 개발 플랫폼에 adb를 성공적으로 구성했다면, 그다음에 할 일은 앞의 3장에서 생성한 애플리케이션을 안드로이드 장치에서 실행해보는 것이다.

안드로이드 스튜디오를 실행시키고 AndroidSample 프로젝트를 열자. 프로젝트가 로드되면 안드로이드 스튜디오 툴바에 있는 **실행(run)** 버튼(▶)을 클릭한다.

만일 에뮬레이터에서 자동으로 실행되도록 프로젝트를 구성하지 않았다면(5장의 5.5절 참조), 그림 7-2와 같은 Select Deployment Target 대화상자가 나타난다. 그리고 거기에는 adb로 연결된 실제 장치가 현재 실행 중인 장치로 나올 것이다. 그림 7-2에서는 애플리케이션을 설치하고 실행하는 데 적합한 장치로 두 개의 에뮬레이터와 삼성 갤럭시 노트5를 같이 보여준다. 이때 삼성 갤럭시 노트5를 선택하고 OK 버튼을 누르면 AndroidSample 애플리케이션이 그 장치에 설치되어 실행된다.

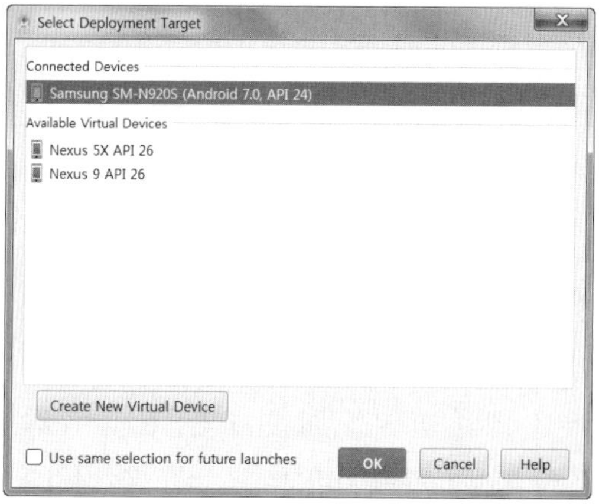

그림 7-2

만일 여기에 나타난 장치들 중 하나를 우리 애플리케이션이 실행되는 기본 장치로 지정하고 싶으면 이 대화상자의 'Use same selection for future launches' 옵션을 선택한다. 그리고 원하는 장치를 선택하고 OK 버튼을 클릭하면 된다. 그러면 이때 실행을 요청한 애플리케이션은 향후에도 항상 그 장치에 설치되어 실행된다. 그리고 장치에 애플리케이션을 설치하고 시작할 때 그와 관련된 출력 메시지들이 실행 도구 창에 나타난다.

7.4 안드로이드 스튜디오에서 장치 확인하기

5장에서 애플리케이션을 중단시키는 것에 대해 이야기할 때 잠시 설명했던 안드로이드 장치 모니터 도구를 사용해도 연결된 장치와 AVD 모두를 조회할 수 있다. 그리고 adb도 다시 시작시킬 수 있다. 안드로이드 장치 모니터 도구 창은 메인 메뉴의 Tools ➡ Android ➡ Android Device Monitor를 선택하면 열린다(그림 7-3).

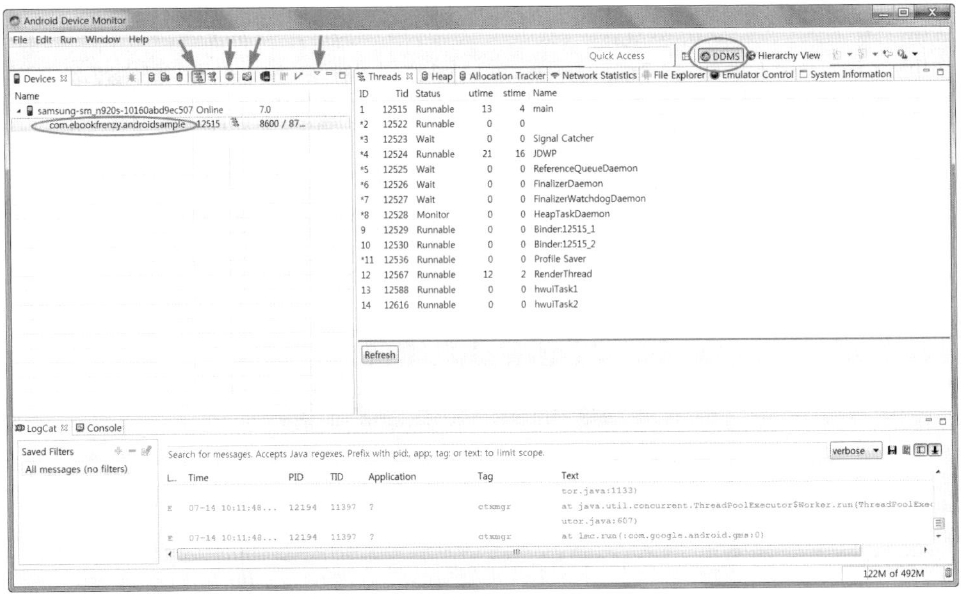

그림 7-3

오른쪽 위의 DDMS 버튼을 클릭하면 시스템에 현재 연결된 장치 또는 실행 중인 AVD 에뮬레이터 모두가 왼쪽의 장치(Devices) 뷰에 나타난다. 그리고 각 장치 왼쪽의 아이콘()을 클릭하면 그 장치에서 실행 중인 프로세스들이 나타난다. 여기서는 삼성 갤럭시 노트5가 디버깅 모드로 실행 중이며, 그 장치에서 우리 애플리케이션(androidsample)이 프로세스로 실행 중임을 알 수 있다. 그리고 프로세스가 선택되면 위쪽의 툴 바 아이콘들이 활성화된다. 빨간색 아이콘()을 클릭하면 현재 선택된 프로세스를 종료시키며, 그 옆의 카메라 아이콘()을 클릭하면 선택된 장치(에뮬레이터와 실제 장치 모두)의 화면을 캡처할 수 있다. 왼쪽에서 다섯 번째 아이콘()을 클릭하면 현재 장치에서 실행 중인 스레드들의 내역을 그림 7-3처럼 오른쪽 패널에 보여준다.

만일 USB 케이블로 연결시킨 실제 장치가 장치 뷰에 나타나지 않는다면 앞에서 설명한 adb 연결에 문제가 있는 것이다. 이때는 장치 뷰의 오른쪽 위에서 세 번째에 있는 뒤집힌 작은 삼각형 모양의 화살표(▽)를 클릭한 후 메뉴의 **Reset adb**를 선택한다(그림 7-4). 그러면 연결된 장치가 잠시 후에 나타날 것이다.

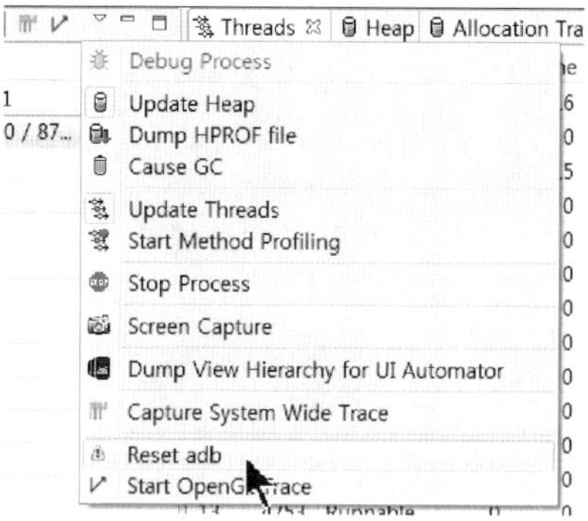

그림 7-4

안드로이드 장치 모니터 도구 창에서는 여러 기능을 수행할 수 있다. 예를 들어, 장치 뷰 오른쪽 패널에서 File Explorer(파일 탐색기) 탭을 클릭하면 그림 7-5와 같이 나온다.

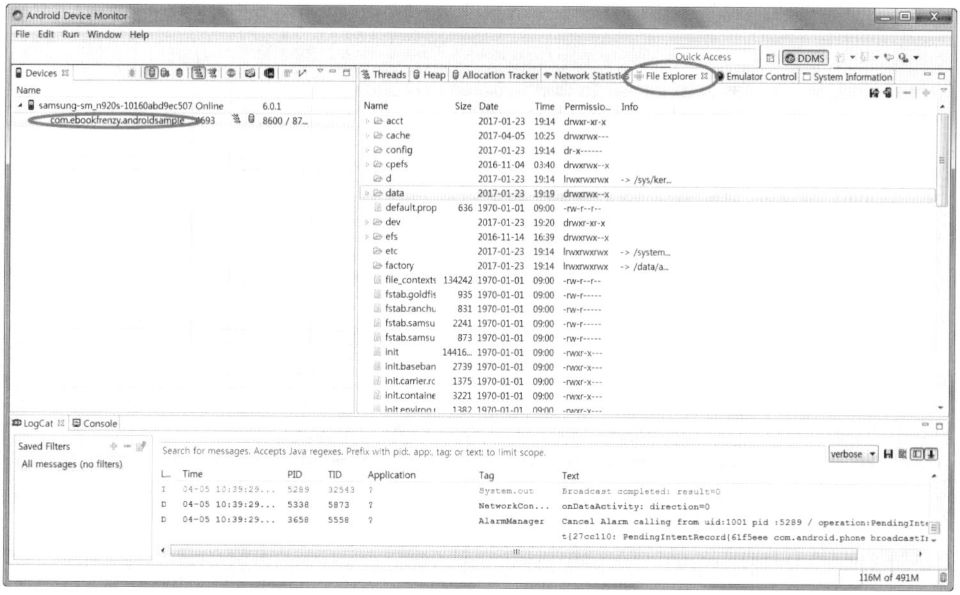

그림 7-5

이 도구를 사용하면 장치의 파일 시스템 내부를 보면서 파일의 다운로드와 업로드를 할 수 있다. 우리 애플리케이션의 스토리지 영역은 /data/data/<우리 패키지 이름>에 있으며, 왼쪽의 장치 뷰에서 선택된 장치가 에뮬레이터일 때는 그 영역의 파일들을 볼 수 있지만 실제 장치에서는 볼 수 없다. 예를 들어, androidsample 애플리케이션의 스토리지 영역은 /data/data/com.ebookfrenzy.androidsample이다(디렉터리 왼쪽의 아이콘( )을 클릭하면 그 내용을 볼 수 있다).

안드로이드 스튜디오 3.0부터는 안드로이드 장치 모니터를 실행하지 않고 바로 파일 탐색기를 사용할 수 있다. 그림 7-6에 표시된 것처럼, 안드로이드 스튜디오 메인 창의 오른쪽 밑에 있는 Device File Explorer 도구 바를 클릭하면 된다.

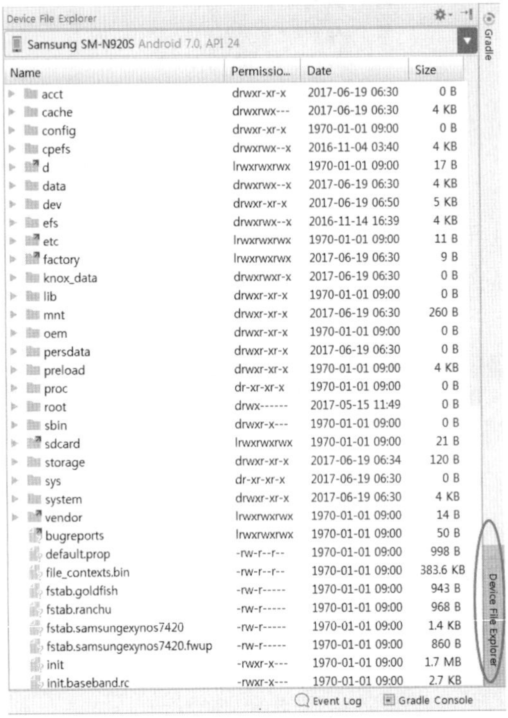

그림 7-6

안드로이드 장치 모니터 도구 창에서는 이외에도 다른 종류의 일을 처리할 수 있다. 예를 들어, 애플리케이션의 디버깅 같은 것이다. 그런 큰 개념의 일을 퍼스펙티브(perspective)라 하며, 하나의 퍼스펙티브에는 여러 기능이 필요하다. 이 기능들을 뷰(view)라고 한다. 조금 전까지 본 것은 DDMS(Dalvik Debug Monitor Service) 퍼스펙티브와 장치 뷰다. 장치 모니터 도구 창의 메뉴에서 Window ➡ Open Perspective...를 선택해보자. 대화상자가 나오면 Debug를 선택하고

OK 버튼을 누른다. 장치 모니터 도구 창의 내용이 확 바뀌면서 맨 위의 중앙에 있는 DDMS 오른쪽에 Debug 버튼이 추가되었을 것이다. 즉, 디버깅을 할 때 필요한 퍼스펙티브로 바뀐 것이다. 또한, 퍼스펙티브를 구성하는 각종 뷰도 달라진다. 이후로는 DDMS와 Debug 버튼을 클릭하여 퍼스펙티브를 바꿔 가면서 우리가 필요한 일을 처리할 수 있다. 또한, 각 퍼스펙티브에 필요한 뷰도 원하는 대로 변경할 수 있다.

안드로이드 스튜디오에서는 안드로이드 장치 모니터 도구 창이 메인 창과는 별개로 열리면서 다른 모든 퍼스펙티브를 하나의 창에서 사용할 수 있게 해준다. 따라서 애플리케이션을 디자인하고 코드를 작성하는 등의 주된 개발 작업을 방해받지 않고 메인 창에서 계속 진행할 수 있다.

7.5 요약

AVD 에뮬레이터는 훌륭한 테스트 환경을 제공한다. 그러나 새겨둘 것이 있다. 애플리케이션이 제 기능을 잘 수행하는지 확실하게 확인하는 데는 실제 안드로이드 장치만한 것이 없다는 것이다. 결국, 애플리케이션이 사용되는 곳은 실제 장치이기 때문이다.

안드로이드 스튜디오 개발 환경에서 실제 장치에 직접 애플리케이션을 로드하고 실행할 수 있게 하려면 추가 작업이 필요하다. 그리고 그런 작업은 사용 중인 개발 플랫폼에 따라 달라진다. 이번 장에서는 리눅스, 맥 OS X, 윈도우 플랫폼에서 필요한 작업들을 알아보았다.

안드로이드 스튜디오 코드 편집기

안드로이드 애플리케이션을 개발할 때는 많은 분량의 코드를 입력, 검토, 수정하는 프로그래밍 작업이 수반된다. 따라서 안드로이드 스튜디오를 사용하는 개발자들은 대부분의 시간을 편집기(editor) 창에서 코드 작성에 사용한다고 해도 과언이 아닐 것이다.

최신의 코드 편집기들은 코드의 입력, 삭제, 복사 또는 잘라내어 붙이기와 같은 원래의 기본 기능을 뛰어넘을 필요가 있다. 따라서 코드 편집기가 얼마나 유용한지는 다음과 같은 요인들로 측정된다. 예를 들어, 프로그래머의 코드 입력을 얼마나 줄여주는지, 수많은 소스 코드 파일들 간의 내비게이션이 얼마나 쉬운지, 코드가 작성되는 동안 실시간으로 프로그래밍 에러를 검출하고 알려주는 능력은 어떤지와 같은 것들이다. 이번 장에서 분명해지겠지만, 그런 것들은 안드로이드 스튜디오 편집기의 뛰어난 기능 중 일부에 지나지 않는다.

이번 장에서는 안드로이드 스튜디오 코드 편집기의 핵심 기능을 사용하는 방법을 알려줄 것이다. 그런 기능 중 일부는 오늘날 사용 가능한 대부분의 코드 편집기에 있겠지만, 나머지는 안드로이드 스튜디오 코드 편집기에만 있는 것들이다.

8.1 안드로이드 스튜디오 코드 편집기

자바나 XML 또는 다른 텍스트 기반 파일이 편집을 위해 선택되면 안드로이드 스튜디오 코드 편집기가 메인 창의 중앙에 나타난다. 그림 8-1에서는 자바 소스 코드를 편집하는 것을 보여준다.

content_android_sample.xml
menu_android_sample.xml
activity_android_sample.xml
AndroidSampleActivity.java
A
package com.ebookfrenzy.androidsample;
import ...
public class AndroidSampleActivity extends AppCompatActivity {
@Override
protected void onCreate(Bundles savedInstanceState) {
super.onCreate(savedInstanceState);
setContentView(R.layout.activity_android_sample);
Toolbar toolbar = (Toolbar) findViewById(R.id.toolbar);
setSupportActionBar(toolbar);
FloatingActionButton fab = (FloatingActionButton) findViewById(R.id.fab);
fab.setOnClickListener((view) → {
Snackbar.make(view, "Replace with your own action", Snackbar.LENGTH_LONG)
.setAction("Action", null).show();
});
}
@Override
public boolean onCreateOptionsMenu(Menu menu) {
// Inflate the menu; this adds items to the action bar if it is present.
getMenuInflater().inflate(R.menu.menu_android_sample, menu);
return true;
}
@Override
public boolean onOptionsItemSelected(MenuItem item) {
B
C
D
E
Cannot resolve symbol 'Bundles'
15:36 CRLF UTF-8 Context: <no context>

그림 8-1

편집기 창을 구성하는 요소들을 요약하면 다음과 같다.

Ⓐ **문서 탭(Document Tabs)** — 안드로이드 스튜디오에서는 동시에 여러 개의 편집 파일을 열고 작업할 수 있다. 파일이 열리면 편집기 창의 위쪽에 위치하는 탭바에 파일 이름을 보여주는 문서 탭이 지정된다. 파일이 많이 열려서 모든 문서 탭을 보여줄 탭바의 공간이 부족하면 탭바의 맨 오른쪽 끝에 작은 드롭다운 메뉴가 나타난다. 이 메뉴를 클릭하면 공간 부족으로 현재 탭바에 나타나지 않은 파일들의 목록을 보여주고 선택할 수 있게 해준다. 탭의 파일 이름 밑에 물결 모양의 빨간 선이 있는 경우는 그 파일의 코드가 하나 이상의 에러를 갖고 있다는 것을 나타낸다. 그리고 그런 에러는 프로젝트의 컴파일과 실행 전에 수정해야 할 것들이다.

탭으로 열려 있는 파일들을 선택하는 것은 간단하다. 해당 파일의 탭을 클릭하거나 또는 Alt+←[Cmd+Shift+[] 또는 Alt+→[Cmd+Shift+]]를 누르면 된다. 또한, Ctrl+Tab 단축키로 동작하는 **스위처(Switcher)** 메커니즘을 사용해서 파일을 선택할 수도 있다(4장의 4.5절 참조).

안드로이드 스튜디오 메인 창에서 특정 파일의 편집기 패널을 떼어 내어 별도의 창으로 작업할 수 있다. 그때는 메인 창 외부의 데스크톱 영역으로 그 파일의 탭을 끌어서 놓으면 된다. 그리고 별도의 편집기 창으로 분리했던 파일 탭을 끌어서 메인 창의 편집기 탭바로 넣으면 다시 메인 창으로 복귀시킬 수 있다.

Ⓑ 편집기 거터(Gutter) 영역 — 거터 영역은 어떤 정보를 제공하는 아이콘이나 컨트롤을 보여주기 위해 편집기가 사용하는 영역이다. 그것들은 다음과 같다. 디버깅 중단점(breakpoint) 표식, 코드 블록을 접거나 펼치는 컨트롤, 북마크, 변경 표식, 라인 번호 등이다. 라인 번호의 경우에는 거터 영역에서 마우스 오른쪽 버튼을 누른 후 Show Line Numbers 메뉴 항목을 체크하면 나타나고 체크를 지우면 보이지 않는다(안드로이드 스튜디오 메인 메뉴의 File ➡ Settings ➡ Editor ➡ General ➡ Appearance에서 Show line numbers 항목과 동일하다).

Ⓒ 상태 바 — 상태 바는 편집기가 아닌 메인 창의 일부이지만, 현재 진행 중인 편집 세션에 관한 정보를 포함한다. 그런 정보에는 라인 번호와 문자 위치로 된 커서의 현재 위치(예를 들어, 10:12)와 파일의 인코딩 형식(UTF-8, ASCII 등)이 포함된다. 상태 바의 그런 값들을 클릭하면 그것과 관련된 설정을 변경할 수 있다. 예를 들어, 커서 위치를 클릭하면 Go to Line 대화상자가 나타나며, 1:5를 입력한 후 OK 버튼을 누르면 1 라인의 5 컬럼으로 커서가 이동한다.

Ⓓ 편집 영역 — 이것은 사용자가 코드를 보고 입력하고 수정하는 주 영역이다. 이 장의 나머지 부분에서는 편집 영역의 핵심 기능을 자세히 알아볼 것이다.

Ⓔ 확인과 표식 사이드바 — 안드로이드 스튜디오에는 'on-the-fly code analysis'라는 기능이 새로 추가되었다. 우리가 코드를 입력하는 동안 그 코드에 경고나 구문 에러가 없는지 편집기가 분석한다는 의미다. 확인 사이드바의 맨 위에 있는 표시기는 녹색 체크 표시(검출된 경고나 에러 없음)로부터 노란색 사각형(경고 검출됨)이나 붉은색의 경고 아이콘(에러 검출됨)으로 변경될 수 있다. 그 표시기를 클릭하면 해당 코드에서 발견된 문제를 요약해서 팝업으로 보여준다(그림 8-2).

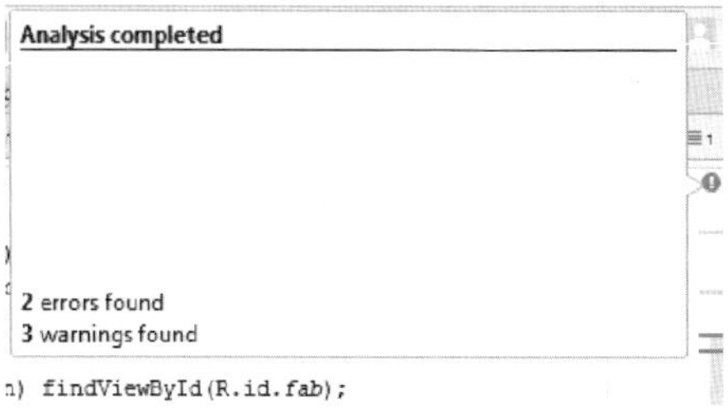

그림 8-2

또한, 사이드바에서는 문제가 검출된 위치에 표식(marker)을 보여준다. 문제가 있는 코드 라인이 편집 영역에 보일 때 마우스 포인터를 표식에 갖다 대면 문제를 설명하는 팝업이 나타난다(그림 8-3).

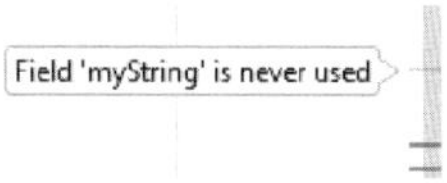

그림 8-3

문제가 있는 코드 라인이 편집 영역에 보이지 않더라도 그림 8-3의 사이드바 표식은 여전히 나타난다. 이때 그 표식에 마우스 포인터를 갖다 대면 현재 화면에는 보이지 않지만, 문제가 있는 코드 라인이 포함된 코드 블록을 현재 보이는 코드 위에 겹쳐서 보여준다. 이것을 렌즈(lens)라고 한다(그림 8-4). 따라서 편집기에서 그 코드 위치로 스크롤하지 않아도 문제 코드를 볼 수 있다.

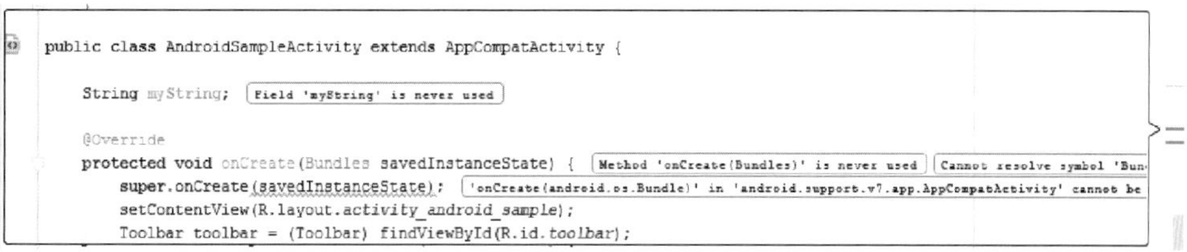

public class AndroidSampleActivity extends AppCompatActivity {
String myString;
Field 'myString' is never used
@Override
protected void onCreate(Bundles savedInstanceState) {
Method 'onCreate(Bundles)' is never used
super.onCreate(savedInstanceState);
'onCreate(android.os.Bundle)' in 'android.support.v7.app.AppCompatActivity' cannot be
setContentView(R.layout.activity_android_sample);
Toolbar toolbar = (Toolbar) findViewById(R.id.toolbar);

그림 8-4

사이드바의 경고나 에러에만 렌즈를 보여주는 것은 아니다. 사이드바에 나타난 표식 아래쪽 어디에든 마우스 포인터를 대면 소스 파일의 그 부근 코드들이 렌즈로 보인다.

지금까지는 안드로이드 스튜디오 코드 편집기의 구성 요소들을 알아보았다. 이 장의 나머지 부분에서는 편집기 환경의 핵심 기능들을 더 자세히 살펴볼 것이다.

8.2 편집기 창 나누기

기본적으로 편집기는 현재 선택된 파일의 내용을 하나의 패널에 보여준다. 그러나 동시에 여러 개의 소스 코드 파일로 작업할 때는 편집기 창을 여러 개의 패널로 나눌 수 있으면 편리하다. 편집기 창을 나눌 때는 그 창의 파일 탭에서 마우스 오른쪽 버튼을 누른 후 Split Vertically(수직 나누기) 또는 Split Horizontally(수평 나누기) 메뉴 옵션을 선택하면 된다. 예를 들어, 그림 8-5에서는 편집기 창을 세 개의 패널로 분리한 것을 보여준다.

패널을 나누는 방향은 언제든 변경할 수 있다. 해당 파일 탭에서 마우스 오른쪽 버튼을 클릭한 후 Change Splitter Orientation 메뉴 옵션을 선택하면 된다. 나뉜 패널들을 없앨 때는 어떤 탭에서든 마우스 오른쪽 버튼을 클릭한 후 Unsplit 메뉴 옵션을 선택한다. Unsplit All 메뉴 옵션을 선택하면 분리된 모든 패널이 없어진다.

창 나누기는 서로 다른 파일들을 같이 볼 때 사용하면 좋다. 또한, 한 파일을 여러 창으로 볼 때도 좋다. 같은 파일의 서로 다른 부분을 동시에 보면서 편집할 수 있기 때문이다.

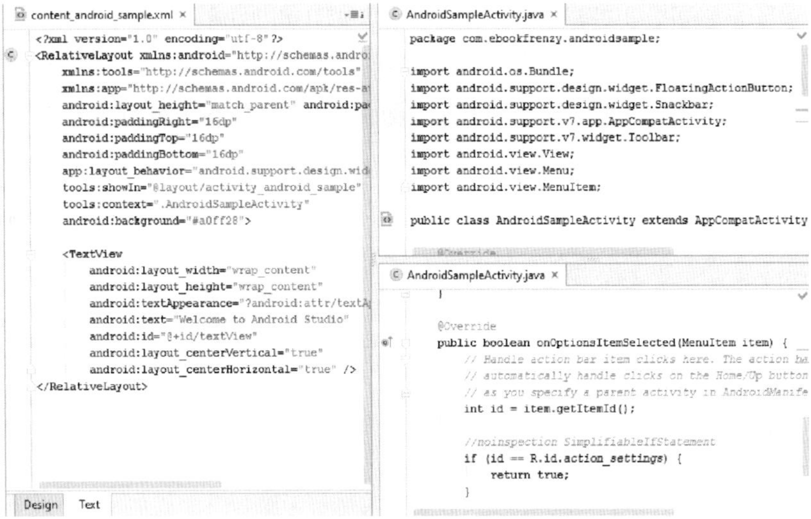

그림 8-5

8.3 코드 자동 완성

안드로이드 스튜디오 편집기는 똑똑하다. 자바 프로그래밍 문법은 물론 안드로이드 SDK를 구성하는 클래스와 메서드에 대해서도 잘 알고 있기 때문이다. 또한, 우리가 코드를 입력하는 동안 편집기는 입력되고 있는 것을 살펴보면서 문장이나 참조를 완성하는 데 필요할 수 있는 것을 바로바로 제안한다. 그리고 그런 제안 내역을 포함하는 팝업을 보여준다. 예를 들어, 그림 8-6에서는 Str로 시작하는 자바 클래스들을 편집기가 제안하고 있는 것을 보여준다.

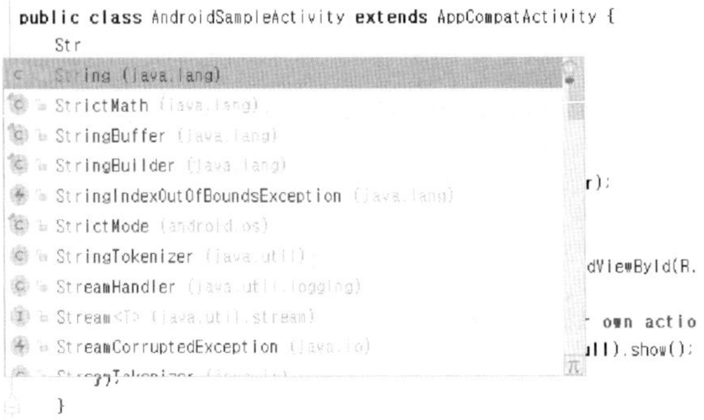

그림 8-6

만일 편집기의 자동 완성 제안이 적합한 것이 없다면 그냥 입력을 계속하면 된다. 그러면 편집기가 계속해서 또 다른 제안을 할 것이다. 편집기가 제안한 내용 중 맨 앞에 있는 항목을 수용할 때는 Enter나 Tab 키를 누르면 된다. 그 외의 다른 제안 항목을 선택할 때는 화살표 키를 사용해서 이동한 후 선택된 항목에서 Enter나 Tab 키를 누른다.

Ctrl+Space[Cmd+Space] 키를 누르면 자동 완성 제안을 수동으로 받을 수 있다. 이 기능은 단어나 선언 등을 변경할 때 유용하다. 커서가 어떤 단어에 위치하면 그 단어가 자동으로 강조되어 보인다. 이때 Ctrl+Space 키를 누르면 그것 대신 사용 가능한 제안 내역을 보여준다. 이때 현재의 단어를 제안 내역에 강조된 항목으로 교체하려면 그냥 Tab 키를 누르면 된다. 취소할 때는 Esc 키를 누르거나 마우스로 다른 곳을 클릭하면 된다.

실시간의 자동 완성 기능에 추가하여 안드로이드 스튜디오 편집기는 Smart Completion이라는 기능도 제공한다. 즉, Shift+Ctrl+Space[Shift+Cmd+Space] 키를 누르면 코드의 현재 상황에 적합한 제안을 더 자세하게 제공하는 것이다. 그리고 Shift+Ctrl+Space 키를 두 번 누르면 더욱 폭넓은 범위의 제안을 제공한다.

코드 자동 완성 기능은 프로그래머들의 취향에 따라 선호도가 다를 수 있다. 따라서 안드로이드 스튜디오에서는 이 기능의 적용 수준을 설정할 수 있게 해준다. 메인 메뉴의 File ➡ Settings... 메뉴 옵션을 선택한 후 설정 대화상자에서 Editor ➡ General ➡ Code Completion을 선택하면 그림 8-7과 같이 코드 자동 완성 설정 패널이 나타난다. 여기에서 원하는 것을 지정하면 된다.

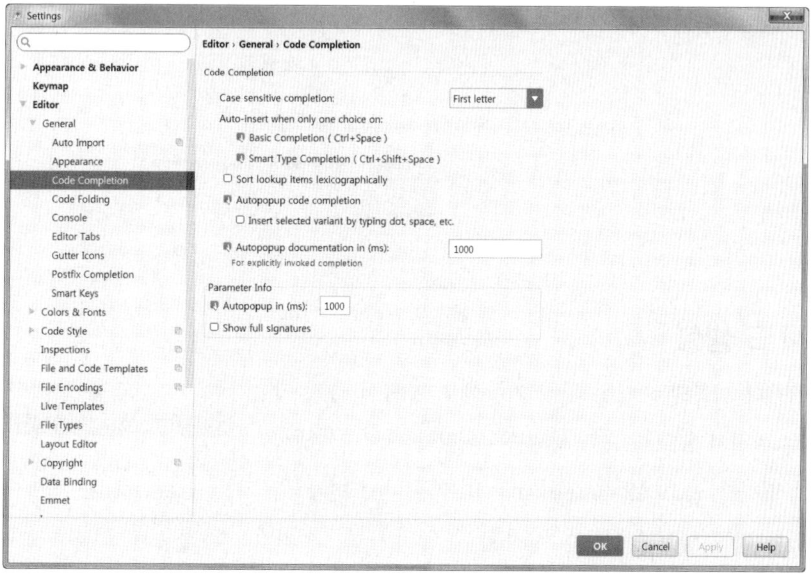

그림 8-7

8.4 문장 자동 완성

안드로이드 스튜디오 코드 편집기가 제공하는 또 다른 형태의 자동 완성 기능이 있다. 문장(statement) 자동 완성이다. 이 기능은 메서드나 반복문 등의 괄호를 자동으로 만들어주는 데 사용될 수 있으며, Shift+Ctrl+Enter[Shift+Cmd+Enter] 키를 누르면 수행된다. 예를 들어, 다음 코드를 보자.

```
protected void myMethod()
```

이 코드를 입력한 후에 Shift+Ctrl+Enter 키를 누르면 편집기가 자동으로 이 메서드의 앞뒤 괄호를 추가해준다.

```
protected void myMethod() {
}
```

8.5 매개변수 정보

메서드의 매개변수 정보도 편집기에 요청할 수 있다. 메서드 호출의 괄호 사이에 커서를 놓고 Ctrl+P[Cmd+P] 키를 누르면 그 메서드에서 받을 수 있는 매개변수들을 보여준다. 이때 가장 적합한 것을 굵은 글씨체로 강조해준다(그림 8-8).

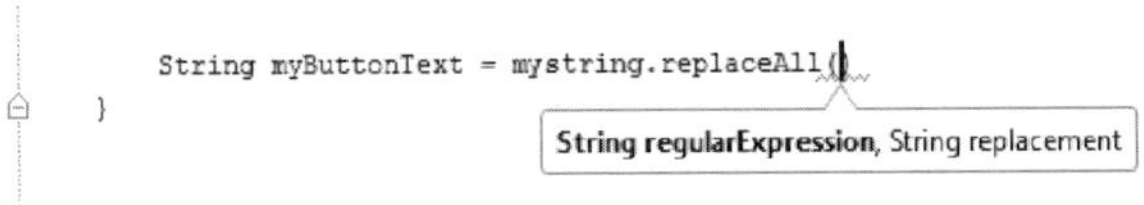

그림 8-8

8.6 코드 생성

코드 입력 시 제공되는 자동 완성 기능에 추가하여 특정 상황에서는 편집기가 코드도 생성해줄 수 있다. 코드를 생성할 곳에 커서를 놓고 Alt+Insert[Cmd+N] 키를 누르면 그림 8-9에 있는 코드 생성 옵션들을 사용할 수 있다.

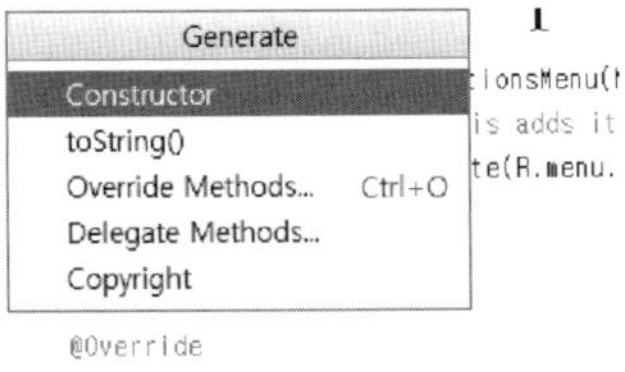

그림 8-9

예를 들어, 우리 애플리케이션의 액티비티가 소멸될 때 자동으로 호출되는 onStop( ) 메서드를 우리 액티비티 클래스에 추가하고 싶다고 해보자. 이 메서드는 Activity 슈퍼 클래스의 onStop( ) 메서드를 오버라이딩(overriding)한다. 따라서 이때는 우리 액티비티 클래스 안에 커서를 놓고 Alt+Insert[Cmd+N] 키를 누른 후 그림 8-9의 코드 생성 옵션에서 Override Methods...를 선택한다. 그리고 그림 8-10과 같이 그다음에 나오는 메서드 목록에서 onStop( ) 메서드를 선택하면 된다. 이러한 액티비티 생명주기(lifecycle) 관련 메서드는 이 책의 다른 장에서 배울 것이다.

그림 8-10

이처럼 오버라이딩할 메서드를 선택한 후 OK 버튼을 누르면 현재의 커서 위치에 다음과 같은 메서드 코드가 생성된다.

```
@Override
protected void onStop() {
    super.onStop();
}
```

8.7 코드 접어 감추기

소스 코드 파일이 꽤 커지면 아무리 잘 작성된 코드라 할지라도 코드를 이동하면서 작업하기가 무척 어려울 수 있다. 따라서 안드로이드 스튜디오에서는 파일에는 있지만 편집기 창에서 볼 필요가 없는 코드를 숨기는 **코드 접기**(code folding) 기능을 제공한다. 이 기능을 사용하면 코드를 쉽게 이동하면서 작업할 수 있다. 코드 접기는 편집기 창의 거터에 나타나는 표식을 사용해서 제어되며, 접어서 감추고자 하는 코드 블록의 앞과 뒤에 나타낸다. 예를 들어, 그림 8-11에서는 현재 접히지 않은 메서드 선언 코드 블록을 강조해서 보여준다.

@Override
public boolean onCreateOptionsMenu(Menu menu) {
// Inflate the menu; this adds items to the action bar if it is present.
getMenuInflater().inflate(R.menu.android_sample, menu);
return true;

그림 8-11

이 표식 중 하나를 클릭하면 그림 8-12처럼 메서드 시그니처만 보이고 나머지 부분은 접혀서 보이지 않게 된다.

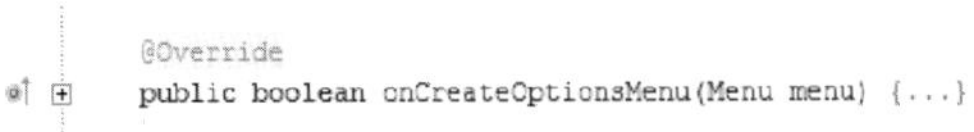
@Override
public boolean onCreateOptionsMenu(Menu menu) {...}

그림 8-12

접힌 코드 블록을 펼치려면 편집기 거터에 있는 '+' 표식을 클릭하면 된다. 접혀서 감춰진 코드를 펼치지 않고 보려면 그림 8-13과 같이 '{...}' 표식에 마우스 포인터를 갖다 대면 된다. 그러면 편집기가 접힌 코드 블록을 포함하는 렌즈를 현재의 코드 위에 겹쳐서 보여준다.

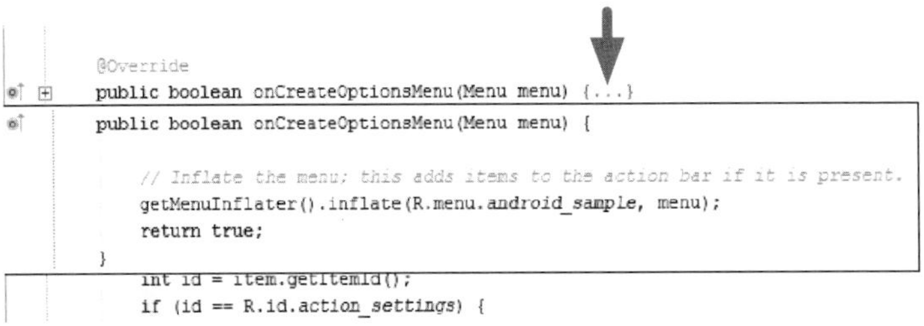

그림 8-13

Ctrl+Shift+Plus(+)[Cmd+Shift+Plus(+)]나 Ctrl+Shift+Minus(-)[Cmd+Shift+Minus(-)] 단축키를 사용하면 파일의 모든 코드 블록을 접거나 펼칠 수 있다.

소스 코드 파일이 열릴 때 편집기는 자동으로 일부 코드를 접어서 보여줄 수 있다. 그리고 그것을 구성하려면 메인 메뉴의 File ➡ Settings...를 선택한 후 설정 대화상자에서 Editor ➡ General ➡ Code Folding을 선택하면 된다. 그리고 코드를 접고자 하는 대상을 선택하면 된다(그림 8-14).

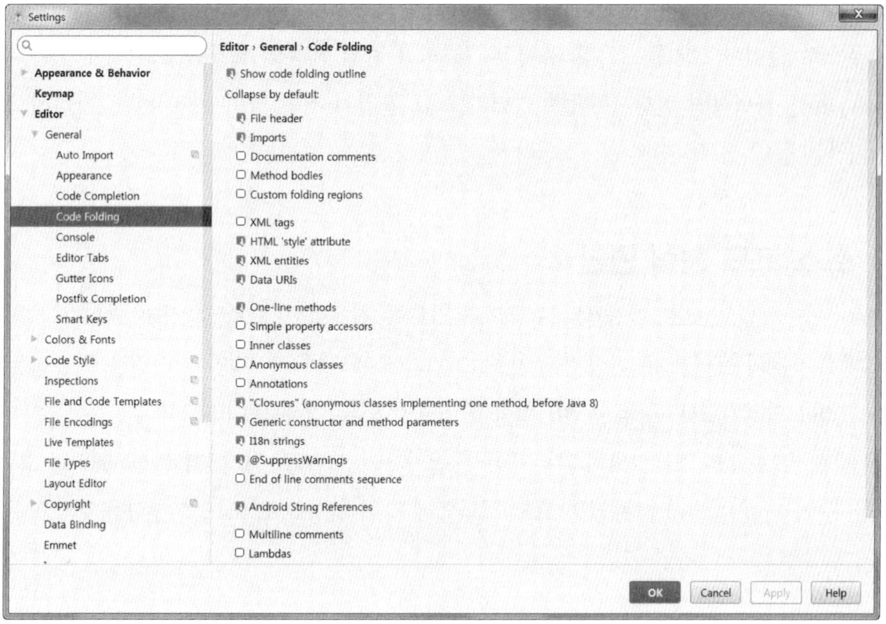

그림 8-14

8.8 빠른 문서 검색

자바나 안드로이드 문서(API 문서 등)를 볼 필요가 있는 항목에 커서를 갖다 놓고 Ctrl+Q[Ctrl+J] 단축키를 누르면 그 항목과 연관된 문서가 팝업으로 나타난다. 예를 들어, 그림 8-15에서는 안드로이드 FloatingActionButton 클래스의 문서를 보여준다.

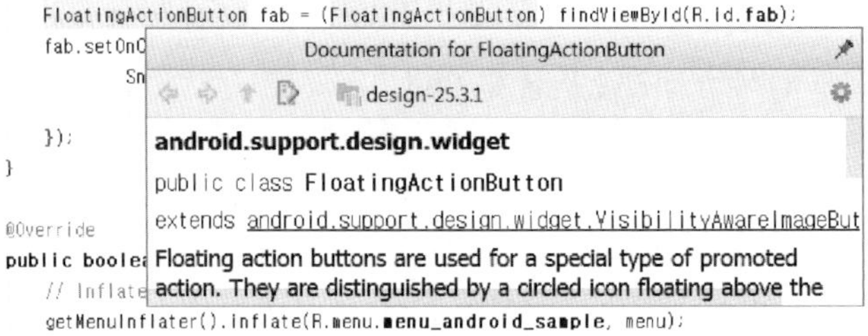

그림 8-15

일단 팝업(popup)이 나타나면 그것을 화면 어디로든 이동시킬 수 있으며, 팝업 상자 테두리 선을 마우스로 끌어서 크기를 조정할 수 있다. 그리고 팝업 제목의 오른쪽 모서리에 있는 푸시핀(push pin)을 클릭하면 편집기로 돌아가더라도 그 팝업이 계속 남아 있게 된다. 따라서 코드를 입력하는 동안 참조하면서 볼 수 있다.

8.9 소스 코드 형식 변환

안드로이드 스튜디오 코드 편집기는 자동으로 코드를 정형화한다. 즉, 문장과 코드 블록이 추가될 때 그것들의 들여쓰기, 간격 띄우기, 둘러싸기에 관련해서 일정한 스타일을 적용하는 것이다. 그리고 작성된 코드들의 형식이 변환될 필요가 있는 경우를 대비해서(예를 들어, 웹사이트로부터 샘플 코드를 잘라 내어 붙일 때 흔히 생김) 편집기가 소스 코드 **형식 변환**(reformatting) 기능을 제공한다. 이 기능은 널리 사용되는 코드 스타일에 맞춰 자동으로 코드의 형식을 변환하는 것이다.

Ctrl+Alt+Shift+L 단축키를 누르면 소스 코드의 형식을 변환해주는 Reformat Code 대화상자가 나타난다(그림 8-16). 이 대화상자에서는 현재 선택된 코드 또는 편집기에 현재 나타나 있는 소스 파일의 전체 코드 또는 버전 관리 시스템에서 변경된 코드에 대해서 형식 변환 옵션을 제공한다.

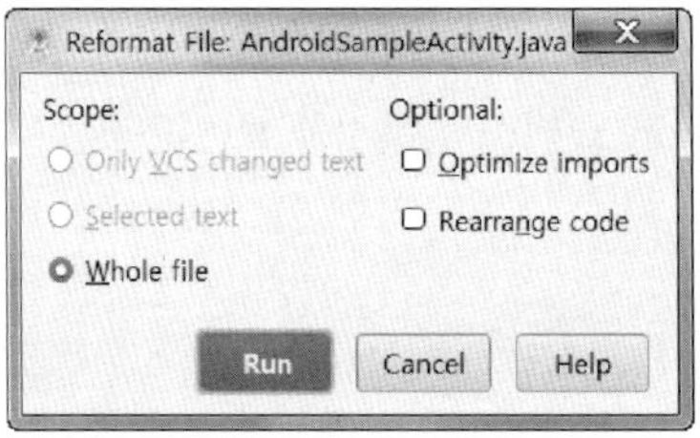

그림 8-16

자신이 선호하는 코드 스타일의 모든 것은 프로젝트 설정 대화상자에서 변경할 수 있다. 메인 메뉴에서 File ➡ Settings 메뉴 항목을 선택한 후 설정 대화상자에서 왼쪽 패널의 Editor 밑에 있는 Code Style의 왼쪽 화살표를 클릭한다. 그러면 지원되는 언어들의 목록이 나타난다. 그 중 하나를 선택하면 오른쪽 패널에 다양한 형식 스타일 옵션들을 제공하며, 거기에 있는 모든 것을 우리 입맛에 맞게 안드로이드 스튜디오에서 변경할 수 있다. 예를 들어, Code Style에서 Java를 선택하고 오른쪽 패널 위쪽의 Arrangement 탭을 클릭한 후(그림 8-17) 원하는 스타일을 지정하면, 그림 8-16 대화상자의 Rearrange code 옵션을 선택했을 때 그 스타일이 반영된다.

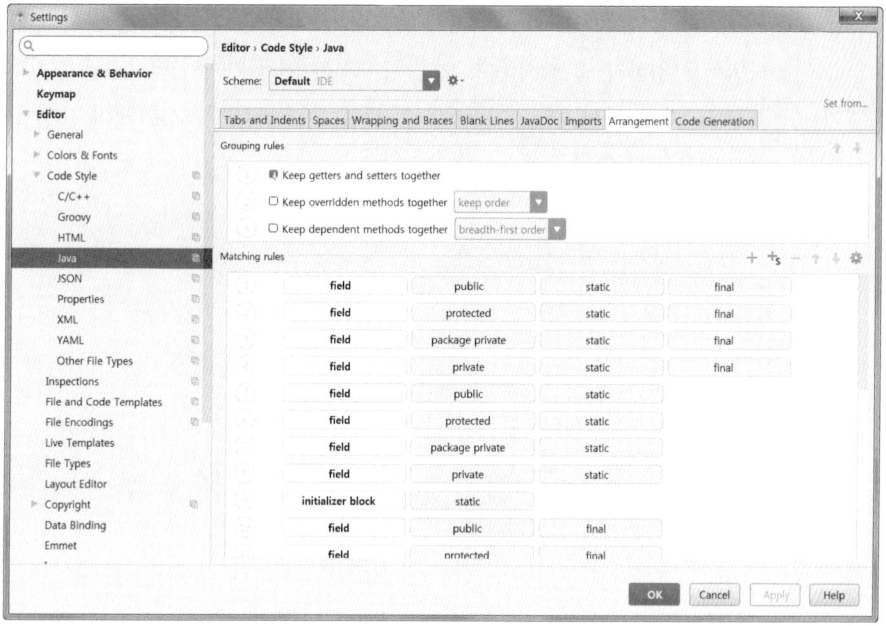

그림 8-17

8.10 샘플 코드 찾아보기

안드로이드 스튜디오 편집기에서는 코드 내부의 현재 선택된 항목과 관련된 샘플 코드를 볼 수 있는 방법을 제공한다. 이 기능을 사용하면 안드로이드 클래스나 메서드를 사용하는 방법을 배우는 데 유용하다. 샘플 코드를 보려면 우선 편집기의 코드에 있는 클래스나 메서드 이름에서 오른쪽 마우스 버튼을 누른 후 Find Sample Code 메뉴 항목을 선택한다. 그러면 그림 8-18처럼 Find Sample Code 창이 편집기 밑에 열리고 왼쪽 패널에 샘플 파일 목록이 나타난다. 그리고 그중 하나를 클릭하면 오른쪽 패널에 소스 코드를 보여준다.

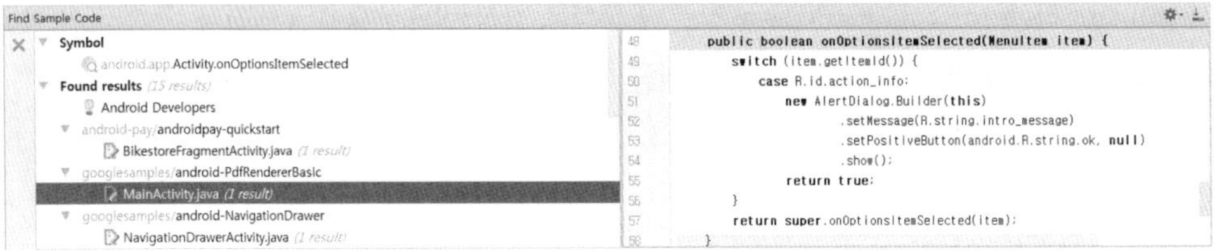

그림 8-18

8.11 요약

안드로이드 스튜디오 코드 편집기는 코드 작성에 필요한 입력 부담을 엄청나게 줄여주며, 코드를 읽고 이동하면서 작업하기 쉽게 해준다. 이번 장에서는 여러 가지의 핵심적인 편집기 기능을 알아보았다. 코드 자동 완성, 코드 자동 생성, 편집기 창 나누기, 코드 접어 감추기, 코드 형식 변환, 빠른 문서 검색 등이다.

안드로이드 아키텍처 개요

지금까지는 안드로이드 스튜디오를 사용하는 안드로이드 애플리케이션의 개발에 적합한 환경을 설정하는 데 필수적인 사항들을 알아보았다. 그리고 애플리케이션 개발의 첫발을 내딛는 의미에서 간단한 안드로이드 애플리케이션 프로젝트를 생성한 후 실행에 필요한 중요 사항들을 알아보았다.

그러나 본격적인 안드로이드 애플리케이션 개발에 뛰어들기에 앞서 안드로이드 SDK와 안드로이드 시스템 모두의 개념을 전반적으로 이해하는 것이 중요하다. 이 시점에서 그런 개념들을 확실하게 이해하면 앞으로 배울 내용을 위한 기초를 튼튼하게 다질 수 있기 때문이다.

이 장에서는 안드로이드가 어떻게 생겼는지 그 아키텍처를 전반적으로 알아볼 것이다.

9.1 안드로이드 소프트웨어 스택

안드로이드 시스템은 소프트웨어 스택(stack)의 형태로 구성된다. 마치 레고(Lego) 블록을 조립해 층층이 쌓아놓듯이 애플리케이션, 운영체제, 런타임 환경, 미들웨어, 각종 서비스와 라이브러리 등이 겹겹이 모여 구성된 것이라고 볼 수 있다. 이 아키텍처는 그림 9-1처럼 시각적으로 표현하면 가장 좋을 것이다. 스택의 각 계층과 그것들의 요소는 긴밀하게 통합되어 있다. 그리고 모바일 장치를 위한 최적의 애플리케이션 개발과 실행 환경을 제공하기 위해 신중하게 조율되어 있다.

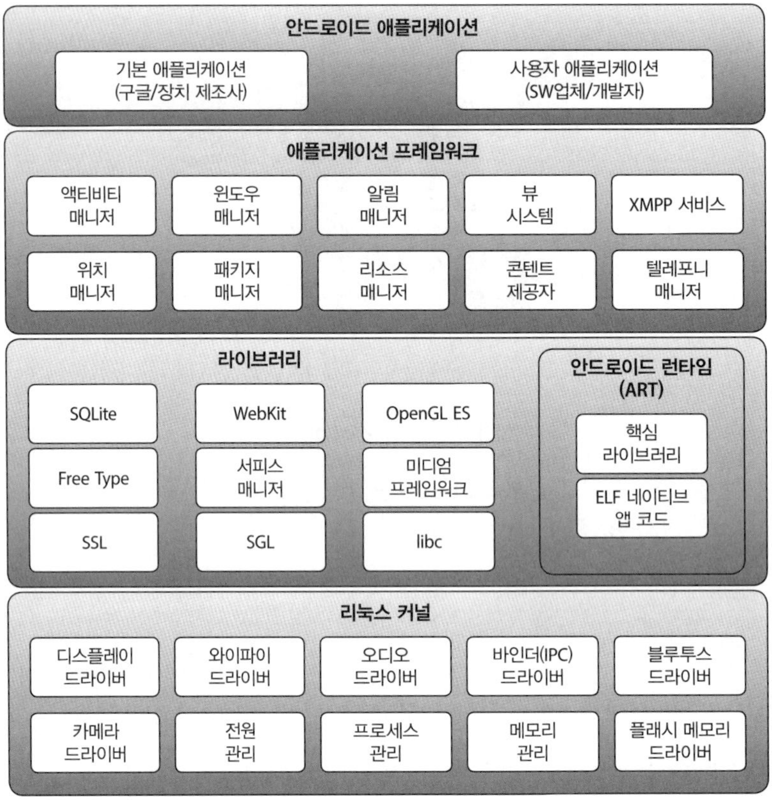

그림 9-1

이 장의 나머지 부분에서는 안드로이드 스택의 각 계층에 대해 알아볼 것이다. 우선, 맨 아래 계층인 리눅스 커널부터 살펴보자.

9.2 리눅스 커널

안드로이드 소프트웨어 스택의 맨 밑에 위치한다. **리눅스 커널**은 장치 하드웨어의 기반 운영체제 역할을 담당한다. 즉, 멀티태스킹을 지원하고 메모리 관리와 프로세스 실행 및 관리 등을 처리하는 핵심 시스템 서비스를 비롯해서 네트워크 인터페이스와 각종 하드웨어 인터페이스를 위한 장치 드라이버(예를 들어, 디스플레이, 와이파이, 오디오)를 제공한다.

원조 리눅스 커널은 1991년 리누스 토발즈(Linus Torvalds)가 개발하였으며, 자유 소프트웨어 재단(FSF, Free Software Foundation)의 리처드 스톨만(Richard Stallman)이 개발한 각종 도구와 유틸리티 및 컴파일러 등과 결합되어 GNU/Linux라는 완전한 운영체제가 되었다. 그리고 그 이후에 우분투나 레드햇과 같은 다양한 리눅스 배포판들이 그것을 기반으로 나오게 되었다.

단, 리눅스 커널은 동일한 것을 사용한다.

안드로이드는 리눅스의 커널만을 사용한다. 원래 리눅스는 데스크톱이나 서버의 컴퓨터에서 사용하기 위해 개발되었다. 실제로 지금은 리눅스가 엔터프라이즈 서버 환경에서 널리 사용된다. 그리고 리눅스 커널의 효율성과 성능이 좋으므로 안드로이드 소프트웨어 스택의 핵심으로 모바일 장치에서도 사용된다.

9.3 안드로이드 런타임 — ART

안드로이드 스튜디오에서 안드로이드 애플리케이션이 빌드될 때는 바이트 코드 형태(DEX, Dalvik Executable)로 컴파일된다. 그리고 장치에 애플리케이션이 설치될 때 **안드로이드 런타임**(ART, Android RunTime)이 AOT(Ahead-Of-Time) 컴파일을 수행하여 바이트 코드를 장치의 프로세서(CPU)가 필요로 하는 네이티브 명령어(기계어)로 일괄 변환한다. 이렇게 변환된 형태를 ELF(Executable and Linkable Format)라고 한다. 따라서 애플리케이션이 론칭될 때마다 ELF 버전으로 실행되므로 애플리케이션의 실행 속도가 더 빠르고 배터리 수명도 향상된다.

참고로, 5.x(롤리팝) 이전의 안드로이드 버전에서는 애플리케이션이 론칭될 때마다 JIT(Just-in-Time) 컴파일 방법을 사용하여 달빅 가상머신(VM, Virtual Machine)에서 바이트 코드를 하나씩 기계어로 변환하면서 실행하였다.

9.4 안드로이드 라이브러리

문자열 처리, 네트워킹, 파일 처리와 같은 일반적인 작업을 지원하기 위해 제공되는 표준 자바 라이브러리에 추가하여 안드로이드 개발 환경에는 안드로이드 라이브러리도 포함된다. 이것은 안드로이드 애플리케이션 개발에 특화된 다양한 자바 기반 라이브러리다. 이 부류의 라이브러리 예로는 애플리케이션 프레임워크 라이브러리를 포함하여 사용자 인터페이스 생성, 그래픽 드로잉, 데이터베이스 액세스 등을 가능하게 해주는 라이브러리가 있다.

안드로이드 개발자들이 사용 가능한 핵심 안드로이드 라이브러리를 요약하면 다음과 같다.

- **android.app** — 애플리케이션 모델의 액세스를 제공하며, 모든 안드로이드 애플리케이션의 초석이 되는 라이브러리다.
- **android.content** — 애플리케이션과 애플리케이션 컴포넌트 간의 콘텐트 액세스와 메시징을 가능하게 한다.

- **android.database** — 콘텐트 제공자가 게시한 데이터를 액세스하는 데 사용되고, SQLite 데이터베이스 관리 클래스를 포함한다.
- **android.graphics** — 색상, 포인트, 필터, 사각형, 캔버스를 포함하는 낮은 수준의 2D 그래픽 드로잉 API다.
- **android.hardware** — 가속도 센서와 광 센서 같은 하드웨어의 액세스를 제공하는 API를 나타낸다.
- **android.opengl** –OpenGL ES 3D 그래픽 렌더링 API의 자바 인터페이스다.
- **android.os** — 메시지, 시스템 서비스, 프로세스 간 통신을 포함하는 표준 운영체제 서비스의 액세스를 애플리케이션에 제공한다.
- **android.media** — 오디오와 비디오의 재생을 할 수 있는 클래스를 제공한다.
- **android.net** — 네트워크 액세스를 제공하는 API. 장치의 무선 네트워크 액세스를 제공하는 android.net.wifi를 포함한다.
- **android.print** — 안드로이드 애플리케이션에서 프린터로 콘텐트를 전송할 수 있는 클래스들을 포함한다.
- **android.provider** — 캘린더나 연락처 애플리케이션에서 유지하는 것과 같은 표준 안드로이드 콘텐트 제공자 데이터베이스의 액세스를 제공하는 클래스들이 있다.
- **android.text** — 장치 화면에 텍스트를 나타내고 처리하는 데 사용된다.
- **android.util** — 문자열과 숫자 변환, XML 처리, 날짜와 시간 처리 등의 일을 수행하는 유틸리티 클래스들이 있다.
- **android.view** — 애플리케이션의 사용자 인터페이스를 구성하는 뷰 클래스들이 있다.
- **android.widget** — 버튼, 라벨, 리스트 뷰, 레이아웃 매니저, 라디오 버튼과 같은 사전 제작된 사용자 인터페이스 컴포넌트들이 있다.
- **android.webkit** — 웹 브라우징 능력을 애플리케이션에 구성할 수 있게 해주는 클래스들이 있다.

안드로이드 런타임의 자바 기반 코어 라이브러리를 알아보았다. 이제는 C/C++ 기반의 라이브러리에 대해 살펴보자.

9.4.1 C/C++ 라이브러리

조금 전에 알아본 안드로이드 런타임 코어 라이브러리는 자바 기반이며, 개발자가 안드로이드 애플리케이션을 작성하는 데 필요한 주요 API를 제공한다. 그러나 코어 라이브러리는 대부분의 실제 작업을 직접 수행하지 않는다. 코어 라이브러리는 C/C++ 기반 라이브러리의 코드를 감싸고 있는 자바 래퍼(wrapper)다. 예를 들어, 장치 화면에 3D 그래픽을 그리기 위해 android.opengl 라이브러리의 코드를 호출하면 그 코드에서는 OpenGL ES C++ 라이브러리의 코드를 호출한다. 결국, 이 코드는 내부의 리눅스 커널과 함께 동작하게 된다.

C/C++ 라이브러리에는 폭넓고 다양한 함수들이 포함되어 있다. 예를 들어, 2D와 3D 그래픽, SSL(Secure Sockets Layer) 통신, SQLite 데이터베이스 관리 시스템, 오디오와 비디오 재생, 비트맵과 벡터 폰트 렌더링, 표준 C 시스템 라이브러리(libc) 등이다.

보통의 안드로이드 애플리케이션 개발자는 자바 기반 안드로이드 코어 라이브러리 API를 통해서만 C/C++ 라이브러리를 액세스할 것이다. 그러나 이 라이브러리를 직접 액세스할 필요가 있을 경우에는 안드로이드 NDK(Native Development Kit)를 사용하면 된다. 자바 코드에서 JNI(Java Native Interface)를 사용해서 자바 외의 다른 프로그래밍 언어(C나 C++ 등)의 네이티브 메서드를 호출하기 위한 것이 NDK의 목적이다.

9.5 애플리케이션 프레임워크

안드로이드 애플리케이션이 실행되고 관리되는 환경을 형성하는 서비스의 집합체가 애플리케이션 프레임워크다. 안드로이드 애플리케이션들이 재사용과 상호 운용 및 교체 가능한 컴포넌트로 구성된다는 개념을 이 프레임워크가 구현한다.

안드로이드 프레임워크는 다음의 핵심 서비스를 포함한다.

- **액티비티 매니저(Activity Manager)** — 애플리케이션의 생명주기(lifecycle)와 액티비티 스택을 제어한다.
- **콘텐트 제공자(Content Provider)** — 애플리케이션이 다른 애플리케이션과 데이터를 게시 및 공유할 수 있게 해준다.
- **리소스 매니저(Resource Manager)** — 코드에 포함되지 않는 리소스(문자열, 색상 설정, 사용자 인터페이스 레이아웃 등)의 액세스를 제공한다.

- **알림 매니저(Notifications Manager)** — 애플리케이션이 사용자에게 경고나 알림을 보여줄 수 있게 해준다.
- **뷰 시스템(View System)** — 애플리케이션의 사용자 인터페이스 생성에 사용되는 확장 가능한 뷰들의 집합이다.
- **패키지 매니저(Package Manager)** — 애플리케이션에서 장치에 설치된 다른 애플리케이션에 관한 정보를 알 수 있는 시스템이다.
- **텔레포니 매니저(Telephony Manager)** — 장치에서 사용 가능한 전화 서비스에 관한 정보(상태나 가입자 등)를 애플리케이션에 제공한다.
- **위치 매니저(Location Manager)** — 앱이 위치 변경 정보를 수신할 수 있게 해주는 위치 서비스의 액세스를 제공한다.

9.6 애플리케이션

안드로이드 소프트웨어 스택의 맨 위에 있는 것이 **애플리케이션**이다. 특별한 안드로이드 애플리케이션으로 제공되는 기본 애플리케이션(웹 브라우저와 이메일 애플리케이션 등)과 장치 구입 후 사용자가 설치한 애플리케이션으로 구성되는 것이 애플리케이션 계층이다.

9.7 요약

안드로이드 애플리케이션 개발 지식의 기초를 튼튼히 하려면 안드로이드의 전체적인 아키텍처를 알 필요가 있다. 안드로이드는 소프트웨어 스택 아키텍처의 형태로 구현되었다. 즉, 리눅스 커널, 런타임 환경과 그에 부합되는 라이브러리, 애플리케이션 프레임워크, 애플리케이션 등이 스택을 구성한다. 애플리케이션은 자바로 작성되고 안드로이드 스튜디오 빌드 환경에서 바이트 코드 형태로 컴파일된다. 그리고 나중에 애플리케이션이 장치에 설치될 때 안드로이드 런타임(ART)이 바이트 코드를 장치의 프로세서(CPU)가 필요로 하는 네이티브 명령어(기계어)로 일괄 변환한다. 애플리케이션 실행과 애플리케이션 디자인의 재사용 구현 관점 모두에서 안드로이드 아키텍처의 목표는 성능과 효율이다.

액티비티와 인텐트 개요

윈도우, 맥 OS X, 리눅스, 심지어는 iOS까지 여러분의 이전 프로그래밍 경험이 어떤 것이건 안드로이드 애플리케이션 개발은 이전에 접해봤던 어떤 것과도 다를 것이다.

그러므로 이번 장에서는 안드로이드 애플리케이션의 아키텍처에 깔려 있는 높은 관점의 개념을 이해하는 데 도움이 될 수 있는 내용을 설명할 것이다. 애플리케이션을 구성하는 데 사용될 수 있는 다양한 컴포넌트와 그런 컴포넌트들이 함께 동작하여 애플리케이션을 생성해주는 메커니즘이 그것이다.

10.1 안드로이드 액티비티

자바, C++, C#과 같은 객체지향 프로그래밍 언어에 익숙한 사람들은 애플리케이션의 기능을 캡슐화하여 클래스를 만들고, 이것을 객체로 생성하여 애플리케이션을 구성하는 개념을 잘 알고 있을 것이다. 안드로이드 애플리케이션은 자바로 작성되므로 객체지향 프로그래밍을 해야 한다. 그러나 안드로이드는 재사용 가능한 컴포넌트의 개념을 더 높은 수준으로 끌어올렸다. 그것이 바로 액티비티(Activity)다.

안드로이드 애플리케이션은 액티비티라는 컴포넌트가 하나 이상 결합되어 생성된다. 액티비티는 애플리케이션의 기능을 갖는 단일의 독립 실행형 모듈이다(리눅스의 프로세스로 실행된다). 그리고 하나의 사용자 인터페이스 화면 및 그것의 기능과 밀접하게 연관된다. 예를 들어, 일정 애플리케이션에서는 당일로 설정된 일정들을 보여주는 액티비티 화면을 가질 수 있다. 또한, 새로운 일정을 입력할 수 있는 화면으로 된 두 번째 액티비티를 사용할 수도 있다.

액티비티는 재사용과 교체 가능한 구성 요소로 만들어져서 서로 다른 애플리케이션에서 공유할 수 있다. 예를 들어, 이메일(email) 메시지를 구성하고 전송하는 액티비티를 갖는 이메일 애플리케이션이 있을 수 있다. 그리고 개발자가 새로 작성하는 애플리케이션에서 그런 이메일 애플리케이션의 기능이 필요할 경우가 있을 것이다. 이때는 또 다시 새로운 이메일 액티비티를 작성하지 않고 기존 이메일 애플리케이션의 액티비티를 사용하면 된다.

액티비티는 안드로이드 Activity 클래스의 서브 클래스로 생성되어야 하며, 애플리케이션의 다른 액티비티와 완전히 독립적으로 구현되어야 한다. 다시 말해서 액티비티는 다른 액티비티의 메서드를 직접 호출할 수 없으며, 데이터도 직접 액세스할 수 없다. 대신에 **인텐트**(Intent)와 **콘텐트 제공자**(Content Provider)를 사용해서 액티비티를 공유할 수 있다.

10.2 안드로이드 인텐트

인텐트는 하나의 액티비티가 다른 액티비티를 론칭(시작)시킬 수 있는 메커니즘이다. 이때 액티비티가 안드로이드 런타임에 인텐트를 요청하면 그 인텐트에 부합되는 액티비티를 안드로이드 런타임이 찾아서 시작시킨다. 한 액티비티가 다른 액티비티를 직접 시작시키는 것이 아니다. 인텐트에서는 수행될 오퍼레이션을 나타내고, 필요하다면 전달할 데이터도 포함시킬 수 있다.

인텐트에는 **명시적**(explicit) 인텐트와 **암시적**(implicit) 인텐트가 있다. 명시적 인텐트에서는 클래스 이름으로 액티비티를 참조하여 특정 액티비티의 론칭을 안드로이드 런타임에 요청한다. 따라서 론칭할 액티비티를 우리가 정확하게 알아야 한다. 반면에 암시적 인텐트에서는 우리가 하길 원하는 작업(액션 타입)을 안드로이드 런타임에 알려준다. 그러면 그런 작업을 할 수 있다고 자신을 등록한 액티비티를 안드로이드 런타임이 찾아서 시작시킨다. 만일 그런 능력의 액티비티를 하나 이상 찾을 경우는 사용자가 선택할 수 있게 해준다.

10.3 브로드캐스트 인텐트

또 다른 타입의 인텐트로 **브로드캐스트 인텐트**(Broadcast Intent)가 있다. 이것은 **브로드캐스트 수신자**(Broadcast Receiver)로 등록된 모든 애플리케이션에 전송되는 시스템 차원의 인텐트다. 예를 들어, 안드로이드 시스템에서는 장치 상태의 변화를 알려주기 위해 브로드캐스트 인텐트를 전송한다. 장치의 전원을 켜서 시스템이 부팅될 때 또는 충전 커넥터를 연결할 때와 같은 경우다. 브로드캐스트 인텐트는 일반적인 인텐트와 유사하게 동작하지만, 지정된 컴포넌트만 인텐트를 받는 것이 아니라 시스템의 여러 컴포넌트가 동시에 받을 수 있다는 차이점이 있다.

브로드캐스트 인텐트에는 **정규**(normal)와 **순차**(ordered)의 두 종류가 있다. 정규 브로드캐스트 인텐트는 관련 이벤트에 관심 있는 모든 브로드캐스트 수신자에게 비동기 형태로 동시에 전송된다. 반면에 순차 브로드캐스트 인텐트는 한 번에 하나의 브로드캐스트 수신자에게 전송된다. 그리고 그다음 차례의 브로드캐스트 수신자에게 계속 전송되거나 또는 중단될 수 있다.

10.4 브로드캐스트 수신자

브로드캐스트 수신자는 애플리케이션이 브로드캐스트 인텐트에 응답할 수 있는 메커니즘이다. **브로드캐스트 수신자**(Broadcast Receiver)는 애플리케이션에서 등록해야 하며, 관심 있는 브로드캐스트 타입을 나타내는 **인텐트 필터**(Intent Filter)를 사용해서 구성한다. 그리고 등록된 브로드캐스트 타입이 인텐트와 일치하면 안드로이드 런타임이 그 수신자를 시작시킨다(그 수신자를 등록한 애플리케이션의 현재 실행 여부와 무관하게). 그다음에 그 수신자는 필요한 작업(데이터 변경이나 사용자에게 메시지 알림 등)을 5초 이내에 수행하고 복귀해야 한다. 브로드캐스트 수신자는 백그라운드로 실행되며 사용자 인터페이스를 갖지 않는다.

10.5 안드로이드 서비스

안드로이드 **서비스**(Service)는 백그라운드로 실행되는 프로세스이며, 사용자 인터페이스를 갖지 않는다. 그리고 서비스가 시작된 후에는 액티비티나 브로드캐스트 수신자 및 그 외 다른 서비스로부터 관리된다. 애플리케이션에서 어떤 작업을 계속 수행할 필요가 있지만, 사용자에게 보여줄 수 있는 사용자 인터페이스는 필요 없는 경우에 안드로이드 서비스가 이상적이다. 비록 사용자 인터페이스를 갖고 있지는 않지만, 서비스에서는 **알림**(notification)과 **토스트**(toast)를 사용해서 여전히 사용자에게 메시지를 알려줄 수 있다. 그리고 인텐트도 요청할 수 있다. (현재 화면에 보이는 액티비티를 방해하지 않고 화면에 나타낼 수 있는 짤막한 메시지가 토스트다. 토스트 기능은 안드로이드 Toast 클래스에 구현되어 있다.)

서비스는 안드로이드 런타임에 의해 다른 프로세스보다 더 높은 우선순위로 실행된다. 그리고 웬만해서는 종료되지 않지만, 장치의 메모리 부족 등으로 시스템이 리소스를 해제하다가 어쩔 수 없는 경우에 마지막 수단으로 종료된다. 그러나 런타임이 서비스 프로세스를 죽이더라도 리소스가 다시 사용 가능하게 되면 그 즉시 자동으로 다시 시작된다. 서비스는 자신이 포그라운드(foreground)에서 실행될 필요가 있다고 선언함으로써 중단의 위험을 줄일 수 있다. 그럴 때는 startForeground( )를 호출하면 된다. 그러나 서비스가 중단되면 사용자에게 해를 끼칠 수 있을 경우에만 그렇게 하는 것이 좋다(예를 들어, 서비스로 스트리밍되는 오디오를 사용자가 듣고 있을 경우).

서비스가 실제적인 솔루션이 될 수 있는 경우의 예를 들면 다음과 같다. 바로 전에 이야기했듯이 계속 수행되어야 하는 오디오의 스트리밍, 주식이 지정된 가격이 될 때 사용자에게 알림할 필요가 있는 주식 애플리케이션 등이다.

10.6 콘텐트 제공자

콘텐트 제공자(Content Provider)는 애플리케이션 간에 데이터를 공유하는 메커니즘을 구현한다. 어떤 애플리케이션도 자신의 내부 데이터에 대한 액세스를 다른 애플리케이션에게 제공할 수 있다. 이때 그 데이터(퍼미션이 허용된)를 추가, 삭제, 조회하는 능력을 갖는 콘텐트 제공자를 구현한다. 그리고 데이터의 액세스는 콘텐트 제공자가 정의한 URI(Universal Resource Identifier)를 통해 제공된다. 데이터는 파일 또는 SQLite 데이터베이스 전체의 형태로 공유될 수 있다.

연락처와 같은 네이티브 안드로이드 애플리케이션들은 다른 애플리케이션에서 데이터를 액세스할 수 있는 표준 콘텐트 제공자를 많이 포함하고 있다.

안드로이드 시스템에서 현재 사용 가능한 콘텐트 제공자는 콘텐트 리졸버(Content Resolver)를 사용해서 찾을 수 있다.

10.7 애플리케이션 매니페스트

앱을 구성하는 다양한 요소를 합치는 접착제의 역할을 하는 것이 안드로이드 매니페스트(Manifest) 파일이다. 이것은 XML 파일이며, 애플리케이션에 관련된 액티비티, 서비스, 브로드캐스트 수신자, 데이터 제공자, 퍼미션(permission) 등이 정의되어 있다. 이 정보들은 안드로이드 런타임에서 참조하고 사용한다.

10.8 애플리케이션 리소스

안드로이드 애플리케이션은 애플리케이션 패키지(APK)로 빌드되어 장치에 설치 및 실행된다. 이때 APK에는 자바 실행 코드(dex 파일), 매니페스트 파일의 메타 데이터, 각종 리소스 파일들이 포함된다. 그리고 리소스 파일에는 여러 종류의 리소스가 포함된다. 예를 들어, XML로 정의된 사용자 인터페이스 레이아웃과 함께 사용자 인터페이스에 나타나는 문자열, 이미지, 폰트와 색상 등이다. 안드로이드 스튜디오에서는 리소스 파일들이 프로젝트 디렉터리 아래의 app/src/main/res 서브 디렉터리에 저장된다.

10.9 애플리케이션 컨텍스트

애플리케이션이 컴파일되면 애플리케이션의 모든 리소스에 대한 참조를 포함하는 R이라는 이름의 클래스가 자동 생성된다. 그리고 애플리케이션의 매니페스트 파일과 그런 리소스들이 결합되어 **애플리케이션 컨텍스트**(Application Context)라는 것이 생성된다. 컨텍스트는 안드로이드 Context 클래스로 나타내며, 런타임 시에 애플리케이션의 리소스를 액세스하기 위해 애플리케이션 코드에서 사용될 수 있다. 또한, 런타임 시의 정보를 수집하고 애플리케이션의 환경을 변경하기 위해 애플리케이션의 컨텍스트에서 여러 가지 메서드들이 호출될 수 있다.

10.10 요약

서로 다른 많은 요소가 합쳐져서 안드로이드 애플리케이션이 생성될 수 있다. 이번 장에서는 액티비티, 서비스, 인텐트, 브로드캐스트 수신자 및 매니페스트 파일과 애플리케이션 리소스의 개요를 알아보았다.

액티비티와 인텐트의 형태로 독립적으로 실행 가능한 모듈을 생성함으로써 재사용성과 상호운용성이 극대화된다. 또한, 콘텐트 제공자를 구현하면 애플리케이션 간의 데이터 공유가 가능하다.

액티비티에서는 사용자가 애플리케이션과 상호작용하는 데 초점을 두는 반면(기본적으로 액티비티는 하나의 사용자 인터페이스 화면과 연관된다), 백그라운드 프로세싱은 서비스와 브로드캐스트 수신자에 의해 처리된다.

애플리케이션을 구성하는 컴포넌트들은 매니페스트 파일에 정의되어 안드로이드 런타임 시스템에 의해 참조된다. 그리고 애플리케이션 매니페스트 파일과 애플리케이션 리소스들이 결합되어 애플리케이션의 컨텍스트를 나타낸다.

안드로이드 애플리케이션과 액티비티 생명주기

안드로이드 애플리케이션은 액티비티나 서비스 및 브로드캐스트 수신자의 형태로 된 여러 컴포넌트로 구성된다는 것을 앞의 다른 장에서 배웠다. 이번 장에서는 안드로이드 런타임 시스템에서 실행되는 애플리케이션과 액티비티의 생명주기(lifecycle)를 살펴볼 것이다.

날이 갈수록 모바일 장치의 메모리나 컴퓨팅 능력이 향상되고 있다. 그러나 데스크톱 시스템에 비해 여전히 제한된 리소스를 고려해야 한다. 특히, 메모리가 그렇다. 따라서 안드로이드 시스템에서는 그런 제한된 리소스를 효율적으로 관리해야 한다. 운영체제와 애플리케이션 모두에서 그렇다. 그러면서 항상 사용자에게 응답할 수 있어야 한다. 따라서 안드로이드 시스템에서는 애플리케이션과 애플리케이션을 구성하는 각 컴포넌트 모두의 생명주기와 상태를 전적으로 통제한다. 그러므로 안드로이드 애플리케이션과 액티비티 생명주기 관리 모델을 이해하는 것이 중요하다. 또한, 애플리케이션이 실행하는 동안 상태 변경에 대처할 수 있는 방법도 알아야 한다.

11.1 안드로이드 애플리케이션과 리소스 관리

안드로이드 5.0 롤리팝 이전에는 안드로이드 애플리케이션이 달빅 가상 머신(Dalvik Virtual Machine)의 인스턴스에서 실행되고, 각 가상 머신은 운영체제(리눅스)의 별개 프로세스로 실행되었다. 그러나 5.0 롤리팝부터는 가상 머신이 없어지고 안드로이드 런타임(ART) 시스템의 통제하에 리눅스 프로세스로 실행된다. 만일 장치의 리소스(특히 메모리)가 한계에 도달하면 안드로이드 시스템에서 메모리를 해제하기 위해 프로세스들을 중단시키는 조치를 취한다.

메모리 해제를 위해 어떤 프로세스를 중단시킬지 결정할 때 시스템에서는 현재 실행 중인 모든 프로세스의 **우선순위**(priority)와 **상태**(state) 모두를 고려한다. 그리고 이때 그런 요소들을 결합하여 구글에서 이야기하는 **중요도 서열**(importance hierarchy)이라는 것을 생성한다. 그다음에 가장 낮은 순위의 프로세스들부터 중단을 시작해서 시스템이 기능을 수행하는 데 충분한 리소스가 해제될 때까지 작업을 반복한다.

11.2 안드로이드 프로세스 상태

애플리케이션은 프로세스로 실행되고 컴포넌트로 구성된다. 안드로이드 시스템에서 프로세스의 현재 상태는 애플리케이션 내부에서 실행 중인 컴포넌트(액티비티나 서비스 등)의 우선순위에 의해 결정된다.

그림 11-1처럼 어떤 시점에서든 프로세스는 다음 다섯 가지 중 하나의 상태가 될 수 있다.

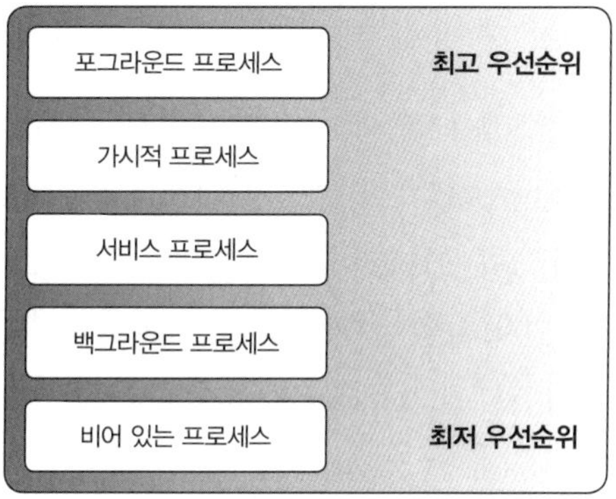

그림 11-1

11.2.1 포그라운드 프로세스

이 프로세스는 가장 높은 수준의 우선순위가 지정된다. 프로세스가 포그라운드(foreground) 상태로 되려면 다음의 자격 조건을 하나 이상 충족해야 한다.

- 사용자와 현재 상호작용 중인 액티비티를 호스팅(포함해서 실행)한다.
- 사용자와 현재 상호작용 중인 액티비티에 연결된 서비스를 호스팅한다.
- 중단되면 사용자에게 해를 끼칠 수 있다는 것을 startForeground( ) 메서드를 호출하여 알려준 서비스를 호스팅한다.

- 자신의 onCreate( ), onResume( ), onStart( ) 콜백 메서드 중 하나를 실행하는 서비스를 호스팅한다.
- onReceive( ) 메서드로 현재 실행 중인 브로드캐스트 수신자를 호스팅한다.

11.2.2 가시적 프로세스

화면으로 볼 수는 있지만 사용자와 상호작용은 하지 않는 액티비티를 포함하는 프로세스는 가시적 프로세스(visible process)로 분류된다. 프로세스의 액티비티를 사용자가 화면에서 볼 수 있지만, 이 액티비티의 화면 일부를 다른 액티비티(예를 들어, 대화상자)가 포그라운드로 실행하면서 가리는 경우다. 가시적이거나 포그라운드로 실행되는 액티비티와 결부된 서비스를 호스팅하는 프로세스도 가시적 상태가 될 수 있다.

11.2.3 서비스 프로세스

이미 시작되어 현재 실행 중인 서비스(service)를 포함하는 프로세스다.

11.2.4 백그라운드 프로세스

사용자가 화면으로 현재 볼 수 없는 하나 이상의 액티비티를 포함하는 프로세스다. 더 높은 우선순위의 프로세스에서 추가 메모리가 필요한 경우, 이 부류의 프로세스는 안드로이드 런타임에 의해 중단될 가능성이 크다. 안드로이드는 백그라운드 프로세스(background process)의 내역을 동적으로 유지 관리하면서 실행 순서에 따라 프로세스를 중단시킨다. 즉, 포그라운드에서 실행한 프로세스 중 가장 오래된 프로세스가 먼저 종료된다.

11.2.5 비어 있는 프로세스

비어 있는 프로세스(empty process)는 실행되는 애플리케이션을 포함하지 않으며, 새로 론칭되는 애플리케이션을 호스팅하기 위해 메모리에 남아 있다. 문을 연 채로 엔진을 켜 놓고 승객의 탑승을 기다리는 버스와 유사하다. 이런 프로세스는 최저 우선순위를 가지며, 리소스 해제 시에 제일 먼저 중단된다.

11.3 액티비티 생명주기

안드로이드 프로세스의 상태는 자신이 호스팅하는 애플리케이션을 구성하는 액티비티와 컴포넌트의 상태에 의해 결정된다. 그러므로 애플리케이션이 실행되는 동안 액티비티도 서로 다른 상태로 전환된다는 것을 이해하는 것이 중요하다. 액티비티의 현재 상태는 **액티비티 스택(activity stack)** 안에서의 위치에 따라 결정된다.

11.4 액티비티 스택

안드로이드 런타임 시스템에서는 장치에서 실행 중인 각 애플리케이션에 대해 **액티비티 스택**을 유지 관리한다. 애플리케이션이 론칭되면 그 애플리케이션의 첫 번째 시작 액티비티가 스택에 놓인다. 그리고 두 번째 액티비티가 시작되면 이전 액티비티는 밑으로 **들어가고**(push) 그 액티비티가 스택의 맨 위에 위치하게 된다. 스택의 맨 위에 있는 액티비티를 **활성화된**(또는 실행 중인) 액티비티라 한다. 활성화된 액티비티가 종료되면 그 액티비티는 런타임에 의해 스택에서 **빠지고**(pop) 그 바로 밑에 있던 액티비티가 위로 올라오면서 현재 활성화된 액티비티가 된다.

액티비티가 종료되는 경우를 예로 들면, 스택의 맨 위에 있는 액티비티가 자신의 할 일이 끝났을 경우나 이전 액티비티로 돌아가기 위해 사용자가 장치 화면의 Back 버튼을 눌렀을 경우다 (이때는 현재 액티비티가 런타임 시스템에 의해 스택에서 빠지고 소멸된다).

그림 11-2에서는 안드로이드 액티비티 스택을 그림으로 보여준다.

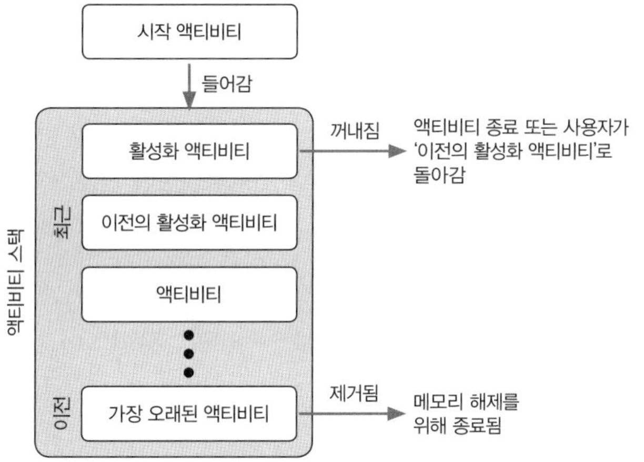

그림 11-2

이 그림에서 보듯이, 새로운 액티비티가 시작되면 스택의 맨 위로 들어간다. 그리고 새로운 액티비티를 포함해서 현재 실행 중인 액티비티는 스택의 맨 위에 위치한다. 그러나 새로운 액티비티가 시작되면 현재의 액티비티는 그 밑으로 들어간다. 또한, 현재의 액티비티가 종료되거나 또는 사용자가 Back 버튼을 눌러 이전 액티비티로 돌아갔을 때는 현재의 액티비티가 스택에서 꺼내어진다. 만일 시스템의 리소스(메모리 등)가 부족하게 될 경우는 스택의 제일 밑에 있는 액티비티부터 제거된다.

액티비티 스택은 프로그래밍 용어로 후입선출(LIFO, Last-In-First-Out) 스택이다. 즉, 마지막에 스택으로 들어간 항목이 제일 먼저 꺼내어진다.

11.5 액티비티 상태

애플리케이션에서 실행되는 동안 액티비티는 다음과 같이 서로 다른 상태를 거친다.

- **실행(Active/Running)** — 액티비티가 액티비티 스택의 맨 위에 있고, 장치 화면에서 볼 수 있는 포그라운드 태스크이며, 사용자와 현재 상호작용하고 있다. 이런 액티비티는 시스템 리소스가 부족할 때에도 거의 중단되지 않는다.
- **일시 중지(Paused)** — 사용자가 화면에서 볼 수 있지만 포커스를 갖고 있지 않는 경우다. 현재 실행 중인 다른 액티비티가 이 액티비티의 화면을 부분적으로 가리고 있기 때문이다. 일시 중지된 액티비티는 메모리에 보존되어 있고, 창 매니저에 연결된 채로 있으며, 자신의 모든 상태 정보를 갖고 있다. 따라서 액티비티 스택의 맨 위로 이동되면 실행 상태로 빨리 복원될 수 있다.
- **중단(Stopped)** — 액티비티가 사용자에게 보이지 않는다. 달리 말해, 장치 화면에서 이 액티비티 화면 전체를 다른 액티비티가 가리고 있을 때다. 일시 중지 액티비티처럼 이 액티비티는 모든 상태와 멤버 데이터를 보존하고 있다. 그러나 시스템 리소스가 부족할 때 중단될 가능성이 높다.
- **소멸(Killed)** — 메모리 해제를 위해 런타임 시스템에 의해 액티비티가 종료되었으며, 액티비티 스택에도 존재하지 않는다. 만일 애플리케이션에서 요청하면 이런 액티비티들은 다시 시작되어야 한다.

11.6 구성 변경

이 장에서 지금까지는 안드로이드 액티비티의 상태가 변하는 두 가지 요인을 알아보았다. 즉, 포그라운드와 백그라운드 간의 액티비티 이동과 메모리 해제를 위해 런타임 시스템이 액티비티를 종료시키는 것이다. 이외에도 한 가지가 더 있다. 그것은 장치 구성의 변경이다.

기본적으로 화면에 나타난 액티비티의 모습(사용자 인터페이스)에 영향을 주는 구성 변경은 액티비티 인스턴스를 소멸시키고 새로 생성되게 만든다. 예를 들어, 장치의 방향을 가로에서 세로 또는 세로에서 가로로 회전시킬 때, 시스템 폰트 설정을 변경할 때 등이다.

액티비티가 새로 생성되는 이유는 다음과 같다. 구성 변경은 사용자 인터페이스의 레이아웃과 같은 리소스에 영향을 주므로 영향을 받은 액티비티 인스턴스를 소멸시키고 다시 생성하는 것이 그런 변경에 응답하는 가장 빠른 방법이기 때문이다.

11.7 요약

안드로이드 5.0 롤리팝부터 안드로이드 애플리케이션은 안드로이드 런타임(ART) 시스템의 통제하에 리눅스 프로세스로 실행된다. 그리고 각 애플리케이션은 액티비티나 서비스의 형태로 된 컴포넌트로 구성된다.

일반적으로 모바일 장치에서는 리소스가 제한된다. 특히, 내부 메모리가 그렇다. 따라서 안드로이드 런타임 시스템은 메모리가 부족할 때 프로세스(백그라운드 서비스 형태의 프로세스와 각각의 액티비티 프로세스)를 중단시킬 수 있다. 그리고 중단시킬 프로세스를 결정할 때 런타임 시스템은 프로세스 상태를 감안하며, 프로세스 상태는 그 프로세스가 포함하여 실행하는 액티비티의 상태에 따라 좌우된다.

안드로이드 애플리케이션은 실행되는 동안 다양한 상태를 거치며, 그런 상태 변화는 안드로이드 런타임에 의해 제어된다. 그러므로 기본적으로 안드로이드 애플리케이션에서는 시스템이 상태 변화를 알려줄 때 응답할 수 있어야 한다. 이것이 다음 장에서 다룰 내용이다.

액티비티 상태 변화 처리하기

앞의 11장에서 설명했듯이, 애플리케이션이 존속하는 동안 애플리케이션을 구성하는 액티비티가 여러 다른 상태를 거친다는 점을 알았을 것이다. 그리고 한 상태에서 다른 상태로의 변화는 안드로이드 런타임 시스템에 의해 수행되므로 액티비티 자신이 제어할 수 없다. 그렇지만 대부분의 경우에 액티비티가 상황에 맞춰 반응할 시간적 여유를 주기 위해 런타임은 상태 변화가 임박했음을 액티비티에게 알려준다. 이때 액티비티에서는 자신의 내부 상태와 사용자 인터페이스 상태에 관련된 데이터를 저장하거나 복원한다.

이 장의 주 목적은 액티비티가 상태 변화에 따른 알림를 받는 방법과 상태 정보를 저장 및 복원하는 방법을 전반적으로 살펴보는 것이다. 그리고 추가적으로 액티비티 생애(activity lifetimes)에 대한 개념을 알아볼 것이다.

12.1 Activity 클래스

거의 예외 없이 애플리케이션의 액티비티들은 안드로이드 Activity 클래스 또는 Activity 클래스의 서브 클래스인 다른 클래스(예를 들어, 하위 버전과의 호환성을 고려하여 만든 AppCompatActivity 또는 FragmentActivity) 중 하나의 서브 클래스로 생성된다.

예를 들어, 3장에서 생성했던 AndroidSample 프로젝트를 생각해보자. 안드로이드 스튜디오에서 그 프로젝트를 열고 AndroidSampleActvity.java 파일을 찾는다(프로젝트 도구 창에서

app ➡ Java ➡ com.ebookfrenzy.androidsample을 찾으면 그 밑에 있다. 도메인을 ebookfrenzy가 아닌 다른 것으로 지정한 경우에는 그 이름으로 된 패키지를 찾는다). 파일을 찾았으면 그것을 더블 클릭하자. 그러면 편집기에 다음 코드가 로드될 것이다.

```
package com.ebookfrenzy.androidsample;

import android.os.Bundle;
import android.support.design.widget.FloatingActionButton;
import android.support.design.widget.Snackbar;
import android.support.v7.app.AppCompatActivity;
import android.support.v7.widget.Toolbar;
import android.view.View;
import android.view.Menu;
import android.view.MenuItem;

public class AndroidSampleActivity extends AppCompatActivity {


    @Override
    protected void onCreate(Bundle savedInstanceState) {
        super.onCreate(savedInstanceState);
        setContentView(R.layout.activity_android_sample);
        Toolbar toolbar = (Toolbar) findViewById(R.id.toolbar);
        setSupportActionBar(toolbar);

        FloatingActionButton fab =
                    (FloatingActionButton) findViewById(R.id.fab);
        fab.setOnClickListener(new View.OnClickListener() {
            @Override
            public void onClick(View view) {
                Snackbar.make(view, "Replace with your own action",
                Snackbar.LENGTH_LONG)
                        .setAction("Action", null).show();
            }
        });
    }

    @Override
    public boolean onCreateOptionsMenu(Menu menu) {
        // Inflate the menu; this adds items to the action bar if it is present
        getMenuInflater().inflate(R.menu.menu_android_sample, menu);
        return true;
    }

    @Override
    public boolean onOptionsItemSelected(MenuItem item) {
        // Handle action bar item clicks here. The action bar will
        // automatically handle clicks on the Home/Up button, so long
        // as you specify a parent activity in AndroidManifest.xml.
```

```
        int id = item.getItemId();

        // noinspection SimplifiableIfStatement
        if (id == R.id.action_settings) {
            return true;
        }

        return super.onOptionsItemSelected(item);
    }
}
```

이것은 3장에서 프로젝트를 생성했을 때 자동으로 생성된 코드다. 그때 우리가 지정한 액티비티 이름인 AndroidSampleActivity가 액티비티 클래스 이름이 된다. 그리고 액티비티 템플릿을 Basic Activity로 선택했으므로 AndroidSampleActivity 클래스는 자동으로 AppCompatActivity 클래스의 서브 클래스로 지정된다.

안드로이드 편집기에서 계층 구조(Hierarchy) 도구를 사용하면 쉽게 확인해볼 수 있다. 편집기에 AndroidSampleActivity.java 파일이 로드된 상태에서 public class로 선언된 AndroidSampleActivity를 클릭한 후 Ctrl+H[Cmd+H] 단축키를 눌러보자. 그림 12-1과 같이 계층 구조 도구 창이 나타나면서 선택된 클래스의 클래스 계층 구조를 보여줄 것이다. 여기서 우리의 AndroidSampleActivity 클래스는 AppCompatActivity 클래스의 서브 클래스이면서 또한 FragmentActivity와 Activity 클래스의 서브 클래스인 것을 알 수 있다.

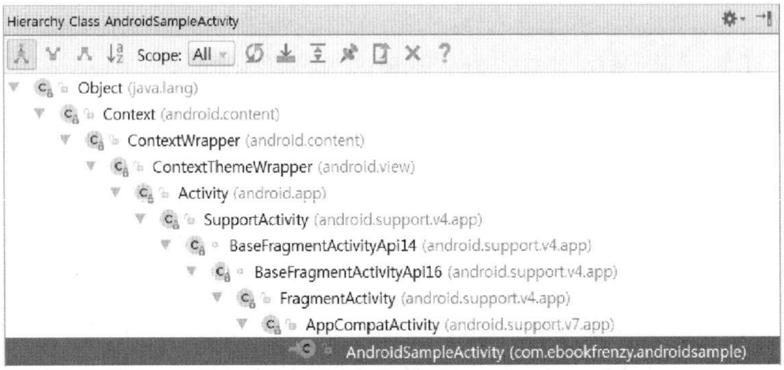

그림 12-1

(현재 선택된 왼쪽에서 첫 번째 버튼은 AndroidSampleActivity의 모든 슈퍼 클래스들을 다 보여준다. 사람에 비유하면 최초 조상부터 시작해서 해당 후손까지 모두 나타난 족보를 보여주는 셈이다. 두 번째 버튼을 누르면 바로 위 슈퍼 클래스, 즉 직계 부모만을 보여준다. 세 번째 버튼을 클릭하면 서브 클래스를 보여준다. 그러나 AndroidSampleActivity는 서브 클래스가 없으므로 이 클래스만 나타난다.)

안드로이드에서는 크게 버전이 바뀔 때마다 여러 새로운 기능이 추가되거나 UI(사용자 인터페이스)가 개선되었다. 이때 문제가 되는 것이 과거 버전과의 호환성이다. 호환성 측면에서 고려할 두 가지 사항이 있다. 우선, 가장 중요한 것으로는 과거 버전의 애플리케이션(이하 앱)이 최신 버전의 안드로이드 시스템에서도 그대로 실행될 수 있어야 한다는 것이다. 이것은 당연히 100% 보장이 된다. 그다음으로는 과거 버전의 안드로이드 시스템이 실행되는 장치에서도 최신 버전의 좋은 기능을 (다만 일부라도) 사용할 수 있다면 좋을 것이다. 따라서 안드로이드에서는 그런 기능의 클래스들을 생성하여 지원 라이브러리(support library)에 별도로 유지 및 관리하는 방법을 사용한다. 그리고 그 클래스들은 기본 라이브러리 클래스의 서브 클래스로 생성되어 있다.

안드로이드 앱은 액티비티가 근간이 되며, 이것이 리눅스 커널의 프로세스로 실행된다. 그리고 하나의 UI(쉽게 말해, 단위 기능의 화면)를 갖고 처리한다. 또한, 필요하다면 하나의 앱에서 여러 개의 액티비티를 갖고 한 액티비티가 다른 액티비티를 연계하여 실행하도록 할 수 있다. 이때 인텐트(Intent)를 사용한다(42~44장 참조). 또는 이와 다른 방법으로 하나의 액티비티에서 여러 개의 프래그먼트(Fragment)를 갖고 실행할 수 있다(29~30장 참조).

안드로이드 앱을 개발할 때 주로 사용하는 액티비티 클래스에는 Activity, FragmentActivity, AppCompatActivity가 있다.

- **Activity 클래스(android.app.Activity)** — 해당 안드로이드 버전의 기본 라이브러리 액티비티 클래스이며, 모든 다른 액티비티 클래스는 이 클래스의 서브 클래스가 된다.
- **FragmentActivity 클래스(android.support.v4.app.FragmentActivity)** — 과거 버전과의 호환성을 유지하면서 프래그먼트를 사용할 때 필요한 액티비티 클래스다.
- **AppCompatActivity 클래스(android.support.v7.app.AppCompatActivity)** — 과거 안드로이드 버전과의 호환성을 유지하면서 새로운 버전의 기능도 사용할 수 있도록 만든 액티비티 클래스다. 기존에 사용하던 ActionBarActivity 클래스는 더 이상 사용되지 않고 이 클래스로 대체되었다. 또한, AppCompatActivity 클래스는 안드로이드 5, 6, 7, 8 버전들의 새로운 기능도 많은 부분 구현하고 있다. 따라서 우리 액티비티 클래스는 AppCompatActivity 클래스의 서브 클래스로 정의하여 사용하는 것이 가장 바람직하다. 이런 이유로 안드로이드 스튜디오에서 프로젝트를 생성하면 우리 액티비티를 AppCompatActivity 클래스의 서브 클래스로 생성해준다.

Activity 클래스와 그것의 서브 클래스들은 안드로이드 런타임이 자동으로 호출하는 메서드를 많이 갖고 있다. 액티비티의 상태가 변경된다는 것을 그 액티비티에게 알려주기 위해서다.

그런 메서드들을 액티비티 생명주기 메서드(activity lifecycle method)라고 한다. 우리 액티비티 클래스에서는 그런 메서드들을 오버라이드(override)하여 우리가 필요한 기능을 구현하면 된다. 액티비티의 상태가 변경될 때 우리가 필요한 처리를 하기 위해서다.

그중에서 반드시 구현해야 하는 메서드가 onCreate( )이다. 앞에서 자동 생성된 코드를 다시 보면, AndroidSampleActivity 클래스에 이 메서드가 이미 오버라이딩되어 구현되었음을 알 수 있다. Activity 클래스의 onCreate( ) 및 그 외 다른 생명주기 메서드들은 잠시 후에 알아볼 것이다.

12.2 동적 상태 vs. 영속적 상태

액티비티 생명주기를 관리하는 주 목적은 적시에 액티비티 상태를 저장하거나 복원하기 위함이다. 여기서 말하는 상태(state)는 액티비티가 현재 보존하고 있는 데이터와 현재 보이는 사용자 인터페이스 데이터(일반적으로 폰이나 태블릿 등의 화면에 나타난 뷰 객체의 데이터)를 의미한다. 예를 들어, 액티비티는 데이터베이스, 콘텐트 제공자, 파일 등에 저장될 필요가 있는 메모리의 데이터를 유지할 수 있다. 그런 상태 정보를 영속적 상태(persistent state)라고 한다.

화면에 보이는 사용자 인터페이스는 동적 상태(dynamic state)라 한다(사용자 인터페이스 상태 또는 인스턴스 상태라고도 한다). 왜냐하면 그것은 애플리케이션이 실행되는 동안만 보존되는 것이기 때문이다. 예를 들어, 화면의 텍스트 필드에 입력된 텍스트는 아직 애플리케이션의 영속적 상태 데이터로 확정되지 않은 것이다. 그러나 이외에도 파일이나 데이터베이스 등에는 저장하지 않지만 액티비티 내부에서 보존해야 하는 변수들이 필요할 수 있다. 이런 변수 데이터까지를 포함하는 것이 동적 상태다.

이 두 상태의 차이를 이해하는 것이 중요하다. 왜냐하면 그것들이 저장되는 방법과 그렇게 하는 이유 모두가 다르기 때문이다.

영속적 상태를 저장하는 목적은 데이터 유실을 막기 위해서다. 즉, 액티비티가 백그라운드 상태(액티비티의 사용자 인터페이스가 현재 화면에 보이면서 사용자와 데이터를 입출력할 수 있을 때는 포그라운드 상태)로 있을 때는 런타임 시스템이 그 액티비티를 종료시키므로 그로 인해 액티비티의 데이터가 없어질 수 있다.

이와는 달리 동적 상태는 약간 더 복잡한 이유 때문에 데이터가 저장되고 복원된다. 예를 들어, 어떤 애플리케이션에서 하나의 텍스트 필드와 몇 개의 라디오 버튼을 갖는 액티비티 하나를 갖고 있다고 해보자(여기서는 액티비티 A라고 할 것이다). 애플리케이션을 사용하는 동안 사용자는 텍스트 필드에 텍스트를 입력하고 라디오 버튼을 선택한다. 그러나 이런 변경 사항을 저장하는 액션을 수행하기 전에 사용자가 다른 액티비티로 전환한다면, 액티비티 A는 액티비티 스택으로 들어가고 백그라운드 상태가 된다. 이후 언젠가 장치의 메모리가 부족하다는 것을 런타임 시스템이 알아채고 리소스를 해소하기 위해 액티비티 A를 종결시킨다(kill). 그러나 사용자는 액티비티 A가 그냥 백그라운드에 있다가 언제든지 포그라운드로 올 준비가 되어 있다고 생각한다. 따라서 액티비티 A가 포그라운드로 돌아오면 자신이 입력했던 텍스트와 선택한 라디오 버튼들이 그대로 남아 있으리라 생각할 것이다. 그러나 이 경우 액티비티 A의 새로운 인스턴스가 생성되므로, 만일 동적 상태 데이터가 저장되어 복원되지 않았다면 사용자가 이전에 입력한 데이터는 유실된다. 또한, 안드로이드에서는 장치의 구성이 변경되면 항상 그 액티비티의 인스턴스를 새로 생성한다는 것에 유의하자(장치의 구성 변경은 여러 요인으로 발생한다). 왜냐하면 변경된 상황에 맞게 액티비티를 다시 구성해야 하기 때문이다. 예를 들어, 장치를 세웠다 눕혔다 하면(가로와 세로 방향을 바꿈) 그때마다 장치의 구성이 변경되므로 현재 화면에 있는 액티비티의 인스턴스를 소멸시키고 새로운 인스턴스를 생성한다. 그러므로 동적 상태를 저장하는 주 목적은 포그라운드와 백그라운드 액티비티들 간의 매끄러운 전환을 제공하는 것이다.

영속적 상태와 동적 상태를 저장하는 메커니즘은 조금 뒤에 더 자세히 알게 될 것이다.

12.3 안드로이드 액티비티 생명주기 메서드

앞에서 설명했듯이 Activity 클래스는 생명주기 메서드를 많이 갖고 있으며, 그 메서드들은 액티비티의 상태가 변경될 때 이벤트 처리기(event handler)처럼 동작한다. 안드로이드 Activity 클래스가 지원하는 주요 생명주기 메서드들은 다음과 같다(그림 12-2 참조).

- **onCreate(Bundle savedInstanceState)** — 이 메서드는 액티비티 인스턴스가 최초 생성될 때 호출되며, 대부분의 초기화 작업을 하는 데 이상적인 곳이다. 메서드 인자로는 동적 상태 정보를 포함할 수 있는 Bundle 객체가 전달된다. 그리고 그런 동적 상태 정보는 직전에 생성되었다가 소멸된 동일 액티비티의 인스턴스로부터 전달되며, 일반적으로 사용자 인터페이스의 상태와 관련되는 데이터다.
- **onRestart( )** — 액티비티가 런타임 시스템에 의해 이전에 중단되었다가 막 다시 시작될 때 호출된다.

- **onStart( )** — onCreate( )나 onRestart( ) 메서드가 호출된 후 항상 바로 호출된다. 그리고 (액티비티의 사용자 인터페이스가) 곧 사용자에게 보이게 될 것이라고 액티비티에게 알려준다. 만일 액티비티가 액티비티 스택의 맨 위로 이동하면 이 메서드가 호출된 다음에는 onResume( )이 호출될 것이다.
- **onResume( )** — 액티비티가 액티비티 스택의 맨 위에 있으며, 사용자와 현재 상호 동작하는 (실행 중인) 액티비티임을 알려준다(액티비티 스택의 맨 위에 있는 액티비티가 현재 화면에 보이는 액티비티다).
- **onPause( )** — 이 메서드 호출 다음에는 onResume( ) 또는 onStop( ) 메서드 중 하나가 호출된다. 액티비티가 포그라운드로 돌아가는 경우는 (계속 실행하기 위해) onResume( )이 호출되며, (액티비티의 사용자 인터페이스를) 사용자가 볼 수 없게 되면 중단되면서 onStop( )이 호출된다. 이 메서드 내부에서는 액티비티에서 필요한 **영속적 데이터**(콘텐트 제공자, 데이터베이스, 파일에 저장되는 데이터)를 저장하는 일을 해야 한다. 이 메서드에서는 또한 애니메이션과 같이 CPU를 지나치게 사용하는 작업들을 중단해야 한다.
- **onStop( )** — 이 메서드가 호출될 때는 액티비티가 더 이상 사용자에게 보이지 않는다. 이 메서드 호출 다음에는 onRestart( ) 또는 onDestroy( )가 호출된다. 액티비티가 다시 포그라운드로 들어가면 onRestart( )가 호출되며, 액티비티가 종료될 때는 onDestroy( )가 호출된다.
- **onDestroy( )** — 이 메서드는 액티비티가 막 소멸되려고 하거나 또는 자발적으로 소멸될 때 호출된다. 액티비티가 자신의 작업을 완료하고 finish( ) 메서드를 호출했거나 또는 메모리를 해제하거나 구성 변경(예를 들어, 장치의 가로/세로 방향 변경)이 생겨서 런타임이 액티비티를 종결하기 때문이다. 그러나 액티비티가 종료될 때 항상 onDestroy( ) 메서드가 호출되는 것은 아니라는 것에 유의하자.
- **onConfigurationChanged( )** — 매니페스트 파일의 android:configChanges 속성을 정의하면(12.5절 참조) 장치의 구성 변경이 생길 때 액티비티가 다시 시작되지 않는 대신 이 메서드가 호출된다. 그리고 이때 새로운 장치 구성을 나타내는 Configuration 객체가 메서드에 전달된다. 이런 경우에 액티비티에서는 onConfigurationChanged( ) 메서드에서 구성 변경을 처리해야 한다. 그러나 android:configChanges 속성에 정의되지 않은 구성 변경이 발생할 때는 이 메서드가 호출되지 않고 액티비티가 다시 시작된다.

이러한 생명주기 메서드와 더불어 액티비티의 **동적 상태**를 저장하고 복원하기 위해 특별히 만들어진 두 개의 메서드가 있다.

- **onRestoreInstanceState(Bundle savedInstanceState)** — 상태 정보가 저장되었던 이전 액티비티 인스턴스로부터 액티비티가 다시 시작하는 경우에 이 메서드는 onStart( ) 메서드가 호출된 후 곧바로 호출된다. onCreate( ) 메서드처럼 이 메서드도 이전 상태 데이터를 포함하는 Bundle 객체를 인자로 받는다. 그리고 onCreate( )와 onStart( )에서 액티비티의 초기화가 수행된 후에 이전 상태 데이터를 복원하는 것이 더 좋을 때 이 메서드가 사용된다.
- **onSaveInstanceState(Bundle outState)** — 현재의 동적 상태 데이터가 저장될 수 있게끔 액티비티가 소멸되기 전에 호출된다. 여기서 동적 상태 데이터는 대개 사용자 인터페이스와 관련되는 것들이다. 이 메서드도 Bundle 객체를 인자로 받으며, 저장되어야 하는 상태 데이터를 Bundle 객체에 넣는다. 그리고 이 Bundle 객체는 액티비티가 다시 시작될 때 onCreate( )와 onRestoreInstanceState( ) 메서드에 전달된다. 동적 상태 데이터가 저장될 필요가 있다는 것을 런타임이 알 경우에만 이 메서드가 호출된다는 것에 유의하자.

액티비티에서 위의 여러 메서드를 오버라이딩할 때는 꼭 기억할 것이 있다. onRestoreInstance State( )와 onSaveInstanceState( ) 두 메서드를 제외한 나머지 메서드에서는 자신의 구현 코드에서 반드시 Activity 슈퍼 클래스의 오버라이딩되는 메서드를 호출해주어야 한다. 예를 들어, 다음 메서드는 onRestart( ) 메서드를 오버라이딩한다. 그리고 메서드 구현 코드에서 슈퍼 클래스 인스턴스의 오버라이딩되는 메서드를 호출한다.

```
protected void onRestart() {
    super.onRestart();
    Log.i(TAG, "onRestart");
}
```

오버라이딩하는 메서드에서 슈퍼 클래스의 오버라이딩되는 메서드를 호출하지 않으면 액티비티 실행 중에 런타임이 예외를 발생시킨다. 단, onRestoreInstanceState( )와 onSaveInstance State( ) 메서드의 경우는 슈퍼 클래스 메서드 호출을 하지 않아도 된다. 그러나 호출하면 큰 장점이 생긴다. 이 내용은 14장에서 설명할 것이다.

12.4 액티비티 생애

끝으로, 액티비티가 실행하는 동안 전환하는 생애에 대해서 알아보자. 액티비티는 **전체**(entire), **가시적**(visible), **포그라운드**(foreground)의 세 가지 생애를 오간다.

- **전체 생애(Entire Lifetime)** — 액티비티가 생성될 때 최초 호출되는 onCreate( ) 메서드 호출과 종결되기 전에 호출되는 onDestroy( ) 호출 사이에 액티비티에서 발생하는 모든 것을 나타내는 데 '전체 생애'라는 용어가 사용된다.
- **가시적 생애(Visible Lifetime)** — onStart( )와 onStop( ) 호출 사이의 액티비티 실행 시기다. 이 시기 동안 액티비티는 자신을 사용자에게 화면으로 보여줄 수 있다.
- **포그라운드 생애(Foreground Lifetime)** — onResume( ) 메서드 호출과 onPause( ) 호출 사이의 액티비티 실행 시기를 의미한다.

액티비티는 자신의 전체 생애 동안에 포그라운드와 가시적 생애를 여러 번 거칠 수 있다는 것을 기억해두자.

그림 12-2에서는 액티비티의 생애와 생명주기 메서드들의 개념을 보여준다.

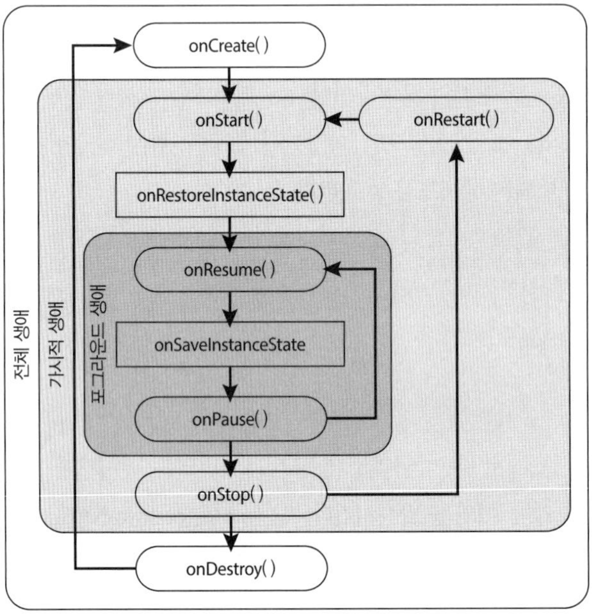

그림 12-2

12.5 액티비티가 다시 시작되지 않게 하기

앞에서 설명했듯이, 장치의 구성이 변경되면 액티비티가 다시 시작된다. 그러나 매니페스트 파일의 android:configChanges 속성을 사용하면 구성 변경이 생기더라도 다시 시작하지 않게 할 수 있다. 예를 들어, 다음과 같이 지정하면 장치의 방향이나 글자 크기가 달라지더라도 현재 실행 중인 액티비티가 다시 시작되지 않는다. 대신에 onConfigurationChanged( ) 메서드가 호출된다(12.3절 참조). 그러나 android:configChanges 속성에 정의되지 않은 장치 구성 변경이 발생할 때는 onConfigurationChanged( ) 메서드가 호출되지 않고 액티비티가 다시 시작된다.

```
<activity android:name=".DemoActivity"
          android:configChanges="orientation|fontScale"
          android:label="@string/app_name">
```

12.6 요약

모든 액티비티들은 안드로이드 Activity 클래스로부터 상속된다. 그리고 액티비티의 상태가 변경될 때 런타임 시스템에 의해 호출되도록 설계된 이벤트 메서드들을 갖는다. 이 메서드들을 오버라이딩함으로써 액티비티는 상태 변화에 응답할 수 있다. 또한, 필요하다면 액티비티와 애플리케이션 모두의 현재 상태 데이터를 저장 및 복원할 수 있다.

액티비티 상태는 두 가지 형태로 생각할 수 있다. 영속적 상태는 애플리케이션이 실행되는 동안 파일 또는 데이터베이스 등에 저장해야 하는 있는 데이터를 말한다. 이와는 달리 동적 상태는 현재 화면에 보이는 사용자 인터페이스와 관련되는 데이터 및 액티비티 내부에서만 보존해야 하는 변수들의 데이터다.

이 장에서는 액티비티에서 사용 가능한 생명주기 메서드와 액티비티 생애의 개념을 알아보았다. 다음 장에서는 이런 개념을 실제 코드로 구현하는 애플리케이션을 만들어볼 것이다.

액티비티 상태 변화 예제

앞 장에서는 안드로이드 애플리케이션을 구성하는 액티비티의 서로 다른 상태와 생명주기를 이론적으로 자세히 알아보았다. 이번 장에서는 간단한 애플리케이션을 생성하여 액티비티 상태 변화를 실제로 볼 수 있는 코드를 만들 것이다. 즉, 안드로이드 런타임 안에서 액티비티가 서로 다른 상태를 거치는 동안 어떤 생명주기 메서드들이 호출되는지 보여주려는 것이다.

다음 장에서는 이번 장에서 만든 프로젝트를 더 확장하여 액티비티의 동적 상태를 저장하고 복원하는 것을 보여줄 것이다.

13.1 상태 변화 예제 프로젝트 생성하기

우선, 새 프로젝트를 생성하자. 안드로이드 스튜디오 메인 메뉴의 File ➡ New ➡ New Project...를 선택하거나 웰컴 스크린에서 Start a new Android Studio project를 선택한다. 새 프로젝트를 구성하는 New Project 위저드 창이 나타난다. Application name 필드에 StateChange를 입력하고, Company Domain 필드에는 ebookfrenzy.com을 입력한 후 Next 버튼을 누른다.

안드로이드 장치 선택 화면에서는 폰과 태블릿(Phone and Tablet)만 선택하고, 최소 SDK 버전은 API 22: Android 5.1(Lollipop)으로 선택한 후 Next 버튼을 누른다. 그다음에는 Basic Activity를 선택하고 Next 버튼을 누른다. 그리고 마지막 대화상자에서 Activity Name에 StateChangeActivity를 입력한다. 또한, 자동으로 설정된 Layout Name인 activity_state_ change, Title인 StateChangeActivity는 그대로 둔다. Finish 버튼을 눌러 프로젝트를 생성한다.

프로젝트 생성이 끝나면 StateChange 프로젝트가 프로젝트 도구 창에 나타난다. 편집기 위쪽의 content_state_change.xml 탭을 선택하고 아래쪽의 Design 탭을 클릭한다.

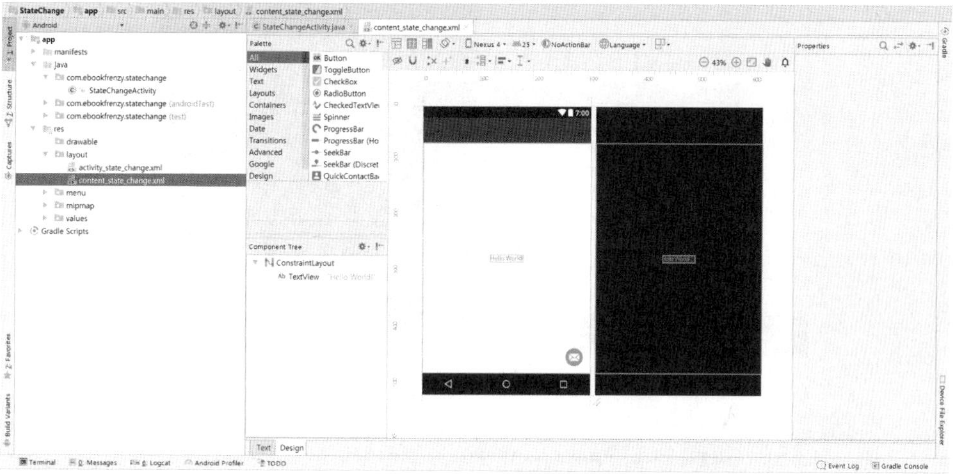

그림 13-1

프로젝트를 생성하면 안드로이드 스튜디오가 자동으로 로드해주지만, 우리가 직접 XML 레이아웃 파일을 로드할 수도 있다. 이때는 프로젝트 도구 창에서 app ➡ res ➡ layout 폴더를 찾은 후 그 밑에 있는 레이아웃 파일인 content_state_change.xml을 마우스로 더블 클릭하면 된다.

13.2 사용자 인터페이스 디자인하기

사용자 인터페이스 레이아웃이 레이아웃 편집기에 로드되었으므로 이제는 우리 애플리케이션의 사용자 인터페이스를 디자인해보자. 여기서는 현재의 'Hello World!' TextView를 EditText 뷰로 변경할 것이다(안드로이드에서 모든 사용자 인터페이스 컴포넌트들은 View 객체로 동작한다). 우선, 레이아웃 편집기의 TextView 객체를 선택하고 Delete 키를 눌러 삭제한다(또는 레이아웃 편집기 창의 Text 탭을 선택한 후 XML 소스의 <TextView부터 />까지의 라인을 삭제한다).

그다음에 레이아웃 편집기 창 왼쪽에 있는 팔레트에서 Text 부류에 있는 Plain Text 컴포넌트를 마우스로 클릭하고 끌어서 레이아웃의 중앙으로 이동시킨다(수직선과 수평선이 교차되어 나타나는 곳이 중앙이다).

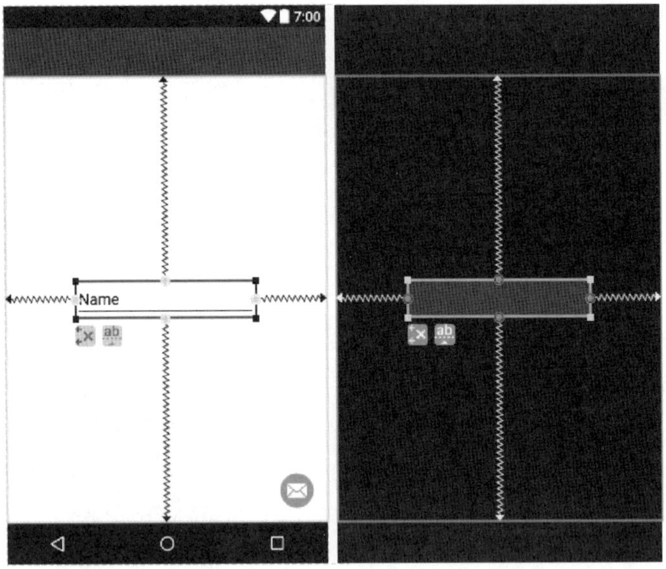

그림 13-2

안드로이드 사용자 인터페이스의 EditText 위젯을 사용할 때는 그 뷰의 **입력 타입**(input type)을 선언해야 한다. 이것은 사용자가 입력하는 텍스트나 데이터의 타입을 정의하는 것이다. 예를 들어, 입력 타입이 Phone으로 설정되면 사용자는 숫자만 입력할 수 있다. 또는 입력 타입이 TextCapCharacters로 설정되면 영문 대문자로 입력받는다. 그리고 이러한 입력 타입들은 결합해서 지정할 수 있다.

여기서는 일반적인 텍스트 입력을 지원하는 입력 타입을 설정할 것이다. 방금 추가한 EditText 위젯을 클릭한 후 편집기 오른쪽의 속성 창에서 inputType 속성을 찾는다. 그리고 오른쪽의 textPersonName을 클릭하면 입력 타입을 선택할 수 있는 체크 상자가 나타난다. 그림 13-3과 같이 textPersonName의 체크를 지우고 text만 선택한 후 Esc 키를 눌러 체크 상자를 닫는다. 여기서는 하나만 선택했지만 필요하다면 여러 개의 입력 타입을 같이 선택할 수 있다.

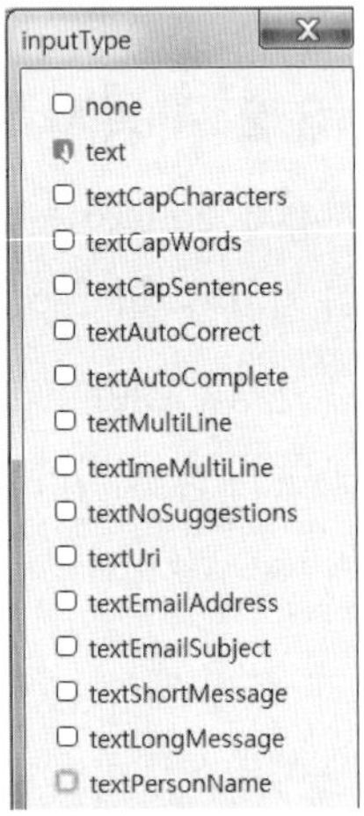

그림 13-3

기본적으로 EditText의 text 속성값은 'Name'으로 지정된다. 레이아웃에 아무것도 나타나지 않도록 속성 창의 text 속성값을 지우고 Enter 키를 누르자(그림 13-4).

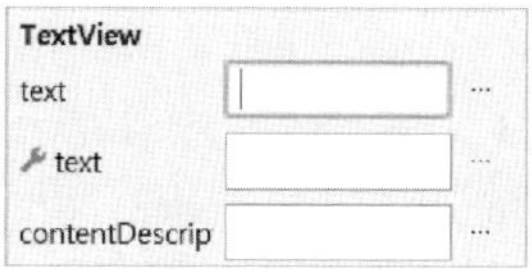

그림 13-4

13.3 액티비티 생명주기 메서드 오버라이딩

현재 우리 프로젝트에는 StateChangeActivity라는 이름의 액티비티 하나가 포함되어 있다. 그리고 이 액티비티는 안드로이드의 AppCompatActivity 클래스로부터 상속받는다. 액티비티 소스 코드는 StateChangeActivity.java 파일에 들어 있으며, 안드로이드 편집기에 로드되어 현재 편집 중인 파일로 편집기 창에 나타나 있다. 편집기의 StateChangeActivity.java 파일 탭을 클릭한다. 만일 이 파일이 열려 있지 않다면 프로젝트 도구 창에서 찾아 마우스로 더블 클릭하면 편집기에 로드된다(파일 위치는 app ➡ java ➡ com.ebookfrenzy.statechange ➡ StateChangeActivity). 코드를 보면 다음과 같다.

```
package com.ebookfrenzy.statechange;

import android.os.Bundle;
import android.support.design.widget.FloatingActionButton;
import android.support.design.widget.Snackbar;
import android.support.v7.app.AppCompatActivity;
import android.support.v7.widget.Toolbar;
import android.view.View;
import android.view.Menu;
import android.view.MenuItem;

public class StateChangeActivity extends AppCompatActivity {

    @Override
    protected void onCreate(Bundle savedInstanceState) {
        super.onCreate(savedInstanceState);
        setContentView(R.layout.activity_state_change);
        Toolbar toolbar = (Toolbar) findViewById(R.id.toolbar);
        setSupportActionBar(toolbar);

        FloatingActionButton fab = (FloatingActionButton) findViewById(R.id.fab);
        fab.setOnClickListener(new View.OnClickListener() {
            @Override
```

```
            public void onClick(View view) {
                Snackbar.make(view, "Replace with your own action",
                    Snackbar.LENGTH_LONG).setAction("Action", null).show();
            }
        });
    }

    @Override
    public boolean onCreateOptionsMenu(Menu menu) {
        // Inflate the menu; this adds items to the action bar if it is present.
        getMenuInflater().inflate(R.menu.menu_state_change, menu);
        return true;
    }

    @Override
    public boolean onOptionsItemSelected(MenuItem item) {
        // Handle action bar item clicks here. The action bar will
        // automatically handle clicks on the Home/Up button, so long
        // as you specify a parent activity in AndroidManifest.xml.
        int id = item.getItemId();

        //noinspection SimplifiableIfStatement
        if (id == R.id.action_settings) {
            return true;
        }

        return super.onOptionsItemSelected(item);
    }
}
```

액티비티 생명주기 메서드 중에서 지금까지는 onCreate( )만 오버라이딩하였다. 이 메서드에서는 제일 먼저 슈퍼 클래스의 오버라이딩되는 메서드를 호출한다. 여기에서는 그 메서드를 수정하여 메서드가 실행될 때마다 안드로이드 스튜디오 로그캣(LogCat) 패널에 우리 메시지를 출력할 것이다(로그캣은 각종 로그 메시지를 볼 수 있는 안드로이드 도구다).

이때 Log 클래스를 사용하며, 이 클래스는 android.util 패키지에 있으므로 import 문을 추가해주어야 한다(소스 코드의 해당 클래스에서 Alt+Enter[Option+Enter] 키를 누르면 import 문이 자동으로 추가된다). 그리고 로그캣 패널에는 여러 메시지가 많이 나타나므로 우리 메시지를 찾기 쉽게 태그(tag)를 선언한다. 다음 코드에서 굵은 글씨로 된 세 라인이 추가된 코드다.

```
package com.ebookfrenzy.statechange;

import android.os.Bundle;
import android.support.design.widget.FloatingActionButton;
import android.support.design.widget.Snackbar;
import android.support.v7.app.AppCompatActivity;
```

```
import android.support.v7.widget.Toolbar;
import android.view.View;
import android.view.Menu;
import android.view.MenuItem;
import android.util.Log;

public class StateChangeActivity extends AppCompatActivity {

    private static final String TAG = "StateChange";

    @Override
    protected void onCreate(Bundle savedInstanceState) {
        super.onCreate(savedInstanceState);
        setContentView(R.layout.activity_state_change);
        Toolbar toolbar = (Toolbar) findViewById(R.id.toolbar);
        setSupportActionBar(toolbar);

        FloatingActionButton fab = (FloatingActionButton) findViewById(R.id.fab);
        fab.setOnClickListener(new View.OnClickListener() {
            @Override
            public void onClick(View view) {
                Snackbar.make(view, "Replace with your own action",
                        Snackbar.LENGTH_LONG)
                          .setAction("Action", null).show();
            }
        });

        Log.i(TAG, "onCreate");
    }
```

그다음에는 액티비티 생명주기 메서드를 몇 개 더 추가하고 오버라이딩해보자. onCreate()처럼 각 메서드는 하나의 로그(log) 메서드 호출을 포함한다. 이 메서드들은 우리가 직접 추가하거나 또는 8장에서 설명했던 Alt+Insert[Cmd+N] 단축키를 사용해서 자동 생성할 수도 있다. 단, 메서드를 자동 생성하더라도 로그 메서드 호출 코드는 우리가 추가해야 한다. 다음 코드를 StateChangeActivity 클래스 내부의 맨 끝에 추가하자.

```
@Override
protected void onStart() {
    super.onStart();
    Log.i(TAG, "onStart");
}

@Override
protected void onResume() {
    super.onResume();
    Log.i(TAG, "onResume");
}
```

```
@Override
protected void onPause() {
    super.onPause();
    Log.i(TAG, "onPause");
}

@Override
protected void onStop() {
    super.onStop();
    Log.i(TAG, "onStop");
}

@Override
protected void onRestart() {
    super.onRestart();
    Log.i(TAG, "onRestart");
}

@Override
protected void onDestroy() {
    super.onDestroy();
    Log.i(TAG, "onDestroy");
}

@Override
protected void onSaveInstanceState(Bundle outState) {
    super.onSaveInstanceState(outState);
    Log.i(TAG, "onSaveInstanceState");
}

@Override
protected void onRestoreInstanceState(Bundle savedInstanceState) {
    super.onRestoreInstanceState(savedInstanceState);
    Log.i(TAG, "onRestoreInstanceState");
}
```

13.4 로그캣 패널의 메시지 필터링하기

StateChangeActivity.java의 오버라이딩 메서드 각각에 추가한 코드의 목적은 로그캣 창에 로그 정보를 출력하는 것이다. 로그캣 창에는 실제 장치나 에뮬레이터에서 발생하는 모든 이벤트의 로그 메시지가 나타나므로 우리가 오버라이딩한 메서드의 로그 메시지를 찾기 어렵다. 따라서 애플리케이션을 실행하기 전에 우리 메시지를 걸러주는 필터를 만드는 것이 좋다. 필터를 지정하면 우리 액티비티에 선언된 태그의 값을 갖는 로그 메시지만 볼 수 있어서 편리하다.

실제 장치를 연결하거나 에뮬레이터를 실행시킨 후 Logcat 도구 창을 열자. 제일 아래쪽의 Logcat 도구 바를 클릭하거나 또는 Alt+6[Cmd+6] 단축키를 누르면 된다. 그림 13-5에서는 삼성 갤럭시 노트5를 연결한 상태를 보여준다(우리 앱은 아직 실행되지 않았다).

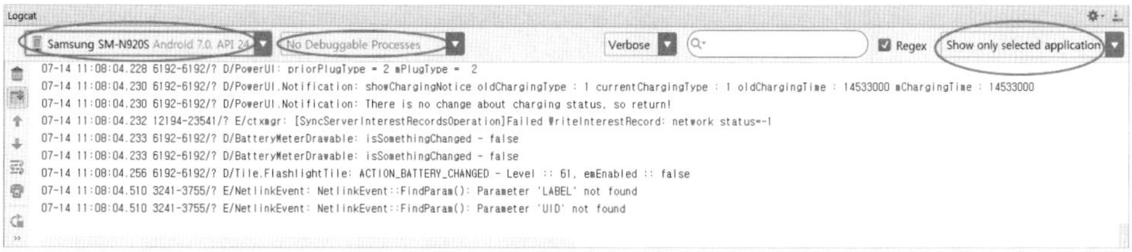

그림 13-5

Logcat 도구 창의 왼쪽 위에 있는 드롭다운 상자에서는 현재 연결된 장치나 에뮬레이터를 선택할 수 있다. 그리고 바로 오른쪽 드롭다운 상자에서는 현재 디버그 모드로 실행 중인 프로세스(일반적으로 앱의 액티비티)를 선택할 수 있다. 그리고 그 바로 밑의 제일 오른쪽에 있는 로그캣 필터 드롭다운 상자에서는 필터 메뉴를 선택할 수 있다. 만일 Show only selected application을 선택하면 프로세스 드롭다운 상자에서 선택된 앱에 관련된 메시지만 아래쪽 로그캣 패널에 보여준다. 그리고 No Filters를 선택하면 장치나 에뮬레이터에서 생성된 모든 메시지가 나타난다. 또한, Edit Filter Configuration을 선택하면 우리가 보고자 하는 메시지 필터를 지정하여 그 조건에 맞는 메시지만 볼 수 있다.

로그캣 필터 드롭다운 상자에서 Edit Filter Configuration 메뉴 옵션을 선택한다.

그다음에 나타나는 그림 13-6의 Create New Logcat Filter 대화상자에서 Filter Name(필터 이름)은 Lifecycle로 입력하고, Log Tag 필드에는 StateChangeActivity.java에서 선언한 태그 값인 StateChange를 입력한다. 그리고 Package Name에는 우리 애플리케이션 패키지 이름인 com.ebookfrenzy.statechange를 입력한다.

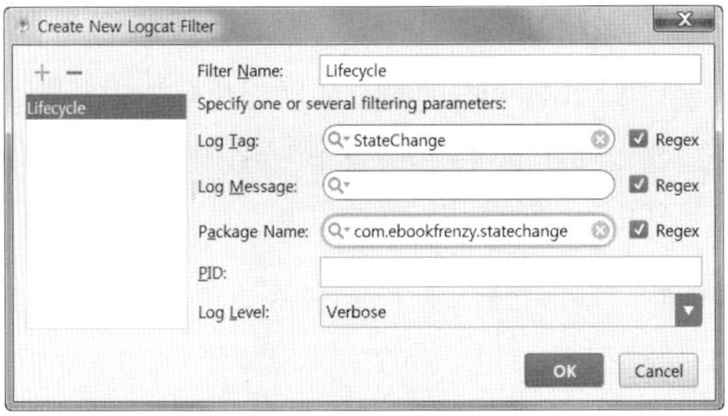

그림 13-6

변경이 끝나고 OK 버튼을 누르면 필터가 생성되고 대화상자가 사라진다. 그리고 No Filters(필터 없음) 대신에 새로 생성한 필터가 선택되므로 우리가 지정한 필터에 일치하는 로그 메시지만 로그캣 패널에서 볼 수 있다.

13.5 애플리케이션 실행하기

최상의 결과를 얻으려면 실제 안드로이드 장치에서 애플리케이션을 실행해야 한다(장치 연결의 자세한 내용은 7장을 참조). 그러나 연결된 실제 장치가 없다면 에뮬레이터로 해도 된다. 장치가 구성되고 개발 컴퓨터에 연결되었으면 그림 13-7처럼 안드로이드 스튜디오 툴바에 있는 초록색 삼각형의 실행 버튼(▶)을 클릭한다. 또는 메인 메뉴의 Run ➡ Run 'app'을 선택하거나 Shift+F10 단축키를 누르면 된다.

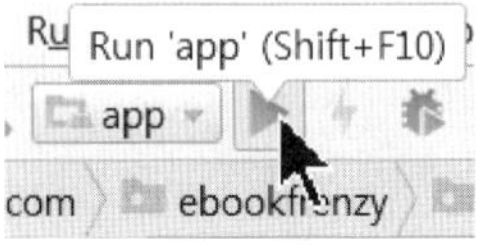

그림 13-7

만일 장치 선택(Choose Device) 대화상자가 나오면 애플리케이션을 실행할 실제 장치나 에뮬레이터를 선택한다. 그러나 애플리케이션이 실행되는 기본 장치를 지정했을 경우는(5장의 5.5절 참조) 이 대화상자가 나타나지 않을 것이다. 안드로이드 스튜디오가 우리 애플리케이션을 빌드하고 장치에 설치하면 잠시 후 론칭되어 포그라운드에서 실행될 것이다.

어떤 메서드가 호출되었는지 보여주는 우리 메시지들만 로그캣 패널에 나타날 것이다. 물론, 앞에서 생성한 LifeCycle 필터가 선택되어 있어야 한다(그림 13-8). 이처럼 필터를 사용하면 우리가 관심 있는 메시지만 쉽게 볼 수 있다.

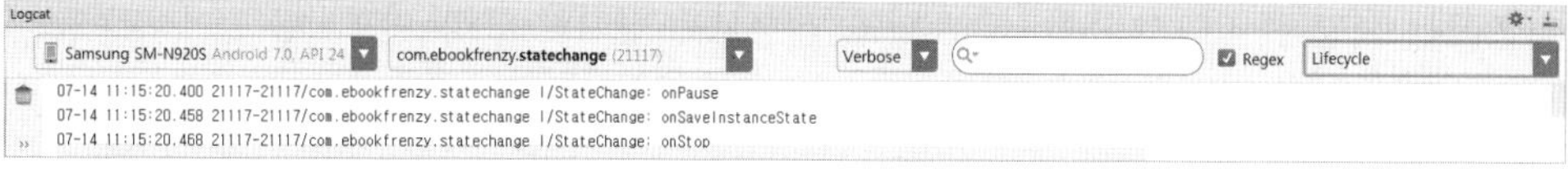

그림 13-8

13.6 액티비티로 실험하기

지금부터는 액티비티 생명주기 상태 변화를 더 확실하게 이해하기 위해 간단한 실험을 해보자. 우선, 현재 로그캣 패널에 나타난 초기의 로그 이벤트는 다음 순서로 발생한다.

```
onCreate
onStart
onResume
```

초기의 상태 변화는 12장 그림 12-2의 액티비티 생명주기와 정확하게 일치한다. 그러나 onRestoreInstanceState( ) 메서드는 호출되지 않았다. 이 상황에서는 복원할 상태 데이터가 없다는 것을 안드로이드 런타임이 알고 있기 때문이다.

장치 화면의 아래쪽 가운데에 있는 홈 버튼을 눌러보자. 그러면 로그 메시지에 나타나는 메서드 호출 순서는 다음과 같이 된다.

```
onPause
onSaveInstanceState
onStop
```

이 경우 액티비티가 더 이상 포그라운드에 있지 않고 사용자가 볼 수도 없다는 것을 런타임이 알고 그 액티비티를 중단시킨다. 그러나 그 액티비티가 동적 상태 데이터를 저장하기 위한 기회를 주기 위해 런타임이 onSaveInstanceState( ) 메서드를 호출한 것이다.

결국, 이후에 액티비티가 소멸되느냐(destroyed) 또는 그냥 다시 시작되느냐(restarted)는 런타임에 달렸다. 즉, 사용자가 그 액티비티로 돌아왔을 때는 다시 시작되었음을 onRestart( )의 호출을 통해 알림받거나 또는 onDestroy( )로 소멸된 후 onCreate( ) 호출로 생성 절차를 다시 거치게 될 것이다.

11장에서 설명했듯이, 액티비티의 소멸과 재생성은 장치의 구성 변경(예를 들어, 장치를 세로 방향에서 가로 방향으로 회전했을 때)에 의해 촉발될 수 있다. 이것을 실제로 보고 싶으면 StateChange 애플리케이션이 포그라운드에 있는 동안(쉽게 말해, 이 애플리케이션의 화면을 보고 있으면서) 장치를 90도 돌리면 된다. 실제 장치가 아닌 에뮬레이터를 사용할 때는 Ctrl+(좌/우 화살표)[Control+(좌/우 화살표)] 단축키를 누르거나 또는 에뮬레이터 툴바의 장치 회전(왼쪽이나 오른쪽) 버튼을 클릭하면 된다. 아무튼 이 경우에는 메서드 호출 순서가 다음과 같은 로그 메시지로 나타난다.

```
onPause
onSaveInstanceState
onStop
onDestroy
onCreate
onStart
onRestoreInstanceState
onResume
```

이 결과를 보면 알 수 있듯이, 액티비티가 소멸 또는 다시 시작되기 전에 상태 데이터를 저장할 기회를 런타임이 준다. 또한, 다시 시작될 때는 상태 데이터를 복원할 기회도 준다.

장치의 **백(Back)** 버튼을 눌렀을 때는 액티비티 상태 변화가 어떻게 될까? 그림 13-9에서는 실제 장치에서 테스트한 결과를 보여준다. 프로세스 드롭다운 상자에 실행 중인 프로세스가 나타나려면 툴바의 **실행(Run)** 버튼 바로 옆에 있는 **디버그(Debug)** 버튼( )으로 실행해야 한다.

- 첫 번째 그림은 앱을 최초 실행했을 때의 로그 메시지를 보여준다.
- 두 번째 그림은 이어서 백 버튼을 눌렀을 때다.
- 세 번째 그림은 대기 중인 앱을 다시 실행했을 때다.
- 네 번째 그림은 계속해서 홈 버튼을 눌렀을 때의 결과다.
- 다섯 번째 그림은 대기 중인 앱을 다시 실행했을 때다.

그림 13-9

테스트한 결과를 보면 알 수 있듯이, 백 버튼과 홈 버튼은 서로 다른 액티비티 상태 변화를 초래한다. 백 버튼을 눌렀을 때는 onPause() ➡ onStop() ➡ onDestroy()가 호출되며, 이후에 액티비티를 다시 실행시키면 onCreate()부터 호출된다. 즉, 완전히 새로운 액티비티 인스턴스가 생성되며, 직전 액티비티 인스턴스의 상태 저장이나 복원도 할 수 없다.

13.7 요약

새로운 프로그래밍 패러다임을 배울 때는 **백문불여일견**이라는 옛말이 진리인 것 같다. 이번 장에서는 액티비티가 거치는 서로 다른 생명주기 상태를 보여주기 위해 간단한 애플리케이션을 생성하였다. 또한, 액티비티 내부에서 로깅 정보를 생성하고 그것을 관찰하는 메커니즘도 살펴보았다.

다음 장에서는 StateChange 프로젝트를 확장하여 액티비티의 동적 상태 데이터를 저장하고 복원하는 방법을 알려줄 것이다.

액티비티 상태를 저장하고 복원하기

이전의 여러 장에 걸쳐 액티비티 생명주기 상태 변화에 따른 메서드 호출에 대해 알아보았다. 이제는 액티비티 생애의 특정 시점에서 사용자 인터페이스의 상태 데이터를 저장하고 복원하는 방법을 더 자세히 알아보자.

이번 장에서는 런타임 시스템에 의해 액티비티가 소멸되거나 재생성될 때 상태 데이터를 저장하거나 복원하는 방법을 보여줄 것이다(앞 장에서 생성했던 애플리케이션을 사용한다). 동적 상태 데이터를 저장 및 복원하는 데 사용되는 핵심 요소가 안드로이드 SDK의 Bundle 클래스다. 이것도 여기서 같이 알아볼 것이다.

14.1 동적 상태 저장

이미 배웠듯이, 액티비티의 오버라이딩한 onSaveInstanceState( ) 메서드가 런타임 시스템에서 호출됨으로써 액티비티는 동적 상태 정보를 저장할 수 있는 기회를 갖는다. 이때 메서드의 인자로 전달되는 것이 Bundle 객체 참조다. 그리고 그 메서드에서는 저장될 필요가 있는 동적 데이터를 Bundle 객체에 저장하면 된다. Bundle 객체는 런타임 시스템에 의해 보존되며, 향후에 해당 액티비티의 새로운 인스턴스가 생성되어 onCreate( )와 onRestoreInstanceState( ) 메서드가 호출될 때 메서드 인자로 전달된다. 따라서 그 메서드들 내부에서 Bundle 객체의 데이터를 읽어서 액티비티의 상태를 복원하는 데 사용할 수 있다.

14.2 사용자 인터페이스 상태의 자동 저장과 복원

애플리케이션이 실행되고 있는 장치가 회전되어 방향이 바뀔 때 액티비티가 많은 상태 변화를 거친다는 것을 앞 장의 StateChange 애플리케이션에서 출력된 로그 메시지가 보여주었다.

StateChange 애플리케이션을 다시 한 번 실행시키자. 이번에는 장치를 회전시켜 방향을 바꾸기 전에 EditText 필드에 텍스트를 입력한다. 그리고 장치를 90도 회전시킨다(에뮬레이터에서는 Ctrl+(좌/우 화살표)[Control+(좌/우 화살표)] 단축키를 누르거나 장치 회전 툴바를 클릭한다). 다음의 상태 변화 로그 메시지가 로그캣(LogCat) 패널에 나타날 것이다.

```
onPause
onSaveInstanceState
onStop
onDestroy
onCreate
onStart
onRestoreInstanceState
onResume
```

이 결과를 보면 액티비티가 소멸된(destroyed) 후 다시 생성됨을 알 수 있다. 이때 실행 중인 애플리케이션의 사용자 인터페이스 화면에는 EditText 필드에 입력되었던 텍스트가 보존되어 나타나야 한다(그래야만 사용자가 짜증내지 않을 것이다). 그러나 여기서는 텍스트를 저장했다가 복원하는 어떤 코드도 추가하지 않았다.

안드로이드 SDK에 포함된 대부분의 뷰 위젯(view widget)은 액티비티가 다시 시작될 때 자신의 상태 데이터를 자동으로 저장하고 복원하는 메커니즘을 이미 구현하고 있다. 따라서 우리 액티비티에서 오버라이딩하는 onSaveInstanceState( )와 onRestoreInstanceState( ) 메서드에서 슈퍼 클래스의 오버라이딩되는 메서드만 호출해주면 된다. (이 코드는 앞 장에서 이미 추가하였다.)

```
@Override
protected void onSaveInstanceState(Bundle outState) {
    super.onSaveInstanceState(outState);
    Log.i(TAG, "onSaveInstanceState");
}

@Override
protected void onRestoreInstanceState(Bundle savedInstanceState) {
    super.onRestoreInstanceState(savedInstanceState);
    Log.i(TAG, "onRestoreInstanceState");
}
```

그러나 XML 레이아웃 파일에서 android:saveEnabled 속성을 false로 지정하면 이처럼 사용자 인터페이스 뷰의 상태를 자동으로 저장하는 것을 막을 수 있다. 실제로 어떻게 되는지 알아보기 위해 여기서는 레이아웃의 EditText 뷰에 android:saveEnabled 속성을 false로 지정한다. 그리고 EditText 뷰의 데이터를 수동으로 저장하고 복원하는 코드를 애플리케이션에 추가할 것이다.

content_state_change.xml 파일을 편집기 창에 열자. 만일 이미 열려 있다면 레이아웃 편집기 패널 밑에 있는 Text 탭을 클릭하여 XML이 보이게 한다. 그리고 다음과 같이 굵은 글씨로 된 라인을 하나 추가한다.

```
<EditText
    android:id="@+id/editText"
    android:layout_width="wrap_content"
    android:layout_height="wrap_content"
    android:ems="10"
    android:inputType="text"
    android:saveEnabled="false"
    app:layout_constraintBottom_toBottomOf="parent"
    app:layout_constraintLeft_toLeftOf="parent"
    app:layout_constraintRight_toRightOf="parent"
    app:layout_constraintTop_toTopOf="parent" />
```

변경되었으면 애플리케이션을 실행시키고 텍스트를 입력한 후 장치를 90도 회전시켜 보자. 입력했던 텍스트가 더는 나타나지 않는 것을 알 수 있을 것이다. 자동 저장 메커니즘을 사용하지 않았기 때문이다.

동적 상태 데이터가 사용자 인터페이스 뷰 객체들의 데이터만 의미하는 것은 아니다. 파일이나 데이터베이스 등에는 저장하지 않지만 액티비티 내부에서 보존해야 하는 변수들이 필요할 수 있다. 이런 변수 데이터를 포함하는 모든 동적 상태 데이터를 저장 및 복원하려면 자동 저장 메커니즘 외에 지금부터 설명하는 방법으로 처리해야 한다.

14.3 Bundle 클래스

사용자 인터페이스 뷰 컴포넌트의 자동 저장 메커니즘 외의 상태 저장 기능이 필요한 경우 Bundle 클래스를 사용할 수 있다. Bundle 클래스는 키-값의 쌍(key-value pair)으로 구성되는 데이터를 저장하는 역할을 한다. 키는 문자열 값이며, 키와 연관된 값은 기본형 데이터 값이거나 또는 안드로이드 Parcelable 인터페이스를 구현하는 어떤 객체도 될 수 있다. 안드로이드의 많은 클래스들이 이미 Parcelable 인터페이스를 구현하고 있다. 그리고 그런 구현 클래스를 추가로 만들려면 그 인터페이스에 정의된 메서드들을 구현하면 된다(자세한 내용은 여기를 참조하자. *http://developer.android.com/reference/android/os/Parcelable.html*). 또한, Bundle 클래스는 다양한 데이터 타입을 갖는 키-값의 쌍을 읽거나 쓰는 메서드들을 갖고 있다. 가능한 데이터 타입은 기본형 데이터 타입(boolean, char, double, float 포함)과 객체(String 부류의 클래스들과 CharSequence 인터페이스 구현 클래스 등)다.

여기서는 EditText 뷰 객체의 텍스트 자동 저장을 못 하게 했으므로 사용자가 EditText에 입력한 텍스트를 Bundle 객체에 저장했다가 향후에 복원해야 한다. 이것은 안드로이드 애플리케이션에서 수동으로 상태 데이터를 저장 및 복원하는 방법을 보여주는 사례가 될 것이다. 그리고 Bundle 클래스의 getCharSequence( )와 putCharSequence( ) 메서드를 사용해서 Bundle 객체로부터 상태 데이터를 읽거나 저장할 것이다.

14.4 상태 데이터 저장하기

그러면 StateChange 애플리케이션의 기능 확장을 시작해보자. 우선, StateChangeActivity의 onSaveInstanceState( ) 메서드에서 EditText 뷰 객체로 사용자가 입력한 텍스트를 추출한 후 키-값의 쌍으로 Bundle 객체에 저장한다.

EditText 뷰 객체로부터 텍스트를 추출하려면 사용자 인터페이스 레이아웃에서 그 객체를 찾아서 참조를 얻어야 한다. 그렇게 하기 위해 **리소스 ID**를 사용해서 액티비티의 자바 코드와 사용자 인터페이스 XML을 연결시킨다.

사용자 인터페이스에 있는 각 컴포넌트는 고유 식별자(ID)와 연관되어 있다. 기본적으로는 새로 추가된 컴포넌트의 ID를 레이아웃 편집기가 생성한다. 만일 레이아웃에 같은 타입의 뷰가 하나 이상 포함되면 타입 이름 다음에 순번을 붙인다. 레이아웃 편집기 창의 content_state_change.xml 파일에서 EditText를 클릭하고 왼쪽 밑의 컴포넌트 트리 패널을 보면 ID가 editText로 되어 있음을 알 수 있다.

그림 14-1

여기서 잠시 리소스 ID에 대해 조금 더 자세히 알아보자. 리소스는 애플리케이션의 일부이며, 코드가 아닌 문자열, 이미지 파일, 오디오 파일, XML 파일과 같은 것들이다. 레이아웃도 리소스의 한 종류다. 안드로이드에서는 리소스 ID로 리소스를 참조한다. 그리고 모든 리소스 ID는 빌드 도구인 aapt(android asset package tool)에 의해 자동 생성되는 **R.java** 파일에 정의된다. 이 파일을 보려면 프로젝트 도구 창에서 Project 뷰로 변경해야 한다. 그리고 (우리 애플리케이션 이름으로 여기서는 StateChange) ➡ app ➡ build ➡ generated ➡ source ➡ r ➡ debug ➡ (우리 패키지 이름으로 여기서는 com.ebookfrenzy.statechange) ➡ R을 더블 클릭하면 된다. 단, 이 파일의 내용은 우리가 **수정하면 안 되니** 주의하자.

이 파일에는 R 클래스가 정의되어 있으며, 각 리소스 타입(string, layout, drawable, menu 등)이 R 클래스의 내부 클래스(리소스 타입과 같은 이름)로 정의된다. 그리고 내부 클래스 안에는 고유한 값을 갖는 static int 상수로 리소스들이 정의된다. 이렇게 정의된 리소스 이름과 상숫값을 **리소스 ID**라 한다.

리소스를 코드에서 참조할 때는 R.리소스타입.리소스ID명의 형태로 하고, XML에서는 @리소스타입/리소스ID명의 형태로 참조한다. 그리고 실제 리소스 데이터는 리소스 이름과 같은 이름의 파일로 안드로이드 스튜디오 프로젝트의 app/src/main/res/리소스타입/ 서브 디렉터리에 존재한다. 예를 들어, 여기서 우리 애플리케이션의 레이아웃 리소스인 content_state_change의 경우는 R 클래스의 layout 내부 클래스 안에 content_state_change라는 이름의 static int 상수로 정의된다. 그리고 이것을 코드에서는 R.layout.content_state_change로 참조하며, XML에서는 @layout/content_state_change로 참조한다.

EditText와 같이 레이아웃에 포함되는 뷰 위젯들을 우리 코드에서 참조할 때는 그것의 리소스 ID가 별도로 필요하므로 레이아웃 XML의 그 뷰 위젯 정의에 android:id 속성을 포함시켜야 한다. 그리고 이처럼 id 속성이 있는 리소스들은 R 클래스의 id 내부 클래스에 정의되므로, 코드에서는 R.id.리소스ID명의 형태로 참조한다.

따라서 여기서는 다음과 같이 우리 액티비티 객체의 findViewById( ) 메서드를 호출하여 editText 객체의 참조를 얻을 수 있다.

```
final EditText textBox = (EditText) findViewById(R.id.editText);
```

EditText 객체의 참조를 얻어서 textBox 참조 변수에 지정했으므로 이제는 그 객체의 getText( ) 메서드를 호출하여 그 객체가 갖고 있는 텍스트를 가져올 수 있다. 그리고 그 텍스트를 CharSequence 객체의 형태로 반환하면 된다.

```
CharSequence userText = textBox.getText();
```

끝으로, Bundle 객체의 putCharSequence( ) 메서드를 사용해서 userText가 갖는 텍스트를 Bundle 객체에 저장할 수 있다. 다음 코드에서 putCharSequence( ) 메서드의 첫 번째 인자는 키-값의 쌍에서 키(key)에 해당되며, 어떤 문자열 값도 가능하지만 여기서는 그냥 "savedText"로 주었다. 그리고 두 번째 인자는 값(value)에 해당되며, 여기서는 userText 객체를 전달하면 된다.

```
outState.putCharSequence("savedText", userText);
```

그러면 지금까지 이야기한 내용들을 StateChangeActivity.java 파일의 onSaveInstanceState( ) 메서드에 반영해보자(굵은 글씨 코드 추가). 이때 android.widget.EditText의 import 문도 추가해야 한다(소스 코드의 해당 클래스에서 Alt+Enter[Option+Enter] 키를 누르면 import 문이 자동으로 추가된다).

```
package com.ebookfrenzy.statechange;

import android.os.Bundle;
import android.support.design.widget.FloatingActionButton;
import android.support.design.widget.Snackbar;
import android.support.v7.app.AppCompatActivity;
import android.support.v7.widget.Toolbar;
import android.util.Log;
import android.view.View;
import android.view.Menu;
import android.view.MenuItem;
import android.widget.EditText;

public class StateChangeActivity extends AppCompatActivity {
.
.
protected void onSaveInstanceState(Bundle outState) {
    super.onSaveInstanceState(outState);
    Log.i(TAG, "onSaveInstanceState");
    final EditText textBox =
            (EditText) findViewById(R.id.editText);
    CharSequence userText = textBox.getText();
    outState.putCharSequence("savedText", userText);
}
```

이제는 상태를 저장할 수 있게 되었다. 그다음은 복원 방법을 알아보자.

14.5 상태 데이터 복원하기

저장된 동적 상태 데이터는 액티비티 생명주기 메서드에서 복원될 수 있다. 그리고 이때 메서드의 인자로 Bundle 객체가 전달된다. 이때 onCreate( )와 onRestoreInstanceState( ) 중 어떤 메서드에서 복원할 것인지를 선택하면 된다. 메서드의 선택은 해당 액티비티의 특성에 달렸다. 예를 들어, 해당 액티비티의 초기화 작업이 모두 수행된 후에 상태를 복원하는 것이 가장 좋다면 onRestoreInstanceState( ) 메서드가 더 적합하다. 여기서는 저장된 상태를 Bundle 객체로부터 추출하기 위해('savedText' 키를 사용) onRestoreInstanceState( ) 메서드에 복원 코드를 추가할 것이다. 그다음에 추출된 텍스트를 editText 뷰 객체의 setText( ) 메서드를 사용해서 그 객체에 보여줄 수 있다. 다음의 굵은 글씨로 된 코드를 추가하자.

```
@Override
protected void onRestoreInstanceState(Bundle savedInstanceState) {
    super.onRestoreInstanceState(savedInstanceState);
    Log.i(TAG, "onRestoreInstanceState");

    final EditText textBox =
            (EditText) findViewById(R.id.editText);
    CharSequence userText =
            savedInstanceState.getCharSequence("savedText");
    textBox.setText(userText);
}
```

14.6 애플리케이션 테스트하기

이제는 StateChange 애플리케이션을 다시 빌드하고 실행하는 일만 남았다. 애플리케이션이 실행되어 포그라운드에 있을 때(쉽게 말해 화면이 보일 때) 텍스트 필드를 터치하고 아무 텍스트나 입력해보자. 그리고 장치를 90도 회전시켜 보자. 이전에 입력했던 텍스트가 editText 컴포넌트에 그대로 나타날 것이다. 이게 다 우리가 추가한 코드 덕분이다.

14.7 요약

안드로이드 애플리케이션의 동적 상태 데이터를 저장하고 복원할 때는 적합한 생명주기 메서드에 우리가 필요한 코드를 구현하면 된다. 상태 데이터의 저장은 onSaveInstanceState( ) 메서드에서 한다. 즉, 저장 값을 추출하고 설정한 후 런타임 시스템에서 액티비티로 전달한 Bundle 객체에 키-값의 쌍으로 데이터를 저장한다.

동적 상태 데이터는 해당 액티비티의 onCreate( ) 또는 onRestoreInstanceState( ) 메서드 중 하나에서 복원할 수 있다. 이때는 Bundle 객체로부터 데이터를 추출한 후 해당 액티비티의 사용자 인터페이스 뷰 객체에 설정하면 된다.

이 장에서는 그런 기법들을 사용해서 StateChange 앱을 변경하였다. 액티비티가 소멸되고 그 후에 다시 생성될 때 이전의 상태 변경 데이터를 보존하기 위해서다.

안드로이드 뷰, 뷰 그룹, 레이아웃

오디오처럼 듣는 것을 예외로 한다면 사용자는 주로 눈으로 보고 만지면서 안드로이드 장치를 조작한다. 그리고 이런 모든 상호작용은 장치에 설치된 애플리케이션의 사용자 인터페이스를 통해 일어난다. 그러므로 안드로이드 애플리케이션의 핵심 요소는 사용자 인터페이스의 디자인과 생성이라고 해도 과언이 아닐 것이다.

이번 장에서는 안드로이드 사용자 인터페이스를 함께 구성하는 서로 다른 요소인 뷰(View), 뷰 그룹(View Group), 레이아웃(Layout)의 개요를 알아볼 것이다.

15.1 서로 다른 안드로이드 장치를 위한 디자인

안드로이드 장치라고 하면 서로 다른 화면 크기와 해상도를 갖는 많은 종류의 스마트폰과 태블릿 및 시계처럼 몸에 착용하는 장치들을 포괄한다. 결국, 애플리케이션의 사용자 인터페이스는 가능한 한 많은 종류의 화면 크기에서 제대로 보일 수 있도록 신중하게 디자인되어야 한다. 이때 가장 중요한 것은 서로 다른 장치에서 애플리케이션이 실행될 때 사용자 인터페이스 레이아웃의 크기 조정이 올바르게 될 수 있게 하는 것이다. 그리고 그것은 이번 장에서 설명하는 레이아웃을 신중하게 계획하고 사용했을 때 가능하다.

그리고 또 하나 염두에 두어야 할 것이 있다. 안드로이드 기반의 스마트폰과 태블릿은 사용자가 세로(portrait)와 가로(landscape) 방향 모두를 사용할 수 있다는 것이다. 따라서 디자인이 잘된 사용자 인터페이스라면 모든 방향에서 그런 변경에 적응할 수 있어야 하고, 사용 가능한 화면 공간을 잘 활용하기 위한 레이아웃 조정을 할 수 있어야 한다.

15.2 뷰와 뷰 그룹

안드로이드에서 사용자 인터페이스의 모든 요소는 View 클래스(android.view.View)의 서브 클래스다. 안드로이드 SDK에서는 사용자 인터페이스를 구성하는 데 사용할 수 있는 여러 뷰 클래스를 제공한다. 예를 들어, Button, CheckBox, ProgressBar, TextView 클래스 등이다. 그런 뷰들을 **위젯**(widget) 또는 **컴포넌트**(component)라고도 한다. SDK에 제공되지 않는 위젯이 필요할 때는 기존 뷰 클래스의 서브 클래스를 만들거나 또는 View 클래스로부터 상속받는 아예 새로운 컴포넌트를 생성하여 새로운 뷰를 만들 수 있다.

또한, 뷰는 여러 개의 다른 뷰로 구성될 수 있으며 이것을 **복합 뷰**(composite view)라고도 한다. 그런 뷰들은 안드로이드 ViewGroup 클래스(android.view.ViewGroup)로부터 상속받는다(ViewGroup 클래스 자신은 View의 서브 클래스다). 예를 들면, RadioGroup이 있다. 이것은 여러 개의 RadioButton 객체들을 포함하여 항상 하나의 버튼만이 선택될 수 있게 한 것이다. 구조적인 관점에서 복합 뷰는 다른 뷰(자식 뷰(child view))들을 포함할 수 있는 하나의 부모 뷰(parent view)(예를 들어, 바로 위의 RadioGroup)로 구성된다. 그리고 그 부모 뷰는 ViewGroup 클래스로부터 상속받으며, **컨테이너 뷰**(container view) 또는 **루트 요소**(root element)라고도 한다. 또 다른 부류의 ViewGroup 기반 컨테이너 뷰로 **레이아웃 매니저**(layout manager)가 있다.

15.3 안드로이드 레이아웃 매니저

앞에서 이야기한 위젯 형태의 뷰에 추가하여 안드로이드 SDK에서는 **레이아웃**(layout)이라고 하는 뷰들도 제공한다. 레이아웃은 컨테이너 뷰이므로 ViewGroup의 서브 클래스이며, 자식 뷰들을 화면에 위치시키는 방법을 제어하는 목적으로 설계되었다.

안드로이드 SDK에는 다음의 레이아웃 뷰들이 포함되어 있으며, 이것들은 안드로이드 사용자 인터페이스 디자인 내부에서 사용될 수 있다.

- **ConstraintLayout** — 안드로이드 7(누가)에서 소개되었으며, 안드로이드 스튜디오 2.3 버전부터는 새로운 프로젝트를 생성할 때 기본 레이아웃으로 지정된다. 대부분의 경우에 이 레이아웃을 사용하는 것이 좋다. ConstraintLayout에서는 레이아웃에 뷰를 배치하고 동작시킬 때 constraint(제약)를 각 자식 뷰에 지정한다. 이 레이아웃을 사용하면 서로 다른 레이

아웃을 중첩시키지 않고 복잡한 레이아웃을 만들 수 있으므로 유연성이 좋고 성능이 향상된다. ConstraintLayout은 또한 안드로이드 스튜디오 레이아웃 편집기와 밀접하게 통합되어 있다. 이 책에서는 주로 이 레이아웃을 사용한다.

- **LinearLayout** — 선택된 방향(수직 또는 수평)에 따라 하나의 행이나 열에 자식 뷰를 배치한다. 각 자식 뷰에는 **가중치**(weight value)를 설정할 수 있다. 이것은 해당 자식 뷰가 다른 자식 뷰에 비해 얼마나 많은 레이아웃 공간을 차지할 것인지를 지정하는 값이다.
- **TableLayout** — 자식 뷰들을 격자 형태의 행과 열로 배치한다. 하나의 테이블에 있는 각 행은 TableRow 객체로 나타내며, 각 셀의 뷰 객체를 포함한다.
- **FrameLayout** — 일반적으로 하나의 뷰를 보여주기 위해 화면의 영역을 할당하는 것이 FrameLayout의 목적이다. 여러 개의 자식 뷰들이 추가될 때는 기본적으로 레이아웃 영역의 왼쪽 위 모서리를 기준으로 다른 뷰 위에 겹쳐서 나타난다. 따라서 각 자식 뷰들의 위치를 달리하고자 할 때는 각 자식 뷰에 **그래비티**(gravity) 값을 설정하면 된다. 예를 들어, 어떤 자식 뷰에 center_vertical 그래비티 값을 설정하면 그 자식 뷰는 FrameLayout 뷰 영역의 수직 방향 중앙에 위치하게 된다.
- **RelativeLayout** — 이 레이아웃은 자식 뷰가 다른 자식 뷰와 (자신을 포함하는) 레이아웃 뷰 모두에 관련해서 자신에 지정된 마진(margin) 등에 따라 상대적으로 배치될 수 있게 해준다. 예를 들어, 자식 뷰 A는 자신을 포함하는 RelativeLayout 뷰의 수직과 수평 중앙에 위치하게 구성될 수 있다. 반면에 자식 뷰 B도 레이아웃 뷰 내부에 수평적으로 중앙에 있지만, 자식 뷰 A의 맨 위보다 30픽셀 높게 위치시킬 수 있다. 자식 뷰 A의 위치와 관련해서 상대적으로 자식 뷰 B의 수직적인 위치를 잡을 수 있기 때문이다. 다양한 화면 크기와 방향에서 동작해야 하는 사용자 인터페이스를 디자인할 때 RelativeLayout 매니저가 사용될 수 있다.
- **AbsoluteLayout** — 자식 뷰가 자신을 포함하는 레이아웃 뷰의 특정 XY 좌표에 위치할 수 있게 해준다. 이 레이아웃은 사용하지 않는 것이 좋다. 화면 크기나 방향의 변화에 대응하는 유연성이 부족하기 때문이다.
- **GridLayout** — GridLayout은 비교적 새로운 레이아웃 매니저로서 안드로이드 4.0의 일부로 소개되었다. GridLayout 인스턴스는 행과 열이 교차되는 셀을 포함하는 격자(grid)를 구성하며, 보이지 않는 라인들로 분할된다. 그다음에 자식 뷰들이 셀에 위치한다. 그리고 자식 뷰들은 수평과 수직 모두 여러 개의 셀로 구성될 수 있다. GridLayout의 컴포넌트들 간격은 Space 뷰라는 특별한 타입의 뷰를 인접 셀에 두어서 구현하거나 마진 매개변수를 설정하여 구현할 수 있다.

- **CoordinatorLayout** — 안드로이드 5.0의 안드로이드 디자인 지원 라이브러리의 일부로 소개되었다. CoordinatorLayout은 애플리케이션 화면 위에 있는 앱 바(app bar)의 모습과 기능을 다른 뷰 요소와 함께 사용하기 위해 특별히 설계되었다. 안드로이드 스튜디오에서 새로운 프로젝트를 생성할 때 Basic Activity 템플릿을 선택하면 CoordinatorLayout 인스턴스를 사용해서 레이아웃의 부모 뷰가 구현된다. 이 레이아웃 매니저는 39장에서 자세히 알아볼 것이다.

안드로이드 애플리케이션의 사용자 인터페이스에서 레이아웃을 사용할 때 염두에 둘 것이 있다. 레이아웃이 다른 레이아웃 내부에 중첩될 수 있어서 어떤 복잡한 수준의 사용자 인터페이스 디자인도 생성할 수 있다는 것이다.

15.4 뷰 계층 구조

사용자 인터페이스의 각 뷰는 화면의 직사각형 영역을 나타낸다. 뷰는 그 직사각형 안에 그려지는 것에 대한 책임이 있으며, 화면의 그 부분(뷰 영역)에서 발생하는 이벤트(터치 이벤트 등)에 응답하는 책임도 있다.

사용자 인터페이스 화면은 뷰 계층 구조로 구성된다. 그리고 뷰 계층 구조는 계층 구조 트리(tree)의 맨 위에 위치한 **루트(root)** 뷰와 그 밑의 가지에 위치한 **자식 뷰**로 되어 있다. 컨테이너 뷰의 자식 뷰는 자신의 부모 뷰 위에 포개져서 화면에 나타나되, 부모 뷰의 화면 영역 경계 안에만 나타나게 제한된다. 예를 들어, 그림 15-1의 사용자 인터페이스를 보자.

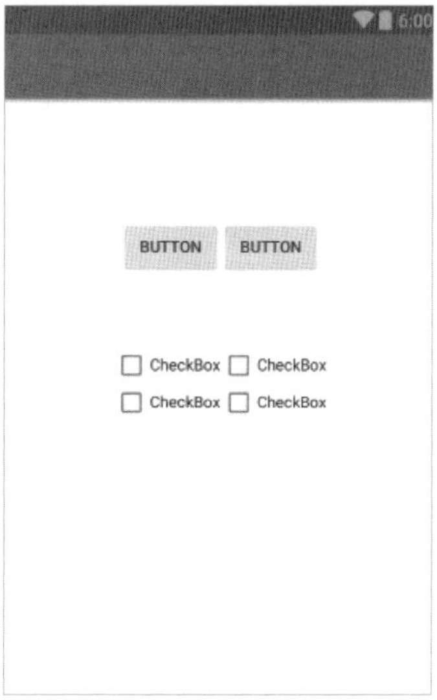

그림 15-1

이 사용자 인터페이스에서는 버튼과 체크 상자 뷰가 위치하는 방법을 제어하는 레이아웃 뷰를 포함한다. 그림 15-2에서는 그림 15-1과 동일한 사용자 인터페이스를 다른 관점으로 보여준다. 즉, 자식 뷰들과 관련된 레이아웃 뷰들을 나타내고 있다.

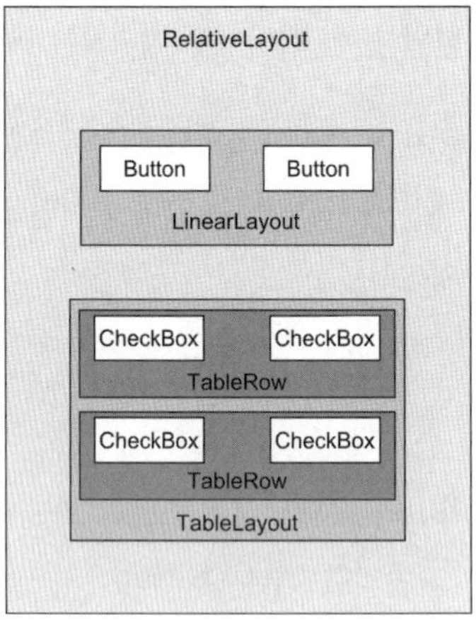

그림 15-2

앞에서 이야기했듯이, 사용자 인터페이스 화면은 맨 위에 루트 뷰를 갖는 뷰 계층 구조의 형태로 구성된다. 따라서 그림 15-2의 사용자 인터페이스는 그림 15-3의 뷰 트리 형태로도 나타낼 수 있다.

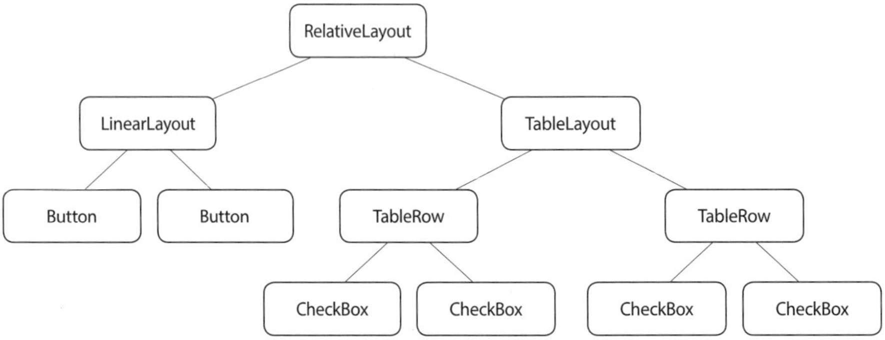

그림 15-3

그림 15-1의 사용자 인터페이스를 구성하는 다양한 뷰들 간의 관계를 가장 분명하게 보여주는 것이 그림 15-3의 뷰 계층 구조 다이어그램(diagram)일 것이다. 사용자 인터페이스가 화면에 보일 때 안드로이드 런타임은 뷰 계층 구조를 순회한다. 이때 루트 뷰에서 시작해서 트리의 아래로 내려가면서 각 뷰를 나타낸다.

15.5 사용자 인터페이스 생성

뷰와 레이아웃 및 뷰 계층 구조를 더 확실하게 이해했으므로 이후의 몇 개 장에서는 안드로이드 액티비티의 사용자 인터페이스를 생성하는 데 초점을 둘 것이다. 사용자 인터페이스를 디자인하는 방법에는 세 가지가 있다. 안드로이드 스튜디오 레이아웃 편집기를 사용하는 방법, XML 레이아웃 리소스 파일을 직접 작성하는 방법, 자바 코드로 작성하는 방법이다. 이 세 가지 방법 모두 이후의 다른 장에서 각각 설명할 것이다.

15.6 요약

안드로이드 애플리케이션의 사용자 인터페이스 화면에 있는 각 요소는 뷰이며, 모든 뷰는 android.view.View 클래스의 서브 클래스다. 각 뷰는 장치 화면의 직사각형 영역을 나타내며, 그 직사각형 안에 나타나는 것에 대한 책임이 있고 또한 뷰의 경계 안에서 발생하는 이벤트(터치 이벤트 등)를 처리하는 책임도 있다. 여러 뷰를 결합시켜 하나의 **복합 뷰**(composite view)를 만들 수 있다. 복합 뷰 안에 있는 뷰들은 **컨테이너 뷰**(container view)의 자식들이다. 그리고 컨테이너 뷰는 android.view.ViewGroup 클래스의 서브 클래스다(ViewGroup 자신은 android.view.View의 서브 클래스다). 사용자 인터페이스는 뷰 계층 구조의 형태로 생성된 뷰들로 구성된다.

안드로이드 SDK에는 사용자 인터페이스를 만드는 데 사용될 수 있는, 미리 생성된 뷰들이 많이 있다. 예를 들어, 텍스트 필드나 버튼과 같은 기본적인 컴포넌트들, 그리고 자식 뷰들의 위치를 제어하는 데 사용될 수 있는 다양한 종류의 레이아웃 매니저 등이다. 이처럼 미리 제공된 뷰들이 우리의 특정 요구 사항을 충족시키지 못하면 커스텀 뷰를 만들 수 있다. 이때는 기존 뷰에서 상속 및 결합시켜 만들거나 android.view.View 클래스로부터 상속받는 완전히 새로운 뷰 클래스를 생성하면 된다.

사용자 인터페이스를 디자인하는 방법은 세 가지가 있다. 안드로이드 스튜디오 레이아웃 편집기를 사용하는 방법, XML 레이아웃 리소스 파일을 직접 작성하는 방법, 자바 코드로 작성하는 방법이다. 이 세 가지 방법에 관해서는 이후의 다른 장에서 각각 설명할 것이다.

안드로이드 스튜디오 레이아웃 편집기 살펴보기

어떤 형태의 사용자 인터페이스도 필요로 하지 않는 안드로이드 애플리케이션은 생각하기 어렵다. 대부분의 안드로이드 장치들은 터치 스크린과 키보드(가상 또는 실제)를 장착하고 나오며, 손가락을 갖다 대거나 두드리는 것은 사용자와 애플리케이션 간의 주된 상호작용이다. 그리고 이런 상호작용은 애플리케이션의 사용자 인터페이스를 통해 언제든지 발생한다.

잘 디자인되어 구현된 사용자 인터페이스는 성공적인 안드로이드 애플리케이션을 만드는 데 중요한 요소이며, 각 애플리케이션의 디자인 요구 사항에 따라 간단한 것부터 매우 복잡한 것까지 다양할 수 있다. 그러나 안드로이드 스튜디오 레이아웃 편집기(Layout Editor)는 복잡도에 구애받지 않고 사용자 인터페이스의 디자인과 구현 작업을 굉장히 간단하게 해준다.

16.1 Basic vs. Empty 액티비티 템플릿

10장에서 얘기했듯이, 안드로이드 애플리케이션은 하나 이상의 액티비티로 구성된다. 액티비티는 애플리케이션의 기능을 수행하는 독립형 모듈이며, 하나의 사용자 인터페이스 화면과 직접 연관된다. 따라서 안드로이드 스튜디오 레이아웃 편집기에서는 항상 액티비티의 레이아웃으로 작업한다.

안드로이드 스튜디오 프로젝트를 생성할 때 여러 가지의 서로 다른 액티비티 템플릿을 선택할 수 있다. 그중에서 가장 기본적인 것이 Basic Activity 템플릿과 Empty 액티비티 템플릿이다.

이 두 템플릿은 얼핏 보면 유사한 것 같지만 실제로는 꽤 차이가 있다.

Empty 액티비티 템플릿은 ConstraintLayout 매니저 인스턴스를 포함하는 하나의 레이아웃 파일을 생성하며, 레이아웃에는 하나의 TextView 객체가 포함되어 있다(그림 16-1).

그림 16-1

이와는 달리 Basic Activity 템플릿은 두 개의 레이아웃 파일로 구성된다. activity_으로 시작하는 이름의 XML 파일인 최상위 레벨의 레이아웃 파일은 CoordinatorLayout을 루트 뷰로 갖는다. 또한, 거기에는 앱 바(app bar), 하나의 메뉴 항목을 갖도록 사전 구성된 메뉴(그림 16-2의 Ⓐ), 플로팅 액션 버튼(그림 16-2의 Ⓑ)이 포함되어 있다. 또한 content_으로 시작하는 이름의 XML 파일인 액티비티 사용자 인터페이스는 ConstraintLayout으로 구성되며, activity_으로 시작하는 이름의 XML 파일에 포함된다.

그림 16-2

플로팅 액션 버튼, 메뉴, 그리고 CoordinatorLayout에 의해 제공되는 앱 바와 같은 기능이 필요 없다면 당연히 Empty 액티비티 템플릿을 선택하는 것이 좋다(플로팅 액션 버튼은 35장에서, 그리고 앱 바는 39장에서 설명할 것이다). 그러나 그런 기능 전체 또는 일부라도 필요하다면 Basic Activity 템플릿을 선택하는 것이 좋다. 그리고 Empty 액티비티 템플릿으로 액티비티를 생성한 후 우리가 직접 그런 기능을 구현하는 것보다 Basic Activity 템플릿으로 액티비티 생성 후 필요 없는 기능만 삭제하는 것이 실제로 더 쉽고 빠를 수 있다. 그러나 이 책의 모든 예제 프로젝트에서 Basic Activity 템플릿의 기능이 필요한 것은 아니므로 새로운 프로젝트 생성 시에 대부분 Empty 액티비티 템플릿을 사용할 것이다.

참고로, 메뉴는 필요하지만 플로팅 액션 버튼은 필요 없다면, Basic Activity 템플릿으로 액티비티를 생성한 후 다음과 같이 플로팅 액션 버튼을 삭제하면 된다.

1. 프로젝트 도구 창에서 app ➡ res ➡ layout 밑에 있는 메인 액티비티 레이아웃 파일을 더블 클릭하여 편집기 창에 열자. 이 레이아웃 파일의 이름은 content_가 아닌 activity_로 시작한다.
2. 편집기 창 밑의 Design 탭을 클릭하여 디자인 모드로 전환한 후 플로팅 액션 버튼을 선택하고 Delete 키를 눌러 삭제한다.
3. 프로젝트 도구 창에서 app ➡ java ➡ <패키지 이름> 밑에 있는 액티비티 클래스 파일을 편집기에 로드한 후 다음과 같이 onCreate( ) 메서드의 플로팅 액션 버튼 코드를 삭제하면 된다.

```
@Override
protected void onCreate(Bundle savedInstanceState) {
    super.onCreate(savedInstanceState);
    setContentView(R.layout.activity_main);
    Toolbar toolbar = (Toolbar) findViewById(R.id.toolbar);
    setSupportActionBar(toolbar);

    FloatingActionButton fab =
        (FloatingActionButton) findViewById(R.id.fab);
    fab.setOnClickListener(new View.OnClickListener() {
        @Override
        public void onClick(View view) {
            Snackbar.make(view, "Replace with your own action",
                    Snackbar.LENGTH_LONG)
                        .setAction("Action", null).show();
        }
    });
}
```

이와는 달리, 플로팅 액션 버튼은 필요하지만 메뉴는 필요 없다면, Basic Activity 템플릿으로 액티비티를 생성한 후 다음과 같이 메뉴를 삭제하면 된다.

1. 액티비티 클래스 파일에서 onCreateOptionsMenu( )와 onOptionsItemSelected( ) 메서드를 삭제한다.
2. 프로젝트 도구 창에서 res 디렉터리 밑의 menu 폴더를 선택한 후 Delete 키를 눌러 삭제하면 된다.

16.2 안드로이드 스튜디오 레이아웃 편집기

앞의 다른 장에서 보았듯이, 레이아웃 편집기는 그래픽 기반의 WYSIWYG(What You See Is What You Get, 보는 그대로 생성되는) 환경을 제공한다. 즉, 뷰를 팔레트에서 선택한 다음에 안드로이드 장치 화면에 넣으면 된다. 그리고 뷰가 캔버스에 놓이면 이동, 삭제, 크기 조정을 자유롭게 할 수 있다(부모 뷰의 제약 범위 내에서). 또한, 선택된 뷰와 관련되는 다양한 속성들을 속성(Properties) 패널에서 쉽게 변경할 수 있다.

또한, 레이아웃 편집기는 디자인 중인 사용자 인터페이스를 정의하는 XML 리소스 파일을 자동으로 생성해준다. 레이아웃 편집기는 디자인 모드와 텍스트 모드의 두 가지로 동작하며, 두 모드는 상호 연결되어 각 모드의 변경 사항이 다른 모드에 자동으로 반영된다.

16.3 디자인 모드

디자인 모드에서는 그래픽 형태의 장치 화면과 뷰 팔레트를 사용해서 레이아웃을 만들므로 사용자 인터페이스를 시각적으로 생성하고 변경할 수 있다.

그림 16-3에서는 안드로이드 스튜디오 레이아웃 편집기가 디자인 모드일 때 어떤 중요 영역이 있는지를 보여준다. 레이아웃 편집기 위의 제일 왼쪽에 있는 툴바 버튼( )만 눌러져 있으면 왼쪽의 디자인 뷰만 나타난다. 이 그림에서는 사용자 인터페이스가 ConstraintLayout일 때를 보여준다.

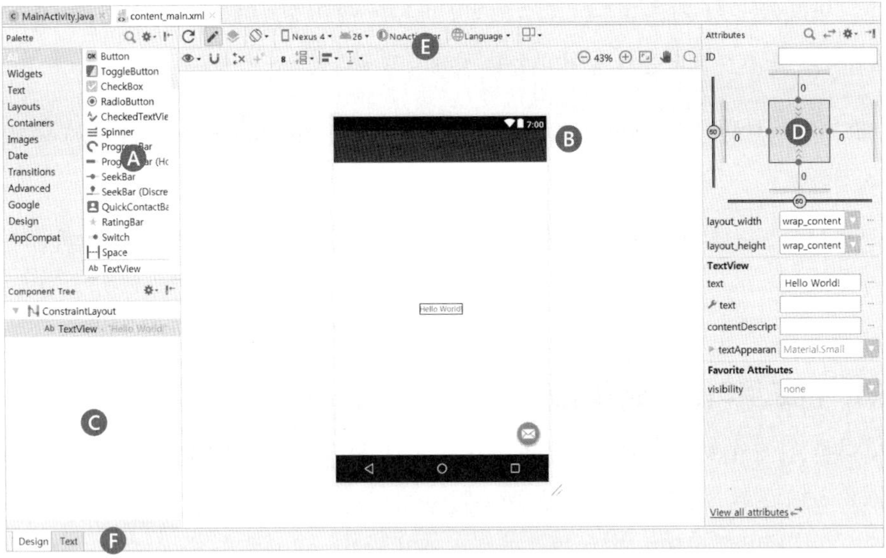

그림 16-3

Ⓐ **팔레트(Palette)** — 팔레트는 안드로이드 SDK가 제공하는 다양한 뷰 컴포넌트의 액세스를 제공한다. 뷰 컴포넌트들은 쉽게 찾을 수 있게 유형별로 분류되어 있다. 그리고 팔레트의 뷰 컴포넌트를 마우스로 끌어서 레이아웃의 원하는 위치에 놓으면 추가된다.

Ⓑ **장치 화면(Device Screen)** — 장치 화면에서는 디자인하고 있는 사용자 인터페이스 레이아웃을 시각적으로 보여준다. 여기서는 뷰의 선택, 삭제, 이동, 크기 조정을 할 수 있다. 레이아웃이 나타나는 장치 모델은 툴바에 있는 메뉴를 사용해서 언제든 변경할 수 있다(16.7절 참조).

Ⓒ **컴포넌트 트리(Component Tree)** — 앞의 14장에서 이야기했듯이, 사용자 인터페이스는 뷰의 계층 구조를 사용해서 생성된다. 컴포넌트 트리는 사용자 인터페이스 디자인의 뷰 계층 구조를 시각적으로 보여준다. 컴포넌트 트리에서 뷰를 선택하면 그것과 동일한 뷰가 레이아웃에서도 선택된다. 이와 유사하게 장치 화면 레이아웃에서 뷰를 선택하면 그것과 동일한 뷰가 컴포넌트 트리에서도 선택된다.

Ⓓ **속성(Properties)** — 팔레트에 나타나 있는 모든 컴포넌트 뷰들은 여러 속성과 연관되어 있다. 이 속성들은 해당 뷰의 동작과 모습을 조정하는 데 사용될 수 있다. 이 패널에서는 현재 선택된 뷰의 속성값들을 변경할 수 있다.

Ⓔ **툴바(Toolbar)** — 레이아웃 편집기의 툴바에서는 다양한 메뉴 옵션의 빠른 액세스를 제공하며, 장치 화면 레이아웃의 줌인과 줌아웃, 현재 나타난 장치 모델 변경, 레이아웃의 세로와 가로 방향 전환, 안드로이드 SDK API 레벨 전환 등의 툴바가 있다.

또한, 툴바에는 장치 화면의 레이아웃에서 뷰 타입이 선택될 때 그 타입과 관련해서 추가로 나타나는 버튼들을 갖고 있다(툴바의 맨 왼쪽에 나타난다).

Ⓕ **모드 전환 탭(Mode Switching Tabs)** — 레이아웃 편집기 창의 왼쪽 아래에 있는 탭들은 두 가지 모드(디자인과 텍스트)를 전환해준다.

16.4 팔레트

레이아웃 편집기의 팔레트에서는 우리가 디자인하는 레이아웃에 추가할 컴포넌트를 쉽게 찾아서 사용할 수 있다. 컴포넌트 유형 패널(그림 16-4의 Ⓐ)에서는 안드로이드 SDK에서 지원되는 뷰 컴포넌트들의 유형을 보여준다. 그리고 특정 유형을 선택하면 오른쪽 패널(그림 16-4의 Ⓑ)에 그 유형에 속하는 컴포넌트들을 보여준다.

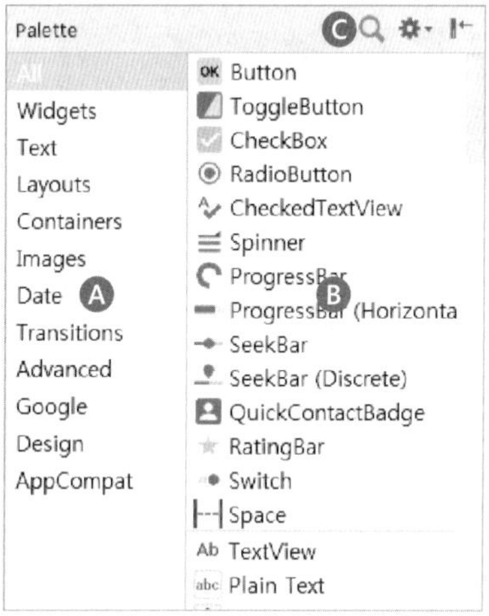

그림 16-4

팔레트로부터 레이아웃에 컴포넌트를 추가할 때는 특정 컴포넌트를 선택한 후 마우스로 끌어서 레이아웃의 원하는 위치에 놓으면 된다.

검색 버튼(그림 16-4의 Ⓒ)을 클릭하고 컴포넌트 이름을 입력하면, 현재 선택된 컴포넌트 유형에서 특정 컴포넌트를 찾을 수 있다. 모든 컴포넌트 유형에서 검색할 때는 컴포넌트 유형의 제일 위에 나타난 All을 선택하면 된다. 그리고 컴포넌트 이름을 한 글자씩 입력할 때마다 그것과 일치하는 결과를 컴포넌트 내역(그림 16-4의 Ⓑ)에 보여준다.

16.5 레이아웃의 확대/축소 보기

레이아웃 편집기에서는 레이아웃 파일을 열 때 사용 가능 공간에 맞춰 레이아웃의 크기를 조정하여 보여준다. 이때 편집기 창 위쪽의 +와 – 툴바 버튼을 클릭하면 레이아웃을 줌인(확대) 또는 줌아웃(축소)할 수 있다. 그리고 레이아웃이 줌인되어 크게 보일 때는 다음 두 가지 중 하나의 방법을 사용하여 레이아웃의 특정 영역으로 이동할 수 있다. 첫 번째는 레이아웃 편집기 아래와 오른쪽 테두리의 스크롤 바를 마우스로 끄는 방법이다. 두 번째는 그림 16-5의 화살표가 가리키는 Pan and Zoom 툴바 버튼을 사용하는 방법이다. 이때는 그 버튼을 클릭한 후 나타나는 패널에서 마우스를 클릭하고 원하는 위치로 끌면 된다. 그리고 Esc 키를 누르면 Pan and Zoom 패널이 사라진다.

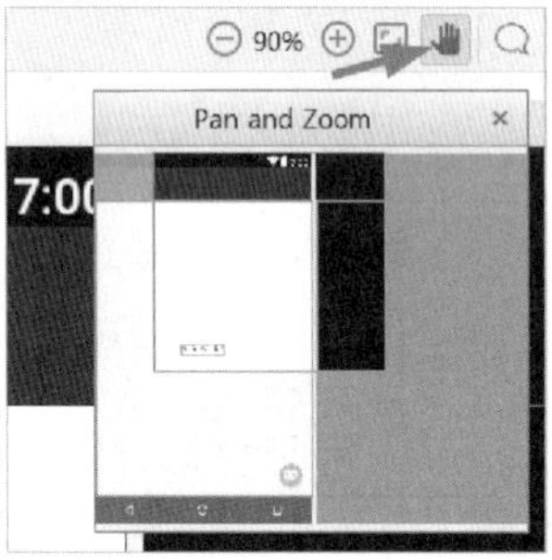

그림 16-5

16.6 디자인 뷰와 청사진 뷰

레이아웃 편집기가 디자인 모드일 때는 두 가지 뷰로 레이아웃을 볼 수 있다. 앞의 그림 16-3에서는 디자인 뷰로 레이아웃을 보여준다. 디자인(Design) 뷰에서는 레이아웃과 위젯들을 포함해서 애플리케이션이 실행될 때 나타나는 화면의 형태로 보여준다. 이와는 달리 청사진(Blueprint) 뷰에서는 레이아웃과 위젯들만 보여준다(청사진 뷰를 레이아웃 뷰라고도 한다). 디자인 뷰와 청사진 뷰는 둘 중 하나만 보거나 또는 같이 볼 수 있으며(이때는 디자인 뷰가 왼쪽에, 청사진 뷰가 오른쪽에 나타난다), 그림 16-6에 표시한 두 개의 툴바 버튼을 클릭하면 보이는 뷰를 선택할 수 있다. 제일 왼쪽부터 **디자인 뷰 보기**, **청사진 뷰 보기**이다(두 개를 같이 누르면 둘 다 나타난다).

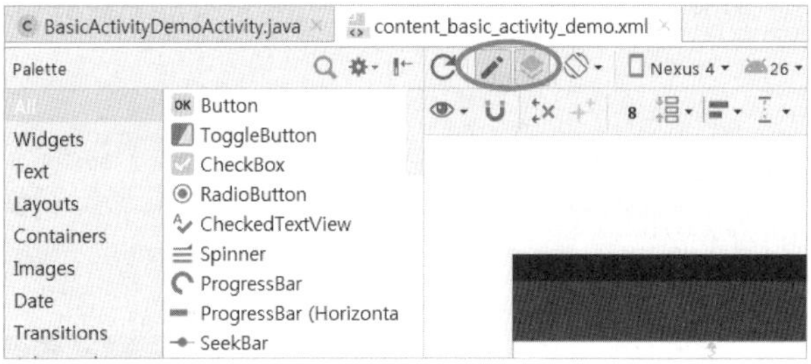

그림 16-6

디자인 뷰와 청사진 뷰를 어떤 형태로 볼 것인가는 각자 취향에 달렸다. 안드로이드 스튜디오에서는 기본적으로 두 가지 뷰를 같이 보여준다(그림 16-7).

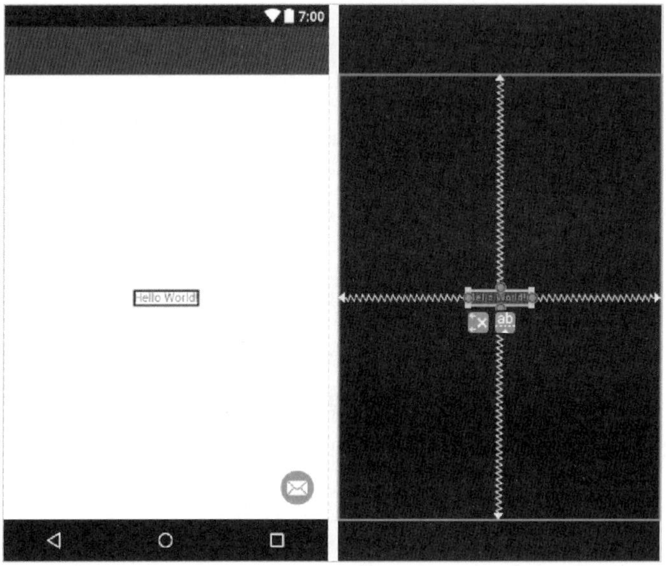

그림 16-7

16.7 텍스트 모드

안드로이드 스튜디오 레이아웃 편집기를 사용할 때 알아 둘 것이 있다. XML 레이아웃 리소스 파일을 사용자 친화적인 방법으로 생성한다는 것이다. 즉, 레이아웃 편집기 패널의 밑에 있는 Text 탭만 클릭하면 디자인을 하는 동안 언제든지 XML을 볼 수 있고 직접 편집할 수 있다. 그리고 다시 디자인 모드로 돌아갈 때는 Design 탭만 클릭하면 된다.

그림 16-8에서는 안드로이드 스튜디오 레이아웃 편집기가 텍스트 모드일 때 어떤 중요 영역이 있는지를 보여준다.

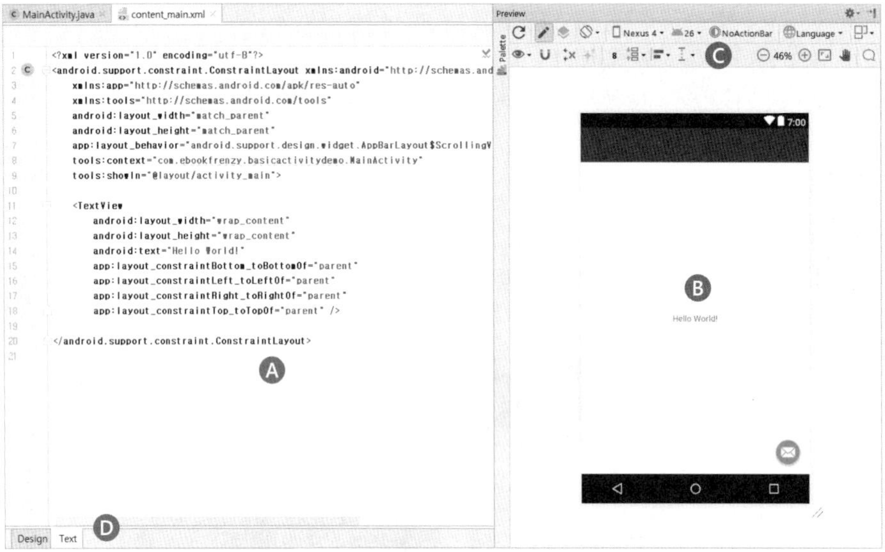

그림 16-8

Ⓐ **편집기(Editor)** — 편집기 패널에서는 현재의 사용자 인터페이스 레이아웃 디자인을 구성하는 XML을 보여준다. 이것이 7장에서 설명했던 안드로이드 스튜디오 편집기 환경이다.

Ⓑ **미리보기(Preview)** — XML 편집기에서 변경이 생기면 그 즉시 미리보기 창에 시각적으로 반영된다. 따라서 변경 내역을 보기 위해 텍스트와 디자인 모드를 자주 전환할 필요가 없다. 미리보기에 나타난 레이아웃이나 자식 뷰를 클릭하면 왼쪽의 편집기 패널에 있는 해당 소스 코드로 커서를 위치시켜 준다. 텍스트 모드에서 퀵 액세스 메뉴(4장의 4.3절 참조)에 마우스를 갖다 댄 후 메뉴의 Preview를 선택하면 미리보기가 나타난다. 또는 제일 오른쪽 테두리에 수직으로 표시된 Preview 도구 버튼을 클릭하면 된다.

Ⓒ **툴바(Toolbar)** — 텍스트 모드의 미리보기 툴바는 디자인 모드의 툴바와 동일하다.

Ⓓ **모드 전환 탭(Mode Switching Tabs)** — 레이아웃 편집기 창의 왼쪽 아래에 있는 탭들은 레이아웃 편집기의 두 가지 모드(텍스트와 디자인)를 전환해준다.

16.8 속성 설정하기

속성(Properties) 패널에서는 현재 선택된 컴포넌트의 모든 속성을 액세스할 수 있으며, 기본적으로는 가장 많이 변경되는 속성들을 보여준다(이것을 표준 모드라 한다). 예를 들어, 그림 16-9에서는 TextView 위젯의 속성 중 일부를 보여준다(레이아웃 편집기가 디자인 모드일 때).

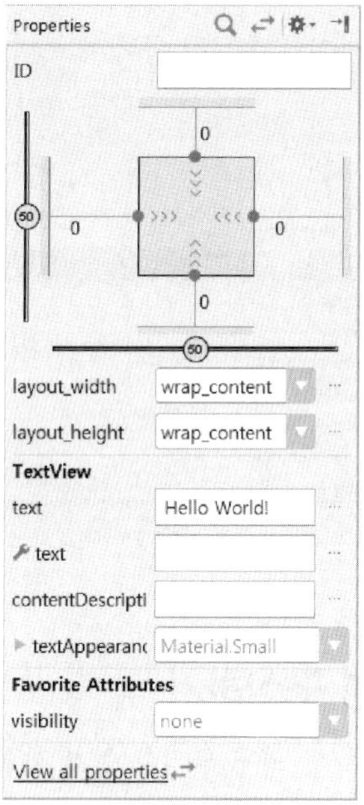

그림 16-9

현재 선택된 위젯의 모든 속성을 액세스할 때는 그림 16-9의 제일 밑에 있는 View all properties를 클릭하거나 또는 그림 16-10의 버튼을 클릭하면 된다. 그리고 그 버튼을 다시 클릭하면 표준 모드의 기본 속성만을 보여준다.

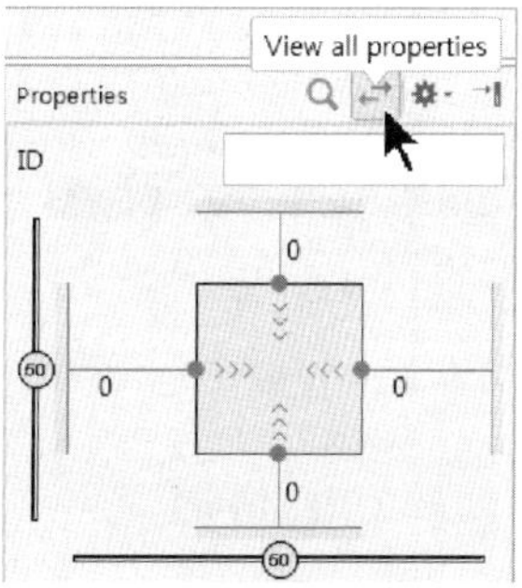

그림 16-10

그림 16-10의 View all properties 버튼 바로 왼쪽의 검색 버튼을 클릭하면 속성 이름을 입력하여 원하는 속성을 바로 찾을 수 있다. 단, View all properties 버튼을 눌러서 현재 선택된 컴포넌트의 모든 속성이 나타나게 한 후에 검색해야 한다.

일부 속성에는 제일 오른쪽에 세 개의 점으로 표시된 버튼이 있다. 그 버튼을 클릭하면 대화상자가 나타나므로 거기에서 우리가 원하는 속성의 값을 선택할 수 있다. 또한 드롭다운 메뉴가 있는 속성의 경우에는 정해진 개수의 속성값 중에서 하나를 선택할 수 있다. 예를 들면, 그림 16-11과 같다.

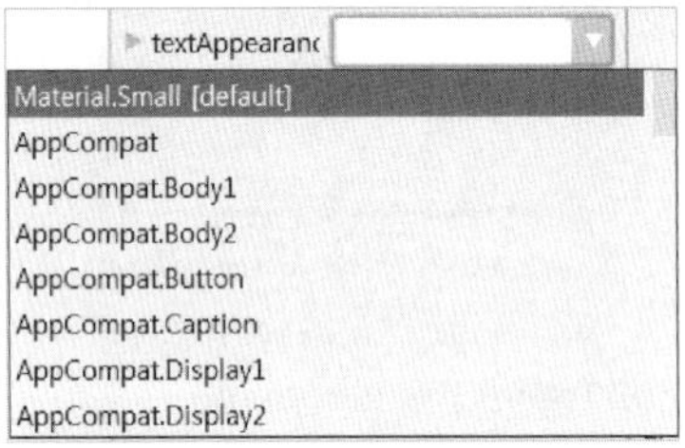

그림 16-11

16.9 즐겨 사용하는 속성 구성하기

속성 창에 기본적으로 나타나는 속성 외에 우리가 즐겨 사용하는 속성(favorite attributes)을 추가할 수 있다. 이때는 우선, View all properties 버튼을 눌러서 현재 선택된 컴포넌트의 모든 속성이 나타나게 한다. 그리고 추가할 속성을 찾은 후 왼쪽 끝에 마우스 커서를 갖다 대면, 별 모양이 나타나므로 이것을 클릭하면 별 모양이 계속 보이면서 즐겨 사용하는 속성에 추가된다. 또한 별 모양을 다시 클릭하면 즐겨 사용하는 속성 목록에서 제외된다. 그림 16-12에서는 위젯의 즐겨 사용하는 속성으로 accessibilityLiveRegion, accessibilityTraversalAfter, textAllCaps 세 개가 선택된 것을 보여준다.

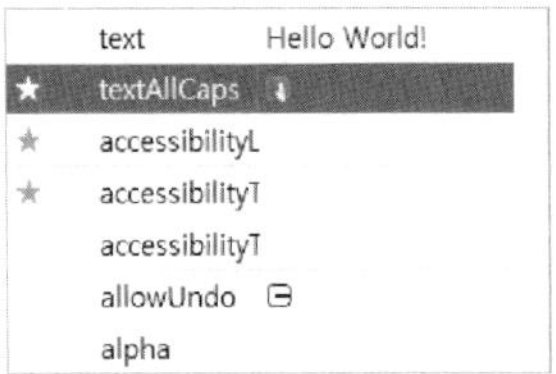

그림 16-12

그리고 그림 16-12에서 선택된 속성들은 그림 16-13과 같이 속성 창의 제일 밑에 Favorite Attributes로 나타나므로 매번 모든 속성 내역을 보지 않고 바로 사용할 수 있다.

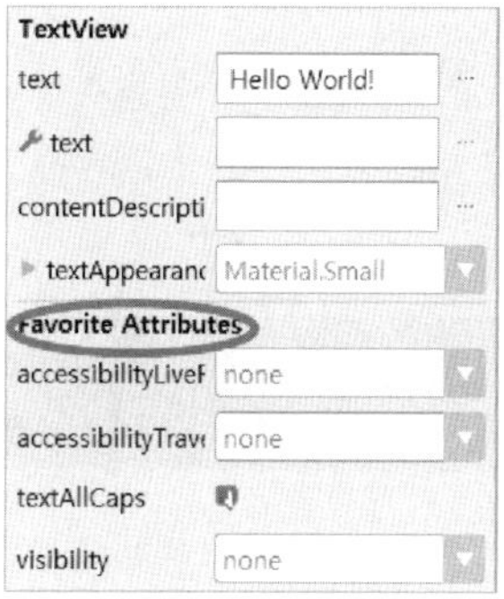

그림 16-13

16.10 커스텀 장치 정의 생성하기

레이아웃 편집기 툴바의 왼쪽에 있는 장치(device) 메뉴에서는 사전 구성된 장치 타입의 목록을 제공하며, 그중 하나를 선택하면 그 장치의 모습으로 레이아웃 편집기 캔버스에 나타난다(그림 16-14). 사전 구성된 장치 타입과 더불어 미리 생성해둔 AVD 가상 장치 인스턴스도 장치 목록에 나타난다. 장치 구성에 AVD를 추가하고자 할 때는 장치 메뉴에서 Add Device Definition... 옵션을 선택한다. 그러면 AVD 매니저가 나타난다. 이후로는 5장의 5.2절에서 했던 대로 새로운 AVD를 생성하면 된다.

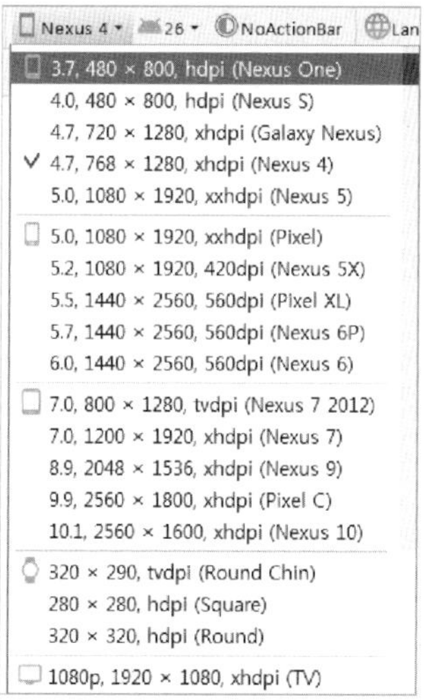

그림 16-14

16.11 현재 장치 변경하기

장치 선택 메뉴 외에 다른 방법으로도 현재 장치를 변경할 수 있다. 그림 16-15의 화살표가 가리키는 장치 화면 크기 조정 핸들을 클릭한 후 끌면 서로 다른 장치의 이름이 나타난다. 이때 원하는 장치의 모서리 표시에 화면 오른쪽 모서리를 맞춘 후 마우스 버튼을 떼면 해당 장치로 장치 화면이 변경된다.

그림 16-15

16.12 요약

사용자 인터페이스 생성은 안드로이드 애플리케이션 개발의 핵심 부분이다. 안드로이드 스튜디오 환경에서는 두 가지 모드로 동작하는 레이아웃 편집기를 사용해서 사용자 인터페이스를 생성한다. 디자인 모드에서는 팔레트에서 뷰 컴포넌트를 선택하여 안드로이드 장치 화면을 나타내는 레이아웃에 위치시킨다. 그리고 속성 창에서 그 뷰의 속성들을 사용해서 구성한다. 텍스트 모드에서는 사용자 인터페이스 레이아웃을 나타내는 XML을 직접 편집할 수 있으며, 수정된 내용은 미리보기 화면에 즉시 반영된다.

안드로이드 ConstraintLayout 개요

15장에서 설명했듯이, 안드로이드는 사용자 인터페이스 디자인을 위해 여러 가지 레이아웃 매니저를 제공한다. 그리고 안드로이드 7(누가)에서는 종전 레이아웃 매니저의 단점을 보완하고자 새로운 레이아웃 매니저 클래스를 추가하였다. 그것이 바로 ConstraintLayout이다. ConstraintLayout은 사용이 쉽고 표현력이 뛰어나며 유연한 레이아웃 시스템이다. 또한 안드로이드 스튜디오 레이아웃 편집기에 내장된 강력한 기능과 밀접하게 통합되어 있다. 따라서 서로 다른 화면 크기와 장치의 방향 변경에 자동으로 적응 가능한 사용자 인터페이스를 쉽게 생성할 수 있다. 또한 복잡한 사용자 인터페이스를 생성할 때 종전처럼 서로 다른 종류의 레이아웃을 조합하지 않고 ConstraintLayout 하나만으로 구성이 가능하므로 디자인이나 성능면에서 뛰어나다.

이번 장에서는 ConstraintLayout의 기본 개념을 알아본다. 그리고 다음 장에서는 안드로이드 스튜디오 레이아웃 편집기에서 ConstraintLayout 기반으로 레이아웃을 생성하는 방법을 자세히 살펴볼 것이다.

17.1 ConstraintLayout의 핵심 요소

다른 레이아웃과 마찬가지로 ConstraintLayout도 자신이 포함하는 시각적인 컴포넌트(위젯)의 위치와 크기를 관리한다. 그리고 이때 각 자식 위젯에 설정되는 **제약 연결**(constraint connection)을 기반으로 처리한다.

ConstraintLayout을 잘 이해하고 사용하려면 다음의 핵심 요소를 알아야 한다.

- 제약(Constraint)
- 마진(Margin)
- 상대 제약(Opposing Constraint)
- 제약 바이어스(Constraint Bias)
- 체인(Chain)
- 체인 스타일(Chain Style)

17.1.1 제약

제약(constraint)은 하나의 위젯이 다른 위젯과 관련하여 위치와 간격이 조정되는 방법을 나타낸다. 또한, 장치 회전에 따른 화면 크기 변화가 생기거나 서로 다른 크기의 화면을 갖는 장치에서 레이아웃이 나타날 때 액티비티의 사용자 인터페이스 레이아웃이 응답하는 방법도 나타낸다.

자식 위젯이 ConstraintLayout에 적합하게 구성(위치, 정렬, 크기 조정)되려면 수평과 수직 방향 모두에서 위치를 아는데 필요한 제약 연결을 가져야한다.

(쉽게 말해서, 레이아웃에 포함되어 사용자 인터페이스를 구성하는 자식 위젯들의 위치와 정렬 및 크기를 제한하는 규칙이므로 구글에서 **제약**이라는 용어를 사용한 것이다. 그리고 각 위젯은 부모 레이아웃이나 다른 자식 위젯과 상대적으로 연관되어 제약을 가지므로 이것을 **제약 연결**이라 한다)

17.1.2 마진

마진(margin)은 고정된 간격(여백)을 지정하는 제약이다. 예를 들어, 장치 화면의 오른쪽 위 모서리 근처에 위치할 필요가 있는 Button 객체를 생각해보자. 이때는 부모인 ConstraintLayout의 해당 면과 연결되는 마진 제약을 Button에 구현하면 된다(그림 17-1).

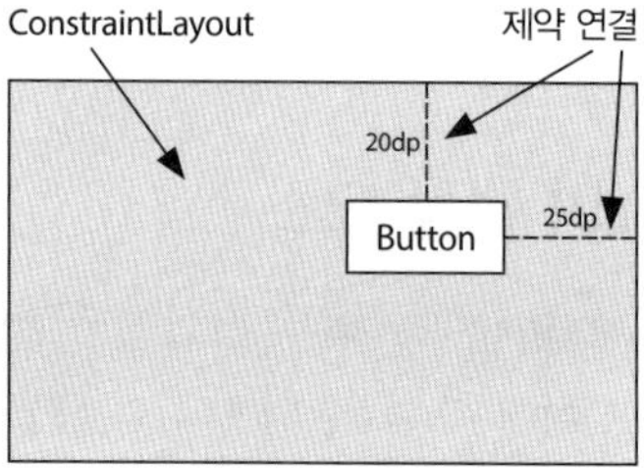

그림 17-1

이 그림에 있듯이, 각 제약 연결은 부모 레이아웃의 두 면과의 간격을 나타내는 마진 값과 연관된다. 따라서 Button 객체는 항상 제약 연결에 지정된 위치에 나타나게 된다(여기서는 부모인 ConstraintLayout의 오른쪽 위 모서리로부터 밑으로 20dp, 왼쪽으로 25dp 떨어진 곳이다. dp는 20장에서 설명한다).

그러나 화면 크기가 서로 다른 장치는 물론이고 장치 회전에 따른 화면 크기 변화가 생기더라도 ConstraintLayout이 항상 유연하게 자식 위젯(여기서는 Button 객체)을 위치시키게 하려면 상대 제약(opposing constraints)이 필요하다.

17.1.3 상대 제약

하나의 위젯에 대해 같은 축(수평 또는 수직)을 따라 동작하는 두 개의 제약을 **상대 제약**이라고 한다. 쉽게 말해, 위젯의 좌우로는 수평 방향의 상대 제약을 가지며, 상하로는 수직 방향의 상대 제약을 갖는다. 예를 들어, 그림 17-2에서는 수평과 수직 양 방향의 상대 제약이 추가된 것을 보여준다.

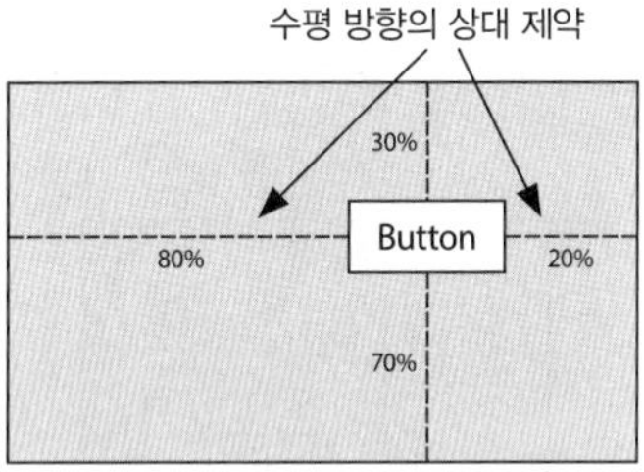

그림 17-2

이처럼 수평과 수직 방향에 상대 제약이 추가되면 위젯의 위치는 상대적인 비율(percentage)에 의해 결정된다. 예를 들어, 이 그림에서 Button은 ConstraintLayout의 위에서 20dp 대신 30% 떨어진 곳에 위치하게 된다. 따라서 화면 크기가 서로 다른 장치는 물론이고 장치 회전에 따른 화면 크기 변화가 생기더라도 Button은 항상 부모 레이아웃의 크기에 비례하여 일정한 위치에 나타나게 된다.

(그림 17-2에서는 상대 제약과 더불어 바로 밑에서 설명하는 제약 바이어스(constraint bias)도 함께 적용된 예이다).

17.1.4 제약 바이어스

기본적으로 ConstraintLayout에서는 동일한 상대 제약을 지정한다. 따라서 위젯이 수평과 수직 방향 모두 중앙에 위치하게 된다. 예를 들어, 그림 17-3에서는 수평과 수직 방향의 상대 제약을 사용했을 때 Button 위젯이 ConstraintLayout의 중앙에 위치한 것을 보여준다.

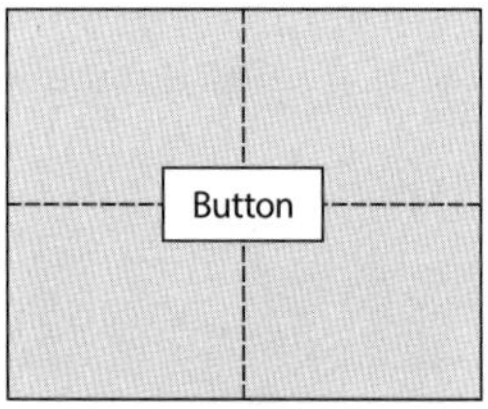

상대 제약에 의해 중앙에 위치한 위젯

그림 17-3

따라서 상대 제약을 사용하면서 위젯의 위치를 추가로 조정할 수 있게 하기 위해 Constraint Layout에서는 제약 바이어스 기능을 구현하였다. 제약 바이어스를 사용하면 하나의 제약에 지정된 비율을 기준으로 상대 제약을 갖도록 위젯을 위치시킬 수 있다. 예를 들어, 그림 17-3에서 수평으로 75%, 수직으로 10%의 제약 바이어스를 적용하면 그림 17-4와 같이 된다.

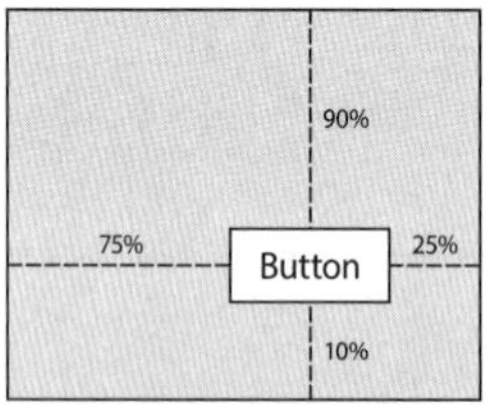

제약 바이어스를 사용한 위젯 배치

그림 17-4

다음 장에서는 이런 기능이 안드로이드 스튜디오 레이아웃 편집기에 어떻게 통합되어 있는지 자세히 알아볼 것이다. 그러나 그 전에 ConstraintLayout 클래스의 개념을 알아야 한다.

17.1.5 체인

ConstraintLayout에 포함된 두 개 이상의 위젯을 하나의 그룹처럼 동작할 수 있게 하는 개념이 체인(chain)이다. 체인은 수직 또는 수평 축으로 구성될 수 있으며, 체인으로 연결된 위젯들의 여백과 크기를 일괄 조정할 수 있다.

위젯들이 양방향 제약(bi-directional constraints)으로 연결되면 체인으로 간주된다. 예를 들어, 그림 17-5에서는 세 개의 위젯이 양방향 제약을 통해 체인으로 연결된 것을 보여준다.

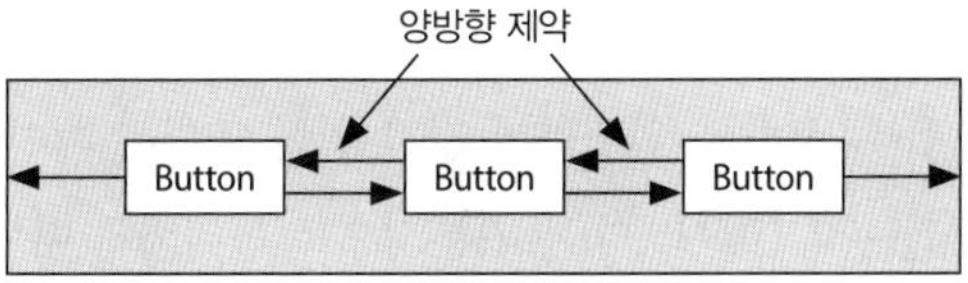

그림 17-5

체인의 첫 번째 요소를 체인 헤드(chain head)라고 하며, 수직 방향 체인에서는 제일 위의 위젯을 의미하고, 수평 방향 체인에서는 제일 왼쪽 위젯을 의미한다. 그리고 체인은 체인 헤드 위젯에 설정된 체인 스타일(chain style) 속성들에 의해 제어된다(구체적인 내용은 18장에서 설명한다).

17.1.6 체인 스타일

ConstraintLayout 클래스에서 지원하는 체인 스타일의 종류는 다음과 같다(구체적으로는 상숫값으로 정의되어 있다).

Spread 체인 — 체인에 포함된 위젯들이 체인 내부의 사용 가능한 공간에 고르게 분산 배치되며 기본 스타일 값이다.

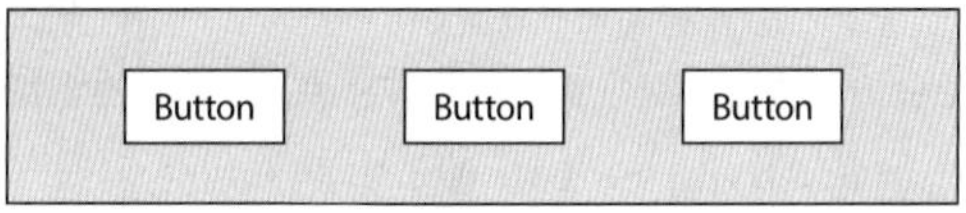

그림 17-6

Spread Inside 체인 — 체인에 포함된 위젯들이 체인 헤드와 체인의 마지막 위젯 사이에 고르게 배치된다. 단, 헤드와 마지막 위젯은 체인 내부의 공간 분배에 포함되지 않는다.

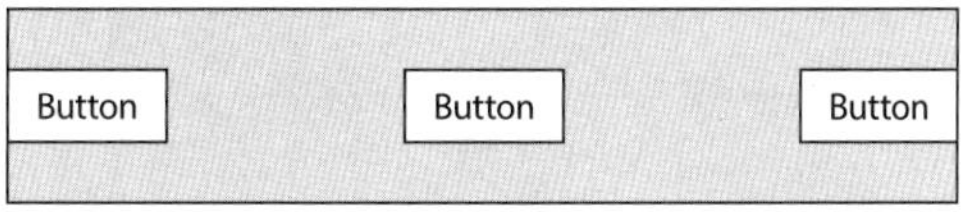

그림 17-7

Weighted 체인 — 체인의 각 위젯들이 차지하는 공간(크기와 간격)을 각 위젯의 가중치 속성으로 제어할 수 있다.

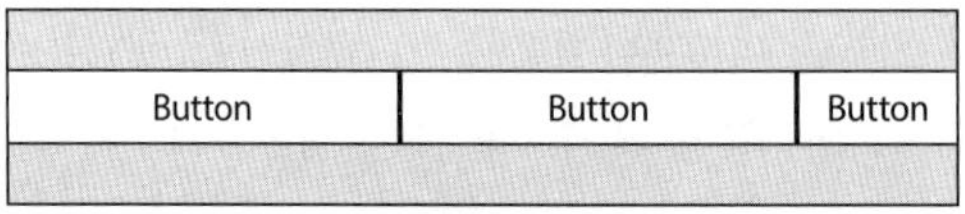

그림 17-8

Packed 체인 — 체인을 구성하는 위젯들이 간격 없이 붙어서 배치되며, 체인 외부의 좌우 또는 상하의 남는 공간(부모 컨테이너의)은 기본적으로 동일하게 배정된다.

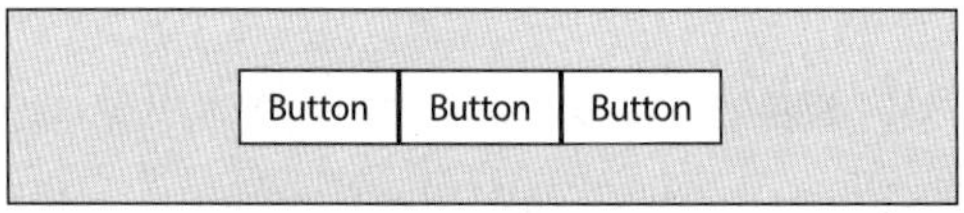

그림 17-9

17.2 기준선 정렬

지금까지는 레이아웃의 위젯 배치에 관련된 제약에 관해서만 알아보았다. 그러나 위젯이 보여주는 콘텐트(예를 들어, 텍스트)와 관련된 정렬도 필요하다. 따라서 ConstraintLayout에서는 기준선 정렬(baseline alignment) 기능도 제공한다.

예를 들어, 앞의 그림 17-1에서 Button의 왼쪽으로부터 40dp 떨어진 곳에 TextView 위젯을 위치시킨다고 해보자. 이 경우 TextView는 Button에 맞춰 **기준선 정렬**을 할 필요가 있다. 즉, Button의 텍스트와 TextView의 텍스트가 수직 방향으로 기준선에 맞게 정렬되어야 한다는 의미다. 그러기 위해서는 그림 17-10처럼 기준선 제약을 추가해야 한다.

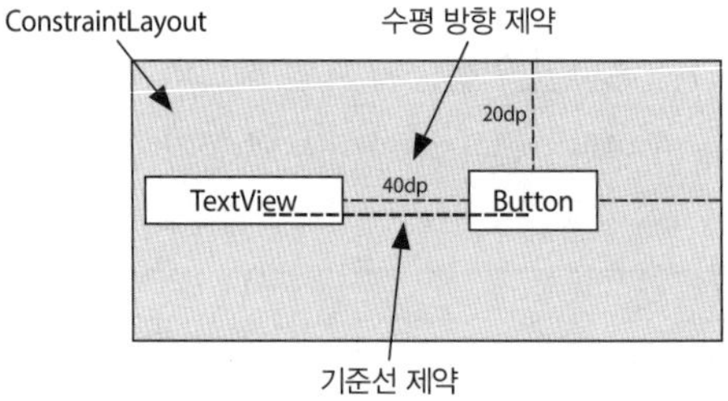

그림 17-10

이렇게 하면 Button의 왼쪽 끝에서 수평으로 40dp 떨어진 곳에 TextView가 위치하되, Button의 기준선에 맞춰 TextView의 텍스트가 정렬된다.

17.3 지시선 사용하기

ConstraintLayout의 또 다른 요소로 지시선(guideline)이 있다. 지시선은 제약이 연결되는 목표 위치를 추가로 제공한다. ConstraintLayout에는 수평과 수직 방향으로 지시선이 추가될 수 있다. 그리고 레이아웃의 여러 위젯들로부터 지시선으로 제약이 연결될 수 있다. 여러 개의 위젯들이 수평이나 수직 축을 따라서 함께 정렬될 필요가 있을 때 지시선을 사용하면 유용하다. 예를 들어, 그림 17-11에서는 세 개의 Button이 수직 방향의 지시선에 맞춰 제약 연결된 것을 보여준다.

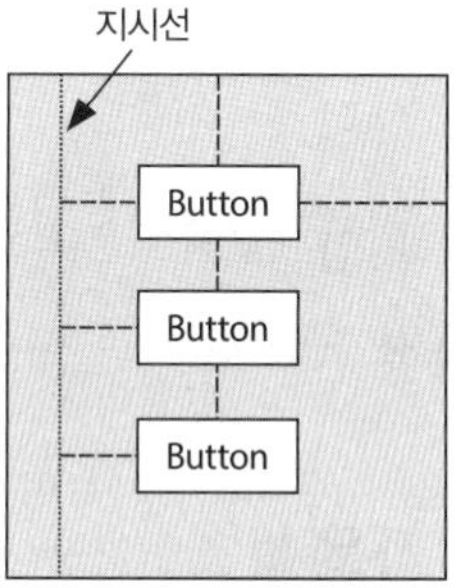

그림 17-11

17.4 위젯 크기 구성하기

위젯의 크기 조정은 사용자 인터페이스 디자인에서 중요한 요소이다. ConstraintLayout에서는 각 위젯에 설정할 수 있는 세 개의 크기 조정 옵션을 제공한다. 이 옵션들은 위젯의 높이와 너비에 각각 설정될 수 있다.

- **Fixed** — 지정된 크기로 고정된다.
- **AnySize** — 제약에 맞추어 위젯의 크기가 조정될 수 있다. 이것을 제약 일치(match constraints) 또는 MATCH_CONSTRAINT 옵션이라고도 한다.
- **Wrap Content** — 위젯의 크기가 그것의콘텐트(텍스트나 그래픽 등)에 적합하게 조정된다.

17.5 비율

ConstraintLayout의 비율(Ratio) 속성을 사용하면 위젯의 한쪽 크기를 다른 쪽의 크기에 비례해서 조정할 수 있다. 예를 들어, 위젯의 크기 조정이 생기더라도 너비가 항상 높이의 두 배가 되도록 설정하는 경우다.

17.6 ConstraintLayout의 장점

ConstraintLayout은 종전의 여러 다른 레이아웃의 다양한 기능을 하나의 레이아웃에서 처리할 수 있는 유연성을 제공한다. 따라서 서로 다른 종류의 레이아웃을 중첩할 필요가 없으므로 레이아웃이 복잡해지지 않으며, 런타임 시에 사용자 인터페이스를 화면에 보여주는 성능도 향상된다.

ConstraintLayout은 또한 다양한 안드로이드 장치의 화면 크기를 자동으로 처리해 주는 뷰로 구현되었다. 따라서 어떤 장치에서 앱이 실행되더라도 응답성과 적응성이 좋은 사용자 인터페이스를 만들 수 있다.

다음 장에서 구체적으로 알아보겠지만, 안드로이드 스튜디오(2.2 버전 이상) 레이아웃 편집기를 사용하면 ConstraintLayout 기반의 사용자 인터페이스 디자인을 쉽게 할 수 있다.

17.7 ConstraintLayout의 가용성

ConstraintLayout은 안드로이드 7(누가)에 새로 추가된 클래스이지만 이전 버전의 안드로이드 시스템(API 레벨 9(진저브레드) 이상 버전)에서도 사용될 수 있도록 별도의 지원 라이브러리 형태로 SDK에 제공된다(android.support.constraint.ConstraintLayout). 따라서 이것을 사용하면 구 버전의 안드로이드가 실행 중인 장치에서도 ConstraintLayout을 사용하는 앱이 실행될 수 있다(안드로이드 스튜디오에서 프로젝트를 생성하면 기본 레이아웃으로 ConstraintLayout을 생성해준다).

17.8 요약

ConstraintLayout은 안드로이드 7(누가)에 추가된 레이아웃 매니저이다. 그리고 화면 크기가 서로 다른 장치는 물론이고 장치 회전에 따른 화면 크기 변화에도 유연하게 대처하는 레이아웃을 생성할 수 있게 설계되었다. ConstraintLayout에서는 제약을 사용해서 자식 위젯들의 위치와 정렬을 제어한다. 안드로이드 스튜디오 레이아웃 편집기에 새로 추가된 ConstraintLayout 생성 기능을 사용하면 응답성과 적응성이 좋은 사용자 인터페이스를 쉽게 만들 수 있다.

안드로이드 스튜디오에서 ConstraintLayout 사용하기

구글에서는 안드로이드 스튜디오 레이아웃 편집기에 괄목할 만한 변화를 주었다. 그리고 그 중 대부분은 ConstraintLayout을 기반으로 하는 사용자 인터페이스 디자인을 지원하는 기능이다. ConstraintLayout의 기본 개념은 17장에서 이미 알아보았으므로 이번 장에서는 안드로이드 스튜디오 레이아웃 편집기에서 ConstraintLayout을 사용하는 방법을 구체적으로 살펴볼 것이다.

18.1 디자인 뷰와 레이아웃 뷰

안드로이드 스튜디오 레이아웃 편집기에서는 액티비티의 사용자 인터페이스 레이아웃을 두 가지 뷰로 볼 수 있다. 디자인(Design) 뷰와 레이아웃(Layout) 뷰다(레이아웃 뷰는 청사진(blueprint) 뷰라고도 한다). 그리고 이 뷰들은 각각 따로 또는 같이 볼 수 있다(그림 18-1).

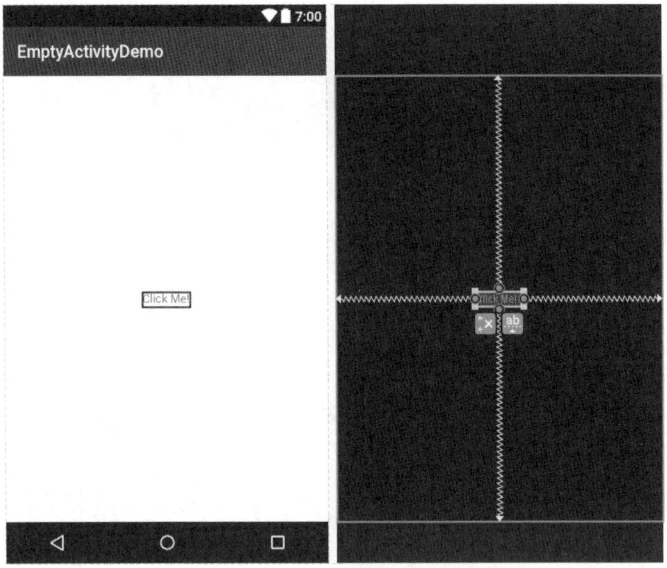

그림 18-1

이 그림의 왼쪽에 있는 디자인 뷰에서는 앱이 실행될 때 보이는 모습 그대로 레이아웃을 나타낸다. 반면에 레이아웃 뷰에서는 청사진의 형태로 위젯들의 윤곽과 제약 연결을 같이 보여준다(그림 18-1에서는 버튼이 레이아웃의 중앙에 위치하도록 상대 제약이 사용되었다). 그리고 디자인 뷰에서도 레이아웃의 특정 위젯을 선택하면 그것의 제약 연결이 나타난다(그림 18-2).

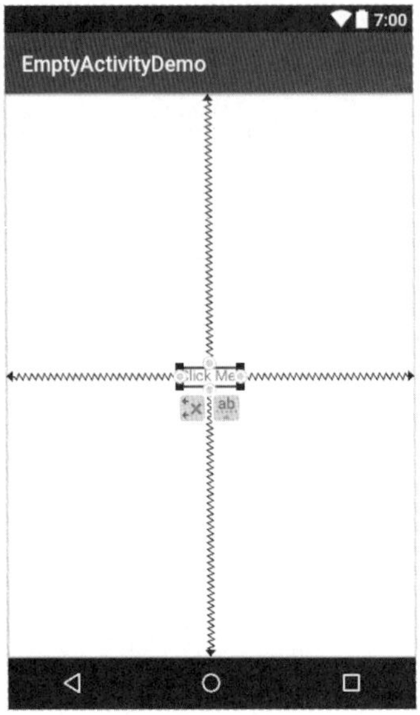

그림 18-2

그림 18-3에 화살표로 표시한 툴바 버튼을 사용하면 제약 연결을 시각적으로 볼 수도 있고 안 볼 수도 있다.

그림 18-3

이와 더불어 레이아웃 편집기에서는 제약 연결을 생성 및 변경하는 세 가지 방법을 제공한다. 그것은 **자동 연결**과 **제약 추론** 및 **수동 연결**이다.

세 가지 중에서 어떤 방법을 사용하든 생성된 제약 연결은 ConstraintLayout의 XML 제약 속성으로 추가된다.

18.2 자동 연결

자동 연결(Autoconnect)은 제약을 자동으로 추가해 주는 기능이며, 자석처럼 생긴 Autoconnect 툴바 버튼을 사용해서 활성화/비활성화를 상호 전환할 수 있다(그림 18-4의 화살표). 그리고 이름에서 암시하듯, 활성화된 상태에서 레이아웃에 위젯을 끌어 놓으면 자동으로 제약 연결이 추가된다.

그림 18-4

Autoconnect 버튼 모양이 이면 자동 연결이 비활성화되었음을 나타내며, 이면 활성화되어 있음을 나타낸다. 따라서 자동 연결이 비활성화된 상태에서 버튼을 누르면 활성화가 되면서 로 변경되며, 이후에 레이아웃에 위젯을 추가하면 자동으로 제약 연결이 추가된다.

자동 연결에서는 레이아웃에 추가되는 위젯과 인접한 부모 레이아웃 및 다른 요소의 위치를 기준으로 그 위젯의 제약 연결을 생성한다(이때 내부적으로 알고리즘을 사용한다). 그러나 레이아웃 편집기에서 자동으로 제약 연결을 생성할 수 없는 경우가 생길 수 있다. 이때는 팔레트로부터 위젯을 끌어서 레이아웃에 놓아도 제약 연결이 추가되지 않는다(이런 경우에는 우리가 수동으로 추가할 수 있다. 이 내용은 조금 더 뒤에서 설명한다).

18.3 제약 추론

제약 추론(Inference constraints)에서는 이미 레이아웃에 추가된 위젯들을 대상으로 제약 연결을 추가 및 변경해준다(이때 알고리즘과 확률이 수반된 경험적 방법이 사용된다). 자동 연결이 비활성화된 상태에서 레이아웃을 디자인(예를 들어, 위젯 추가)한 후 제약 추론 기능을 사용하면 편리하다. 그림 18-5의 툴바 버튼을 클릭하면 레이아웃의 모든 위젯을 대상으로 제약 추론 기능이 수행된다.

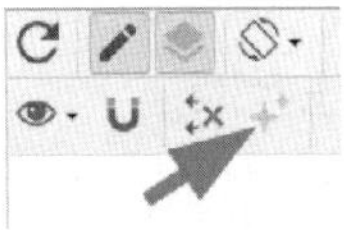

그림 18-5

그러나 자동 연결처럼 제약 추론 기능을 사용할 때도 레이아웃 편집기에서 부적합한 제약 연결을 추가할 수 있다. 이때는 우리가 수동으로 변경할 수 있다.

18.4 수동 연결

수동으로 제약 연결을 추가 및 변경하려면 레이아웃 편집기의 위젯 주변에 나타나는 여러 가지 핸들(handle)을 알아야 한다. 예를 들어, 그림 18-6의 버튼 위젯을 보자.

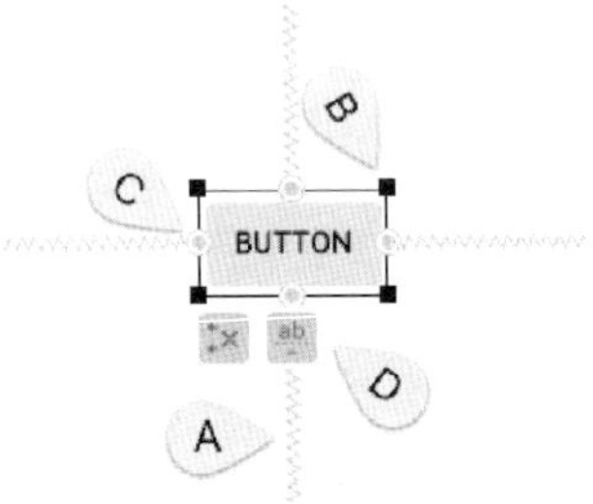

그림 18-6

용수철 모양의 선이나 실선(A)은 이 위젯의 제약 연결을 나타낸다. 그리고 네 모서리의 작은 사각형(B)을 마우스로 클릭하고 끌면 위젯의 크기를 조정할 수 있다. 또한, 네 방향의 작은 원(C)은 제약 연결점을 나타내며 제약 연결을 추가할 때 사용한다(그림 18-7). 즉, 이 연결점을 클릭하고 연결할 대상 요소(다른 위젯이나 부모 레이아웃 또는 지시선)까지 끌어준 후(이때 연결선이 나타난다) 연결점이 초록색으로 바뀔 때 마우스 버튼을 놓으면 된다.

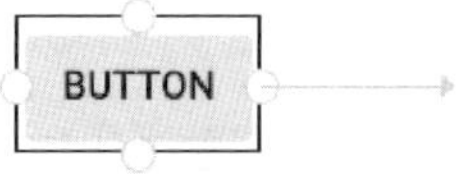

그림 18-7

끝으로, 그림 18-6에 'ab'로 된 **D** 부분은 위젯을 클릭하면 나타나며, 위젯의 콘텐트(예를 들어, 텍스트)를 기준으로 정렬하는 데 사용되는 기준선 제약 핸들을 의미한다. 즉, 이 핸들에 마우스 커서를 올려 놓은 후 깜박거릴 때 클릭하여 끌어서 대상 위젯에 연결한 후(그림 18-8) 초록색으로 깜박거릴 때 마우스 버튼을 놓으면 그 기준선에 맞추는 제약 연결이 추가된다.

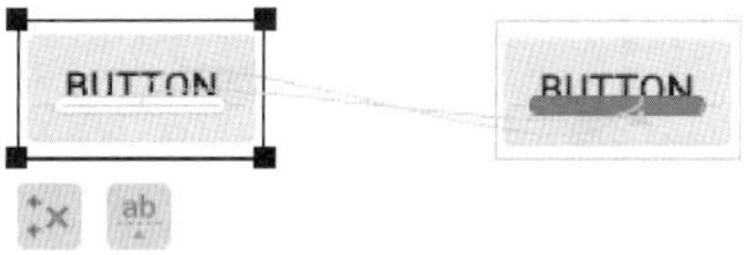

그림 18-8

18.5 제약 삭제하기

특정 제약을 삭제할 때는 해당 위젯을 클릭하여 선택한 후 삭제하고자 하는 제약의 연결점에 마우스 커서를 갖다 대면 빨간색으로 바뀌면서 삭제 가능하다는 것을 보여준다(그림 18-9).

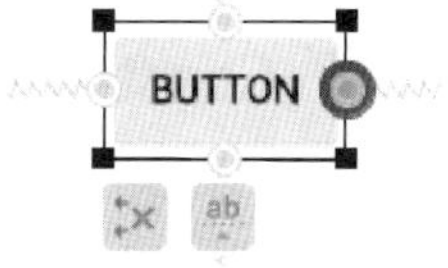

그림 18-9

특정 위젯의 모든 제약을 한꺼번에 삭제할 수도 있다. 이때는 해당 위젯을 클릭하여 선택한 후 위젯의 왼쪽 밑에 나타나는 Delete Constraints 버튼을 클릭하면 된다(그림 18-10).

그림 18-10

레이아웃의 전체 위젯에 추가된 모든 제약을 한꺼번에 삭제하고자 할 때는 컴포넌트 트리 창의 해당 레이아웃에서 오른쪽 마우스 버튼을 클릭한 후 메뉴의 Constraints Layout ➡ Clear All Constraints를 선택하면 된다. 또는 그림 18-11의 툴바 버튼을 클릭해도 된다.

그림 18-11

18.6 제약 바이어스 조정하기

제약 바이어스(constraint bias)의 개념은 이미 17장에서 알아보았다. 안드로이드 스튜디오 레이아웃 편집기에서는 속성 창에서 바이어스를 조정할 수 있다. 특정 위젯을 선택하면 속성 창 위에 두 개의 슬라이더가 나타난다(그림 18-12에서 화살표로 표시한 부분). 이것을 마우스로 끌면 수평과 수직 방향의 제약 바이어스가 조정된다.

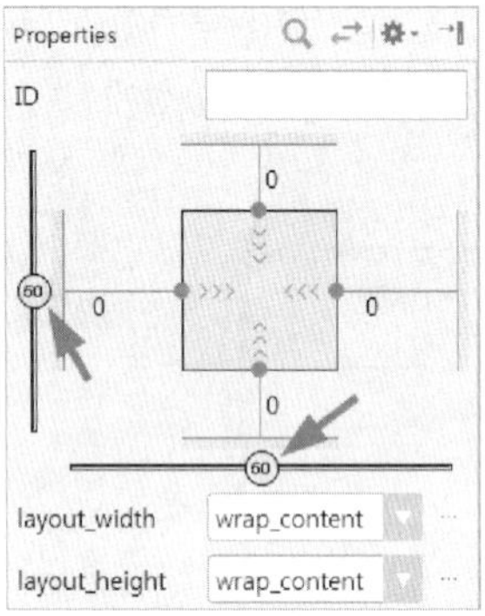

그림 18-12

18.7 ConstraintLayout 마진 이해하기

특정 위젯과 다른 요소(다른 위젯이나 부모 레이아웃) 사이의 간격(마진)을 띄우기 위해 제약을 사용할 수 있다. 예를 들어, 그림 18-13과 같이 버튼에 수평 방향 제약이 설정된 경우를 생각해 보자.

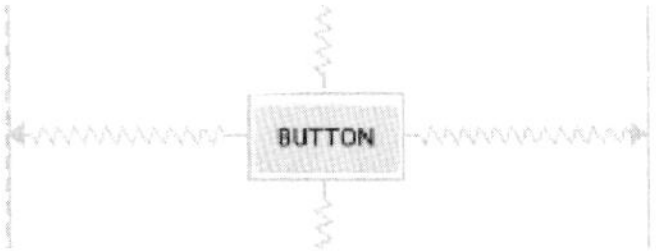

그림 18-13

여기서는 부모인 ConstraintLayout의 왼쪽과 오른쪽 끝으로 수평 방향 제약이 연결되어 있다. 즉, 버튼은 수평 방향의 상대 제약을 갖고 있으며, 버튼의 실제 위치는 런타임 시에 ConstraintLayout이 결정한다는 의미다. 따라서 장치 회전에 따른 화면 크기 변화가 생기거나 또는 서로 다른 크기의 화면을 갖는 장치에서도 버튼이 적합한 위치에 나타난다. 여기에 덧붙여 수평 방향의 바이어스를 설정하면 레이아웃의 오른쪽에 맞추어 버튼의 위치를 제어할 수 있다. 예를 들어, 그림 18-14에서는 버튼에 100%의 수평 방향 바이어스를 적용한 것을 보여준다.

그림 18-14

또한, 위젯의 제약 연결에는 고정된 여백을 나타내는 마진(margin)이 추가될 수 있다. 이때는 바이어스가 조정되더라도 항상 지정된 마진을 유지한다. 예를 들어, 그림 18-15에서는 버튼의 오른쪽 제약에 50dp의 마진이 지정된 것을 보여준다. 따라서 이 버튼은 바이어스가 100%로 설정되어 있더라도 항상 레이아웃의 오른쪽에서 50dp만큼 떨어진다.

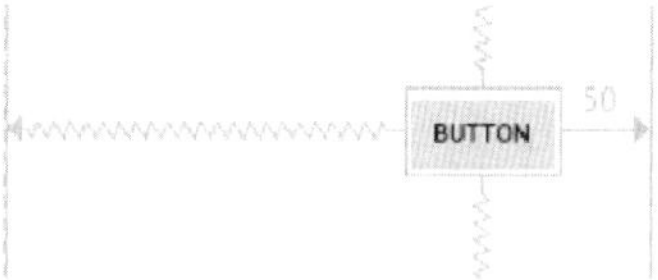

그림 18-15

마진 값은 속성 창에서 변경할 수 있다. 예를 들어, 그림 18-16에서는 드롭다운을 사용해서 현재 선택된 위젯의 오른쪽 마진을 16dp로 변경하는 것을 보여준다. 드롭다운의 값을 선택하는 대신 필드를 클릭하고 직접 숫자를 입력해도 된다.

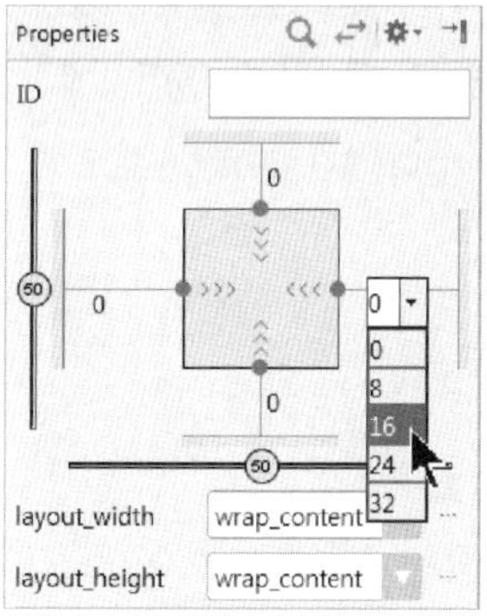

그림 18-16

새로 생성되는 제약의 기본 마진 값은 툴바에서 변경할 수 있다. 그림 18-17에 원으로 표시된 툴바 버튼을 누르면 그 밑에 대화상자가 나타나며, 우리가 직접 값을 입력하거나 또는 사전 표시된 값을 선택하면 된다.

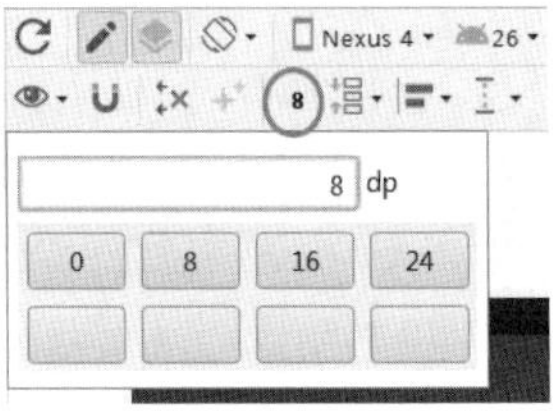

그림 18-17

기존 위젯에 마진 제약을 새로 추가할 때는 다음과 같이 한다. Ctrl 키를 누른 채로 해당 위젯의 제약 핸들을 클릭한 후 대상 요소(다른 위젯이나 부모 레이아웃)에 끌어주면 된다. 그리고 마우스 버튼을 떼면 해당 위젯의 현재 위치를 기준으로 마진 제약의 값이 설정된다.

그림 18-18

18.8 상대 제약과 바이어스의 중요성

17장에서 얘기했듯이, ConstraintLayout을 사용할 때는 상대 제약과 마진 및 바이어스가 레이아웃 디자인의 핵심을 이룬다. 만일 상대 제약 없이 위젯의 제약이 연결되면 기본적으로 마진 제약이 설정된다. 그리고 레이아웃 편집기에서는 마진 값을 갖는 직선으로 보여준다(그림 18-19).

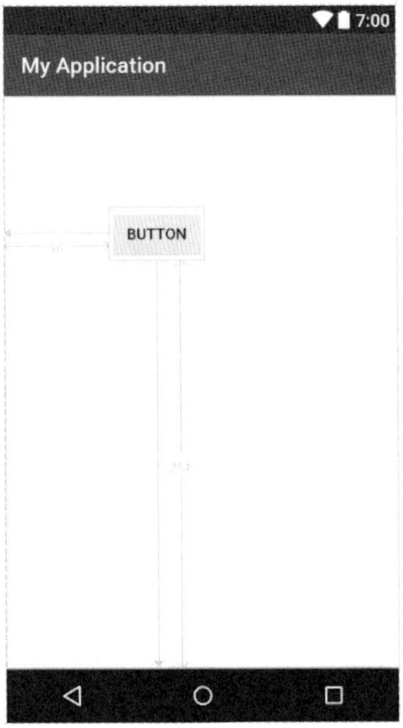

그림 18-19

마진 제약은 항상 지정된 여백을 띄운 후 위젯을 위치시킨다. 따라서 만일 장치가 가로 방향으로 회전되어 화면의 높이가 작아지면 그림 18-19의 버튼 위젯을 볼 수 없게 된다. 수직 방향의 마진 제약으로 인해 장치 화면의 제일 위쪽보다 더 올라간 곳에 버튼이 위치하기 때문이다(그림 18-20). 레이아웃을 디자인할 때 사용된 것보다 더 작은 화면 크기를 갖는 장치에서 앱을 실행할 때도 마찬가지다.

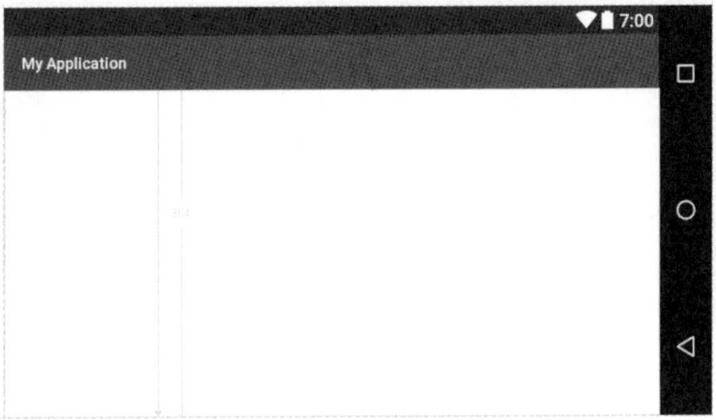

그림 18-20

이와는 달리, 상대 제약이 추가될 때는 용수철 모양의 직선으로 제약 연결이 나타난다(위젯의 위치가 XY 좌표에 고정되지 않고 신축성이 있다는 의미로 용수철 모양을 사용한 것이다).

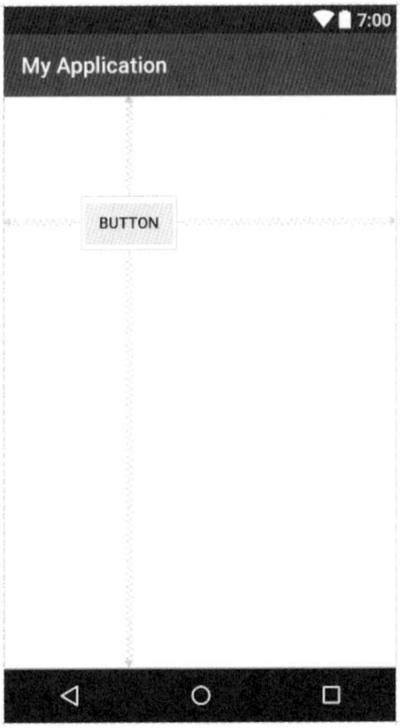

그림 18-21

앞 그림의 레이아웃에서는 상대 제약으로 수평과 수직 방향의 바이어스가 설정되었다(그림에는 숫자가 나타나지 않았지만 부모 레이아웃의 제일 밑에서 90%, 제일 왼쪽에서 35%인 위치이다). 따라서 장치 화면의 크기가 달라지더라도 그것의 화면 크기에 비례하여 일정한 위치에 위젯이 나타날 수 있다.

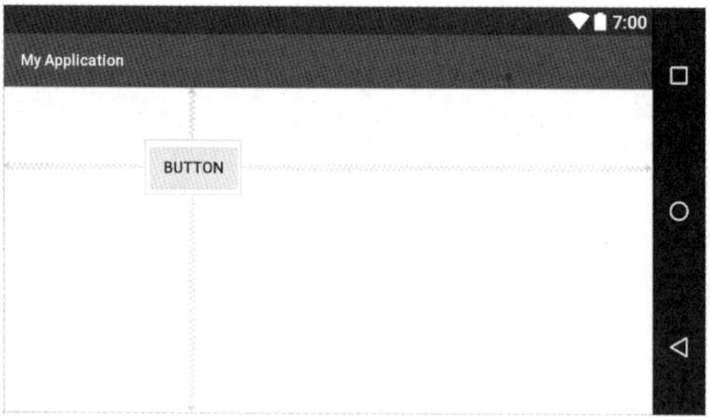

그림 18-22

결론적으로, 유연한 사용자 인터페이스 레이아웃을 생성하려면 상대 제약과 제약 바이어스를 같이 고려하는 것이 중요하다. 우리가 수동으로 레이아웃을 디자인하건, 또는 레이아웃 편집기에서 자동으로 추가해준 제약을 수정하건 어느 경우에도 마찬가지다.

18.9 위젯의 크기 구성하기

ConstraintLayout에 포함된 위젯의 크기는 속성 창에서 구성할 수 있다. 위젯의 크기는 Wrap Content, Fixed, Any Size 중 하나의 모드로 설정될 수 있다. 현재 선택된 위젯에 설정된 수평과 수직 방향의 크기 모드는 그림 18-23과 같이 사각형 안에 나타난다.

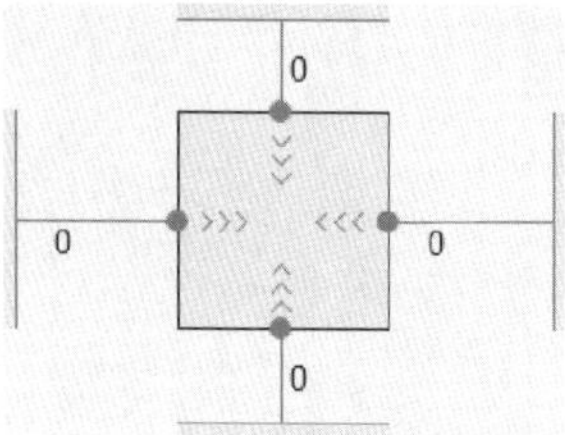

그림 18-23

앞의 그림에서는 수평과 수직 방향의 크기가 모두 Wrap Content(부등호 세 개가 붙은 형태)로 설정되어 있다. 세 가지 크기 모드의 시각적인 표식과 의미는 다음과 같다.

- — Fixed(크기가 고정됨)
- — Any Size(크기 변경 가능)
- — Wrap Content(위젯의 콘텐트에 맞게 크기가 조정됨)

현재의 설정을 변경할 때는 해당 표식을 클릭하면 되며, 연속적으로 클릭하면 세 가지 모드가 차례대로 전환된다.

또한, 위젯의 크기는 그것에 설정된 제약에서 허용하는 범위까지 확장될 수 있다. 레이아웃 편집기의 해당 툴바 버튼을 누른 후 수평 확장(Expand Horizontally)이나 수직 확장(Expand Vertically) 버튼을 클릭하거나(그림 18-24의 왼쪽), 또는 위젯에서 오른쪽 마우스 버튼을 클릭한 후 해당 메뉴를 선택하면 된다(그림 18-24의 오른쪽).

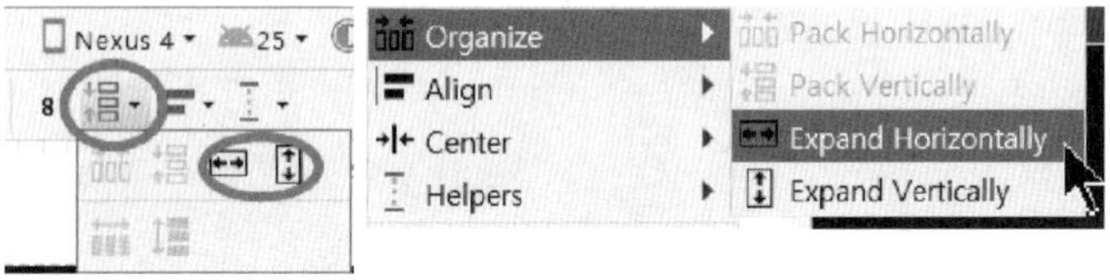

그림 18-24

그리고 이렇게 하면 위젯 주변의 사용 가능한 공간을 채우기 위해 현재 선택된 위젯의 크기가 수평 또는 수직으로 확장된다.

18.10 지시선 추가하기

지시선(guideline)은 제약이 연결될 수 있는 요소다. 레이아웃 편집기의 지시선 툴바 버튼을 클릭하고 Add Vertical Guideline이나 Add Horizontal Guideline 메뉴 항목을 선택하거나(그림 18-25의 왼쪽), 또는 레이아웃의 빈 공간에서 오른쪽 마우스 버튼을 클릭한 후 해당 메뉴 항목을 선택하면(그림 18-25의 오른쪽) 지시선을 추가할 수 있다.

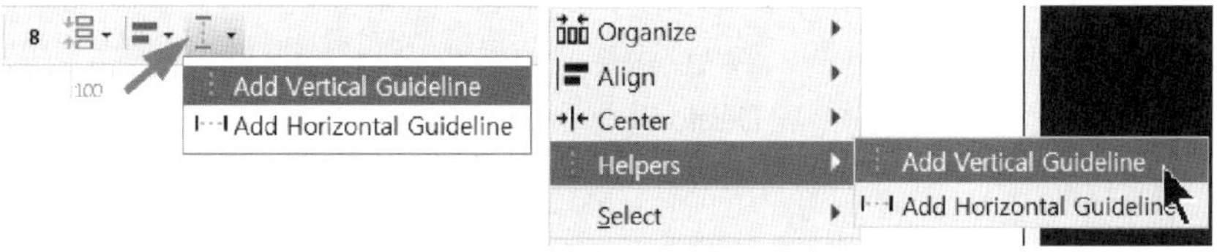

그림 18-25

지시선이 추가되면 점선이 레이아웃에 나타나며, 이 선을 클릭하고 끌어서 원하는 위치로 이동시킬 수 있다. 그리고 연결하려는 위젯의 제약 핸들러를 클릭하고 지시선까지 끌어 준 후 마우스 버튼을 놓으면 그 지시선에 대한 위젯의 제약 연결이 생성된다. 그림 18-26에서는 수직 방향의 지시선에 대해 두 버튼이 제약 연결된 것을 보여준다.

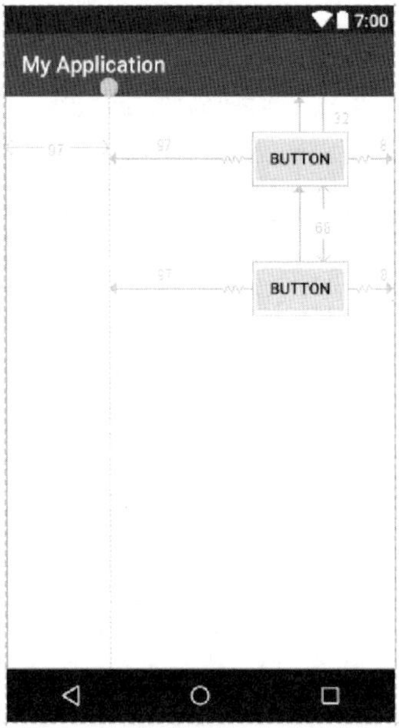

그림 18-26

수직 방향 지시선의 위치는 부모 레이아웃의 왼쪽이나 오른쪽으로부터 떨어진 값으로 지정될 수 있다(수평 방향의 지시선은 위나 아래쪽). 예를 들어, 그림 18-26에서는 수직 방향 지시선이 부모 레이아웃의 왼쪽으로부터 97dp만큼 떨어진 곳에 위치한다.

또한 지시선은 부모 레이아웃의 전체 너비나 높이에 대한 비율을 기준으로 위치할 수도 있다. 이때는 지시선을 선택한 후 작은 원을 클릭하여 % 표시가 나오게 하면 된다(수직 방향 지시선은 작은 원이 제일 위에 나타나며, 수평 방향 지시선은 제일 왼쪽에 나타난다). 예를 들어, 그림 18-27에서는 수직 방향 지시선의 위치를 %로 정하는 것을 보여준다. 지시선을 삭제할 때는 컴포넌트 트리 창에서 해당 지시선을 선택한 후 Delete 키를 누르면 된다.

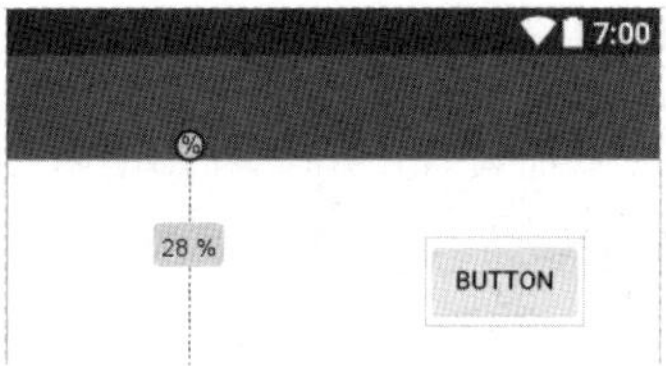

그림 18-27

18.11 위젯의 그룹 정렬

안드로이드 스튜디오 편집기에서는 두 개 이상의 선택된 위젯을 한꺼번에 정렬 및 배치할 수 있다. 이때는 Shift 키를 누른 채로 다음과 같이 하면 된다. 정렬 및 배치할 위젯들을 차례대로 클릭하여 선택한 후 오른쪽 마우스 버튼을 누르고 메뉴의 원하는 항목을 선택한다(그림 18-28).

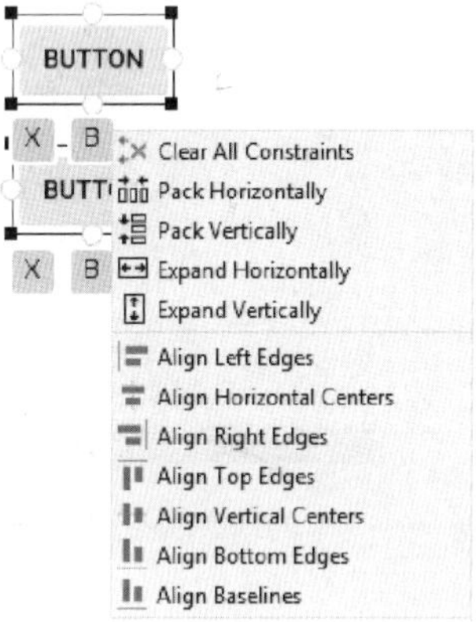

그림 18-28

이 기능은 레이아웃 편집기의 툴바에서도 사용할 수 있다(그림 18-29).

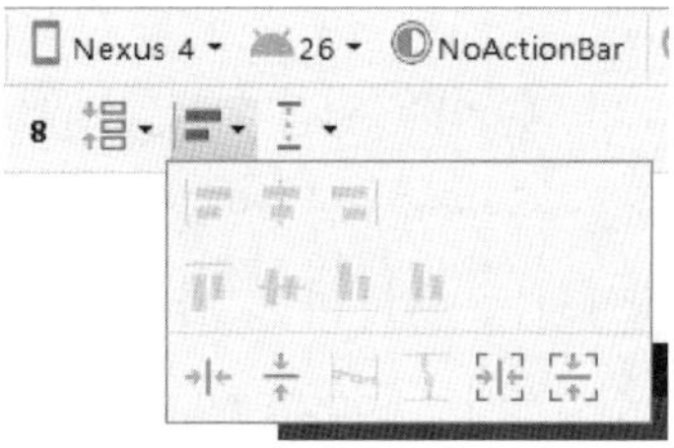

그림 18-29

18.12 다른 타입의 레이아웃을 ConstraintLayout으로 변환하기

종전의 사용자 인터페이스 레이아웃에서는 하나 이상의 다른 안드로이드 레이아웃 클래스(예를 들어, RelativeLayout이나 LinearLayout)를 사용해서 사용자 인터페이스를 구성한다. 그러나 ConstraintLayout에서는 서로 다른 종류의 레이아웃을 중첩시키지 않아도 복잡한 레이아웃을 만들 수 있다. 따라서 레이아웃 편집기에서는 종전의 레이아웃을 ConstraintLayout으로 변환하는 옵션을 제공한다.

레이아웃 편집기에서 레이아웃 XML 파일을 열고 디자인 모드로 전환하면 왼쪽의 팔레트 밑에 컴포넌트 트리 창이 나타난다. 이때 컴포넌트 트리의 레이아웃을 선택하고 오른쪽 마우스 버튼을 클릭한 후 Convert <현재 레이아웃> to ConstraintLayout 메뉴 항목을 선택하면 ConstraintLayout으로 변환해준다(만일 대화상자가 추가로 나타나면 계속 OK 버튼을 클릭한다).

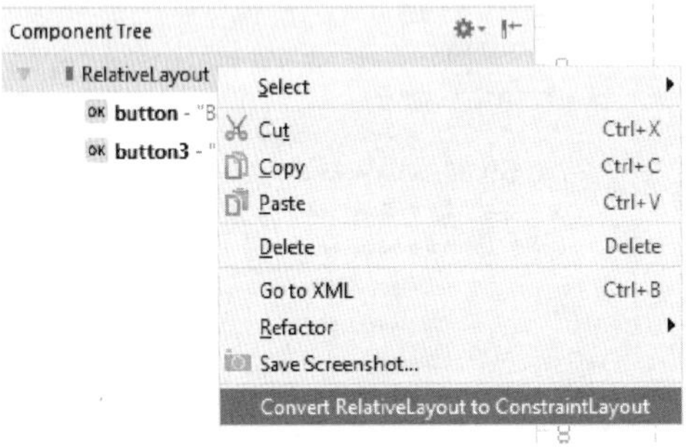

그림 18-30

그리고 ConstraintLayout으로 변환할 때 기존 레이아웃 타입과 동일하게 동작할 수 있도록 제약을 추가해준다.

18.13 요약

안드로이드 스튜디오 2.2 버전부터 레이아웃 편집기에는 ConstraintLayout을 디자인하는 기능이 추가되었다. ConstraintLayout을 사용하면 복잡한 사용자 인터페이스 레이아웃을 빠르고 쉽게 디자인할 수 있다. 이번 장에서는 제약, 마진, 바이어스를 더 자세히 알아보았다. 또한, 안드로이드 스튜디오 레이아웃 편집기에서 ConstraintLayout을 디자인하는 데 필요한 주요 기능을 사용하는 방법도 살펴보았다.

안드로이드 스튜디오에서 ConstraintLayout 체인과 비율 사용하기

18장에서는 ConstraintLayout 클래스의 핵심 기능과 안드로이드 스튜디오 레이아웃 편집기에서 그런 기능을 사용하는 방법을 알아보았다. 이번 장에서는 17장에서 개념만 알아보았던 ConstraintLayout의 체인과 비율을 레이아웃 편집기에서 생성하고 사용하는 방법을 살펴본다.

19.1 체인 생성하기

ConstraintLayout의 체인(chain)은 레이아웃 편집기의 디자인 모드에서 시각적으로 쉽게 구현할 수 있다. 일단 여기서는 자동으로 생성된 기본 레이아웃을 텍스트 모드에서 직접 XML로 수정하는 것부터 시작한다. 그리고 레이아웃 편집기의 기능을 사용하여 체인을 구성하면서 체인이 어떻게 동작하는지 살펴본다.

우선, 안드로이드 스튜디오에서 새로운 프로젝트를 생성하자. 애플리케이션 이름은 ChainTest로 지정하고, 최소 SDK 버전은 API 25: Android 7.1.1(Nougat)로 선택한다. 그리고 액티비티 템플릿은 Empty Activity를 선택하고 액티비티 이름은 ChainTestActivity로 지정한다.

프로젝트 생성이 끝난 후 레이아웃 편집기에 열린 activity_chain_test.xml 탭을 클릭하여 선택한 후 텍스트 모드로 전환한다.

여기서는 그림 19-1과 같이 레이아웃의 위쪽에 세 개의 버튼 위젯을 수평으로 배치하고 체인으로 구성한 후 체인 스타일에 따라 어떻게 정렬되는지 알아본다.

그림 19-1

그림 19-1과 동일하게 되도록 activity_chain_test.xml의 일부를 변경하자(기존의 TextView는 삭제하고 Button 세 개를 추가한다).

```
<?xml version="1.0" encoding="utf-8"?>
<android.support.constraint.ConstraintLayout
    xmlns:android="http://schemas.android.com/apk/res/android"
    xmlns:app="http://schemas.android.com/apk/res-auto"
    xmlns:tools="http://schemas.android.com/tools"
    android:layout_width="match_parent"
    android:layout_height="match_parent"
    tools:context="com.ebookfrenzy.chaintest.ChainTestActivity">

    <TextView android:layout_width="wrap_content"
        android:layout_height="wrap_content"
        android:text="Hello World!"
        app:layout_constraintBottom_toBottomOf="parent"
        app:layout_constraintLeft_toLeftOf="parent"
        app:layout_constraintRight_toRightOf="parent"
        app:layout_constraintTop_toTopOf="parent" />

    <Button
        android:text="Button1"
        android:layout_width="wrap_content"
        android:layout_height="wrap_content"
        android:id="@+id/button1"
        app:layout_constraintTop_toTopOf="parent"
        android:layout_marginLeft="8dp"
        android:layout_marginTop="16dp"
        android:layout_marginStart="16dp"
        app:layout_constraintLeft_toLeftOf="parent" />

    <Button
        android:text="Button2"
        android:layout_width="wrap_content"
        android:layout_height="wrap_content"
        android:id="@+id/button2"
        android:layout_marginTop="16dp"
        app:layout_constraintTop_toTopOf="parent"
        app:layout_constraintRight_toLeftOf="@+id/button3"
        android:layout_marginRight="8dp"
        app:layout_constraintLeft_toRightOf="@+id/button1"
        android:layout_marginLeft="8dp" />
```

```
    <Button
        android:text="Button3"
        android:layout_width="wrap_content"
        android:layout_height="wrap_content"
        android:id="@+id/button3"
        app:layout_constraintTop_toTopOf="parent"
        android:layout_marginTop="16dp"
        android:layout_marginRight="16dp"
        android:layout_marginEnd="16dp"
        app:layout_constraintRight_toRightOf="parent" />

</android.support.constraint.ConstraintLayout>
```

현재는 button2를 중심으로 한 방향의 수평 제약만 연결되어 있다. 따라서 체인을 구성하려면 button1의 오른쪽에서 button2의 왼쪽으로 제약 연결을 추가해야 하고, button3의 왼쪽에서 button2의 오른쪽으로도 제약 연결을 추가해야 한다. 각 위젯이 양방향의 제약 연결을 가져야만 체인으로 간주되기 때문이다. button1과 button3에 다음의 진한 글씨로 된 XML을 추가하자.

```
<Button
    android:text="Button1"
    android:layout_width="wrap_content"
    android:layout_height="wrap_content"
    android:id="@+id/button1"
    app:layout_constraintTop_toTopOf="parent"
    android:layout_marginLeft="8dp"
    android:layout_marginTop="16dp"
    android:layout_marginStart="16dp"
    app:layout_constraintLeft_toLeftOf="parent"
    app:layout_constraintRight_toLeftOf="@id/button2" />

<Button
    android:text="Button2"
    android:layout_width="wrap_content"
    android:layout_height="wrap_content"
    android:id="@+id/button2"
    android:layout_marginTop="16dp"
    app:layout_constraintTop_toTopOf="parent"
    app:layout_constraintRight_toLeftOf="@+id/button3"
    android:layout_marginRight="8dp"
    app:layout_constraintLeft_toRightOf="@+id/button1"
    android:layout_marginLeft="8dp" />

<Button
    android:text="Button3"
    android:layout_width="wrap_content"
```

```
    android:layout_height="wrap_content"
    android:id="@+id/button3"
    app:layout_constraintTop_toTopOf="parent"
    android:layout_marginTop="16dp"
    android:layout_marginRight="16dp"
    android:layout_marginEnd="16dp"
    app:layout_constraintRight_toRightOf="parent"
    app:layout_constraintLeft_toRightOf="@id/button2" />
```

그림 19-2와 같이 이제는 버튼 위젯들이 양방향의 수평 제약 연결을 갖게 되었으므로 체인이 구성되었다. 그리고 미리보기에 나타난 레이아웃을 보면 알 수 있듯이, 기본적으로 spread 체인 스타일이 된다. (양방향의 제약 연결을 추가할 때 이처럼 우리가 직접 XML로 추가해도 되지만 레이아웃 편집기의 디자인 모드에서도 쉽게 할 수 있다. 즉, button1을 클릭한 후 Shift 키를 누른 채로 나머지 두 버튼도 클릭하여 세 버튼 모두 선택되도록 한다. 그리고 Shift 키를 떼고 오른쪽 마우스 버튼을 클릭한 후 메뉴의 Center ➡ Center Horizontally(수직 방향의 경우는 Center Vertically)를 선택하면 된다).

그림 19-2

19.2 체인 스타일 변경하기

ConstraintLayout은 기본적으로 spread 체인 스타일로 설정된다. 그러나 그림 19-3의 화살표가 가리키는 버튼을 클릭하여 쉽게 체인 스타일을 변경할 수 있다.

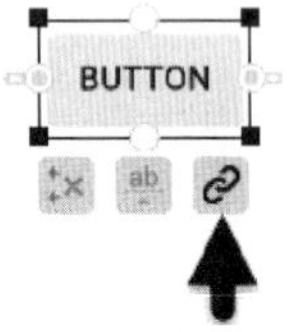

그림 19-3

해당 버튼을 클릭할 때마다 spread, spread inside, packed의 순서로 체인 스타일이 변경된다.

또한 다음의 방법으로도 변경할 수 있다. 우선, 레이아웃 편집기 아래쪽의 Design 탭을 클릭하여 디자인 모드로 전환한 후 체인 헤드 위젯(여기서는 button1)을 선택한다. 그다음에 속성 창에서 View all properties 링크 또는 ⇄ 버튼을 클릭하여 모든 속성이 나타나게 한 후 아래 그림과 같이 Constraints 옆의 작은 삼각형을 클릭하여 확장한다. 그리고 horizontal_chainStyle(수평 방향일 때) 또는 vertical_chainStyle(수직 방향일 때) 속성의 오른쪽 ... 버튼을 클릭하여 드롭다운에서 변경하면 된다.

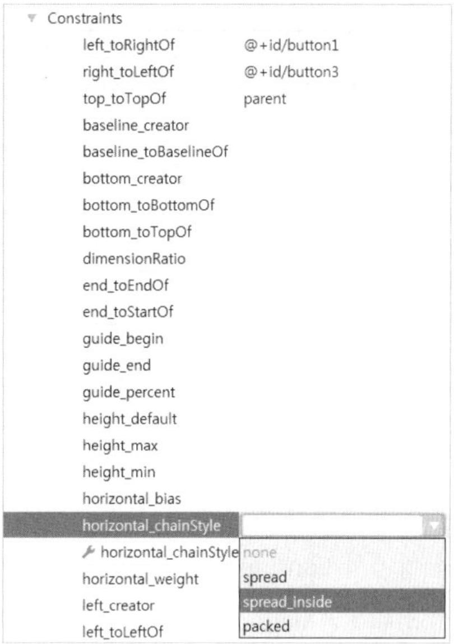

체인 스타일을 변경할 때는 해당 체인의 헤드 위젯(수평 방향 체인은 제일 왼쪽 위젯이고, 수직 방향 체인은 제일 위의 위젯)을 선택하고 해야 한다.

19.3 Spread inside 체인 스타일

앞에서 설명한 방법을 사용해서 button1의 horizontal_chainStyle 속성값을 spread_inside로 변경하면 그림 19-4와 같이 Spread inside 체인 스타일이 된다.

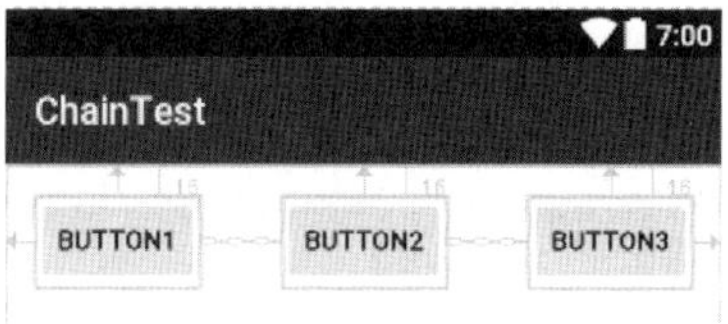

그림 19-4

19.4 Packed 체인 스타일

동일한 방법으로 button1의 horizontal_chainStyle 속성값을 packed로 변경하면 그림 19-5와 같이 Packed 체인 스타일이 된다.

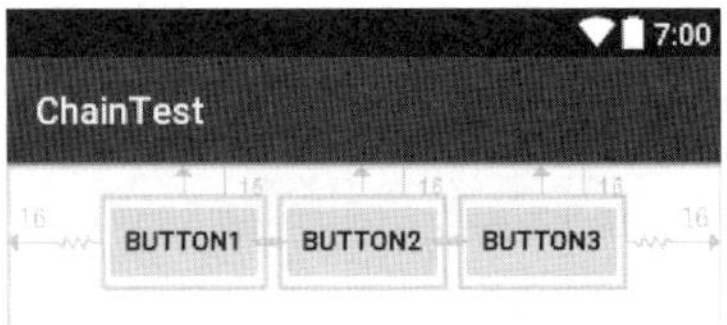

그림 19-5

19.5 바이어스를 사용한 Packed 체인 스타일

Packed 체인 스타일에서는 체인 외부의 좌우 또는 상하의 남는 공간이 동일하게 설정된다. 그러나 그 공간의 크기를 바이어스 값을 적용하여 조정할 수 있다. 바이어스 값은 0.0과 1.0 사이 값이며, 0.5인 경우는 부모 레이아웃의 중앙을 나타낸다. 바이어스 값을 설정할 때는 체인 헤드 위젯을 선택한 후 속성 창에서 Constraints의 horizontal_bias 또는 vertical_bias 속성에 값을 지정하면 된다. 체인 헤드 위젯인 button1을 클릭한 후 horizontal_bias 속성의 값을 0.2로 입력해 보자. 그러면 그림 19-6처럼 수평 방향 바이어스가 설정되어 나타난다.

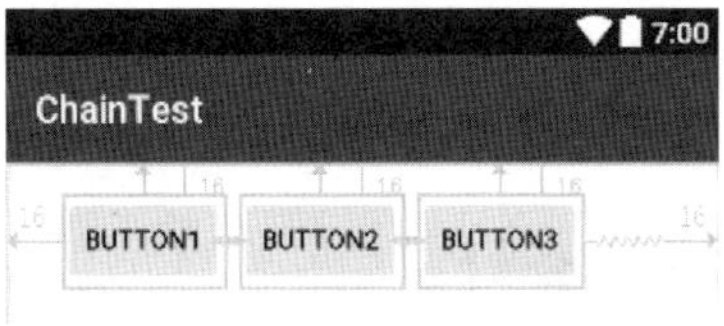

그림 19-6

19.6 Weighted 체인

Weighted 체인 스타일에서는 체인의 각 위젯들이 차지하는 공간(크기와 간격)을 각 위젯의 가중치 속성으로 제어할 수 있다. Weighted 체인은 spread 체인 스타일을 사용할 때만 구현할 수 있으며, 체인에 포함된 모든 위젯들의 크기가 match constraint(제약에 맞춤)로 지정되어야 한다. 위젯의 크기를 match constraint로 지정할 때는 속성 창의 크기 속성(수평 방향의 체인에서는 layout_width 속성이며, 수직 방향의 체인에서는 layout_height 속성) 값을 0dp로 변경하면 된다. 위젯의 크기가 0dp라는 것은 크기가 없다는 것이 아니고, 위젯에 설정된 제약에 맞추어 해당 위젯의 크기가 자동 결정된다는 의미다.

그러면 실제로 어떻게 되는지 해보자. 우선, button1을 선택한 후 속성 창에서 Constraints의 horizontal_chainStyle 속성의 값을 spread로 변경한다. 그리고 layout_width 속성의 오른쪽 필드를 클릭한 후 그림 19-7처럼 0dp를 입력하고 Enter 키를 누른다. button2와 button3도 차례대로 선택한 후 layout_width 속성의 값을 0dp로 변경한다(그림 19-7의 위쪽은 모든 속성을 보는 모드일 때이며, 아래 쪽은 기본 속성만 보는 모드일 때이다).

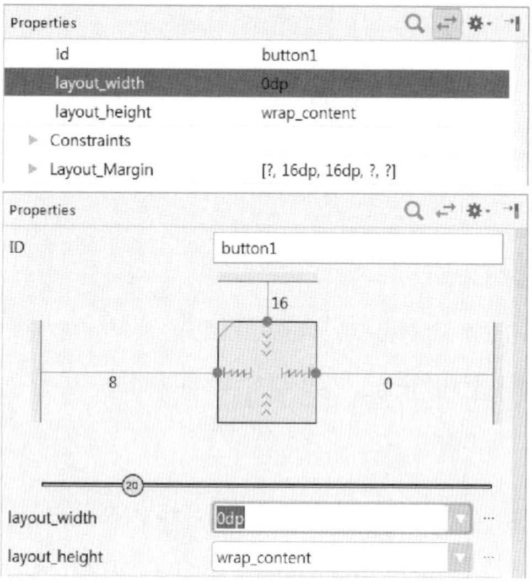

그림 19-7

이제는 체인이 위치한 부모 레이아웃의 수평 공간을 최대한 사용하도록 모든 버튼의 크기가 고르게 커졌을 것이다(그림 19-8).

그림 19-8

이 상태에서는 체인 내부의 다른 위젯과 관련하여 각 위젯들이 차지하는 공간의 양을 각 위젯의 가중치 속성값을 추가하여 제어할 수 있다. button1을 선택한 후 Constraints의 horizontal_weight 속성값을 4로 입력하고, button2와 button3은 2로 입력한다. 그 결과는 그림 19-9와 같다(여기서는 각 버튼을 선택할 때 컴포넌트 트리 창에서 해야 한다).

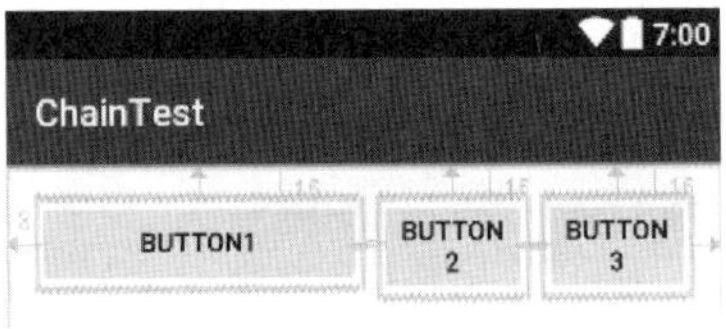

그림 19-9

세 버튼의 가중치 값 합계는 8이며, button1은 4이므로 절반의 공간(4/8)을 차지하며, button2와 button3은 각각 2이므로 1/4의 공간을 차지한다.

19.7 비율 사용하기

ConstraintLayout의 비율(ratio) 속성을 사용하면 위젯의 한 쪽 크기를 다른 쪽의 크기에 비례해서 조정할 수 있다. 예를 들어, ImageView에서 너비(width)가 항상 높이(height)의 두 배가 되도록 비율을 조정한다고 해보자.

비율 속성을 사용할 때는 우선, 제약에 맞추어 크기가 자동으로 조정되는 쪽(여기서는 너비)의 크기 속성값을 0dp로 변경해야 한다(그림 19-7 참조). 그리고 속성 창에서 Constraints의 dimentionRatio 속성을 원하는 비율 값으로 지정하면 된다. 비율 값은 실수이거나 또는 너비:높이 형태로 지정할 수 있다. 예를 들어, 다음 XML에서는 ImageView 위젯의 비율 속성을 2:1로 설정한다.

```
<ImageView
    android:layout_width="0dp"
    android:layout_height="100dp"
    android:id="@+id/imageView"
    app:layout_constraintDimensionRatio="2:1" />
```

이 예에서는 한 쪽의 크기(여기서는 너비)만 0dp로 지정할 때 비율을 설정하는 방법을 보여준다. 그러나 양 쪽의 크기 모두 0dp로 지정하고 비율을 적용할 수도 있다. 이때는 비율 앞에 H(높이를 의미) 또는 W(너비를 의미)를 붙이며, 이것은 제약에 맞추어 상대적으로 크기가 자동 조정되는 쪽을 나타낸다.

예를 들어, ImageView에 설정한 예를 보면 다음과 같다.

```
<ImageView
    android:layout_width="0dp"
    android:layout_height="0dp"
    android:id="@+id/imageView"
    app:layout_constraintBottom_toBottomOf="parent"
    app:layout_constraintRight_toRightOf="parent"
    app:layout_constraintLeft_toLeftOf="parent"
    app:layout_constraintTop_toTopOf="parent"
    app:layout_constraintDimensionRatio="W,1:3" />
```

여기서는 ImageView가 부모 ConstraintLayout의 상하/좌우 모든 공간을 사용하도록 설정되어 있다. 그러나 ImageView의 너비가 높이의 1/3이 되도록 비율 속성이 추가되어 있다. 따라서 장치의 화면 크기나 화면 방향이 변경되더라도 ImageView의 너비는 항상 높이의 1/3 크기로 제한되어 나타난다(높이는 부모 레이아웃의 빈공간을 모두 사용).

XML 리소스 파일을 직접 수정하지 않고 속성 창에서도 비율을 지정할 수 있다. 우선, button1을 선택한다. 그리고 그림 19-10의 비율 조정 컨트롤("Toggle Aspect Ratio Constraint" 메시지가 나타나는 곳)에 마우스 커서를 댄 후 클릭하면 비율을 입력 받는 필드가 나타난다(그림 19-11).

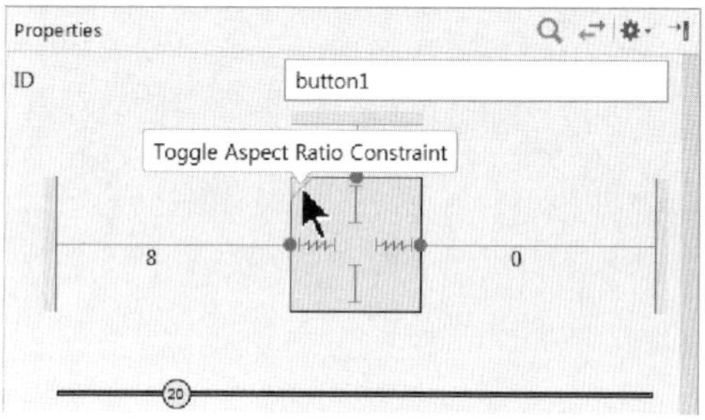

그림 19-10

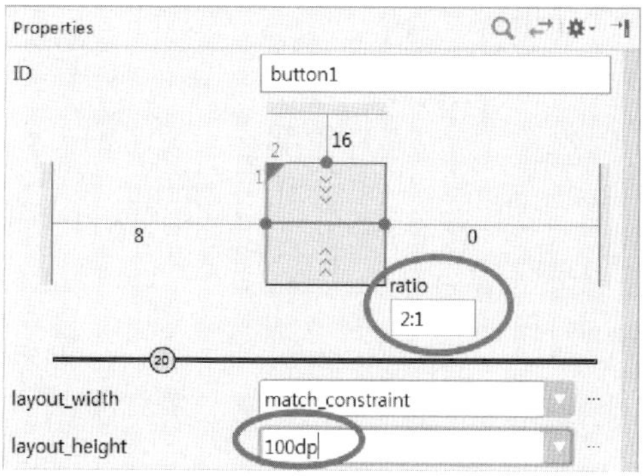

그림 19-11

그림 19-11처럼 ratio 필드에 2:1을 입력하고, layout_height에는 100dp를 입력해보자. 그리고 비율 조정 컨트롤을 다시 클릭하면 그림 19-12처럼 button1의 너비가 높이의 2배가 되어 나타난다. 또한 button1의 너비는 0dp에서 match_constraint로 자동 변경된다.

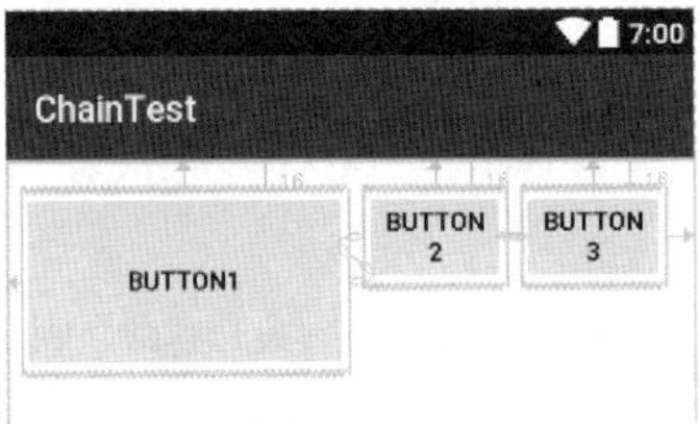

그림 19-12

19.8 요약

ConstraintLayout 클래스의 체인과 비율은 레이아웃의 디자인을 유연하게 해주는 강력한 기능이다. 이번 장에서 알아보았듯이, 안드로이드 스튜디오의 레이아웃 편집기에서는 사용자 인터페이스를 쉽게 디자인할 수 있는 ConstraintLayout 관련 기능을 제공한다.

ConstraintLayout 예제 프로젝트

안드로이드 스튜디오 레이아웃 편집기를 사용하면 쉽고 생산성 높은 방법으로 안드로이드 애플리케이션의 사용자 인터페이스를 디자인할 수 있다. 이번 장에서는 안드로이드 스튜디오 레이아웃 편집기를 사용해서 ConstraintLayout 기반의 사용자 인터페이스를 생성하는 방법을 알아본다. 또한, 레이아웃 검사기와 계층 구조 뷰어 도구의 사용법도 설명한다.

20.1 ConstraintLayout 예제 프로젝트 생성하기

우선, 새로운 안드로이드 스튜디오 프로젝트를 생성하자. 안드로이드 스튜디오 메인 메뉴의 File ➡ New ➡ New Project...를 선택하거나 웰컴 스크린에서 Start a new Android Studio project를 선택한다. 그러면 새 프로젝트를 생성하는 첫 번째 대화상자가 나타날 것이다.

Application name 필드에는 LayoutSample을 입력하고, Company Domain에는 ebookfrenzy.com을 입력한 후 Next 버튼을 누르자. 안드로이드 장치 선택 화면에서는 폰과 태블릿(Phone and Tablet)을 선택하고, 최소 SDK는 API 22: Android 5.1 (Lollipop)을 그대로 둔다. Next 버튼을 누르면 액티비티 타입을 선택하는 대화상자가 나올 것이다.

앞의 다른 장에서는 Empty Activity와 같은 템플릿을 선택해서 프로젝트 액티비티를 자동 생성했었다. 그러나 여기서는 새로운 액티비티와 그것의 레이아웃 리소스 파일을 직접 생성하는 방법을 배울 것이므로 Add No Activity를 선택하고 Finish 버튼을 눌러서 프로젝트를 생성한다.

20.2 새로운 액티비티 생성하기

새 프로젝트의 생성이 끝나면 안드로이드 스튜디오 메인 창이 텅 빈 공간으로 나타날 것이다. 다음으로 할 일은 새 액티비티를 생성하는 것이다. 안드로이드 애플리케이션을 개발할 때 아무 액티비티도 없는 상태에서 새로운 액티비티를 생성할 필요가 있는 경우가 더러 있다. 따라서 여기서 작성하는 예제가 도움이 될 것이다.

Alt+1[Cmd+1] 단축키를 눌러서 프로젝트 도구 창을 열자. 프로젝트 도구 창의 각 폴더를 다음과 같이 확장시켜서 app ➡ java ➡ com.ebookfrenzy.layoutsample 패키지를 찾자. 그리고 패키지 이름에서 마우스 오른쪽 버튼을 클릭한 후 New ➡ Activity ➡ Empty Activity를 선택한다(그림 20-1).

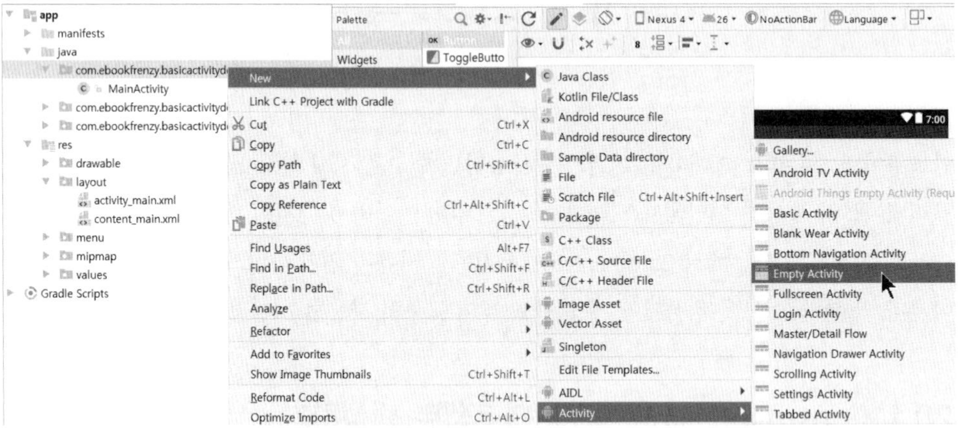

그림 20-1

새 액티비티 생성 대화상자가 나오면 Activity Name에 LayoutSampleActivity를 입력하자. 또한, 자동으로 설정된 Layout Name인 activity_layout_sample은 그대로 두고 Generate Layout File도 체크된 상태로 둔다. 레이아웃 리소스 파일은 자동 생성할 필요가 있기 때문이다. 또한 Backwards Compatibility (AppCompat)도 체크된 상태로 둔다. 우리 앱이 구버전의 안드로이드에서 실행되더라도 호환이 되도록 하기 위함이다. 잠깐, 아직 Finish 버튼은 누르지 말자!

애플리케이션이 장치에서 실행되기 위해서는 론처 액티비티(launcher activity)라는 액티비티를 갖고 있어야 한다. 론처 액티비티가 없으면 애플리케이션이 최초 론칭될 때 어떤 액티비티를 시작시켜야 하는지 안드로이드 운영체제가 알 수 없다. 따라서 애플리케이션이 시작되지 못한다. 여기서는 하나의 액티비티만 갖고 있으므로 그것을 우리 애플리케이션의 론처 액티비티로 지정해야 한다. 대화상자에서 Launcher Activity 옵션을 체크한 후 Finish 버튼을 누르자.

이제는 안드로이드 스튜디오가 두 개의 파일을 우리 프로젝트에 추가했을 것이다. 액티비티의 자바 소스 코드 파일(LayoutSampleActivity.java)은 app ➡ java ➡ com.ebookfrenzy.layoutsample 폴더에 있으며, 편집기 창에 이미 로드되었을 것이다.

또한, 사용자 인터페이스의 XML 레이아웃 파일(activity_layout_sample.xml)은 app ➡ res ➡ layout 폴더에 생성되었으며, 이것 역시 편집기 창에 이미 로드되었을 것이다.

끝으로, 새로 생성된 액티비티가 AndroidManifest.xml 파일에 추가되어 론처 액티비티로 지정되어 있을 것이다. 매니페스트 파일도 프로젝트 창에서 볼 수 있다. app ➡ manifests 폴더 밑에 있으며 다음의 XML을 포함한다. 여기서 <intent-filter>와 </intent-filter> 태그 사이에 있는 category 요소에 론처 액티비티로 지정된다.

```
<?xml version="1.0" encoding="utf-8"?>
<manifest xmlns:android="http://schemas.android.com/apk/res/android"
    package="com.ebookfrenzy.layoutsample">

    <application
        android:allowBackup="true"
        android:icon="@mipmap/ic_launcher"
        android:label="@string/app_name"
        android:roundIcon="@mipmap/ic_launcher_round"
        android:supportsRtl="true"
        android:theme="@style/AppTheme">
        <activity android:name=".LayoutSampleActivity">
            <intent-filter>
                <action android:name="android.intent.action.MAIN" />

                <category android:name="android.intent.category.LAUNCHER" />
            </intent-filter>
        </activity>
    </application>

</manifest>
```

20.3 자동 연결 설정과 이미지 파일 추가하기

편집기의 activity_layout_sample.xml 레이아웃 파일 탭을 클릭하고 편집기 창의 제일 밑에 있는 Design 탭을 클릭하여 디자인 모드로 변경한다.

그리고 컴포넌트 트리에서 레이아웃(ConstraintLayout)을 클릭한 후 만일 레이아웃 편집기 왼쪽 위의 Autoconnect 버튼 모양이 이면 클릭하여 그림 20-2처럼 로 변경한다. 자동 연결을 비활성화한 후 나중에 우리가 직접 제약 연결을 추가하는 방법을 배우기 위해서다.

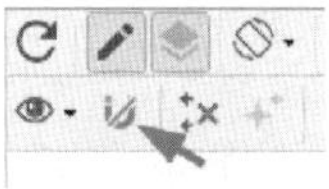

그림 20-2

여기서는 ImageView 객체를 사용해서 이미지를 보여줄 것이다. 따라서 프로젝트에 이미지 파일을 추가해야 한다. 파일 이름은 galaxys6.png이며, 이 책의 프로젝트 파일을 다운로드받으면 Material_Icons 디렉터리 밑에 있다.

이미지 파일을 각자 컴퓨터 운영체제의 파일 시스템에서 찾은 후 클립보드로 복사한다. 그리고 프로젝트 도구 창의 app ➡ res ➡ drawable에서 오른쪽 마우스 버튼을 클릭한 후 Paste를 선택하고 대화상자에서 OK 버튼을 누른다. 그림 20-3처럼 제대로 복사가 되었는지 확인한다.

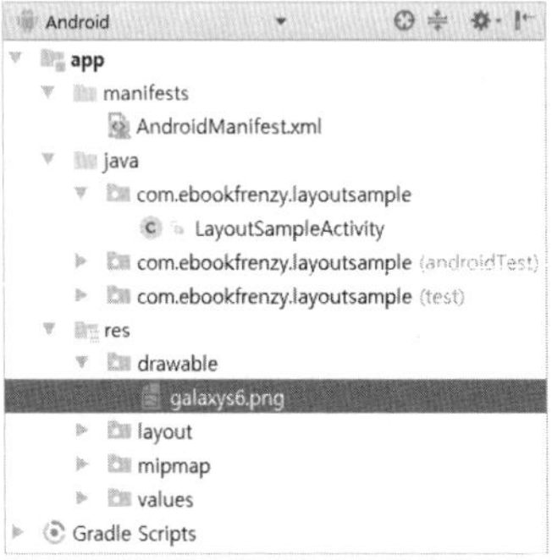

그림 20-3

20.4 위젯을 사용자 인터페이스에 추가하기

팔레트의 Images 부류에 있는 ImageView를 마우스로 끌어서 레이아웃의 중앙에 놓으면 (수직과 수평의 점선이 만나는 곳이 중앙이다) Resources 대화상자가 나타난다. 제일 왼쪽 위에 있는 Drawable을 클릭하고 바로 오른쪽의 Project 밑에 있는 galaxys6을 클릭한다(그림 20-4).

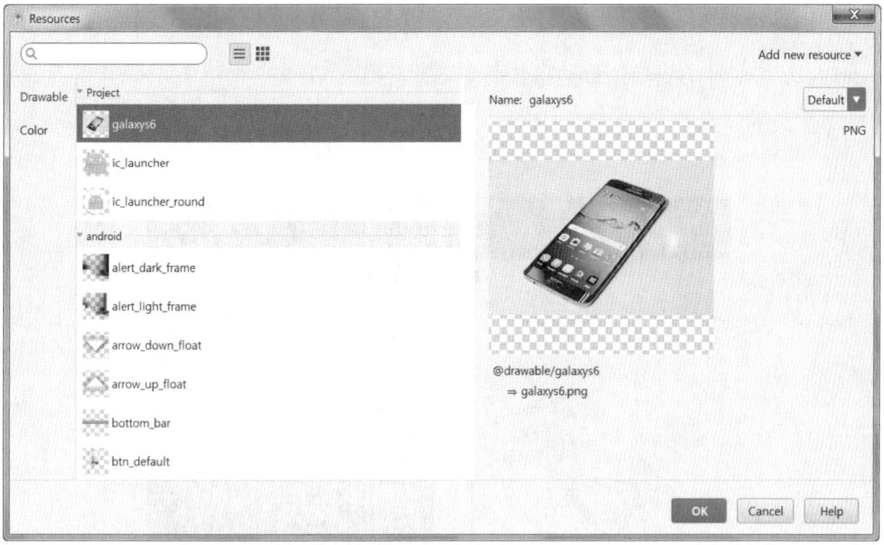

그림 20-4

OK 버튼을 누르면 이 이미지가 ImageView에 지정된다. 그리고 부모 레이아웃과 약간의 좌우 여백이 생기도록 ImageView의 크기를 조정한 후 마우스로 끌어서 레이아웃의 중앙으로 이동시킨다(ImageView의 네 개 꼭지점에 나타난 작은 사각형을 마우스로 끌면 크기를 조정할 수 있다).

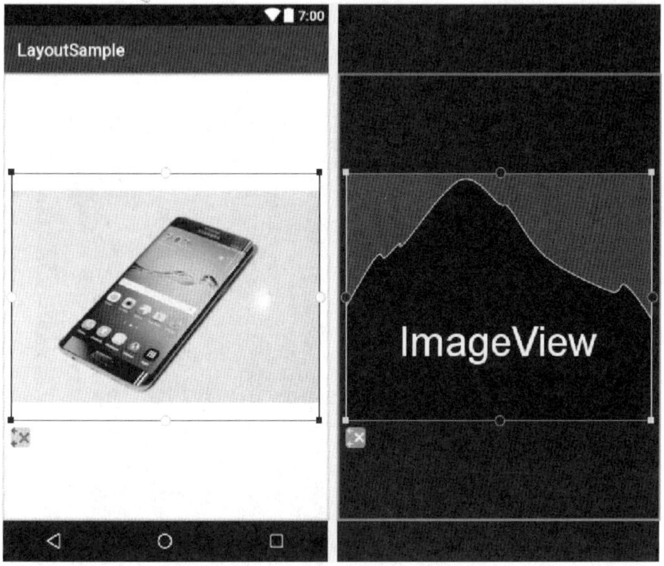

그림 20-5

팔레트의 Text 부류에 있는 TextView를 끌어서 ImageView 위쪽에 놓는다. 그리고 속성 창에서 text 속성을 'Samsung Galaxy S6'으로 변경하고 모든 속성 보기 버튼(⇄)을 클릭하여 모든 속성이 나타나게 한다. textAlignment의 오른쪽 필드를 클릭하여 드롭다운에서 center를 선택하고 textSize 속성의 값을 24sp(dp 아님)로 입력한 후 TextView가 수평으로 중앙에 오도록 조정한다(그림 20-6).

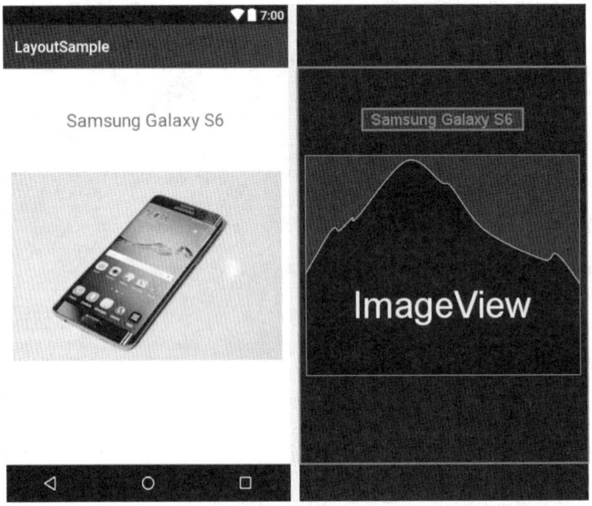

그림 20-6

그다음에 세 개의 버튼을 추가하고 각 버튼의 text 속성값을 'Buy Now', 'Pricing', 'Details'로 변경한다. 완성된 레이아웃은 그림 20-7과 같다.

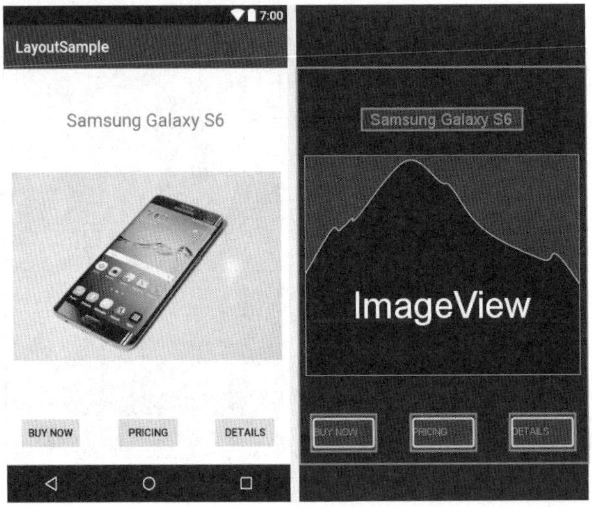

그림 20-7

현재는 각 위젯의 위치와 크기를 제어하는 데 필요한 제약이 충분하게 추가되어 있지 않다. 따라서 이 상태로 앱을 실행한다면 모든 위젯들이 화면의 왼쪽 위 모서리에 겹쳐서 나타날 것이다.

현재 상태에서 레이아웃 편집기 툴바의 화면 방향 전환 버튼(그림 20-8의 화살표로 표시됨)을 클릭하여 가로 방향으로 화면을 회전시키자.

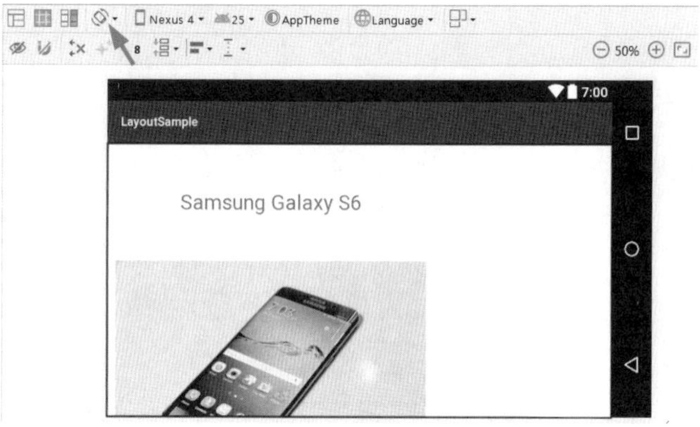

그림 20-8

이 그림을 보면 알 수 있듯이, 이미지의 일부가 잘린 상태로 중앙에도 위치하지 않으며, 세 개의 버튼은 화면 영역을 벗어나서 아예 보이지도 않는다. 화면 크기 변화에 맞춰 레이아웃과 위젯을 적합하게 나타낼 제약이 지정되지 않았기 때문이다.

20.5 제약 추가하기

장치의 방향 변경이나 서로 다른 화면 크기에 적응 가능한 레이아웃을 생성하는 핵심 요소가 제약이다. 레이아웃을 다시 세로 방향으로 돌려놓고 ImageView 위에 있는 TextView를 선택한다. 그리고 왼쪽과 오른쪽 및 위의 제약 핸들(작은 원)을 마우스로 끌어서 부모인 ConstraintLayout에 각각 연결한다(그림 20-9).

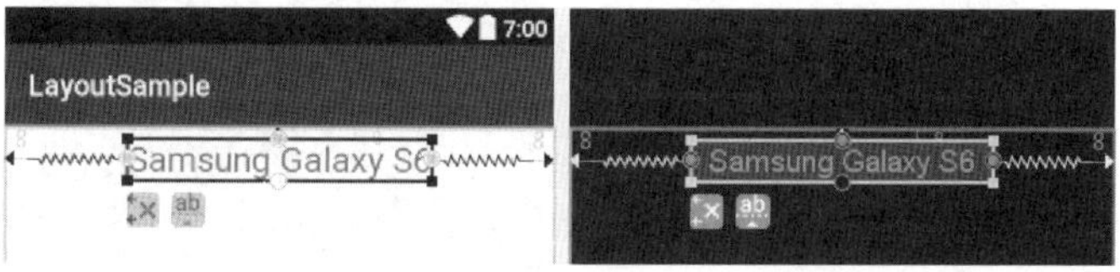

그림 20-9

같은 요령으로 ImageView를 선택하고 왼쪽과 오른쪽의 상대 제약을 부모 레이아웃에 연결한다. 그리고 위쪽은 TextView의 아래쪽으로, 아래쪽은 중앙 버튼의 위쪽과 연결한다.

그다음에 ImageView가 선택된 상태에서 자주 사용하는 속성만 나타나게 한다(만일 모든 속성이 나타나 있으면 모든 속성 보기 버튼(⇄)을 다시 클릭). 그리고 속성 창 위에서 위쪽 마진을 24로, 아래쪽 마진을 8로 변경한다. 또한, 높이와 너비 크기를 0dp 또는 match_constraint로 변경한다(그림 20-10). 이렇게 설정하면 화면 크기에 따라 레이아웃이 변경될 때 ImageView의 크기가 자동으로 조정된다.

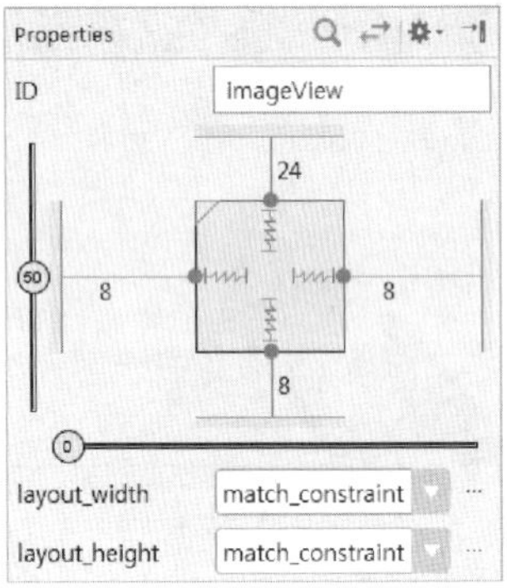

그림 20-10

그림 20-11은 현재 ImageView에 추가된 제약 연결을 보여준다.

그림 20-11

이제는 세 개의 버튼 위젯에 제약을 추가하는 것만 남았다. 여기서는 세 개의 버튼을 하나의 체인(chain)으로 연결한다. 우선, 그림 20-2의 Autoconnect 버튼을 클릭하여 U로 바꾼다. 제약의 자동 연결을 활성화시키기 위함이다.

그다음에 Buy Now 버튼을 클릭한 후 Shift 키를 누른 채로 나머지 두 버튼도 클릭하여 세 버튼 모두 선택되도록 한다. 그리고 Shift 키를 떼고 Buy Now 버튼에서 오른쪽 마우스 버튼을 클릭하고 메뉴의 Center ➡ Center Horizontally를 선택한다. 앞 장에서 얘기했듯이, 이렇게 하면 선택된 위젯들 간의 양방향 제약을 쉽게 추가하여 체인을 구성할 수 있다. 이제는 세 버튼이 체인으로 구성되었다. 기본적으로 체인 스타일은 spread 스타일이 된다. 여기서는 이 스타일이 적합하다.

끝으로, Buy Now 버튼의 아래쪽과 레이아웃의 아래쪽을 제약으로 연결한다. 또한, 나머지 두 버튼도 같은 방법으로 레이아웃의 아래쪽에 연결한다. (각 버튼을 선택하고 아래쪽 연결점(작은 원)을 클릭한 후 연결선을 끌어서 레이아웃의 아래쪽에 가져가면 연결점이 초록색으로 나타난다. 이때 마우스 버튼을 놓으면 자동으로 제약이 추가된다.)

이 모든 작업이 끝나면 그림 20-12와 같이 세 버튼의 제약이 연결된다.

그림 20-12

20.6 레이아웃 테스트하기

모든 제약 연결이 추가되었으므로 레이아웃 편집기 툴바의 화면 방향 전환 버튼을 다시 클릭하여 가로 방향으로 화면을 회전시키자. 이제는 변경된 화면 크기에 맞추어 레이아웃이 제대로 나타날 것이다. 이로써 디자인 시점에서 레이아웃 편집기로 확인한 결과는 이상 없이 잘된 것이다. 다음은 앱이 실제 실행될 때도 잘 되는지 확인해보자. 실제 장치나 에뮬레이터에서 우리 앱을 실행한 후 가로 방향으로 장치를 회전시켜 보자. 예를 들어, 그림 20-13에서는 에뮬레이터에서 화면 방향을 전환한 결과를 보여준다.

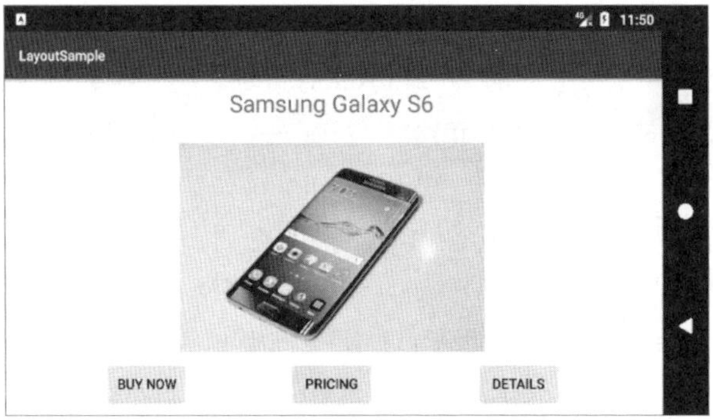

그림 20-13

위 그림을 보면 알 수 있듯이, 앱을 실행할 때도 레이아웃이 제대로 나타나는 것을 알 수 있다. 이보다 더 복잡한 레이아웃을 디자인할 때도 마찬가지 방법으로 하면 된다. 즉, 팔레트로부터 위젯을 끌어서 레이아웃에 놓은 후 속성을 설정하고 제약을 추가하면 된다.

20.7 레이아웃 검사기 사용하기

사용자 인터페이스 레이아웃을 구성하는 컴포넌트들의 정보는 레이아웃 검사기(Inspector)를 사용해서 볼 수 있다. 단, 실제 장치나 에뮬레이터에서 앱이 실행 중일 때만 가능하다. 앞의 그림 20-13과 같이 가로 방향으로 앱의 화면이 나타난 상태에서 메인 메뉴의 Tools ➡ Android ➡ Layout Inspector를 선택한다. 그리고 Choose Process 대화상자에서 현재 실행 중인 애플리케이션 프로세스인 com.ebookfrenzy.layoutsample을 선택하고 OK 버튼을 클릭한다. 그림 20-14처럼 세 개의 패널이 나타난다(여기서는 프로젝트 도구 창을 닫은 상태다).

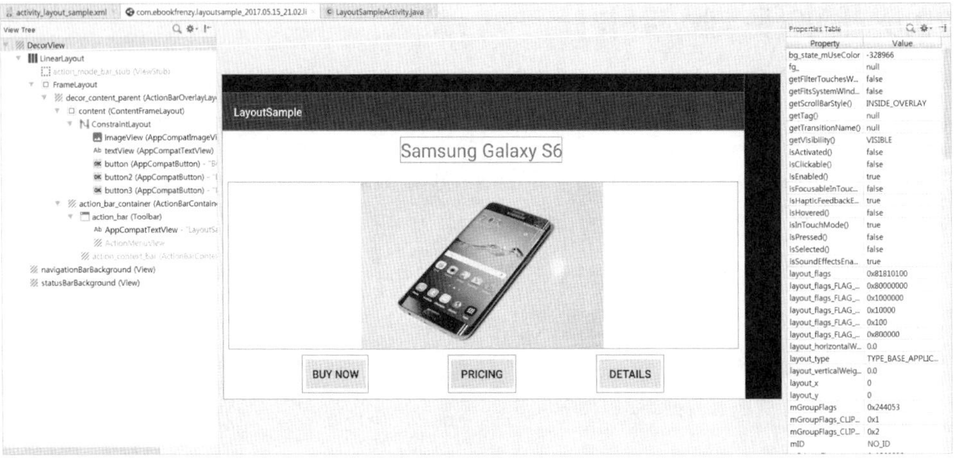

그림 20-14

왼쪽 패널에서는 사용자 인터페이스 레이아웃을 구성하는 컴포넌트들의 계층 구조를 보여준다. 그리고 중앙 패널에서는 장치 화면에 나타난 레이아웃을 보여준다. 여기서 특정 위젯을 클릭하면 그것과 연관된 컴포넌트를 왼쪽 패널의 계층 구조에서 찾아서 표시해준다. 또한 오른쪽 패널에서는 현재 선택된 컴포넌트의 모든 속성과 설정 값을 보여준다.

20.8 계층 구조 뷰어 사용하기

액티비티의 뷰 계층 구조를 자세히 살펴보는 데 유용한 도구가 **계층 구조 뷰어**(Hierarchy Viewer)다. 이 도구의 주 목적은 현재 실행 중인 애플리케이션에 있는 액티비티의 뷰 트리 전체를 자세하게 보여주는 것이다. 더불어 레이아웃을 화면에 그리는 성능도 살펴볼 수 있다.

계층 구조 뷰어는 안드로이드 에뮬레이터에서 실행되거나 또는 안드로이드 개발(development) 버전을 실행하는 장치에서만 사용될 수 있다. 그러면 이번 장에서 생성된 LayoutSample 애플리케이션에 대해 계층 구조 뷰어를 실행해보자.

우선, AVD 에뮬레이터에서 LayoutSample 애플리케이션을 시작시킨다. 그리고 에뮬레이터에서 화면이 보일 때까지 기다리자. 그다음에 안드로이드 스튜디오 메인 메뉴에서 Tools ➡ Android ➡ Android Device Monitor를 선택한다(혹시 Disable ADB Integration 대화상자가 나타나면 OK 버튼을 누른다). 잠시 후 안드로이드 장치 모니터(DDMS) 창이 별도로 열릴 것이다.

안드로이드 장치 모니터 메인 메뉴의 Window ➡ Open Perspective...를 선택한 후 그다음 대화상자에서 Hierarchy View를 선택하고 OK 버튼을 누른다. 그러면 장치 모니터 창에 계층 구조 뷰어가 나타난다.

계층 구조 뷰어는 여러 개의 패널로 구성된다. 그림 20-15처럼 보이는 왼쪽 패널의 왼쪽 위에 있는 Windows 탭을 클릭하면 장치나 에뮬레이터(여기서는 Nexus5X)에서 현재 동작 가능한 모든 창(window)을 보여준다(계층 구조 뷰어에서는 액티비티나 프로세스 대신 '창'이라는 용어를 사용한다). 굵은 글씨로 된 창이 현재 포그라운드로 동작 중인 창이며, 여기서는 LayoutSampleActivity다.

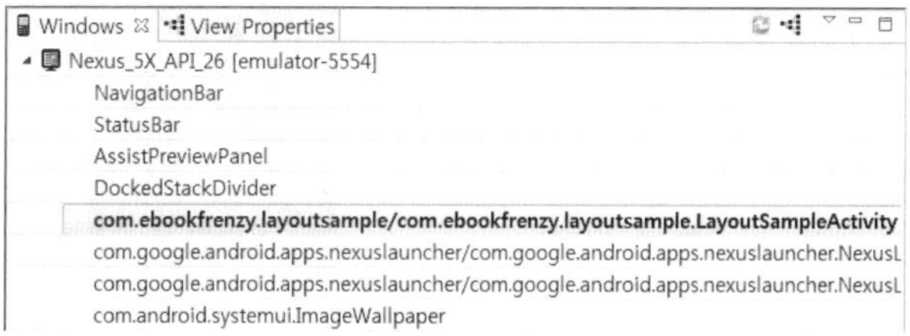

그림 20-15

우리 애플리케이션 프로세스인 com.ebookfrenzy.layoutsample.LayoutSampleActivity가 선택된 상태에서 툴바의 버튼(⁃⁃⁃)을 클릭하면 뷰의 계층 구조가 트리 뷰로 로드되어 나타난다(그림 20-16).

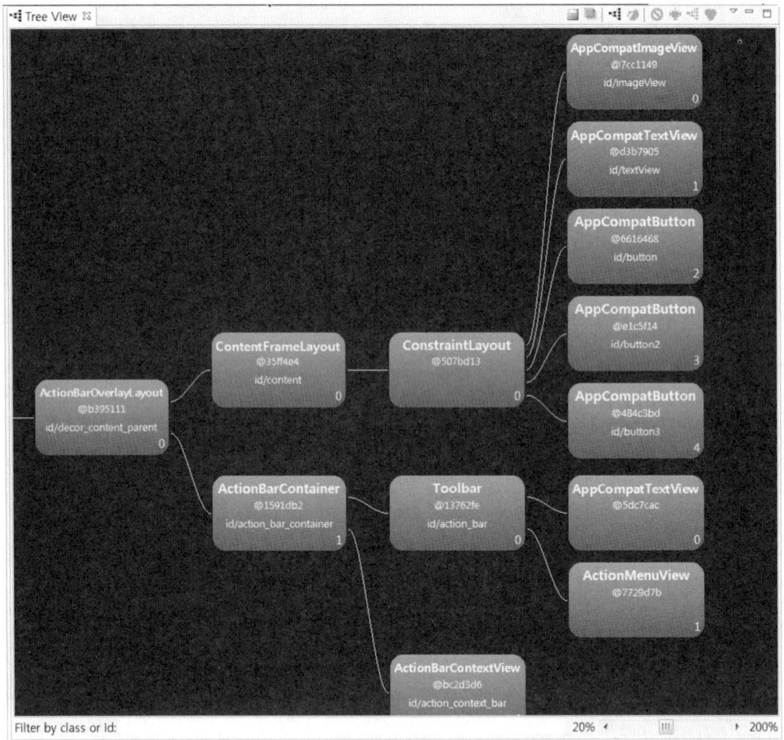

그림 20-16

트리 뷰 패널 밑에 있는 스케일 바(%로 표시됨)를 사용하거나 마우스 휠을 돌리면 트리 뷰를 줌인/줌아웃할 수 있다. 그러나 대부분의 경우 트리가 너무 커서 전체를 한 번에 보기는 힘들 것이다. 그러므로 마우스를 클릭한 채로 끌어서 트리를 이동하여 보거나, 또는 오른쪽 위에 있는 트리 오버뷰(Tree Overview) 패널 안에서 렌즈를 이동시켜 보면 된다(그림 20-17).

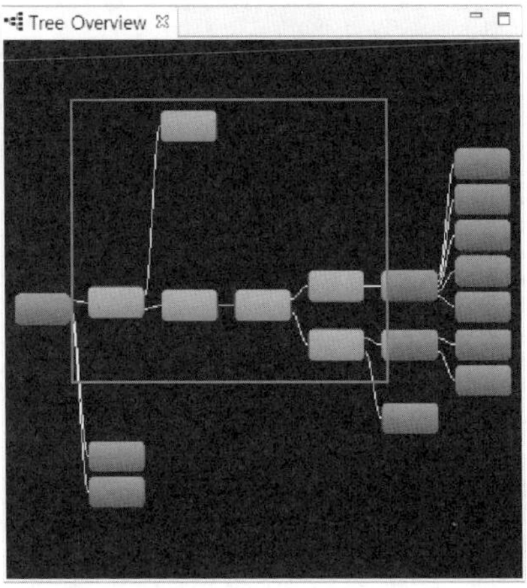

그림 20-17

트리 뷰에는 액티비티 레이아웃에 포함된 뷰와 더불어 다른 뷰들이 같이 나타날 수 있다는 것을 염두에 두자. 예를 들어, 화면 맨 위에 나타나는 액션 바(action bar), 또는 액티비티가 나타나는 영역을 제공하는 레이아웃 뷰 등이다.

트리 뷰에서 특정 노드를 선택하면 그것과 일치하는 사용자 인터페이스 요소가 레이아웃 뷰(오른쪽 하단의 패널에서 Layout View 탭을 클릭)에 빨간색으로 강조되어 표시된다. 그림 20-18에서는 ConstraintLayout 뷰가 선택된 경우를 보여준다.

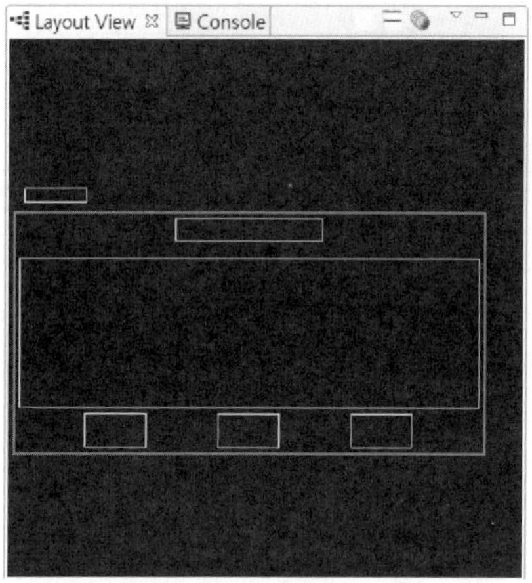

그림 20-18

마찬가지로, 레이아웃 뷰에서 특정 뷰를 선택하면 그것과 일치하는 트리 뷰의 노드로 이동되어 강조 표시된다.

뷰의 추가 정보는 트리 뷰에서 그것의 노드를 선택하여 얻을 수 있다. 해당 노드를 더블 클릭하면 팝업 대화상자에서 추가 정보를 보여준다. 예를 들어, 그림 20-19에서는 LayoutSample 애플리케이션의 DETAILS 버튼 노드를 더블 클릭했을 때 나타난 대화상자를 보여준다. (AVD 에뮬레이터를 생성했던 시스템 이미지가 구 버전일 때는 팝업 대화상자가 나타나지 않을 수 있다. 이때는 AVD 에뮬레이터를 삭제하고 최신 버전으로 생성한 후 앱을 실행한다. 또한, 안드로이드 장치 모니터도 다시 실행시킨다.)

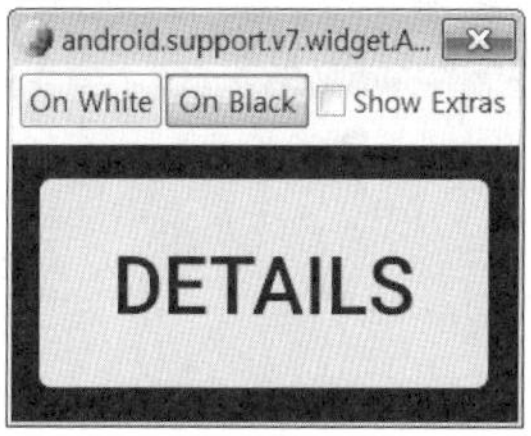

그림 20-19

트리 뷰에서는 선택된 레이아웃 뷰를 다시 그리는 작업을 수행하거나, 또는 트리 뷰를 PNG 이미지 파일로 저장하는 툴바 버튼도 제공한다(트리 뷰 창의 오른쪽 위에 있는 각 툴바 버튼에 마우스 커서를 대 보면 해당 버튼의 기능을 설명하는 텍스트가 나온다). 또한, 선택된 노드의 뷰가 그려지는 성능 정보를 보기 위해 계층 구조 뷰어를 사용할 수도 있다. 이때는 루트 뷰(여기서는 ConstraintLayout)로 동작하는 노드를 선택한 후 그림 20-20에 화살표로 표시된 툴바 버튼을 클릭하면 된다.

그림 20-20

그러면 각 유형별(측정치, 레이아웃, 그리기) 성능을 나타내는 점들이 해당 노드에 나타난다(그림 20-21). 여기서 빨간색 점은 액티비티의 다른 뷰에 비해 그 뷰의 성능이 느리다는 것을 나타낸다.

많은 수의 자식 뷰들을 갖고 있는 컨테이너 뷰의 성능은 빨간색 점으로 나타날 수 있다. 왜냐하면 각 자식 뷰들이 모두 그려질 때까지 기다려야 하기 때문이다. 그렇다고 해서 그 컨테이너 뷰가 성능상의 문제가 있음을 나타내는 것은 아니다.

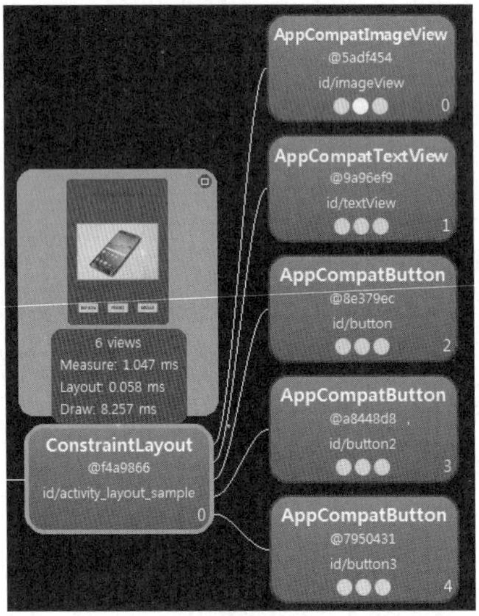

그림 20-21

20.9 요약

안드로이드 스튜디오의 레이아웃 편집기는 안드로이드 7(누가)에 추가된 ConstraintLayout 클래스와 밀접하게 통합되어 있다. 이번 장에서는 레이아웃 편집기를 사용해서 ConstraintLayout 기반의 사용자 인터페이스를 생성하는 방법을 알아보았다. 이때 가장 중요한 것이 제약 연결을 생성하는 것이다. 또한, 레이아웃 검사기와 안드로이드 장치 모니터의 계층 구조 뷰어를 사용하는 방법도 살펴보았다. 이런 도구들은 사용자 인터페이스 레이아웃을 구성하는 컴포넌트를 분석하는 데 유용하게 사용될 수 있다.

직접 XML 레이아웃 작성하기

안드로이드 스튜디오의 레이아웃 편집기를 사용해서 레이아웃을 디자인하면 생산성이 매우 높아진다. 그러나 XML을 우리가 직접 작성하여 레이아웃을 생성하는 것도 여전히 가능하다. 이번 장에서는 안드로이드 XML 레이아웃 파일의 기본적인 형식을 알아본다.

21.1 직접 XML 레이아웃 생성하기

XML 레이아웃 파일의 구조는 알기 쉽다. 그리고 레이아웃을 구성하는 각 뷰가 계층적인 형태의 XML 요소로 정의된다. 우선, 첫 번째 라인은 다음과 같다. 여기서는 XML 버전과 유니코드 처리를 위한 문자 인코딩 방식으로 uft-8을 사용한다는 것을 나타낸다.

```
<?xml version="1.0" encoding="utf-8"?>
```

그다음 라인에서는 레이아웃의 루트 요소를 정의한다. 루트 요소는 다른 뷰를 담는 그릇의 역할을 하는 컨테이너 뷰이며, 대개는 레이아웃 매니저가 된다. 루트 요소의 각종 속성은 XML의 여는 태그(<)와 닫는 태그(</) 사이에 정의된다. 예를 들어, 다음 XML에서는 루트 요소로 ConstraintLayout 뷰를 정의한다. 그리고 id를 activity_main으로 지정하고 레이아웃의 너비와 높이 속성을 match_parent로 설정하여 장치 화면의 사용 가능한 공간을 모두 활용한다.

```
<android.support.constraint.ConstraintLayout
    xmlns:android="http://schemas.android.com/apk/res/android"
    xmlns:app="http://schemas.android.com/apk/res-auto"
    xmlns:tools="http://schemas.android.com/tools"
    android:id="@+id/activity_main"
    android:layout_width="match_parent"
    android:layout_height="match_parent"
    android:paddingLeft="16dp"
    android:paddingRight="16dp"
    android:paddingTop="16dp"
    android:paddingBottom="16dp"
    tools:context="com.ebookfrenzy.myapplication.MainActivity">

</android.support.constraint.ConstraintLayout>
```

여기서는 레이아웃의 사방 외곽에 16dp만큼의 여백을 두도록 지정되었다. 안드로이드에서는 레이아웃의 여백을 지정할 때 다음 단위 중 하나를 사용하여 공간의 크기를 나타낸다.

- **in** — 인치(inch).
- **mm** — 밀리미터(1/1000 미터).
- **pt** — 포인트(1/72 인치).
- **dp** — 밀도 독립적 픽셀(density-independent pixel). 1dp는 장치 화면의 1/160인치를 나타내며, 장치의 화면 밀도와 무관하게 일정한 크기를 갖는다. 따라서 장치의 화면 밀도가 서로 다르더라도 레이아웃이 일정하게 나타날 수 있으므로 가장 많이 사용된다.
- **sp** — 크기 독립적 픽셀(scale-independent pixel). 사용자가 선택한 폰트 크기를 고려한 dp이다. 화면에 나타나는 텍스트 크기를 설정할 때 주로 사용한다.
- **px** — 물리적인 화면 픽셀을 나타낸다. 안드로이드의 각 장치는 화면의 인치당 픽셀 수가 다를 수 있다. 따라서 이 단위를 사용하면 장치마다 레이아웃이 다르게 나타날 수 있으므로 사용하지 않는 것이 좋다.

부모 뷰(여기서는 ConstraintLayout)에 추가되는 자식 뷰들은 부모 뷰의 열고 닫는 XML 태그 안에 정의되어야 한다. 다음 예에서는 ConstraintLayout의 자식으로 Button 위젯(뷰)이 추가되었다.

```
<?xml version="1.0" encoding="utf-8"?>
<android.support.constraint.ConstraintLayout
    xmlns:android="http://schemas.android.com/apk/res/android"
    xmlns:app="http://schemas.android.com/apk/res-auto"
    xmlns:tools="http://schemas.android.com/tools"
    android:id="@+id/activity_main"
    android:layout_width="match_parent"
    android:layout_height="match_parent"
    android:paddingLeft="16dp"
    android:paddingRight="16dp"
    android:paddingTop="16dp"
    android:paddingBottom="16dp"
    tools:context="com.ebookfrenzy.myapplication.MainActivity">

    <Button
        android:text="Button"
        android:layout_width="wrap_content"
        android:layout_height="wrap_content"
        android:id="@+id/button" />

</android.support.constraint.ConstraintLayout>
```

ConstraintLayout에서는 각 자식 뷰가 어떻게 부모 레이아웃과 연결되는지를 나타내는 제약(constraint) 속성이 지정되어야 하지만, 여기서는 그런 속성이 버튼에 지정되지 않았다. 따라서 런타임 시에 이 버튼은 화면의 제일 왼쪽 위 모서리에 나타난다. 그러나 다음과 같이 지정하면 레이아웃의 중앙에 나타난다.

```
<Button
    android:text="Button"
    android:layout_width="wrap_content"
    android:layout_height="wrap_content"
    android:id="@+id/button"
    app:layout_constraintLeft_toLeftOf="@+id/activity_main"
    app:layout_constraintTop_toTopOf="@+id/activity_main"
    app:layout_constraintRight_toRightOf="@+id/activity_main"
    app:layout_constraintBottom_toBottomOf="@+id/activity_main" />
```

여기서는 모든 제약 속성이 activity_main으로 지정되었다. 이것은 부모인 ConstraintLayout의 인스턴스를 나타낸다.

레이아웃에 또 다른 자식 뷰를 추가할 때도 부모 뷰의 내부에 XML 요소로 정의하면 된다. 예를 들어, 다음 XML에서는 TextView 위젯을 추가한다.

```
<?xml version="1.0" encoding="utf-8"?>
<android.support.constraint.ConstraintLayout
    xmlns:android="http://schemas.android.com/apk/res/android"
    xmlns:app="http://schemas.android.com/apk/res-auto"
    xmlns:tools="http://schemas.android.com/tools"
    android:id="@+id/activity_main"
    android:layout_width="match_parent"
    android:layout_height="match_parent"
    android:paddingLeft="16dp"
    android:paddingRight="16dp"
    android:paddingTop="16dp"
    android:paddingBottom="16dp"
    tools:context="com.ebookfrenzy.myapplication.MainActivity">

    <Button
        android:text="Button"
        android:layout_width="wrap_content"
        android:layout_height="wrap_content"
        android:id="@+id/button"
        app:layout_constraintLeft_toLeftOf="@+id/activity_main"
        app:layout_constraintTop_toTopOf="@+id/activity_main"
        app:layout_constraintRight_toRightOf="@+id/activity_main"
        app:layout_constraintBottom_toBottomOf="@+id/activity_main" />

    <TextView
        android:text="TextView"
        android:layout_width="wrap_content"
        android:layout_height="wrap_content"
        android:id="@+id/textView" />

</android.support.constraint.ConstraintLayout>
```

이 경우 TextView의 제약 속성이 정의되지 않았으므로 런타임 시에는 레이아웃의 제일 왼쪽 위에 나타난다. 그러나 다음과 같이 정의하면 수평 방향으로는 부모 레이아웃의 중앙에 위치하며, 수직 방향으로는 버튼의 위로 72dp만큼 떨어진 곳에 위치한다.

```
<TextView
    android:text="TextView"
    android:layout_width="wrap_content"
    android:layout_height="wrap_content"
    android:id="@+id/textView"
    app:layout_constraintLeft_toLeftOf="@+id/activity_main"
    app:layout_constraintRight_toRightOf="@+id/activity_main"
    app:layout_constraintBottom_toTopOf="@+id/button"
    android:layout_marginBottom="72dp" />
```

여기서 Button과 TextView 뷰에는 여러 가지 속성이 정의되어 있다. 예를 들어, android:id로 지정된 각 뷰의 ID 속성과 android:text로 지정된 text 속성(이 속성에 지정된 문자열 값은 문자열 리소스로 정의된다) 등이다. 또한, 너비와 높이를 나타내는 android:layout_width와 android:layout_height 속성은 wrap_content로 지정되었으므로 각 뷰는 자신의 콘텐트(여기서는 문자열 리소스로 정의되는 문자열 값)에 적합한 크기로 나타난다.

안드로이드 스튜디오의 레이아웃 편집기에서 미리보기로 이 레이아웃을 보면 그림 21-1과 같이 나타난다(사방으로 16dp의 여백을 나타내는 라인이 추가되어 있다).

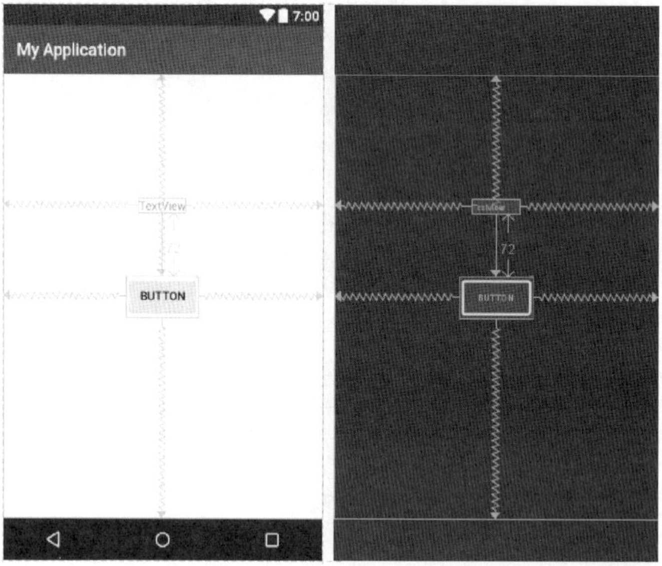

그림 21-1

21.2 XML 직접 작성 vs. 레이아웃 편집기의 디자인 모드 사용

레이아웃을 생성할 때 레이아웃 편집기의 텍스트 모드에서 XML을 직접 작성할 것인지, 아니면 레이아웃 편집기의 디자인 모드를 사용할 것인지는 각자 취향에 달렸다. 그러나 디자인 모드를 사용하는 것이 장점이 많다.

우선, 디자인 모드를 사용하면 XML을 자동 생성해주므로 빠르고 편리하다. 또한, 안드로이드 SDK의 각종 뷰 클래스들이 갖는 속성과 값을 자세히 알 필요가 없다. 굳이 안드로이드 문서를 일일이 찾지 않아도 속성 창에서 바로 볼 수 있기 때문이다.

그러나 레이아웃 편집기의 디자인 모드와 텍스트 모드는 상호 배타적이지 않다. 따라서 디자인 모드에서 레이아웃을 그리듯이 작성하면 XML이 자동 생성되며, 텍스트 모드에서는 그 XML을 사용해서 우리가 직접 편집할 수 있다. 반대의 경우도 마찬가지다. 그러므로 두 가지 모드를 번갈아 사용하면서 레이아웃을 개발하는 것이 좋은 방법이다.

21.3 요약

안드로이드 스튜디오 레이아웃 편집기는 사용자 인터페이스를 쉽게 생성할 수 있는 방법을 제공하므로 개발자의 생산성을 극대화시켜 준다. 디자인 모드에서는 레이아웃을 그리듯이 쉽게 작성할 수 있으며, 텍스트 모드에서는 디자인 모드에서 자동 생성된 XML을 직접 편집할 수 있다.

ConstraintSet으로 ConstraintLayout 관리하기

지금까지는 모든 사용자 인터페이스 디자인 작업을 안드로이드 스튜디오 레이아웃 편집기(텍스트 또는 디자인 모드)를 사용해서 수행하였다. 이 방법 말고도 자바 코드를 사용하는 방법이 있다. 즉, 안드로이드 액티비티의 사용자 인터페이스를 구성하는 뷰 객체들을 자바 코드로 직접 생성하고 구성하여 사용하는 방법이다.

이번 장에서는 자바 코드로 사용자 인터페이스를 작성할 때의 장점과 단점을 살펴볼 것이다. 그리고 자바 코드로 ConstraintLayout 레이아웃의 제약(constraints)을 생성하고 관리하는 중요 개념들을 알아본다.

22.1 자바 코드 vs. XML 레이아웃 파일

사용자 인터페이스를 디자인할 때 XML 리소스 파일을 사용하면 자바 코드로 작성하는 것에 비해 많은 장점이 있다. 실제로 구글은 안드로이드 문서에서 자바 코드 대비 XML 리소스의 장점을 강조하고 있다. 앞 장에서도 이야기했듯이, XML을 사용하는 방법의 주된 장점은 XML 리소스를 생성해주는 안드로이드 스튜디오 레이아웃 편집기를 사용할 수 있다는 것이다. 그리고 애플리케이션이 생성된 이후에 사용자 인터페이스 화면을 변경할 때는 XML 파일만 변경하면 되므로 애플리케이션의 코드를 다시 컴파일할 필요가 없다는 것이 두 번째 장점이다. 또한, 레이아웃의 XML을 직접 작성하더라도 안드로이드 스튜디오 레이아웃 편집기의 미리보기 기능을 사용해서 사용자 인터페이스의 모습을 그때그때 바로 알 수 있다는 장점도 있다. 이와는 달리, 자바 코드로 사용자 인터페이스를 생성한 경우에는 그것이 제대로 보이고 동작하는지 테스트하기 위해 코드 작성, 컴파일, 실행을 여러 번 반복해야 한다.

자바 코드로 레이아웃을 생성하는 방법의 유일한 장점이라면, 동적인 사용자 인터페이스를 처리할 수 있다는 것이다. XML 리소스 파일은 본질적으로 정적인 레이아웃을 정의할 때 가장 좋다. 달리 말해, 액티비티가 여러 차례 실행되는 동안 레이아웃의 변화가 거의 생기지 않는 경우다. 반면에 사용자 인터페이스가 런타임 시에 동적으로 생성될 때는 자바 코드로 하는 것이 적합하다. 즉, 액티비티가 실행될 때마다 외부 요인에 따라 사용자 인터페이스가 다르게 나타나야 할 경우다.

자바 코드로 사용자 인터페이스 컴포넌트를 동작시키는 방법을 알아 두면 유용할 때가 있다. 특히, 액티비티가 실행 중일 때 정적인 XML 리소스 기반 레이아웃에 실시간으로 동적인 변경이 필요할 때다.

끝으로, 어떤 개발자들은 레이아웃 도구와 XML을 사용하기보다는 무조건 자바 코드로 작성하는 것을 선호한다. 그러나 조금 전에 이야기한 자바 코드 작성의 장점을 살리기 위한 것이 아니라면 그것은 그다지 바람직하지 않다.

22.2 뷰 생성하기

안드로이드 SDK에는 많은 뷰 클래스들이 있으며, 그 클래스들은 기본적인 사용자 인터페이스 디자인에 필요한 것을 대부분 충족시켜 준다. 자바 코드로 뷰를 생성할 때는 그런 클래스들의 인스턴스를 생성하면 된다. 이때 뷰와 연관된 액티비티의 참조를 인자로 전달한다.

첫 번째 뷰(일반적으로 자식 뷰들이 추가될 수 있는 컨테이너 뷰)는 액티비티의 setContentView( ) 메서드를 호출하면 사용자에게 보인다. 그리고 그 뷰의 자식 뷰들은 그 뷰 객체의 addView( ) 메서드를 호출하여 추가될 수 있다.

자바 코드로 XML 레이아웃 리소스 파일에 있는 뷰들을 사용할 때는 해당 뷰의 ID가 필요하다. 자바 코드에서 직접 생성한 뷰의 경우도 마찬가지다. 안드로이드에서는 리소스 ID를 통해서 리소스(여기서는 뷰 객체)를 참조할 수 있기 때문이다. 이때 해당 뷰 객체의 setId( ) 메서드를 호출한다. 그리고 그 이후에 그 뷰 객체를 사용할 때는 getId( ) 메서드를 호출하여 ID를 얻는다.

22.3 뷰 속성

각 뷰 클래스는 많은 속성(property)과 연관되어 있다. 속성들은 뷰 인스턴스에 직접 설정되며, 뷰 객체의 모습과 동작 방법을 정의한다. 예를 들어, Button 객체에 나타나는 텍스트 또는 ConstraintLayout 뷰의 배경색과 같은 것들이다. 안드로이드 SDK에 있는 각 뷰 클래스는 사전 정의된 메서드들을 갖고 있다. 뷰의 속성값을 설정하는 set과 읽는 get이다. 예를 들어, Button 클래스는 setText( ) 메서드를 갖는다. 이 메서드는 버튼에 보이는 텍스트를 특정 문자열 값으로 설정하기 위해 자바 코드에서 호출할 수 있다. 이와는 달리, ConstraintLayout의 배경색은 그 객체의 setBackgroundColor( ) 메서드를 호출하여 설정될 수 있다.

22.4 ConstraintSet

속성은 뷰 객체에 내부적으로 설정되며, 뷰 객체의 모습과 동작 방법을 나타낸다. 이와 더불어 ConstraintLayout의 경우에는 각종 제약을 추가로 사용한다. 부모 뷰인 ConstraintLayout에 포함된 특정 뷰가 부모 뷰나 다른 자식 뷰에 관련해서 보여지는 방법을 제어하기 위해서다. ConstraintLayout 인스턴스는 자식 뷰들의 위치와 제약을 제어하는 각종 제약 설정을 갖고 있다.

자바 코드로 제약 설정을 사용하는데 필요한 것이 ConstraintSet 클래스이다. 이 클래스는 ConstraintLayout 인스턴스에 제약을 생성하고 구성하며 적용하는 일을 할 수 있는 다양한 메서드들을 갖고 있다. 또한 ConstraintLayout 인스턴스가 갖고 있는 현재의 각종 제약은 ConstraintSet 객체에 복사될 수 있으며, 복사된 제약은 변경 또는 변경 없이 다른 ConstraintLayout 인스턴스에 적용될 수 있다.

ConstraintSet 인스턴스는 다음과 같이 생성하면 된다.

```
ConstraintSet set = new ConstraintSet();
```

그리고 이후에는 이 객체의 메서드를 호출하여 다양한 일을 처리할 수 있다.

22.4.1 제약 연결을 생성하기

ConstraintSet 클래스의 connect( ) 메서드는 뷰 간의 제약 연결을 생성하는데 사용된다. 예를 들어, 다음 코드에서는 Button 뷰의 왼쪽을 EditText 뷰의 오른쪽과 70dp의 마진으로 연결하도록 제약을 설정한다.

```
set.connect(button1.getId(), ConstraintSet.LEFT,
            editText1.getId(), ConstraintSet.RIGHT, 70);
```

22.4.2 레이아웃에 제약을 적용하기

제약 설정이 생성되어 구성된 후에는 ConstraintLayout 인스턴스에 적용을 해야 효력이 발생한다. 이때는 제약 설정이 적용될 레이아웃 객체의 참조를 인자로 전달하여 applyTo( ) 메서드를 호출하면 된다.

```
set.applyTo(myLayout);
```

22.4.3 부모 뷰에 제약 연결하기

ConstraintSet.PARENT_ID 상수를 지정하면 자식 뷰와 부모 ConstraintLayout 간의 제약 연결을 설정할 수 있다. 다음 코드에서는 Button 뷰의 위쪽을 부모 레이아웃의 위쪽에 100dp의 마진으로 연결하도록 제약을 설정한다.

```
set.connect(button1.getId(), ConstraintSet.TOP,
            ConstraintSet.PARENT_ID, ConstraintSet.TOP, 100);
```

22.4.4 크기 제약 설정하기

뷰의 크기를 조정하는 메서드들도 사용할 수 있다. 예를 들어, 다음 코드에서는 Button 뷰의 수평 방향 크기를 wrap_content로 설정하며, ImageView 인스턴스의 수직 방향 크기는 최대 250dp로 설정한다.

```
set.constrainWidth(button1.getId(), ConstraintSet.WRAP_CONTENT);
set.constrainMaxHeight(imageView1.getId(), 250);
```

22.4.5 제약 바이어스 설정하기

18장에서 알아보았듯이, 뷰가 상대 제약을 가질 때는 해당 제약의 축(수평 또는 수직)을 따라 중앙에 위치한다. 이때 해당 축의 바이어스를 적용하면 위치를 조정할 수 있다. 안드로이드 스튜디오 레이아웃 편집기를 사용할 때는 속성 창에서 바이어스 컨트롤을 사용해서 할 수 있다. 그러나 자바 코드로 조정할 때는 setHorizontalBias( )나 setVerticalBias( ) 메서드를 사용하면 된다. 그리고 이때 해당 뷰 ID와 바이어스 값(0부터 1 사이의 실수)을 메서드 인자로 전달한다.

예를 들어, 다음 코드에서는 Button 뷰의 왼쪽과 오른쪽을 부모 뷰에 연결하고 25%의 수평 바이어스 값을 적용한다.

```
set.connect(button1.getId(), ConstraintSet.LEFT,
            ConstraintSet.PARENT_ID, ConstraintSet.LEFT, 0);
set.connect(button1.getId(), ConstraintSet.RIGHT,
            ConstraintSet.PARENT_ID, ConstraintSet.RIGHT, 0);
set.setHorizontalBias(button1.getId(), 0.25f);
```

22.4.6 정렬 제약 설정하기

제약 설정을 사용하면 정렬도 적용할 수 있다. 이때 centerVertically()와 centerHorizontally() 메서드를 사용하면 안드로이드 스튜디오 레이아웃 편집기에서 사용 가능한 모든 정렬 옵션들을 구성할 수 있다. 또한, center() 메서드를 사용하면 두 개의 다른 뷰 가운데에 특정 뷰를 위치시킬 수 있다. 다음 코드에서는 button1과 수평으로 정렬되도록 button2를 위치시킨다.

```
set.centerHorizontally(button2.getId(), button1.getId());
```

22.4.7 ConstraintSet을 복사하고 적용하기

clone() 메서드를 사용하면 특정 ConstraintLayout 인스턴스의 현재 제약 설정을 ConstraintSet 객체에 복사할 수 있다. 예를 들어, 다음 코드에서는 myLayout이라는 ConstraintLayout 인스턴스의 제약 설정을 ConstraintSet 객체에 복사한다.

```
set.clone(myLayout);
```

그리고 복사된 제약 설정은 다른 레이아웃에 적용될 수 있다. 다음 코드에서는 복사된 제약 설정 중에서 뷰의 수평 크기를 변경한 후 다른 레이아웃에 적용한다.

```
ConstraintSet set = new ConstraintSet();
set.clone(myLayout);
set.constrainWidth(button1.getId(), ConstraintSet.WRAP_CONTENT);
set.applyTo(mySecondLayout);
```

22.4.8 ConstraintLayout 체인 생성하기

createHorizontalChain( )과 createVerticalChain( ) 메서드를 사용하면 수평 체인과 수직 체인의 제약 설정을 생성할 수 있다. 이 메서드들의 기본 형식은 다음과 같다.

```
createHorizontalChain(int leftId, int leftSide, int rightId,
    int rightSide, int[] chainIds, float[] weights, int style);

createVerticalChain(int topId, int topSide, int bottomId,
    int bottomSide, int[] chainIds, float[] weights, int style)
```

다음 코드에서는 button1부터 button4까지의 수평 spread 체인을 생성한다. 그리고 button1과 button4 사이에 포함된 button2와 button3의 가중치를 0으로 설정한다(따라서 체인의 공간에 맞춰 각 버튼의 크기가 동일하게 조정된다).

```
int[] chainViews = {button2.getId(), button3.getId()};
float[] chainWeights = {0, 0};

set.createHorizontalChain(button1.getId(), ConstraintSet.LEFT,
                          button4.getId(), ConstraintSet.RIGHT,
                          chainViews, chainWeights,
                          ConstraintSet.CHAIN_SPREAD);
```

removeFromHorizontalChain( )이나 removeFromVerticalChain( ) 메서드를 사용하면 체인에서 뷰를 제외시킬 수 있으며, 제외시킬 뷰의 ID를 각 메서드의 인자로 전달하면 된다. 또한 addToHorizontalChain( )이나 addToVerticalChain( ) 메서드를 사용하면 기존 체인에 뷰를 추가할 수 있다. 그리고 이때 추가되는 뷰의 ID, 이 뷰의 왼쪽 뷰 ID와 오른쪽 뷰 ID를 인자로 전달한다.

```
set.addToHorizontalChain (newViewId, leftViewId, rightViewId);
```

22.4.9 지시선을 생성하고 설정하기

create( ) 메서드를 사용하면 지시선(guidelines)을 제약 설정에 추가할 수 있으며, 그다음에 setGuidelineBegin( ), setGuidelineEnd( ), setGuidelinePercent( ) 메서드를 사용해서 지시선을 레이아웃에 위치시킬 수 있다. 다음 코드에서는 수직 방향의 지시선을 생성하되, 부모 레이아웃 너비의 50%되는 지점에 위치시킨다. 그다음에 button으로 참조되는 Button 뷰의 왼쪽을 그 지시선에 마진 없이 연결한다.

```
set.create(R.id.myGuidelineId, ConstraintSet.VERTICAL_GUIDELINE);
set.setGuidelinePercent(R.id.myGuidelineId, 0.5f);
set.connect(button.getId(), ConstraintSet.LEFT,
        R.id.myGuidelineId, ConstraintSet.RIGHT, 0);

set.applyTo(layout);
```

22.4.10 제약을 삭제하기

clear( ) 메서드를 사용하면 제약이 설정된 뷰의 제약 연결을 삭제할 수 있다. 이때 해당 뷰의 ID와 그 뷰의 삭제할 제약 연결을 메서드 인자로 전달한다. 다음 코드에서는 button으로 참조되는 Button 뷰의 왼쪽 제약 연결을 삭제한다.

```
set.clear(button.getId(), ConstraintSet.LEFT);
```

이와 유사하게 해당 뷰의 모든 제약 연결을 한꺼번에 삭제할 수도 있다. 이때는 다음과 같이 clear( ) 메서드의 인자로 해당 뷰의 ID만 전달하면 된다.

```
set.clear(button.getId()
```

22.4.11 크기 조정하기

ConstraintSet 클래스의 setScaleX( )와 setScaleY( ) 메서드를 사용하면 레이아웃에 포함된 자식 뷰의 크기를 조정할 수 있다. 이때 크기를 조정할 자식 뷰의 ID와 크기를 나타내는 실수 값을 메서드 인자로 전달한다. 다음 코드에서는 myButton으로 참조되는 Button 뷰의 너비를 원래 크기의 2배로, 그리고 높이를 0.5배로 조정한다.

```
set.setScaleX(myButton.getId(), 2f);
set.setScaleY(myButton.getId(), 0.5f);
```

22.4.12 뷰를 회전시키기

setRotationX( )와 setRotationY( ) 메서드를 사용하면 X축이나 Y축으로 뷰를 회전시킬 수 있다. 이때 해당 뷰의 ID와 회전각을 나타내는 실수 값을 메서드 인자로 전달한다. 그리고 중심점은 setTransformPivot( ), setTransformPivotX( ), setTransformPivotY( ) 메서드를 사용해서 정의한다. 다음 코드에서는 화면 좌표의 (500, 500)에 위치하는 중심점을 기준으로 Button 뷰를 Y축으로

30도 회전시킨다.

```
set.setTransformPivot(button.getId(), 500, 500);
set.setRotationY(button.getId(), 30);
set.applyTo(layout);
```

지금까지 제약 설정의 기본 이론 및 자바 코드로 사용자 인터페이스를 생성하는 방법을 알아보았다. ConstraintSet 클래스의 더 자세한 내용은 다음 URL을 참조하자.

https://developer.android.com/reference/android/support/constraint/ConstraintSet.html

22.5 요약

XML을 직접 작성하거나 또는 안드로이드 스튜디오 레이아웃 편집기를 사용하는 대신에 자바 코드를 사용해서 동적으로 사용자 인터페이스를 생성할 수 있다.

자바 코드로 레이아웃을 생성할 때는 해당 뷰 클래스의 인스턴스를 생성하고, 그것의 모습과 동작을 나타내는 속성을 설정한다.

ConstraintLayout 부모 뷰나 다른 자식 뷰와 관련해서 특정 자식 뷰의 위치를 설정하고 크기를 조정하는 방법은 제약 설정으로 정의한다. 이러한 제약 설정은 ConstraintSet 클래스의 인스턴스로 나타내며, 이 인스턴스의 다양한 메서드를 사용해서 구성될 수 있다. 예를 들어, 제약 연결을 생성하거나 해당 뷰의 크기를 조정할 수 있고 체인을 생성할 수 있다.

이번 장에서는 ConstraintSet 클래스의 기본 사항을 알아보았다. 다음 장에서는 예제 프로젝트를 생성하여 실제 어떻게 사용하는지 살펴볼 것이다.

안드로이드 ConstraintSet 예제 프로젝트

앞 장에서는 ConstraintLayout과 ConstraintSet 클래스를 사용해서 자바 코드로 사용자 인터페이스를 생성하고 변경하는 방법을 알아보았다. 이번 장에서는 예제 프로젝트를 통해서 안드로이드 스튜디오 레이아웃 편집기를 사용하지 않고 자바 코드로 ConstraintLayout을 생성하는 방법을 실제 해볼 것이다.

23.1 안드로이드 스튜디오로 예제 프로젝트 생성하기

우선, 새 프로젝트를 생성하자. 안드로이드 스튜디오 메인 메뉴의 File ➡ New ➡ New Project...를 선택하거나 웰컴 스크린에서 Start a new Android Studio project를 선택한다.

Application name 필드에 JavaLayout을 입력하고, Company Domain 필드에는 ebookfrenzy.com을 입력한다. 안드로이드 장치 선택 화면에서는 폰과 태블릿(Phone and Tablet)만 선택하고, 최소 SDK 버전은 API 22: Android 5.1 (Lollipop)으로 선택한다. 액티비티 선택 화면에서는 Empty Activity를 선택한다. 그리고 마지막 대화상자에서 Activity Name에 JavaLayoutActivity를 입력하고 자동으로 설정된 나머지 필드 값은 그대로 둔다. Finish 버튼을 눌러 프로젝트를 생성한다.

프로젝트 생성이 끝나면 JavaLayout 프로젝트가 프로젝트 도구 창에 나타난다. 그리고 오른쪽의 편집기 창에는 JavaLayoutActivity.java 소스 파일이 로드되어 있을 것이다. 또한, 안드로이드 스튜디오가 템플릿 액티비티를 생성하고 onCreate( ) 메서드를 오버라이딩했을 것이다. 편집기 창의 JavaLayoutActivity.java 탭을 눌러서 코드를 변경할 준비를 한다.

23.2 액티비티에 뷰 추가하기

현재 onCreate( ) 메서드에서는 자동 생성된 사용자 인터페이스 레이아웃 파일을 사용하게 되어 있다. 여기에서는 그것을 사용하지 않고 자바 코드로 직접 생성할 것이므로 우선 다음의 라인부터 삭제한다.

```
@Override
protected void onCreate(Bundle savedInstanceState) {
    super.onCreate(savedInstanceState);
    setContentView(R.layout.activity_java_layout);
}
```

그다음은 하나의 Button 자식 뷰 객체를 갖는 ConstraintLayout 객체를 액티비티에 추가하는 자바 코드를 작성한다. 우선, ConstraintLayout과 Button 클래스의 새로운 인스턴스(객체)를 생성해야 한다. 그리고 Button 뷰 객체를 ConstraintLayout 뷰에 자식으로 추가할 필요가 있다. 끝으로 액티비티의 setContentView( ) 메서드를 호출하여 ConstraintLayout 뷰가 화면에 나타나게 하면 된다. 다음의 굵은 글씨 라인을 추가한다. 이때 import 문은 Alt+Enter[Option+Enter] 키를 눌러서 자동 생성하면 편리하다.

```
package com.ebookfrenzy.javalayout;

import android.support.v7.app.AppCompatActivity;
import android.os.Bundle;
import android.support.constraint.ConstraintSet;
import android.support.constraint.ConstraintLayout;
import android.widget.Button;
import android.widget.EditText;

public class JavaLayoutActivity extends AppCompatActivity {

    @Override
    protected void onCreate(Bundle savedInstanceState) {
        super.onCreate(savedInstanceState);
        Button myButton = new Button(this);
        ConstraintLayout myLayout = new ConstraintLayout(this);
        myLayout.addView(myButton);
        setContentView(myLayout);
    }
}
```

레이아웃 XML에 정의하지 않고 이처럼 자바 코드로 사용자 인터페이스 뷰 객체를 생성할 때는 생성되는 뷰 객체의 생성자 메서드에 그 객체의 컨텍스트 객체 참조를 전달해야 한다. 여기서는 현재의 액티비티 인스턴스가 컨텍스트 객체이므로 ConstraintLayout과 Button 객체를 생성할 때 다음과 같이 자바의 this 키워드를 사용하면 된다.

```
Button myButton = new Button(this);
ConstraintLayout myLayout = new ConstraintLayout(this);
```

코드 작성이 끝났으면 실제 장치나 에뮬레이터에서 툴바의 Run 버튼(▶)을 눌러 애플리케이션을 실행시키자. 그림 23-1과 같이 ConstraintLayout 뷰의 왼쪽 위에 텍스트가 없는 버튼이 나타날 것이다.

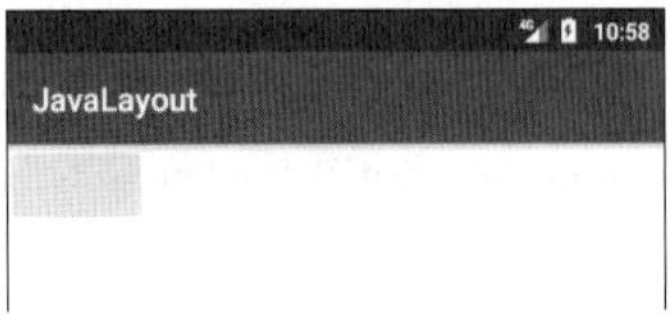

그림 23-1

23.3 뷰 속성 설정하기

여기서는 ConstraintLayout 뷰의 배경색을 푸른색으로 설정하고, Button 뷰는 노란색 배경에 'Press Me'라는 텍스트를 보여주게 할 것이다. 그렇게 하려면 다음의 굵은 글씨 라인처럼 각 뷰의 속성을 설정하면 된다.

```
.
.
import android.graphics.Color;

public class JavaLayoutActivity extends AppCompatActivity {

    @Override
    protected void onCreate(Bundle savedInstanceState) {
        super.onCreate(savedInstanceState);
        Button myButton = new Button(this);
        myButton.setText("Press Me");
        myButton.setBackgroundColor(Color.YELLOW);
        myButton.setTransformationMethod(null);
```

```
        ConstraintLayout myLayout = new ConstraintLayout(this);
        myLayout.setBackgroundColor(Color.BLUE);

        myLayout.addView(myButton);
        setContentView(myLayout);

    }
}
```

여기서 setTransformationMethod(null)을 호출하면 버튼의 텍스트가 영문 대소문자가 구별되어 나타난다(버튼의 textAllCaps 속성을 false로 지정한 것과 동일한 효과를 낸다). 애플리케이션을 다시 실행하면 속성 설정을 반영한 레이아웃이 보이게 될 것이다. 즉, 레이아웃은 푸른색 배경으로 나타나고 버튼은 노란색 배경에 'Press Me' 텍스트가 보이게 된다.

23.4 뷰 ID 생성하고 사용하기

여기서는 Button 외에 EditText 뷰를 추가할 것이다. 그리고 ConstraintSet 클래스의 메서드에서 Button과 EditText를 참조해야 하므로 각 뷰에 ID를 지정해야 한다.

다음과 같이 ID를 추가한다. app ➡ res ➡ values 폴더에서 오른쪽 마우스 버튼을 클릭한 후 New ➡ Values resource file을 선택한다. 그리고 대화상자에서 리소스 파일 이름에 id.xml을 입력하고 OK 버튼을 누르면 id.xml 파일이 생성되고 편집기에 열릴 것이다. 다음의 두 라인을 추가하자.

```
<?xml version="1.0" encoding="utf-8"?>
<resources>
    <item name="myButton" type="id" />
    <item name="myEditText" type="id" />
</resources>
```

이 시점에서는 Button만 생성되어 있으므로 onCreate( ) 메서드를 변경하여 그것의 ID를 지정할 필요가 있다. 다음과 같이 진한 글씨의 코드를 추가하자.

```
protected void onCreate(Bundle savedInstanceState) {
    super.onCreate(savedInstanceState);
    Button myButton = new Button(this);
    myButton.setText("Press Me");
    myButton.setBackgroundColor(Color.YELLOW);
    myButton.setTransformationMethod(null);
    myButton.setId(R.id.myButton);
```

```
.
.
}
```

23.5 제약 설정 구성하기

자식 뷰에 어떤 제약 연결도 없을 경우 ConstraintLayout에서는 해당 자식 뷰(여기서는 Button)를 화면의 제일 왼쪽 위에 위치시킨다. 따라서 Button을 다른 위치(여기서는 수평과 수직 모두 중앙)에 두려면 ConstraintSet 인스턴스를 생성하고 필요한 제약 설정을 지정한 후 부모 레이아웃인 ConstraintLayout에 적용해야 한다.

다음 예에서는 Button 자신이 보여주는 텍스트에 맞게 크기를 조정하며, 위치는 부모 레이아웃의 정중앙에 오도록 제약 설정을 생성한다. 다음과 같이 onCreate() 메서드를 추가로 변경하자.

```
@Override
protected void onCreate(Bundle savedInstanceState) {

    super.onCreate(savedInstanceState);
    Button myButton = new Button(this);
    myButton.setText("Press Me");
    myButton.setBackgroundColor(Color.YELLOW);
    myButton.setId(R.id.myButton);

    ConstraintLayout myLayout = new ConstraintLayout(this);
    myLayout.setBackgroundColor(Color.BLUE);

    myLayout.addView(myButton);
    setContentView(myLayout);

    ConstraintSet set = new ConstraintSet();

    set.constrainHeight(myButton.getId(),
                        ConstraintSet.WRAP_CONTENT);
    set.constrainWidth(myButton.getId(),
                        ConstraintSet.WRAP_CONTENT);

    set.connect(myButton.getId(), ConstraintSet.LEFT,
                ConstraintSet.PARENT_ID, ConstraintSet.LEFT, 0);
    set.connect(myButton.getId(), ConstraintSet.RIGHT,
                ConstraintSet.PARENT_ID, ConstraintSet.RIGHT, 0);
    set.connect(myButton.getId(), ConstraintSet.TOP,
                ConstraintSet.PARENT_ID, ConstraintSet.TOP, 0);
```

```
        set.connect(myButton.getId(), ConstraintSet.BOTTOM,
                ConstraintSet.PARENT_ID, ConstraintSet.BOTTOM, 0);

        set.applyTo(myLayout);
    }
```

변경이 다 되었으면 애플리케이션을 다시 실행시키자. 그림 23-2처럼 Button이 레이아웃의 정중앙에 나타날 것이다.

그림 23-2

23.6 EditText 뷰를 추가하기

다음은 뷰 EditText 뷰를 레이아웃에 추가한다. 이때는 EditText 객체를 생성한 후 id.xml 리소스 파일에 정의한 ID를 사용해서 부모 레이아웃에 추가하면 된다. 다음과 같이 onCreate() 메서드를 변경하자.

```
@Override
protected void onCreate(Bundle savedInstanceState) {

    super.onCreate(savedInstanceState);
    Button myButton = new Button(this);
    myButton.setText("Press Me");
```

```
    myButton.setBackgroundColor(Color.YELLOW);
    myButton.setId(R.id.myButton);

    EditText myEditText = new EditText(this);
    myEditText.setId(R.id.myEditText);

    ConstraintLayout myLayout = new ConstraintLayout(this);
    myLayout.setBackgroundColor(Color.BLUE);

    myLayout.addView(myButton);
    myLayout.addView(myEditText);

    setContentView(myLayout);
.
.
}
```

여기서는 EditText가 갖는 값에 맞게 크기가 조정되도록 설정한다. 또한, 기존 버튼의 70dp 위에 위치하며, 수평으로 레이아웃의 중앙에 오도록 구성한다. 다음과 같이 onCreate() 메서드에 추가하자.

```
.
.
.
set.connect(myButton.getId(), ConstraintSet.LEFT,
            ConstraintSet.PARENT_ID, ConstraintSet.LEFT, 0);
set.connect(myButton.getId(), ConstraintSet.RIGHT,
            ConstraintSet.PARENT_ID, ConstraintSet.RIGHT, 0);
set.connect(myButton.getId(), ConstraintSet.TOP,
            ConstraintSet.PARENT_ID, ConstraintSet.TOP, 0);
set.connect(myButton.getId(), ConstraintSet.BOTTOM,
            ConstraintSet.PARENT_ID, ConstraintSet.BOTTOM, 0);

set.constrainHeight(myEditText.getId(),
                    ConstraintSet.WRAP_CONTENT);
set.constrainWidth(myEditText.getId(),
                    ConstraintSet.WRAP_CONTENT);

set.connect(myEditText.getId(), ConstraintSet.LEFT,
            ConstraintSet.PARENT_ID, ConstraintSet.LEFT, 0);
set.connect(myEditText.getId(), ConstraintSet.RIGHT,
            ConstraintSet.PARENT_ID, ConstraintSet.RIGHT, 0);
set.connect(myEditText.getId(), ConstraintSet.BOTTOM,
            myButton.getId(), ConstraintSet.TOP, 70);

set.applyTo(myLayout);
```

애플리케이션을 다시 실행시키면 수평으로는 레이아웃의 중앙이면서 Button 위로 70dp 떨어진 곳에 EditText 필드가 나타날 것이다.

23.7 dp를 px로 변환하기

이 예제에서 마지막으로 할 일은 EditText 뷰의 너비를 200dp로 설정하는 것이다. 사용자 인터페이스 레이아웃에서 뷰의 크기와 위치를 설정할 때는 픽셀(px, pixel)보다 해상도 독립적 픽셀(dp, density independent pixels)을 사용하는 것이 좋다. 그러나 장치 화면의 해상도를 고려하여 dp로 위치를 설정하기 위해서는 런타임 시에 dp 값을 px 값으로 변환할 필요가 있다. 그러므로 EditText 뷰의 너비를 200dp로 설정하려면 onCreate( ) 메서드에 변환 코드를 추가해야 한다.

```
package com.ebookfrenzy.javalayout;

import android.support.v7.app.AppCompatActivity;
import android.os.Bundle;
import android.support.constraint.ConstraintLayout;
import android.support.constraint.ConstraintSet;
import android.widget.Button;
import android.widget.EditText;
import android.graphics.Color;
import android.content.res.Resources;
import android.util.TypedValue;

public class JavaLayoutActivity extends AppCompatActivity {*

    @Override
    protected void onCreate(Bundle savedInstanceState) {

        super.onCreate(savedInstanceState);
        Button myButton = new Button(this);
        myButton.setText("Press Me");
        myButton.setBackgroundColor(Color.YELLOW);
        myButton.setId(R.id.myButton);

        EditText myEditText = new EditText(this);
        myEditText.setId(R.id.myEditText);

        Resources r = getResources();
        int px = (int) TypedValue.applyDimension(
                TypedValue.COMPLEX_UNIT_DIP, 200,
                r.getDisplayMetrics());

        myEditText.setWidth(px);
.
.
}
```

애플리케이션을 다시 실행시켜 보자. EditText 뷰의 너비가 변경되었을 것이다(그림 23-3의 화면에는 버튼 위에 있는 EditText 뷰가 선으로 나타난 것처럼 보인다. 그러나 선 위에 마우스를 클릭 또는 터치해보면 텍스트를 입력 받는 필드로 되어 있음을 알 수 있다).

그림 23-3

23.8 요약

이번 장에서 생성한 예제 액티비티는 안드로이드 스튜디오 레이아웃 편집기와 XML 리소스를 사용해서 이전의 다른 장에서 생성한 것과 동일한 사용자 인터페이스를 갖는다(배경색만 다를 뿐이다). 그러나 사용자 인터페이스를 자바 코드로 만드는 것보다는 레이아웃 편집기와 XML 리소스를 사용하는 것이 훨씬 쉽다는 것을 알았을 것이다. 레이아웃 편집기와 XML 리소스가 안드로이드 사용자 인터페이스의 복잡함을 가려주기 때문이다.

그러나 사용자 인터페이스를 자바 코드로 생성하면 좋을 때가 있다. 예를 들어, 동적인 사용자 인터페이스 레이아웃을 생성할 때다.

안드로이드 이벤트 처리 개요

앞의 여러 장에서는 안드로이드 애플리케이션의 사용자 인터페이스 디자인에 관련된 내용을 많이 알아보았다. 그러나 아직 다루지 않은 내용이 있다. 그것은 사용자가 사용자 인터페이스와 상호작용할 때 애플리케이션 내부에서 작업을 수행시키는 방법이다. 예를 들어, 버튼 뷰를 포함하는 사용자 인터페이스를 생성하는 방법은 이미 알고 있다. 그러나 그 버튼을 사용자가 터치했을 때 애플리케이션 내부에서 어떻게 해야 하는지는 모른다.

따라서 이번 장에서는 안드로이드 스튜디오 기반의 예제 프로젝트와 더불어 안드로이드 애플리케이션의 **이벤트(event)** 처리 개요를 알려줄 것이다. 그리고 이벤트 처리의 기본 사항을 알아본 후 24장에서는 **다중 터치(multiple touch)**에 관련된 터치 이벤트 처리에 대해 설명할 것이다.

24.1 안드로이드 이벤트 이해하기

안드로이드 이벤트는 다양한 형태로 생길 수 있다. 그러나 대개는 외부(주로 사용자) 액션에 대한 응답으로 발생된다. 가장 흔한 형태의 이벤트는 터치 스크린과 상호작용할 때 발생한다. 특히, 태블릿이나 스마트폰과 같은 장치에서 그렇다. 그런 이벤트는 **입력 이벤트(input event)**로 분류된다.

안드로이드 프레임워크에서는 발생된 이벤트를 저장하는 **이벤트 큐(event queue)**를 유지 관리한다. 그리고 저장된 이벤트는 선입선출(FIFO, first-in first-out) 기반으로 큐에서 꺼내어 처리 및 제거된다. 화면 터치와 같은 입력 이벤트는 터치가 된 화면 위치에 있는 뷰에 전달된다. 이때 이벤트의 알림와 더불어 이벤트의 본질에 관한 많은 정보(이벤트 타입에 따라 다름)도 뷰에 같이 전달된다. 예를 들어, 사용자의 손가락과 화면이 접촉된 곳(점)의 좌표와 같은 정보다.

전달된 이벤트를 처리하기 위해서는 뷰에서 **이벤트 리스너**(event listener)를 갖고 있어야 한다. 모든 사용자 인터페이스 컴포넌트들이 상속받는 안드로이드 View 클래스는 많은 종류의 이벤트 리스너 인터페이스를 갖고 있다. 그리고 그것들 각각은 콜백(callback) 추상 메서드를 포함한다. 따라서 특정 타입의 이벤트에 응답하려면 뷰가 필요한 이벤트 리스너를 등록하고 그 리스너의 콜백 메서드를 그 뷰에 구현해야 한다. 예를 들어, 만일 버튼이 클릭 이벤트에 응답하려면 View.OnClickListener 이벤트 리스너를 등록하고(여기서는 이 버튼 객체의 setOnClickListener( ) 메서드를 호출하여 등록), 그 리스너에 추상 메서드로 정의된 onClick( ) 콜백 메서드를 구현해야 한다(여기서 클릭은 사용자가 손가락으로 버튼을 터치했다가 뗀 것으로 마치 물리적인 버튼을 클릭하는 것과 동일한 것이다). 그 버튼 뷰의 화면 위치에서 '클릭' 이벤트가 감지되면 이벤트 큐에서 그 이벤트가 제거될 때 안드로이드 프레임워크가 그 이벤트 리스너를 등록한 뷰의 onClick( ) 메서드를 호출한다. 그리고 당연한 것이지만, onClick( ) 콜백 메서드의 구현 코드에서는 버튼 클릭의 응답으로 어떤 작업도 수행할 수 있고 다른 메서드를 호출할 수도 있다.

24.2 android:onClick 리소스 사용하기

이벤트 리스너를 더 자세히 살펴보기 전에 알아두면 좋은 것이 있다. 사용자 인터페이스의 버튼 뷰를 사용자가 클릭했을 때 콜백 메서드가 호출되는 것이 필요한 것의 전부라면 간단한 방법이 있다. 예를 들어, button1이라는 이름의 버튼 뷰를 포함하는 사용자 인터페이스 레이아웃이 있다고 해보자. 그리고 이 버튼을 사용자가 터치했을 때 액티비티 클래스에 선언된 buttonClick( ) 메서드가 호출될 필요가 있다. 이것을 구현하려면 buttonClick( ) 메서드만 작성하면 된다(이 메서드는 클릭 이벤트가 발생된 뷰 객체의 참조를 인자로 받는다). 그리고 XML 파일에 있는 그 버튼 뷰의 선언부에 다음과 같이 한 라인만 추가하면 된다.

```
<Button
    android:id="@+id/button1"
    android:layout_width="wrap_content"
    android:layout_height="wrap_content"
    android:onClick="buttonClick"
    android:text="Click me" /
```

이것은 클릭 이벤트를 잡아내는 간단한 방법이다. 클릭 이벤트 리스너 구현 코드를 우리가 작성하지 않아도 되기 때문이다. 안드로이드 스튜디오 레이아웃 편집기에서 작업할 때는 장치 화면 레이아웃에서 버튼 뷰를 선택한 후 onClick 속성을 속성 패널에서 찾는다. 그리고 속성 값으로 buttonClick을 입력하면 된다(이 메서드 이름은 우리가 원하는 것을 주면 된다). 그러나 이번 장의 나머지 부분에서 설명할 이벤트 처리기(handler)처럼 다양한 옵션을 제공하지는 못한다.

24.3 이벤트 리스너와 콜백 메서드

잠시 후에 생성할 예제 액티비티에서는 이벤트 리스너를 등록하고 콜백 메서드를 구현하는 작업들을 자세히 알아볼 것이다. 그러나 그렇게 하기 전에 안드로이드 프레임워크에서 사용 가능한 이벤트 리스너와 각 리스너에 관련된 콜백 메서드를 알아둘 필요가 있다.

- **OnClickListener** — 뷰가 점유하는 장치 화면의 영역을 사용자가 터치한 다음 바로 떼었을 때 발생하는 클릭 형태의 이벤트들을 감지하는 데 사용된다. 이벤트가 발생된 뷰 객체가 인자로 전달되는 onClick( ) 콜백 메서드를 구현하여 처리한다.
- **OnLongClickListener** — 사용자가 뷰를 길게 터치한 것을 감지하는 데 사용된다. 이벤트가 발생된 뷰 객체가 인자로 전달되는 onLongClick( ) 콜백 메서드를 구현하여 처리한다.
- **OnTouchListener** — 단일 또는 다중 터치와 제스처를 포함하는 터치 스크린과의 모든 접촉을 감지하는 데 사용된다. 이벤트가 발생된 뷰 객체와 MotionEvent 객체가 함께 인자로 전달되는 onTouch( ) 콜백 메서드를 구현하여 처리한다. 이 내용은 26장에서 상세하게 다룰 것이다.
- **OnCreateContextMenuListener** — 길게 클릭했을 때 나타나는 컨텍스트 메뉴의 생성을 리스닝한다. 이벤트가 발생된 뷰(즉, 메뉴) 객체와 메뉴 컨텍스트 객체가 인자로 전달되는 onCreateContextMenu( )를 구현하여 처리한다.
- **OnFocusChangeListener** — 트랙볼이나 내비게이션 키를 누름으로써 현재의 뷰에서 포커스가 빠져나가는 것을 감지한다. 이벤트가 발생된 뷰 객체와 boolean 값(포커스를 받았는지 또는 잃었는지의 여부를 나타냄)이 인자로 전달되는 onFocusChange( ) 콜백 메서드를 구현하여 처리한다.
- **OnKeyListener** — 뷰가 포커스를 갖고 있을 때 장치의 키가 눌러진 것을 감지하는 데 사용된다. 이벤트가 발생된 뷰 객체, 눌러진 키의 KeyCode 객체, KeyEvent 객체 모두가 인자로 전달되는 onKey( ) 콜백 메서드를 구현하여 처리한다.

24.4 이벤트 처리 예제

이 장의 나머지 부분에서는 간단한 안드로이드 스튜디오 프로젝트를 생성할 것이다. 이 프로젝트는 사용자가 버튼을 클릭했는지를 감지하기 위한 이벤트 리스너와 콜백 메서드의 구현을 보여주기 위해 설계된 것이다. 콜백 메서드의 내부 코드에서는 이벤트가 처리되었음을 알리기 위해 텍스트 뷰의 텍스트를 변경하여 보여줄 것이다.

우선, 새 프로젝트를 생성하자. 안드로이드 스튜디오 메인 메뉴의 File ➡ New ➡ New Project...를 선택하거나 웰컴 스크린에서 Start a new Android Studio project를 선택한다.

Application name 필드에 EventExample을 입력하고, Company Domain 필드에는 ebookfrenzy.com을 입력한다. 안드로이드 장치 선택 화면에서는 **폰과 태블릿**(Phone and Tablet)만 선택하고, 최소 SDK 버전은 API 22: Android 5.1 (Lollipop)으로 선택한다. 액티비티 선택 화면에서는 Empty Activity를 선택한다. 그리고 마지막 대화상자에서 Activity Name에 EventExampleActivity를 입력하고 자동으로 설정된 나머지 필드 값은 그대로 둔다. Finish 버튼을 눌러 프로젝트를 생성한다.

24.5 사용자 인터페이스 디자인하기

EventExampleActivity 클래스의 사용자 인터페이스 레이아웃은 각각 하나의 ConstraintLayout, Button, TextView로 구성할 것이다(그림 24-1).

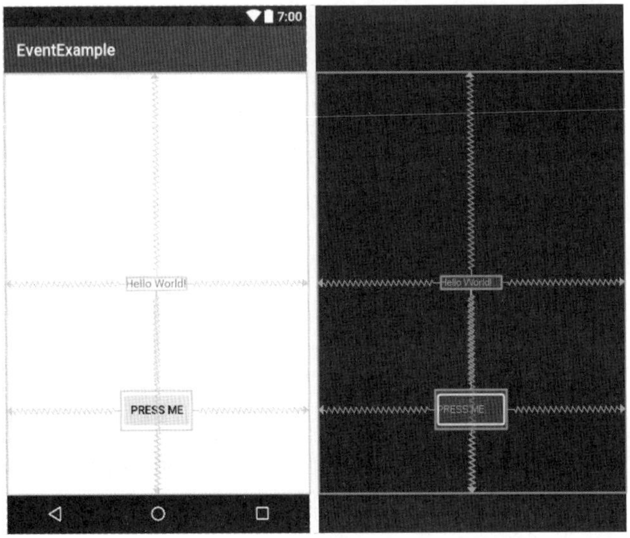

그림 24-1

편집기의 activity_event_example.xml 탭을 클릭하여 선택한 후 디자인 모드로 변경한다.

그다음에 자동 연결(Autoconnect)이 활성화된 상태에서(18장 참조) 팔레트의 Button 위젯을 끌어서 TextView 밑에 놓는다(수평 방향으로는 중앙에 오도록 한다). 그리고 Button에서 오른쪽 마우스 버튼을 누른 후 메뉴의 Center ➡ Center Vertically를 선택한다. 이렇게 하면 Button에 적합한 제약(constraints)을 나타내는 속성들이 자동으로 레이아웃 XML에 추가된다. 자동 연결이 활성화되어 있기 때문이다.

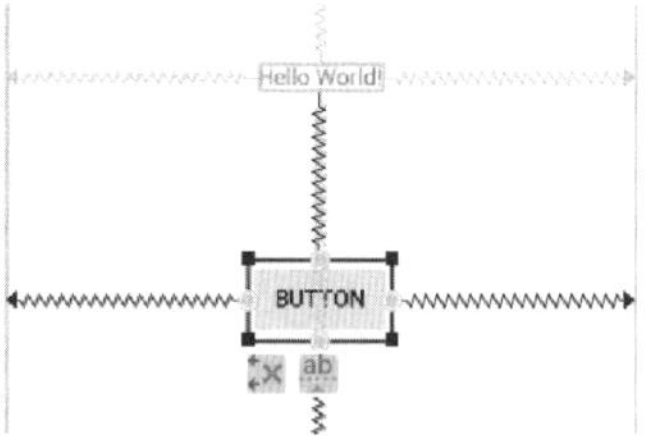

그림 24-2

버튼이 선택된 상태에서 속성 창의 text 속성값을 Press Me로 변경한다. 그리고 레이아웃 편집기 창의 오른쪽 위에 있는 버튼(그림 24-3)을 클릭하여 문자열을 리소스로 추출한다(3장의 그림 3-16 참조).

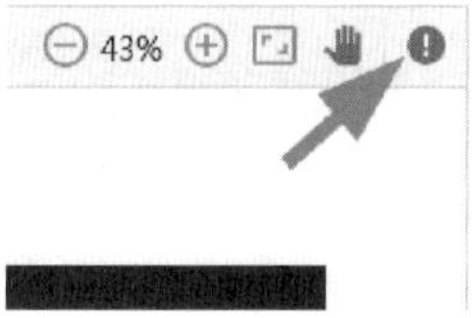

그림 24-3

그리고 속성 패널의 제일 위에 있는 버튼의 ID를 myButton으로 변경한다. 또한 TextView인 'Hello World!'를 클릭한 후 ID를 statusText로 변경하고 Enter 키를 누른다. 이때 Update Usages 대화상자가 나타난다. 변경 전의 TextView ID를 이미 다른 곳에서 참조하기 때문에 그것도 변경해야 하기 때문이다. Yes 버튼을 누른다.

이제는 사용자 인터페이스 레이아웃이 완성되었으므로 이벤트 리스너를 등록하고 콜백 메서드를 구현하는 코드를 작성해보자.

24.6 이벤트 리스너와 콜백 메서드

여기서는 OnClickListener를 버튼(myButton)의 리스너로 등록할 필요가 있다. 이때는 그 버튼 뷰의 setOnClickListener( ) 메서드를 호출하면 된다. 이때 OnClickListener 이벤트 리스너의 onClick( ) 콜백 메서드를 구현하는 새로운 버튼 객체를 인자로 전달한다. 그리고 이런 일은 액티비티가 생성될 때만 수행될 필요가 있으므로 이 코드를 추가하기 좋은 위치는 EventExampleActivity 클래스의 onCreate( ) 메서드다.

편집기 창에는 EventExampleActivity.java 소스 파일이 이미 로드되어 있을 것이다. 편집기 창의 그 파일 탭을 누르자. 만일 아직 로드되어 있지 않다면 프로젝트 도구 창에서 app ➡ java ➡ com.ebookfrenzy.eventexample ➡ EventExampleActivity.java 파일을 더블 클릭하여 편집기에 로드한다. 소스 코드에서 onCreate( ) 메서드를 찾아서 다음의 굵은 글씨 라인을 추가한다. 버튼 뷰의 리소스 ID로 객체 참조를 얻은 후 OnClickListener 이벤트 리스너를 등록하고 onClick( ) 콜백 메서드를 구현하는 코드다. 대개의 경우에 이벤트 리스너 등록과 콜백 메서드 구현은 자바의 익명의 내부 클래스를 사용해서 같이 하는 경우가 많다. 필요한 위치에 그런 코드를 같이 둘 수 있어서 알기 쉽기 때문이다(import 문은 소스 코드의 해당 클래스에서 Alt + Enter[Option + Enter] 키를 누르면 자동으로 추가된다).

```
package com.ebookfrenzy.eventexample;

import android.support.v7.app.AppCompatActivity;
import android.os.Bundle;
import android.view.View;
import android.widget.Button;
import android.widget.TextView;

public class EventExampleActivity extends AppCompatActivity {

    @Override
    protected void onCreate(Bundle savedInstanceState) {
        super.onCreate(savedInstanceState);
        setContentView(R.layout.activity_event_example);

        Button button = (Button)findViewById(R.id.myButton);
        button.setOnClickListener(
            // 익명의 내부 클래스 정의 시작 부분
            new Button.OnClickListener() {
                public void onClick(View v) {
                }
            }
            // 익명의 내부 클래스 정의 끝 부분
```

```
        ); // setOnClickListener() 메서드 호출의 끝 부분
    }
}
```

이 코드에서는 버튼의 이벤트 리스너를 등록하고 onClick() 메서드를 구현하고 있다. 그러나 이 시점에서 애플리케이션을 실행한다면 버튼의 이벤트 리스너가 동작하는지 알 수 없을 것이다. 왜냐하면 onClick() 콜백 메서드 내부에 구현된 실행 코드가 아무것도 없기 때문이다. 이 예제 코드에서는 버튼을 눌렀을 때 TextView의 메시지를 변경하여 보여줄 것이다. 따라서 다음의 굵은 글씨 라인을 추가할 필요가 있다.

```
@Override
protected void onCreate(Bundle savedInstanceState) {
    super.onCreate(savedInstanceState);
    setContentView(R.layout.activity_event_example);

    Button button = (Button)findViewById(R.id.myButton);
    button.setOnClickListener(
        // 익명의 내부 클래스 정의 시작 부분
        new Button.OnClickListener() {
            public void onClick(View v) {
                TextView statusText =
                        (TextView)findViewById(R.id.statusText);
                statusText.setText("Button clicked");
            }
        }
        // 익명의 내부 클래스 정의 끝 부분
    ); // setOnClickListener() 메서드 호출의 끝 부분
}
```

코드 추가가 다 되었으면 AVD 에뮬레이터나 실제 안드로이드 장치에서 애플리케이션을 실행시킨다. 버튼을 터치하면(클릭하면) 텍스트 뷰의 메시지가 'Button clicked'로 변경될 것이다.

24.7 이벤트 소비하기

길게 누르는 클릭(long click)과는 다르게 뷰의 표준 클릭을 감지하는 것은 매우 간단한 이벤트 처리에 속한다. 지금부터는 이 예제에서 긴 클릭 이벤트를 처리하게 할 것이다. 긴 클릭 이벤트는 화면의 뷰를 사용자가 클릭한 채로 계속 누르고 있는 경우에 발생한다. 이것을 이벤트 소비(consumption)라 한다.

앞의 코드에서 onClick( ) 메서드는 반환 타입이 void로 되어 있다. 즉, 그 메서드가 실행된 후에는 안드로이드 프레임워크에 아무것도 반환하지 않는다는 의미다.

이와는 달리 OnLongClickListener 인터페이스의 onLongClick( ) 콜백 메서드에서는 안드로이드 프레임워크에 boolean 값을 반환할 필요가 있다. 콜백 메서드가 그 이벤트를 소비(consume)했는지 여부를 안드로이드 런타임에게 알려주기 위한 것이 그 반환 값의 목적이다. 만일 콜백 메서드가 true 값을 반환하면 그 이벤트는 프레임워크에 의해 폐기된다. 반면에 콜백 메서드가 false 값을 반환하면 안드로이드 프레임워크는 그 이벤트가 여전히 유효하다고 여기고 그것을 동일한 뷰에 등록된 그다음의 일치하는(같은 타입의 이벤트를 리스닝하는) 이벤트 리스너에게 전달한다.

많은 프로그래밍 개념들이 그렇듯이 이것도 예를 통해 보는 것이 가장 좋을 것이다. 우선, 다음과 같이 버튼 뷰의 OnLongClickListener 이벤트 리스너와 onLongClick( ) 콜백 메서드를 추가한다.

```
@Override
protected void onCreate(Bundle savedInstanceState) {
    super.onCreate(savedInstanceState);
    setContentView(R.layout.activity_event_example);

    Button button = (Button)findViewById(R.id.myButton);
    button.setOnClickListener(
        // 익명의 내부 클래스 정의 시작 부분
        new Button.OnClickListener() {
            public void onClick(View v) {
                TextView statusText =
                        (TextView)findViewById(R.id.statusText);
                statusText.setText("Button clicked");
            }
        }
        // 익명의 내부 클래스 정의 끝 부분
    ); // setOnClickListener( ) 메서드 호출의 끝 부분

    button.setOnLongClickListener(
        new Button.OnLongClickListener() {
            public boolean onLongClick(View v) {
                TextView statusText =
                        (TextView)findViewById(R.id.statusText);
                statusText.setText("Long button click");
                return true;
            }
        }
    );
}
```

버튼을 길게 클릭하면 onLongClick( ) 콜백 메서드가 'Long button click'을 텍스트 뷰에 보여줄 것이다. 그러나 콜백 메서드에서는 이벤트를 소비했다는 것을 나타내는 true 값을 반환한다는 것에 주목하자. 일단, 애플리케이션을 실행하고 'Long button click' 텍스트가 텍스트 뷰에 나타날 때까지 손가락으로 버튼을 눌러보자(에뮬레이터에서는 마우스 클릭). 그리고 버튼에서 손을 떼자. 그런데 텍스트 뷰는 여전히 'Long button click' 텍스트를 보여준다. 왜냐하면 true를 반환하여 이벤트를 소비했다고 했으므로 안드로이드 런타임이 그 이벤트를 폐기하여 그다음의 일치하는(같은 타입의 이벤트를 리스닝하는) 이벤트 리스너인 OnClickListener의 onClick( ) 메서드가 호출되지 않았기 때문이다.

이번에는 onLongClick( ) 메서드가 false 값을 반환하게 수정해보자.

```
button.setOnLongClickListener(
    new Button.OnLongClickListener() {
        public boolean onLongClick(View v) {
            TextView statusText =
                    (TextView)findViewById(R.id.statusText);
            statusText.setText("Long button click");
            return false;
        }
    }
);
```

다시 한 번 애플리케이션을 실행하고 'Long button click' 텍스트가 나타날 때까지 버튼을 길게 눌러보자. 그리고 버튼에서 손을 떼면 이번에는 onClick( ) 콜백 메서드가 계속해서 호출되어 'Button clicked'로 변경된 텍스트가 나타나게 된다. 왜냐하면 onLongClick( ) 콜백 메서드에서 false 값이 반환되었기 때문이다. 이 값이 반환되면 안드로이드 프레임워크는 이벤트가 메서드에서 완전히 소비되지 않은 것으로 간주하고 그 뷰에 등록된 그다음의 같은 타입 리스너에게 계속 전달하기 때문이다. 여기서는 동일한 버튼에 대해 같은 타입의 이벤트를 리스닝하는 리스너로 OnClickListener가 하나 더 있어서 그것의 onClick( ) 콜백 메서드가 호출된 것이다.

24.8 요약

만일 사용자 인터페이스가 포함하는 뷰들이 사용자에게 아무것도 응답을 하지 않는다면 그 사용자 인터페이스는 실용성이 없다. 안드로이드는 이벤트 리스너와 콜백 메서드를 통해서 사용자 인터페이스와 애플리케이션의 코드를 연결해준다. 안드로이드 View 클래스는 뷰 객체에 등록될 수 있는 이벤트 리스너들을 정의하고 있다. 또한, 각 이벤트 리스너는 자신과 관련된 콜백 메서드를 갖고 있다.

사용자 인터페이스의 뷰에서 이벤트가 발생하면 그 이벤트는 이벤트 큐에 저장되고 안드로이드 런타임에 의해 선입선출(FIFO) 기반으로 처리된다. 만일 이벤트가 발생된 뷰가 그 이벤트를 리스닝하는 리스너를 등록했다면 그와 관련된 콜백 메서드가 호출된다. 그다음에 콜백 메서드에서는 액티비티에서 필요로 하는 작업을 처리하면 된다. 일부 콜백 메서드는 boolean 값을 반환할 필요가 있다. 발생된 이벤트를 동일한 뷰에 등록된 그다음의 일치하는(같은 타입의 이벤트를 리스닝하는) 이벤트 리스너에게 전달할 필요가 있는지 또는 시스템이 폐기할 것인지를 나타내는 것이 boolean 반환 값이 필요한 이유다.

이번 장에서는 이벤트 처리의 기본적인 내용을 알아보았다. 26장에서는 다중 터치 처리에 중점을 두어서 터치 이벤트를 더 자세히 살펴볼 것이다.

안드로이드 스튜디오의 Instant Run 사용하기

이번 장에서는 안드로이드 스튜디오의 Instant Run 기능을 알아볼 것이다. 안드로이드 스튜디오로 앱을 개발할 때는 코드를 작성하고 개선하는 시간 외에도 앱을 빌드하고 테스트하느라 기다리는 시간이 많이 소요된다. 이런 사실을 직시하고 구글에서는 Instant Run 기능을 소개하였다. 이 기능은 안드로이드 스튜디오 버전 2부터 포함된 가장 중요한 기능 중 하나다.

25.1 Instant Run 개요

Instant Run이 소개되기 전에는 매번 프로젝트가 변경될 때마다 안드로이드 스튜디오가 전체 코드를 다시 컴파일 및 APK 패키지 파일로 빌드한 후 장치나 에뮬레이터에 다시 설치하였다. 따라서 성능이 좋은 컴퓨터에서도 이 작업은 시간이 많이 소요된다. 규모가 큰 애플리케이션의 경우는 특히 그렇다.

그러나 Instant Run 기능을 사용하면 프로젝트의 코드나 리소스 변경이 앱의 실행 중에 즉시 반영된다. 예를 들어, 안드로이드 스튜디오에서 개발 중인 앱이 장치나 에뮬레이터에서 실행되고 있는 경우를 생각해보자. 이때 우리가 리소스 설정이나 메서드 코드를 변경하면 Instant Run이 그 부분만을 동적으로 Swap(교체)한다. 그리고 새로 교체된 부분이 실행된다. 전체 앱을 다시 빌드하고 설치하여 재실행할 필요가 없다. 따라서 변경된 부분을 빠르게 테스트할 수 있어서 많은 시간이 절약된다.

25.2 Instant Run의 Swap 레벨 이해하기

현재 실행 중인 앱에 대해 Instant Run의 Swap 레벨이 수행되며, 프로젝트의 어떤 부분을 변경했는가에 따라 레벨이 결정된다. Swap 레벨은 Hot, Warm, Cold, 이렇게 세 가지가 있다.

- **Hot swapping** — 기존 메서드의 코드가 변경될 때 수행되며, 실행 중인 애플리케이션에서 다음 번에 그 메서드를 호출 할 때 변경된 코드가 교체되어 실행된다. 그리고 기본적으로 현재 실행 중인 액티비티가 다시 시작된다. 따라서 액티비티를 다시 시작시키지 않으려면 그림 23-1에서 'Restart activity on code changes' 항목의 체크를 지워야 한다.
- **Warm swapping** — 앱의 기존 리소스가 변경 또는 삭제될 때 수행된다. 예를 들어, 레이아웃이나 문자열 리소스가 변경될 때다. Warm swap이 수행될 때는 현재 실행 중인 액티비티가 다시 시작되어야 한다. 이때 화면이 깜박거릴 수 있다. Warm swap은 'Applied changes, restarted activity'라는 토스트 메시지를 화면에 잠깐 보여준다.
- **Cold swapping** — 애플리케이션의 구조적인 코드 변경이 생길 때 수행된다. 예를 들어, 새로운 메서드 추가, 기존 메서드의 시그니처 변경, 앱의 클래스 상속 구조 변경 등이다. API 21 이상 버전의 안드로이드에서는 변경 부분만을 반영한 후 앱 전체가 다시 시작된다. 그러나 API 20 이하 버전의 안드로이드에서는 앱 전체가 다시 빌드 및 설치되고 시작된다. 또한 새로운 이미지 리소스가 프로젝트에 추가되는 경우에는 애플리케이션 패키지 파일인 APK가 새로 빌드되고 설치되어 실행된다.

25.3 Instant Run의 활성화와 비활성화

Instant Run은 기본적으로 활성화되지만, 안드로이드 스튜디오 설정(Settings)에서 활성화 또는 비활성화할 수 있다. 즉, 안드로이드 스튜디오 메인 메뉴의 File ➡ Settings[맥에서는 Android Studio ➡ Preferences]를 선택한다. 그리고 Settings 대화상자의 왼쪽 패널에서 'Build, Execution, Deployment' 항목을 확장하여 그 밑의 Instant Run을 선택하면 그림 25-1의 대화상자가 나타난다.

이 패널에서 설정된 옵션 값들은 안드로이드 스튜디오의 현재 프로젝트에만 적용된다. 새로 생성되는 프로젝트는 기본 설정이 적용된다. 첫 번째 옵션은 모든 프로젝트에 기본적으로 선택되며, Hot swap의 적용 여부를 나타낸다. 즉, Instant Run 기능을 활성화 또는 비활성화시키는 의미를 갖는다. 두 번째 옵션인 'Restart activity on code changes'를 선택하면 어떤 종류의 변경이 생기든 항상 현재의 액티비티를 다시 시작시킨다. Hot swap의 경우도 마찬가지다. 세 번째 옵션에서는 변경이 적용될 때 수행되는 Instant Run 레벨을 나타내는 토스트 메시지를 앱 화면에 보여줄지 여부를 제어한다. 네 번째 옵션에서는 Instant Run의 알림 메시지를 안드로이드 스튜디오에서 볼 것인지를 선택할 수 있다(메시지는 안드로이드 스튜디오 메인 창 제일 밑에 나타난다). 그리고 마지막 옵션은 Instant Run과 관련해서 발생하는 문제점을 로깅하여 구글에서 정보를 수집하기 위한 것이므로 반드시 선택할 필요는 없다.

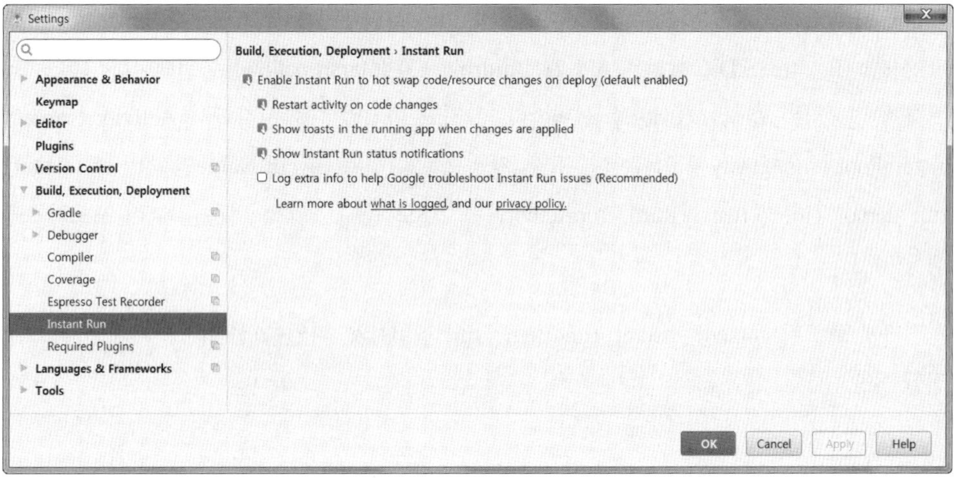

그림 25-1

25.4 Instant Run 사용하기

안드로이드 스튜디오에 로드된 프로젝트는 툴바의 run(그림 25-2의 Ⓐ) 또는 debug(Ⓑ) 버튼을 눌러 실행시킬 수 있다.

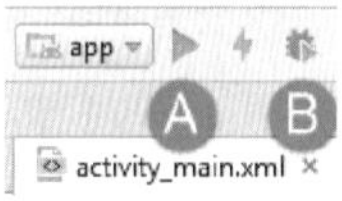

그림 25-2

앱이 론칭되어 실행되면 Run 버튼 오른쪽에 Instant Run을 사용할 수 있음을 나타내는 번개 표시의 Apply Changes(변경 적용) 버튼이 나타난다(그림 25-3).

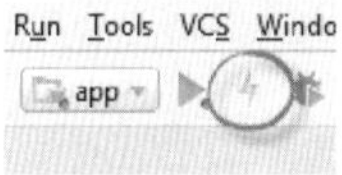

그림 25-3

그리고 번개 버튼을 클릭하면 Instant Run을 사용해서 현재 실행 중인 앱을 변경하게 된다.

25.5 Instant Run 예제 프로젝트

안드로이드 스튜디오로 새 프로젝트를 생성하자. 안드로이드 스튜디오 메인 메뉴의 File ➡ New ➡ New Project...를 선택하거나 웰컴 스크린에서 Start a new Android Studio project를 선택한다.

Application name 필드에 InstantRunDemo를 입력하고, Company Domain 필드에는 ebookfrenzy.com을 입력한다. 안드로이드 장치 선택 화면에서는 **폰과 태블릿**(Phone and Tablet)만 선택하고, 최소 SDK 버전은 **API 23: Android 6.0 (Marshmallow)**로 선택한다. 액티비티 선택 화면에서는 Basic Activity를 선택한다. 그리고 마지막 대화상자에서 Activity Name에 InstantRunDemoActivity를 입력한다. 또한, 자동으로 설정된 Layout Name인 activity_instant_run_demo, Title인 InstantRunDemoActivity는 그대로 둔다. Finish 버튼을 눌러 프로젝트를 생성한다.

편집기에 로드된 content_instant_run_demo.xml 레이아웃 파일을 선택하고 디자인 모드로 전환하자.

25.6 Instant Run의 Hot swap 수행시키기

안드로이드 스튜디오 툴바의 Run(실행) 버튼을 눌러서 앱을 실행시키자. 실제 장치나 에뮬레이터에 앱이 설치되어 실행되려면 조금 시간이 걸릴 것이다.

그리고 실행이 되면 화면 오른쪽 밑의 플로팅 액션 버튼(편지 봉투 모양의 아이콘)을 클릭한다. 그러면 그 밑에 'Replace with your own action'이라는 메시지를 보여주는 스낵바(Snackbar) 인스턴스가 나타날 것이다(그림 25-4). (플로팅 액션 버튼과 스낵바는 35장에서 설명한다.)

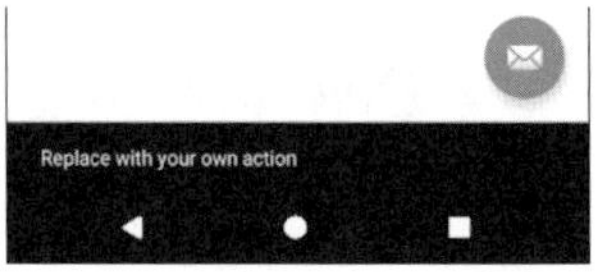

그림 25-4

앱이 실행 중이므로 Instant Run 기능이 사용되고 있다는 것을 나타내는 번개 버튼이 Run 버튼 오른쪽에 나타난다. Instant Run 기능이 정말 동작하는지 알아보기 위해 InstantRunDemoActivity.java 파일을 수정해보자. 다음과 같이 onCreate() 메서드의 코드를 수정한다. 플로팅 액션 버튼이 눌러졌을 때 조금 전과 다른 메시지를 보여주기 위함이다.

```
FloatingActionButton fab = (FloatingActionButton) findViewById(R.id.fab);
fab.setOnClickListener(new View.OnClickListener() {
    @Override
    public void onClick(View view) {
        Snackbar.make(view, "Instant Run is Amazing!", Snackbar.LENGTH_LONG)
                .setAction("Action", null).show();
    }
});
```

코드 변경이 되었으면 번개 버튼을 누르자. 그러면 앱이 변경되었다는 것을 나타내는 토스트 메시지가 잠깐 보일 것이다. 그다음에 플로팅 액션 버튼을 눌러보자. 이제는 새로 변경한 메시지가 스낵바에 나타난다. Instant Run이 성공적으로 Hot swap을 수행했기 때문이다. 프로젝트의 규모가 클수록 체감 속도는 더 빠를 것이다. 수정된 메서드만 교체되어 실행되기 때문이다. 만일 Run 버튼을 누르면 프로젝트 전체가 다시 빌드되고 앱이 다시 설치되어 실행되므로 시간이 더 걸린다.

25.7 Instant Run의 Warm swap 수행시키기

어떤 종류든 리소스가 변경되면 Instant Run이 Warm swap을 수행한다. 다시 편집기의 content_instant_run_demo.xml 레이아웃 파일을 선택한다. 그리고 컴포넌트 트리 패널에서 ConstraintLayout을 선택한 후 속성 창의 **모든 속성 보기** 버튼(⇄)을 클릭하고 background 속성을 찾는다. 이 속성의 오른쪽 칸을 클릭하고 ... 버튼을 클릭한다. Resources 대화상자가 나타나면 왼쪽의 Color를 클릭한 후 각자 원하는 색을 선택하고 OK 버튼을 누른다. 이제는 액티비티 콘텐트의 배경색이 변경되었다. 번개 버튼을 눌러서 앱을 다시 실행시키자. 이번에는 Warm swap이 수행되어 현재의 액티비티가 빠르게 다시 시작될 것이다. 새로 변경된 배경색을 적용시키기 위해서다.

25.8 Instant Run의 Cold swap 수행시키기

앞에서 얘기했듯이, Cold swap은 앱 전체를 다시 시작시킨다. 정말 그런지 알아보기 위해 InstantRunDemoActivity.java 파일의 onCreate( ) 메서드 다음에 아래의 메서드를 추가해보자.

```
public void demoMethod() {

}
```

다시 번개 버튼을 눌러서 앱을 실행시킨다. 이제는 새로운 메서드 추가를 적용하기 위해 앱이 종료되었다가 다시 시작될 것이다. 메서드가 새로 추가되어 앱이 다시 시작되었다는 것을 나타내는 메시지를 안드로이드 스튜디오가 보여준다(그림 25-5).

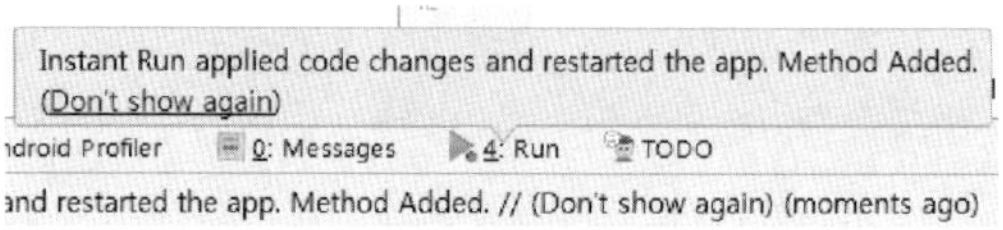

Instant Run applied code changes and restarted the app. Method Added.
(Don't show again)
ndroid Profiler
0: Messages
4: Run
TODO
and restarted the app. Method Added. // (Don't show again) (moments ago)

그림 25-5

25.9 Run 버튼

앱이 실행되고 있지 않을 때는 Run 버튼이 그림 25-3처럼 초록색의 삼각형으로 나타난다. 그러나 앱이 실행 중일 때는 그림 25-6처럼 삼각형 오른쪽 밑에 초록색의 점이 추가되어 나타난다.

그림 25-6

앱이 실행 중일 때 번개 버튼이 아닌 Run 버튼을 누르면 프로젝트의 어떤 내용이 변경되건 항상Cold swap이 수행되므로 다시 빌드 및 설치되어 실행된다는 것을 알아 두자.

25.10 요약

Instant Run은 안드로이드 스튜디오 버전 2에서 처음 탑재된 기능이며, 코드 작성과 빌드 및 실행 주기를 현저하게 단축시켜 준다. 그리고 Instant Run에서는 swapping 메커니즘을 사용해서 현재 **실행** 중인 애플리케이션에 변경 사항을 적용할 수 있다. 따라서 많은 경우에서 앱을 다시 설치할 필요가 없으며, 다시 시작시킬 필요도 없다. Instant Run에서는 프로젝트의 변경 사항 특성에 따라 서로 다른 종류의 세 가지 Swap 레벨을 제공한다. Hot, Warm, Cold다. 이번 장에서는 Instant Run의 개념을 알아보고 각 Swap 레벨을 체험해보았다.

터치와 다중 터치 이벤트 처리하기

대부분의 안드로이드 기반 장치들은 사용자와 장치 간의 주된 인터페이스로 터치 스크린(touch screen)을 사용한다. 앞 장에서는 실행 중인 안드로이드 애플리케이션에서 화면 터치를 처리하는 메커니즘을 소개하였다. 그러나 뷰 객체의 한 손가락 터치에 대한 응답 외에도 터치 이벤트 처리에는 할 것이 많다. 예를 들어, 대부분의 안드로이드 장치들은 한 번에 하나 이상의 터치를 감지할 수 있으며, 터치는 장치 화면의 한 지점으로 제한되지 않는다. 물론, 사용자가 화면을 가로질러 하나 이상의 지점을 미끄러지듯 움직이면 터치가 동적으로 일어날 수 있다.

터치는 또한 애플리케이션에서 제스처(gesture)로 해석될 수 있다. 예를 들어, 수평으로 미는 동작은 일반적으로 전자책의 페이지를 넘기는 데 사용된다. 또는 두 손가락으로 좁히거나 벌리는 동작은 화면에 나타난 이미지를 줌인 또는 줌아웃하는 데 사용될 수 있다.

이번 장에서는 움직임(motion)이 수반되는 터치와 다중(multiple) 터치를 감지하고 처리하는 개념과 방법을 살펴볼 것이다. 그리고 서로 다른 제스처를 식별하는 방법은 다음 장에서 알아볼 것이다.

26.1 터치 이벤트 처리하기

OnTouchListener 이벤트 리스너를 등록하고 onTouch( ) 콜백 메서드를 구현하면 뷰 객체에서 터치 이벤트를 감지하고 처리할 수 있다. 예를 들어, 다음 코드에서는 RelativeLayout 뷰 인스턴스인 myLayout에 터치 이벤트가 발생하면 onTouch( ) 메서드가 호출된다.

```
myLayout.setOnTouchListener(
    new RelativeLayout.OnTouchListener() {
        public boolean onTouch(View v, MotionEvent m) {
            // 필요한 작업을 여기에서 처리한다
            return true;
        }
    }
);
```

이 코드를 보면 알 수 있듯이, onTouch() 콜백 메서드는 boolean 값을 반환할 필요가 있다. 발생된 이벤트를 동일한 뷰에 등록된 그다음의 일치하는(같은 타입의 이벤트를 리스닝하는) 이벤트 리스너에게 전달할 필요가 있는지 또는 시스템이 폐기할 것인지를 나타내는 것이 boolean 반환 값이다. onTouch() 콜백 메서드의 인자로는 이벤트가 발생된 뷰 객체 참조와 MotionEvent 타입의 객체가 전달된다.

26.2 MotionEvent 객체

onTouch() 콜백 메서드의 인자로 전달되는 MotionEvent 객체는 이벤트의 정보를 얻는 열쇠다. 이 객체에 포함된 정보에는 뷰 안의 터치 위치와 수행된 액션 타입이 들어 있다. MotionEvent 객체는 또한 다중 터치를 처리하는 데도 매우 중요하다.

26.3 터치 액션 이해하기

터치 이벤트를 처리하는 데 중요한 것이 있다. 그것은 사용자가 수행한 액션(action) 타입을 식별할 수 있다는 것이다. 이벤트와 관련된 액션 타입은 onTouch() 콜백 메서드의 인자로 전달된 MotionEvent 객체의 getActionMasked() 메서드를 호출하여 얻을 수 있다. 첫 번째 터치가 뷰에 발생하면 MotionEvent 객체는 터치의 좌표와 함께 ACTION_DOWN 액션 타입을 포함한다. 그리고 터치가 화면에서 떨어지면 ACTION_UP 액션 타입의 이벤트가 생성된다. ACTION_DOWN과 ACTION _UP 액션 타입의 이벤트 사이에 발생하는 터치의 모든 움직임은 ACTION_MOVE 액션 타입의 이벤트로 나타난다.

뷰에서 하나 이상의 터치가 동시에 발생할 때 그 터치들을 **포인터**(pointer)라고 한다. 다중 터치의 경우에 포인터의 시작은 ACTION_POINTER_DOWN 액션 타입이며, 끝은 ACTION_POINTER_UP 액션 타입이 된다. 이벤트를 발생시킨 포인터의 인덱스(몇 번째 발생한 포인터인지를 나타냄)를 알아낼 때는 MotionEvent 객체의 getActionIndex() 메서드를 호출하면 된다.

26.4 다중 터치 처리하기

24장에서는 한 번의 터치로 발생하는 이벤트 관점에서만 이벤트를 처리하는 방법을 알아보았다. 그러나 실제로는 대부분의 안드로이드 장치들이 연이어 일어나는 다중 터치에 응답할 수 있는 능력을 갖고 있다(단, 동시에 발생하는 여러 번의 터치는 장치에 따라 다르게 감지될 수 있다).

앞에서 이야기했듯이, 안드로이드 프레임워크는 다중 터치 상황의 각 터치를 **포인터**로 간주한다. 그리고 각 포인터는 **인덱스(index)** 값과 지정된 ID로 참조된다. 그 시점의 포인터 개수는 MotionEvent 객체의 getPointerCount( ) 메서드를 호출하여 얻을 수 있다. 또한, 그 시점의 포인터 목록에서 특정 인덱스 위치에 있는 포인터 ID는 MotionEvent 객체의 getPointerId( ) 메서드를 호출하여 얻을 수 있다. 예를 들어, 다음 코드에서는 포인터 개수 및 인덱스 0의 포인터 ID를 얻는다.

```
public boolean onTouch(View v, MotionEvent m) {
    int pointerCount = m.getPointerCount();
    int pointerId = m.getPointerId(0);
    return true;
}
```

onTouch( ) 콜백 메서드가 호출될 때는 포인터 개수가 항상 1 이상이라는 것에 유의하자. 왜냐하면 최소한 한 개의 터치가 발생하여 그 콜백 메서드가 호출된 것이기 때문이다.

화면을 가로지르는 동작이 수반되는 터치는 화면과의 접촉이 끊어지기 전까지 연속된 이벤트들을 발생시킨다. 따라서 이때는 애플리케이션에서 각 터치들을 다중 터치 이벤트로 추적할 필요가 있다. 이 경우 특정 터치 제스처의 ID는 하나의 터치 이벤트에서 다음 터치 이벤트까지(해당 터치 제스처가 끝날 때까지) 변경되지 않지만, 인덱스 값은 다른 터치 이벤트로 옮겨가면서 변경된다는 것에 유의하자. 그러므로 다중 터치 이벤트로 발생하는 터치 제스처를 처리할 때는 그런 연속된 터치들이 동일한 터치로 추적될 수 있도록 터치 ID 값을 터치 참조로 사용해야 한다. 그리고 인덱스 값이 필요한 메서드를 호출할 때는 MotionEvent 객체의 findPointerIndex( ) 메서드를 호출하여 해당 터치의 ID와 부합되는 인덱스 값을 얻을 수 있다.

26.5 다중 터치 애플리케이션 생성하기

이 장의 나머지 부분에서 생성하는 예제 애플리케이션에서는 레이아웃 뷰를 가로질러 이동하는 두 개의 터치 제스처를 추적할 것이다. 이때 각 터치 제스처의 이벤트들이 발생되는 동안 각 터치의 좌표와 인덱스 및 ID를 화면에 보여줄 것이다.

우선, 새 프로젝트를 생성하자. 안드로이드 스튜디오 메인 메뉴의 File ➡ New ➡ New Project...를 선택하거나 웰컴 스크린에서 Start a new Android Studio project를 선택한다.

Application name 필드에 MotionEvent를 입력하고, Company Domain 필드에는 ebookfrenzy.com을 입력한다. 안드로이드 장치 선택 화면에서는 **폰과 태블릿**(Phone and Tablet)만 선택하고, 최소 SDK 버전은 API 22: Android 5.1 (Lollipop)으로 선택한다. 액티비티 선택 화면에서는 Empty Activity를 선택한다. 그리고 마지막 대화상자에서 Activity Name에 MotionEventActivity를 입력하고 자동으로 설정된 나머지 필드 값은 그대로 둔다. Finish 버튼을 눌러 프로젝트를 생성한다.

26.6 액티비티 사용자 인터페이스 디자인하기

이 애플리케이션의 사용자 인터페이스는 두 개의 TextView 객체를 갖는 하나의 Constraint Layout 뷰로 구성할 것이다. 편집기의 activity_motion_event.xml 파일 탭을 클릭한다. 그리고 레이아웃 편집기 창의 왼쪽 아래에 있는 Design 탭을 눌러서 디자인 모드로 변경하자. 장치 화면의 레이아웃에서 'Hello World!' 텍스트 값을 갖는 TextView 객체를 선택하고, 키보드의 Delete 키를 눌러서 삭제한다.

컴포넌트 트리에서 제일 위의 ConstraintLayout을 클릭한 후 속성 창의 ID 필드에 activity_motion_event를 입력한다.

그리고 자동 연결(Autoconnect)이 활성화된 상태에서(18장 참조) 팔레트의 TextView 위젯을 마우스로 끌어서 레이아웃에 놓는다. 이때 수평으로는 레이아웃의 중앙에 오도록 하고, 수직으로는 레이아웃 맨 위에서 약간 아래에 위치시킨다(그림 26-1).

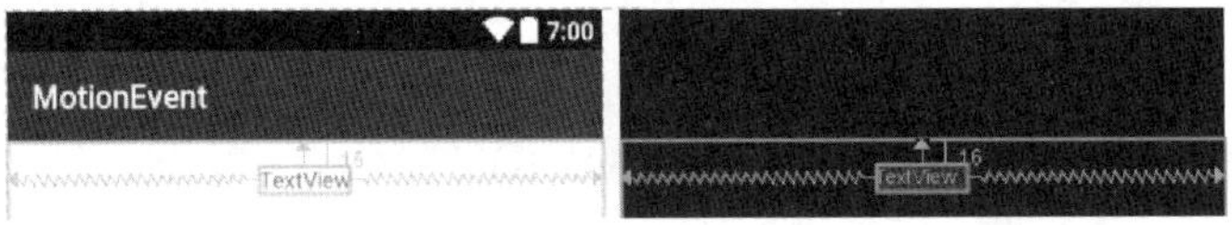

그림 26-1

또 다른 TextView 위젯을 마우스로 끌어서 수평으로 중앙에 위치하도록 레이아웃에 놓는다. 그리고 오른쪽 마우스 버튼을 누르고 메뉴의 Center ➡ Center Vertically를 선택한 후 마우스로 끌어서 첫 번째 TextView의 약간 밑으로 이동시킨다(그림 26-2).

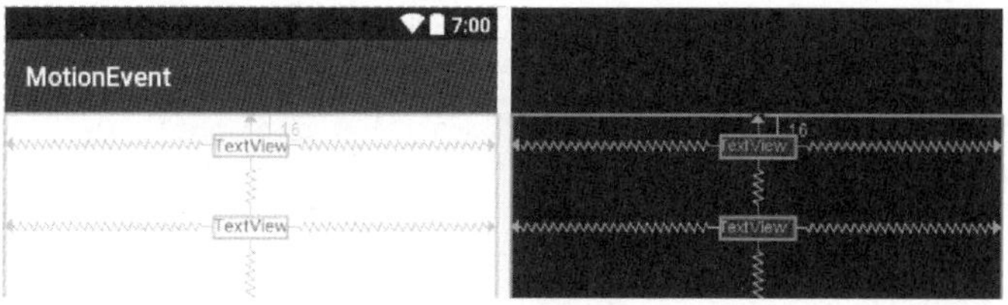

그림 26-2

끝으로, 속성 창에서 두 TextView의 ID를 위의 것부터 textView1과 textView2로 변경한다. 또한, 각각의 text는 'Touch One Status'와 'Touch Two Status'로 변경한 후 문자열 리소스로 추출한다(그림 3-16 참조).

26.7 터치 이벤트 리스너 구현하기

터치 이벤트의 알림를 받으려면 MotionEventActivity 클래스의 onCreate( ) 메서드에서 ConstraintLayout의 터치 이벤트 리스너를 등록해야 한다. 안드로이드 스튜디오 편집기 창에서 MotionEventActivity.java 탭을 선택하자. 그리고 ConstraintLayout 객체의 참조를 얻고, 터치 이벤트 리스너를 등록하며, onTouch( ) 콜백 메서드를 구현하는 코드를 onCreate( ) 메서드 내부에 추가하자. onTouch( ) 콜백 메서드에서는 MotionEvent 객체가 인자로 전달되는 handleTouch( ) 메서드를 호출할 것이다.

```
package com.ebookfrenzy.motionevent;

import android.support.v7.app.AppCompatActivity;
import android.os.Bundle;
import android.view.MotionEvent;
import android.view.View;
import android.support.constraint.ConstraintLayout;
import android.widget.TextView;

public class MotionEventActivity extends AppCompatActivity {

    @Override
    protected void onCreate(Bundle savedInstanceState) {
        super.onCreate(savedInstanceState);
        setContentView(R.layout.activity_motion_event);

        ConstraintLayout myLayout =
                (ConstraintLayout)findViewById(R.id.activity_motion_event);

        myLayout.setOnTouchListener(
```

```
            new ConstraintLayout.OnTouchListener() {
                public boolean onTouch(View v, MotionEvent m) {
                    handleTouch(m);
                    return true;
                }
            }
        );
    }
.
.
}
```

이제는 onTouch() 콜백 메서드에서 호출하는 handleTouch() 메서드를 구현하는 것만 남았다. 이 메서드의 코드는 다음과 같다. 이 코드를 MotionEventActivity 클래스 내부의 onCreate() 메서드 다음에 추가하자.

```
void handleTouch(MotionEvent m)
{
    TextView textView1 = (TextView)findViewById(R.id.textView1);
    TextView textView2 = (TextView)findViewById(R.id.textView2);

    int pointerCount = m.getPointerCount();

    for (int i = 0; i < pointerCount; i++)
    {
        int x = (int) m.getX(i);
        int y = (int) m.getY(i);
        int id = m.getPointerId(i);
        int action = m.getActionMasked();
        int actionIndex = m.getActionIndex();
        String actionString;

        switch (action)
        {
            case MotionEvent.ACTION_DOWN:
                actionString = "DOWN";
                break;
            case MotionEvent.ACTION_UP:
                actionString = "UP";
                break;
            case MotionEvent.ACTION_POINTER_DOWN:
                actionString = "PNTR DOWN";
                break;
            case MotionEvent.ACTION_POINTER_UP:
                actionString = "PNTR UP";
                break;
            case MotionEvent.ACTION_MOVE:
                actionString = "MOVE";
                break;
```

```
            default:
                actionString = "";
        }

        String touchStatus = "Action: " + actionString + " Index: " + actionIndex +
                             " ID: " + id + " X: " + x + " Y: " + y;

        if (id == 0)
            textView1.setText(touchStatus);
        else
            textView2.setText(touchStatus);
    }
}
```

애플리케이션을 실행하기 전에 이 코드에서 무슨 일을 하는지 살펴보면 도움이 될 것이다.

우선, 사용자 인터페이스의 TextView 객체들의 참조를 얻고 터치 이벤트가 발생된 뷰의 포인터 개수를 알아낸다.

```
TextView textView1 = (TextView)findViewById(R.id.textView1);
TextView textView2 = (TextView)findViewById(R.id.textView2);

int pointerCount = m.getPointerCount();
```

그다음에 각 포인터에 대해 작업을 수행하는 for 루프를 초기화하기 위해 pointerCount 변수가 사용된다. 루프의 처음 몇 라인에서는 터치의 X와 Y 좌표, 이벤트 ID, 액션 타입과 액션 인덱스를 얻고, 끝으로 String 객체 참조 변수를 선언한다.

```
for (int i = 0; i < pointerCount; i++)
{
    int x = (int) m.getX(i);
    int y = (int) m.getY(i);
    int id = m.getPointerId(i);
    int action = m.getActionMasked();
    int actionIndex = m.getActionIndex();
    String actionString;
```

그리고 액션 타입이 정숫값으로 되어 있으므로 switch 문을 사용해서 액션 타입을 확인한 후 각 액션 타입을 나타내는 문자열 값의 참조를 actionString에 저장한다.

```
switch (action)
{
    case MotionEvent.ACTION_DOWN:
        actionString = "DOWN";
        break;
    case MotionEvent.ACTION_UP:
        actionString = "UP";
        break;
    case MotionEvent.ACTION_POINTER_DOWN:
        actionString = "PNTR DOWN";
        break;
    case MotionEvent.ACTION_POINTER_UP:
        actionString = "PNTR UP";
        break;
    case MotionEvent.ACTION_MOVE:
        actionString = "MOVE";
        break;
    default:
        actionString = "";
}
```

마지막으로, actionString 값, 액션 인덱스, 터치 ID와 XY 좌표를 사용해서 문자열 메시지를 구성한다. 그리고 구성된 문자열 메시지를 어떤 TextView 객체에 보여줄 것인지를 결정하기 위해 ID 값을 사용한다.

```
String touchStatus = "Action: " + actionString + " Index: " + actionIndex +
                     " ID: " + id + " X: " + x + " Y: " + y;

if (id == 0)
    textView1.setText(touchStatus);
else
    textView2.setText(touchStatus);
```

26.8 애플리케이션 실행시키기

안드로이드 에뮬레이터에서는 다중 터치를 지원하지 않으므로 실제 안드로이드 장치에서 애플리케이션을 실행시키자. 애플리케이션이 론칭되어 실행되면 화면에서 단일 터치나 다중 터치를 해보자. 터치를 할 때마다 텍스트 뷰들의 텍스트가 변경될 것이다. 그림 26-3은 삼성 갤럭시 노트5에서 실행한 화면이다.

그림 26-3

26.9 요약

액티비티에서는 OnTouchListner 이벤트 리스너를 등록하고 onTouch( ) 콜백 메서드를 구현하여 터치 이벤트를 처리한다. 이때 안드로이드 런타임이 onTouch( ) 메서드를 호출하며, 이 메서드에서는 MotionEvent 객체를 인자로 받는다. 이 객체는 터치에 관한 정보로 뷰와 접촉된 시점의 터치 이벤트 타입, 터치 좌표, 터치 개수를 포함한다.

다중 터치의 경우에는 화면의 각 접촉점을 **포인터**라고 하며, 포인터에는 **인덱스**와 **ID**가 지정된다. 터치 인덱스는 하나의 이벤트에서 다른 이벤트까지 변경될 수 있지만, ID는 터치가 끝날 때까지 변경되지 않는다.

이번 장에서는 안드로이드 애플리케이션을 생성하여 장치 화면에서 두 개까지 동시 터치가 되었을 때 그것들의 좌표와 액션 타입을 보여주었다.

지금까지는 일반적인 터치와 터치 이벤트 처리를 알아보았다. 다음 장에서는 제스처의 구현을 통한 터치 이벤트 처리에 대해 더 자세히 살펴볼 것이다.

안드로이드 제스처 감지 클래스로 일반 제스처 처리하기

제스처(gesture)라는 용어는 터치 스크린과 사용자 간의 연속적인 상호작용을 정의하는 데 사용된다. 제스처는 화면이 최초 터치되는 지점에서 시작하고 손가락이나 포인팅 장치가 화면에서 떨어졌을 때 끝난다. 제대로 연결된다면 제스처는 사용자와 애플리케이션 간의 의사소통 형태로 구현될 수 있다. 애플리케이션과 상호작용하기 위해 제스처가 사용될 수 있는 방법의 좋은 예가 있다. 전자책의 페이지를 밀어서 넘기거나 또는 두 손가락으로 좁히거나 벌려서 이미지를 줌인/줌아웃하는 것이다.

안드로이드 SDK에서는 일반 제스처와 커스텀 제스처 모두를 애플리케이션에서 감지하고 처리하기 위한 메커니즘을 제공한다. 일반 제스처는 공통적으로 많이 사용되며, 그것의 예로는 탭(tap: 한 번 두드림), 더블 탭(double tap: 두 번 두드림), 길게 누름, 수평 또는 수직 방향으로 밀기(안드로이드에서는 플링(fling)이라고 함) 등이 있다.

이번 장에서는 안드로이드 장치의 화면에서 일어나는 일반 제스처를 감지하고 처리하기 위해 안드로이드 GestureDetector 클래스의 사용법을 살펴볼 것이다. 그리고 다음 장에서는 더 복잡한 커스텀 제스처(예를 들어, 돌리기)의 감지와 처리 방법을 다룰 것이다.

27.1 일반 제스처 감지와 처리하기

사용자가 안드로이드 장치의 화면과 상호작용할 때는 현재 실행 중인 애플리케이션의 onTouchEvent( ) 메서드가 시스템에 의해 호출되고, 사용자와 화면의 상호작용에 관한 데이터를 포함하는 MotionEvent 객체가 메서드 인자로 전달된다. 그리고 화면의 모션(motion, 움직임)이 두드림이나 밀기와 같은 일반 제스처와 일치하는지 확인하기 위해 이 데이터를 분석할 수 있다. 이때 안드로이드의 GestureDetector 클래스를 사용하면 그리 어렵지 않게 가능하다. 이 클래스는 애플리케이션으로부터 모션 관련 이벤트 정보를 받아서 감지된 제스처 관련 메서드들을 호출하기 위해 특별히 설계되었다.

일반 제스처를 감지하는 절차는 다음과 같다.

1. onFling( ), onDown( ), onScroll( ), onShowPress( ), onSingleTapUp( ), onLongPress( ) 콜백 메서드들을 포함하는 GestureDetector.OnGestureListener 인터페이스를 구현하는 클래스를 정의한다. 이 클래스는 완전히 새로운 클래스이거나 액티비티 클래스일 수 있다. 그러나 더블 탭 제스처를 감지할 필요가 있을 때는 그 클래스에서 GestureDetector.OnDoubleTapListener 인터페이스와 onDoubleTap( ) 메서드도 함께 구현해야 한다.
2. 1번에서 생성된 클래스의 인스턴스를 인자로 전달하면서 GestureDetector 클래스의 인스턴스를 생성한다.
3. 더블 탭 제스처의 감지가 필요하다면 GestureDetector 인스턴스의 setOnDoubleTapListener( ) 메서드를 호출한다.
4. 액티비티의 onTouchEvent( ) 콜백 메서드를 구현한다. 그리고 이 메서드에서는 GestureDetector 인스턴스의 onTouchEvent( ) 메서드를 호출해야 한다. 이때 그 시점의 MotionEvent 객체를 그 메서드의 인자로 전달한다.

(안드로이드 4.1 이전 버전과의 호환성을 유지할 필요가 있을 때는 2, 3, 4번의 android.view.GestureDetector 클래스 대신에 android.support.v4.view.GestureDetectorCompat 클래스 인스턴스를 생성하여 사용한다. 뒤에 나오는 소스 코드에 주석으로 표시해두었으니 참조하기 바란다.)

이 모든 것이 구현되면 특정 타입의 제스처가 감지될 때 호출되는 메서드들이 애플리케이션의 코드에 존재하게 될 것이다. 그리고 그 메서드들의 내부 코드에서는 자신들과 관련된 제스처에 대한 응답으로 어떤 작업도 수행할 수 있다.

이 장의 나머지 부분에서는 예제 프로젝트를 생성하여 위에서 설명한 절차를 실제로 해볼 것이다.

27.2 제스처 처리 프로젝트 생성하기

이 프로젝트에서는 현재 GestureDetector 클래스에서 지원되는 모든 일반 제스처를 감지하고 처리할 것이다. 그리고 감지된 제스처 타입을 나타내는 상태 정보를 사용자에게 보여줄 것이다.

우선, 새 프로젝트를 생성하자. 안드로이드 스튜디오 메인 메뉴의 File ➡ New ➡ New Project...를 선택하거나 웰컴 스크린에서 Start a new Android Studio project를 선택한다.

Application name 필드에 CommonGestures를 입력하고, Company Domain 필드에는 ebookfrenzy.com을 입력한다. 안드로이드 장치 선택 화면에서는 폰과 태블릿(Phone and Tablet)만 선택하고, 최소 SDK 버전은 API 22: Android 5.1 (Lollipop)으로 선택한다. 액티비티 선택 화면에서는 Empty Activity를 선택한다. 그리고 마지막 대화상자에서 Activity Name에 CommonGesturesActivity를 입력하고 자동으로 설정된 나머지 필드 값은 그대로 둔다. Finish 버튼을 눌러 프로젝트를 생성한다.

레이아웃 편집기의 activity_common_gestures.xml 파일 탭을 클릭하고 Design 탭을 눌러서 디자인 모드로 변경하자. 장치 화면의 레이아웃에서 Hello World! 텍스트 값을 갖는 TextView 컴포넌트를 클릭한 후 속성 창에서 ID에 gestureStatusText를 입력한다.

27.3 리스너 클래스 구현하기

앞에서 이야기했듯이, GestureDetector.OnGestureListener 인터페이스를 구현하는 클래스를 생성해야 한다. 그리고 더블 탭의 감지가 필요하다면 GestureDetector.OnDoubleTapListener 인터페이스도 같이 구현해야 한다. 이런 인터페이스를 구현하는 클래스는 완전히 새로운 클래스가 될 수 있지만, 현재의 액티비티 클래스에 구현해도 전혀 문제가 없다. 그러므로 여기서는 CommonGesturesActivity 클래스를 변경하여 그 인터페이스들을 구현할 것이다. 다음과 같이 CommonGesturesActivity.java 파일의 코드를 변경하자. 굵은 글씨로 된 변경 코드에서는 인터페이스를 선언하고 사용자 인터페이스의 TextView 객체 참조를 얻어서 저장한다.

```
package com.ebookfrenzy.commongestures;

import android.support.v7.app.AppCompatActivity;
import android.os.Bundle;
import android.view.GestureDetector;
import android.widget.TextView;

public class CommonGesturesActivity extends AppCompatActivity
    implements GestureDetector.OnGestureListener,
            GestureDetector.OnDoubleTapListener {

    private TextView gestureText;

    @Override
    protected void onCreate(Bundle savedInstanceState) {
        super.onCreate(savedInstanceState);
        setContentView(R.layout.activity_common_gestures);

        gestureText =
            (TextView)findViewById(R.id.gestureStatusText);
    }
}
```

그리고 다음의 굵은 글씨 라인을 추가하자. 이 코드들은 두 가지 인터페이스의 콜백 메서드들을 구현하는 코드다.

```
package com.ebookfrenzy.commongestures;

import android.support.v7.app.AppCompatActivity;
import android.os.Bundle;
import android.view.GestureDetector;
/* 안드로이드 4.1 이전 버전과의 호환성 유지가 필요할 때는
import android.support.v4.view.GestureDetectorCompat;를 추가한다*/

import android.widget.TextView;
import android.view.MotionEvent;

public class CommonGesturesActivity extends AppCompatActivity
    implements GestureDetector.OnGestureListener,
            GestureDetector.OnDoubleTapListener {

    private TextView gestureText;

    @Override
    protected void onCreate(Bundle savedInstanceState) {
        super.onCreate(savedInstanceState);
        setContentView(R.layout.activity_common_gestures);
```

```
    gestureText =
            (TextView)findViewById(R.id.gestureStatusText);
}

@Override
public boolean onDown(MotionEvent event) {
    gestureText.setText ("onDown");
    return true;
}

@Override
public boolean onFling(MotionEvent event1, MotionEvent event2,
                       float velocityX, float velocityY) {
    gestureText.setText("onFling");
    return true;
}

@Override
public void onLongPress(MotionEvent event) {
    gestureText.setText("onLongPress");
}

@Override
public boolean onScroll(MotionEvent e1, MotionEvent e2,
                        float distanceX, float distanceY) {
    gestureText.setText("onScroll");
    return true;
}

@Override
public void onShowPress(MotionEvent event) {
    gestureText.setText("onShowPress");
}

@Override
public boolean onSingleTapUp(MotionEvent event) {
    gestureText.setText("onSingleTapUp");
    return true;
}

@Override
public boolean onDoubleTap(MotionEvent event) {
    gestureText.setText("onDoubleTap");
    return true;
}

@Override
public boolean onDoubleTapEvent(MotionEvent event) {
    gestureText.setText("onDoubleTapEvent");
    return true;
}

@Override
```

```
    public boolean onSingleTapConfirmed(MotionEvent event) {
        gestureText.setText("onSingleTapConfirmed");
        return true;
    }
}
```

모든 메서드가 true 값을 반환한다는 것에 주목하자. 그 의미는 이렇다. 해당 이벤트가 그 메서드에서 소비되었으므로 스택에 있는 그다음 이벤트 처리기에 전달할 필요가 없다는 것을 안드로이드 프레임워크에게 알려주는 것이다.

27.4 GestureDetector 인스턴스 생성하기

이제는 액티비티 클래스가 리스너 인터페이스를 구현하도록 변경되었다. 그다음에 할 일은 GestureDetector 클래스의 인스턴스를 생성하는 것이다. 이것은 액티비티가 생성될 때 한 번만 수행하면 되므로 이 코드를 넣기에 가장 좋은 곳은 onCreate() 메서드다. 또한, 여기서는 더블 탭 이벤트를 감지하고자 하므로 그 코드에서는 GestureDetector 인스턴스의 setOnDoubleTapListener() 메서드도 호출해야 한다. 더블 탭 리스너를 등록해야 하기 때문이다. 다음의 굵은 글씨 라인 코드를 추가하자.

```
package com.ebookfrenzy.commongestures;

import android.support.v7.app.AppCompatActivity;
import android.os.Bundle;
import android.view.GestureDetector;
/* 안드로이드 4.1 이전 버전과의 호환성 유지가 필요할 때는
import android.support.v4.view.GestureDetectorCompat;를 추가한다*/

import android.widget.TextView;
import android.view.MotionEvent;

public class CommonGesturesActivity extends AppCompatActivity
    implements GestureDetector.OnGestureListener,
               GestureDetector.OnDoubleTapListener {

    private TextView gestureText;

    //호환성 유지 필요 시 private GestureDetectorCompat gDetector;
    private GestureDetector gDetector;


    @Override
    protected void onCreate(Bundle savedInstanceState) {
        super.onCreate(savedInstanceState);
```

```
        setContentView(R.layout.activity_common_gestures);

        gestureText =
                (TextView)findViewById(R.id.gestureStatusText);

        // 호환성 유지 필요 시 this.gDetector = new GestureDetectorCompat(this,this);
        this.gDetector = new GestureDetector(this,this);
        gDetector.setOnDoubleTapListener(this);
    }
.
.
}
```

27.5 onTouchEvent( ) 메서드 구현하기

만일 이 애플리케이션을 지금 실행시킨다면 장치 화면에서 제스처가 발생할 때 아무런 일도 일어나지 않는다. 터치 이벤트들을 감지하여 GestureDetector 인스턴스에게 전달하는 코드를 추가하지 않았기 때문이다. 따라서 그렇게 하려면 액티비티 클래스에서 onTouchEvent( ) 메서드를 오버라이딩하여 GestureDetector 인스턴스의 onTouchEvent( ) 메서드를 호출하는 코드를 구현해야 한다. 다음의 코드를 CommonGesturesActivity 클래스에 추가하자.

```
@Override
public boolean onTouchEvent(MotionEvent event) {
    this.gDetector.onTouchEvent(event);
    // 오버라이딩한 슈퍼 클래스의 메서드를 호출한다
    return super.onTouchEvent(event);
}
```

27.6 애플리케이션 테스트하기

AVD 에뮬레이터 또는 실제 안드로이드 장치에서 애플리케이션을 실행시키자. 그리고 애플리케이션이 론칭된 후 여러 가지 제스처를 해보자. 밀기, 길게 누르기, 스크롤하기, 한 번 또는 두 번 두드리기 등이다. 그러면 해당 이벤트를 반영하는 메시지가 텍스트 뷰에 변경되어 나타날 것이다. 그림 27-1에서는 삼성 갤럭시 노트5에서 실행하면서 화면을 두 번 두드렸을 때 onDoubleTapEvent 메시지가 나타난 것을 보여준다.

그림 27-1

27.7 요약

사용자와 장치의 터치 스크린 화면 간의 모든 물리적인 접촉은 **제스처**로 간주될 수 있다. 폰이나 태블릿 등의 안드로이드 장치에서는 전통적인 컴퓨터 시스템의 물리적 키보드와 마우스가 없으므로 사용자와 애플리케이션 간의 상호작용 수단으로 제스처가 널리 사용된다. 제스처는 연속적인 모션으로만 구성되지만, 터치 스크린 장치의 사용자들이 친숙하게 사용하는 제스처들이 많이 있다. '일반 제스처'라고 하는 그런 제스처들은 안드로이드의 제스처 감지 클래스들을 사용하면 애플리케이션에서 쉽게 감지할 수 있다. 이 장에서는 이론과 예제 프로젝트 모두를 통해서 그런 기법을 사용하는 방법을 알아보았다.

일반 제스처를 알아보았으므로 다음 장에서는 더 넓은 범위의 제스처 타입을 살펴볼 것이다. 그런 제스처 타입들은 우리 자신의 제스처를 설계하고 감지하는 능력을 갖는다.

커스텀 제스처와 핀치 인식 구현하기

앞 장에서는 안드로이드 애플리케이션에서 '일반 제스처'를 감지하는 절차와 방법을 살펴보았다. 그러나 실제로 제스처에는 안드로이드 장치의 화면에서 수행되는 어떤 연속된 터치 동작이라도 거의 다 포함될 수 있다. 따라서 안드로이드 SDK에서는 어떤 종류의 커스텀 제스처도 거의 다 애플리케이션 개발자가 정의할 수 있게 해주며, 사용자가 그런 제스처를 할 때 이벤트를 촉발시킬 수 있게 해준다. 이 내용을 이번 장에서 알아볼 것이다.

28.1 안드로이드 제스처 빌더 애플리케이션

안드로이드 SDK에서는 개발자가 커스텀 제스처를 디자인한 후 애플리케이션 패키지의 제스처 파일에 저장할 수 있게 해준다. 이러한 커스텀 제스처 파일들은 **제스처 빌더**(Gesture Builder) 애플리케이션을 사용해서 쉽게 생성된다. 이 애플리케이션의 실행 방법은 28.5절에서 설명한다.

제스처 파일을 생성할 때는 실제 장치나 에뮬레이터에서 제스처 빌더 애플리케이션을 론칭한 후 그 애플리케이션에 의해 감지될 필요가 있는 제스처를 그리기(drawing)하면 된다. 그리고 제스처의 디자인이 끝나면 그 제스처 데이터를 포함하는 파일이 실제 장치나 에뮬레이터의 SD 카드로 옮겨져 애플리케이션 프로젝트에 추가될 수 있다. 애플리케이션의 코드에서는 그 파일을 GestureLibrary 클래스의 인스턴스로 로드하면 된다. 그리고 장치 화면에 사용자가 수행한 제스처와 일치하는지 검색하기 위해 이 데이터를 사용할 수 있다.

28.2 GestureOverlayView 클래스

애플리케이션에서 제스처를 감지하기 위해 안드로이드 SDK는 GestureOverlayView 클래스를 제공한다. 이것은 투명(transparent) 뷰다. 따라서 사용자 인터페이스의 다른 뷰 위에 겹쳐서 나타날 수 있다. 그리고 제스처를 감지하는 것이 이것의 유일한 목적이다.

28.3 제스처 감지하기

제스처 빌더 애플리케이션을 사용해서 생성된 제스처 파일을 프로젝트 리소스로 추가하여 로드한 후 GestureOverlayView 클래스의 인스턴스에 OnGesturePerformedListener 이벤트 리스너 객체를 등록하면 제스처가 감지될 수 있다. 그다음에 OnGesturePerformedListener 이벤트 리스너 인터페이스와 onGesturePerformed 콜백 메서드 모두를 구현하기 위해 그런 코드를 포함하는 클래스를 선언한다. 그리고 제스처 파일에서 로드했던 제스처가 리스너에 의해 감지되면 안드로이드 런타임 시스템에서 onGesturePerformed 콜백 메서드를 호출한다.

28.4 제스처 확인하기

제스처가 감지되면 onGesturePerformed 콜백 메서드가 호출된다. 이때 그 제스처가 감지된 GestureOverlayView 객체의 참조와 제스처에 관한 정보를 포함하는 Gesture 객체가 함께 인자로 전달된다.

Gesture 객체가 액세스된 후에는 감지된 제스처를 제스처 파일에 포함된 것(이전에 애플리케이션으로 로드된 것)과 비교하기 위해 GestureLibrary 객체를 사용할 수 있다. GestureLibrary는 사용자에 의해 수행된 제스처가 제스처 파일의 항목과 일치할 확률을 알려준다. 이때 각 제스처의 예측 점수(prediction score)를 계산한다. 그리고 예측 점수가 1.0 이상이면 일치한 것으로 간주한다.

28.5 제스처 빌더 애플리케이션의 빌드와 실행

에뮬레이터에서는 사전 설치된 제스처 빌더 앱()을 바로 실행시키면 된다. 그러나 실제 장치에서 실행할 때는 제스처 빌더 프로젝트 소스를 안드로이드 스튜디오에서 열고 실행시켜야 한다.

종전에는 제스처 빌더 애플리케이션 프로젝트(GestureBuilder) 소스가 안드로이드 SDK Sample에 포함되어 있었다. 그러나 구글에서 Sample 애플리케이션을 재정비하면서 지금은 제공하지 않는다. 따라서 이 책의 프로젝트 소스를 다운로드한 후(1장 참조) 거기에 포함된 GestureBuilder 프로젝트를 안드로이드 스튜디오에서 열고 실제 장치에서 실행시키면 된다. 단, GestureBuilder 프로젝트를 열 때 "Gradle Plugin"에 관련된 Update 대화상자가 나오면 반드시 Update 버튼을 클릭해야 하며, 에러가 나타날 때는 파란색의 Install 링크를 클릭하면 된다.

28.6 제스처 파일 생성하기

제스처 빌더 애플리케이션이 로드되면 아직 아무 제스처도 생성되지 않았다는 메시지를 보여줄 것이다. 새로운 제스처를 생성하기 위해 장치 화면의 밑에 있는 Add gesture 버튼을 클릭한 후 Name 텍스트 상자에 Circle Gesture를 입력한다. 그리고 그림 28-1과 같이 원을 그리는 동작으로 화면에 제스처를 그린다. 실제 장치에서는 손가락으로 화면을 터치한 후 끌어서 그리고, 에뮬레이터에서 할 때는 마우스 왼쪽 버튼을 클릭한 채로 끌어서 원을 그린다. 우리가 원하는 대로 제스처가 완성되었다고 가정하고(장치 화면에는 노란색 선으로 나타난다) Done 버튼을 누르면 이 제스처가 제스처 파일에 추가된다. 그림 28-1의 왼쪽은 삼성 갤럭시 노트5에서 실행한 화면이며, 오른쪽은 에뮬레이터에서 실행한 화면이다.

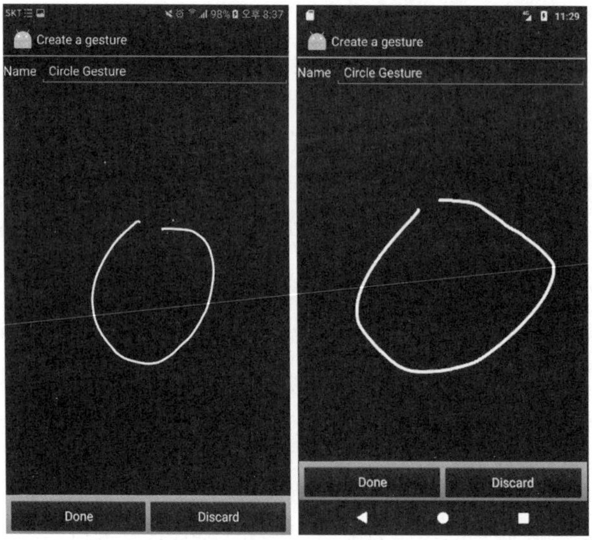

그림 28-1

제스처가 저장된 후에는 제스처 빌더 애플리케이션에서 현재 정의된 제스처들의 내역을 보여준다. 이 시점에서는 방금 새로 추가한 Circle Gesture만 나타날 것이다.

같은 요령으로 화면에 X를 그려서 X Gesture라는 이름의 제스처를 추가하자. 이 제스처는 두 개의 스트로크로 구성된다. 단, 주의 사항이 있다. X와 같이 여러 개의 스트로크가 포함되는 제스처를 생성할 때는 각 스트로크 간의 간격을 가능한 한 짧은 시간으로 그려야 한다. 그래야만 그 스트로크들이 같은 제스처의 일부분이라는 것을 제스처 빌더가 알 수 있기 때문이다. 이 제스처가 추가되면 제스처 빌더 애플리케이션 화면이 그림 28-2처럼 보일 것이다. 왼쪽은 삼성 갤럭시 노트5에서 실행한 화면이며, 오른쪽은 에뮬레이터에서 실행한 화면이다.

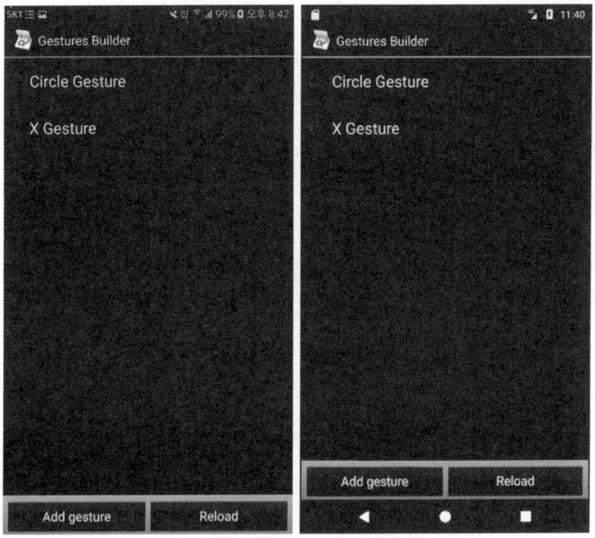

그림 28-2

두 개의 제스처가 제대로 추가되었으면 장치나 에뮬레이터의 화면에서 Back 버튼을 눌러서 GestureBuilder 애플리케이션의 실행을 끝낸다. (Back 버튼은 장치마다 다를 수 있으며, 안드로이드 5.0부터는 왼쪽으로 누운 삼각형이다.)

28.7 SD 카드에서 제스처 파일 추출하기

제스처 빌더 애플리케이션에서 생성되는 각 제스처는 그 애플리케이션이 실행 중인 에뮬레이터나 실제 장치의 SD 카드에 위치하는 gestures라는 이름의 파일에 추가된다(에뮬레이터의 경우는 생성할 때 기본적으로 100MB 크기의 SD 카드 영역이 확보된다. 그리고 SD 카드 장치가 없는 실제 장치의 경우도 SD 카드처럼 사용 가능한 영역을 내부 스토리지에 제공하는 경우가 많다). 따라서 이 파일을 안드로이드 스튜디오 프로젝트에 추가하려면 SD 카드에서 꺼내어 로컬 파일 시스템에 저장해야 한다. 이때 adb 명령행 도구를 사용하면 쉽게 할 수 있다.

터미널 창(리눅스나 맥 OS X 시스템)이나 명령 프롬프트 창(윈도우 시스템)을 열고 다음 명령을 실행시킨다. 또는 안드로이드 스튜디오 메인 창의 왼쪽 아래 테두리에 있는 Terminal 도구 창 바를 클릭하여 터미널(Terminal) 도구 창을 열고 해도 된다.

```
adb devices
```

명령이 실행되지 않을 경우에는 2장을 참고하여 개발 시스템의 PATH 환경 변수를 설정한다.

제대로 실행되면 시스템에 연결된 모든 동작 중인 실제 장치와 AVD 에뮬레이터 인스턴스들의 내역이 나타날 것이다. 예를 들어, 다음에서는 실제 장치와 AVD 에뮬레이터가 한 개씩 연결되어 있음을 보여준다.

```
List of devices attached
02157df27b377e09    device
emulator-5554    device
```

에뮬레이터의 가상 SD 카드에 저장된 제스처 파일을 추출하여 터미널 창이나 명령 프롬프트 창의 현재 작업 디렉터리로 저장하려면 다음 명령을 실행하면 된다.

```
adb -s emulator-5554 pull /sdcard/gestures .
```

또는 다음 명령을 사용하여 adb로 연결된 실제 장치로부터 제스처 파일을 추출할 수 있다. 여기서 -d 플래그는 실제 장치를 나타낼 때 사용한다.

```
adb -d pull /sdcard/gestures .
```

실제 장치에서는 gestures 파일의 위치가 장치마다 다를 수 있다. 그리고 각자 사용 중인 운영체제의 파일 탐색기에서 USB 장치로 보일 때는 adb를 사용하지 않고 직접 복사해도 된다. 예를 들어, 삼성 갤럭시 노트5에서는 Galaxy Note5 밑의 Phone을 클릭하면 그 밑에 gestures라는 이름의 파일이 있다. 이 파일을 컴퓨터의 원하는 디렉터리에 복사하면 된다.

제스처 파일을 생성하고 SD 카드에서 추출을 완료했으므로 이제는 안드로이드 스튜디오 프로젝트에 리소스 파일로 추가할 준비가 된 것이다. 이제 새로운 프로젝트를 생성하자.

28.8 예제 프로젝트 생성하기

안드로이드 스튜디오 메인 메뉴의 File ➡ New ➡ New Project...를 선택하거나 웰컴 스크린에서 Start a new Android Studio project를 선택한다.

Application name 필드에 CustomGestures를 입력하고, Company Domain 필드에는 ebookfrenzy.com을 입력한다. 안드로이드 장치 선택 화면에서는 폰과 태블릿(Phone and Tablet)만 선택하고, 최소 SDK 버전은 API 22: Android 5.1 (Lollipop)으로 선택한다. 액티비티 선택 화면에서는 Empty Activity를 선택한다. 그리고 마지막 대화상자에서 Activity Name에 CustomGesturesActivity를 입력하고 자동으로 설정된 나머지 필드 값은 그대로 둔다. Finish 버튼을 눌러 프로젝트를 생성한다.

28.9 제스처 파일을 프로젝트에 추가하기

안드로이드 스튜디오 프로젝트 도구 창의 app ➡ res 폴더에서 오른쪽 마우스 버튼을 클릭한 후 메뉴의 New ➡ Directory를 선택한다. New Directory 대화상자가 나오면 폴더 이름에 raw를 입력하고 OK 버튼을 누른다. 그리고 각자 사용 중인 운영체제의 파일 탐색기를 사용해서 SD 카드로부터 추출한 gestures 파일을 프로젝트 도구 창의 raw 폴더에 복사한다. 윈도우 시스템의 예를 들면 다음과 같다. (내)컴퓨터에서 gestures 파일을 찾아 복사를 선택한다. 그리고 안드로이드 스튜디오 프로젝트 도구 창의 raw 폴더에서 마우스 오른쪽 버튼을 누른 후 메뉴의 Paste(붙여넣기)를 선택하면 Copy 대화상자가 나온다. 이때 파일 경로가 맞는지 확인하고 OK 버튼을 누르면 된다.

28.10 사용자 인터페이스 디자인하기

이 예제 애플리케이션에서는 간단한 사용자 인터페이스를 사용할 것이다. 즉, 하나의 LinearLayout 뷰와 이 뷰의 위에 겹치는 GestureOverlayView다. 이 뷰는 사용자가 수행하는 모든 제스처를 감지하기 위해 필요하다. 앞에서 프로젝트 생성이 끝났을 때 CustomGesturesActivity.java 소스 파일이 로드되었을 것이다. 또한, 사용자 인터페이스의 XML 레이아웃 리소스 파일인 activity_custom_gestures.xml도 이미 로드되었을 것이다. 만일 아직 로드되어 있지 않다면 프로젝트 도구 창에서 app ➡ res ➡ layout ➡ activity_custom_gestures.xml 파일을 더블 클릭하여 레이아웃 편집기로 로드하자.

편집기에서 activity_custom_gestures.xml 파일 탭을 클릭한다. 그리고 레이아웃 편집기 창의 왼쪽 아래에 있는 Text 탭을 눌러서 텍스트 모드로 변경한 후 레이아웃의 XML을 모두 삭제하고 다음의 XML로 변경한다.

```
<?xml version="1.0" encoding="utf-8"?>
<LinearLayout
    android:orientation="vertical"
    android:layout_width="match_parent"
    android:layout_height="match_parent"
    xmlns:android="http://schemas.android.com/apk/res/android">

    <android.gesture.GestureOverlayView
        android:layout_width="match_parent"
        android:layout_height="match_parent"
        android:id="@+id/gOverlay"
        android:layout_gravity="center_horizontal">

    </android.gesture.GestureOverlayView>
</LinearLayout>
```

28.11 제스처 파일 로드하기

제스처 파일이 프로젝트에 추가되었으므로 액티비티가 시작될 때 그 파일을 로드하기 위한 코드를 작성해야 한다. 여기서는 그 코드를 CustomGesturesActivity 클래스의 onCreate( ) 메서드에 추가할 것이다. 그 코드가 추가된 CustomGesturesActivity.java 소스 파일은 다음과 같다. 굵은 글씨 라인을 추가하자.

```
package com.ebookfrenzy.customgestures;

import android.support.v7.app.AppCompatActivity;
import android.os.Bundle;
import android.gesture.GestureLibraries;
import android.gesture.GestureLibrary;
import android.gesture.GestureOverlayView;
import android.gesture.GestureOverlayView.OnGesturePerformedListener;

public class CustomGesturesActivity extends AppCompatActivity
        implements OnGesturePerformedListener {

    private GestureLibrary gLibrary;

    @Override
    protected void onCreate(Bundle savedInstanceState) {
```

```
        super.onCreate(savedInstanceState);
        setContentView(R.layout.activity_custom_gestures);

        gLibrary =
                GestureLibraries.fromRawResource(this, R.raw.gestures);
        if (!gLibrary.load()) {
            finish();
        }
    }
}
```

이 코드에서는 필수적인 import 문의 추가와 더불어 GestureLibrary 인스턴스인 gLibrary를 생성하기 위해 onCreate( ) 메서드를 변경하였다. 그리고 raw 리소스 폴더에 있는 제스처 파일의 내용을 gLibrary에 로드한다. 또한, OnGesturePerformedListener 인터페이스를 구현하도록 액티비티 클래스가 변경되었다. 이때 onGesturePerformed 콜백 메서드를 구현해야 한다(이 메서드는 잠시 후에 생성할 것이다).

28.12 이벤트 리스너 등록하기

사용자가 화면에서 제스처를 수행했을 때 액티비티가 알림를 받으려면 gOverlay 뷰에 OnGesturePerformedListener 이벤트 리스너를 등록해야 한다. 이때 gOverlay 뷰 객체 참조는 findViewById( ) 메서드를 사용해서 얻을 수 있다. 다음 코드의 굵은 글씨 라인을 추가하자.

```
@Override
protected void onCreate(Bundle savedInstanceState) {
    super.onCreate(savedInstanceState);
    setContentView(R.layout.activity_custom_gestures);

    gLibrary =
        GestureLibraries.fromRawResource(this, R.raw.gestures);
    if (!gLibrary.load()) {
        finish();
    }

    GestureOverlayView gOverlay =
            (GestureOverlayView) findViewById(R.id.gOverlay);
    gOverlay.addOnGesturePerformedListener(this);
}
```

28.13 onGesturePerformed 메서드 구현하기

애플리케이션의 최초 테스트 실행에 앞서 이제는 onGesturePerformed 콜백 메서드를 구현하는 것만 남았다. 이 메서드는 GestureOverlayView 인스턴스에서 제스처가 수행될 때 자동 호출된다. 다음 코드의 굵은 글씨 라인을 추가하자.

```
package com.ebookfrenzy.customgestures;

import android.support.v7.app.AppCompatActivity;
import android.os.Bundle;
import android.gesture.GestureLibraries;
import android.gesture.GestureLibrary;
import android.gesture.GestureOverlayView;
import android.gesture.GestureOverlayView.OnGesturePerformedListener;
import android.gesture.Prediction;
import android.widget.Toast;
import android.gesture.Gesture;
import java.util.ArrayList;

public class CustomGesturesActivity extends AppCompatActivity implements
OnGesturePerformedListener {

    private GestureLibrary gLibrary;

    @Override
    protected void onCreate(Bundle savedInstanceState) {
        super.onCreate(savedInstanceState);
        setContentView(R.layout.activity_custom_gestures);

        gLibrary =
                GestureLibraries.fromRawResource(this, R.raw.gestures);
        if (!gLibrary.load()) {
            finish();
        }

        GestureOverlayView gOverlay =
                (GestureOverlayView) findViewById(R.id.gOverlay);
        gOverlay.addOnGesturePerformedListener(this);
    }

    public void onGesturePerformed(GestureOverlayView overlay, Gesture
            gesture) {
        ArrayList<Prediction> predictions =
                gLibrary.recognize(gesture);

        if (predictions.size() > 0 && predictions.get(0).score > 1.0) {

            String action = predictions.get(0).name;

            Toast.makeText(this, action, Toast.LENGTH_SHORT).show();
```

```
        }
    }
}
```

GestureOverlayView 객체에서 안드로이드 런타임에 의해 제스처가 감지되면 onGesture Performed 메서드가 호출된다. 이때 이 메서드의 인자로는 제스처가 감지된 GestureOverlay View 객체의 참조와 Gesture 타입 객체가 함께 전달된다. Gesture 클래스는 특정 제스처를 정의하는 정보를 갖도록 설계되었다. 이 정보는 제스처를 구성하는 스트로크의 경로를 나타내는 화면상의 연속된 점들에 관한 것이다.

Gesture 객체는 우리 gLibrary 인스턴스의 recognize( ) 메서드로 전달된다. 이 메서드는 현재의 제스처를 제스처 파일에서 로드된 각 제스처와 비교하는 목적을 갖는다. 비교 작업이 끝나면 recognize( ) 메서드는 ArrayList 객체를 반환하는데, 이 ArrayList에는 수행된 각 비교의 결과를 갖는 Prediction 객체가 저장된다. 이때 가장 잘 일치하는 것(배열의 0번째)부터 차례대로 저장된다. 각 Prediction 객체에는 제스처 파일에 있는 제스처 이름과 예측 점수가 포함된다. 이 점수는 제스처 파일의 제스처가 현재의 제스처와 얼마나 가깝게 일치하는지 나타낸다.

따라서 위의 메서드 코드에서는 위치 0(가장 가깝게 일치)에 있는 예측(점수가 1.0 이상이 확실한)을 취한다. 그런 다음 일치하는 제스처의 이름을 알려주는 Toast 메시지를 보여준다(Toast 클래스는 사용자에게 팝업 형태로 메시지를 보여주기 위해 설계된 안드로이드 클래스다).

28.14 애플리케이션 테스트하기

에뮬레이터나 실제 안드로이드 장치에서 애플리케이션을 실행시킨 후 화면에서 원이나 X자로 쓸어내리는 제스처를 해보자. 그런 제스처가 수행되면 수행된 제스처의 이름을 포함하는 토스트 메시지가 나타날 것이다. 그러나 인식이 되지 않는 제스처를 하면 아무런 메시지도 나타나지 않을 것이다. 또한, 제스처가 인식될 때는 그 제스처가 밝은 노란색의 줄로 화면에 나타난다. 이것은 애플리케이션 개발 시에는 유용하지만 실제 상황에는 부적합할 것이다. 그러므로 추가적인 구성 작업이 필요하다.

28.15 GestureOverlayView 구성하기

기본적으로 GestureOverlayView는 제스처를 수행할 때 노란색 줄로 보여준다. 이처럼 인식된 제스처를 그릴 때 사용되는 색상은 android:gestureColor 속성으로 정의할 수 있으며, 인식되지 않는 제스처를 그릴 때 사용되는 색상은 android:uncertainGestureColor 속성으로 정의할 수 있다. 예를 들어, 제스처 선을 감추면서 다중 스트로크 제스처를 인식하게 하려면 다음과 같이 activity_custom_gestures.xml 파일을 변경하면 된다.

```
<?xml version="1.0" encoding="utf-8"?>
<LinearLayout
    android:orientation="vertical"
    android:layout_width="match_parent"
    android:layout_height="match_parent"
    xmlns:android="http://schemas.android.com/apk/res/android">

    <android.gesture.GestureOverlayView
        android:layout_width="match_parent"
        android:layout_height="match_parent"
        android:id="@+id/gOverlay"
        android:layout_gravity="center_horizontal"
        android:gestureColor="#00000000"
        android:uncertainGestureColor="#00000000" >
    </android.gesture.GestureOverlayView>
</LinearLayout>
```

애플리케이션을 다시 실행해보면 이제는 제스처를 할 때 선이 보이지 않게 될 것이다. 왜냐하면 LinearLayout 뷰의 흰색 배경에 흰색으로 선을 그리기 때문이다.

28.16 제스처 가로채기

앞에서도 얘기했듯이, GestureOverlayView는 투명한 오버레이 뷰라서 다른 뷰의 위에 위치할 수 있다. 그렇다면 제스처가 인식되었을 때 이 뷰에서 가로챈 제스처 이벤트가 이 뷰의 밑에 있는 뷰에게 전달되지 않게 할 수 없을까? 바로 이때 필요한 것이 GestureOverlayView 인스턴스의 android:eventsInterceptionEnabled 속성이다. 이 속성값이 true로 설정되면 제스처가 인식될 때 가로챈 제스처 이벤트가 그 밑의 뷰에게 전달되지 않는다. 이것은 특정 제스처의 응답으로 화면이 스크롤되게 구성된 뷰의 위에서 제스처가 수행되고 있을 때 특히 유용할 수 있다. 인식된 제스처가 그 뷰에 영향을 주지 않기 때문이다. 예를 들어, 화면을 미는 것과 같은 제스처를 할 때 밑의 뷰에서 화면이 스크롤되는 것을 막아준다.

28.17 핀치 제스처 처리하기

이번 장에서 마지막으로 설명할 내용은 핀치(pinch) 제스처의 처리다. 앞에서 설명했던 방법을 사용하면 다양한 제스처의 생성과 처리를 할 수 있다. 그러나 지금까지 이야기한 방법을 사용해서 핀치 제스처를 처리하는 것은 불가능하다(핀치 제스처는 두 손가락을 오므리거나 벌리는 동작이며, 일반적으로 뷰나 이미지를 줌인/줌아웃하기 위해 사용한다).

핀치 제스처를 처리하는 가장 간단한 방법은 안드로이드 ScaleGestureDetector 클래스를 사용하는 것이다. 일반적으로 핀치 제스처의 처리는 다음 절차로 한다.

1. SimpleOnScaleGestureListener 인터페이스와 그 인터페이스의 onScale( ), onScaleBegin( ), onScaleEnd( ) 콜백 메서드들을 구현하는 새로운 클래스를 선언한다.
2. ScaleGestureDetector 클래스의 인스턴스를 생성한다. 이때 1번에서 생성된 클래스의 인스턴스를 생성자 인자로 전달한다.
3. 위의 코드들을 포함하는 액티비티의 onTouchEvent( ) 콜백 메서드를 구현한다. 이때 그 메서드에서는 ScaleGestureDetector 클래스의 onTouchEvent( ) 메서드를 호출한다.

이번 장의 나머지 부분에서는 매우 간단한 예제 애플리케이션을 생성해서 핀치 제스처 인식을 구현하는 것을 보여줄 것이다.

28.18 핀치 제스처 예제 프로젝트

안드로이드 스튜디오에서 새 프로젝트를 생성하자. 안드로이드 스튜디오 메인 메뉴의 File ➡ New ➡ New Project...를 선택하거나 웰컴 스크린에서 Start a new Android Studio project를 선택한다. 첫 번째 대화상자에서 Application name 필드에 PinchExample을 입력하고, Company Domain 필드에는 ebookfrenzy.com을 입력한 후 Next 버튼을 누른다.

안드로이드 장치 선택 화면에서는 폰과 태블릿(Phone and Tablet)만 선택하고, 최소 SDK 버전은 API 22: Android 5.1 (Lollipop)으로 선택한다. 액티비티 선택 화면에서는 Empty Activity를 선택한다. 그리고 마지막 대화상자에서 Activity Name에 PinchExampleActivity를 입력하고 자동으로 설정된 나머지 필드 값은 그대로 둔다. Finish 버튼을 눌러 프로젝트를 생성한다.

편집기 위쪽의 activity_pinch_example.xml 탭을 클릭하여 선택한 후 Design 탭을 눌러서 디자인 모드로 변경하자. 레이아웃에서 Hello World! 텍스트 값을 갖는 TextView를 클릭한 후 속성 창의 text는 그대로 두고 ID를 myTextView로 변경한다.

그다음에 PinchExampleActivity.java 탭을 클릭하여 선택한 후 다음의 굵은 글씨 라인을 추가한다.

```java
package com.ebookfrenzy.pinchexample;

import android.support.v7.app.AppCompatActivity;
import android.os.Bundle;
import android.view.MotionEvent;
import android.view.ScaleGestureDetector;
import android.view.ScaleGestureDetector.SimpleOnScaleGestureListener;
import android.widget.TextView;

public class PinchExampleActivity extends AppCompatActivity {

    TextView scaleText;
    ScaleGestureDetector scaleGestureDetector;

    @Override
    protected void onCreate(Bundle savedInstanceState) {
        super.onCreate(savedInstanceState);
        setContentView(R.layout.activity_pinch_example);

        scaleText = (TextView)findViewById(R.id.myTextView);

        scaleGestureDetector =
                new ScaleGestureDetector(this,
                        new MyOnScaleGestureListener());
    }

    @Override
    public boolean onTouchEvent(MotionEvent event) {
        scaleGestureDetector.onTouchEvent(event);
        return true;
    }

    public class MyOnScaleGestureListener extends
            SimpleOnScaleGestureListener {

        @Override
        public boolean onScale(ScaleGestureDetector detector) {

            float scaleFactor = detector.getScaleFactor();

            if (scaleFactor > 1) {
                scaleText.setText("Zooming Out");
            } else {
                scaleText.setText("Zooming In");
            }
            return true;
        }

        @Override
        public boolean onScaleBegin(ScaleGestureDetector detector) {
            return true;
        }
```

```
        @Override
        public void onScaleEnd(ScaleGestureDetector detector) {

        }
    }
}
```

이 코드에서는 처음에 TextView와 ScaleGestureDetector의 객체 참조 변수를 정의한다. 그리고 새로운 클래스인 MyOnScaleGestureListener에서는 안드로이드의 SimpleOnScaleGesture Listener 인터페이스를 구현한다(여기서 SimpleOnScaleGestureListener는 추상 클래스이며, 우리가 ScaleGestureDetector.OnScaleGestureListener 인터페이스를 사용하기 쉽게 하기 위해 만들어진 것이다). 따라서 이 인터페이스의 onScale( ), onScaleBegin( ), onScaleEnd( ) 메서드들을 구현해야 한다. 여기서는 onScale( ) 메서드에서 축척 계수(scale factor)를 확인한 후 감지된 핀치 제스처의 타입을 나타내는 메시지를 텍스트 뷰에 보여준다. 축척 계수가 1보다 크면 줌아웃이고, 그렇지 않으면 줌인으로 간주한다.

onCreate( ) 메서드에서는 TextView 객체의 참조를 얻어서 scaleText 변수에 지정한다. 그리고 새로운 ScaleGestureDetector 인스턴스를 생성한다. 이때 이 코드들을 포함하는 액티비티의 참조와 우리가 새로 만든 MyOnScaleGestureListener 클래스의 인스턴스를 생성자 인자로 전달한다. 또한, onTouchEvent( ) 콜백 메서드가 액티비티에 구현되어 있으며, 이 메서드에서는 ScaleGestureDetector 객체의 onTouchEvent( ) 메서드를 호출한다. 이때 MotionEvent 객체를 인자로 전달한다.

이제는 실제 안드로이드 장치에서 애플리케이션을 실행시키자. 그리고 화면에서 핀치 제스처(두 손가락을 오므렸다 벌렸다 함)를 해보자. 핀치 동작에 따라 줌인 또는 줌아웃 메시지가 텍스트 뷰에 나타날 것이다. 핀치 제스처를 에뮬레이터에서 수행할 때는 장치 화면의 빈 곳에 마우스 커서를 대고 Ctrl[Cmd] 키를 누른다. 그러면 그림 28-3과 같이 원이 나타나며, Ctrl[Cmd] 키를 누른 상태에서 마우스를 클릭하고 끌어서 좁히거나 넓힌 후 버튼을 놓으면 된다.

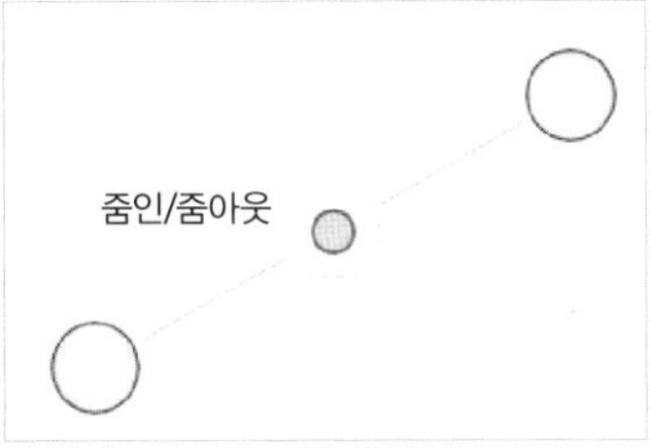

그림 28-3

28.19 요약

제스처는 근본적으로 터치 스크린에서 하나 이상의 스트로크가 수반되는 접촉점의 움직임이며, 사용자와 애플리케이션 간의 의사소통 수단으로 사용될 수 있다. 안드로이드에서는 제스처 빌더 애플리케이션을 사용해서 제스처를 디자인할 수 있다. 그리고 제스처가 생성되면 제스처 파일로 저장할 수 있으며, GestureLibrary 클래스를 사용해서 런타임 시에 액티비티로 로드할 수 있다.

제스처는 투명 뷰 클래스인 GestureOverlayView의 인스턴스를 기존 뷰의 위에 겹쳐서 감지할 수 있다. 그리고 OnGesturePerformedListener 이벤트 리스너를 구현하여 처리할 수 있다.

GestureLibrary를 사용하면 사용자의 제스처와 제스처 파일에 저장된 제스처가 비교된 후 그 결과가 Prediction 객체로 생성되며, 가장 잘 일치하는 것(배열의 0번째)부터 ArrayList에 저장된다. 각 Prediction 객체에는 제스처 파일에 있는 제스처 이름과 예측 점수가 포함된다. 이 점수는 제스처 파일의 제스처가 현재의 제스처와 얼마나 가깝게 일치하는지를 나타낸다.

핀치 제스처는 ScaleGestureDetector 클래스의 구현을 통해서 처리할 수 있다.

안드로이드 프래그먼트 개요

여러분이 이 책으로 공부하는 동안 안드로이드 시스템의 많은 설계 개념이 애플리케이션 요소들의 재사용과 상호작용을 촉진하기 위해 고안되었다는 것을 더 분명히 알게 될 것이다. 그 중 하나가 이번 장에서 살펴볼 **프래그먼트**(Fragment)의 사용이다.

이 장에서는 프래그먼트가 무엇이고, 애플리케이션에서 어떻게 생성하고 사용하는지의 관점에서 프래그먼트의 기본적인 내용을 알아볼 것이다. 그리고 다음 장에서는 안드로이드 스튜디오로 프래그먼트 간의 통신을 구현하면서 실제로 만들어볼 것이다.

29.1 프래그먼트란?

프래그먼트는 액티비티 내부에서 독립적으로 애플리케이션의 UI(사용자 인터페이스)를 관리하는 객체다. 애플리케이션의 설계 단계에서는 프래그먼트를 조립하여 액티비티를 생성할 수 있다. 그리고 애플리케이션이 실행되는 런타임 시에는 UI를 동적으로 변경하기 위해 프래그먼트를 액티비티에 추가하거나 제거할 수 있다.

프래그먼트는 액티비티 내에서 UI의 일부를 나타내므로 액티비티의 일부분으로만 사용될 수 있으며, 혼자서 독립적으로 실행하는 애플리케이션 요소로는 생성될 수 없다. 또한 프래그먼트는 자체적으로 생명 주기를 갖고 입력 이벤트도 받지만, 자신을 포함하는 액티비티의 생명 주기에 맞추어 동작한다. 예를 들어, 액티비티가 일시 정지될 때는 그 안의 모든 프래그먼트도 일시 정지되며, 액티비티가 소멸되면 그것의 모든 프래그먼트도 마찬가지로 소멸된다. 그러나 액티비티가 실행 중인 동안에는 프래그먼트 트랜잭션을 수행하여 각 프래그먼트를 개별적으로 추가 또는 제거할 수 있다. 결론적으로 말해서, 프래그먼트는 자신을 포함하는 액티비티와 유사한 생명주기를 갖는 기능적인 '부속 액티비티'라고 생각할 수 있다.

프래그먼트는 XML 레이아웃 파일의 형태로 저장되어 액티비티에 추가될 수 있다. 이때 액티비티 레이아웃 파일의 <fragment> 요소로 정의하거나 액티비티 클래스 내부에서 직접 코드로 정의해서 사용할 수 있다.

안드로이드 애플리케이션에서 프래그먼트를 사용하기 전에 알아 둘 것이 있다. 프래그먼트는 안드로이드 3.0(API 11)부터 추가되었으며, 태블릿과 같은 큰 화면의 장치에서 동적이고 유연한 사용자 인터페이스를 설계 및 구현하는 것이 주 목적이었다(예를 들어, 서로 다른 두 개의 UI를 같이 보면서 사용할 수 있도록 함). 따라서 과거 버전의 안드로이드 시스템과 호환성을 가지면서 프래그먼트를 사용하는 애플리케이션을 만들 때는 지원 라이브러리의 액티비티 클래스와 프래그먼트 클래스를 사용해야 한다. 즉, 기본 라이브러리의 android.app.Activity 대신 android.support.v7.app.AppCompatActivity 또는 android.support.v4.app.FragmentActivity를 액티비티 클래스로 사용하고, android.app.Fragment 대신 android.support.v4.app.Fragment를 프래그먼트 클래스로 사용한다.

29.2 프래그먼트 생성하기

프래그먼트를 구성하는 두 가지 요소는 XML 레이아웃 파일 및 그와 관련된 자바 클래스다. 프래그먼트의 XML 레이아웃 파일은 여타의 액티비티 레이아웃과 동일한 형태를 가지므로 레이아웃 매니저와 뷰를 어떤 식으로든 조합해서 포함할 수 있다. 예를 들어, 다음의 XML 레이아웃은 프래그먼트에서 사용하며, 하나의 TextView를 포함하는 RelativeLayout으로 구성되어 있다.

```
<RelativeLayout
    xmlns:android="http://schemas.android.com/apk/res/android"
    android:layout_width="match_parent"
    android:layout_height="match_parent">

    <TextView
        android:id="@+id/textView1"
        android:layout_width="wrap_content"
        android:layout_height="wrap_content"
        android:layout_centerHorizontal="true"
```

```
        android:layout_centerVertical="true"
        android:text="프래그먼트 화면"
        android:textAppearance="?android:attr/textAppearanceLarge" />
</RelativeLayout>
```

이 레이아웃을 사용하는 프래그먼트 클래스는 반드시 안드로이드 Fragment 클래스의 서브 클래스라야 한다(과거 버전과의 호환성 유지를 위해서는 android.support.v4.app.Fragment). 그리고 프래그먼트 클래스에서는 프래그먼트 레이아웃을 로드하기 위해 onCreateView( ) 메서드를 오버라이딩해야 한다. 예를 들면, 다음과 같다.

```
package com.ebookfrenzy.fragmentdemo;

import android.os.Bundle;
import android.support.v4.app.Fragment;
import android.view.LayoutInflater;
import android.view.View;
import android.view.ViewGroup;

public class FragmentOne extends Fragment {
    @Override
    public View onCreateView(LayoutInflater inflater, ViewGroup container,
            Bundle savedInstanceState) {
        // 이 프래그먼트의 레이아웃을 인플레이트(inflate)한다.
        return inflater.inflate(R.layout.fragment_one_layout, container, false);
    }
}
```

그리고 onCreateView( ) 메서드와 더불어 이 클래스에서는 프래그먼트의 생명주기 메서드들도 오버라이딩할 수 있다.

이처럼 프래그먼트 레이아웃과 클래스가 생성되면 이 프래그먼트를 애플리케이션의 액티비티에서 사용할 준비가 된 것이다.

29.3 레이아웃 XML 파일을 사용하여 프래그먼트를 액티비티에 추가하기

프래그먼트는 자바 코드를 작성하거나 액티비티의 XML 레이아웃 파일에 넣어서 액티비티에 포함시킬 수 있다. 프래그먼트를 액티비티 코드에 포함하는 예는 다음과 같다. 과거 버전과의 호환성 유지를 위해서 지원 라이브러리를 사용할 경우, 프래그먼트를 사용하는 액티비티는 Activity 대신 AppCompatActivity 또는 FragmentActivity의 서브 클래스가 되어야 한다.

```java
package com.ebookfrenzy.fragmentdemo;

import android.os.Bundle;
import android.support.v7.app.AppCompatActivity;
// 또는 import android.support.v4.app.FragmentActivity;

public class FragmentDemoActivity extends AppCompatActivity {
                                    // 또는 FragmentActivity

    @Override
    protected void onCreate(Bundle savedInstanceState) {
        super.onCreate(savedInstanceState);
        setContentView(R.layout.activity_fragment_demo);
    }
}
```

프래그먼트를 액티비티의 XML 레이아웃 파일에 넣어서 포함시킬 때는 XML <fragment> 요소를 사용해서 액티비티 레이아웃에 포함시킨다. 다음의 레이아웃 예에서는 이번 장 앞에서 생성된 프래그먼트를 액티비티 레이아웃에 포함시킨다.

```xml
<RelativeLayout
    xmlns:android="http://schemas.android.com/apk/res/android"
    xmlns:tools="http://schemas.android.com/tools"
    android:layout_width="match_parent"
    android:layout_height="match_parent"
    tools:context="com.ebookfrenzy.fragmentdemo.FragmentDemoActivity" >

<fragment
    android:id="@+id/fragment_one"
    android:name="com.ebookfrenzy.fragmentdemo.FragmentOne"
    android:layout_width="match_parent"
    android:layout_height="wrap_content"
    android:layout_alignParentLeft="true"
    android:layout_centerVertical="true"
    tools:layout="@layout/fragment_one_layout" />
</RelativeLayout>
```

<fragment> 요소에서 중요한 속성들로는 android:name과 tools:layout이 있다.

android:name은 프래그먼트와 연관된 클래스를 참조해야 하며, tools:layout은 프래그먼트의 레이아웃을 포함하는 XML 리소스 파일을 참조해야 한다.

일단, 프래그먼트가 액티비티의 레이아웃에 추가되면 안드로이드 스튜디오 레이아웃 편집기에서 그것을 보면서 작업할 수 있다. 예를 들어, 그림 29-1에서는 액티비티에 포함된 프래그먼트를 갖는 앞의 레이아웃을 안드로이드 스튜디오 레이아웃 편집기에서 보여준다.

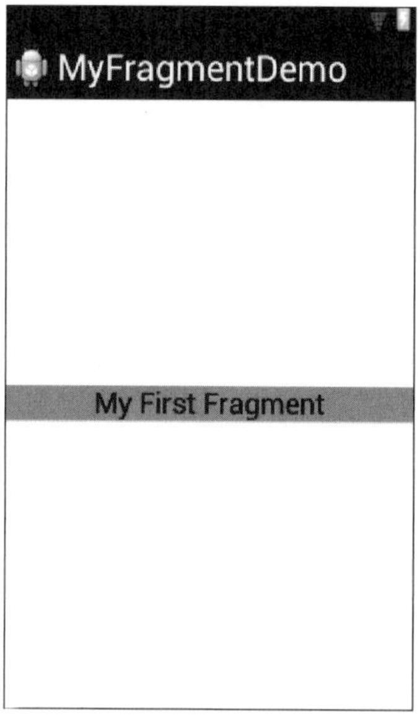

그림 29-1

29.4 코드에서 프래그먼트를 추가하고 관리하기

액티비티의 XML 레이아웃 파일을 사용해서 프래그먼트를 액티비티에 추가하는 것은 쉽다. 그러나 액티비티에서 런타임 시에 그 프래그먼트를 제거하거나 교체할 수 없다는 단점이 생긴다. 따라서 런타임 시에 프래그먼트를 동적으로 제어하기 위해서는 프래그먼트를 코드에서 추가해야 한다. 그리고 이렇게 하면 애플리케이션이 실행되는 동안 프래그먼트를 동적으로 추가, 제거, 심지어는 다른 것으로 교체할 수 있다.

코드를 사용해서 프래그먼트를 관리할 경우에도 그 프래그먼트 자신은 여전히 XML 레이아웃 파일과 그에 연관되는 클래스로 구성된다. XML 레이아웃 파일만을 사용하는 방법과의 차이점은 호스팅(hosting, 프래그먼트를 포함하는) 액티비티에서 프래그먼트가 동작할 때 생긴다. 코드를 사용해서 프래그먼트를 액티비티에 추가하는 표준 절차는 다음과 같다.

1. 프래그먼트 클래스의 인스턴스를 생성한다.
2. 추가적인 인텐트(intent) 인자들을 그 인스턴스에 전달한다.
3. 프래그먼트 매니저(fragment manager) 인스턴스의 객체 참조를 얻는다.
4. 프래그먼트 매니저 인스턴스의 beginTransaction( ) 메서드를 호출한다. 그러면 이 메서드에서 프래그먼트 트랜잭션(fragment transaction) 인스턴스를 반환한다.

5. 프래그먼트 트랜잭션 인스턴스의 add( ) 메서드를 호출한다. 이때 프래그먼트를 포함하는 뷰(컨테이너 뷰)의 리소스 ID와 프래그먼트 클래스 인스턴스를 인자로 전달한다.
6. 프래그먼트 트랜잭션의 commit( ) 메서드를 호출한다.

예를 들어, 다음 코드에서는 FragmentOne 클래스로 정의된 프래그먼트를 액티비티에 추가한다. 그럼으로써 LinearLayout1의 ID를 갖는 컨테이너 뷰에 그 프래그먼트가 나타나게 된다(그 프래그먼트의 사용자 인터페이스가 화면에 나타날 수 있다는 의미다).

```
FragmentOne firstFragment = new FragmentOne();
firstFragment.setArguments(getIntent().getExtras());

FragmentManager fragManager = getSupportFragmentManager();
FragmentTransaction transaction = fragManager.beginTransaction();

transaction.add(R.id.LinearLayout1, firstFragment);
transaction.commit();
```

이 코드의 각 라인을 바로 앞의 표준 절차 문장 하나씩과 일치시켜 보면 이해하기 쉬울 것이다. 그리고 마지막 네 라인은 다음과 같이 한 라인의 코드로 줄일 수 있다. 먼저 호출된 왼쪽 메서드의 반환 객체 타입이 그다음 메서드를 호출할 수 있는 객체 타입과 같으면 얼마든지 이런 식으로 이어서 호출이 가능하다(자바 언어에서 많이 사용해봤을 것이다).

```
getSupportFragmentManager().beginTransaction()
    .add(R.id.LinearLayout1, firstFragment).commit();
```

이처럼 프래그먼트가 컨테이너 뷰에 추가된 다음에는 나중에 언제든지 프래그먼트 트랜잭션 인스턴스의 remove( ) 메서드를 호출하여 제거할 수 있다. 이때 제거될 프래그먼트 인스턴스의 참조를 메서드 인자로 전달한다.

```
transaction.remove(firstFragment);
```

이와 유사하게, 프래그먼트 트랜잭션 인스턴스의 replace( ) 메서드를 호출하면 하나의 프래그먼트를 다른 것으로 교체할 수 있다(이 경우 화면에는 교체된 프래그먼트의 사용자 인터페이스가 보이게 된다). 이때는 그 프래그먼트를 포함하는 뷰의 ID와 새로운 프래그먼트의 인스턴스를 메서드 인자로 전달한다. 또한, 교체된 프래그먼트는 back 스택이라고 하는 곳에 위치할 수 있다.

사용자가 그 프래그먼트 화면으로 돌아왔을 때 빠르게 복원될 수 있도록 하기 위해서다. 그렇게 하려면 commit( ) 메서드를 호출하기 전에 프래그먼트 트랜잭션 객체의 addToBackStack( ) 메서드를 호출하면 된다.

```
FragmentTwo secondFragment = new FragmentTwo();
transaction.replace(R.id.LinearLayout1, secondFragment);
transaction.addToBackStack(null);
transaction.commit();
```

29.5 프래그먼트 이벤트 처리하기

앞에서 이야기했듯이, 프래그먼트는 자신의 레이아웃과 클래스 및 생명주기를 갖는 부속 액티비티와 매우 흡사하다. 프래그먼트에 있는 뷰 컴포넌트들(예를 들어, 버튼이나 텍스트 뷰)은 보통의 액티비티에서처럼 이벤트를 생성할 수 있다. 그렇다면 프래그먼트의 뷰로부터 이벤트가 발생했을 때 어떤 클래스가 받는 것일까? 프래그먼트 자신일까, 아니면 그 프래그먼트를 포함하는 액티비티일까? 그것은 이벤트 처리기가 선언되는 방법에 달렸다.

24장에서 이벤트를 처리하는 두 가지 방법을 설명했었다. 첫 번째 방법은 액티비티의 코드에서 이벤트 리스너와 콜백 메서드를 구성하는 것이다. 예를 들면, 다음과 같다.

```
Button button = (Button)findViewById(R.id.myButton);

button.setOnClickListener(
    new Button.OnClickListener() {
        public void onClick(View v) {
            // 버튼을 클릭하면 수행될 코드
        }
    }
);
```

이벤트 리스너를 구현하지 않고 간단하게 클릭 이벤트만을 감지하고 처리하고자 할 때는 XML 레이아웃 파일에 android:onClick 속성을 설정하는 것이 두 번째 방법이다.

```
<Button
    android:id="@+id/button1"
    android:layout_width="wrap_content"
    android:layout_height="wrap_content"
    android:onClick="onClick"
    android:text="Click me" />
```

프래그먼트의 뷰에서 발생된 이벤트는 대개 이런 식으로 처리된다. 만일 이벤트 리스너와 콜백 메서드 방식을 사용해서 프래그먼트 클래스에 이벤트 리스너가 선언되었다면 그 이벤트는 프래그먼트에 의해 우선적으로 처리된다. 그렇지 않고 android:onClick이 사용되면 그 이벤트는 프래그먼트를 포함하는 액티비티에게 직접 전달된다.

29.6 프래그먼트 간의 통신 구현하기

하나의 액티비티에 하나 이상의 프래그먼트가 포함되면 프래그먼트와 액티비티 간에, 그리고 프래그먼트끼리의 통신이 어떤 형태로든 필요하게 된다. 실제로는 프래그먼트끼리 직접 통신해서는 안 된다. 모든 통신은 호스팅 액티비티를 통해 이루어져야 한다.

액티비티가 프래그먼트와 통신하려면 액티비티는 findViewById( ) 메서드를 사용해서 프래그먼트에 지정된 ID로 프래그먼트 객체를 확인해야 한다. 그리고 프래그먼트 객체의 참조를 얻으면 액티비티는 그 프래그먼트 객체의 public 메서드를 호출하면 된다.

다른 방향의 통신(프래그먼트로부터 액티비티로의 통신)은 약간 더 복잡하다. 프래그먼트는 자신의 리스너 인터페이스를 정의해야 하며, 그 인터페이스를 액티비티 클래스에 구현하면 된다. 예를 들어, 다음 코드에서는 ToolbarListener라는 리스너 인터페이스를 ToolbarFragment라는 프래그먼트 클래스에 선언한다. 또한, 나중에 값이 저장될 액티비티 참조 변수도 선언하고 있다.

```
public class ToolbarFragment extends Fragment {

    ToolbarListener activityCallback;

    public interface ToolbarListener {
        public void onButtonClick(int position, String text);
    }
.
.
}
```

이 코드를 보면 ToolbarListener 리스너 인터페이스를 구현하는 액티비티 클래스에서는 onButtonClick 콜백 메서드를 반드시 구현해야 한다는 것을 알 수 있다. 이때 이 메서드에서는 정숫값 하나와 String 객체 하나를 인자로 받는다.

그다음에 Fragment의 서브 클래스(여기서는 ToolbarFragment)에서는 Fragment 클래스의 onAttach( ) 메서드를 오버라이딩하여 구현해야 한다. 이 메서드는 프래그먼트가 초기화되고 액티비티와 연관될 때 안드로이드 시스템에 의해 자동으로 호출된다. 이 메서드는 프래그먼트가 포함된 호스팅 액티비티의 참조를 인자로 받는다. 그리고 그 참조를 자신의 참조 변수에 저장해야 하는데, 이때 호스팅 액티비티가 ToolbarListener 인터페이스를 구현하고 있는지 확인해야 한다.

```
@Override
public void onAttach(Activity activity) {
    super.onAttach(activity);

    try {
        activityCallback = (ToolbarListener) activity;
    } catch (ClassCastException e) {
        throw new ClassCastException(activity.toString()
                + " must implement ToolbarListener");
    }
}
```

이 코드가 실행되면 호스팅 액티비티의 객체 참조가 activityCallback 지역 변수에 저장될 것이다. 그리고 확인 작업은 별도로 하는 것이 아니고 액티비티 객체 참조를 ToolbarListener 타입으로 캐스팅(타입 변환)할 때 저절로 이루어진다. 만일 자신의 객체 참조가 전달된 액티비티에서 ToolbarListener 리스너 인터페이스를 구현하지 않았다면 이 인터페이스 타입의 객체가 될 수 없으므로 (ToolbarListener) activity로 캐스팅할 때 ClassCastException 예외가 발생되어 catch 문에서 처리될 것이기 때문이다.

그다음으로 할 일은 프래그먼트 내부에서 호스팅 액티비티의 콜백 메서드를 호출하는 것이다. 그런 호출은 프래그먼트가 액티비티를 접속할 필요가 있는 상황에 따라 이루어진다. 예를 들어, 다음 코드에서는 버튼이 클릭되었을 때 호스팅 액티비티의 콜백 메서드를 호출한다.

```
public void buttonClicked (View view) {
    activityCallback.onButtonClick(arg1, arg2);
}
```

이제 남은 일은 액티비티 클래스에서 ToolbarListener 인터페이스를 구현하도록 변경하는 것이다. 예를 들면, 다음과 같다.

```
public class FragmentExampleActivity extends AppCompatActivity implements
        ToolbarFragment.ToolbarListener {
    public void onButtonClick(String arg1, int arg2) {
        // 콜백 메서드의 구현 코드
    }
.
.
}
```

위의 코드에서 알 수 있듯이, ToolbarFragment 클래스의 ToolbarListener 인터페이스를 구현한다는 것을 액티비티에 선언하고 있다. 그리고 그 인터페이스에서 필요로 하는 onButtonClick( ) 메서드를 구현한다.

29.7 요약

프래그먼트는 사용자 인터페이스 레이아웃과 애플리케이션의 행동을 재사용 가능한 모듈로 생성하는 강력한 메커니즘을 제공한다. 그리고 일단 생성되면 액티비티에 포함될 수 있다. 프래그먼트는 하나의 사용자 인터페이스 레이아웃 파일과 하나의 클래스로 구성된다. 그리고 액티비티의 레이아웃 파일에 프래그먼트를 추가하거나 런타임 시에 프래그먼트를 관리하는 코드를 작성하여 여러 개의 프래그먼트를 하나의 액티비티에서 사용할 수 있다. 코드에서 액티비티에 추가된 프래그먼트는 런타임 시에 동적으로 제거되거나 다른 것으로 교체될 수 있다. 모든 프래그먼트끼리의 통신은 자신들이 포함된 호스팅 액티비티를 통해 수행되어야 한다.

이번 장에서는 프래그먼트의 기본 사항을 알아보았다. 다음 장에서는 예제 애플리케이션을 만들어 이번 장에서 설명한 기법들을 실제 구현해볼 것이다.

안드로이드 스튜디오에서 프래그먼트 사용하기 — 예제 프로젝트

앞 장에서 설명했듯이, 프래그먼트는 애플리케이션의 재사용 가능한 (사용자 인터페이스 및 그와 관련된 행동 모두로 구성되는) 모듈을 생성하는 편리한 메커니즘을 제공한다. 일단 생성되면 프래그먼트는 액티비티에 포함될 수 있다.

프래그먼트의 전반적인 이론은 앞 장에서 알아보았으므로 이번 장에서는 안드로이드 스튜디오를 사용해서 예제 안드로이드 애플리케이션을 생성할 것이다. 이 애플리케이션은 프래그먼트를 생성하고 사용하는 실제 작업을 보여주기 위해 설계된 것이다. 또한, 액티비티에 포함된 프래그먼트 간의 통신을 구현하는 것도 보여줄 것이다. 그리고 과거 안드로이드 버전과의 호환성을 유지할 수 있는 지원 라이브러리(android.support.v4)의 프래그먼트를 사용한다.

30.1 예제 프래그먼트 애플리케이션 개요

이번 장에서 생성할 애플리케이션은 하나의 액티비티와 두 개의 프래그먼트로 구성된다. 첫 번째 프래그먼트의 사용자 인터페이스는 EditText, SeekBar, Button을 포함하는 RelativeLayout 뷰로 구성된다. 두 번째 프래그먼트는 TextView만 포함하는 RelativeLayout 뷰로 구성된다.

두 개의 프래그먼트는 애플리케이션의 메인 액티비티에 포함되어 상호 간의 통신을 구현할 것이다. 즉, 첫 번째 프래그먼트의 Button을 누르면 EditText에 입력된 텍스트가 두 번째 프래그먼트의 TextView에 나타난다. 이때 첫 번째 프래그먼트에 있는 SeekBar의 값을 TextView에 나타나는 텍스트의 폰트 크기로 사용한다.

30.2 예제 프로젝트 생성하기

우선, 새 프로젝트를 생성하자. 안드로이드 스튜디오 메인 메뉴의 File ➡ New ➡ New Project...를 선택하거나 웰컴 스크린에서 Start a new Android Studio project를 선택한다.

Application name 필드에 FragmentExample을 입력하고, Company Domain 필드에는 ebookfrenzy.com을 입력한다. 안드로이드 장치 선택 화면에서는 폰과 태블릿(Phone and Tablet)만 선택하고, 최소 SDK 버전은 API 22: Android 5.1 (Lollipop)으로 선택한다. 액티비티 선택 화면에서는 Empty Activity를 선택한다. 그리고 마지막 대화상자에서 Activity Name에 FragmentExampleActivity를 입력하고 자동으로 설정된 나머지 필드 값은 그대로 둔다. Finish 버튼을 눌러 프로젝트를 생성한다.

30.3 첫 번째 프래그먼트 레이아웃 생성하기

그다음에 할 일은 우리 액티비티에서 사용될 첫 번째 프래그먼트의 사용자 인터페이스를 생성하는 것이다. 물론, 그것은 XML 레이아웃 파일로 구성된다.

프로젝트 도구 창에서 app ➡ res 밑에 있는 layout 폴더를 찾은 후 마우스 오른쪽 버튼을 눌러 New ➡ Layout resource file 메뉴 옵션을 선택한다(그림 30-1 참조).

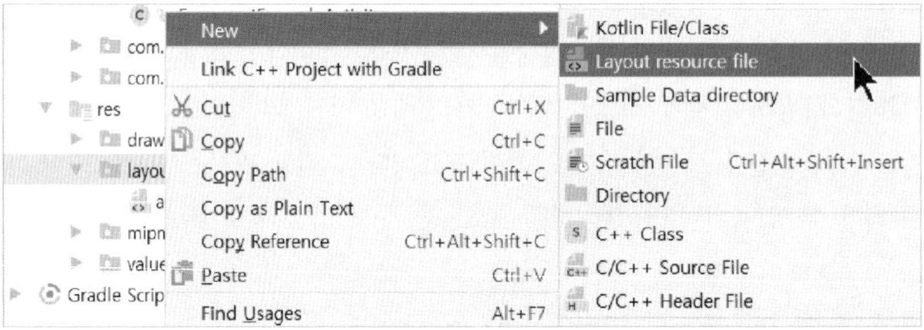

그림 30-1

대화상자가 나오면 레이아웃 리소스 파일의 이름을 toolbar_fragment로 입력하고, 루트 요소를 LinearLayout에서 RelativeLayout으로 변경한 후 OK 버튼을 눌러 새로운 레이아웃 리소스 파일을 생성하자(루트 요소를 변경할 때는 한 글자씩 입력할 때마다 입력된 문자와 일치하는 이름을 갖는 뷰들을 목록으로 보여준다. 그때 목록의 원하는 레이아웃을 더블 클릭하면 쉽다).

레이아웃 리소스 파일의 생성이 끝나면 그 내용이 레이아웃 편집기 창에 나타날 것이다. 레이아웃 편집기 창의 밑에 있는 Text 탭을 클릭하여 레이아웃 편집기를 텍스트 모드로 변경한 후 다음과 같이 세 개의 새로운 뷰 요소를 추가하자.

```
<?xml version="1.0" encoding="utf-8"?>
<RelativeLayout
    xmlns:android="http://schemas.android.com/apk/res/android"
    android:layout_width="match_parent"
    android:layout_height="match_parent">

    <Button
        android:id="@+id/button1"
        android:layout_width="wrap_content"
        android:layout_height="wrap_content"
        android:layout_below="@+id/seekBar1"
        android:layout_centerHorizontal="true"
        android:layout_marginTop="17dp"
        android:text="Change Text" />

    <EditText
        android:id="@+id/editText1"
        android:layout_width="wrap_content"
        android:layout_height="wrap_content"
        android:layout_alignParentTop="true"
        android:layout_centerHorizontal="true"
        android:layout_marginTop="16dp"
        android:ems="10"
        android:inputType="text" >
        <requestFocus />
    </EditText>

    <SeekBar
        android:id="@+id/seekBar1"
        android:layout_width="match_parent"
        android:layout_height="wrap_content"
        android:layout_alignParentStart="true"
        android:layout_below="@+id/editText1"
        android:layout_marginTop="14dp"
        android:layout_alignParentLeft="true" />

</RelativeLayout>
```

변경이 다 되었으면 레이아웃 편집기를 다시 디자인 모드로 전환하자. 그리고 레이아웃의 버튼을 선택하고 문자열 리소스로 추가한다(그림 3-16 참조).

지금까지의 작업이 끝나면 사용자 인터페이스 레이아웃이 그림 30-2처럼 보일 것이다.

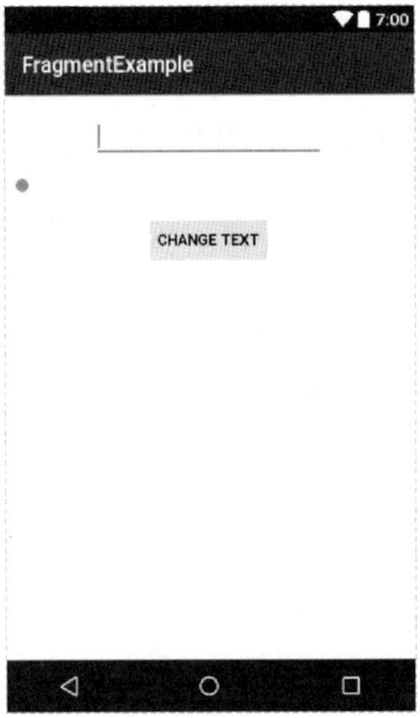

그림 30-2

이제는 첫 번째 프래그먼트의 레이아웃이 구현되었으므로 다음은 이 레이아웃으로 동작하는 클래스를 생성할 것이다.

30.4 첫 번째 프래그먼트 클래스 생성하기

사용자 인터페이스 레이아웃과 더불어 프래그먼트는 내부적으로 실제 작업을 하기 위해 그 레이아웃과 연관되는 클래스도 가져야 한다. 프로젝트 도구 창에서 app ➡ java 폴더를 찾으면 바로 밑에 우리 패키지인 com.ebookfrenzy.fragmentexample이 있을 것이다.

거기에서 마우스 오른쪽 버튼을 눌러 메뉴의 New ➡ Java Class 옵션을 선택한다. 그리고 Create New Class 대화상자에서 클래스 이름을 ToolbarFragment로 입력하고 OK 버튼을 누르면 새 클래스가 생성된다.

클래스가 생성되면 기본적으로 다음과 같이 편집기 창에 나타날 것이다.

```
package com.ebookfrenzy.fragmentexample;
/**
* Created by <name> on <date>.
*/
public class ToolbarFragment {
}
```

여기서 <name>은 각자 사용 중인 컴퓨터의 사용자 이름으로 나타나고, <date>는 클래스 생성 당시의 날짜가 연월일로 되어 있을 것이다. 이 시점에서 변경할 사항은 다음과 같다. 필요한 import 문을 추가한다. 그리고 이 프래그먼트가 액티비티에서 사용될 때 프래그먼트의 레이아웃 파일이 인플레이트(inflate)되어 화면에 나타나게 하기 위해 onCreateView( ) 메서드를 오버라이딩할 것이다(레이아웃과 그것에 포함된 뷰들은 뷰 객체로 생성되어야만 화면에 나타나서 동작할 수 있다. 이 작업을 인플레이트라 한다). 그리고 이것은 프래그먼트 클래스이므로 당연히 안드로이드 Fragment 클래스로부터 상속받아야 한다.

다음의 굵은 글씨 라인을 ToolbarFragment.java에 추가한다.

```
package com.ebookfrenzy.fragmentexample;

import android.os.Bundle;
import android.support.v4.app.Fragment;
import android.view.LayoutInflater;
import android.view.View;
import android.view.ViewGroup;

public class ToolbarFragment extends Fragment {

    @Override
    public View onCreateView(LayoutInflater inflater,
            ViewGroup container, Bundle savedInstanceState) {

        // 이 프래그먼트의 레이아웃을 인플레이트한다
        View view = inflater.inflate(R.layout.toolbar_fragment,
                container, false);
        return view;
    }
}
```

코드 작성 시에 클래스 참조에 필요한 import 문은 우리가 입력하지 않아도 된다. 안드로이드 스튜디오가 자동으로 생성해주기 때문이다. 코드를 작성할 때 클래스 이름을 입력하면 안드로이드 스튜디오가 같은 이름을 갖는 클래스들을 패키지 경로를 포함해서 보여준다. 이때 원하는 것을 선택한 후 Enter 키를 누르면 import 문이 자동으로 추가된다. 또한, 이미 작성된 코드에서 import 문이 누락된 경우는 import 문이 누락된 클래스들을 하나씩 패키지 경로와 같이 보여주면서 맞는지 물어본다. 이때 Alt+Enter[Option+Enter] 키를 누르면 import 문이 자동으로 추가된다. 이것은 매우 편리한 기능이다. 클래스의 패키지 경로를 우리가 자세히 기억하지 않아도 자동으로 찾아주기 때문이다.

이번 장 뒤에서는 더 많은 코드가 이 클래스에 추가될 것이다. 일단, 지금은 두 번째 프래그먼트를 생성하자.

30.5 두 번째 프래그먼트 레이아웃 생성하기

그러면 두 번째의 새로운 안드로이드 XML 레이아웃 리소스 파일을 프로젝트에 추가하자. 프로젝트 도구 창에서 app ➡ res 밑의 layout 폴더에서 마우스 오른쪽 버튼을 눌러 New ➡ Layout resource file 메뉴 옵션을 선택한다. 대화상자가 나오면 레이아웃 리소스 파일의 이름을 text_fragment로 입력하고, 루트 요소를 LinearLayout에서 RelativeLayout으로 변경한 후 OK 버튼을 눌러 새로운 리소스 파일을 생성하자.

레이아웃 리소스 파일의 생성이 끝나면 그 내용이 레이아웃 편집기 창에 나타날 것이다. 레이아웃 편집기 창의 밑에 있는 Text 탭을 클릭하여 레이아웃 편집기를 텍스트 모드로 변경한 후 다음과 같이 하나의 TextView를 추가하자.

```
<?xml version="1.0" encoding="utf-8"?>
<RelativeLayout
    xmlns:android="http://schemas.android.com/apk/res/android"
    android:layout_width="match_parent"
    android:layout_height="match_parent">

    <TextView
        android:id="@+id/textView1"
        android:layout_width="wrap_content"
        android:layout_height="wrap_content"
        android:layout_centerHorizontal="true"
        android:layout_centerVertical="true"
        android:text="Fragment Two"
        android:textAppearance="?android:attr/textAppearanceLarge" />

</RelativeLayout>
```

변경이 다 되었으면 레이아웃 편집기를 다시 디자인 모드로 전환하자. 그리고 레이아웃의 TextView를 선택하고 앞의 다른 레이아웃에 했던 것과 같이 문자열 리소스를 추가한다. 이때 리소스 이름은 fragment_two로 입력한다. 지금까지의 작업이 끝나면 사용자 인터페이스 레이아웃이 그림 30-3처럼 보일 것이다.

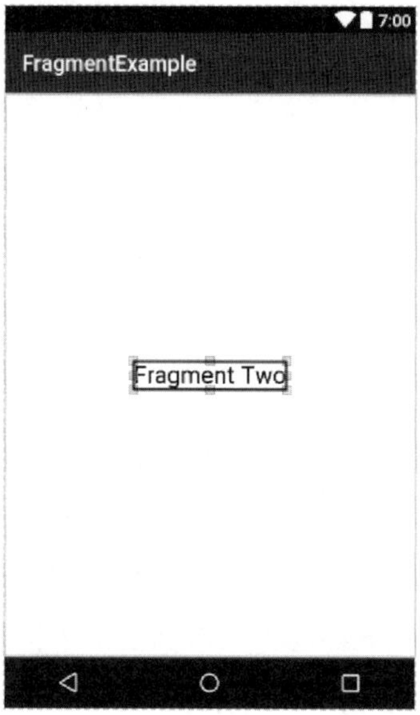

그림 30-3

첫 번째 프래그먼트의 경우처럼 이 레이아웃 역시 연관된 프래그먼트 클래스가 필요하다. 프로젝트 도구 창에서 app ➡ java 폴더 밑의 com.ebookfrenzy.fragmentexample 패키지에서 마우스 오른쪽 버튼을 눌러 메뉴의 New ➡ Java Class 옵션을 선택하자. 그리고 Create New Class 대화상자에서 클래스 이름을 TextFragment로 입력하고 OK 버튼을 누르면 새 클래스가 생성된다.

첫 번째 프래그먼트와 마찬가지로 onCreateView( ) 메서드를 구현하고 안드로이드 Fragment 클래스로부터 상속받도록 TextFragment.java 파일을 수정하자.

```
package com.ebookfrenzy.fragmentexample;

import android.os.Bundle;
import android.support.v4.app.Fragment;
import android.view.LayoutInflater;
import android.view.View;
import android.view.ViewGroup;

public class TextFragment extends Fragment {

    @Override
    public View onCreateView(LayoutInflater inflater,
            ViewGroup container, Bundle savedInstanceState) {
        View view = inflater.inflate(R.layout.text_fragment,
                container, false);
```

```
        return view;
    }
}
```

이제는 두 프래그먼트의 기본적인 구조가 모두 구현되었으므로 애플리케이션의 메인 액티비티에 포함시킬 준비가 되었다.

30.6 프래그먼트를 액티비티에 추가하기

애플리케이션의 메인 액티비티와 연관된 XML 레이아웃 파일은 activity_fragment_example.xml이다. 여기서는 <fragment> XML 요소를 사용해서 두 개의 프래그먼트를 그 액티비티 레이아웃 파일에 추가할 것이다. activity_fragment_example.xml 파일은 프로젝트가 생성된 후 안드로이드 스튜디오 레이아웃 편집기에 이미 로드되었을 것이다. 편집기 창 위의 activity_fragment_example.xml 탭을 선택하자.

레이아웃 편집기를 디자인 모드로 전환한 후 레이아웃의 TextView를 선택하여 삭제하자. 그리고 팔레트의 밑으로 스크롤해서 Layouts 부류의 <fragment>를 찾는다. 그리고 그것을 마우스로 끌어서 제일 위 레이아웃 마진(여백)을 의미하는 점선이 나타나는 곳에 놓는다(수평으로는 중앙에 오게 한다).

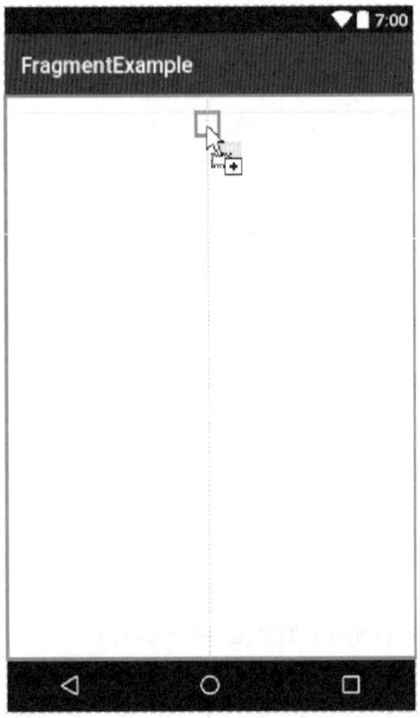

그림 30-4

그러면 현재 프로젝트에서 사용 가능한 프래그먼트 클래스들의 내역이 대화상자에 나타난다(그림 30-5). ToolbarFragment를 선택하고 OK 버튼을 누른다.

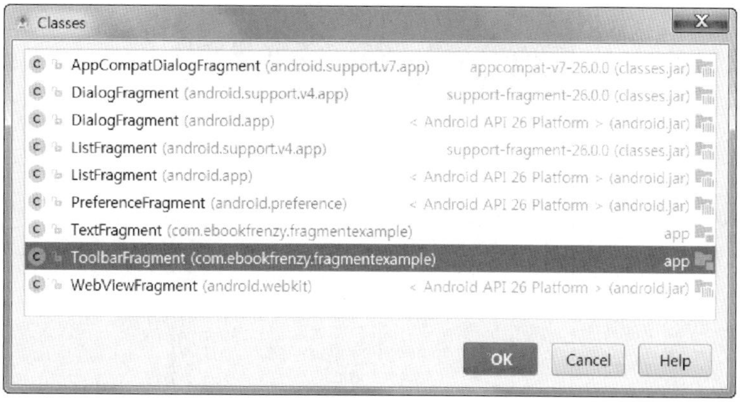

그림 30-5

그러면 이 프래그먼트가 액티비티 레이아웃에 추가되면서 레이아웃 편집기 창의 제일 오른쪽 위의 버튼(❶)이 빨간색으로 변할 것이다. 에러가 생겼기 때문이다. 그 버튼을 클릭하면 그림 30-6의 Unknown fragments 에러 메시지가 레이아웃 편집기 창의 제일 밑에 나타난다(메시지 제목 왼쪽의 작은 삼각형을 클릭하여 확장한다). 현재 우리 애플리케이션에는 두 개의 프래그먼트가 있으며, 액티비티 레이아웃에 <fragment>로 지정한 영역을 같이 사용한다. 디자인 시에 미리보기에서 어떤 프래그먼트를 보여줄지 레이아웃 편집기가 알 수 없기 때문에 그런 에러 메시지가 나타나는 것이다. 이때 그림 30-6의 화살표가 가리키는 Use @layout/toolbar_fragment를 클릭하여 ToolbarFragment가 미리보기에 나타나게 한다.

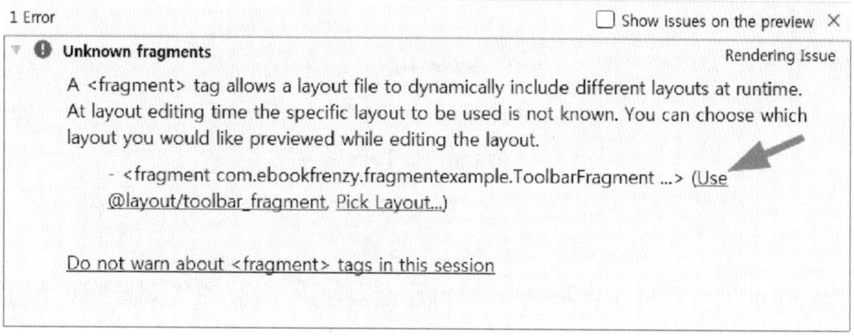

그림 30-6

그다음에 다시 한 번 팔레트의 <fragment>를 마우스로 끌어서 첫 번째 프래그먼트의 아래쪽에 놓는다(수평으로는 중앙에 오게 한다).

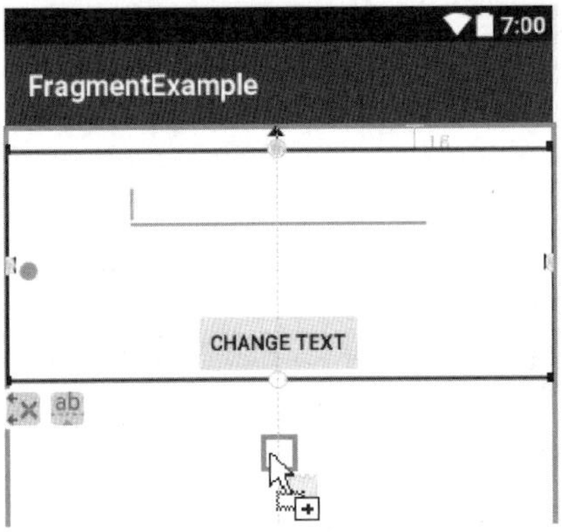

그림 30-7

그리고 대화상자가 나오면 TextFragment를 선택한 후 에러 표시 버튼(❗)을 클릭하고 Use @layout/text_fragment를 클릭하자.

이제는 그림 30-8처럼 이 프래그먼트의 레이아웃이 보이게 될 것이다(두 개의 프래그먼트 레이아웃이 같이 보이게 된다).

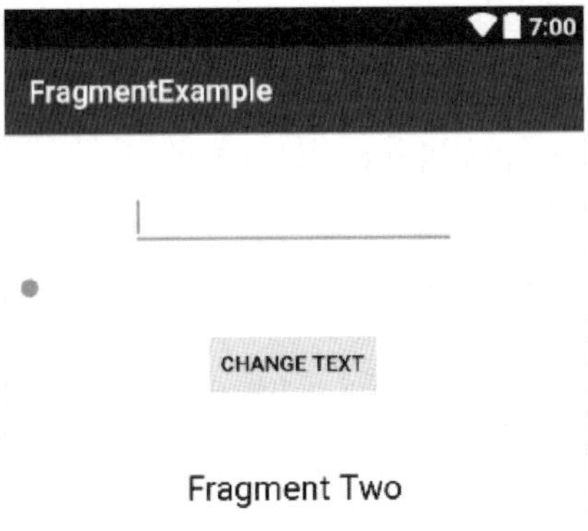

그림 30-8

그리고 Fragment Two로 나타난 TextFragment를 클릭한 후 속성 창의 id를 text_fragment로 변경하고 Enter 키를 누르자. 액티비티에서 이 프래그먼트 레이아웃을 참조할 필요가 있기 때문이다.

마지막으로 두 프래그먼트 간의 제약을 연결해야 한다. 'Fragment Two'로 나타난 두 번째 프래그먼트를 클릭하여 선택한 후 그림 30-9와 같이 위의 중앙에 있는 작은 원을 클릭하고 끌어서 'CHANGE TEXT' 버튼의 첫 번째 프래그먼트에 연결하고 마우스 버튼을 놓는다. 이렇게 하면 두 번째 프래그먼트의 위쪽이 첫 번째 프래그먼트의 아래쪽과 제약으로 연결된다.

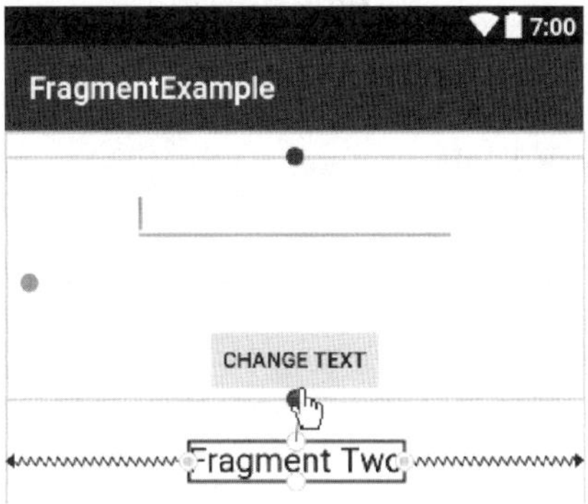

그림 30-9

완성된 레이아웃은 그림 30-10과 같다.

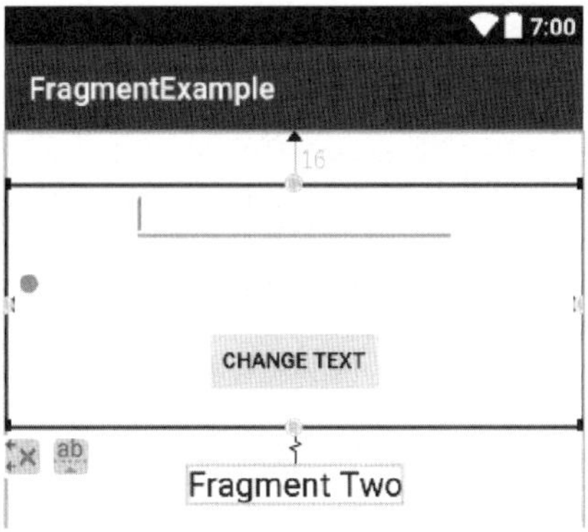

그림 30-10

30.7 ToolbarFragment가 액티비티와 통신하게 만들기

사용자가 ToolbarFragment의 버튼을 터치할 때 그 프래그먼트 클래스에서는 EditText 뷰의 텍스트와 SeekBar의 현재 값을 TextFragment에 전달할 필요가 있다. 29장에서 설명했듯이, 프래그먼트는 자기들끼리 직접 통신할 수 없고 자신들이 포함된 호스팅 액티비티를 사용해서 해야 한다.

그렇게 하기 위해 제일 먼저 할 일은 버튼이 클릭될 때 ToolbarFragment가 응답하게 하는 것이다. 또한, SeekBar 뷰의 값을 추적하기 위한 코드도 구현해야 한다. 여기서는 ToolbarFragment 클래스에서 그런 리스너들을 구현할 것이다. 편집기 창에서 ToolbarFragment.java 탭을 눌러 선택한 후 다음과 같이 코드를 수정 및 추가하자.

```
package com.ebookfrenzy.fragmentexample;
import android.os.Bundle;
import android.support.v4.app.Fragment;
import android.view.LayoutInflater;
import android.view.View;
import android.view.ViewGroup;
import android.widget.Button;
import android.widget.EditText;
import android.widget.SeekBar;
import android.widget.SeekBar.OnSeekBarChangeListener;

public class ToolbarFragment extends Fragment implements
        OnSeekBarChangeListener {

    private static int seekvalue = 10;
    private static EditText edittext;

    @Override
    public View onCreateView(LayoutInflater inflater,
                             ViewGroup container, Bundle savedInstanceState) {

        // 이 프래그먼트의 레이아웃을 인플레이트한다
        View view = inflater.inflate(R.layout.toolbar_fragment, container, false);

        edittext = (EditText) view.findViewById(R.id.editText1);
        final SeekBar seekbar =
                (SeekBar) view.findViewById(R.id.seekBar1);

        seekbar.setOnSeekBarChangeListener(this);

        final Button button =
                (Button) view.findViewById(R.id.button1);
        button.setOnClickListener(new View.OnClickListener() {
            public void onClick(View v) {
                buttonClicked(v);
            }
        });

        return view;
    }
```

```
    public void buttonClicked (View view) {
    }

    @Override
    public void onProgressChanged(SeekBar seekBar, int progress,
                                  boolean fromUser) {
        seekvalue = progress;
    }

    @Override
    public void onStartTrackingTouch(SeekBar arg0) {
    }

    @Override
    public void onStopTrackingTouch(SeekBar arg0) {
    }
}
```

잠시 이 코드의 변경 사항을 살펴보자. 우선, 이 프래그먼트 클래스에서는 OnSeekBarChange Listener 인터페이스를 구현한다고 선언하고 있다. 사용자 인터페이스에 SeekBar 인스턴스가 포함되어 있어서 사용자가 바(bar)를 밀어서 폰트 크기로 사용될 값을 변경할 때 프래그먼트에서 이벤트를 처리해야 하기 때문이다. OnSeekBarChangeListener 인터페이스를 구현할 때는 onProgressChanged( ), onStartTrackingTouch( ), onStopTrackingTouch( ) 메서드들을 구현해야 한다. 그러므로 이 메서드들 모두를 구현해야 하지만 여기서는 onProgressChanged( ) 메서드만 필요하다. 이 메서드는 사용자가 바를 밀 때마다 호출되어 프래그먼트 클래스에 선언된 seekvalue 변수에 SeekBar의 현재 값을 저장한다. 그리고 위의 코드에는 EditText 객체의 참조를 저장하는 변수도 선언되어 있다.

onCreateView( ) 메서드는 레이아웃에 있는 EditText, SeekBar, Button 뷰들의 객체 참조를 얻도록 변경되었다. 버튼 객체의 경우는 참조를 얻은 후 그것을 사용해서 자신의 onClickListener를 설정한다. 따라서 클릭 이벤트가 발생하면 buttonClicked( ) 메서드가 호출된다. 이 메서드도 구현되어 있지만 현재는 아무것도 처리하지 않는다.

다음으로 할 일은 버튼이 클릭될 때 프래그먼트가 액티비티를 호출할 수 있게 해주는 리스너를 설정하는 것이다. 이것은 앞 장에서 설명했던 메커니즘을 따른다. 변경된 코드는 다음과 같다.

```
import android.content.Context;
.
.
public class ToolbarFragment extends Fragment implements
        OnSeekBarChangeListener {

    private static int seekvalue = 10;
    private static EditText edittext;

    ToolbarListener activityCallback;

    public interface ToolbarListener {
        public void onButtonClick(int position, String text);
    }

    @Override
    public void onAttach(Context context) {
        super.onAttach(context);
        try {
            activityCallback = (ToolbarListener) context;
        } catch (ClassCastException e) {
            throw new ClassCastException(context.toString()
                    + " must implement ToolbarListener");
        }
    }

    @Override
    public View onCreateView(LayoutInflater inflater,
            ViewGroup container, Bundle savedInstanceState) {
        // 이 프래그먼트의 레이아웃을 인플레이트한다
        View view = inflater.inflate(R.layout.toolbar_fragment,
                container, false);
        edittext = (EditText) view.findViewById(R.id.editText1);
        final SeekBar seekbar =
                (SeekBar) view.findViewById(R.id.seekBar1);

        seekbar.setOnSeekBarChangeListener(this);

        final Button button =
                (Button) view.findViewById(R.id.button1);
        button.setOnClickListener(new View.OnClickListener() {
            public void onClick(View v) {
                buttonClicked(v);
            }
        });

        return view;
    }

    public void buttonClicked (View view) {
        activityCallback.onButtonClick(seekvalue,
        edittext.getText().toString());
```

```
    }
  .
  .
}
```

여기서는 버튼을 사용자가 클릭했을 때 호스팅 액티비티의 onButtonClick( ) 메서드를 호출한다. 따라서 호스팅 액티비티 클래스에서는 이 프래그먼트 클래스에 새로 정의된 ToolbarListener 인터페이스를 구현한다는 것을 선언하고, 그 인터페이스의 onButtonClick( ) 메서드를 구현해야 한다.

호스팅 액티비티 클래스인 FragmentExampleActivity.java 파일에서 수정할 코드는 다음과 같다(취소선이 그어진 코드는 삭제한다).

```
package com.ebookfrenzy.fragmentexample;

import android.support.v7.app.AppCompatActivity;
import android.support.v4.app.FragmentActivity;
import android.os.Bundle;

public class FragmentExampleActivity extends AppCompatActivity
        FragmentActivity implements ToolbarFragment.ToolbarListener {

    @Override
    protected void onCreate(Bundle savedInstanceState) {
        super.onCreate(savedInstanceState);
        setContentView(R.layout.activity_fragment_example);
    }

    public void onButtonClick(int fontsize, String text) {
    }
}
```

지금까지 변경한 내용은 다음과 같다. 사용자가 버튼을 클릭하면 ToolbarFragment에서 이벤트를 감지하고 호스팅 액티비티의 onButtonClick( ) 메서드를 호출한다. 이때 EditText 필드와 SeekBar 뷰의 현재 값을 메서드 인자로 전달한다. 이제 남은 것은 호스팅 액티비티가 TextFragment와 통신하는 일만 남았다. TextFragment에서 그 값들을 받아서 TextView 객체를 변경하기 위해서다.

30.8 액티비티에서 TextFragment로 통신하기

앞 장에서 설명했듯이, 액티비티는 프래그먼트 객체의 참조를 얻은 후 그 객체의 public 메서드를 호출하여 프래그먼트와 통신할 수 있다. 여기서는 TextFragment 클래스에서 changeTextProperties( )라는 이름의 public 메서드를 구현할 것이다. 이 메서드는 폰트 크기를 나타내는 정숫값과 텍스트로 보여줄 문자열을 인자로 받아서 TextView 객체를 변경한다. 안드로이드 스튜디오 편집기 창에서 TextFragment.java 파일 탭을 클릭하여 선택한 후 다음의 코드를 추가하자. changeTextProperties( ) 메서드를 새로 추가하고 onCreateView( ) 메서드에 TextView 객체의 ID를 얻는 코드를 추가할 것이다.

```
package com.ebookfrenzy.fragmentexample;
import android.os.Bundle;
import android.support.v4.app.Fragment;
import android.view.LayoutInflater;
import android.view.View;
import android.view.ViewGroup;
import android.widget.TextView;

public class TextFragment extends Fragment {

    private static TextView textview;

    @Override
    public View onCreateView(LayoutInflater inflater,
                             ViewGroup container, Bundle savedInstanceState) {
        View view = inflater.inflate(R.layout.text_fragment,
                                     container, false);

        textview = (TextView) view.findViewById(R.id.textView1);

        return view;
    }

    public void changeTextProperties(int fontsize, String text) {
        textview.setTextSize(fontsize);
        textview.setText(text);
    }
}
```

앞에서 액티비티의 레이아웃에 TextFragment를 위치시킬 때 그 프래그먼트의 ID를 text_fragment로 지정했었다. 이 ID를 사용하면 액티비티가 그 프래그먼트 객체의 참조를 얻어서 그 객체의 changeTextProperties( ) 메서드를 호출할 수 있다.

FragmentExampleActivity.java 파일에서 onButtonClick( ) 메서드에 다음 코드를 추가하자.

```
public void onButtonClick(int fontsize, String text) {

    TextFragment textFragment =
        (TextFragment)
            getSupportFragmentManager().findFragmentById(R.id.text_fragment);

        textFragment.changeTextProperties(fontsize, text);
}
```

30.9 애플리케이션 테스트하기

이제는 이 프로젝트의 작성이 다 되었으므로 애플리케이션을 실행하는 일만 남았다. 실제 장치나 에뮬레이터에서 애플리케이션을 실행해보자. 애플리케이션이 론칭되면 메인 액티비티가 시작되면서 두 개의 프래그먼트를 생성하고 보여줄 것이다. 그리고 사용자가 텍스트를 입력하고 SeekBar를 움직인 후 ToolbarFragment의 Change Text 버튼을 터치하면 액티비티의 onButtonClick( ) 메서드가 ToolbarFragment에 의해 호출된다. 그리고 이때 EditText 뷰의 텍스트와 SeekBar의 현재 값을 인자로 받는다.

그다음에 두 번째 프래그먼트인 TextFragment의 changeTextProperties( ) 메서드를 호출하면서 그 두 가지 값을 인자로 전달할 것이다. 그러면 이 메서드에서는 새로운 텍스트와 폰트 크기를 반영하여 TextView의 텍스트를 변경하고 보여줄 것이다. 그림 30-11에서는 에뮬레이터에서 실행한 화면을 보여준다.

그림 30-11

30.10 요약

이번 장에서는 예제 프로젝트를 만들어서 안드로이드 애플리케이션에서 프래그먼트를 사용하는 방법을 보여주었다. 프래그먼트 클래스와 레이아웃을 생성하고, 프래그먼트를 액티비티에 포함시키고, 호스팅 액티비티를 통해서 프래그먼트끼리 통신하는 방법들을 알아보았다.

오버플로 메뉴 생성과 관리

이 책에서 아직 다루지 않았던 사용자 인터페이스 부류가 있다. 그것은 안드로이드 애플리케이션의 **메뉴**(menu)다. 메뉴는 사용자에게 추가적인 선택을 제공하는 메커니즘이다. 안드로이드 애플리케이션 개발자가 사용 가능한 메뉴 시스템들이 많이 있지만, 이번 장에서는 자주 사용되는 오버플로(Overflow) 메뉴를 알아볼 것이다.

31.1 오버플로 메뉴

오버플로 메뉴(옵션 메뉴라고도 함)는 사용자가 장치 화면에서 액세스 가능한 메뉴다. 또한, 개발자가 애플리케이션의 다른 옵션(선택 사항)을 포함시킬 수 있게 해준다. 오버플로 메뉴의 위치는 장치에서 실행되는 안드로이드 버전에 따라 다르다. 예를 들어, 안드로이드 2.3.3이 실행되는 장치에서는 오버플로 메뉴가 맨 아래 소프트 키 툴바의 중앙(Back 버튼과 Search 버튼 사이)에 위치한 메뉴 아이콘에 의해 나타난다(그림 31-1).

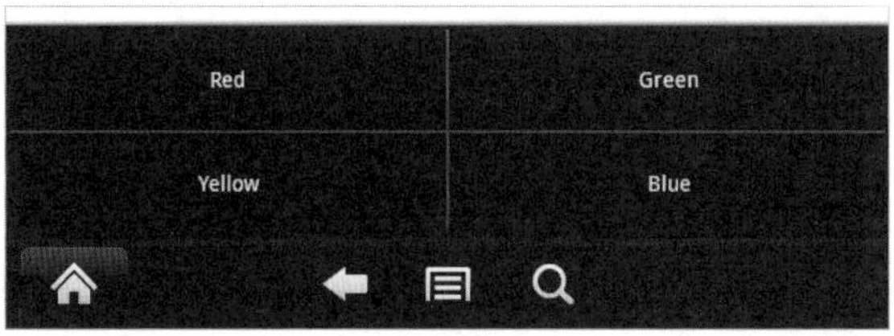

그림 31-1

이와는 달리 안드로이드 4.0부터는 오버플로 메뉴가 화면 오른쪽 위 모서리에 있는 액션 바(작은 사각형을 쌓아 올린 형태)에 위치한다(그림 31-2).

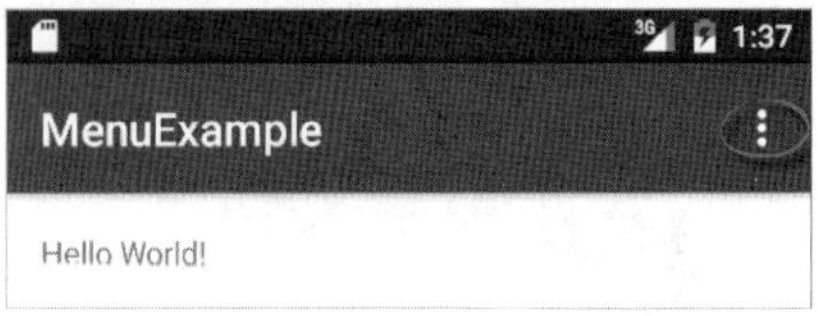

그림 31-2

31.2 오버플로 메뉴 생성하기

메뉴의 항목들은 XML 파일에 선언될 수 있다. 그리고 인플레이트(inflate, 동작 가능한 뷰 객체로 생성)되어 필요시에 사용자에게 보이게 된다. XML에서는 <menu> 요소를 사용하여 정의하며, 이 요소는 각 메뉴 항목의 <item> 부속 요소를 포함한다. 예를 들어, 다음 XML에서는 색상 선택과 관련된 두 개의 메뉴 항목으로 구성된 메뉴를 정의한다.

```
<menu xmlns:android="http://schemas.android.com/apk/res/android"
    xmlns:app="http://schemas.android.com/apk/res-auto"
    xmlns:tools="http://schemas.android.com/tools"
    tools:context="com.ebookfrenzy.menuexample.MenuExampleActivity">
    <item
        android:id="@+id/menu_red"
        android:orderInCategory="1"
        app:showAsAction="never"
        android:title="@string/red_string"/>
    <item
        android:id="@+id/menu_green"
        android:orderInCategory="2"
        app:showAsAction="never"
        android:title="@string/green_string"/>
</menu>
```

이 XML에서 android:orderInCategory 속성은 메뉴가 화면에 보일 때 그 메뉴에 나타나는 메뉴 항목들의 순서를 나타낸다. 이와는 달리 android:showAsAction 속성은 해당 메뉴 항목을 아예 액션 바 자체에 보여줄지에 관한 조건을 제어한다. 예를 들어, 만일 이 속성을 ifRoom으로 설정하면 해당 메뉴 항목이 (화면의 공간이 충분하다면) 액션 바에 나타난다. 그림 31-3에서는 위의 두 메뉴 항목의 android:showAsAction 속성을 모두 ifRoom으로 설정한 결과를 보여준다.

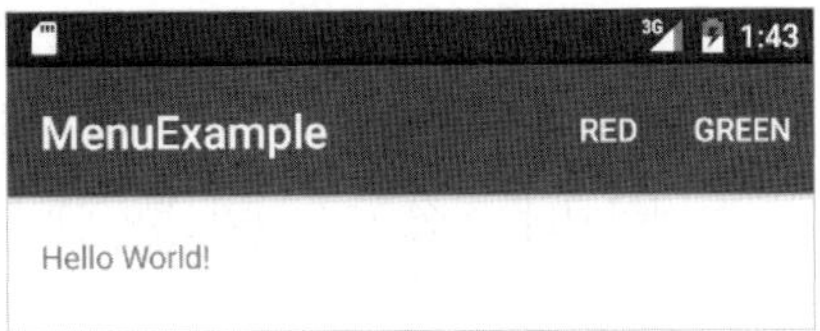

그림 31-3

ifRoom으로 설정되면 액션 바를 어수선하게 만들므로 꼭 필요할 때만 드물게 사용된다.

새로운 안드로이드 애플리케이션 프로젝트를 생성할 때 액티비티 형태를 Basic Activity로 선택하면 안드로이드 스튜디오가 디폴트 메뉴 XML 파일을 생성해준다. 이 파일은 프로젝트의 app ➡ res ➡ menu 폴더에 있으며, 다음과 같이 action_settings라는 하나의 항목을 포함한다.

```
<menu xmlns:android="http://schemas.android.com/apk/res/android"
    xmlns:app="http://schemas.android.com/apk/res-auto"
    xmlns:tools="http://schemas.android.com/tools"
    tools:context="com.ebookfrenzy.menuexample.MainActivity">
    <item
        android:id="@+id/action_settings"
        android:title="@string/action_settings"
        android:orderInCategory="100"
        app:showAsAction="never" />
</menu>
```

애플리케이션이 실행될 때 사용자가 오버플로 메뉴를 선택하면 나타나도록 이미 메뉴가 구성되어 있다(안드로이드 스튜디오 프로젝트를 새로 생성할 때 액티비티 이름을 지정하는 대화상자에서 메뉴 리소스 이름도 지정할 수 있다). 따라서 우리의 필요에 맞게 이 메뉴를 변경하면 된다.

31.3 오버플로 메뉴 보여주기

오버플로 메뉴는 액티비티의 onCreateOptionsMenu( ) 메서드를 오버라이딩한 후 이 메서드에서 메뉴의 XML 파일을 인플레이트함으로써 생성된다. 예를 들어, 다음 코드에서는 menu_menu_example.xml이라는 이름의 메뉴 XML 파일에 포함된 메뉴를 생성한다.

```
@Override
public boolean onCreateOptionsMenu(Menu menu) {
    getMenuInflater().inflate(R.menu.menu_menu_example, menu);
    return true;
}
```

메뉴 XML 파일과 마찬가지로 새로 생성된 안드로이드 애플리케이션 프로젝트의 메인 액티비티에는 이 메서드가 이미 오버라이딩되어 있을 것이다. 따라서 우리 액티비티에서 오버플로 메뉴가 필요 없다면 이 메서드를 삭제하거나 주석으로 처리하면 된다.

31.4 메뉴 항목 선택에 응답하기

메뉴가 구현된 후 사용자가 메뉴 항목을 선택할 때 어떻게 애플리케이션에서 알림를 받는지 궁금할 것이다. 메뉴를 선택했다는 알림를 받으려면 액티비티에서 onOptionsItemSelected() 메서드를 오버라이딩할 필요가 있다. 그리고 이 메서드에는 선택된 메뉴 항목 객체의 참조가 인자로 전달된다. 그다음에 그 항목 객체의 getItemId() 메서드를 호출하여 ID를 얻은 후 어떤 항목이 선택되었는지 확인하기 위해 그것을 사용할 수 있다. 예를 들면, 다음과 같다.

```
@Override
public boolean onOptionsItemSelected(MenuItem item) {
    switch (item.getItemId()) {
        case R.id.menu_red:
            // Red 항목이 선택되었음
            return true;
        case R.id.menu_green:
            // Green 항목이 선택되었음
            return true;
        default:
            return super.onOptionsItemSelected(item);
    }
}
```

31.5 체크 가능한 항목 그룹 생성하기

개별적인 메뉴 항목의 구성과 더불어 메뉴 항목의 그룹을 생성하는 것도 가능하다. 여러 개의 항목 중에 언제든 하나만 선택될 수 있는 체크 가능한 메뉴 항목을 생성할 때는 항목 그룹을 사용한다. 이때는 <group> XML 태그 안에 항목들을 넣으면 된다. 그리고 android:checkableBehavior 속성을 사용하여 그 그룹을 체크 가능한 것으로 선언할 수 있으며, 속성의 값으로는 single, all, none 중 하나를 설정할 수 있다. 다음의 XML에서는 두 개의 메뉴 항목이 하나의 그룹으로 구성됨을 선언한다. 여기서는 그 속성값을 single로 주었으므로 언제든 하나의 항목만 선택될 수 있다.

```xml
<menu xmlns:android="http://schemas.android.com/apk/res/android"
    xmlns:app="http://schemas.android.com/apk/res-auto">
    <group android:checkableBehavior="single">
        <item
            android:id="@+id/menu_red"
            android:title="@string/red_string"/>
        <item
            android:id="@+id/menu_green"
            android:title="@string/green_string"/>
    </group>
</menu>
```

메뉴 그룹이 체크(선택) 가능하게 설정되면 그림 31-4처럼 메뉴 항목에 작은 원이 표식으로 나타나서 사용자가 선택할 수 있다. 단, 각 항목의 선택과 선택 해지에 따른 처리는 애플리케이션에서 해야 한다.

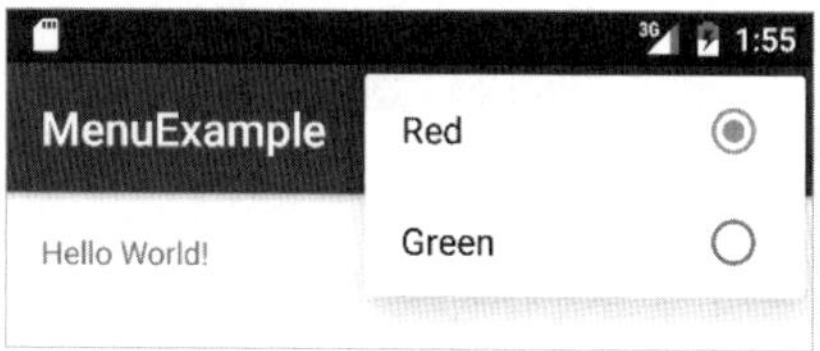

그림 31-4

이 항목 그룹의 색상 선택을 처리하는 코드는 다음과 같다.

```java
@Override
public boolean onOptionsItemSelected(MenuItem item) {
    switch (item.getItemId()) {
        case R.id.menu_red:
            if (item.isChecked()) item.setChecked(false);
            else item.setChecked(true);
            return true;
        case R.id.menu_green:
            if (item.isChecked()) item.setChecked(false);
            else item.setChecked(true);
            return true;
        default:
            return super.onOptionsItemSelected(item);
    }
}
```

31.6 안드로이드 스튜디오 메뉴 편집기

안드로이드 스튜디오 2.2 이전에는 메뉴를 구성할 때 XML을 직접 작성하는 방법밖에 없었다. 그러나 이제는 메뉴 리소스 파일을 메뉴 편집기에 로드한 후 메뉴 구성 요소를 팔레트로부터 마우스로 끌어서 레이아웃에 놓고 속성을 설정하여 쉽게 메뉴를 작성할 수 있다. 또한, 종전처럼 우리가 직접 XML을 작성하는 것도 가능하다. 단, 메뉴가 동작될 때 실행되는 코드는 여전히 onOptionsItemSelected( ) 메서드에 작성해야 한다.

메뉴 편집기에서 메뉴를 구성할 때는 프로젝트 도구 창에서 app ➡ res ➡ menu 밑에 있는 메뉴 리소스 파일을 더블 클릭하여 로드하면 된다. 예를 들면, 그림 31-5와 같다.

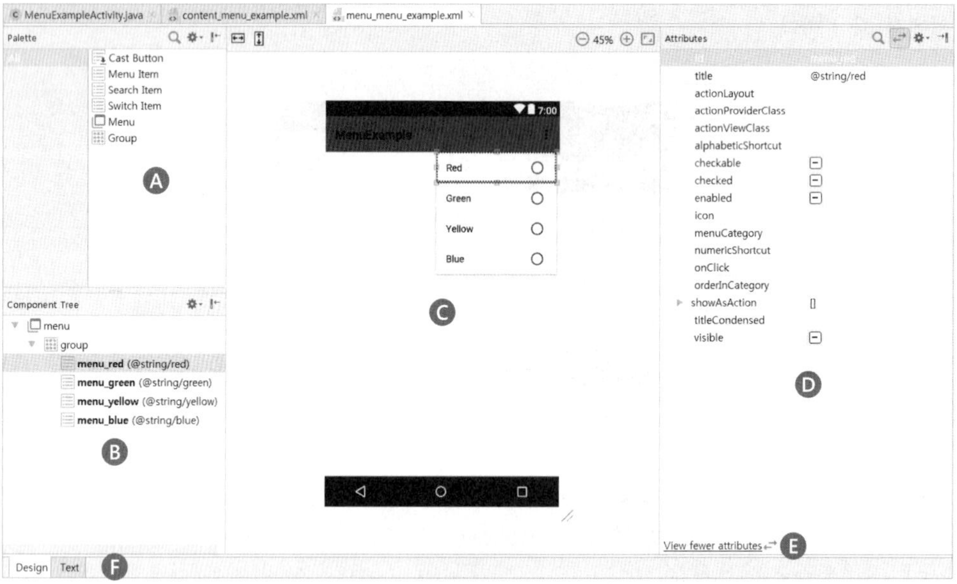

그림 31-5

팔레트(Ⓐ)에는 디자인 영역(Ⓒ)의 메뉴에 추가할 수 있는 요소들이 있다. 컴포넌트 트리(Ⓑ)에서는 메뉴의 계층적인 구조를 알 수 있다. 속성 패널(Ⓓ)에는 현재 선택된 요소의 속성들이 나타난다. 또한, 속성 창의 오른쪽 위에 있는 **모든 속성 보기** 버튼(Ⓔ)을 클릭하면 현재 선택된 요소의 모든 속성들을 보면서 설정할 수 있다. 그리고 레이아웃 편집기와 동일하게 왼쪽 밑의 전환 탭(Ⓕ)을 클릭하여 디자인 모드와 텍스트 모드를 전환할 수 있다.

새로운 메뉴 요소를 추가할 때는 팔레트로부터 해당 요소를 끌어서 레이아웃 또는 컴포넌트 트리에 놓으면 된다. 그러나 대부분의 경우에 컴포넌트 트리를 사용하는 것이 좋다. 예를 들어, 하나의 메뉴 그룹으로 동작하는 메뉴 요소들을 우리가 원하는 순서로 쉽게 위치시킬 수 있기 때문이다.

31.7 예제 프로젝트 생성하기

오버플로 메뉴를 실제로 해보기 위해서 안드로이드 스튜디오로 새 프로젝트를 생성하자. 안드로이드 스튜디오 메인 메뉴의 File ➡ New ➡ New Project...를 선택하거나 웰컴 스크린에서 Start a new Android Studio project를 선택한다.

Application name 필드에 MenuExample을 입력하고, Company Domain 필드에는 ebookfrenzy.com을 입력한다. 안드로이드 장치 선택 화면에서는 폰과 태블릿(Phone and Tablet)만 선택하고, 최소 SDK 버전은 API 22: Android 5.1 (Lollipop)으로 선택한다. 액티비티 선택 화면에서는 Basic Activity를 선택한다. 그리고 마지막 대화상자에서 Activity Name에 MenuExampleActivity를 입력하고 자동으로 설정된 나머지 필드 값은 그대로 둔다. Finish 버튼을 눌러 프로젝트를 생성한다.

레이아웃 편집기 창에서 레이아웃 파일인 content_menu_example.xml 탭을 클릭한다. 그리고 왼쪽 아래에 있는 Design 탭을 눌러서 디자인 모드로 변경한다. 그리고 컴포넌트 트리에서 ConstraintLayout을 클릭한 후 속성 창에서 ID 필드에 layoutView를 입력하고 Enter 키를 누르자. 리소스 ID는 코드에서 이 레이아웃 객체를 참조하여 사용하기 위해 필요하다. 또한, Hello World!로 나타난 TextView를 선택하고 Delete 키를 눌러서 삭제한다.

31.8 메뉴 항목 변경하기

프로젝트 도구 창에서 app ➡ res ➡ menu ➡ menu_menu_example.xml 파일을 찾아 더블 클릭하여 메뉴 편집기 창으로 로드하자. 그다음에 안드로이드 스튜디오가 디폴트로 생성한 action_settings 메뉴 항목을 삭제한다(컴포넌트 트리의 action_settings를 클릭하거나 레이아웃의 Settings를 클릭한 후 Delete 키를 누름).

팔레트에서 메뉴 그룹(Group) 객체를 마우스로 끌어서 레이아웃의 오른쪽 위에 놓는다(그림 31-6).

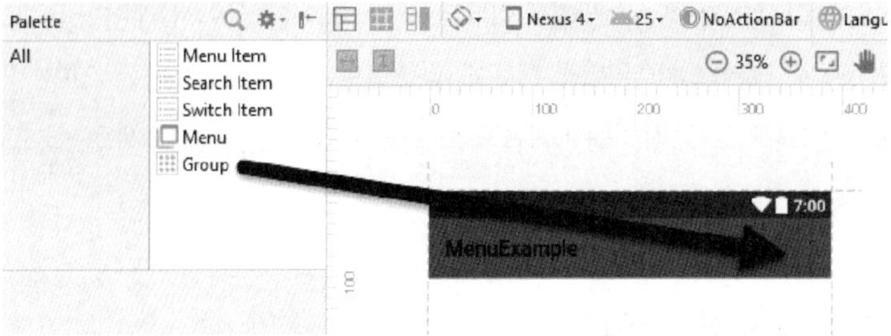

그림 31-6

메뉴 그룹이 추가되더라도 레이아웃에서는 보이지 않는다. 그러나 컴포넌트 트리를 보면 메뉴의 자식 객체로 그룹이 추가된 것을 알 수 있다(그림 31-7).

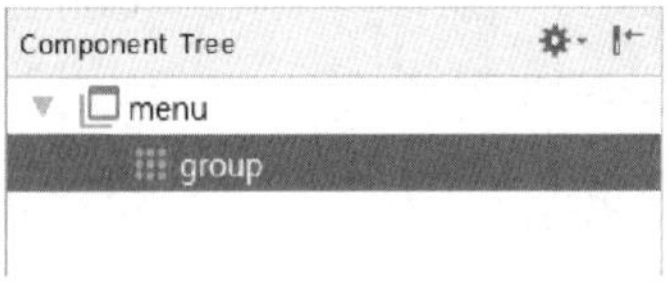

그림 31-7

컴포넌트 트리의 group을 클릭한다. 그리고 속성 창에서 checkableBehavior 속성의 값을 single로 설정한다(그림 31-8). 메뉴 그룹의 항목을 하나만 선택할 수 있게 하기 위함이다.

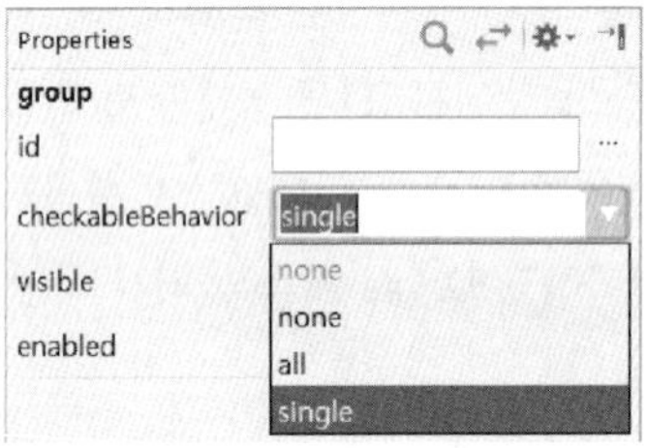

그림 31-8

그다음에 팔레트의 메뉴 항목(Menu Item)을 마우스로 끌어서 컴포넌트 트리의 group에 놓는다. 그리고 그 항목을 클릭한 후 속성 창에서 title 속성의 값을 Red로 입력하고 ID는 menu_red로 변경한다(그림 31-9).

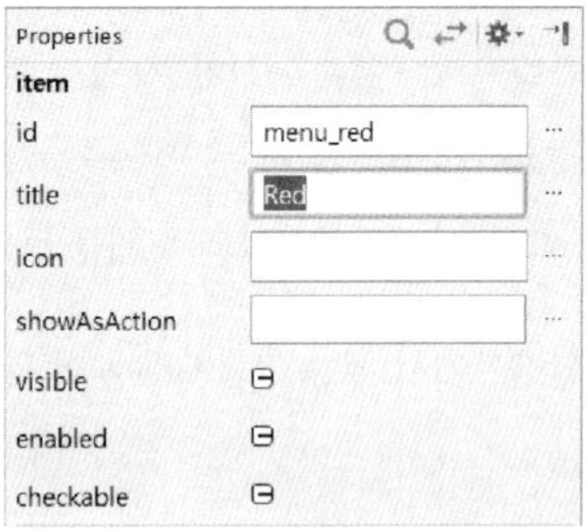

그림 31-9

이번에는 팔레트의 메뉴 항목(Menu Item)을 마우스로 끌어서 컴포넌트 트리의 menu_red 밑에 놓는다(그림 31-10). 그리고 그 항목을 클릭한 후 속성 창에서 title 속성의 값을 Green으로 입력하고 ID는 menu_green으로 변경한다.

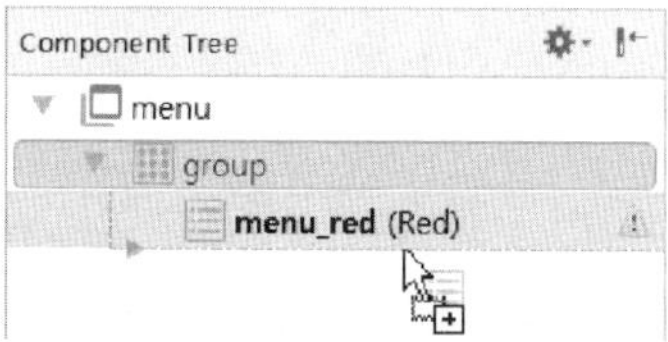

그림 31-10

같은 방법으로 2개의 메뉴 항목을 더 추가한다. 세 번째 항목의 title은 Yellow, ID는 menu_yellow, 네 번째 항목의 title은 Blue, ID는 menu_blue로 입력한다. 그리고 각 메뉴 항목의 title 값을 문자열 리소스로 추출한다(그림 31-10의 메뉴 항목 오른쪽 아이콘을 클릭한 후 3장의 그림 3-17 설명대로 하면 됨).

완성된 메뉴 레이아웃은 그림 31-11과 같다.

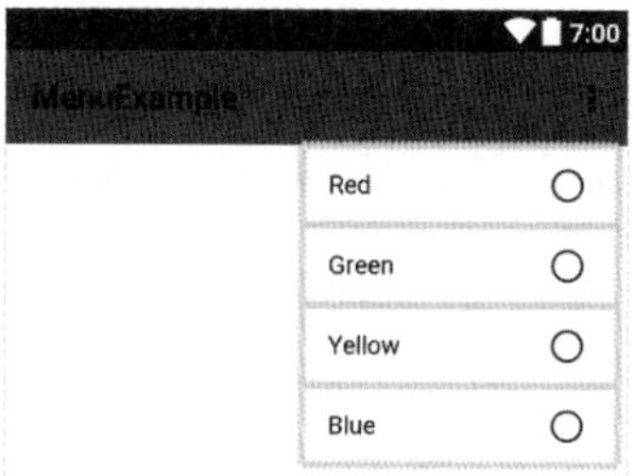

그림 31-11

레이아웃 편집기를 텍스트(Text) 모드로 전환한 후 XML이 다음과 같이 되었는지 확인한다.

```
<menu xmlns:android="http://schemas.android.com/apk/res/android"
    xmlns:app="http://schemas.android.com/apk/res-auto"
    xmlns:tools="http://schemas.android.com/tools"
    tools:context="com.ebookfrenzy.menuexample.MenuExampleActivity">
    <group android:checkableBehavior="single" >
        <item
            android:id="@+id/menu_red"
            android:title="@string/red" />
        <item
            android:id="@+id/menu_green"
            android:title="@string/green" />
```

```
        <item
            android:id="@+id/menu_yellow"
            android:title="@string/yellow" />
        <item
            android:id="@+id/menu_blue"
            android:title="@string/blue" />
    </group>
</menu>
```

31.9 onOptionsItemSelected( ) 메서드 변경하기

메뉴에서 항목이 선택되면 애플리케이션의 액티비티에서 오버라이딩한 onOptionsItem Selected( ) 메서드가 호출된다. 여기서는 이 메서드에서 어떤 항목이 선택되었는지 확인하고 레이아웃 뷰의 배경색을 선택된 항목과 일치하는 색으로 변경할 것이다. 앞에서 프로젝트를 생성할 때 MenuExampleActivity.java 소스 파일이 이미 로드되어 있을 것이다. 그 파일을 선택한 후 다음과 같이 코드를 변경하자.

```
package com.ebookfrenzy.menuexample;

import android.os.Bundle;
import android.support.design.widget.FloatingActionButton;
import android.support.design.widget.Snackbar;
import android.support.v7.app.AppCompatActivity;
import android.support.v7.widget.Toolbar;
import android.view.View;
import android.view.Menu;
import android.view.MenuItem;
import android.support.constraint.ConstraintLayout;

public class MenuExampleActivity extends AppCompatActivity {
.
.
.
    @Override
    public boolean onOptionsItemSelected(MenuItem item) {

        ConstraintLayout mainLayout =
                (ConstraintLayout) findViewById(R.id.layoutView);

        switch (item.getItemId()) {
            case R.id.menu_red:
                if (item.isChecked()) item.setChecked(false);
                else item.setChecked(true);
                mainLayout.setBackgroundColor(android.graphics.Color.RED);
```

```
                return true;
            case R.id.menu_green:
                if (item.isChecked()) item.setChecked(false);
                else item.setChecked(true);
                mainLayout.setBackgroundColor(android.graphics.Color.GREEN);
                return true;
            case R.id.menu_yellow:
                if (item.isChecked()) item.setChecked(false);
                else item.setChecked(true);
                mainLayout.setBackgroundColor(android.graphics.Color.YELLOW);
                return true;
            case R.id.menu_blue:
                if (item.isChecked()) item.setChecked(false);
                else item.setChecked(true);
                mainLayout.setBackgroundColor(android.graphics.Color.BLUE);
                return true;
            default:
                return super.onOptionsItemSelected(item);
        }

    }
}
```

31.10 애플리케이션 테스트하기

에뮬레이터나 실제 안드로이드 장치에서 애플리케이션을 실행시키자. 그리고 오버플로 메뉴에서 메뉴 항목을 선택한 후 레이아웃의 배경색이 올바르게 변경되는지 확인하자(그림 31-12).

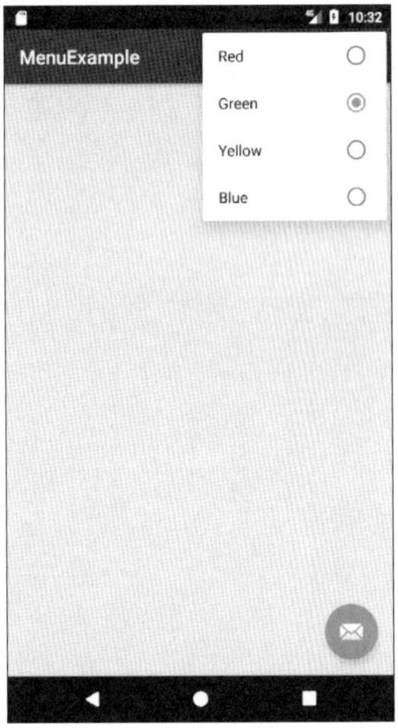

그림 31-12

31.11 요약

안드로이드 구 버전에서는 오버플로 메뉴를 화면 밑의 소프트 키 툴바에서 액세스할 수 있다. 그러나 안드로이드 4.0부터는 화면 오른쪽 위 모서리에 있는 액션 바(작은 사각형을 쌓아 올린 형태)에 오버플로 메뉴가 위치한다.

메뉴의 구조는 XML 파일에 쉽게 정의할 수 있다. 그리고 애플리케이션의 액티비티에서는 onOptionsItemSelected( ) 메서드를 오버라이딩함으로써 메뉴 항목이 선택되었을 때 응답할 수 있다.

안드로이드 전환 프레임워크

안드로이드 **전환 프레임워크**(Transitions Framework)는 안드로이드 4.4 킷캣(KitKat)의 일부로 소개되었으며, 우리 애플리케이션의 화면을 구성하는 뷰에 애니메이션 효과를 쉽게 추가할 수 있도록 설계되었다.

안드로이드 스튜디오에서 전환 프레임워크를 사용하면 단지 몇 라인의 코드만 작성해도 애니메이션 효과를 구현할 수 있다. 예를 들어, 사용자 인터페이스의 뷰들이 화면에 서서히 나타나거나 사라지게 할 수 있으며, 화면의 다른 위치로 미끄러지듯 이동시킬 수 있다. 이 내용은 이번 장과 33장, 34장에 걸쳐 살펴볼 것이다.

쉽게 이해하기 위해 애니메이션 영화를 생각해보자. 애니메이션 영화의 한 장면에는 사람이나 동물 등의 출연 캐릭터들이 하나의 프레임에 포함된다. 그리고 여러 장면이 전환되면서 그런 캐릭터들이 생동감 있게 움직이는 애니메이션 영화가 만들어진다. 안드로이드 전환 프레임워크에서는 그런 캐릭터들이 뷰에 해당되며, 캐릭터를 포함하는 프레임은 뷰를 포함하는 컨테이너 레이아웃이 된다. 그리고 어느 한 시점의 프레임을 **장면**(Scene)이라 하고, 장면이 바뀌는 것을 **전환**(Transition)이라 한다.

32.1 안드로이드 전환과 장면

전환을 사용하면 사용자 인터페이스의 레이아웃 변경과 뷰의 모습을 애플리케이션이 실행되는 동안 애니메이션 처리를 할 수 있다. 애플리케이션 코드에서 전환을 구현하는 방법은 많이 있지만, 가장 강력한 메커니즘이 장면의 사용일 것이다. 장면은 사용자 인터페이스 화면의 레이아웃 전체 또는 일부를 나타낸다.

이 방법을 사용해서 전환을 구현하려면 두 개의 서로 다른 사용자 인터페이스 상태('이전' 장면과 '이후' 장면)를 반영하는 장면을 정의한다. 예를 들어, 하나의 장면은 화면의 위쪽에 위치하는 EditText, Button, TextView로 구성될 수 있다. 그리고 두 번째 장면에서는 첫 번째 장면의 Button을 삭제하고 EditText와 TextView 객체를 화면의 밑으로 이동시켜서 MapView 인스턴스를 넣기 위한 공간을 만들 수 있을 것이다. 그런 다음에 전환 프레임워크를 사용하면 이 두 장면 간의 전환을 애니메이션 처리할 수 있다. 즉, Button이 사라지고 EditText와 TextView는 새로운 위치로 미끄러지듯 이동하며 지도(MapView 인스턴스)가 서서히 뷰에 나타나게 된다.

장면은 코드에서 ViewGroup 객체로 생성하거나 애플리케이션이 실행될 때 Scene 객체로 로드되는 레이아웃 리소스 파일로 구현할 수 있다.

전환도 애플리케이션 코드에서 동적으로 구현될 수 있다. 장면은 ViewGroup 객체 타입의 사용자 인터페이스 뷰들을 참조하여 생성되며, TransitionManager 클래스를 사용하여 전환이 수행된다. TransitionManager 클래스는 장면 간의 전환을 촉발하고 관리하는 많은 메서드를 제공한다.

TransitionManager 클래스의 beginDelayedTransition( ) 메서드를 사용하면 가장 간단한 형태의 전환을 할 수 있다. 하나의 장면을 나타내는 ViewGroup 객체를 인자로 전달하여 이 메서드를 호출하면 그 장면에 포함된 뷰에 생기는 이후의 변화(예를 들어, 뷰의 이동, 크기 조정, 추가, 삭제)가 전환 프레임워크에 의해 애니메이션 처리가 된다.

실제 애니메이션 처리는 Transition 클래스의 인스턴스를 통해 전환 프레임워크에 의해 수행된다. Transition 인스턴스는 장면에 포함된 뷰의 크기, 위치, 가시성 변화를 감지하고 그런 변화들을 애니메이션 처리하는 책임을 갖는다.

기본적으로는 AutoTransition 클래스에 의해 정의된 조건들을 사용해서 애니메이션 처리된다. 그러나 XML 전환 파일의 설정 또는 직접 코드에서 우리 입맛에 맞게 커스텀 전환을 생성할 수 있다. 그리고 여러 개의 전환을 하나의 TransitionSet으로 결합할 수 있으며, 애니메이션이 병행 또는 순차적으로 수행되도록 구성할 수 있다.

32.2 전환에 인터폴레이터 사용하기

전환 프레임워크에서는 애니메이션 효과를 구현하기 위해 안드로이드 애니메이션 프레임워크를 많이 사용한다. 전환을 사용할 때가 그렇다. 전환 작업의 대부분이 내부적으로 일어나기 때문에 개발자가 애니메이션 프레임워크의 세부적인 것들을 알기 어렵다. 그러나 전환을 사용할 때 애니메이션 프레임워크에서 알아두면 유용한 것이 하나 있다. 그것은 바로 **인터폴레이터**(interpolator)의 개념이다.

인터폴레이터는 안드로이드 애니메이션 프레임워크의 기능이며, 사전 정의된 다양한 방법으로 애니메이션을 변경할 수 있게 해준다. 현재는 애니메이션 프레임워크에서 다음의 인터폴레이터를 제공한다. 이것들 모두는 전환을 커스터마이징할 때 사용할 수 있다.

- **AccelerateDecelerateInterpolator** — 기본적으로 애니메이션은 일정한 속도로 수행된다. AccelerateDecelerateInterpolator를 사용하면 애니메이션을 느리게 시작한 다음에 중간 정도 빠르기로 처리 속도를 높인다. 그리고 끝 부분에 다다르면 처리 속도를 느리게 낮춘다.
- **AccelerateInterpolator** — 이름에서 알 수 있듯이, AccelerateInterpolator는 애니메이션을 느리게 시작해서 지정된 속도까지 가속하며 끝날 때까지도 감속하지 않는다.
- **AnticipateInterpolator** — AnticipateInterpolator는 새총과 유사한 효과를 제공한다. 구성된 애니메이션과 역방향으로 애니메이션 뷰가 움직였다가 정방향으로 던지듯 이동한다. 이때 역방향으로 젖혀지는 힘의 세기는 장력 명세로 제어된다.
- **AnticipateOvershootInterpolator** — 화면의 목표 위치를 지나쳤다가 돌아오는 애니메이션 객체에 AnticipateInterpolator가 제공하는 효과를 결합한다.
- **BounceInterpolator** — 애니메이션 처리되는 뷰가 자신의 목표 위치에 도달할 때 통통 튀게(bounce) 한다.
- **CycleInterpolator** — 지정된 횟수만큼 애니메이션이 반복되도록 구성한다.
- **DecelerateInterpolator** — 애니메이션이 빨리 시작한 다음 끝날 즈음에 지정된 계수에 의해 감속되도록 한다.
- **LinearInterpolator** — 애니메이션이 일정한 속도로 수행되도록 지정하는 데 사용된다.
- **OvershootInterpolator** — 지정된 목표 지점을 지나쳤다가 복귀하도록 한다. 초과량은 장력을 지정하여 구성할 수 있다.

이번 장과 33장, 34장에서 보게 되겠지만, 인터폴레이터는 코드와 XML 파일 모두에 지정할 수 있다.

32.3 장면 전환 사용하기

장면은 안드로이드 스튜디오 XML 레이아웃 파일의 내용으로 나타낼 수 있다. 예를 들, 부모 레이아웃 뷰인 RelativeLayout 안에 세 개의 버튼 뷰로 구성되는 장면을 나타내는 데 다음의 XML을 사용할 수 있다.

```
<?xml version="1.0" encoding="utf-8"?>
<RelativeLayout xmlns:android="http://schemas.android.com/apk/res/android"
    android:id="@+id/RelativeLayout1"
    android:layout_width="match_parent"
    android:layout_height="match_parent"
    android:orientation="vertical" >

    <Button
        android:id="@+id/button1"
        android:layout_width="wrap_content"
        android:layout_height="wrap_content"
        android:layout_alignParentLeft="true"
        android:layout_alignParentTop="true"
        android:onClick="goToScene2"
        android:text="@string/one_string" />

    <Button
        android:id="@+id/button2"
        android:layout_width="wrap_content"
        android:layout_height="wrap_content"
        android:layout_alignParentRight="true"
        android:layout_alignParentTop="true"
        android:onClick="goToScene1"
        android:text="@string/two_string" />

    <Button
        android:id="@+id/button3"
        android:layout_width="wrap_content"
        android:layout_height="wrap_content"
        android:layout_centerHorizontal="true"
        android:layout_centerVertical="true"
        android:text="@string/three_string" />

</RelativeLayout>
```

프로젝트의 res/layout 폴더에 위치하는 scene1_layout.xml 파일에 위의 레이아웃이 포함되어 있다고 가정하자. 이 레이아웃은 Scene 클래스의 getSceneForLayout( ) 메서드를 사용해서 장면으로 로드될 수 있다. 예를 들면, 다음과 같다.

```
Scene scene1 = Scene.getSceneForLayout(rootContainer, R.layout.scene1_layout, this);
```

이 메서드는 루트 컨테이너의 객체 참조를 인자로 받는다. 루트 컨테이너는 뷰 계층 구조의 맨 위에 있는 뷰이며, 이 뷰에 장면이 나타난다.

전환 애니메이션을 하지 않고 사용자에게 장면을 보여주려면 해당 장면 인스턴스의 enter( ) 메서드를 호출하면 된다.

```
scene1.enter();
```

디폴트 클래스인 AutoTransition을 사용하는 두 장면 간의 전환은 TransitionManager 클래스의 go( ) 메서드를 사용해서 수행시킬 수 있다.

```
TransitionManager.go(scene2);
```

장면 클래스인 Scene의 인스턴스는 코드에서 쉽게 생성할 수 있다. 즉, 뷰 요소들을 하나 이상의 ViewGroup에 넣고 그 그룹의 장면을 생성하면 된다(Scene 클래스의 생성자 인자로 ViewGroup 객체를 전달). 예를 들면, 다음과 같다.

```
Scene scene1 = Scene(viewGroup1);
Scene scene2 = Scene(viewGroup2, viewGroup3);
```

32.4 코드의 커스텀 전환과 TransitionSet

지금까지 이번 장에서 설명한 예에서는 디폴트 전환 설정을 사용하였다. 디폴트 전환 설정에서는 뷰의 크기 조정, 가시성(나타나거나 사라짐), 움직임이 안드로이드에 사전 정의된 것을 사용해서 애니메이션 처리된다. 그러나 커스텀 전환을 생성하여 그것들을 변경할 수 있으며, 변경된 설정은 전환이 진행되는 동안 참조된다. 애니메이션은 **변경 한도**(change bounds)와 페이드(fade)로 분류된다. 변경 한도는 뷰의 위치와 크기 변화에 관련되는 것이고, 페이드는 뷰의 가시성(나타나거나 사라짐)에 관련된 것이다.

단일(single) 전환은 다음과 같이 생성할 수 있다.

```
Transition myChangeBounds = new ChangeBounds();
```

그리고 전환을 수행할 때 다음과 같이 사용할 수 있다.

```
TransitionManager.go(scene2, myChangeBounds);
```

다중(multiple) 전환은 하나의 TransitionSet 인스턴스에 묶을 수 있다. 예를 들어, 다음 코드에서는 변경 한도와 페이드 전환 효과 모두를 포함하는 새로운 TransitionSet 객체를 생성한다.

```
TransitionSet myTransition = new TransitionSet();
myTransition.addTransition(new ChangeBounds());
myTransition.addTransition(new Fade());
```

뷰 ID로 참조되는 특정 뷰들을 목표로 전환을 구성할 수 있다. 예를 들어, 다음 코드에서는 myButton1과 일치하는 ID를 갖는 뷰에 대해서만 페이드 전환을 구성한다.

```
TransitionSet myTransition = new TransitionSet();
myTransition.addTransition(new ChangeBounds());
Transition fade = new Fade();
fade.addTarget(R.id.myButton1);
myTransition.addTransition(fade);
```

애니메이션 지속 시간과 같은 또 다른 관점의 전환도 구성할 수 있다. 다음 코드에서는 애니메이션이 수행될 지속 시간을 1/1000초 단위로 지정한다.

```
Transition changeBounds = new ChangeBounds();
changeBounds.setDuration(2000);  // 2초
```

Transition 객체처럼 일단 TransitionSet 객체가 생성되면 TransitionManager 클래스를 통해 그것을 전환에 사용할 수 있다.

```
TransitionManager.go(scene1, myTransition);
```

32.5 XML의 커스텀 전환과 TransitionSet

커스텀 전환을 코드로 구현할 수 있지만, 때로는 XML 전환 파일로 하는 것이 더 쉬울 때가 있다. 이때는 일부 추가 옵션과 더불어 <fade>와 <changeBounds> 태그를 같이 사용한다. 다음 XML에서는 단일의 changeBounds 전환을 포함한다.

```
<?xml version="1.0" encoding="utf-8"?>
<changeBounds/>
```

코드 기반의 전환 방법처럼 리소스 파일에 있는 각 전환 항목도 커스터마이징될 수 있다. 예를 들어, 다음 XML에서는 변경 한도 전환의 지속 시간을 5초로 구성한다.

```
<changeBounds android:duration="5000" >
```

다중 전환은 <transitionSet> 요소를 사용해서 묶을 수 있다.

```
<?xml version="1.0" encoding="utf-8"?>
<transitionSet
    xmlns:android="http://schemas.android.com/apk/res/android" >

    <fade
        android:duration="2000"
        android:fadingMode="fade_out" />

    <changeBounds
        android:duration="5000" >

        <targets>
            <target android:targetId="@id/button2" />
        </targets>

    </changeBounds>

    <fade
        android:duration="2000"
        android:fadingMode="fade_in" />
</transitionSet>
```

XML 리소스 파일에 포함된 전환은 그것이 사용되는 프로젝트의 res 서브 디렉터리 밑의 transition 폴더에 저장되어야 한다. 그리고 애플리케이션의 코드에서 참조되기 전에 인플레이트(동작 가능한 객체로 생성)되어야 한다. 예를 들어, 다음 코드에서는 transition.xml 파일에 포함된 전환 리소스를 인플레이트한 후 myTransition이라는 이름의 Transition 객체 참조에 지정한다.

```
Transition myTransition = TransitionInflater.from(this)
    .inflateTransition(R.transition.transition);
```

그리고 일단 인플레이트되면 통상적인 방법으로 그 전환을 참조할 수 있다.

```
TransitionManager.go(scene1, myTransition);
```

기본적으로 TransitionSet에 포함된 전환 효과들은 병행으로 수행된다. 따라서 애니메이션을 순차적으로 수행해달라고 전환 프레임워크에 지시하려면 리소스 파일의 transitionSet 요소에 android:transitionOrdering 속성의 값으로 'sequential'을 지정하면 된다.

```
<?xml version="1.0" encoding="utf-8"?>

<transitionSet
    xmlns:android="http://schemas.android.com/apk/res/android"
    android:transitionOrdering="sequential">

        <fade
            android:duration="2000"
            android:fadingMode="fade_out" />

        <changeBounds
            android:duration="5000" >
        </changeBounds>
</transitionSet>
```

만일 android:transitionOrdering 속성의 값을 'sequential'에서 'together'로 변경하면 애니메이션이 병행으로 수행된다.

32.6 인터폴레이터 사용하기

앞에서 이야기했듯이, 인터폴레이터는 다양한 방법으로 전환의 행동을 변경하기 위해 사용될 수 있다. 그리고 코드 또는 전환 XML 리소스 파일의 설정을 통해 지정할 수 있다.

코드에서는 원하는 인터폴레이터 클래스의 생성자를 호출하여 새로운 인터폴레이터 인스턴스를 생성할 수 있다. 그리고 이때 인터폴레이터의 행동을 변경하는 값을 인자로 전달한다. 각 인터폴레이터 클래스의 생성자는 다음과 같다.

- AccelerateDecelerateInterpolator( )
- AccelerateInterpolator(float factor)
- AnticipateInterpolator(float tension)
- AnticipateOvershootInterpolator(float tension)
- BounceInterpolator( )
- CycleInterpolator(float cycles)
- DecelerateInterpolator(float factor)
- LinearInterpolator( )
- OvershootInterpolator(float tension)

인터폴레이터 인스턴스는 일단 생성되면 Transition 클래스의 setInterpolator( ) 메서드를 사용해서 전환에 첨부될 수 있다. 예를 들어, 다음 코드에서는 바운스 인터폴레이터를 변경 한도 전환에 추가한다.

```
Transition changeBounds = new ChangeBounds();
changeBounds.setInterpolator(new BounceInterpolator());
```

이와 유사하게 다음 코드에서는 가속 계수를 1.2로 지정하는 가속 인터폴레이터를 바로 위의 전환에 추가한다.

```
changeBounds.setInterpolator(new AccelerateInterpolator(1.2f));
```

XML 기반 전환 리소스의 경우는 디폴트 인터폴레이터가 다음과 같은 구문으로 선언된다.

```
android:interpolator="@android:anim/<interpolator_element>"
```

여기서 <interpolator_element>는 다음 중에서 선택된 인터폴레이터의 리소스 ID로 대체해야 한다.

- accelerate_decelerate_interpolator
- accelerate_interpolator
- anticipate_interpolator
- anticipate_overshoot_interpolator
- bounce_interpolator
- cycle_interpolator
- decelerate_interpolator
- linear_interpolator
- overshoot_interpolator

예를 들어, 다음 XML에서는 디폴트 바운스 인터폴레이터를 transitionSet에 포함된 변경 한도 전환에 추가한다.

```
<?xml version="1.0" encoding="utf-8"?>
<transitionSet
    xmlns:android="http://schemas.android.com/apk/res/android"
    android:transitionOrdering="sequential">

    <changeBounds
        android:interpolator="@android:anim/bounce_interpolator"
        android:duration="2000" />

    <fade
        android:duration="1000"
        android:fadingMode="fade_in" />
</transitionSet>
```

XML 리소스 안에서 인터폴레이터를 전환에 추가하는 이런 방법은 디폴트 인터폴레이터가 필요할 때 잘 동작한다. 그러나 디폴트 인터폴레이터의 행동이 변경될 필요가 있을 때는 작업이 조금 더 복잡해진다. 예를 들어, 반복(cycle) 인터폴레이터를 생각해보자. 이 인터폴레이터의 목적은 애니메이션이나 전환을 지정된 횟수만큼 반복하는 것이다. cycles 속성의 설정이 없을 때는 반복 인터폴레이터가 한 번만 수행된다. 그러나 애석하게도 위의 방법을 사용해서 인터폴레이터를 추가할 때는 반복 횟수(또는 어떤 다른 인터폴레이터 속성)를 직접 지정할 방법이 없다. 따라서 이때는 커스텀 인터폴레이터를 생성하고 전환 파일에서 참조해야 한다.

32.7 커스텀 인터폴레이터 생성하기

커스텀 인터폴레이터는 별도의 XML 파일에 선언되고 프로젝트의 res 서브 디렉터리 밑의 anim 폴더에 저장되어야 한다. 그리고 그 XML 파일의 이름은 안드로이드 시스템에 의해 커스텀 인터폴레이터의 리소스 ID로 사용된다.

커스텀 인터폴레이터 XML 리소스 파일의 구문은 다음과 같다.

```
<?xml version="1.0" encoding="utf-8"?>
<interpolatorElement xmlns:android="http://schemas.android.com/apk/res/android"
android:attribute="value" />
```

여기서 interpolatorElement는 다음 중 선택된 인터폴레이터의 요소 이름으로 대체되어야 한다.

- accelerateDecelerateInterpolator
- accelerateInterpolator
- anticipateInterpolator
- anticipateOvershootInterpolator
- bounceInterpolator
- cycleInterpolator
- decelerateInterpolator
- linearInterpolator
- overshootInterpolator

또한 attribute에는 값을 변경할 인터폴레이터의 이름 속성으로 대체한다(예를 들어, overshootInterpolator의 tension 속성을 변경할 때는 tension). 끝으로, value에는 해당 속성에 지정되는 값을 나타낸다. 예를 들어, 다음 XML에서는 7번 반복하도록 구성된 커스텀 반복 인터폴레이터를 포함한다.

```
<?xml version="1.0" encoding="utf-8"?>
<cycleInterpolator xmlns:android="http://schemas.android.com/apk/res/android"
android:cycles="7" />
```

위의 XML이 res 서브 디렉터리 밑의 anim 프로젝트 폴더에 my_cycle.xml 파일로 저장되었다고 해보자. 이 경우 커스텀 인터폴레이터는 다음의 XML을 사용해서 전환 리소스 파일에 추가될 수 있다.

```
<changeBounds
    xmlns:android="http://schemas.android.com/apk/res/android"
    android:duration="5000"
    android:interpolator="@anim/my_cycle" >
```

32.8 beginDelayedTransition 메서드 사용하기

TransitionManager 클래스의 beginDelayedTransition() 메서드를 사용하는 것이 가장 간단한 형태의 전환 기반 사용자 인터페이스 애니메이션일 것이다. 이 메서드에서는 애니메이션이 필요한 장면을 나타내는 뷰 그룹의 루트 뷰 객체 참조를 인자로 받는다. 그리고 이후에는 디폴트 전환 설정을 사용해서 뷰의 변화가 애니메이션 처리된다.

```
myLayout = (ViewGroup) findViewById(R.id.myLayout);
TransitionManager.beginDelayedTransition(myLayout);
// 장면을 변경한다
```

디폴트가 아닌 다른 애니메이션이 필요하다면 적합하게 구성된 Transition 인스턴스 또는 TransitionSet 인스턴스를 메서드 인자로 전달하면 된다.

```
TransitionManager.beginDelayedTransition(myLayout, myTransition);
```

32.9 요약

전환 프레임워크는 안드로이드 4.4 킷캣(KitKat)에서 소개되었다. 그리고 안드로이드 애플리케이션의 사용자 인터페이스를 구성하는 뷰에 애니메이션 효과를 쉽게 추가할 수 있도록 설계되었다. 전환 프레임워크를 사용하면 간단한 구성과 몇 라인의 코드만으로 뷰의 이동, 가시성, 크기 조정과 같은 애니메이션 효과를 만들 수 있다. 자바 코드와 XML 리소스 파일을 조합하는 방법을 포함해서 전환을 구현하는 방법은 여러 가지가 있다. 그리고 인터폴레이터를 사용하면 전환의 애니메이션 효과를 더욱 증진시킬 수 있다.

이번 장에서는 안드로이드의 전환 이론을 알아보았다. 다음의 두 장에서는 안드로이드 스튜디오 기반의 전환 구현 예제 프로젝트를 통해서 실제로 해볼 것이다.

beginDelayedTransition을 사용한 안드로이드 전환

앞 장에서는 안드로이드 전환 프레임워크를 사용한 사용자 인터페이스의 애니메이션 개요를 알아보았다. 이 장에서는 TransitionManager 클래스의 beginDelayedTransition( ) 메서드를 사용해서 안드로이드 전환 사용 예를 보여줄 것이다.

다음 장에서는 더 복잡한 예제 프로젝트를 생성할 것이다. 그 프로젝트에서는 한 장면(scene)에서 다른 장면으로 전환하기 위해 레이아웃 파일과 전환 리소스 파일을 사용한다.

33.1 안드로이드 스튜디오 TransitionDemo 프로젝트 생성하기

우선, 안드로이드 스튜디오로 새 프로젝트를 생성하자. 안드로이드 스튜디오 메인 메뉴의 File ➡ New ➡ New Project...를 선택하거나 웰컴 스크린에서 Start a new Android Studio project를 선택한다.

Application name 필드에 TransitionDemo를 입력하고, Company Domain 필드에는 ebookfrenzy.com을 입력한다. 안드로이드 장치 선택 화면에서는 폰과 태블릿(Phone and Tablet)만 선택하고, 최소 SDK 버전은 API 22: Android 5.1 (Lollipop)으로 선택한다. 액티비티 선택 화면에서는 Empty Activity를 선택한다. 그리고 마지막 대화상자에서 Activity Name에 TransitionDemoActivity를 입력하고 자동으로 설정된 나머지 필드 값은 그대로 둔다. Finish 버튼을 눌러 프로젝트를 생성한다.

33.2 프로젝트 파일 준비하기

첫 번째 전환 애니메이션 예제는 TransitionManager 클래스의 beginDelayedTransition( ) 메서드를 사용해서 구현할 것이다. 우선, 편집기의 activity_transition_demo.xml 파일 탭을 클릭한 후 텍스트 모드로 변경하자.

여기서는 레이아웃의 부모 컨테이너 뷰로 RelativeLayout을 사용할 것이다. 현재의 XML을 모두 삭제하고 다음의 XML로 변경한다.

```
<?xml version="1.0" encoding="utf-8"?>
<RelativeLayout xmlns:android="http://schemas.android.com/apk/res/android"
     android:id="@+id/myLayout"
     android:layout_width="match_parent"
     android:layout_height="match_parent"
     android:orientation="vertical" >
</RelativeLayout>
```

레이아웃 편집기를 디자인 모드로 변경한다. 그리고 팔레트의 Widgets 부류에서 Button을 마우스로 끌어서 레이아웃의 왼쪽 위 모서리에 놓는다. 그 버튼을 클릭한 후 속성 창에서 ID를 myButton1로 변경한다.

33.3 beginDelayedTransition 애니메이션 구현하기

여기서는 다음의 일을 처리하는 터치 이벤트 처리기를 구현할 것이다. 즉, 사용자가 레이아웃 뷰를 터치하면 버튼 뷰가 화면의 오른쪽 아래 모서리로 이동하면서 자신의 크기를 점점 크게 만든다.

프로젝트 생성 시에 편집기에 로드된 TransitionDemoActivity.java 파일의 탭을 클릭하여 편집기 창에 나타나게 한다. 그리고 터치 이벤트 처리기를 구현하기 위해 다음과 같이 onCreate( ) 메서드를 변경하자.

```
package com.ebookfrenzy.transitiondemo;

import android.support.v7.app.AppCompatActivity;
import android.os.Bundle;
import android.view.MotionEvent;
import android.view.View;
import android.view.ViewGroup;
import android.widget.RelativeLayout;
```

```
public class TransitionDemoActivity extends AppCompatActivity {

    ViewGroup myLayout;

    @Override
    protected void onCreate(Bundle savedInstanceState) {
        super.onCreate(savedInstanceState);
        setContentView(R.layout.activity_transition_demo);

        myLayout = (ViewGroup) findViewById(R.id.myLayout);

        myLayout.setOnTouchListener(
            new RelativeLayout.OnTouchListener() {
                public boolean onTouch(View v, MotionEvent m) {
                    handleTouch();
                    return true;
                }
            }
        );
    }
}
```

이 코드에서는 RelativeLayout 컨테이너 뷰의 터치 리스너를 설정하여 터치 이벤트가 발생할 때 handleTouch( )라는 이름의 메서드를 호출한다. 따라서 다음으로 할 일은 handleTouch( ) 메서드를 구현하는 것이다. 다음 코드를 액티비티 클래스에 추가하자.

```
public void handleTouch() {
    View view = findViewById(R.id.myButton1);

    RelativeLayout.LayoutParams params = new RelativeLayout.LayoutParams(
        RelativeLayout.LayoutParams.WRAP_CONTENT,
        RelativeLayout.LayoutParams.WRAP_CONTENT);

    params.addRule(RelativeLayout.ALIGN_PARENT_RIGHT,
        RelativeLayout.TRUE);
    params.addRule(RelativeLayout.ALIGN_PARENT_BOTTOM,
        RelativeLayout.TRUE);
    view.setLayoutParams(params);

    ViewGroup.LayoutParams lparams = view.getLayoutParams();

    lparams.width = 500;
    lparams.height = 350;
    view.setLayoutParams(lparams);
}
```

이 메서드에서는 사용자 인터페이스 레이아웃의 버튼 뷰 객체 참조를 얻는다. 그리고 부모 레이아웃의 오른쪽 아래 모서리로 버튼을 이동시키고, 버튼의 크기를 늘리기 위해 고안된 새로운 레이아웃 매개변수 룰(rule)을 생성한다. 이 매개변수들은 애플리케이션 실행 시에 생성되어 버튼에 적용된다.

애플리케이션을 실행시켜 코드를 테스트해보자. 애플리케이션이 론칭되면 버튼이 아닌 배경의 아무 곳이나 터치해보자. 버튼이 이동하면서 크기가 커질 것이다. 그림 33-1은 에뮬레이터에서 실행한 화면을 보여준다.

그림 33-1

그러나 레이아웃의 변경이 효과는 있었지만, 너무 순간적으로 바뀌어서 생동감 있는 애니메이션의 느낌은 없었을 것이다. 바로 이럴 때 TransitionManager 클래스의 beginDelayedTransition( ) 메서드를 호출하면 된다. 여기서는 레이아웃의 변경이 구현되기 전에 한 라인의 코드만 추가하면 애니메이션 효과를 낼 수 있다. 현재 작업 중인 TransitionDemoActivity.java 파일에 다음의 굵은 글씨로 된 코드를 추가하자.

```
package com.ebookfrenzy.transitiondemo;

import android.support.v7.app.AppCompatActivity;
import android.os.Bundle;
import android.view.MotionEvent;
import android.view.View;
import android.view.ViewGroup;
import android.widget.RelativeLayout;
import android.transition.TransitionManager;

public class TransitionDemoActivity extends AppCompatActivity {
.
.
.
    public void handleTouch() {
        View view = findViewById(R.id.myButton1);

        TransitionManager.beginDelayedTransition(myLayout);

        RelativeLayout.LayoutParams params = new RelativeLayout.LayoutParams(
            RelativeLayout.LayoutParams.WRAP_CONTENT,
        RelativeLayout.LayoutParams.WRAP_CONTENT);

        params.addRule(RelativeLayout.ALIGN_PARENT_RIGHT,
            RelativeLayout.TRUE);

        params.addRule(RelativeLayout.ALIGN_PARENT_BOTTOM,
            RelativeLayout.TRUE);

        params.width = 500;
        params.height = 350;
        view.setLayoutParams(params);
    }
}
```

애플리케이션을 다시 실행시켜 보자. 이번에는 레이아웃 변경의 전환(여기서는 버튼의 이동과 크기 조정)이 생동감 있게 수행될 것이다.

33.4 우리 입맛에 맞는 전환 만들기

마지막으로, changeBounds 전환을 변경할 것이다. 이렇게 하면 대상 뷰(여기서는 버튼)가 화면의 새로운 위치에 도달할 때 더 긴 시간 간격으로 전환이 수행되면서 통통 튀는 듯한 바운스(bounce) 효과를 갖게 된다. 이때는 적합한 전환 시간과 인터폴레이터 설정을 갖는 Transition 인스턴스를 생성하고 그것을 beginDelayedTransition( ) 메서드의 인자로 전달하면 된다. 다음 코드의 굵은 글씨 라인을 추가하자.

```java
package com.ebookfrenzy.transitiondemo;

import android.support.v7.app.AppCompatActivity;
import android.os.Bundle;
import android.view.MotionEvent;
import android.view.View;
import android.view.ViewGroup;
import android.widget.RelativeLayout;
import android.transition.TransitionManager;
import android.transition.ChangeBounds;
import android.transition.Transition;
import android.view.animation.BounceInterpolator;

public class TransitionDemoActivity extends AppCompatActivity {
.
.
.
    public void handleTouch() {
        View view = findViewById(R.id.myButton1);

        Transition changeBounds = new ChangeBounds();
        changeBounds.setDuration(3000);
        changeBounds.setInterpolator(new BounceInterpolator());

        TransitionManager.beginDelayedTransition(myLayout,
                changeBounds);

        RelativeLayout.LayoutParams params = new
            RelativeLayout.LayoutParams(
            RelativeLayout.LayoutParams.WRAP_CONTENT,
            RelativeLayout.LayoutParams.WRAP_CONTENT);

        params.addRule(RelativeLayout.ALIGN_PARENT_RIGHT,
                RelativeLayout.TRUE);

        params.addRule(RelativeLayout.ALIGN_PARENT_BOTTOM,
                RelativeLayout.TRUE);

        params.width = 500;
        params.height = 350;
        view.setLayoutParams(params);
    }
}
```

애플리케이션을 다시 실행시키자. 이제는 새로운 전환 시간 설정(3초)에 맞춰 애니메이션이 느리게 진행될 것이다(버튼이 점점 커지면서 아래로 이동한다). 그리고 화면의 오른쪽 아래 모서리에 버튼이 도달할 때 통통 튀게 될 것이다. (실제 장치에서는 Recent 버튼을 눌러 현재 실행 중이던 TransitionDemo 앱을 완전히 종료 시킨 후 다시 실행해야 한다.)

33.5 요약

가장 기본적인 형태의 전환 애니메이션은 TransitionManager 클래스의 beginDelayed Transition( ) 메서드를 사용하면 된다. 이 메서드를 호출하면 화면에 나타날 다음번 사용자 인터페이스의 크기와 위치 변화를 생동감 있게 애니메이션 처리할 수 있다. 이때 Transition 객체를 사용해서 전환 시간 간격 등의 정보를 설정한다.

안드로이드 장면 전환 구현하기

이번 장에서는 32장에서 설명했던 이론을 기반으로 프로젝트를 생성할 것이다. 이 프로젝트에서는 안드로이드 전환 프레임워크를 사용해서 한 장면(scene)으로부터 다른 장면으로 전환하는 것을 보여줄 것이다.

34.1 장면 전환 프로젝트 개요

이번 장에서 만들 애플리케이션은 XML 레이아웃 리소스 파일로 된 두 개의 장면으로 구성된다. 그리고 전환(transition)을 사용해서 한 장면으로부터 다른 장면으로의 변경을 애니메이션 처리한다. 첫 번째 장면은 세 개의 버튼 뷰로 구성된다. 두 번째 장면은 첫 번째 장면과 동일한 두 개의 버튼만 포함하지만, 화면에서의 위치는 다르다. 일단, 전환이 구현되면 처음 두 버튼의 움직임은 통통 튀는(bounce) 효과로 애니메이션 처리될 것이다. 그리고 애플리케이션이 두 번째 장면에서 첫 번째 장면으로 전환될 때는 두 번째 장면에서 사라졌던 첫 번째 장면의 세 번째 버튼이 서서히 나타날 것이다.

34.2 안드로이드 스튜디오 SceneTransitions 프로젝트 생성하기

우선, 안드로이드 스튜디오로 새 프로젝트를 생성하자. 안드로이드 스튜디오 메인 메뉴의 File ➡ New ➡ New Project...를 선택하거나 웰컴 스크린에서 Start a new Android Studio project를 선택한다.

Application name 필드에 SceneTransitions를 입력하고, Company Domain 필드에는 ebookfrenzy.com을 입력한다. 안드로이드 장치 선택 화면에서는 **폰과 태블릿**(Phone and Tablet)만 선택하고, 최소 SDK 버전은 API 22: Android 5.1 (Lollipop)으로 선택한다. 액티비티 선택 화면에서는 Empty Activity를 선택한다. 그리고 마지막 대화상자에서 Activity Name에 SceneTransitionsActivity를 입력하고 자동으로 설정된 나머지 필드 값은 그대로 둔다. Finish 버튼을 눌러 프로젝트를 생성한다.

34.3 루트 컨테이너를 확인하고 준비하기

전환을 처리할 때는 장면들을 포함하는 루트 컨테이너를 확인하는 것이 중요하다. 기본적으로 루트 컨테이너는 부모 레이아웃 컨테이너이며, 각 장면은 그 컨테이너에 포함되어 화면에 나타난다. 프로젝트를 생성할 때 안드로이드 스튜디오가 자동으로 생성해준 activity_scene_transitions.xml에는 하나의 TextView가 포함되어 있는 레이아웃이 정의되어 있다. 그리고 이 레이아웃은 애플리케이션이 론칭될 때 사용자에게 화면으로 보이는 첫 번째 레이아웃이다. 여기서는 이 레이아웃에 있는 RelativeLayout 컨테이너가 두 장면의 루트 컨테이너로 동작할 것이다.

편집기의 activity_scene_transitions.xml 파일 탭을 클릭한 후 텍스트 모드로 변경하자. 그리고 기존의 XML 전체를 삭제하고 다음으로 교체하자. 여기서는 RelativeLayout을 사용하며, 이 레이아웃의 객체를 참조하여 사용하기 위해 ID를 rootContainer로 지정하였다.

```
<?xml version="1.0" encoding="utf-8"?>
<RelativeLayout
    xmlns:android="http://schemas.android.com/apk/res/android"
    xmlns:app="http://schemas.android.com/apk/res-auto"
    xmlns:tools="http://schemas.android.com/tools"
    android:id="@+id/rootContainer"
    android:layout_width="match_parent"
    android:layout_height="match_parent"
tools:context="com.ebookfrenzy.scenetransitions.SceneTransitionsActivity">

</RelativeLayout>
```

34.4 첫 번째 장면 디자인하기

첫 번째 장면은 세 개의 버튼 뷰를 포함하는 RelativeLayout으로 구성할 것이다. 프로젝트 도구 창에서 app ➡ res 아래에 있는 layout 폴더를 찾은 후 마우스 오른쪽 버튼을 눌러

New ➡ Layout resource file 메뉴 옵션을 선택한다. 대화상자가 나오면 레이아웃 리소스 파일의 이름을 scene1_layout으로 입력하고, 루트 요소로 RelativeLayout을 입력한 후 OK 버튼을 눌러 새로운 레이아웃 리소스 파일을 생성하자(루트 요소를 변경할 때는 기존 값을 지운 후 첫 글자를 입력하면 입력된 문자로 시작하는 이름을 갖는 뷰들을 목록으로 보여준다. 그때 목록의 원하는 레이아웃을 선택하고 Enter 키를 누르면 쉽게 입력할 수 있다).

팔레트의 Widgets 부류에서 Button을 마우스로 끌어서 레이아웃의 왼쪽 위 모서리에 놓는다(그림 34-1). 그리고 속성 창에서 그 버튼의 text 속성을 'One'으로 변경하고 문자열 리소스로 추출한다(리소스 이름은 one_string으로 변경한다).

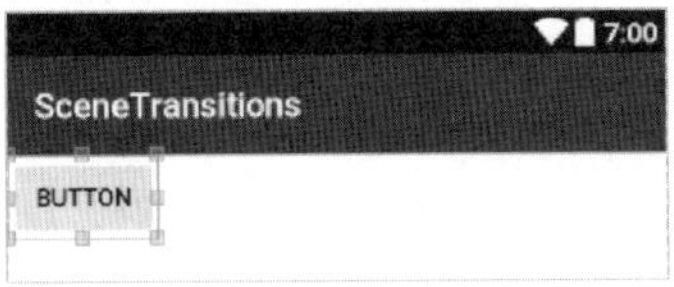

그림 34-1

같은 요령으로 두 번째 버튼을 팔레트에서 끌어서 레이아웃의 오른쪽 위 모서리에 놓고 text 속성을 'Two'로 변경한 후 문자열 리소스로 추출한다(리소스 이름은 two_string으로 변경한다).

또한, 세 번째 버튼을 팔레트에서 끌어서 레이아웃의 중앙(수평과 수직 모두)에 놓고 text 속성을 'Three'로 변경한 후 문자열 리소스로 추출한다(리소스 이름은 three_string으로 변경한다).

지금까지의 작업이 완료되면 첫 번째 장면의 레이아웃은 그림 34-2처럼 보일 것이다.

One 버튼을 선택한 후 속성 창의 onClick 속성에 goToScene2를 입력한다. 또한 Two 버튼을 선택한 후 onClick 속성에 goToScene1을 입력한다. 이 속성에 지정한 메서드들은 더 뒤에서 구현할 것이다. 이 메서드들은 하나의 장면으로부터 다른 장면으로의 전환을 촉발시킨다.

그림 34-2

34.5 두 번째 장면 디자인하기

두 번째 장면은 첫 번째 장면을 간단하게 변경한 버전이다. 첫 번째와 두 번째 버튼은 여전히 존재하지만, 레이아웃의 오른쪽 아래와 왼쪽 아래에 위치할 것이다. 반면에 세 번째 버튼은 없다.

두 번째 장면의 레이아웃 파일은 첫 번째 장면의 scene1_layout.xml 파일을 복사한 후 변경해서 생성할 것이다. 프로젝트 도구 창에서 app ➡ res ➡ layout ➡ scene1_layout.xml 파일을 찾자. 그리고 그 파일에서 마우스 오른쪽 버튼을 클릭한 후 Copy 메뉴 옵션을 선택한다. 그다음에 layout 폴더에서 마우스 오른쪽 버튼을 클릭한 후 Paste 메뉴 옵션을 선택하면 Copy 대화상자가 나올 것이다. 이때 파일 이름을 scene2_layout.xml로 변경하고 OK 버튼을 누르면, 이 파일이 생성되고 레이아웃 편집기 창에 나타날 것이다.

scene2_layout.xml 파일을 디자인 모드로 변경한다. 그리고 세 번째 버튼('Three')을 삭제한 후 그림 34-3처럼 첫 번째 버튼은 오른쪽 아래로 옮기고 두 번째 버튼은 왼쪽 아래로 이동시킨다(혹시 두 버튼이 겹칠 때는 컴포넌트 트리에서 원하는 버튼을 선택하고 이동시키면 된다. 또는 메인 창의 Edit ➡ Undo 또는 Undo 툴바(↶)를 눌러서 변경을 취소하고 다시 옮겨도 된다).

그림 34-3

34.6 첫 번째 장면 보여주기

만일 지금 상태에서 애플리케이션을 실행한다면 activity_scene_transitions.xml 파일에 정의된 텅 빈 레이아웃만 화면에 나타날 것이다. 따라서 SceneTransitionsActivity.java 파일의 onCreate( ) 메서드에 코드를 추가해야 한다. 액티비티가 생성될 때 첫 번째 장면이 화면에 나타나게 하기 위해서다. 다음과 같이 코드를 추가하자.

```
package com.ebookfrenzy.scenetransitions;

import android.support.v7.app.AppCompatActivity;
import android.os.Bundle;
import android.transition.Scene;
import android.transition.Transition;
import android.transition.TransitionManager;
import android.view.ViewGroup;
import android.view.View;

public class SceneTransitionsActivity extends AppCompatActivity {

    ViewGroup rootContainer;
    Scene scene1;

    @Override
    protected void onCreate(Bundle savedInstanceState) {
        super.onCreate(savedInstanceState);
        setContentView(R.layout.activity_scene_transitions);

        rootContainer =
                (ViewGroup) findViewById(R.id.rootContainer);

        scene1 = Scene.getSceneForLayout(rootContainer,
                R.layout.scene1_layout, this);

        scene1.enter();
    }
}
```

이 코드에서는 루트 컨테이너와 첫 번째 장면의 객체 참조를 저장하는 변수들을 선언하고 루트 컨테이너 뷰의 객체 참조를 얻는다. 그다음에 Scene 클래스의 getSceneForLayout( ) 메서드를 사용해서 scene1_layout.xml 파일에 포함된 레이아웃으로부터 장면(Scene 객체)을 생성한다. 즉, 레이아웃을 장면 객체로 변경하는 것이다. 그리고 그 장면이 사용자에게 보일 수 있도록 enter( ) 메서드를 호출한다.

애플리케이션을 실행시키고 첫 번째 장면이 화면에 나타나는지 확인해보자.

34.7 두 번째 장면 로드하기

첫 번째와 두 번째 장면 간의 전환을 구현하기 전에 먼저 할 일이 있다. scene2_layout.xml 파일의 레이아웃을 Scene 객체로 로드하는 코드를 추가하는 것이다. SceneTransitionsActivity.java 파일에 다음 코드를 추가하자.

```
public class SceneTransitionsActivity extends AppCompatActivity {

    ViewGroup rootContainer;
    Scene scene1;
    Scene scene2;

    @Override
    protected void onCreate(Bundle savedInstanceState) {
        super.onCreate(savedInstanceState);
        setContentView(R.layout.activity_scene_transitions);

        rootContainer =
                (ViewGroup) findViewById(R.id.rootContainer);

        scene1 = Scene.getSceneForLayout(rootContainer,
                R.layout.scene1_layout, this);

        scene2 = Scene.getSceneForLayout(rootContainer,
                R.layout.scene2_layout, this);

        scene1.enter();
    }
}
```

34.8 전환 구현하기

두 버튼 중 하나가 선택될 때 첫 번째 버튼에서는 goToScene2 메서드를 호출하고 두 번째 버튼에서는 goToScene1 메서드를 호출하도록 구성되었다. 메서드 이름에서 알 수 있듯이, 이 메서드들이 두 장면 간의 전환을 수행한다. SceneTransitionsActivity.java 파일의 onCreate( ) 밑에 다음의 메서드들을 추가하자.

```
public void goToScene2 (View view)
{
    TransitionManager.go(scene2);
}
```

```
public void goToScene1 (View view)
{
    TransitionManager.go(scene1);
}
```

애플리케이션을 실행시키자. One 버튼을 누르면 첫 번째 장면에서 두 번째 장면으로 바뀌며, Two 버튼을 누르면 두 번째 장면에서 첫 번째 장면으로 다시 바뀐다. 그러나 아직 어떤 전환도 구성하지 않았으므로 애니메이션은 처리되지 않는다.

34.9 전환 파일 추가하기

우리 프로젝트의 모든 전환 효과는 하나의 전환 XML 리소스 파일에 구현할 것이다. 33장에서 알아보았듯이, 전환 리소스 파일들은 우리 프로젝트의 app ➡ res ➡ transition 폴더에 위치해야 한다. 그러므로 transition 폴더를 먼저 생성해야 한다. 프로젝트 도구 창의 res 폴더에서 마우스 오른쪽 버튼을 클릭한 후 메뉴의 New ➡ Directory를 선택한다.

New Directory 대화상자가 나오면 폴더 이름으로 transition을 입력하고 OK 버튼을 누른다. 그리고 transition 폴더에서 오른쪽 마우스 버튼을 클릭한 후 이번에는 New ➡ File을 선택하고 새 파일의 이름을 transition.xml로 입력하자.

새로 생성된 transition.xml 파일이 편집기 창에 로드되었을 것이다. 그리고 다음의 XML을 추가하자. 여기서는 2초의 지속 시간(duration) 속성을 갖는 변경 한도(change bounds) 전환 애니메이션을 할 수 있게 전환 세트(transition set)를 정의한다.

```
<?xml version="1.0" encoding="utf-8"?>

<transitionSet
  xmlns:android="http://schemas.android.com/apk/res/android">

    <changeBounds
        android:duration="2000">
    </changeBounds>

</transitionSet>
```

34.10 전환 세트의 로딩과 사용

전환 리소스 파일을 생성하고 변경 한도 전환을 추가했더라도 전환 효과가 나타나게 하려면 다음 작업을 추가로 해주어야 한다. 즉, TransitionManager 인스턴스에 전환을 로드하는 코드를 추가하고, 장면 변경 시에 그 인스턴스를 참조하게 한다. 다음의 굵은 글씨 코드를 추가하자.

```
package com.ebookfrenzy.scenetransitions;

import android.support.v7.app.AppCompatActivity;
import android.os.Bundle;
import android.transition.Scene;
import android.transition.Transition;
import android.transition.TransitionInflater;
import android.transition.TransitionManager;
import android.view.ViewGroup;
import android.view.View;

public class SceneTransitionsActivity extends AppCompatActivity {

    ViewGroup rootContainer;
    Scene scene1;
    Scene scene2;
    Transition transitionMgr;

    @Override
    protected void onCreate(Bundle savedInstanceState) {
        super.onCreate(savedInstanceState);
        setContentView(R.layout.activity_scene_transitions);

        rootContainer =
            (ViewGroup) findViewById(R.id.rootContainer);

        transitionMgr = TransitionInflater.from(this)
            .inflateTransition(R.transition.transition);

        scene1 = Scene.getSceneForLayout(rootContainer,
        R.layout.scene1_layout, this);

        scene2 = Scene.getSceneForLayout(rootContainer,
        R.layout.scene2_layout, this);

        scene1.enter();
    }

    public void goToScene2 (View view)
    {
```

```
        TransitionManager.go(scene2, transitionMgr);
    }

    public void goToScene1 (View view)
    {
        TransitionManager.go(scene1, transitionMgr);
    }
}
```

애플리케이션을 다시 실행하면 전환이 되는 동안 두 개의 버튼이 부드럽게 미끄러지면서 새로운 위치로 이동할 것이다.

34.11 부가적인 전환 구성하기

일단, 전환 파일이 프로젝트에 통합되면 액티비티의 자바 소스 코드를 변경할 필요 없이 어떤 부가적인 전환도 그 파일에 쉽게 추가할 수 있다. 예를 들어, transition.xml 파일에 다음을 변경해보자. 여기서는 changeBounds 전환에 바운스 인터폴레이터(bounce_interpolator)를 추가하고(버튼이 통통 튀는 효과가 남), 세 번째 버튼에는 페이드인(fade_in) 전환을 추가하며(서서히 나타남) 순차적으로 전환되도록 전환 순서(transitionOrdering)를 변경한다.

```
<?xml version="1.0" encoding="utf-8"?>

<transitionSet
  xmlns:android="http://schemas.android.com/apk/res/android"
  android:transitionOrdering="sequential" >

       <fade
         android:duration="2000"
         android:fadingMode="fade_in">

         <targets>
            <target android:targetId="@id/button3" />
         </targets>
      </fade>

    <changeBounds
        android:duration="2000"
        android:interpolator="@android:anim/bounce_interpolator">
    </changeBounds>
</transitionSet>
```

실제 장치나 에뮬레이터에서 애플리케이션을 실행해보자. 그리고 One 버튼을 클릭(터치)하면 Three 버튼이 사라지고 One 버튼과 Two 버튼이 아래로 이동한 후 통통 튄다(bounce). 그다음 화면에서는 Two 버튼을 클릭해보자. Three 버튼이 서서히 나타나면서 One 버튼과 Two 버튼이 위로 이동할 것이다.

서로 다른 전환과 인터폴레이터를 사용하도록 transition.xml 파일을 변경하고 애플리케이션을 다시 실행해보기 바란다.

34.12 요약

안드로이드 애플리케이션에서 사용자 인터페이스 레이아웃 변경을 애니메이션 처리하는 유연한 방법을 제공하는 것이 **장면(Scene)** 기반의 전환이다. 이번 장에서는 두 레이아웃 리소스 파일이 나타내는 장면의 전환을 애니메이션 처리하는 방법을 알아보았다.

또한, 두 장면 간의 전환 애니메이션 효과를 구성하기 위해 전환 XML 리소스 파일도 사용해보았다.

플로팅 액션 버튼과 스낵바 사용하기

안드로이드 5.0에 소개되었던 **머티리얼**(material) **디자인**은 안드로이드 앱의 사용자 인터페이스 형태와 동작 방법을 나타내는 디자인 지침이다.

머티리얼 디자인 개념을 구현하면서 구글에서는 안드로이드 디자인 지원 라이브러리(Design Support Library)도 발표하였다. 이 라이브러리는 서로 다른 많은 컴포넌트를 포함하며, 이것을 사용하면 머티리얼 디자인의 주요 기능을 안드로이드 애플리케이션에 추가할 수 있다. 이 장에서는 그중에서 **플로팅 액션 버튼**(floating action button)과 **스낵바**(Snackbar)를 알아볼 것이다. 그리고 다른 컴포넌트들은 이후의 다른 장에서 추가로 살펴본다.

35.1 머티리얼 디자인

우선, 머티리얼은 우리말로 다양하게 번역될 수 있지만 여기서는 **소재**로 생각하는 것이 가장 적합할 것이다. 머티리얼 디자인에서는 안드로이드 사용자 인터페이스를 구성하는 요소들의 모습과 동작을 규정한다. 그러나 x, y, z축을 가진 3D(삼차원) 공간의 개념을 도입하여 평면적인 화면에 3차원 공간의 입체감을 부여하는 **메타포**(은유적 설계)를 만들었다는 것이 특징이다. 이때 디자이너들의 실제 실험과 노력으로 빛과 그림자를 적용하는 원칙(방향, 높이, 두께 등)을 만들어서 3차원 효과를 구현하였다. 그리고 사진, 이미지, 텍스트를 갖는 **머티리얼 서피스**(surface, 표면)가 z축 방향으로 레이어를 이루어 정렬될 수 있고 이동될 수 있다.

또한, 머티리얼 디자인에서는 사용자에 대한 응답으로 앱이 생동감 있게 움직이는 **애니메이션**(animation) 개념을 갖는다. 예를 들어, 버튼은 그림자 효과를 사용해서 자신이 속한 레이아웃 면의 위로 떠서 보일 수 있다. 그리고 버튼을 누르면 실제 사물처럼 튀어나오듯이 동작한다.

이외에도 머티리얼 디자인에서는 사용자 인터페이스 요소들의 색상 대비나 스타일 등도 규정하고 있으며, 표준 사용자 인터페이스 요소들의 레이아웃과 동작을 규정하고 있다. 중요한 예로 앱 바(app bar)가 있다. 앱 바는 화면의 제일 위에 나타나야 하며, 액티비티의 콘텐트가 스크롤되는 것과 연관되어 동작해야 한다.

머티리얼 디자인에서는 색상 스타일서부터 객체의 애니메이션까지 넓은 범위를 다룬다. 머티리얼 디자인의 개념과 지침에 관한 자세한 내용은 다음 URL에서 볼 수 있다. 이 내용은 모든 안드로이드 개발자들이 봤으면 한다.

URL *https://www.google.com/design/spec/material-design/introduction.html*

35.2 디자인 라이브러리

안드로이드 애플리케이션을 구현하는 데 필요한 많은 구성 요소가 머티리얼 디자인의 원리를 채택하고 있으며, 그것들은 안드로이드 **디자인 지원 라이브러리**(Design Support Library)에 포함되어 있다. 이 라이브러리는 안드로이드 애플리케이션에 포함될 수 있는 사용자 인터페이스 컴포넌트들을 갖고 있으며, 그 컴포넌트들은 머티리얼 디자인의 시각적인 형태와 동작을 구현한다.

35.3 플로팅 액션 버튼(FAB)

플로팅 액션 버튼은 앱의 사용자 인터페이스 화면 위에 떠다니는 버튼이다. 그리고 사용자 인터페이스 화면에서 흔히 사용되는 액션을 보여주고 처리하는 데 사용된다. 예를 들어, 플로팅 액션 버튼을 앱 화면에 두면 사용자가 언제든지 연락처 데이터를 추가하거나 또는 이메일을 전송할 수 있다. 일례로, 그림 35-1에서는 표준 안드로이드 연락처 앱에서 새로운 연락처를 추가하는 플로팅 액션 버튼을 보여준다.

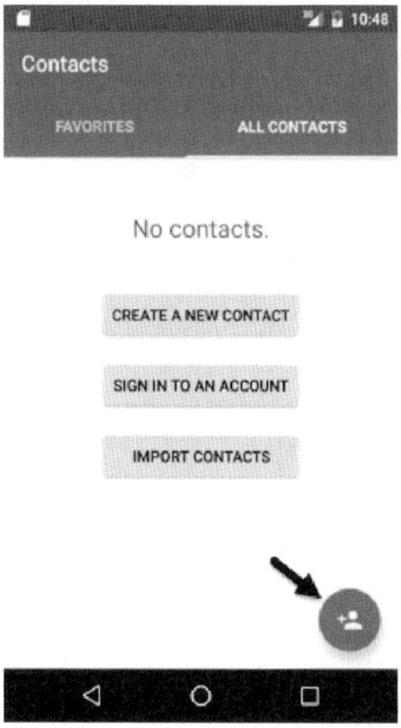

그림 35-1

머티리얼 디자인 지침에는 플로팅 액션 버튼을 사용할 때 준수해야 하는 규칙이 많이 있다. 플로팅 액션 버튼은 반드시 원형이면서 56 × 56dp(디폴트) 또는 40 × 40dp(미니)의 크기가 될 수 있다. 그리고 폰 화면의 가장자리에서는 최소한 16dp만큼 떨어진 곳에 위치해야 하며, 데스크톱이나 태블릿 장치의 경우는 24dp만큼 떨어져야 한다. 또한, 버튼의 크기와는 무관하게 24 × 24dp 크기의 아이콘을 포함해야 한다. 그리고 각 사용자 인터페이스 화면에는 하나의 플로팅 액션 버튼만 둘 것을 권장한다.

플로팅 액션 버튼은 애니메이션이 가능하다. 예를 들어, 버튼을 터치했을 때 회전할 수 있다.

35.4 스낵바

스낵바 컴포넌트는 사용자에게 패널 형태로 정보를 보여주는 방법을 제공하며, 그림 35-2처럼 화면의 밑에 나타난다. 스낵바 인스턴스는 간단한 텍스트 메시지를 포함하며, 사용자가 터치할 때 작업을 수행하는 액션 버튼도 선택적으로 가질 수 있다. 그리고 화면에 나타난 후 자동으로 없어지게 하거나 사용자가 제거하도록 할 수 있다. 스낵바가 나타나더라도 앱은 원래의 기능을 계속할 수 있다.

그림 35-2

이번 장의 나머지 부분에서는 리스트 항목에 새로운 항목을 추가하기 위해 플로팅 액션 버튼과 스낵바의 기본적인 기능을 사용하는 예제 애플리케이션을 생성할 것이다.

35.5 예제 프로젝트 생성하기

우선, 새 프로젝트를 생성하자. 안드로이드 스튜디오 메인 메뉴의 File ➡ New ➡ New Project...를 선택하거나 웰컴 스크린에서 Start a new Android Studio project를 선택한다.

새 프로젝트를 구성하는 New Project 위저드 창이 나타난다. Application name 필드에 FabExample을 입력하고, Company Domain 필드에는 ebookfrenzy.com을 입력한 후 Next 버튼을 누른다. 안드로이드 장치 선택 화면에서는 폰과 태블릿(Phone and Tablet)만 선택하고, 최소 SDK 버전은 API 22: Android 5.1 (Lollipop)으로 선택한 후 Next 버튼을 누른다.

그다음에는 Basic Activity를 선택하고 Next 버튼을 누른다(플로팅 액션 버튼을 우리가 직접 액티비티에 추가할 수 있다. 그러나 플로팅 액션 버튼을 기본적으로 포함하는 Basic Activity 템플릿을 사용하는 것이 더 쉽다). 그리고 마지막 대화상자에서 Activity Name에 FabExampleActivity를 입력한다. 또한, 자동으로 설정된 Layout Name인 activity_fab_example, Title인 FabExampleActivity는 그대로 둔다. Finish 버튼을 눌러 프로젝트를 생성한다.

프로젝트 생성이 끝나면 FabExample 프로젝트가 프로젝트 도구 창에 나타난다. 그리고 오른쪽의 편집기 창에는 FabExampleActivity.java 소스 파일이 로드되어 있을 것이다. 또한, 사용자 인터페이스의 XML 레이아웃 리소스 파일인 content_fab_example.xml도 이미 로드되었을 것이다.

35.6 프로젝트 살펴보기

Basic Activity 템플릿으로 생성된 우리 프로젝트는 두 개의 레이아웃 파일을 포함한다. activity_fab_example.xml 파일과 content_fab_example.xml 파일이다. activity_fab_example.xml 파일은 앱 바(app bar)와 툴바 및 플로팅 액션 버튼을 포함하는 CoordinatorLayout 매니저로 구성된다.

content_fab_example.xml 파일은 액티비티의 콘텐트 영역 레이아웃이며, 하나의 Constraint Layout 인스턴스와 TextView를 포함한다. 그리고 이 파일은 다음의 include 태그를 통해서 activity_fab_example.xml 파일에 포함된다.

```
<include layout="@layout/content_fab_example" />
```

activity_fab_example.xml 파일에 있는 플로팅 액션 버튼 요소는 다음과 같다.

```
<android.support.design.widget.FloatingActionButton
    android:id="@+id/fab"
    android:layout_width="wrap_content"
    android:layout_height="wrap_content"
    android:layout_gravity="bottom|end"
    android:layout_margin="@dimen/fab_margin"
    app:srcCompat="@android:drawable/ic_dialog_email" />
```

여기서는 버튼이 화면의 오른쪽 밑 모서리에 나타나도록 선언되어 있으며, values/dimens.xml 파일에 정의된 fab_margin 값만큼 여백을 갖는다(그 값은 16dp로 설정되어 있다). 그리고 버튼의 아이콘이 안드로이드에 내장된 drawable 이메일 아이콘으로 지정되어 있다.

그리고 사용자가 플로팅 액션 버튼을 눌렀을 때 스낵바 인스턴스를 보여주는 코드를 Basic Activity 템플릿이 생성해준다. 이 코드는 FabExampleActivity.java 파일의 onCreate( ) 메서드에 있으며, 다음과 같다.

```
FloatingActionButton fab = (FloatingActionButton) findViewById(R.id.fab);

fab.setOnClickListener(new View.OnClickListener() {
    @Override
    public void onClick(View view) {
        Snackbar.make(view, "Replace with your own action", Snackbar.LENGTH_LONG)
                .setAction("Action", null).show();
    }
});
```

이 코드에서는 버튼의 리소스 id로 플로팅 액션 버튼의 참조를 얻는다. 그리고 그 버튼에 onClickListener를 설정하여 버튼이 터치될 때 호출될 onClick( ) 메서드를 구현한다. 이 메서드에서는 액션을 갖지 않는 Snackbar 인스턴스의 메시지만 보여준다.

끝으로, 프로젝트 도구 창에서 Gradle Scripts ➡ build.gradle (Module: App)을 더블 클릭하여 모듈 수준의 build.gradle 파일을 편집기에 열자. 제일 끝 부분의 dependencies를 보면 안드로이드 디자인 지원 라이브러리가 추가되었음을 알 수 있다. FloatingActionButton 클래스와 Snackbar 클래스가 그 라이브러리에 있기 때문이다(제일 뒤의 버전 번호는 지속적으로 업데이트된다).

```
compile 'com.android.support:design:25.3.1'
```

우리 앱을 실행하면 플로팅 액션 버튼이 화면의 오른쪽 아래 모서리에 나타날 것이다(그림 35-3).

그림 35-3

플로팅 액션 버튼을 터치하면 onClickListener의 onClick( ) 메서드가 호출되어 스낵바가 화면 아래에 나타난다(그림 35-4).

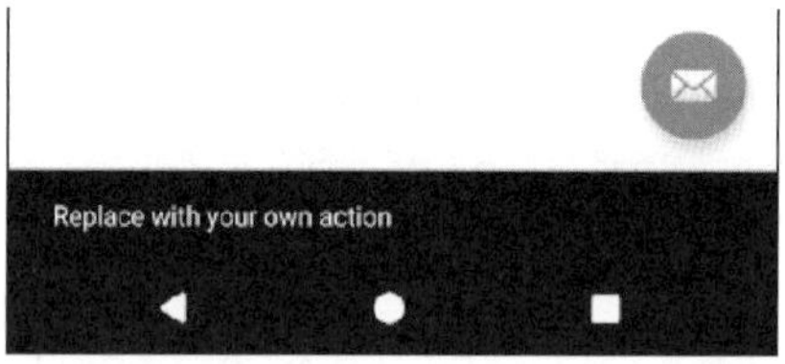

그림 35-4

그림 35-4와 같이 화면 폭이 좁은 장치에서 스낵바가 나타날 때는 플로팅 액션 버튼이 위로 이동된다. 스낵바가 나타날 공간을 만들기 위해서다. 이것은 activity_fab_example.xml 레이아웃 리소스 파일에 있는 CoordinatorLayout 컨테이너에 의해 자동으로 처리된다.

35.7 플로팅 액션 버튼 변경하기

우리 프로젝트의 목적은 리스트의 항목을 추가하기 위해 플로팅 액션 버튼을 구성하는 것이므로 수행될 액션을 더 잘 나타내는 아이콘으로 버튼의 아이콘을 변경할 필요가 있다. 이 아이콘의 파일 이름은 ic_add_entry.png이며, 이 책의 프로젝트 파일을 다운로드받으면

Material_Icons 디렉터리 밑에 있다. 또는 다음의 구글 머티리얼 아이콘 사이트에서도 다운로드받을 수 있다(단, 아이콘 크기를 24dp로 선택하고 다운로드한 후 파일 이름을 변경해야 한다).

URL https://design.google.com/icons/

다운로드받은 이미지 파일을 각자 컴퓨터 운영체제의 파일 시스템에서 찾은 후 클립보드로 복사한다. 그리고 프로젝트 도구 창의 app ➡ res ➡ drawable에서 오른쪽 마우스 버튼을 클릭한 후 Paste를 선택하고 대화상자에서 OK 버튼을 누른다. 그림 35-5처럼 제대로 복사가 되었는지 확인한다.

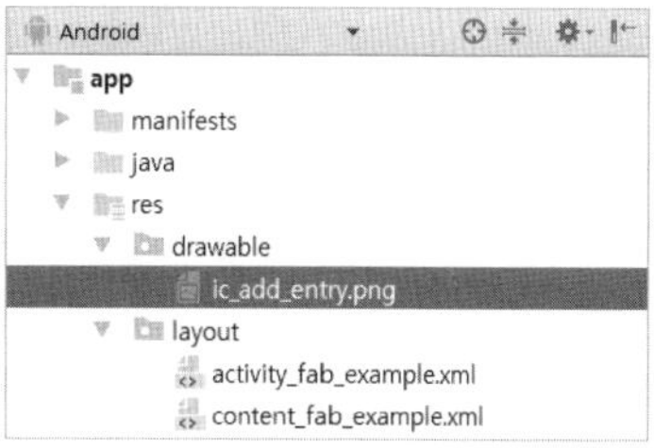

그림 35-5

프로젝트 도구 창에서 app ➡ res ➡ layout 밑에 있는 activity_fab_example.xml 파일을 더블 클릭하여 편집기에 열자. 그리고 텍스트 모드로 전환한 후 버튼의 이미지 소스를 @android:drawable/ic_dialog_email에서 @drawable/ic_add_entry로 변경한다.

```
<android.support.design.widget.FloatingActionButton
    android:id="@+id/fab"
    android:layout_width="wrap_content"
    android:layout_height="wrap_content"
    android:layout_gravity="bottom|end"
    android:layout_margin="@dimen/fab_margin"
    app:srcCompat="@drawable/ic_add_entry" />
```

레이아웃 미리보기에서 버튼의 아이콘이 + 표시로 변경되었을 것이다.

플로팅 액션 버튼의 배경색은 앱에서 사용하는 테마(theme)의 accentColor 속성으로 정의한다. 그리고 지정된 색상 값은 app ➡ res ➡ values 밑에 있는 colors.xml 파일에 정의된다. 이 값은 XML 파일에 직접 변경해도 되지만, 그보다는 안드로이드 스튜디오 테마 편집기를 사용하는 것이 더 좋은 방법이다.

안드로이드 스튜디오 메인 메뉴에서 Tools ➡ Android ➡ Theme Editor를 선택하면 그림 35-6의 테마 편집기가 나타난다.

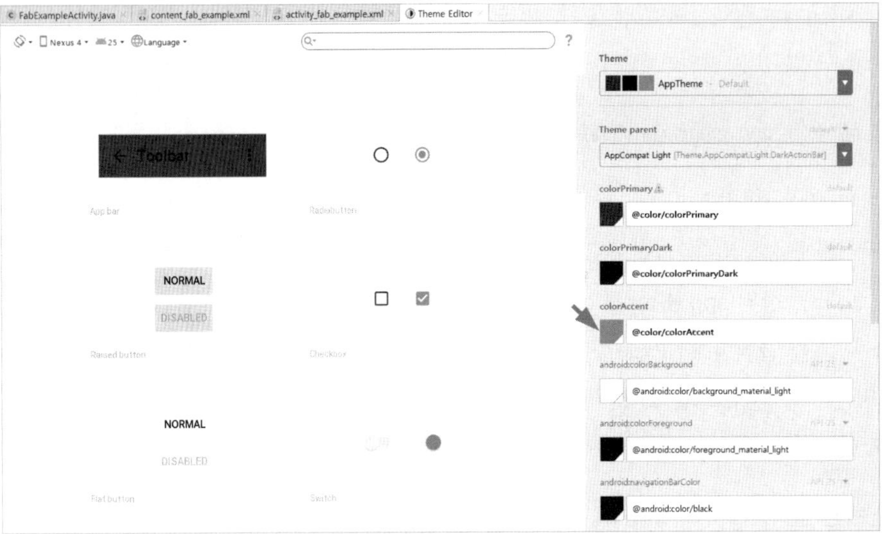

그림 35-6

화살표가 가리키는 colorAccent의 색을 클릭하면 그림 35-7의 색상 리소스 대화상자가 나타난다. 검색 필드에 holo_orange_light를 입력하거나 왼쪽 패널의 색상 리스트를 스크롤하여 android 밑의 holo_orange_light를 선택한다.

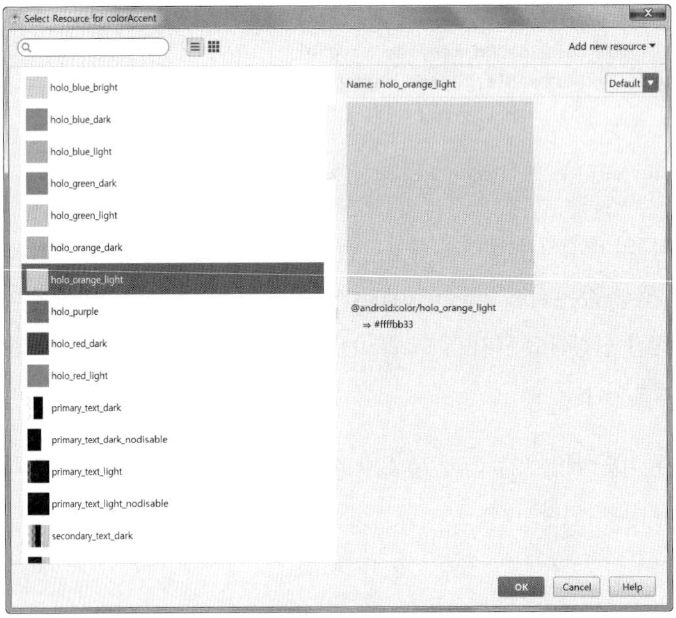

그림 35-7

OK 버튼을 누르면 새로운 accentColor 설정이 적용된다. 편집기의 activity_fab_example.xml 파일 탭을 클릭하여 선택한 후 플로팅 액션 버튼의 배경색이 주황색으로 나타나는지 확인해보자.

35.8 ListView를 콘텐트 레이아웃에 추가하기

다음은 ListView 인스턴스를 content_fab_example.xml 파일에 추가할 것이다. ListView 클래스에서는 리스트 형태로 항목들을 보여주는 방법을 제공한다.

편집기에 로드된 content_fab_example.xml 파일 탭을 클릭하여 선택한 후 디자인 모드로 전환하고, Hello World!를 보여주는 TextView 객체를 삭제한다. 그리고 자동 연결(Autoconnect)이 활성화된 상태에서(18장 참조) 팔레트의 Containers 부류에 있는 ListView를 끌어서 레이아웃의 중앙에 놓는다(그림 35-8).

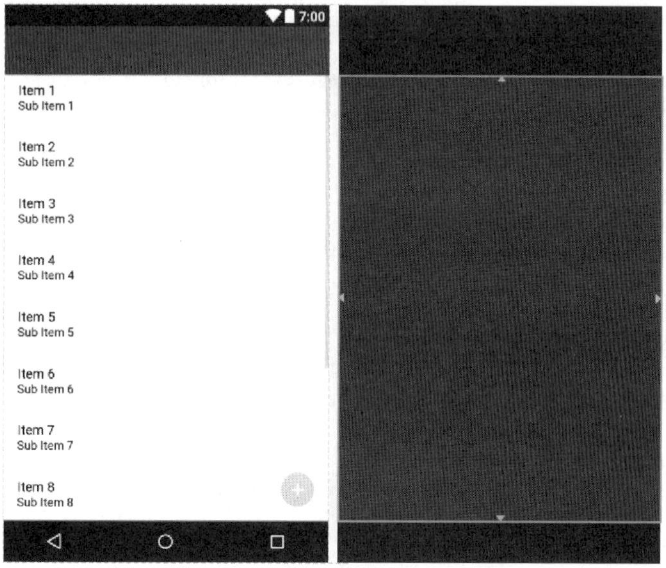

그림 35-8

또한 컴포넌트 트리에서 ListView를 클릭하고 ID를 listView로 변경한다.

35.9 ListView에 항목 추가하기

여기서는 사용자가 플로팅 액션 버튼을 누를 때마다 현재 날짜와 시간 형태로 된 새로운 항목이 ListView에 추가되게 할 것이다. 이렇게 하려면 FabExampleActivity.java 파일을 수정해야 한다. 편집기에 로드된 FabExampleActivity.java 파일을 선택한다.

우선, ListView 인스턴스의 참조를 얻고 그것의 어댑터 인스턴스를 초기화하기 위해서 onCreate() 메서드를 변경한다. 어댑터 인스턴스에서는 배열의 형태로 리스트에 항목을 추가할 수 있게 해준다.

```
import android.os.Bundle;
import android.support.design.widget.FloatingActionButton;
import android.support.design.widget.Snackbar;
import android.support.v7.app.AppCompatActivity;
import android.support.v7.widget.Toolbar;
import android.view.View;
import android.view.Menu;
import android.view.MenuItem;
import android.widget.ArrayAdapter;
import android.widget.ListView;

import java.util.ArrayList;

public class FabExampleActivity extends AppCompatActivity {

    ArrayList<String> listItems = new ArrayList<String>();
    ArrayAdapter<String> adapter;
    private ListView myListView;

    @Override
    protected void onCreate(Bundle savedInstanceState) {
        super.onCreate(savedInstanceState);
        setContentView(R.layout.activity_fab_example);
        Toolbar toolbar = (Toolbar) findViewById(R.id.toolbar);
        setSupportActionBar(toolbar);

        myListView = (ListView) findViewById(R.id.listView);

        adapter = new ArrayAdapter<String>(this,
                android.R.layout.simple_list_item_1,
                listItems);
        myListView.setAdapter(adapter);

        FloatingActionButton fab = (FloatingActionButton) findViewById(R.id.fab);
        fab.setOnClickListener(new View.OnClickListener() {
            @Override
            public void onClick(View view) {
                Snackbar.make(view, "Replace with your own action",
                Snackbar.LENGTH_LONG)
                        .setAction("Action", null).show();
            }
        });
    }
    .
```

```
.
.
}
```

ListView에서는 보여줄 항목들이 저장된 배열과 배열의 항목들을 관리하는 어댑터가 필요하다. 또한, 각 항목을 보여줄 레이아웃도 필요하다.

여기서는 어댑터로 ArrayAdapter를 사용하며, 이 어댑터에 지정된 ArrayList 인스턴스에 항목들이 저장된다. 그리고 각 항목은 simple_list_item_1 레이아웃을 사용해서 ListView에 나타날 것이다. 이 레이아웃은 안드로이드에서 제공하는 레이아웃이며, 간단한 문자열 데이터를 갖는 항목을 ListView에 보여준다.

다음은 플로팅 액션 버튼의 onClickListener 코드를 수정한다. 이 리스너의 onClick( ) 메서드에서 스낵바의 메시지를 보여주고 리스트에 항목을 추가하는 메서드를 호출하기 위해서다.

```
FloatingActionButton fab = (FloatingActionButton) findViewById(R.id.fab);
fab.setOnClickListener(new View.OnClickListener() {
    @Override
    public void onClick(View view) {
        addListItem();
        Snackbar.make(view, "Item added to list", Snackbar.LENGTH_LONG)
                .setAction("Action", null).show();
    }
});
```

그리고 다음과 같이 addListItem( ) 메서드를 추가하자. Alt+Enter[Option+Enter] 키를 눌러서 필요한 import 문을 추가할 때 Date 클래스는 java.util.Date를 선택해야 한다.

```
package com.ebookfrenzy.fabexample;
.
.
.
import java.text.SimpleDateFormat;
import java.util.Date;
import java.util.Locale;

public class FabExampleActivity extends AppCompatActivity {
.
.
    private void addListItem() {
```

```
        SimpleDateFormat dateformat =
                new SimpleDateFormat("HH:mm:ss MM/dd/yyyy",
                        Locale.US);
        listItems.add(dateformat.format(new Date()));
        adapter.notifyDataSetChanged();
    }
.
.
}
```

addListItem( ) 메서드에서는 현재 날짜와 시간의 형식을 변경한 후 배열에 추가한다. 그다음에 ListView에 지정된 어댑터에 리스트 데이터가 변경되었음을 알린다. 그럼으로써 ListView가 최신의 리스트 항목들을 보여주도록 변경된다.

앱을 실행하고 플로팅 액션 버튼을 터치하면 새로운 시간과 날짜가 ListView에 추가될 것이다. 그리고 그때마다 스낵바가 나타날 것이다(그림 35-9).

그림 35-9

35.10 액션을 스낵바에 추가하기

마지막으로, 스낵바에 액션을 추가하자. 이 액션에서는 가장 최근의 리스트 항목 추가를 취소할 수 있게 해준다. FabExampleActivity.java 파일의 스낵바 생성 코드에 'Undo'라는 이름의 액션을 추가하고, 이 액션에서 undoOnClickListener라는 이름의 onClickListener를 설정하도록 수정한다.

```
fab.setOnClickListener(new View.OnClickListener() {
    @Override
    public void onClick(View view) {
        addListItem();
        Snackbar.make(view, "Item added to list", Snackbar.LENGTH_LONG)
                .setAction("Undo", undoOnClickListener).show();

    }
});
```

그리고 FabExampleActivity.java 파일에 다음의 리스너 구현 코드를 추가한다.

```
View.OnClickListener undoOnClickListener = new View.OnClickListener() {
    @Override
    public void onClick(View view) {
        listItems.remove(listItems.size() - 1);
        adapter.notifyDataSetChanged();
        Snackbar.make(view, "Item removed", Snackbar.LENGTH_LONG)
                .setAction("Action", null).show();
    }
};
```

이 코드의 onClick( ) 메서드에서는 리스트 배열의 제일 끝 항목 위치를 찾아서 삭제한다. 그다음에 ListView의 항목이 변경되도록 한다. 그리고 리스트에서 마지막 항목이 삭제되었다는 것을 스낵바의 메시지로 보여준다.

앱을 다시 실행시키고 플로팅 액션 버튼을 눌러서 새로운 항목을 몇 개 추가하자. 그리고 스낵바의 Undo 버튼(그림 35-10)을 눌러서 가장 최근 항목이 삭제되는지 확인해보자.

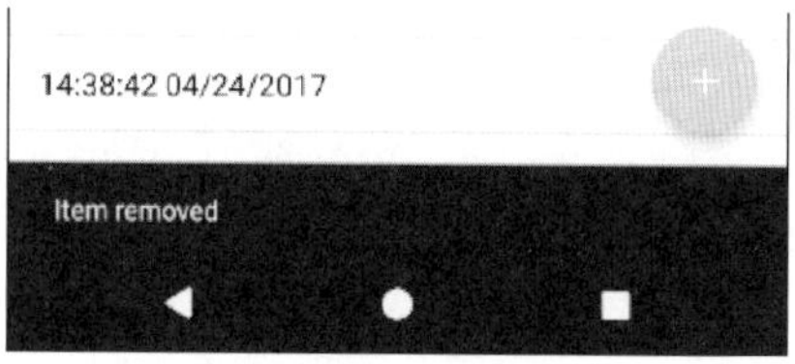

그림 35-10

앞의 테마 편집기에서 속성에 지정했던 색이 Undo 버튼의 색으로 나타난다는 것에 주목하자.

35.11 요약

이번 장에서는 머티리얼 디자인 개요와 플로팅 액션 버튼 및 스낵바에 관해 알아보았다. 그리고 이 기능을 사용하는 예제 프로젝트를 작성해보았다.

플로팅 액션 버튼과 스낵바는 머티리얼 디자인 기반의 사용자 인터페이스 구현 방법이다. 플로팅 액션 버튼은 사용자 인터페이스 화면에서 흔히 사용되는 액션을 보여주고 처리하는 방법을 제공한다. 그리고 스낵바는 사용자에게 정보를 보여주는 방법을 제공하며, 액션도 수행할 수 있다.

탭 인터페이스 생성하기

앞 장에서는 머티리얼 디자인의 개념과 디자인 지원 라이브러리의 컴포넌트인 플로팅 액션 버튼과 스낵바를 알아보았다. 이번 장에서는 또 다른 디자인 라이브러리 컴포넌트인 TabLayout의 사용법을 보여줄 것이다. TabLayout은 ViewPager 클래스와 함께 사용되어 안드로이드 액티비티의 탭 기반(tabbed) 인터페이스를 생성할 수 있다.

36.1 ViewPager 개요

디자인 지원 라이브러리에 포함되지는 않지만, ViewPager는 탭 사용자 인터페이스를 구현하기 위해 TabLayout 컴포넌트와 함께 사용하면 유용한 클래스다. ViewPager를 사용하면 서로 다른 정보를 갖는 페이지(화면)를 사용자가 넘겨가면서 볼 수 있다. 이때 각 페이지는 레이아웃 프래그먼트에 의해 나타난다. 그리고 ViewPager와 연관된 프래그먼트들은 FragmentPagerAdapter 클래스 인스턴스에 의해 관리된다.

ViewPager에 지정된 페이지 어댑터에서는 최소한 두 개의 메서드를 구현해야 한다. 첫 번째는 getCount( ) 메서드이며, 이 메서드는 사용자에게 보여줄 수 있는 페이지 프래그먼트의 전체 개수를 반환해야 한다. 두 번째 메서드인 getItem( )은 페이지 번호를 인자로 받아서 그것과 연관된 프래그먼트 객체(사용자에게 보여줄 준비가 된)를 반환해야 한다.

36.2 TabLayout 컴포넌트 개요

앞에서 얘기했듯이, TabLayout은 머티리얼 디자인의 일부로 소개된 컴포넌트이며 디자인 지원 라이브러리에 포함되어 있다. 다른 페이지를 보여주기 위해 선택될 수 있는 탭들을 사용자에게 보여주는 것이 TabLayout의 목적이다. 이 레이아웃의 각 탭은 위치가 고정되거나 스크롤될 수 있다. 스크롤이 가능한 경우에 사용자는 왼쪽 또는 오른쪽으로 밀어서 더 많은 탭을 볼 수 있다. 그리고 탭에 나타나는 정보는 텍스트나 이미지 또는 두 가지의 조합이 될 수 있다. 예를 들어, 그림 36-1에서는 세 개의 이미지 탭으로 구성된 안드로이드 폰 앱의 탭 바를 보여준다.

그림 36-1

이와는 달리, 그림 36-2에서는 스크롤이 가능하면서 텍스트를 보여주는 네 개의 탭으로 구성된 TabLayout을 보여준다.

그림 36-2

이번 장의 나머지 부분에서는 예제 프로젝트를 생성하여 더 자세히 알아볼 것이다. 이 프로젝트에서는 ViewPager와 네 개의 프래그먼트를 함께 사용하는 TabLayout 컴포넌트 사용법을 보여준다.

36.3 TabLayoutDemo 프로젝트 생성하기

우선, 새 프로젝트를 생성하자. 안드로이드 스튜디오 메인 메뉴의 File ➡ New ➡ New Project...를 선택하거나 웰컴 스크린에서 Start a new Android Studio project를 선택한다.

새 프로젝트를 구성하는 New Project 위저드 창이 나타난다. Application name 필드에 TabLayoutDemo를 입력하고, Company Domain 필드에는 ebookfrenzy.com을 입력한 후 Next 버튼을 누른다. 안드로이드 장치 선택 화면에서는 폰과 태블릿(Phone and Tablet)만 선택하고, 최소 SDK 버전은 API 22: Android 5.1 (Lollipop)으로 선택한 후 Next 버튼을 누른다.

그다음에는 Basic Activity를 선택하고 Next 버튼을 누른다. 그리고 마지막 대화상자에서 Activity Name에 TabLayoutDemoActivity를 입력한다. 또한, 자동으로 설정된 Layout Name인

activity_tab_layout_demo, Title인 TabLayoutDemoActivity는 그대로 둔다. Finish 버튼을 눌러 프로젝트를 생성한다.

프로젝트 생성이 끝나면 TabLayoutDemo 프로젝트가 프로젝트 도구 창에 나타난다. 그리고 오른쪽의 편집기 창에는 TabLayoutDemoActivity.java 소스 파일이 로드되어 있을 것이다. 또한, 사용자 인터페이스의 XML 레이아웃 리소스 파일인 content_tab_layout_demo.xml도 이미 로드되었을 것이다. 편집기에 로드된 content_tab_layout_demo.xml 파일 탭을 클릭하여 선택한 후 디자인 모드로 전환하고 Hello World!를 보여주는 TextView 객체를 삭제한다.

36.4 첫 번째 프래그먼트 생성하기

TabLayout의 각 탭이 선택되면 서로 다른 프래그먼트를 보여줄 것이다. 첫 번째 프래그먼트를 생성하자. 프로젝트 도구 창의 app ➡ java ➡ com.ebookfrenzy.tablayoutdemo에서 오른쪽 마우스 버튼을 클릭한 후 New ➡ Fragment ➡ Fragment (Blank)를 선택한다. 그리고 대화상자에서 Fragment Name 필드에 Tab1Fragment를 입력하고 Fragment Layout Name 필드에는 fragment_tab1을 입력한다(그림 36-3). Create layout XML?은 체크된 상태로 두고, Include fragment factory methods?와 Include interface callbacks?는 체크를 지운다. Finish 버튼을 누르면 새로운 프래그먼트가 생성된다.

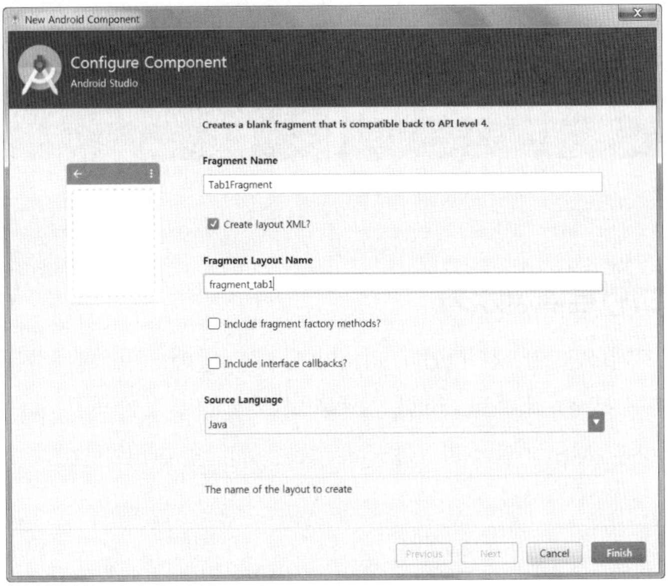

그림 36-3

방금 생성되어 로드된 fragment_tab1.xml 파일을 선택하고 디자인 모드로 전환한다. 그리고 컴포넌트 트리의 FrameLayout에서 오른쪽 마우스 버튼을 클릭한 후 Convert FrameLayout to ConstraintLayout 메뉴 항목을 선택한다. 대화상자에서 모든 옵션이 선택되어 있는지 확인하고 OK 버튼을 누른다. 이렇게 하면 레이아웃이 ConstraintLayout으로 변경된다.

컴포넌트 트리의 TextView를 선택하고 Delete 키를 눌러 삭제한다. 그리고 팔레트의 Text 밑에 있는 TextView를 끌어서 레이아웃의 중앙에 놓은 후 속성 창의 text에 'Tab 1 Fragment'를 입력하고 문자열 리소스로 추출한다. 리소스 이름은 tab_1_fragment로 입력한다. 또한, layout_width 속성을 wrap_content로 변경한다. 완성된 레이아웃은 그림 36-4와 같다.

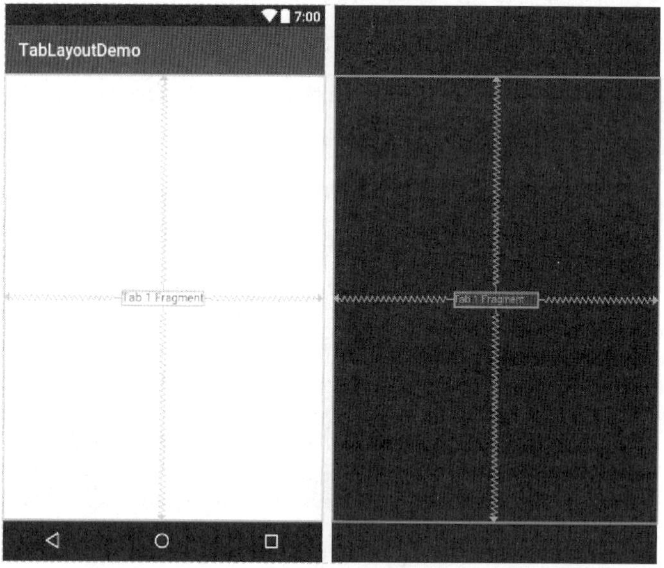

그림 36-4

36.5 프래그먼트 복제하기

현재는 하나의 프래그먼트만 생성하였다. 나머지 세 개는 앞에서처럼 생성하는 대신 이미 생성된 프래그먼트를 복제하여 만들 것이다. 그렇게 하는 게 더 빠르기 때문이다. 각 프래그먼트는 하나의 레이아웃 XML 파일과 하나의 자바 클래스 파일로 구성되므로 두 파일 모두를 복제해야 한다.

프로젝트 도구 창의 res ➡ layout ➡ fragment_tab1.xml 파일에서 오른쪽 마우스 버튼을 클릭한 후 Copy를 선택한다. 그리고 res ➡ layout에서 오른쪽 마우스 버튼을 클릭한 후 Paste를 선택한다. 대화상자에서 New name 필드의 파일 이름을 fragment_tab2.xml로 변경하고 OK 버튼을 누른다. fragment_tab2.xml 파일이 편집기에 열렸을 것이다. 디자인 모드로 변경하고 컴포넌트 트리에서 TextView를 선택한다. 그리고 속성 창의 text 속성을 'Tab 2 Fragment'로 변경한 후 문자열 리소스로 추출한다. 리소스 이름은 tab_2_fragment로 입력한다.

다음은 Tab1Fragment 클래스 파일을 복제한다. app ➡ java ➡ com.ebookfrenzy.tablayoutdemo 밑에 있는 Tab1Fragment에서 오른쪽 마우스 버튼을 클릭한 후 Copy를 선택한다. 그리고 app ➡ java ➡ com.ebookfrenzy.tablayoutdemo에서 오른쪽 마우스 버튼을 클릭한 후 Paste를 선택한다. 대화상자에서 New name 필드에 Tab2Fragment를 입력하고 OK 버튼을 누른다. Tab2Fragment.java 파일이 편집기에 열렸을 것이다. fragment_tab2 레이아웃 파일을 인플레이트하도록 다음과 같이 onCreateView( ) 메서드를 수정하자.

```
@Override
public View onCreateView(LayoutInflater inflater, ViewGroup container,
                         Bundle savedInstanceState) {
    // 이 프래그먼트의 레이아웃을 인플레이트한다.
    return inflater.inflate(R.layout.fragment_tab2, container, false);
}
```

앞의 복제 과정을 두 번 더 반복하여 나머지 두 개의 프래그먼트도 생성한다. 작업이 끝나면 그림 36-5와 같이 되어야 한다.

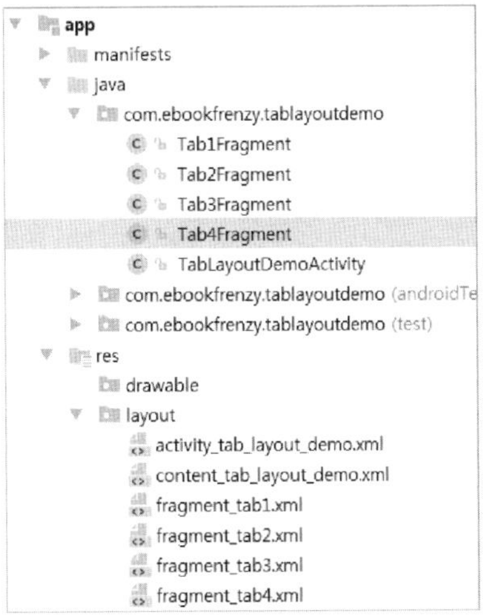

그림36-5

36.6 TabLayout과 ViewPager 추가하기

프래그먼트의 생성이 끝났으므로 이제는 TabLayout과 ViewPager를 메인 액티비티 레이아웃 파일에 추가할 것이다. 프로젝트 도구 창의 app ➡ res ➡ layout에 있는 activity_tab_layout_demo.xml 파일을 더블 클릭하여 편집기에 연다. 텍스트 모드로 전환한 후 다음의 XML에 있는 대로 두 요소를 추가한다. 여기서 TabLayout은 AppBarLayout 요소에 포함되며, ViewPager는 AppBarLayout 다음에 위치한다.

```
<?xml version="1.0" encoding="utf-8"?>
<android.support.design.widget.CoordinatorLayout
    xmlns:android="http://schemas.android.com/apk/res/android"
    xmlns:app="http://schemas.android.com/apk/res-auto"
    xmlns:tools="http://schemas.android.com/tools"
    android:layout_width="match_parent"
    android:layout_height="match_parent"
    android:fitsSystemWindows="true"
    tools:context=".TabLayoutDemoActivity">

    <android.support.design.widget.AppBarLayout
        android:layout_width="match_parent"
        android:layout_height="wrap_content"
        android:theme="@style/AppTheme.AppBarOverlay">

        <android.support.v7.widget.Toolbar
            android:id="@+id/toolbar"
            android:layout_width="match_parent"
            android:layout_height="?attr/actionBarSize"
            android:background="?attr/colorPrimary"
            app:popupTheme="@style/AppTheme.PopupOverlay" />

        <android.support.design.widget.TabLayout
            android:id="@+id/tab_layout"
            android:layout_width="match_parent"
            android:layout_height="wrap_content"
            app:tabMode="fixed"
            app:tabGravity="fill"/>

    </android.support.design.widget.AppBarLayout>

    <android.support.v4.view.ViewPager
        android:id="@+id/pager"
        android:layout_width="match_parent"
        android:layout_height="match_parent"
        app:layout_behavior="@string/appbar_scrolling_view_behavior"
    />
```

```
    <include layout="@layout/content_tab_layout_demo" />

    <android.support.design.widget.FloatingActionButton
        android:id="@+id/fab"
        android:layout_width="wrap_content"
        android:layout_height="wrap_content"
        android:layout_gravity="bottom|end"
        android:layout_margin="@dimen/fab_margin"
        app:srcCompat="@android:drawable/ic_dialog_email" />

</android.support.design.widget.CoordinatorLayout>
```

36.7 Pager 어댑터 생성하기

여기서는 TabLayout의 탭에 지정된 프래그먼트를 처리하기 위해 ViewPager를 사용한다. 방금 ViewPager를 레이아웃 리소스 파일에 추가했으므로 FragmentPagerAdapter의 새로운 서브 클래스를 프로젝트에 추가해야 한다. 사용자가 탭 항목을 선택할 때 화면에 보여줄 프래그먼트를 관리하기 위해서다.

app ➡ java ➡ com.ebookfrenzy.tablayoutdemo에서 오른쪽 마우스 버튼을 클릭한 후 New ➡ Java Class를 선택한다. 그리고 대화상자에서 Name 필드에 TabPagerAdapter를 입력하고 OK 버튼을 누른다.

다음과 같이 TabPagerAdapter.java 파일을 변경 및 추가한다.

```
package com.ebookfrenzy.tablayoutdemo;

import android.support.v4.app.Fragment;
import android.support.v4.app.FragmentManager;
import android.support.v4.app.FragmentPagerAdapter;

public class TabPagerAdapter extends FragmentPagerAdapter {

    int tabCount;

    public TabPagerAdapter(FragmentManager fm, int numberOfTabs) {
        super(fm);
        this.tabCount = numberOfTabs;
    }

    @Override
    public Fragment getItem(int position) {
```

```
        switch (position) {
            case 0:
                Tab1Fragment tab1 = new Tab1Fragment();
                return tab1;
            case 1:
                Tab2Fragment tab2 = new Tab2Fragment();
                return tab2;
            case 2:
                Tab3Fragment tab3 = new Tab3Fragment();
                return tab3;
            case 3:
                Tab4Fragment tab4 = new Tab4Fragment();
                return tab4;
            default:
                return null;
        }
    }

    @Override
    public int getCount() {
        return tabCount;
    }
}
```

TabPagerAdapter 클래스는 FragmentPagerAdapter의 서브 클래스다. 그리고 인스턴스가 생성될 때 생성자에서는 페이지 개수를 인자로 받아서 멤버 변수에 설정한다. 특정 페이지가 필요하면 getItem( ) 메서드가 호출되며, 이 메서드에서는 switch 문을 사용해서 요청 페이지 번호를 식별하고 해당 프래그먼트 인스턴스를 반환한다. 끝으로, getCount( ) 메서드에서는 이 클래스 인스턴스가 생성될 때 전달된 페이지 개수를 반환한다.

36.8 초기화 작업하기

이제는 TabLayout, ViewPager, TabPagerAdapter 인스턴스를 초기화하는 작업이 필요하다. 이 작업은 모두 다 TabLayoutDemoActivity.java 파일의 onCreate( ) 메서드에서 처리할 것이다. 다음과 같이 필요한 코드를 추가하자.

```
package com.ebookfrenzy.tablayoutdemo;

import android.os.Bundle;
import android.support.design.widget.FloatingActionButton;
import android.support.design.widget.Snackbar;
import android.support.v7.app.AppCompatActivity;
import android.support.v7.widget.Toolbar;
```

```java
import android.view.View;
import android.view.Menu;
import android.view.MenuItem;
import android.support.design.widget.TabLayout;
import android.support.v4.view.PagerAdapter;
import android.support.v4.view.ViewPager;

public class TabLayoutDemoActivity extends AppCompatActivity {

    protected void onCreate(Bundle savedInstanceState) {
        super.onCreate(savedInstanceState);
        setContentView(R.layout.activity_tab_layout_demo);
        Toolbar toolbar = (Toolbar) findViewById(R.id.toolbar);
        setSupportActionBar(toolbar);

        TabLayout tabLayout =
                (TabLayout) findViewById(R.id.tab_layout);

        tabLayout.addTab(tabLayout.newTab().setText("Tab 1 Item"));
        tabLayout.addTab(tabLayout.newTab().setText("Tab 2 Item"));
        tabLayout.addTab(tabLayout.newTab().setText("Tab 3 Item"));
        tabLayout.addTab(tabLayout.newTab().setText("Tab 4 Item"));

        final ViewPager viewPager =
                (ViewPager) findViewById(R.id.pager);
        final PagerAdapter adapter = new TabPagerAdapter
                (getSupportFragmentManager(), tabLayout.getTabCount());
        viewPager.setAdapter(adapter);

        viewPager.addOnPageChangeListener(new
                TabLayout.TabLayoutOnPageChangeListener(tabLayout));
        tabLayout.addOnTabSelectedListener(new
                TabLayout.OnTabSelectedListener() {
            @Override
            public void onTabSelected(TabLayout.Tab tab) {
                viewPager.setCurrentItem(tab.getPosition());
            }

            @Override
            public void onTabUnselected(TabLayout.Tab tab) {

            }

            @Override
            public void onTabReselected(TabLayout.Tab tab) {

            }

        });
.
.
```

```
    }
  .
  .
}
```

새로 추가한 코드에서는 우선 activity_tab_layout_demo.xml 파일에 추가했던 TabLayout 객체의 참조를 얻는다. 그리고 그 객체에 네 개의 탭을 생성하면서 각 탭의 텍스트를 지정한다.

```
TabLayout tabLayout =
    (TabLayout) findViewById(R.id.tab_layout);

tabLayout.addTab(tabLayout.newTab().setText("Tab 1 Item"));
tabLayout.addTab(tabLayout.newTab().setText("Tab 2 Item"));
tabLayout.addTab(tabLayout.newTab().setText("Tab 3 Item"));
tabLayout.addTab(tabLayout.newTab().setText("Tab 4 Item"));
```

그다음에 레이아웃 파일의 ViewPager 인스턴스 참조를 얻은 후 TabPagerAdapter 클래스 인스턴스를 생성한다. 이때 TabLayout 컴포넌트에 지정된 탭의 개수를 TabPagerAdapter 클래스의 생성자 인자로 전달한다. 그리고 그 TabPagerAdapter 인스턴스가 ViewPager의 어댑터로 지정되고 TabLayout 컴포넌트가 페이지 변경 리스너에 추가된다.

```
final ViewPager viewPager = (ViewPager) findViewById(R.id.pager);
final PagerAdapter adapter = new TabPagerAdapter
        (getSupportFragmentManager(),
               tabLayout.getTabCount());
viewPager.setAdapter(adapter);

viewPager.addOnPageChangeListener(new
        TabLayout.TabLayoutOnPageChangeListener(tabLayout));
```

끝으로, OnTabSelectedListener가 TabLayout 인스턴스에 설정된다. 그리고 현재 선택된 탭 번호를 기준으로 ViewPager의 현재 페이지를 설정하기 위해 onTabSelected( ) 메서드가 구현되었다. 여기서는 나머지 다른 메서드들이 필요 없지만, 리스너 인터페이스의 완전한 구현을 위해서 정의할 필요가 있다.

```
tabLayout.addOnTabSelectedListener(new
        TabLayout.OnTabSelectedListener()
{
    @Override
```

```
    public void onTabSelected(TabLayout.Tab tab) {
        viewPager.setCurrentItem(tab.getPosition());
    }

    @Override
    public void onTabUnselected(TabLayout.Tab tab) {

    }

    @Override
    public void onTabReselected(TabLayout.Tab tab) {

    }
});
```

36.9 애플리케이션 테스트하기

실제 장치나 에뮬레이터에서 앱을 실행해보자. 그리고 탭을 선택하여 그 탭과 연관된 프래그먼트가 화면에 나타나는지 확인해보자.

그림 36-6

36.10 TabLayout 커스터마이징

여기서는 TabLayout이 고정(fixed) 모드로 구성되어 있다. 탭의 개수가 몇 개 안 되고 제목이 짧으면 고정 모드가 좋다. 그러나 탭의 개수가 많거나 제목이 길면 고정 모드를 사용했을 때 문제가 생긴다. TabLayoutDemoActivity.java 파일의 onCreate() 메서드에서 각 탭의 텍스트에 문자열을 추가하여 제목을 길게 만든 후 앱을 다시 실행해보자. 예를 들면, 다음과 같다.

```
tabLayout.addTab(tabLayout.newTab().setText("This is Tab Number 1 Item"));
```

이럴 경우 실행 결과는 그림 36-7처럼 된다.

그림 36-7

사용 가능한 화면의 너비에 탭 제목을 맞춰 넣기 위해 TabLayout에서는 이 그림처럼 여러 라인에 걸쳐 제목을 보여준다. 그러나 그렇게 하더라도 두 번째 라인의 텍스트는 절삭되어 전체 제목을 알기 어렵다. 따라서 이런 경우에는 TabLayout을 스크롤 가능한 모드로 변경하는 것이 좋다. 이 모드에서는 사용자가 탭 항목을 수평으로 밀어서 보고 선택할 수 있으므로 탭 제목이 한 라인으로 모두 나타날 수 있다(그림 36-8).

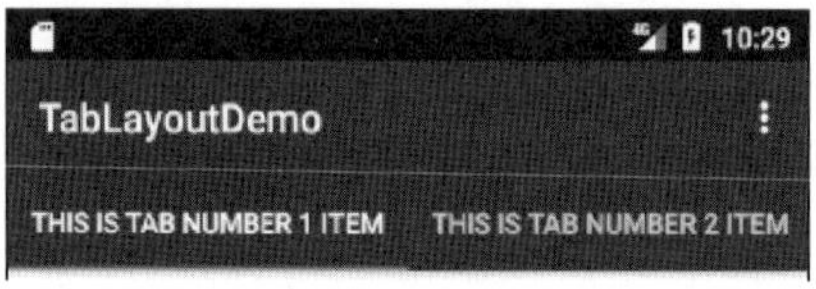

그림 36-8

TabLayout을 스크롤 모드로 변경할 때는 activity_tab_layout_demo.xml 레이아웃 리소스 파일의 app:tabMode 속성값만 'fixed'에서 'scrollable'로 변경하면 된다.

```
<android.support.design.widget.TabLayout
    android:id="@+id/tab_layout"
    android:layout_width="match_parent"
    android:layout_height="wrap_content"
```

```
        app:tabMode="scrollable"
        app:tabGravity="fill"/>
</android.support.design.widget.AppBarLayout>
```

고정 모드에서는 화면의 사용 가능한 공간에 탭 항목들을 보여주는 방법을 제어하도록 TabLayout을 구성할 수 있다. 이때 app:tabGravity 속성을 사용한다. 태블릿의 가로 방향과 같이 넓은 화면에서는 이 방법이 좋다. 예를 들어, app:tabGravity 속성의 값을 'fill'로 설정하면 그림 36-9와 같이 화면의 너비에 맞춰 탭 항목들이 고르게 배치된다. TabLayoutDemoActivity.java 파일의 onCreate( ) 메서드에서 각 탭의 텍스트 문자열을 원래대로 변경하고(예를 들어, Tab 1 Item) 앱을 다시 실행해보자(app:tabMode 속성값은 'fixed'이어야 한다).

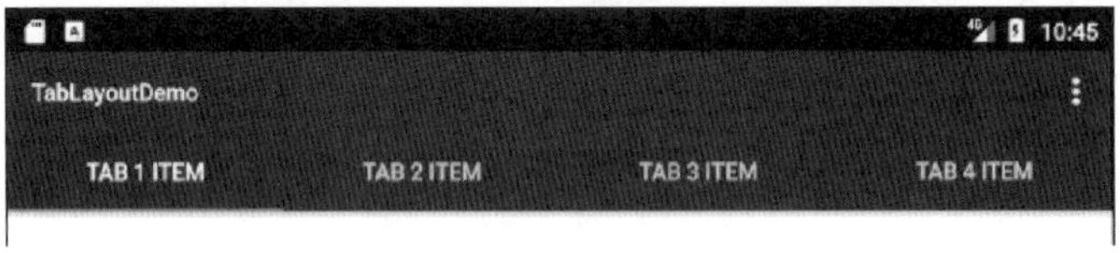

그림 36-9

app:tabGravity 속성의 값을 'center'로 설정하면 탭 항목들이 중앙 부분에 위치한다.

그림 36-10

activity_tab_layout_demo.xml 파일의 tabMode와 tabGravity 속성값을 원래 값인 'fixed'와 'fill'로 환원시키자.

36.11 아이콘 탭 항목 보여주기

마지막으로, 텍스트 기반의 탭을 아이콘으로 변경할 것이다. 각 탭 항목에 안드로이드의 drawable 아이콘을 지정하도록 TabLayoutDemoActivity.java 파일의 onCreate( ) 메서드를 수정하자.

```
@Override
protected void onCreate(Bundle savedInstanceState) {
    super.onCreate(savedInstanceState);
    setContentView(R.layout.activity_tab_layout_demo);
    Toolbar toolbar = (Toolbar) findViewById(R.id.toolbar);
    setSupportActionBar(toolbar);

    TabLayout tabLayout = (TabLayout) findViewById(R.id.tab_layout);

    tabLayout.addTab(tabLayout.newTab().setIcon(
            android.R.drawable.ic_dialog_email));
    tabLayout.addTab(tabLayout.newTab().setIcon(
            android.R.drawable.ic_dialog_dialer));
    tabLayout.addTab(tabLayout.newTab().setIcon(
            android.R.drawable.ic_dialog_map));
    tabLayout.addTab(tabLayout.newTab().setIcon(
            android.R.drawable.ic_dialog_info));

    final ViewPager viewPager =
        (ViewPager) findViewById(R.id.pager);
.
.
.
}
```

여기서는 탭 항목의 setText( ) 메서드 대신에 setIcon( ) 메서드를 호출한다. 그리고 이때 drawable 아이콘의 참조를 인자로 전달한다. Run 버튼을 눌러서 앱을 다시 실행해보자. 이제는 탭이 그림 36-11처럼 나타날 것이다.

그림 36-11

36.12 요약

TabLayout은 안드로이드 머티리얼 디자인을 구현하는 컴포넌트 중 하나다. 그리고 탭 항목들을 보여주고 그중 하나가 선택되면 사용자에게 다른 내용을 보여주는 것이 TabLayout의 목적이다. 탭 항목들은 텍스트나 이미지 또는 둘 다의 조합으로 나타날 수 있다. 또한, ViewPager 클래스와 프래그먼트를 함께 사용하면 TabLayout을 더 쉽게 생성할 수 있으며, 각 탭 항목을 선택했을 때 서로 다른 프래그먼트를 화면에 보여줄 수 있다.

RecyclerView와 CardView 사용하기

RecyclerView와 CardView는 함께 동작하여 스크롤 가능한 데이터 리스트를 사용자에게 제공한다. 이때 데이터는 개별적인 카드 형태로 나타난다. 이번 장에서는 RecyclerView와 CardView 클래스의 개요를 먼저 알아보고, 다음 장에서는 예제 프로젝트를 디자인하고 구현할 것이다.

37.1 RecyclerView 개요

35장에서 사용했던 ListView 클래스와 동일하게 RecyclerView도 스크롤 가능한 리스트 형태로 사용자에게 정보를 보여준다. 그러나 RecyclerView는 ListView보다 더 많은 장점을 제공한다. 특히, RecyclerView는 리스트를 구성하는 뷰를 관리하는 방법이 훨씬 더 효율적이다. 즉, 리스트 항목을 구성하는 기존 뷰가 스크롤되어 화면에서 벗어났을 때 새로운 뷰를 생성하는 대신 그것을 재사용한다(그래서 이름이 'recycler'다). 이것은 성능 향상은 물론이고 리스트에서 사용되는 리소스도 줄여주므로 많은 양의 데이터를 사용자에게 보여줄 때 특히 유용한 기능이다.

ListView와 다르게 RecyclerView에서는 다음의 세 가지 레이아웃 매니저를 선택할 수 있다. 따라서 리스트 항목이 사용자에게 보이는 방법을 더 다양하게 제어할 수 있다.

- **LinearLayoutManager** — 리스트 항목들이 수평 또는 수직의 스크롤 가능한 리스트로 나타난다.

그림 37-1

- **GridLayoutManager** — 리스트 항목들이 격자(grid) 형태로 나타난다. 리스트 항목들이 균일한 크기일 때는 이 레이아웃 매니저를 사용하는 것이 가장 좋다.

그림 37-2

- **StaggeredGridLayoutManager** — 리스트 항목들이 일정하지 않은 크기의 격자 형태로 나타난다. 리스트 항목들의 크기가 동일하지 않을 때는 이 레이아웃 매니저를 사용하는 것이 가장 좋다.

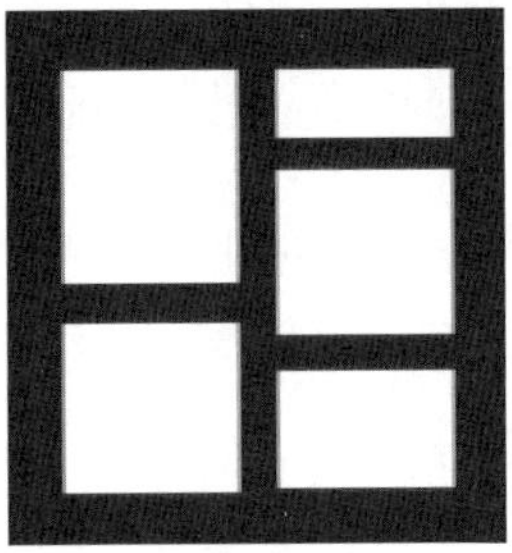

그림 37-3

앞의 세 가지 레이아웃 매니저를 사용해서 우리가 필요한 레이아웃을 만들 수 없을 때는 커스텀 레이아웃 매니저를 구현할 수 있다. 이때는 RecyclerView.LayoutManager 클래스의 서브 클래스를 생성하면 된다.

RecyclerView에 나타나는 각 리스트 항목은 ViewHolder 클래스의 인스턴스로 생성된다. ViewHolder 인스턴스는 RecyclerView에서 리스트 항목을 보여주는 데 필요한 모든 것을 포함한다. 즉, 보여줄 정보와 항목을 보여주는 데 사용할 뷰 레이아웃이다.

ListView와 마찬가지로 RecyclerView도 어댑터가 필요하다. 어댑터는 사용자에게 보여줄 데이터와 RecyclerView 인스턴스 간의 중개자 역할을 한다. 그리고 RecyclerView.Adapter 클래스의 서브 클래스로 생성되며, 최소한 다음 메서드를 구현해야 한다. 이 메서드들은 어댑터가 지정된 RecyclerView 객체에 의해 다양한 시점에 호출된다.

- **getItemCount( )** — 이 메서드에서는 리스트에 보여줄 항목의 개수를 반환해야 한다.
- **onCreateViewHolder( )** — 이 메서드는 데이터를 보여주는 데 사용되는 뷰를 갖도록 초기화된 ViewHolder 객체를 생성하고 반환한다. 이때 그 뷰는 XML 레이아웃 파일을 인플레이트하여 생성된다.
- **onBindViewHolder( )** — 이 메서드에서는 두 개의 인자를 받는다. onCreateViewHolder( ) 메서드에서 생성된 ViewHolder 객체와 보여줄 리스트 항목을 나타내는 정숫값이다. 이때 ViewHolder 객체에는 onCreateViewHolder( ) 메서드에서 지정한 레이아웃이 포함된다. onBindViewHolder( ) 메서드에서는 지정된 항목의 텍스트와 그래픽 데이터를 레이아웃의 뷰에 넣은 후 그 객체를 RecyclerView에 반환한다. 그럼으로써 RecyclerView가 사용자에게 보여줄 수 있다.

RecyclerView는 액티비티의 XML 레이아웃 파일에 간단하게 추가할 수 있다. 예를 들면, 다음과 같다.

```
<?xml version="1.0" encoding="utf-8"?>
<android.support.design.widget.CoordinatorLayout
    xmlns:android="http://schemas.android.com/apk/res/android"
    xmlns:app="http://schemas.android.com/apk/res-auto"
    xmlns:tools="http://schemas.android.com/tools"
    android:layout_width="match_parent"
    android:layout_height="match_parent"
    android:fitsSystemWindows="true"
    tools:context=".CardStuffActivity">
```

```
    <android.support.v7.widget.RecyclerView
        android:id="@+id/recycler_view"
        android:layout_width="match_parent"
        android:layout_height="match_parent"
        app:layout_behavior="@string/appbar_scrolling_view_behavior"/>

    <android.support.design.widget.AppBarLayout
        android:layout_height="wrap_content"
        android:layout_width="match_parent"
        android:theme="@style/AppTheme.AppBarOverlay">

        <android.support.v7.widget.Toolbar android:id="@+id/toolbar"
            android:layout_width="match_parent"
            android:layout_height="?attr/actionBarSize"
            android:background="?attr/colorPrimary"
            app:popupTheme="@style/AppTheme.PopupOverlay" />

    </android.support.design.widget.AppBarLayout>
.
.
}
```

여기서는 메인 액티비티 레이아웃 파일의 CoordinatorLayout에 AppBar(앱 바) 및 Toolbar(툴 바)와 함께 RecyclerView를 포함시켰다. 이렇게 하면 부가 기능이 제공된다. 예를 들어, 사용자가 RecyclerView의 리스트 항목을 스크롤할 때 Toolbar와 AppBar가 화면에 보이지 않도록 구성할 수 있다(이 내용은 38장에서 설명한다).

37.2 CardView 개요

CardView 클래스는 연관된 데이터를 카드 형태로 보여줄 수 있는 사용자 인터페이스 뷰다. 그리고 일반적으로 RecyclerView 인스턴스를 같이 사용해서 리스트 형태로 보여준다. 이때 각 카드가 그림자 효과와 둥근 모서리를 갖도록 구성할 수 있다. 예를 들어, 그림 37-4에서는 하나의 ImageView와 두 개의 TextView를 포함하는 세 개의 CardView 인스턴스를 보여준다.

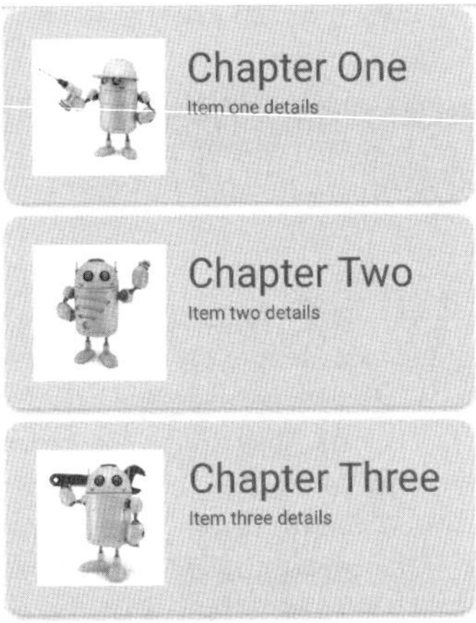

그림 37-4

CardView를 보여주는 사용자 인터페이스 레이아웃은 XML 레이아웃 리소스 파일에 정의되며, 런타임 시에 CardView로 로드된다. CardView 레이아웃은 표준 레이아웃 매니저(ConstraintLayout, RelativeLayout, LinearLayout 등)를 사용하는 어떤 복잡한 레이아웃도 포함할 수 있다. 다음의 XML 레이아웃 파일에서는 하나의 ImageView를 갖는 RelativeLayout으로 구성된 CardView를 나타낸다. 여기서는 카드에 그림자 효과를 주어서 약간 떠 있는 듯한 입체감을 주도록 하였으며, 모서리를 둥근 형태로 구성하고 있다.

```
<?xml version="1.0" encoding="utf-8"?>
    <android.support.v7.widget.CardView
        xmlns:card_view="http://schemas.android.com/apk/res-auto"
        xmlns:android="http://schemas.android.com/apk/res/android"
        android:id="@+id/card_view"
        android:layout_width="match_parent"
        android:layout_height="wrap_content"
        android:layout_margin="5dp"
        card_view:cardCornerRadius="12dp"
        card_view:cardElevation="3dp"
        card_view:contentPadding="4dp">

        <RelativeLayout
            android:layout_width="match_parent"
            android:layout_height="wrap_content"
            android:padding="16dp" >

            <ImageView
                android:layout_width="100dp"
                android:layout_height="100dp"
                android:id="@+id/item_image"
                android:layout_alignParentLeft="true"
                android:layout_alignParentTop="true"
                android:layout_marginRight="16dp" />
        </RelativeLayout>
</android.support.v7.widget.CardView>
```

스크롤이 가능한 카드 리스트를 생성하기 위해 RecyclerView와 CardView를 같이 사용할 때는 RecyclerView의 onCreateViewHolder( ) 메서드에서 카드의 레이아웃 리소스 파일을 인플레이트한다. 그리고 인플레이트된 객체를 ViewHolder 인스턴스에 지정한 후 그것을 RecyclerView 인스턴스에게 반환한다.

37.3 라이브러리를 프로젝트에 추가하기

RecyclerView와 CardView 컴포넌트를 사용하려면 그것들이 포함된 라이브러리를 프로젝트의 라이브러리 의존성(dependencies)에 추가해주어야 한다. 이때 다음 두 라인을 모듈 수준의 그래들(Gradle) 빌드 파일인 build.gradle (Module:app)에 추가하면 된다.

```
dependencies {
.
.
    implementation 'com.android.support:recyclerview-v7:26.0.1'
    implementation 'com.android.support:cardview-v7:26.0.1'
}
```

여기서 recyclerview-v7은 RecyclerView 클래스가 포함된 지원 라이브러리이며, cardview-v7은 CardView 클래스가 포함된 지원 라이브러리다. 그리고 그 뒤의 번호인 26.0.1은 해당 라이브러리의 버전과 릴리즈 번호를 나타내며 지속적으로 업데이트된다.

37.4 요약

이번 장에서는 RecyclerView와 CardView 컴포넌트의 개요를 알아보았다. RecyclerView는 안드로이드 앱에서 스크롤이 가능한 뷰 리스트를 보여주는 효율적인 방법을 제공한다. CardView는 연관된 데이터(예를 들어, 이름과 주소)를 카드 형태로 함께 보여줄 때 유용하다. 그리고 앞에서 얘기했듯이, RecyclerView와 CardView를 같이 사용하면 좋다.

RecyclerView와 CardView 예제 프로젝트

이번 장에서는 CardView와 RecyclerView 컴포넌트를 같이 사용해서 스크롤 가능한 카드 리스트를 만드는 예제 프로젝트를 생성할 것이다. 그리고 완성된 앱에서는 이미지와 텍스트를 포함하는 카드 리스트를 보여준다. 또한, 사용자가 선택한 카드를 메시지로 보여주는 코드도 프로젝트에서 구현할 것이다.

38.1 CardDemo 프로젝트 생성하기

우선, 새 프로젝트를 생성하자. 안드로이드 스튜디오 메인 메뉴의 File ➡ New ➡ New Project...를 선택하거나 웰컴 스크린에서 Start a new Android Studio project를 선택한다.

새 프로젝트를 구성하는 New Project 위저드 창이 나타난다. Application name 필드에 CardDemo를 입력하고, Company Domain 필드에는 ebookfrenzy.com을 입력한 후 Next 버튼을 누른다. 안드로이드 장치 선택 화면에서는 폰과 태블릿(Phone and Tablet)만 선택하고, 최소 SDK 버전은 API 22: Android 5.1 (Lollipop)으로 선택한 후 Next 버튼을 누른다.

다음 장에서는 이 프로젝트를 사용해서 AppBar와 Toolbar 및 CoordinatorLayout의 스크롤 기능을 보여줄 것이다. 그러므로 Basic Activity를 선택할 필요가 있다. 선택이 되었으면 Next 버튼을 누른다. 그리고 마지막 대화상자에서 Activity Name에 CardDemoActivity를 입력한다. 또한, 자동으로 설정된 Layout Name인 activity_card_demo, Title인 CardDemoActivity는 그대로 둔다. Finish 버튼을 눌러 프로젝트를 생성한다.

프로젝트 생성이 끝나면 CardDemo 프로젝트가 프로젝트 도구 창에 나타난다. 그리고 오른쪽의 편집기 창에는 CardDemoActivity.java 소스 파일이 로드되어 있을 것이다. 또한, 사용자 인터페이스의 XML 레이아웃 리소스 파일인 content_card_demo.xml도 이미 로드되었을 것이다. 편집기에 로드된 content_card_demo.xml 파일 탭을 클릭하여 선택한 후 디자인 모드로 전환하고, Hello World!를 보여주는 TextView 객체를 삭제한다.

38.2 플로팅 액션 버튼 삭제하기

Basic Activity 템플릿을 선택했으므로 레이아웃에는 플로팅 액션 버튼이 포함된다. 이 버튼은 우리 프로젝트에서 필요하지 않으므로 삭제할 것이다. 프로젝트 도구 창의 app ➡ res ➡ layout에 있는 activity_card_demo.xml 레이아웃 파일을 더블 클릭하여 편집기에 로드한다. 그리고 디자인 모드로 전환한 후 플로팅 액션 버튼을 선택하고 Delete 키를 눌러 삭제하자. 또한, 편집기에 로드된 CardDemoActivity.java 파일을 선택한 후 onCreate( ) 메서드의 플로팅 액션 버튼 관련 코드를 삭제한다.

```
@Override
protected void onCreate(Bundle savedInstanceState) {
    super.onCreate(savedInstanceState);
    setContentView(R.layout.activity_card_demo);
    Toolbar toolbar = (Toolbar) findViewById(R.id.toolbar);
    setSupportActionBar(toolbar);

    FloatingActionButton fab =
        (FloatingActionButton) findViewById(R.id.fab);
    fab.setOnClickListener(new View.OnClickListener() {
        @Override
        public void onClick(View view) {
            Snackbar.make(view, "Replace with your own action",
                    Snackbar.LENGTH_LONG)
                        .setAction("Action", null).show();
        }
    });
}
```

38.3 RecyclerView와 CardView 라이브러리 추가하기

프로젝트 도구 창의 Gradle Scripts ➡ build.gradle (Module: app) 파일을 더블 클릭하여 편집기에 열고 RecyclerView와 CardView의 지원 라이브러리를 모듈 의존성(dependencies)에 추가한다.

```
dependencies {
    implementation fileTree(dir: 'libs', include: ['*.jar'])
    implementation 'com.android.support:appcompat-v7:26.0.1'
    implementation 'com.android.support.constraint:constraint-layout:1.0.2'
    implementation 'com.android.support:design:26.0.1'
    implementation 'com.android.support:recyclerview-v7:26.0.1'
    implementation 'com.android.support:cardview-v7:26.0.1'
    testImplementation 'junit:junit:4.12'
    androidTestImplementation 'com.android.support.test:runner:0.5'
    androidTestImplementation 'com.android.support.test.espresso:espresso-core:2.2.2'
}
```

이처럼 build.gradle 파일을 수정하면 그래들(Gradle)이 프로젝트와 동기화할 필요가 있다는 경고 메시지를 화면 위에 보여준다. 제일 오른쪽의 Sync Now를 클릭하여 동기화한다. 여기서 제일 끝의 26.0.1은 지원 라이브러리의 릴리즈 번호이며 지속적으로 업데이트된다. 따라서 각자 실습할 때는 자동으로 추가된 support:design의 릴리즈 번호와 동일하게 변경하자.

38.4 CardView 레이아웃 디자인하기

카드에 포함되는 뷰들의 레이아웃은 별도의 XML 레이아웃 파일에 정의된다. 프로젝트 도구 창의 app ➡ res ➡ layout에서 오른쪽 마우스 버튼을 클릭한 후 New ➡ Layout resource file을 선택한다. 그리고 대화상자에서 File name 필드에 card_layout을 입력하고, Root element 필드에 android.support.v7.widget.CardView를 입력한 후 OK 버튼을 누른다.

편집기에 로드된 card_layout.xml 파일을 텍스트 모드로 전환하고 다음과 같이 XML을 추가한다.

```
<?xml version="1.0" encoding="utf-8"?>
<android.support.v7.widget.CardView
    xmlns:android="http://schemas.android.com/apk/res/android"
    xmlns:card_view="http://schemas.android.com/apk/res-auto"
    android:layout_width="match_parent"
    android:layout_height="wrap_content"
    android:id="@+id/card_view"
    android:layout_margin="5dp"
    card_view:cardBackgroundColor="#81C784"
    card_view:cardCornerRadius="12dp"
    card_view:cardElevation="3dp"
    card_view:contentPadding="4dp" >

    <RelativeLayout
        android:layout_width="match_parent"
        android:layout_height="wrap_content"
        android:padding="16dp" >
```

```
        <ImageView
            android:layout_width="100dp"
            android:layout_height="100dp"
            android:id="@+id/item_image"
            android:layout_alignParentStart="true"
            android:layout_alignParentLeft="true"
            android:layout_alignParentTop="true"
            android:layout_marginEnd="16dp"
            android:layout_marginRight="16dp"
            />

        <TextView
            android:layout_width="wrap_content"
            android:layout_height="wrap_content"
            android:id="@+id/item_title"
            android:layout_toEndOf="@+id/item_image"
            android:layout_toRightOf="@+id/item_image"
            android:layout_alignParentTop="true"
            android:textSize="30sp"
            />

        <TextView
            android:layout_width="wrap_content"
            android:layout_height="wrap_content"
            android:id="@+id/item_detail"
            android:layout_toEndOf="@+id/item_image"
            android:layout_toRightOf="@+id/item_image"
            android:layout_below="@+id/item_title"
            />

    </RelativeLayout>
</android.support.v7.widget.CardView>
```

38.5 RecyclerView 추가하기

편집기의 activity_card_demo.xml 레이아웃 파일을 선택하고 텍스트 모드로 전환한 후 AppBarLayout 바로 앞에 RecyclerView 컴포넌트를 추가한다.

```
<?xml version="1.0" encoding="utf-8"?>
<android.support.design.widget.CoordinatorLayout
    xmlns:android="http://schemas.android.com/apk/res/android"
    xmlns:app="http://schemas.android.com/apk/res-auto"
    xmlns:tools="http://schemas.android.com/tools"
    android:layout_width="match_parent"
    android:layout_height="match_parent"
    tools:context="com.ebookfrenzy.carddemo.CardDemoActivity">
```

```
<android.support.v7.widget.RecyclerView
    android:id="@+id/recycler_view"
    android:layout_width="match_parent"
    android:layout_height="match_parent"
    app:layout_behavior="@string/appbar_scrolling_view_behavior" />

<android.support.design.widget.AppBarLayout
    android:layout_height="wrap_content"
    android:layout_width="match_parent"
    android:theme="@style/AppTheme.AppBarOverlay">
.
.
```

38.6 RecyclerView 어댑터 생성하기

앞 장에서 얘기했듯이, RecyclerView는 리스트 항목의 생성을 처리하기 위해 어댑터가 필요하다. 프로젝트 도구 창의 app ➡ java ➡ com.ebookfrenzy.carddemo에서 오른쪽 마우스 버튼을 클릭한 후 New ➡ Java Class를 선택한다. 그리고 대화상자에서 Name 필드에 RecyclerAdapter를 입력하고 OK 버튼을 눌러서 새로운 자바 클래스를 생성한다.

편집기에 로드된 RecyclerAdapter.java 파일을 RecyclerView.Adapter의 서브 클래스로 변경한다. 그리고 화면에 보여줄 데이터를 제공하는 별도의 클래스를 생성하는 대신에 데이터로 사용할 배열을 추가하자. 또한, Alt+Enter[Option+Enter] 키를 눌러서 필요한 import 문을 생성한다.

```
package com.ebookfrenzy.carddemo;

import android.support.v7.widget.RecyclerView;
import android.view.LayoutInflater;
import android.view.View;
import android.view.ViewGroup;
import android.widget.ImageView;
import android.widget.TextView;

import java.util.ArrayList;

public class RecyclerAdapter extends
RecyclerView.Adapter<RecyclerAdapter.ViewHolder> {

    private String[] titles = {"Chapter One",
            "Chapter Two",
            "Chapter Three",
            "Chapter Four",
            "Chapter Five",
```

```
            "Chapter Six",
            "Chapter Seven",
            "Chapter Eight"};

    private String[] details = {"Item one details",
            "Item two details", "Item three details",
            "Item four details", "Item file details",
            "Item six details", "Item seven details",
            "Item eight details"};

     private int[] images = { R.drawable.android_image_1,
                              R.drawable.android_image_2,
                              R.drawable.android_image_3,
                              R.drawable.android_image_4,
                              R.drawable.android_image_5,
                              R.drawable.android_image_6,
                              R.drawable.android_image_7,
                              R.drawable.android_image_8 };
}
```

그리고 RecyclerAdapter 클래스에서는 card_layout.xml 파일의 뷰 요소들을 참조하도록 구성된 ViewHolder 클래스를 구현해야 한다. RecyclerAdapter.java 파일에서 RecyclerAdapter 클래스의 내부 클래스로 다음과 같이 ViewHolder를 추가한다.

```
.
.
public class RecyclerAdapter  extends
RecyclerView.Adapter<RecyclerAdapter.ViewHolder> {
.
.
   class ViewHolder extends RecyclerView.ViewHolder {

        public ImageView itemImage;
        public TextView itemTitle;
        public TextView itemDetail;

        public ViewHolder(View itemView) {
            super(itemView);
            itemImage =
               (ImageView)itemView.findViewById(R.id.item_image);
            itemTitle =
               (TextView)itemView.findViewById(R.id.item_title);
            itemDetail =
               (TextView)itemView.findViewById(R.id.item_detail);
        }
    }
.
```

```
    .
}
```

여기서는 ViewHolder 클래스에서 하나의 ImageView와 두 개의 TextView 변수를 갖는다. 또한, card_layout.xml 파일에 있는 세 개의 뷰 참조로 그 변수들을 초기화하는 생성자 메서드도 갖고 있다.

다음은 onCreateViewHolder( ) 메서드를 구현하는 코드를 RecyclerAdapter.java 파일에 추가한다.

```
@Override
public ViewHolder onCreateViewHolder(ViewGroup viewGroup, int i) {
    View v = LayoutInflater.from(viewGroup.getContext())
            .inflate(R.layout.card_layout, viewGroup, false);
    ViewHolder viewHolder = new ViewHolder(v);
    return viewHolder;
}
```

이 메서드는 ViewHolder 객체를 얻기 위해 RecyclerView에서 호출하며, card_layout.xml 파일의 뷰들을 인플레이트한다. 그리고 앞에서 우리가 구현한 ViewHolder 클래스의 인스턴스를 생성한 후 그것을 RecyclerView에게 반환한다.

onBindViewHolder( ) 메서드의 목적은 보여줄 데이터를 ViewHolder 객체의 뷰에 넣는 것이다. 이 메서드에서는 ViewHolder 객체 및 화면에 보여줄 리스트 항목을 나타내는 정숫값을 인자로 받는다. 여기서는 데이터 배열의 인덱스를 항목 번호로 사용하도록 onBindViewHolder( ) 메서드를 추가할 것이다. 그러면 배열의 데이터가 레이아웃의 뷰에 나타나게 된다. 그리고 이때 ViewHolder 클래스의 생성자 메서드에서 생성된 뷰의 참조를 사용한다. 다음 코드를 RecyclerAdapter.java 파일에 추가한다.

```
@Override
public void onBindViewHolder(ViewHolder viewHolder, int i) {
    viewHolder.itemTitle.setText(titles[i]);
    viewHolder.itemDetail.setText(details[i]);
    viewHolder.itemImage.setImageResource(images[i]);
}
```

어댑터 클래스에서 마지막으로 할 일은 getItem( ) 메서드를 구현하는 것이다. 여기서는 이 메서드에서 titles 배열의 요소 개수만 반환하면 된다.

```
@Override
public int getItemCount() {
    return titles.length;
}
```

38.7 이미지 파일 추가하기

두 개의 TextView와 더불어 CardView에서는 하나의 ImageView도 포함한다. 이 ImageView는 RecyclerView 어댑터가 이미지를 보여주는 데 사용한다. 따라서 프로젝트를 테스트하기 전에 이미지 파일을 추가해야 한다. 여기서 사용할 이미지들의 파일 이름은 android_image_1.jpg부터 android_image_8.jpg까지 8개다. 그리고 이 책의 프로젝트 파일을 다운로드받으면 Material_Icons 디렉터리 밑에 있다.

다운로드받은 8개의 이미지 파일을 각자 컴퓨터 운영체제의 파일 시스템에서 찾은 후 클립보드로 복사한다. 그리고 프로젝트 도구 창의 app ➡ res ➡ drawable에서 오른쪽 마우스 버튼을 클릭한 후 Paste를 선택하고 대화상자에서 OK 버튼을 누른다. 그림 38-1처럼 제대로 복사가 되었는지 확인한다.

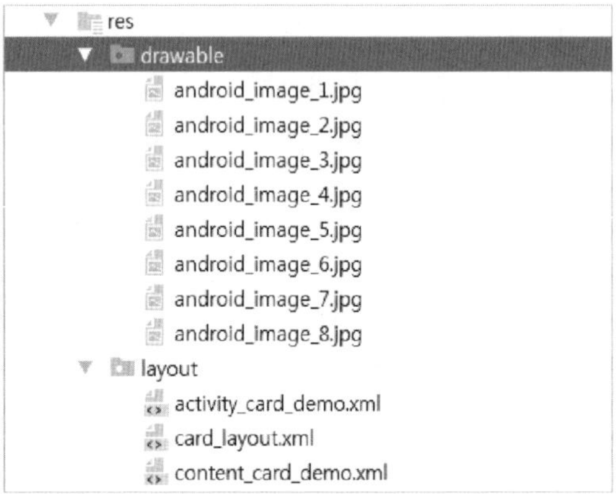

그림 38-1

38.8 RecyclerView 컴포넌트 초기화하기

이 시점에서는 프로젝트가 각각 하나의 RecyclerView 인스턴스와 CardView 인스턴스의 XML 레이아웃 파일 및 RecyclerView 어댑터로 구성된다. 그러나 앱이 제대로 실행되려면 RecyclerView가 레이아웃 매니저를 갖도록 초기화하고, 어댑터 인스턴스를 생성한 후 그것을 RecyclerView 객체에 지정해야 한다. 여기서는 RecyclerView가 LinearLayoutManager를 사용하도록 구성할 것이다. 편집기의 CardDemoActivity.java 파일을 선택한 후 다음과 같이 코드를 추가하자.

```
package com.ebookfrenzy.carddemo;

import android.os.Bundle;
import android.support.v7.app.AppCompatActivity;
import android.support.v7.widget.Toolbar;
import android.view.Menu;
import android.view.MenuItem;
import android.support.v7.widget.LinearLayoutManager;
import android.support.v7.widget.RecyclerView;

public class CardDemoActivity extends AppCompatActivity {

    RecyclerView recyclerView;
    RecyclerView.LayoutManager layoutManager;
    RecyclerView.Adapter adapter;

    @Override
    protected void onCreate(Bundle savedInstanceState) {
        super.onCreate(savedInstanceState);
        setContentView(R.layout.activity_card_demo);
        Toolbar toolbar = (Toolbar) findViewById(R.id.toolbar);
        setSupportActionBar(toolbar);

        recyclerView =
              (RecyclerView) findViewById(R.id.recycler_view);

        layoutManager = new LinearLayoutManager(this);
        recyclerView.setLayoutManager(layoutManager);

        adapter = new RecyclerAdapter();
        recyclerView.setAdapter(adapter);
    }
.
.
}
```

38.9 애플리케이션 테스트하기

실제 장치나 에뮬레이터에서 앱을 실행하자. 그리고 리스트의 카드 항목들을 스크롤해보자.

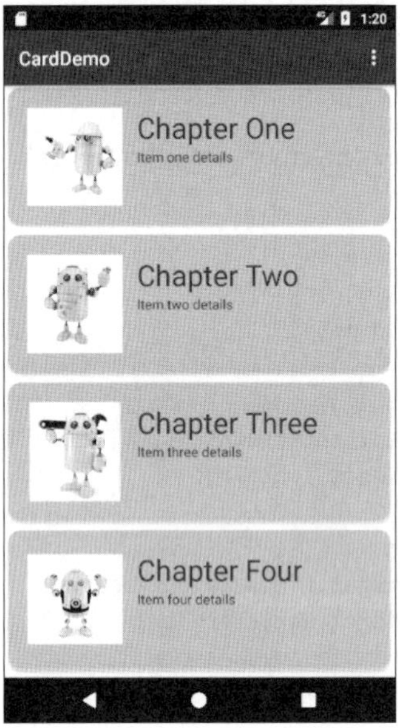

그림 38-2

38.10 카드 선택에 응답하기

끝으로, 리스트의 카드를 선택할 수 있게 만들자. 여기서는 사용자가 카드를 클릭(터치)하면 메시지를 보여주도록 구성할 것이다. 클릭에 응답하려면 리스트 항목의 뷰에 OnClickListener를 지정하도록 ViewHolder 클래스를 변경할 필요가 있다. 편집기의 RecyclerAdapter.java 파일을 선택하고 다음과 같이 ViewHolder 내부 클래스의 생성자에 코드를 추가한다.

```
import android.support.design.widget.Snackbar;
.
.
class ViewHolder extends RecyclerView.ViewHolder{

    public ImageView itemImage;
    public TextView itemTitle;
    public TextView itemDetail;

    public ViewHolder(View itemView) {
        super(itemView);
        itemImage = (ImageView)itemView.findViewById(R.id.item_image);
```

```
        itemTitle = (TextView)itemView.findViewById(R.id.item_title);
        itemDetail =
              (TextView)itemView.findViewById(R.id.item_detail);

        itemView.setOnClickListener(new View.OnClickListener() {
            @Override public void onClick(View v) {

            }
        });
    }
}
```

다음은 위의 onClick( ) 메서드에 카드가 클릭되었다는 메시지를 보여주는 코드를 추가하자. 이때는 어떤 카드가 선택되었는지 식별하는 것이 중요하다. 그리고 그 정보는 RecyclerView.ViewHolder 클래스의 getAdapterPosition( ) 메서드를 호출하면 얻을 수 있다. 방금 추가한 onClick( ) 메서드 내부에 다음의 코드를 추가한다.

```
@override
public void onClick(View v) {

    int position = getAdapterPosition() + 1;

    Snackbar.make(v, "Click detected on item " + position,
            Snackbar.LENGTH_LONG)
            .setAction("Action", null).show();
}
```

끝으로, 항목이 클릭될 때 머티리얼 디자인의 리플(잔물결) 효과가 나타나도록 할 것이다. 이때는 다음과 같이 card_layout.xml 파일에 CardView 인스턴스 속성을 추가하면 된다.

```
<?xml version="1.0" encoding="utf-8"?>
<android.support.v7.widget.CardView
    xmlns:android="http://schemas.android.com/apk/res/android"
    xmlns:card_view="http://schemas.android.com/apk/res-auto"
    android:layout_width="match_parent"
    android:layout_height="match_parent"
    android:id="@+id/card_view"
    android:layout_margin="5dp"
    card_view:cardBackgroundColor="#81C784"
    card_view:cardCornerRadius="12dp"
    card_view:cardElevation="3dp"
    card_view:contentPadding="4dp"
    android:foreground="?selectableItemBackground"
    android:clickable="true" >
```

앱을 다시 실행해보자. 그리고 리스트의 카드를 클릭했을 때 접촉점에서 리플 효과가 나타나는지 확인해보자. 또한, 선택된 카드 항목의 번호를 보여주는 스낵바 메시지가 나타나는지도 확인해보자.

38.11 요약

이번 장에서는 스크롤 가능한 카드 형태의 리스트 항목을 보여주기 위해 CardView와 RecyclerView 컴포넌트를 같이 사용하였으며, 그럴 때 필요한 내용을 살펴보았다. 또한, 리스트 항목의 클릭을 알아내는 코드도 구현해보았다.

앱 바와 컬랩싱 툴바 레이아웃 사용하기

액티비티 레이아웃의 앱 바(app bar)를 변경하여 화면의 다른 뷰에서 발생한 스크롤 이벤트에 응답하는 방법을 이번 장에서 알아볼 것이다. AppBarLayout과 CollapsingToolbarLayout 컨테이너를 CoordinatorLayout과 함께 사용하면 앱 바에서 이미지를 보여주거나 또는 앱 바의 요소들이 사라지거나 나타나게 구성할 수 있다. 예를 들어, 리스트를 위로 스크롤할 때 앱 바가 사라졌다가 아래로 스크롤할 때 다시 나타나게 할 수 있다.

이번 장에서는 우선 앱 바에 포함되는 요소들을 알아본 후 앱 바를 구성하는 여러 방법을 살펴볼 것이다.

39.1 AppBar 개요

앱 바는 앱이 실행 중일 때 화면의 제일 위에 나타나는 영역이다. 그리고 상태 바(status bar), 툴바(toolbar), 탭 바(tab bar) 등의 다양한 항목을 포함하도록 구성될 수 있다. 예를 들어, 그림 39-1에서는 상태 바와 툴바 및 탭 바를 포함하는 앱 바를 보여준다.

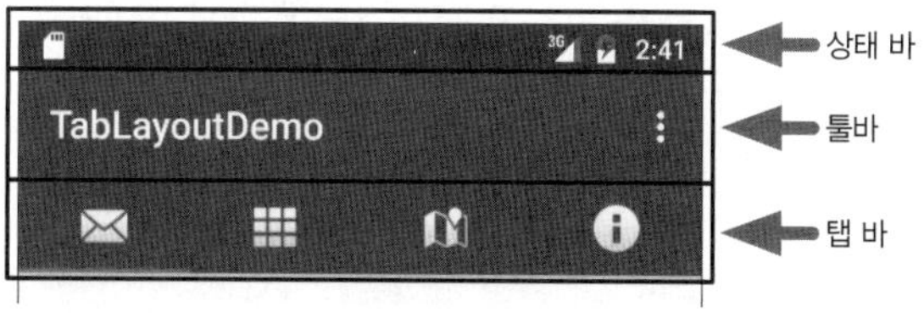

그림 39-1

또한, 유연 공간 영역(flexible space area)을 배경색으로 채우거나 그림 39-2처럼 이미지가 ImageView 객체에 나타나게 할 수 있다.

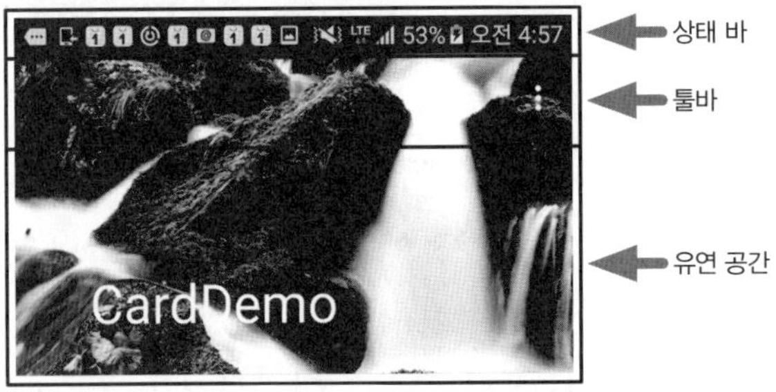

그림 39-2

이번 장에서 보여주겠지만, 만일 액티비티 사용자 인터페이스 레이아웃의 메인 콘텐트 영역에 스크롤이 가능한 콘텐트가 포함된다면, 화면의 콘텐트가 스크롤될 때 확장 또는 축소될 수 있도록 앱 바의 요소들을 구성할 수 있다.

39.2 예제 프로젝트

여기서는 앞의 38장에서 생성한 CardDemo 프로젝트를 변경할 것이다. 안드로이드 스튜디오에서 CardDemo 프로젝트를 열자. 그리고 앱을 실행하고 화면 위의 Toolbar 쪽으로 리스트를 스크롤해보자. 그림 39-3처럼 Toolbar가 없어지지 않고 그대로 보일 것이다.

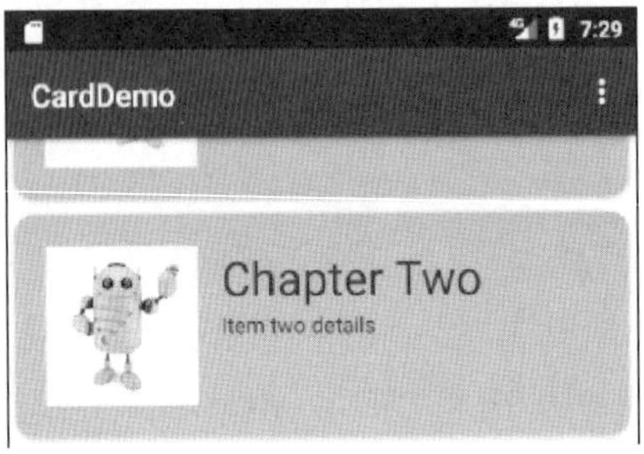

그림 39-3

여기서는 RecyclerView의 리스트를 위쪽으로 스크롤할 때 Toolbar가 사라지고 아래쪽으로 스크롤할 때는 나타나도록 일부 구성을 변경할 것이다.

39.3 RecyclerView와 Toolbar 연동시키기

activity_card_demo.xml 파일을 레이아웃 편집기에 로드하고 텍스트 모드로 전환한다. 그리고 XML 레이아웃을 살펴보면 그림 39-4와 같은 계층 구조로 되어 있음을 알 수 있다.

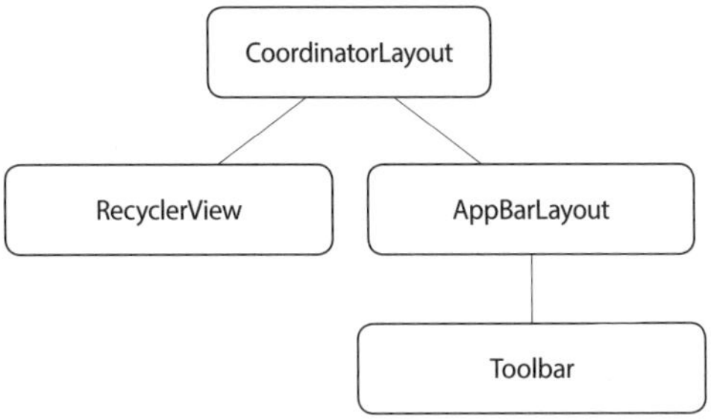

그림 39-4

계층 구조의 최상위 수준에는 CoordinatorLayout이 있다. 이것은 이름에서 나타내듯이, 자신이 포함하는 다양한 자식 뷰 요소들 간의 상호작용을 조정한다. 예를 들어, 35장에서 설명했듯이 CoordinatorLayout은 화면 아래쪽에 스낵바(Snackbar)가 나타나면 플로팅 액션 버튼을 위로 올려주며 스낵바가 사라지면 다시 내려준다.

이와 유사하게 CoordinatorLayout의 뷰 계층 구조에 속한 특정 뷰의 스크롤 액션을 기준으로 앱바의 요소들이 사라지거나 나타나게 하기 위해 CoordinatorLayout을 사용할 수 있다. 예를 들어, 그림 39-4에 있는 RecyclerView의 리스트 항목을 스크롤할 때 그렇게 될 수 있다. 그리고 이렇게 하려면 스크롤이 생기는 요소와 그로 인해 연동되는 요소 모두의 속성을 설정해야 한다.

스크롤이 생기는 요소(여기서는 RecyclerView)의 경우에는 android:layout_behavior (또는 app:layout_behavior) 속성을 appbar_scrolling_view_behavior로 설정해야 한다. activity_card_demo.xml 파일에서 RecyclerView 요소를 찾아보면 이 속성이 이미 다음과 같이 설정되어 있는 것을 알 수 있다. (화면에 보이는 속성값이 @string이 아닌 android.support로 시작하는 경우는 그 값을 클릭하면 @string 참조로 바꿔서 보여주며, 다시 상숫값의 형태로 보려면 Ctrl과 – 키를 같이 누르면 된다. 또한, Ctrl과 = 키를 같이 누르면 다시 @string 참조로 보여준다.)

```
<android.support.v7.widget.RecyclerView
    android:id="@+id/recycler_view"
    android:layout_width="match_parent"
    android:layout_height="match_parent"
    app:layout_behavior="@string/appbar_scrolling_view_behavior" />
```

그림 39-4의 뷰 계층 구조에서 AppBarLayout의 자식은 Toolbar 하나뿐이다. 따라서 RecyclerView에서 리스트가 스크롤될 때 Toolbar가 연동되게(사라지거나 나타나게) 하려면 Toolbar의 app:layout_scrollFlags 속성을 설정해야 한다. 이때 우리가 필요한 값으로 지정할 수 있고, 그 값은 다음 중 하나 이상으로 구성될 수 있다.

- **scroll** — 이 뷰가 화면에서 사라질 수 있음을 나타낸다. 이 값이 설정되지 않으면 이 뷰는 화면 위쪽에 항상 남아 있는다.
- **enterAlways** — scroll 옵션과 같이 사용될 때 위쪽으로 스크롤하는 경우는 사라지고 아래쪽으로 스크롤하는 경우는 다시 나타난다.
- **enterAlwaysCollapsed** — enterAlways와 유사하지만 아래쪽으로 스크롤하는 경우만 다르다. 즉, 아래쪽으로 스크롤할 때 스크롤되는 리스트의 끝에 도달했을 때만 이 뷰가 다시 나타난다. 만일 minHeight 속성을 설정하면 그 값에 도달했을 때만 이 뷰가 다시 나타난다. 이 옵션은 enterAlways와 scroll 모두를 같이 사용할 때만 동작한다. 예를 들면, 다음과 같다.

```
app:layout_scrollFlags="scroll|enterAlways|enterAlwaysCollapsed"
android:minHeight="20dp"
```

- **exitUntilCollapsed** — 이 값이 설정되면 위쪽으로 스크롤하는 동안 minHeight에 도달할 때까지만 이 뷰가 사라진다. 그리고 스크롤 방향이 변경될 때까지는 minHeight 지점에 남아 있는다.

여기서는 Toolbar에 scroll과 enterAlways 옵션을 설정할 것이다. activity_card_demo.xml 파일의 Toolbar에 다음 라인을 추가하자.

```
<android.support.v7.widget.Toolbar
    android:id="@+id/toolbar"
    android:layout_width="match_parent"
    android:layout_height="?attr/actionBarSize"
    android:background="?attr/colorPrimary"
    app:popupTheme="@style/AppTheme.PopupOverlay"
    app:layout_scrollFlags="scroll|enterAlways" />
```

앱을 다시 실행해보자. 그리고 RecyclerView 리스트에서 위쪽으로 스크롤해보면 Toolbar가 사라질 것이다(그림 39-5). 그다음에 아래쪽으로 스크롤하면 Toolbar가 다시 나타난다.

그림 39-5

39.4 컬랩싱 툴바 레이아웃 개요

CollapsingToolbarLayout 컨테이너는 표준 툴바를 개선한 것으로서, 스크롤 액션과 연동하여 앱 바와 그것의 자식들이 보이거나 사라지게 하는 광범위한 옵션과 제어 수준을 제공한다(여기서 컬랩싱은 상황에 따라 화면에 보이거나 사라지게 하는 것을 의미한다). 레이아웃 파일에서 CollapsingToolbarLayout은 AppBarLayout의 자식으로 추가되며, 툴바가 화면에서 사라지거나 나타날 때 툴바 제목의 폰트 크기를 자동으로 조정하는 것과 같은 기능을 제공한다. 이때 컬랩싱 모드를 parallax로 지정하면 앱 바가 사라질 때 그것의 콘텐트가 뷰에서 사라진다. 반면에 pin으로 지정하면 앱 바의 요소들이 항상 고정 위치에 남아 있게 된다. 또한, scrim으로 지정하면 툴바가 사라지는 동안 전환되는 색상을 지정할 수 있다.

이 기능을 실제로 알아보기 위해 activity_card_demo.xml 파일에 포함된 앱 바에서 CollapsingToolbarLayout을 사용하도록 변경하자. 이때 parallax 컬랩싱 모드의 효과를 더 잘 볼 수 있도록 ImageView를 추가한다. CollapsingToolbarLayout을 사용하는 뷰의 계층 구조는 그림 39-6과 같다.

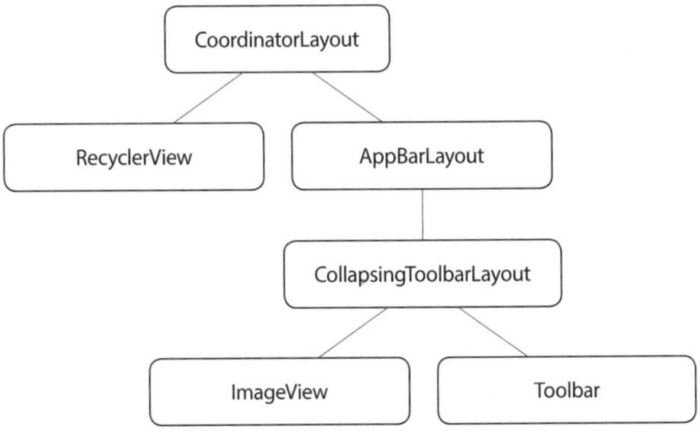

그림 39-6

activity_card_demo.xml 파일을 다음과 같이 변경하자.

```
<?xml version="1.0" encoding="utf-8"?>
<android.support.design.widget.CoordinatorLayout
    xmlns:android="http://schemas.android.com/apk/res/android"
    xmlns:app="http://schemas.android.com/apk/res-auto"
    xmlns:tools="http://schemas.android.com/tools"
    android:layout_width="match_parent"
    android:layout_height="match_parent"
    android:fitsSystemWindows="true"
    tools:context=" com.ebookfrenzy.carddemo.CardDemoActivity">

    <android.support.v7.widget.RecyclerView
        android:id="@+id/recycler_view"
        android:layout_width="match_parent"
        android:layout_height="match_parent"
        app:layout_behavior="@string/appbar_scrolling_view_behavior"/>

    <android.support.design.widget.AppBarLayout
        android:layout_height="200dp"
        android:layout_width="match_parent"
        android:theme="@style/AppTheme.AppBarOverlay">

        <android.support.design.widget.CollapsingToolbarLayout
            android:id="@+id/collapsing_toolbar"
            android:layout_width="match_parent"
            android:layout_height="match_parent"
            app:layout_scrollFlags="scroll|enterAlways"
            android:fitsSystemWindows="true"
            app:contentScrim="?attr/colorPrimary"
            app:expandedTitleMarginStart="48dp"
            app:expandedTitleMarginEnd="64dp">

            <ImageView
                android:id="@+id/backdrop"
                android:layout_width="match_parent"
                android:layout_height="200dp"
                android:scaleType="centerCrop"
                android:fitsSystemWindows="true"
                app:layout_collapseMode="parallax"
                android:src="@drawable/appbar_image" />

        <android.support.v7.widget.Toolbar
            android:id="@+id/toolbar"
            android:layout_width="match_parent"
            android:layout_height="?attr/actionBarSize"
            android:background="?attr/colorPrimary"
            app:popupTheme="@style/AppTheme.PopupOverlay"
            app:layout_scrollFlags="scroll|enterAlways"
            app:layout_collapseMode="pin" />
```

```
        </android.support.design.widget.CollapsingToolbarLayout>
    </android.support.design.widget.AppBarLayout>

    <include layout="@layout/content_card_demo" />

</android.support.design.widget.CoordinatorLayout>
```

여기서는 새로운 요소를 추가하는 것과 더불어 배경색(android:background) 설정을 삭제한다. 이렇게 하면 앱 바에 더 많은 이미지가 보일 수 있도록 해주는 투명한 툴바를 제공할 수 있다.

방금 전에 추가한 android:src 속성이 붉은색의 에러로 표시되어 있을 것이다. 따라서 ImageView에 보여주는 이미지 파일을 우리 프로젝트에 복사할 필요가 있다. 파일 이름은 appbar_image.jpg이며, 이 책의 프로젝트 파일을 다운로드받으면 Material_Icons 디렉터리 밑에 있다. 다운로드받은 이미지 파일을 각자 컴퓨터 운영체제의 파일 시스템에서 찾은 후 클립보드로 복사한다. 그리고 프로젝트 도구 창의 app ➡ res ➡ drawable에서 오른쪽 마우스 버튼을 클릭한 후 Paste를 선택하고 대화상자에서 OK 버튼을 누른다.

앱을 실행하면 이미지를 보여주는 앱 바가 화면 위에 나타날 것이다(그림 39-7).

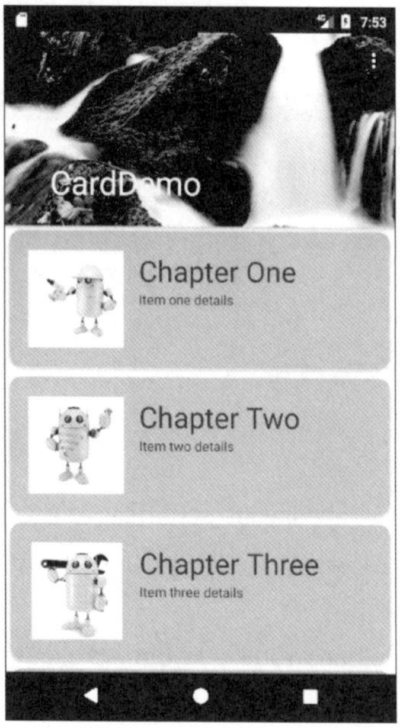

그림 39-7

리스트를 위쪽으로 스크롤하면 앱 바가 점차 사라질 것이다. 그리고 이때 이미지가 scrim 속성에 정의한 색으로 변할 것이다. 또한, 툴바가 보이는 동안에만 제목 텍스트의 폰트 크기가 적당한 비율로 작아질 것이다.

그림 39-8

여기서는 앱 바의 유연 공간 영역이 없어지는 동안에도 툴바는 여전히 남아 있다. 다음과 같이 activity_card_demo.xml 파일의 툴바 요소가 pin 컬랩싱 모드로 구성되었기 때문이다.

```
app:layout_collapseMode="pin"
```

그러나 pin 대신에 parallax로 설정했다면 툴바도 ImageView와 같은 시점에 사라졌을 것이다. pin의 경우에도 계속해서 위쪽으로 스크롤하면 상태 바만 남기고 툴바는 사라진다.

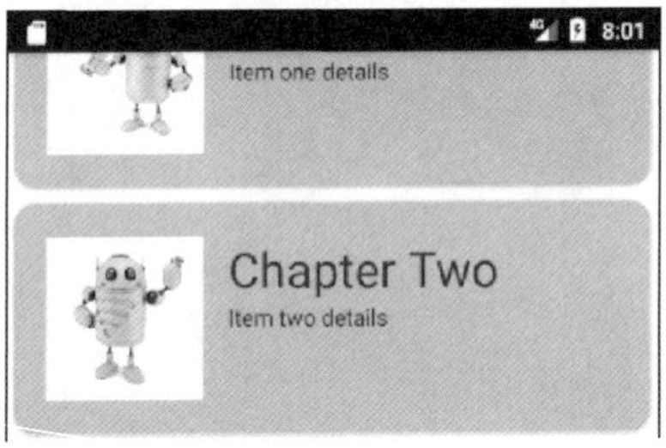

그림 39-9

그리고 CollapsingToolbarLayout의 app:layout_scrollFlags 속성에 enterAlways 옵션이 포함되어 있으므로 아래쪽으로 스크롤하면 앱 바가 확장되어 다시 나타난다.

또한 다음과 같이 CollapsingToolbarLayout의 layout_scrollFlags 속성 값을 enterAlways 대신 exitUntilCollapsed로 변경하면 위로 스크롤할 때 앱 바가 희미하게 사라지면서 툴바는 그대로 존재한다.

```
<android.support.design.widget.CollapsingToolbarLayout
    android:id="@+id/collapsing_toolbar"
    android:layout_width="match_parent"
    android:layout_height="match_parent"
    app:layout_scrollFlags="scroll|exitUntilCollapsed"
    android:fitsSystemWindows="true"
    app:contentScrim="?attr/colorPrimary"
    app:expandedTitleMarginStart="48dp"
    app:expandedTitleMarginEnd="64dp">
```

39.5 제목과 스크림 색상 변경하기

마지막으로, CardDemoActivity.java 파일의 onCreate( ) 메서드를 변경하도록 하자. CollapsingToolbarLayout 매니저 인스턴스의 제목 텍스트를 변경하고 스크림(scrim) 색상을 다른 것으로 설정한다. (스크림 색상은 레이아웃 리소스 파일에서도 설정할 수 있다.)

```
package com.ebookfrenzy.carddemo;

import android.graphics.Color;
import android.os.Bundle;
import android.support.v7.widget.LinearLayoutManager;
import android.support.v7.app.AppCompatActivity;
import android.support.v7.widget.RecyclerView;
import android.support.v7.widget.Toolbar;
import android.view.Menu;
import android.view.MenuItem;
import android.support.design.widget.CollapsingToolbarLayout;
import android.graphics.Color;
.
.
.
    @Override
    protected void onCreate(Bundle savedInstanceState) {
        super.onCreate(savedInstanceState);
        setContentView(R.layout.activity_card_demo);
        Toolbar toolbar = (Toolbar) findViewById(R.id.toolbar);
        setSupportActionBar(toolbar);

        CollapsingToolbarLayout collapsingToolbarLayout =
            (CollapsingToolbarLayout) findViewById(R.id.collapsing_toolbar);

        collapsingToolbarLayout.setTitle("My Toolbar Title");
        collapsingToolbarLayout.setContentScrimColor(Color.GREEN);

        recyclerView =
           (RecyclerView) findViewById(R.id.recycler_view);
```

```
        layoutManager = new LinearLayoutManager(this);
        recyclerView.setLayoutManager(layoutManager);

        adapter = new RecyclerAdapter();
        recyclerView.setAdapter(adapter);
    }
```

다시 앱을 실행해보자. 새로운 제목이 앱 바에 나타날 것이다. 그리고 스크롤하면 툴바가 초록색으로 바뀔 것이다.

39.6 요약

안드로이드 앱 화면의 위쪽에 나타나는 앱 바는 서로 다른 여러 요소로 구성된다. 툴바, 탭 레이아웃, ImageView 등이다. 이런 요소들이 CoordinatorLayout의 자식으로 포함될 때는 여러 옵션을 사용할 수 있다. 액티비티의 콘텐트 레이아웃에서 발생하는 스크롤 이벤트의 응답으로 앱 바가 동작하는 방법을 제어하기 위해서다. 그리고 이렇게 하기 위해 CollapsingToolbarLayout 매니저를 사용하면 액티비티의 스크롤과 관련하여 앱 바 콘텐트가 사라지거나 나타나는 방법을 다양하게 제어할 수 있다.

내비게이션 드로어 구현하기

안드로이드 머티리얼 디자인을 살펴보는 마지막 장인 이번 장에서는 내비게이션 드로어(navigation drawer)를 알아볼 것이다. 내비게이션 드로어는 DrawerLayout과 NavigationView 및 ActionBarDrawerToggle 클래스들로 구성된다. 그리고 사용자가 선택할 때 화면의 왼쪽 끝으로부터 나타나는 패널 형태로 되어 있으며, 애플리케이션의 작업을 수행하기 위해 선택될 수 있는 다양한 옵션을 포함한다.

40.1 내비게이션 드로어 개요

내비게이션 드로어는 마치 서랍이 열리듯이 화면의 왼쪽에서 미끄러지듯 나타나는 패널이며, 사용자가 선택할 수 있는 다양한 옵션을 포함한다. 그리고 일반적으로 애플리케이션의 다른 기능으로 쉽게 이동하기 위해 만들어졌다. 예를 들어, 그림 40-1에서는 구글 플레이 앱에 구현된 내비게이션 드로어를 보여준다.

그림 40-1

내비게이션 드로어는 다음의 컴포넌트로 구성된다.

- DrawerLayout 컴포넌트의 인스턴스
- DrawerLayout의 자식으로 포함되는 NavigationView 컴포넌트의 인스턴스
- 내비게이션 드로어에 보여줄 옵션을 포함하는 메뉴 리소스 파일
- 내비게이션 드로어의 헤더 부분에 나타나는 콘텐트를 포함하는 선택적인 레이아웃 리소스 파일
- NavigationView에 지정된 리스너. 사용자의 항목 선택을 감지하고 처리한다.
- 내비게이션 드로어를 앱 바(app bar)에 연결하여 동기화시키는 ActionBarDrawerToggle 인스턴스. ActionBarDrawerToggle은 또한 드로어를 나타내는 표식을 앱 바에 보여준다.

다음 XML에서는 내비게이션 드로어의 구현 예를 보여준다. 여기에는 표준 앱 바 레이아웃을 갖는 두 번째 레이아웃 파일을 포함시키는 include 태그도 있다.

```
<?xml version="1.0" encoding="utf-8"?>
<android.support.v4.widget.DrawerLayout
xmlns:android="http://schemas.android.com/apk/res/android"
    xmlns:app="http://schemas.android.com/apk/res-auto"
    xmlns:tools="http://schemas.android.com/tools"
```

```
    android:id="@+id/drawer_layout"
    android:layout_width="match_parent"
    android:layout_height="match_parent"
    android:fitsSystemWindows="true"
    tools:openDrawer="start">

    <include
        layout="@layout/app_bar_main"
        android:layout_width="match_parent"
        android:layout_height="match_parent" />

    <android.support.design.widget.NavigationView
        android:id="@+id/nav_view"
        android:layout_width="wrap_content"
        android:layout_height="match_parent"
        android:layout_gravity="start"
        android:fitsSystemWindows="true"
        app:headerLayout="@layout/nav_header_main"
        app:menu="@menu/activity_main_drawer" />

</android.support.v4.widget.DrawerLayout>
```

40.2 드로어를 열거나 닫기

사용자가 앱 바의 드로어 표식을 터치하면 자동으로 드로어가 나타난다. 현재 드로어가 열려 있는지의 여부는 DrawerLayout 객체의 isDrawerOpen( ) 메서드를 호출하여 알 수 있다. 이때 gravity 속성 설정값을 인자로 전달한다.

```
if (drawer.isDrawerOpen(GravityCompat.START)) {
    // 드로어가 열려 있음
}
```

GravityCompat.START 설정값은 레이아웃의 X-축을 따라 드로어가 열렸음을 나타낸다. 열린 드로어는 closeDrawer( ) 메서드를 호출하여 닫을 수 있다.

```
drawer.closeDrawer(GravityCompat.START);
```

이와는 반대로, openDrawer( ) 메서드를 호출하면 드로어를 열 수 있다.

```
drawer.openDrawer(GravityCompat.START);
```

40.3 드로어 항목 선택에 응답하기

내비게이션 드로어의 항목 선택은 두 단계로 처리한다. 항목 선택 리스너의 역할을 수행할 객체를 지정하는 것이 첫 번째 단계다. 즉, 레이아웃의 NavigationView 인스턴스 참조를 얻은 후 그것의 setNavigationItemSelectedListener( ) 메서드를 호출하면 된다. 이때 리스너로 동작할 객체의 참조를 인자로 전달한다. 일반적으로는 현재 액티비티가 리스너가 된다. 예를 들면, 다음과 같다.

```
NavigationView navigationView =
                (NavigationView) findViewById(R.id.nav_view);
navigationView.setNavigationItemSelectedListener(this);
```

두 번째 단계는 지정된 리스너 내부에 onNavigationItemSelected( ) 메서드를 구현하는 것이다. 이 메서드는 내비게이션 드로어의 항목이 선택될 때마다 매번 호출되며, 선택된 메뉴 항목의 참조가 인자로 전달된다. 그리고 그 참조를 사용해서 항목 id를 추출하고 식별한다.

```
@Override
public boolean onNavigationItemSelected(MenuItem item) {
    // 선택된 내비게이션 뷰 항목을 처리한다.
    int id = item.getItemId();

    if (id == R.id.nav_camera) {

    } else if (id == R.id.nav_gallery) {

    } else if (id == R.id.nav_slideshow) {

    } else if (id == R.id.nav_manage) {

    } else if (id == R.id.nav_share) {

    } else if (id == R.id.nav_send) {

    }

    DrawerLayout drawer =
                (DrawerLayout) findViewById(R.id.drawer_layout);
    drawer.closeDrawer(GravityCompat.START);
    return true;
}
```

이 코드에도 있듯이, 항목이 선택된 후에는 드로어를 닫는 것이 중요하다.

40.4 내비게이션 드로어 액티비티 템플릿 사용하기

내비게이션 드로어는 우리가 직접 액티비티에 구현할 수 있다. 그러나 새로운 프로젝트를 생성하거나 기존 프로젝트에 새로운 액티비티를 생성할 때 Navigation Drawer Activity 템플릿을 선택하면 훨씬 더 쉽다.

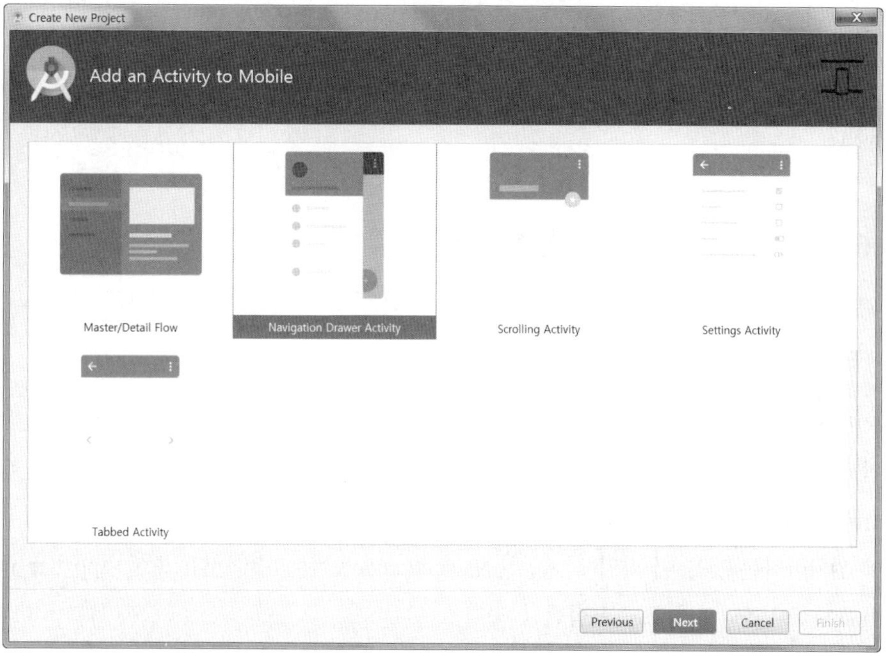

그림 40-2

이 템플릿에서는 내비게이션 드로어를 구현하는 데 필요한 모든 컴포넌트와 파일을 생성해준다.

40.5 내비게이션 드로어 템플릿으로 프로젝트 생성하기

우선, 새 프로젝트를 생성하자. 안드로이드 스튜디오 메인 메뉴의 File ➡ New ➡ New Project...를 선택하거나 웰컴 스크린에서 Start a new Android Studio project를 선택한다.

새 프로젝트를 구성하는 New Project 위저드 창이 나타난다. Application name 필드에 NavDrawerDemo를 입력하고, Company Domain 필드에는 ebookfrenzy.com을 입력한 후 Next 버튼을 누른다. 안드로이드 장치 선택 화면에서는 폰과 태블릿(Phone and Tablet)만 선택하고, 최소 SDK 버전은 API 22: Android 5.1 (Lollipop)으로 선택한 후 Next 버튼을 누른다.

그다음에는 Navigation Drawer Activity를 선택하고 Next 버튼을 누른다. 그리고 마지막 대화상자에서 Activity Name에 NavDrawerActivity를 입력한다. 또한, 자동으로 설정된 Layout Name인 activity_nav_drawer, Title인 NavDrawerActivity는 그대로 둔다. Finish 버튼을 눌러 프로젝트를 생성한다.

프로젝트 생성이 끝나면 NavDrawerDemo 프로젝트가 프로젝트 도구 창에 나타난다. 그리고 오른쪽의 편집기 창에는 NavDrawerActivity.java 소스 파일이 로드되어 있을 것이다. 또한, 사용자 인터페이스의 XML 레이아웃 리소스 파일인 content_nav_drawer.xml도 이미 로드되었을 것이다.

40.6 템플릿 레이아웃 리소스 파일

프로젝트가 생성되면 프로젝트 도구 창의 app ➡ res ➡ layout 밑에 다음의 XML 리소스 파일들이 포함된다.

- **activity_nav_drawer.xml** — 이것은 최상위 수준의 리소스 파일이며, DrawerLayout 컨테이너와 NavigationView 자식 뷰를 포함한다. 드로어 헤더의 레이아웃이 nav_header_nav_drawer.xml 파일에 포함되고 드로어의 메뉴 옵션이 activity_nav_drawer_drawer.xml 파일에 위치한다는 것을 이 파일에 선언된 NavigationView에서 나타낸다. 또한, app_bar_nav_drawer.xml 파일의 참조도 포함한다.
- **app_bar_nav_drawer.xml** — 이 레이아웃 리소스 파일은 CoordinatorLayout 컨테이너에 생성되는 표준 앱 바 레이아웃 파일이며, activity_nav_drawer.xml 파일에 포함된다. 앞의 39장 프로젝트에서 설명했듯이, 이 파일은 콘텐트 파일(여기서는 content_nav_drawer.xml)을 포함한다.
- **content_nav_drawer.xml** — 액티비티 레이아웃에 포함되는 표준 콘텐트 영역의 레이아웃이다. 이 레이아웃은 기본적으로 하나의 RelativeLayout 컨테이너와 'Hello World!' TextView를 포함하며, 우리의 사용자 인터페이스를 여기에 디자인한다.
- **nav_header_nav_drawer.xml** — activity_nav_drawer.xml 파일의 NavigationView 요소에서 참조하며, 드로어의 헤더 레이아웃을 갖는다.

40.7 헤더 색상 리소스 파일

레이아웃 리소스 파일과 더불어 app ➡ res ➡ drawable 밑에 있는 side_nav_bar.xml 파일에서는 드로어 헤더에 적용되는 색상을 변경할 수 있다.

40.8 템플릿 메뉴 리소스 파일

내비게이션 드로어에 나타나는 메뉴 옵션은 프로젝트 도구 창의 app ➡ res ➡ menu 밑에 있는 activity_nav_drawer_drawer.xml 파일에 있다. 기본적으로 메뉴는 아이콘을 갖는 텍스트 기반의 여러 제목으로 구성된다(아이콘은 drawable 폴더에 파일로 존재한다). 메뉴 리소스 파일에 관한 더 자세한 내용은 31장을 참조한다.

40.9 템플릿 코드

NavDrawerActivity.java 파일의 onCreate( ) 메서드에서는 내비게이션 드로어에 필요한 초기화 작업을 다음과 같이 수행한다.

```
DrawerLayout drawer = (DrawerLayout) findViewById(R.id.drawer_layout);

ActionBarDrawerToggle toggle = new ActionBarDrawerToggle(
                               this, drawer, toolbar,
                               R.string.navigation_drawer_open,
                               R.string.navigation_drawer_close);

drawer.setDrawerListener(toggle);
toggle.syncState();

NavigationView navigationView = (NavigationView)
                                findViewById(R.id.nav_view);

navigationView.setNavigationItemSelectedListener(this);
```

여기서는 DrawerLayout 객체의 참조를 얻은 후 ActionBarDrawerToggle 객체를 생성한다. 이때 생성자에 다음의 인자를 전달하여 그 객체를 초기화한다. 현재 액티비티의 참조, DrawerLayout 객체, 앱 바에 포함된 툴바, 드로어를 열고 닫는 액션을 나타내는 두 개의 문자열이다. 그다음에 ActionBarDrawerToggle 객체가 드로어의 리스너로 지정되고 동기화된다.

그리고 이 코드에서는 NavigationView 인스턴스의 참조를 얻은 후 현재 액티비티를 내비게이션 드로어의 항목 선택 리스너로 설정한다.

현재 액티비티가 드로어 리스너로 설정되었으므로 onNavigationItemSelected( ) 메서드도 NavDrawerActivity.java 파일에 구현된다. 이 메서드의 구현 코드는 앞의 40.3절에서 설명한 것과 같다.

끝으로, onBackPressed( )라는 이름의 메서드가 자동으로 액티비티에 추가되었다. 이전 액티비티 화면으로 돌아가기 위해 Back 버튼이 눌러지는 상황을 처리하는 코드가 이 메서드에 추가된다. 즉, 이 메서드에서는 이전 액티비티 화면으로 돌아가기 전에 드로어가 닫히도록 해준다.

```
@Override
public void onBackPressed() {
    DrawerLayout drawer =
            (DrawerLayout) findViewById(R.id.drawer_layout);
    if (drawer.isDrawerOpen(GravityCompat.START)) {
        drawer.closeDrawer(GravityCompat.START);
    } else {
        super.onBackPressed();
    }
}
```

40.10 앱 실행하기

실제 장치나 에뮬레이터에서 앱을 실행하고 그림 40-3의 화살표가 가리키는 드로어 표식이 나타나는지 확인해보자.

그림 40-3

드로어 표식을 터치(클릭)하고 그림 40-4처럼 내비게이션 드로어가 나타나는지 확인해보자.

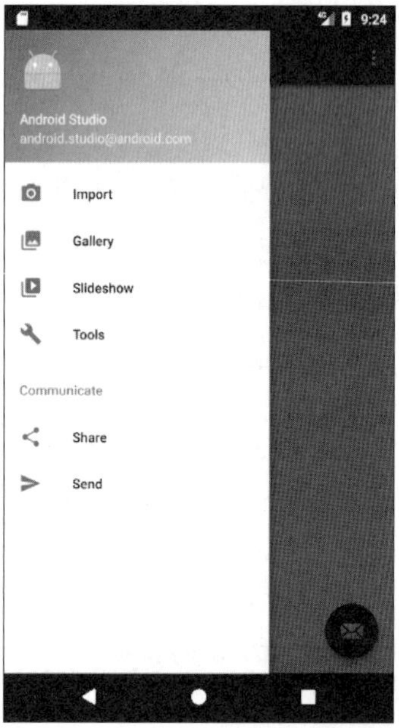

그림 40-4

40.11 요약

사용자가 드로어 표식을 터치할 때 액티비티 화면의 왼쪽 끝에서 오른쪽으로 미끄러지듯 나타나는 패널이 내비게이션 드로어다. 여기에는 선택 가능한 메뉴 옵션들이 있어서 애플리케이션 내비게이션 도구의 역할을 수행한다. 내비게이션 드로어는 우리가 직접 액티비티에 추가할 수 있지만, 안드로이드 스튜디오의 템플릿을 사용하여 생성한 후 우리 입맛에 맞게 변경하는 것이 가장 빠른 방법이다. 이번 장에서는 내비게이션 드로어를 구성하는 컴포넌트들의 개요를 알아보았으며, 템플릿으로 어떻게 구현되는지도 살펴보았다.

안드로이드 스튜디오 마스터/디테일 플로

이번 장에서는 마스터/디테일 사용자 인터페이스 디자인의 개념을 설명할 것이다. 그리고 안드로이드 스튜디오에 포함된 **마스터/디테일 플로(Master/Detail Flow)** 템플릿을 구성하는 요소들을 자세하게 살펴볼 것이다. 또한, 애플리케이션 개발자의 특정 요구에 맞는 템플릿 변경 방법을 보여주는 예제 애플리케이션을 생성할 것이다.

41.1 마스터/디테일 플로

마스터/디테일 플로는 인터페이스 디자인 개념이다. 우선, 항목들의 리스트(마스터 리스트라고 함)를 사용자에게 보여준다. 그리고 리스트에서 항목을 선택하는 즉시 그 항목과 관련된 추가 정보가 디테일 패널에 나타난다. 예를 들어, 이메일 애플리케이션은 발신자의 주소와 메시지 제목으로 구성되는 수신 메시지의 마스터 리스트로 구성될 수 있다. 그리고 마스터 리스트에서 특정 메시지를 선택하면 그 메시지의 내용이 디테일 패널에 나타난다.

태블릿 크기의 안드로이드 장치 화면에서는 마스터 리스트가 화면의 왼쪽에 좁은 수직 패널로 나타난다. 그리고 화면의 나머지 부분은 디테일 패널로 배열될 수 있다. 이것을 **이중 패널 모드(two-panel mode)**라고 한다. 예를 들어, 그림 41-1에서는 마스터/디테일 이중 패널 배열을 보여준다. 여기서 마스터 항목들의 리스트는 왼쪽에 나타나며, 오른쪽의 디테일 패널에는 첫 번째 항목(Item 1)의 상세 내역이 나와 있다.

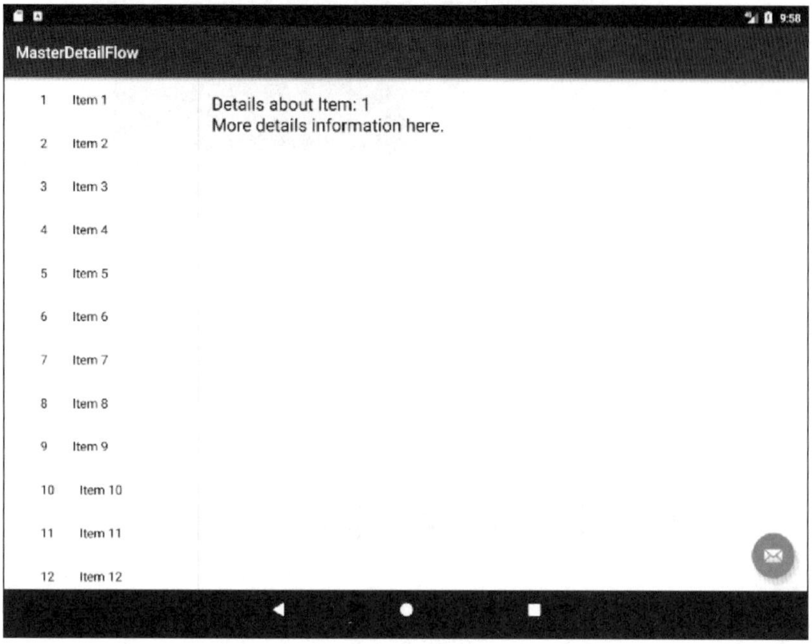

그림 41-1

화면이 작은 폰 크기의 안드로이드 장치에서는 마스터 리스트가 전체 화면을 사용한다. 그리고 디테일 패널은 마스터 리스트에서 항목이 선택되면 보이는 별도의 화면에 나타난다. 이때 디테일 화면에는 마스터 리스트로 복귀하기 위한 액션 바(action bar) 항목이 포함된다. 예를 들어, 그림 41-2에서는 마스터와 디테일 화면 모두를 보여준다(오른쪽 화면의 왼쪽 위에 보면 화살표 모양의 기호가 있다. 이 기호가 나타나면 그것을 Up 버튼으로 사용할 수 있다는 의미다. 즉, 화살표를 터치하면 왼쪽 화면의 마스터 리스트로 복귀한다). 여기서 작은 원은 플로팅 액션 버튼(floating action button)이며, 안드로이드 스튜디오 프로젝트를 생성할 때 마스터/디테일 플로 액티비티 템플릿을 선택하면 자동으로 추가해준다. 그러나 필요하지 않을 때는 삭제할 수 있다.

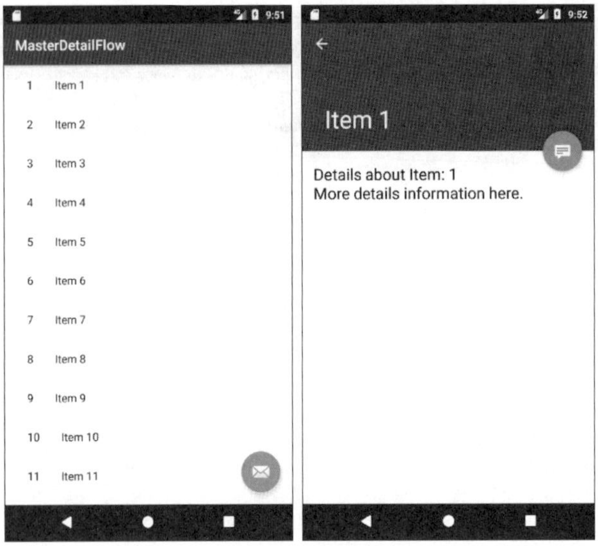

그림 41-2

41.2 마스터/디테일 플로 액티비티 생성하기

잠시 뒤에는 마스터/디테일 플로 템플릿을 구성하는 서로 다른 요소들을 자세히 알아볼 것이다. 그러나 실제 프로젝트를 만들어서 사용해보는 것이 제일 좋은 방법이다. 따라서 여기서는 마스터/디테일 플로 템플릿을 사용하는 프로젝트를 먼저 생성해둘 것이다.

안드로이드 스튜디오 메인 메뉴의 File ➡ New ➡ New Project...를 선택하거나 웰컴 스크린에서 Start a new Android Studio project를 선택한다.

새 프로젝트를 구성하는 New Project 위저드 창이 나타난다. Application name 필드에 MasterDetailFlow를 입력하고, Company Domain 필드에는 ebookfrenzy.com을 입력한 후 Next 버튼을 누른다. 안드로이드 장치 선택 화면에서는 폰과 태블릿(Phone and Tablet)만 선택하고, 최소 SDK 버전은 API 22: Android 5.1 (Lollipop)으로 선택한 후 Next 버튼을 누른다.

액티비티 템플릿 선택 화면이 나오면 그림 41-3처럼 Master/Detail Flow를 선택하고 Next 버튼을 누른다.

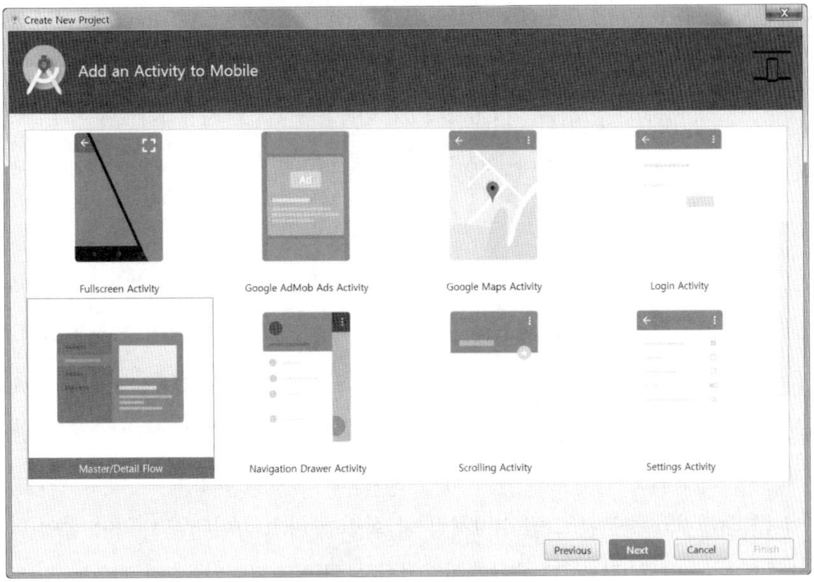

그림 41-3

다음 대화상자(그림 41-4)에서는 마스터/디테일 액티비티에서 보여줄 객체들을 구성한다. 우리 프로젝트에서는 마스터 리스트에 웹사이트 이름들을 포함하여 보여줄 것이다. 그리고 그중 하나를 선택하면 디테일 패널에서 그 웹사이트를 웹 뷰에 로드하여 보여줄 것이다.

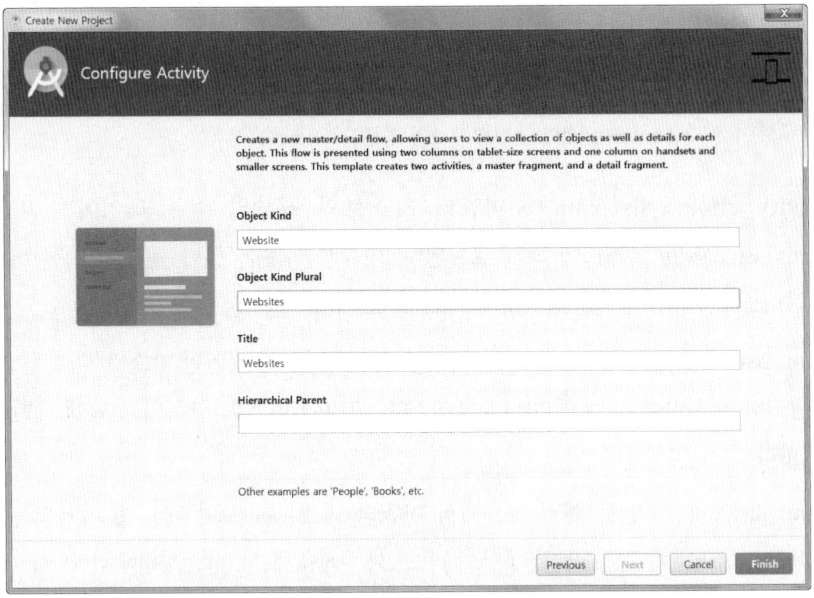

그림 41-4

그런 의미에서 Object Kind 필드에는 'Website'를 입력하고 Object Kind Plural과 Title에는 'Websites'를 입력하자(단, Object Kind 이름은 첫 글자를 대문자로 입력하자. 왜냐하면 자동 생성되는 클래스들과 그것들의 자바 파일 이름들이 Object Kind 이름을 접두사로 사용하기 때문이다. 그러나 마찬가지로 자동 생성되는 XML 파일들과 레이아웃에서는 Object Kind 이름의 첫 글자를 소문자로 바꾸어 사용하므로 문제없다).

Finish 버튼을 누르면 마스터/디테일 플로 기반의 애플리케이션 프로젝트가 생성된다. 그리고 프로젝트 생성이 끝나면 MasterDetailFlow 프로젝트가 열리고, 편집기 창에는 WebsiteDetailFragment.java 소스 파일이 로드되어 있을 것이다. 이 상태에서 실제 장치를 연결하거나 에뮬레이터를 실행하여 우리 앱을 실행시켜 보자. 화면이 작은 폰의 경우는 앞에 나왔던 그림 41-2의 왼쪽 화면이 나오고 특정 항목을 클릭(터치)하면 오른쪽 화면이 나타난다. 그러나 화면이 큰 태블릿의 경우는 그림 41-1처럼 한 화면에 마스터/디테일 내역이 같이 나타난다. 그림 41-1은 Nexus 9 태블릿 AVD 에뮬레이터에서 실행한 결과이며, 그림 41-2는 Nexus 5X 폰 AVD 에뮬레이터에서 실행한 결과다.

41.3 마스터/디테일 플로 템플릿 살펴보기

마스터/디테일 플로 템플릿을 사용해서 새 프로젝트가 생성되면 많은 수의 자바와 XML 레이아웃 리소스 파일들이 자동으로 생성된다. 따라서 이러한 템플릿을 우리 입맛에 맞게 적용하려면 그런 파일들이 무엇인지 아는 것이 중요하다. 자동 생성되는 파일들의 내역은 다음과 같다. 여기서 <item>은 마스터/디테일 프로젝트를 생성할 때 우리가 입력했던 Object Kind 이름으로 대체하면 된다(MasterDetailFlow 프로젝트의 경우는 'Website'다).

- **activity_<item>_list.xml** — 마스터 리스트의 최상위 수준 레이아웃 파일이며, <item>ListActivity 클래스에 의해 로드된다. 이 레이아웃은 툴바, 플로팅 액션 버튼을 가지며, include XML 태그를 사용해서 <item>_list.xml 파일을 포함한다.
- **<item>ListActivity.java** — activity_<item>_list.xml 파일에 정의된 마스터 리스트를 보여주고 관리하는 책임을 갖는 액티비티 클래스다. 그리고 리스트 항목의 선택에 대한 응답을 처리한다.
- **<item>_list.xml** — 단일 패널 모드에서 마스터 리스트를 보여주는 데 사용되는 레이아웃 파일이다(단일 패널 모드에서는 마스터 리스트와 디테일 패널이 다른 화면에 나타난다). 이 파일은 LinearLayoutManager를 사용하는 RecyclerView 객체로 구성된다. RecyclerView에서는

<item>_list_content.xml 파일에 정의된 레이아웃을 사용해서 마스터 리스트의 각 항목을 보여준다.

- **<item>_list.xml(w900dp)** — 태블릿의 가로 방향에 사용되는 이중 패널 모드에서 마스터 리스트를 보여주는 데 사용되는 레이아웃 파일이다(이중 패널 모드에서는 마스터 리스트와 디테일 패널이 한 화면에 같이 나타난다). 이 파일은 수평의 부모 LinearLayout을 포함한다. 그리고 이 레이아웃에는 마스터 리스트를 보여주는 RecyclerView와 디테일 패널의 콘텐트를 갖는 FrameLayout이 들어 있다. 단일 패널 모드의 <item>_list.xml과 동일하게 RecyclerView에서는 <item>_list_content.xml 파일에 정의된 레이아웃을 사용해서 마스터 리스트의 각 항목을 보여준다.
- **<item>_content_list.xml** — 이 파일은 마스터 리스트의 각 항목에 사용되는 레이아웃을 포함한다. 그리고 기본적으로 수평 LinearLayout에 포함된 두 개의 TextView 객체로 구성되지만, 애플리케이션의 필요에 따라 변경될 수 있다.
- **activity_<item>_detail.xml** — 단일 패널 모드로 실행될 때 디테일 패널에 사용되는 최상위 수준의 레이아웃 파일이다. 이 레이아웃은 앱 바(app bar), 툴바, 스크롤 뷰, 플로팅 액션 버튼을 포함한다. 그리고 <item>DetailActivity 클래스에 의해 런타임 시에 로드되어 화면에 나타난다.
- **<item>DetailActivity.java** — 이 클래스는 activity_<item>_detail.xml 파일에 정의된 레이아웃을 보여준다. 또한, <item>_detail.xml과 <item>DetailFragment.java 파일에 정의된 디테일 콘텐트를 포함하는 프래그먼트를 초기화하고 보여준다.
- **<item>_detail.xml** — 이 레이아웃 파일은 디테일 패널에 나타나는 콘텐트의 레이아웃을 포함하며, <item>DetailFragment 클래스에서 보여준다. 기본적으로 이것은 하나의 TextView 객체를 포함하지만, 애플리케이션의 필요에 따라 변경될 수 있다. 이 레이아웃은 단일 패널 모드에서는 activity_<item>_detail.xml 파일에 정의된 레이아웃으로 포함되어 로드된다. 그리고 이중 패널 모드에서는 이 레이아웃이 <item>_list.xml (w900dp) 파일의 FrameLayout 영역으로 로드된다. 디테일 내역을 마스터 리스트와 같이 보이도록 하기 위해서다.
- **<item>DetailFragment.java** — 이 프래그먼트 클래스 파일은 디테일 패널에 보여줄 콘텐트를 <item>_detail.xml 레이아웃에 넣어서 보여주는 책임을 갖는다. 이 프래그먼트는 <item>DetailActivity.java 파일 내부에서 초기화되어 화면에 나타난다. 이때 단일 패널 모드에서는 activity_<item>_detail.xml 레이아웃에 보여줄 콘텐트를 제공하고, 이중 패널 모드에서는 <item>_list.xml (w900dp) 레이아웃에 보여줄 콘텐트를 제공한다.

- **DummyContent.java** — 템플릿의 샘플 데이터를 제공하기 위해 만든 클래스 파일이다. 이 클래스는 애플리케이션의 요구에 맞게 변경하거나 또는 완전히 교체할 수 있다. 기본적으로 이 클래스에서 제공하는 콘텐트는 여러 개의 문자열 항목으로 구성된다.

41.4 마스터/디테일 플로 템플릿 변경하기

처음에는 마스터/디테일 플로 템플릿이 혼란스러울 수 있지만, 안드로이드 스튜디오가 제공하는 디폴트 템플릿을 이번 장의 나머지 부분에서 변경해보면 더 확실하게 이해될 것이다. 대부분의 경우에 템플릿이 제공하는 기능의 대부분은 그대로 사용될 수 있다.

이번 장의 나머지 부분에서는 MasterDetailFlow 프로젝트를 변경할 것이다. 즉, 마스터 리스트에서는 웹사이트 이름들을 보여주고, 디테일 패널에서는 현재의 TextView 대신 WebView 객체를 포함하도록 변경한다. 그리고 사용자가 웹사이트를 선택하면 그 사이트의 웹 페이지가 로드되어 디테일 패널에 나타날 것이다.

41.5 콘텐트 모델 변경하기

현재는 예제 프로젝트의 콘텐트(마스터/디테일에 보여줄 데이터)가 DummyContent 클래스 파일에 의해 정의된다. 그러므로 우선 DummyContent.java 파일의 코드를 살펴보자(이 파일은 app ➡ java ➡ com.ebookfrenzy.masterdetailflow ➡ dummy 폴더에 있다). 이 파일을 더블 클릭하여 편집기 창에 로드한다. 파일의 맨 끝에 보면 DummyItem 클래스가 내부 클래스로 선언되어 있다. 현재 이 클래스는 세 개의 String 객체를 저장할 수 있다. 콘텐트의 ID와 콘텐트 및 디테일 문자열이다. 우리 프로젝트에서는 각 항목 객체가 ID 문자열, 웹사이트 이름의 문자열, 그 웹사이트의 URL 문자열을 가져야 한다. DummyItem 클래스를 다음과 같이 변경하자.

```
public static class DummyItem {
    public final String id;
    public final String website_name;
    public final String website_url;

    public DummyItem(String id, String website_name,
            String website_url)
    {
        this.id = id;
        this.website_name = website_name;
        this.website_url = website_url;
    }
```

```
    @Override
    public String toString() {
        return website_name;
    }
}
```

DummyContent 클래스에서는 현재 25개의 항목을 문자열로 추가한다("Item 1"부터 "Item 25"까지). 그리고 이때 createDummyItem( )과 makeDetails( ) 메서드를 반복 호출한다. 여기서는 이 코드들의 대부분이 필요 없으므로 다음과 같이 삭제한다.

```
public static Map<String, DummyItem> ITEM_MAP = new HashMap<String, DummyItem>();

private static final int COUNT = 25;

static {
    // 샘플 항목을 추가한다.
    for (int i = 1; i <= COUNT; i++) {
        addItem(createDummyItem(i));
    }
}

private static void addItem(DummyItem item) {
    ITEMS.add(item);
    ITEM_MAP.put(item.id, item);
}

private static DummyItem createDummyItem(int position) {
    return new DummyItem(String.valueOf(position), "Item " + position,
makeDetails(position));
}

private static String makeDetails(int position) {
    StringBuilder builder = new StringBuilder();
    builder.append("Details about Item: ").append(position);
    for (int i = 0; i < position; i++) {
        builder.append("\nMore details information here.");
    }
    return builder.toString();
}
```

그다음에 아래의 코드를 추가한다. 이 코드에서는 웹사이트에 관한 데이터를 갖는 데이터 모델을 초기화한다.

```
public static Map<String, DummyItem> ITEM_MAP =
        new HashMap<String, DummyItem>();

static {
    // 3개의 샘플 항목을 추가한다.
        addItem(new DummyItem("1", "eBookFrenzy",
                "http://www.ebookfrenzy.com"));
        addItem(new DummyItem("2", "Amazon",
                "http://www.amazon.com"));
       addItem(new DummyItem("3", "New York Times",
                "http://www.nytimes.com"));
}
```

각 항목의 ID, 웹사이트 이름, URL을 저장하기 위해 이제는 변경된 DummyItem 클래스를 사용할 수 있다.

41.6 디테일 패널 변경하기

현재는 마스터 리스트에서 항목이 선택될 때 사용자에게 보여주는 디테일 정보가 website_detail.xml 파일에 포함된 레이아웃을 통해 화면에 나타난다. 기본적으로 이 레이아웃은 뷰 객체로 TextView 하나만 갖고 있다. 그러나 TextView 클래스는 웹 페이지를 보여줄 수 있는 기능이 없으므로 그것을 WebView 객체로 변경해야 한다. 우선, 프로젝트 도구 창에서 app ➡ res ➡ layout ➡ website_detail.xml 파일을 찾은 후 더블 클릭하여 레이아웃 편집기로 로드하자. 그리고 텍스트 모드로 전환한 후 XML 전체를 다음과 같이 변경하자.

```
<WebView xmlns:android="http://schemas.android.com/apk/res/android"
    xmlns:tools="http://schemas.android.com/tools"
    android:layout_width="match_parent"
    android:layout_height="match_parent"
    android:id="@+id/website_detail"
    tools:context=
        "com.ebookfrenzy.masterdetailflow.WebsiteDetailFragment">
</WebView>
```

내용 수정 후에는 디자인 모드로 변경하고 이 레이아웃이 그림 41-5와 같은지 확인해보자.

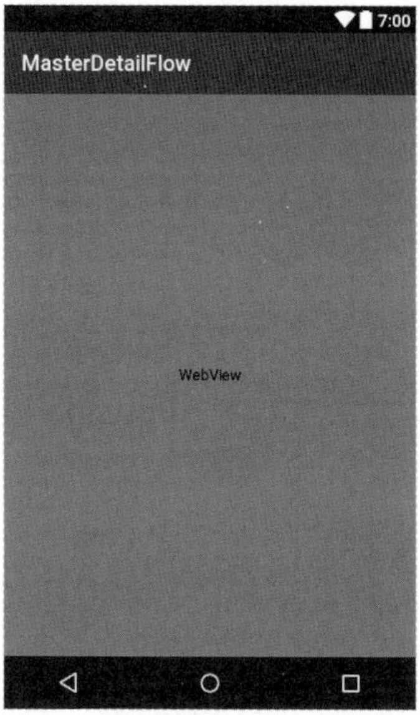

그림 41-5

41.7 WebsiteDetailFragment 클래스 변경하기

이제 사용자 인터페이스 디테일 패널이 변경되었다. 그러나 그것과 연관된 자바 클래스는 여전히 WebView 대신 TextView 객체와 함께 동작하게 되어 있다. 따라서 코드를 수정해야 한다. 프로젝트 생성 시에 편집기에 로드된 WebsiteDetailFragment.java 파일을 선택한다. 그리고 마스터 리스트에서 선택된 항목의 웹 페이지 URL을 로드하기 위해 다음과 같이 코드를 수정하자. 이때 Alt+Enter[Option+Enter] 키를 눌러서 android.webkit.WebView의 import 문도 추가한다.

```
package com.ebookfrenzy.masterdetailflow;

import android.app.Activity;
import android.support.design.widget.CollapsingToolbarLayout;
import android.os.Bundle;
import android.support.v4.app.Fragment;
import android.view.LayoutInflater;
import android.view.View;
import android.view.ViewGroup;
import android.widget.TextView;
import android.webkit.WebViewClient;
import android.webkit.WebView;
import android.webkit.WebResourceRequest;

import com.ebookfrenzy.masterdetailflow.dummy.DummyContent;
```

```java
public class WebSiteDetailFragment extends Fragment {
.
.
.
    public void onCreate(Bundle savedInstanceState) {
        super.onCreate(savedInstanceState);

        if (getArguments().containsKey(ARG_ITEM_ID)) {
            // Load the dummy content specified by the fragment
            // arguments. In a real-world scenario, use a Loader
            // to load content from a content provider.
            mItem = DummyContent.ITEM_MAP.get(getArguments().getString(ARG_ITEM_ID));

            Activity activity = this.getActivity();
            CollapsingToolbarLayout appBarLayout =
                (CollapsingToolbarLayout)
                activity.findViewById(R.id.toolbar_layout);
            if (appBarLayout != null) {
                appBarLayout.setTitle(mItem.website_name);
            }
        }
    }

    @Override
    public View onCreateView(LayoutInflater inflater,
            ViewGroup container, Bundle savedInstanceState) {
        View rootView = inflater.inflate(
            R.layout.fragment_website_detail, container, false);

        // Show the dummy content as text in a TextView.
        if (mItem != null) {
            ((WebView) rootView.findViewById(R.id.website_detail))
                    .loadUrl(mItem.website_url);
            WebView webView = (WebView)
                rootView.findViewById(R.id.website_detail);
            webView.setWebViewClient(new WebViewClient(){
                @Override
                public boolean shouldOverrideUrlLoading(
                    WebView view, WebResourceRequest request) {
                    return super.shouldOverrideUrlLoading(view, request);
                }
            });
            webView.getSettings().setJavaScriptEnabled(true);
            webView.loadUrl(mItem.website_url);
        }

        return rootView;
    }
}
```

여기서 onCreate( ) 메서드에 변경한 다음 코드에서는 앱 바(app bar)에 웹사이트 이름을 보여준다.

```
appBarLayout.setTitle(mItem.website_name);
```

또한, onCreateView( ) 메서드의 변경 코드에서는 ID를 website_detail로 갖는 뷰를 찾는다(자동 생성된 코드에서는 TextView로 되어 있지만 여기서는 WebView로 변경하였다). 그리고 선택된 리스트 항목의 웹사이트 URL을 추출한 후 WebView 객체가 그 웹 페이지를 로드하도록 한다. 그다음에 WebViewClient 클래스의 인스턴스를 생성하여 콜백 메서드인 shouldOverrideUrlLoading( )을 지정한다. 이 메서드는 크롬 웹 브라우저 대신 WebView 인스턴스가 웹 페이지를 로드하도록 하기 위해 구현한다. 끝으로, WebView 인스턴스에 로드된 웹 페이지에서 자바 스크립트를 지원하도록 설정한다.

41.8 WebsiteListActivity 클래스 수정하기

마스터 리스트에 웹사이트 이름이 나타나도록 하기 위해 WebsiteListActivity.java 파일에도 약간의 수정이 필요하다. 이 파일을 편집기에 로드한다. 그리고 웹사이트 이름을 참조하도록 하기 위해 onBindViewHolder( ) 메서드 내부의 setText( ) 메서드 호출을 다음과 같이 변경한다.

```
public void onBindViewHolder(final ViewHolder holder, int position) {
    holder.mItem = mValues.get(position);
    holder.mIdView.setText(mValues.get(position).id);
    holder.mContentView.setText(mValues.get(position).website_name);
.
.
}
```

41.9 매니페스트 퍼미션 추가하기

마지막으로, 우리 애플리케이션의 인터넷 퍼미션(permission)을 추가해야 한다. 그래야만 WebView 객체가 인터넷을 액세스하여 웹 페이지를 다운로드할 수 있기 때문이다. 프로젝트 도구 창에서 app ➡ manifests 밑에 있는 AndroidManifest.xml 파일을 찾아 더블 클릭하여 편집기 창으로 로드하자. 그리고 다음과 같이 우리 애플리케이션에 퍼미션을 추가하자.

```
<?xml version="1.0" encoding="utf-8"?>
<manifest xmlns:android="http://schemas.android.com/apk/res/android"
    package="com.example.masterdetailflow" >

    <uses-permission android:name="android.permission.INTERNET" />

    <application
        android:allowBackup="true"
        android:icon="@mipmap/ic_launcher"
        android:label="@string/app_name"
        android:theme="@style/AppTheme" >
.
.
```

41.10 애플리케이션 실행하기

에뮬레이터나 실제 안드로이드 장치에서 애플리케이션을 실행시키자. 화면 크기에 따라 작은 화면 모드 또는 이중 패널 모드 중 하나로 애플리케이션의 화면이 나타날 것이다. 마스터 리스트에는 콘텐트 모델에 정의된 세 개의 웹사이트 이름들이 나타난다. 그리고 그중 하나의 항목을 선택하면 그 웹사이트의 웹 페이지가 디테일 패널에 나타날 것이다. 그림 41-6은 마스터와 디테일을 같이 보여주는 Nexus 9 태블릿 에뮬레이터의 화면이며, 그림 41-7은 별도의 화면으로 보여주는 Nexus 5X 에뮬레이터의 화면이다.

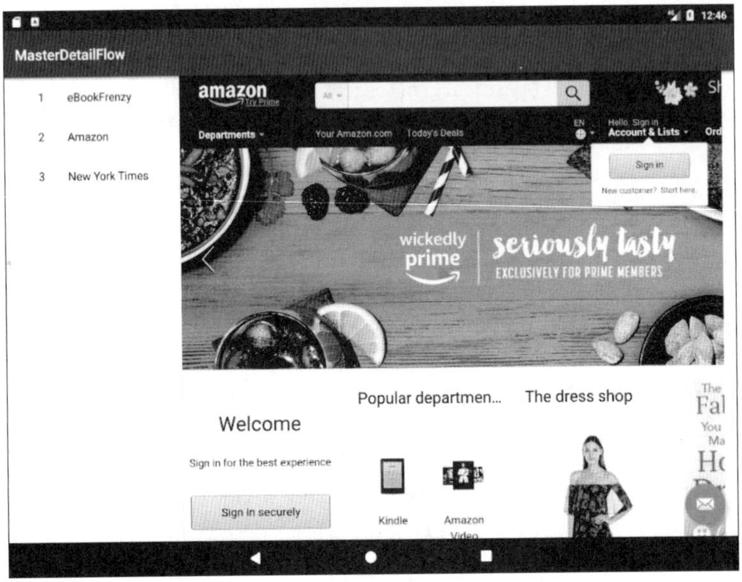

그림 41-6

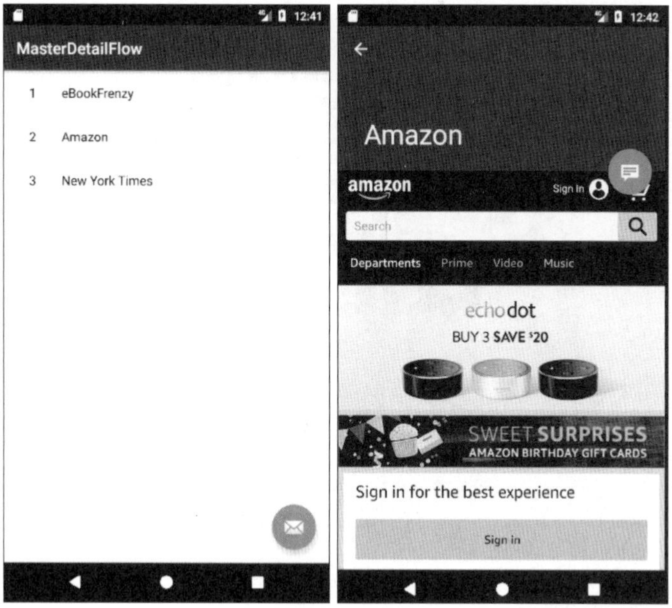

그림 41-7

41.11 요약

마스터/디테일 사용자 인터페이스는 마스터 리스트와 디테일 패널로 구성된다. 마스터 리스트에 나타난 항목을 선택하면 그 항목의 추가적인 정보가 디테일 패널에 보인다. 마스터/디테일 플로는 안드로이드 스튜디오가 제공하는 템플릿이다. 이것을 사용하면 빠르고 쉽게 마스터/디테일 애플리케이션을 생성할 수 있다. 이번 장에서 보았듯이, 디폴트 템플릿 파일들을 약간만 변경하면 최소한의 코딩과 디자인으로 다양한 마스터/디테일 기능을 구현할 수 있다.

안드로이드 인텐트 개요

안드로이드 애플리케이션은 하나 이상의 액티비티로 구성될 수 있다. 그러나 하나의 액티비티가 다른 액티비티를 실행시키는 메커니즘은 아직 상세하게 살펴보지 않았다. 10장에서 이야기했듯이, 이것은 **인텐트(Intent)**를 사용하면 가능하다.

이번 장에서는 **명시적 인텐트(explicit intent)**와 **암시적 인텐트(implicit intent)** 및 **인텐트 필터(intent filter)**의 개요를 알아볼 것이다. 그리고 이후의 두 개 장에서는 안드로이드 스튜디오 기반의 인텐트 구현 예제 프로젝트를 생성하여 실제로 만들어볼 것이다.

42.1 인텐트 개요

인텐트는 하나의 액티비티가 다른 액티비티를 론칭할 수 있는 메시징 시스템이며, 이때 Intent 클래스 인스턴스를 사용한다. 예를 들어, 액티비티에서는 안드로이드 시스템(구체적으로는 ActivityManager)에 인텐트를 요청하여 같은 애플리케이션에 포함된 다른 액티비티의 론칭을 요구할 수 있다. 그러나 인텐트는 이런 개념을 뛰어넘어 장치에 등록된 어떤 적합한 액티비티(퍼미션이 구성된)의 론칭도 요청할 수 있다. 예를 들어, 애플리케이션에 포함된 액티비티에서 웹 페이지를 로드하여 사용자에게 보여줄 필요가 있다고 해보자. 이 경우 그런 일을 수행하는 액티비티를 애플리케이션에 추가로 갖는 대신 안드로이드 런타임에게 인텐트를 전송하면 된다. 이때 인텐트에는 웹 페이지를 보여줄 수 있다고 등록한 액티비티(들)의 서비스를 요청하는 내용을 넣는다. 그러면 장치의 사용 가능한 액티비티들 중에서 그 요청과 일치하는 것들을 런타임 시스템이 찾는다. 그리고 일치하는 액티비티를 론칭하거나 또는 일치하는 액티비티가 여러 개일 때는 사용자가 액티비티를 선택하게 해준다.

또한, 인텐트를 사용하면 인텐트를 전송한 액티비티에서 수신한 액티비티에게 데이터도 전달할 수 있다. 예를 들어, 바로 앞의 예에서 전송 액티비티는 보여줄 웹 페이지의 URL을 수신 액티비티에게 전달할 필요가 있다. 이와 유사하게, 요청된 작업이 완료되면 수신 액티비티도 송신 액티비티에게 결과 데이터를 반환하도록 구성할 수 있다. 이처럼 인텐트에 포함되어 전달되는 데이터를 **엑스트라**(extra)라고 한다.

이번 장의 뒤에서 이야기하겠지만, 액티비티를 론칭하는 것에 추가하여 인텐트는 서비스(service)와 브로드캐스트 수신자(broadcast receiver)를 론칭하고 통신할 수도 있다. 인텐트는 **명시적**(explicit)과 **암시적**(implicit)의 두 가지로 분류된다.

42.2 명시적 인텐트

명시적 인텐트는 수신 액티비티의 **컴포넌트 이름**(실제로는 자바 클래스 이름)을 참조하여 특정 액티비티의 론칭을 요청할 때 사용한다. 송신 액티비티와 같은 애플리케이션에 있는 액티비티를 론칭할 때 가장 많이 사용되는 방법이다. 왜냐하면 수신 액티비티의 자바 클래스 이름을 애플리케이션 개발자가 잘 알고 있기 때문이다.

명시적 인텐트는 Intent 클래스의 새로운 인스턴스를 생성하여 요청한다. 이때 론칭될 액티비티의 컨텍스트와 액티비티 컴포넌트 이름을 생성자 인자로 전달한다. 그다음에 생성된 인텐트 객체를 인자로 전달하여 startActivity( ) 메서드를 호출하면 된다. 예를 들어, 다음 코드에서는 클래스 이름이 ActivityB인 액티비티의 론칭을 인텐트로 요청한다.

```
Intent i = new Intent(this, ActivityB.class);
startActivity(i);
```

startActivity( ) 메서드를 호출하기 전에 인텐트에 데이터를 추가하면 수신 액티비티에게 데이터를 전달할 수 있다. 이때 인텐트 객체의 putExtra( ) 메서드를 호출한다. 단, 데이터는 키-값 쌍의 형태로 추가되어야 한다. 다음 코드에서는 앞의 예를 확장해서 "myString"과 "myInt"를 키로 갖는 String과 정숫값 데이터를 인텐트에 추가한다.

```
Intent i = new Intent(this, ActivityB.class);
i.putExtra("myString", "This is a message for ActivityB");
i.putExtra("myInt", 100);

startActivity(i);
```

수신 액티비티에서는 Bundle 객체로 데이터를 받는다. 이 객체는 getIntent().getExtras()를 호출하여 얻을 수 있다. 액티비티의 getIntent() 메서드는 수신 액티비티를 시작시켰던 인텐트 객체 참조를 반환한다. 그리고 Intent 클래스의 getExtras() 메서드는 데이터를 포함하는 그 인텐트의 Bundle 객체를 반환한다. 예를 들어, ActivityB에 전달된 데이터를 추출하는 코드는 다음과 같다.

```
Bundle extras = getIntent().getExtras();

If (extras != null) {
    String myString = extras.getString("myString");
    int myInt = extras.getInt("myInt");
}
```

인텐트를 사용해서 같은 애플리케이션에 있는 다른 액티비티들을 론칭할 때는 그 액티비티들이 애플리케이션의 매니페스트에 정의되어 있어야 한다. 다음의 AndroidManifest.xml에서는 ActivityA와 ActivityB 두 개의 액티비티를 포함하는 애플리케이션의 매니페스트를 정의한다.

```
<?xml version="1.0" encoding="utf-8"?>
<manifest xmlns:android="http://schemas.android.com/apk/res/android"
    package="com.ebookfrenzy.intent1" >

    <application
        android:allowBackup="true"
        android:icon="@mipmap/ic_launcher"
        android:label="@string/app_name"
        android:theme="@style/AppTheme">
        <activity
            android:name=".ActivityA" >
            <intent-filter >
                <action android:name="android.intent.action.MAIN" />
                <category android:name="android.intent.category.LAUNCHER" />
            </intent-filter>
        </activity>
        <activity
            android:name=".ActivityB">
        </activity>
    </application>
</manifest>
```

42.3 액티비티에서 데이터 반환하기

앞의 예에서는 데이터가 ActivityB에 전달되지만, 인텐트를 요청한 액티비티(ActivityA)에게는 데이터를 반환할 방법이 없다. 그러나 ActivityA의 서브 액티비티로 ActivityB가 론칭되면 가능하다. 서브 액티비티로 시작되는 액티비티는 startActivity( ) 대신 startActivityForResult( ) 메서드를 호출하여 인텐트를 시작시키면 된다. startActivityForResult( ) 메서드는 인텐트 객체와 **요청 코드**(request code) 값을 인자로 받는다. 이것은 서브 액티비티가 반환하는 데이터를 확인하는 데 사용될 수 있다. 예를 들면, 다음과 같다.

```
startActivityForResult(i, REQUEST_CODE);
```

부모 액티비티(인텐트를 요청한 액티비티)에게 데이터를 반환하려면 서브 액티비티는 finish( ) 메서드를 구현해야 한다. 이 메서드에서는 반환할 데이터를 포함하는 새로운 인텐트 객체를 생성한 후 자신을 포함하는 액티비티의 setResult( ) 메서드를 호출하면 된다. 이때 반환 데이터를 포함하는 인텐트와 **결과 코드**(result code)를 인자로 전달한다. 일반적으로 결과 코드는 RESULT_OK 또는 RESULT_CANCELED이다(상수로 정의되어 있다). 그러나 우리가 임의로 지정하는 값도 사용 가능하다. 서브 액티비티가 비정상 종료되는 경우에 부모 액티비티는 RESULT_CANCELED 결과 코드를 받게 된다.

예를 들어, 다음 코드에서는 전형적인 서브 액티비티 finish( ) 메서드의 사용 예를 보여준다.

```
public void finish() {
      Intent data = new Intent();

      data.putExtra("returnString1", "Message to parent activity");
      setResult(RESULT_OK, data);
      super.finish();
}
```

반환되는 데이터를 추출하려면 부모 액티비티는 onActivityResult( ) 메서드를 구현해야 한다. 예를 들면, 다음과 같다.

```
protected void onActivityResult(int requestCode, int resultCode, Intent data)
{
    String returnString;
    if (resultCode == RESULT_OK && requestCode == REQUEST_CODE) {
```

```
        if (data.hasExtra("returnString1")) {
            returnString = data.getExtras().getString("returnString1");
        }
    }
}
```

이 메서드에서는 반환되는 결과 코드 값이 startActivityForResult( ) 메서드에 인자로 전달되었던 값과 일치하는지 확인한다. 하나의 부모 액티비티에서 여러 개의 서브 액티비티를 사용할 때는 요청 코드를 사용하는 것이 중요하다. 왜냐하면 어떤 서브 액티비티가 실행되더라도 동일한 onActivityResult( ) 메서드가 자동 호출되므로 현재 어떤 액티비티가 결과 값을 반환하는 것인지 알아야 하기 때문이다.

42.4 암시적 인텐트

론칭될 액티비티의 자바 클래스 이름을 참조하는 명시적 인텐트와는 달리 암시적 인텐트는 수행될 액션과 수신 액티비티에 의해 처리되는 데이터 타입을 지정하여 론칭될 액티비티를 식별한다. 예를 들어, URI 객체 형태로 웹 페이지의 URL을 동반하는 ACTION_VIEW 액션 타입은 웹 브라우저의 능력을 갖는 액티비티를 찾아서 론칭하라고 안드로이드 시스템에게 요청한다. 다음의 암시적 인텐트를 안드로이드 장치에서 실행하면 지정된 웹 페이지가 웹 브라우저 액티비티에 나타난다.

```
Intent i = new Intent(Intent.ACTION_VIEW, Uri.parse("http://www.ebookfrenzy.com"));
```

위 코드의 암시적 인텐트가 액티비티에서 요청되면 장치의 안드로이드 시스템에서는 http 데이터의 ACTION_VIEW 요청을 처리할 능력이 있다고 등록된 액티비티들을 검색한다. 이때 인텐트 해결(intent resolution)이라고 하는 처리 프로세스를 사용한다. 그리고 일치하는 액티비티가 하나만 발견될 때는 그 액티비티가 론칭된다. 그러나 하나 이상이 발견될 때는 사용자가 액티비티를 선택하게 해준다.

42.5 인텐트 필터 사용하기

액티비티가 자신이 지원하는 액션과 데이터 처리 능력을 안드로이드 인텐트 해결 프로세스에게 '알리는' 메커니즘이 인텐트 필터(intent filter)다. 예를 들어, 바로 앞의 코드에서 요청된 인텐트에 의해 액티비티가 실행되려면 자신의 매니페스트 파일에 ACTION_VIEW 타입의 지원을 나타내는 인텐트 필터를 포함해야 한다. 이때 http 형식의 데이터, 즉 웹 페이지를 보여줄 수 있다는 것도 같이 지정한다.

송신과 수신 액티비티 모두 수행될 액션 타입의 퍼미션(permission)을 갖고 있어야 한다. 이때는 두 액티비티의 <uses-permission> 태그를 매니페스트 파일에 추가하면 된다. 예를 들어, 다음의 XML에서는 인터넷과 연락처 데이터베이스를 액세스하기 위한 퍼미션을 요청한다.

```
<uses-permission android:name="android.permission.INTERNET" />
<uses-permission android:name="android.permission.READ_CONTACTS" />
```

다음의 매니페스트 파일에서는 인터넷을 액세스하기 위한 퍼미션을 지정한다. 또한, 암시적 인텐트로 시작될 수 있도록 인텐트 필터도 추가되어 있다.

```
<?xml version="1.0" encoding="utf-8"?>
<manifest xmlns:android="http://schemas.android.com/apk/res/android"
    package="com.ebookfreny.WebView"
    android:versionCode="1"
    android:versionName="1.0" >

    <uses-sdk android:minSdkVersion="10" />

    <uses-permission android:name="android.permission.INTERNET" />

    <application
        android:icon="@mipmap/ic_launcher"
        android:label="@string/app_name" >
        <activity
            android:name=".WebViewActivity" >
            <intent-filter >
                <action android:name="android.intent.action.VIEW" />
                <category android:name="android.intent.category.DEFAULT" />
                <data android:scheme="http" />
            </intent-filter>
        </activity>
    </application>

</manifest>
```

42.6 인텐트 사용 가능 여부 확인하기

암시적 인텐트를 요청할 때 그것을 받을 수 있는 액티비티가 항상 있을 것이라고 생각한다면 오산이다. 특히, 지정한 액션과 일치하는 액티비티가 하나도 없으면 애플리케이션이 비정상적으로 종료되기 때문이다. 다행스럽게도 특정 인텐트를 받을 수 있는 액티비티가 있는지 미리 확인할 수 있다. 그리고 확인한 후에 있으면 그 인텐트를 런타임 시스템에 요청하면 된다. 다음 메서드는 지정된 인텐트 액션 타입의 액티비티가 하나라도 있는지 확인하는 데 사용될 수 있다.

```
public static boolean isIntentAvailable(Context context, String action) {
    final PackageManager packageManager = context.getPackageManager();
    final Intent intent = new Intent(action);
    List<ResolveInfo> list =
            packageManager.queryIntentActivities(intent,
                    PackageManager.MATCH_DEFAULT_ONLY);
    return list.size() > 0;
}
```

42.7 요약

인텐트는 하나의 안드로이드 액티비티가 다른 액티비티를 론칭할 수 있는 메시징 메커니즘이며, 이때 Intent 클래스 인스턴스를 사용한다. **명시적 인텐트**는 론칭될 수신 액티비티를 클래스 이름으로 참조한다. 일반적으로 명시적 인텐트는 론칭되는 액티비티가 요청하는 액티비티와 같은 애플리케이션에 포함되어 있을 때 사용된다. **암시적 인텐트**에는 수행될 액션과 처리될 데이터의 타입을 지정하며, 그것과 일치하는 액티비티를 안드로이드 런타임이 찾아서 론칭한다. 일반적으로 암시적 인텐트는 론칭되는 액티비티가 요청 액티비티와 다른 애플리케이션에 있을 때 사용된다.

액티비티는 인텐트 수신 액티비티에게 데이터를 전달할 수 있다. 이때 **키-값의 쌍**으로 된 데이터를 Bundle 객체에 넣어 인텐트에 포함시킨다. 인텐트 수신 액티비티는 송신 액티비티의 서브 액티비티로 시작되어야만 결과 데이터를 반환할 수 있다.

액티비티는 애플리케이션의 매니페스트 파일에 **인텐트 필터**를 정의하여 안드로이드 인텐트 해결 프로세스에게 자신의 능력을 알린다. 그리고 인텐트 송신과 수신 액티비티 모두 수행될 작업에 합당한 **퍼미션**을 갖고 있어야 한다. 예를 들어, 장치의 연락처 데이터베이스나 인터넷을 액세스할 때다.

이번 장에서는 인텐트의 핵심 개념을 알아보았다. 다음의 두 개 장에서는 안드로이드 스튜디오 예제 프로젝트를 생성하여 명시적 인텐트와 암시적 인텐트 모두를 직접 사용해볼 것이다.

명시적 인텐트 예제 프로젝트

앞 장에서는 인텐트를 사용해서 액티비티를 론칭하는 핵심 개념을 알아보았다. 이번 장에서는 예제 애플리케이션을 생성하여 실제로 해볼 것이다.

이번 장에서 생성할 예제 프로젝트에서는 **명시적(explicit)** 인텐트를 사용해서 액티비티를 론칭하는 방법을 보여줄 것이다. 이때 인텐트를 송신하고 수신하는 액티비티 간의 데이터 전달도 포함한다. 다음 장에서는 **암시적(implicit)** 인텐트의 사용 예를 보여줄 것이다.

43.1 예제 프로젝트 생성하기

우선, 안드로이드 스튜디오로 새 프로젝트를 생성하자. 안드로이드 스튜디오 메인 메뉴의 File ➡ New ➡ New Project...를 선택하거나 웰컴 스크린에서 Start a new Android Studio project를 선택한다.

Application name 필드에 ExplicitIntent를 입력하고, Company Domain 필드에는 ebookfrenzy.com을 입력한다. 안드로이드 장치 선택 화면에서는 **폰과 태블릿(Phone and Tablet)**만 선택하고, 최소 SDK 버전은 API 22: Android 5.1 (Lollipop)으로 선택한다. 액티비티 선택 화면에서는 Empty Activity를 선택한다. 그리고 마지막 대화상자에서 Activity Name에 ActivityA를 입력하고 Layout Name에는 activity_a를 입력한다. Finish 버튼을 눌러 프로젝트를 생성한다.

43.2 ActivityA의 사용자 인터페이스 디자인하기

ActivityA의 사용자 인터페이스는 EditText(Plain Text), TextView, Button을 포함하는 RelativeLayout 뷰로 구성한다. 그리고 EditText의 ID는 editText1, TextView의 ID는 textView1, Button의 ID는 button1로 지정한다.

편집기 위쪽의 activity_a.xml 탭을 클릭한 후 텍스트 모드로 변경하자. 그리고 모든 XML을 삭제하고 다음의 내용으로 교체하자.

```
<RelativeLayout xmlns:android="http://schemas.android.com/apk/res/android"
    xmlns:tools="http://schemas.android.com/tools"
    android:layout_width="match_parent"
    android:layout_height="match_parent"
    android:id="@+id/activity_a"
    android:paddingLeft="16dp"
    android:paddingRight="16dp"
    android:paddingTop="16dp"
    android:paddingBottom="16dp"
    tools:context="com.ebookfrenzy.explicitintent.ActivityA">

    <TextView
        android:layout_width="wrap_content"
        android:layout_height="wrap_content"
        android:text="TextView"
        android:id="@+id/textView1"
        android:layout_centerVertical="true"
        android:layout_centerHorizontal="true" />

    <EditText
        android:layout_width="200dp"
        android:layout_height="wrap_content"
        android:id="@+id/editText1"
        android:layout_above="@+id/textView1"
        android:layout_centerHorizontal="true"
        android:layout_marginBottom="77dp" />

    <Button
        android:layout_width="wrap_content"
        android:layout_height="wrap_content"
        android:text="Ask Question"
        android:id="@+id/button1"
        android:layout_below="@+id/textView1"
        android:layout_centerHorizontal="true"
        android:onClick="onClick"
        android:layout_marginTop="56dp" />
</RelativeLayout>
```

여기서는 버튼의 클릭 이벤트를 간단하게 처리하는 방법을 사용한다. 이처럼 버튼의 android:onClick 속성에 메서드 이름(여기서는 onClick)을 직접 지정하면 액티비티의 자바 코드에서 이벤트 리스너를 구현하지 않고 그 메서드만 추가하면 된다. 그리고 사용자가 버튼을 터치(클릭)하면 우리가 액티비티에 추가한 그 메서드가 바로 호출되어 실행된다. 따라서 여기서는 ActivityA.java 파일에 onClick( ) 메서드만 추가할 것이다.

레이아웃 작성이 끝나면 그림 43-1처럼 보일 것이다.

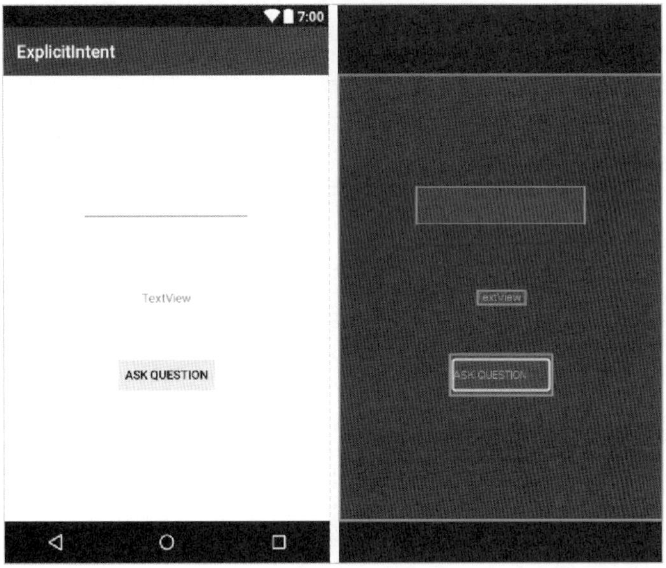

그림 43-1

43.3 두 번째 액티비티 클래스 생성하기

사용자가 첫 번째 액티비티(ActivityA)의 Ask Question 버튼을 누르면 두 번째 액티비티를 론칭하는 인텐트가 요청되게 할 것이다. 따라서 두 번째 액티비티를 생성해야 한다.

프로젝트 도구 창에서 app ➡ java ➡ com.ebookfrenzy.explicitintent 패키지에서 마우스 오른쪽 버튼을 클릭한 후 New ➡ Activity ➡ Empty Activity를 선택한다. 그러면 그림 43-2처럼 New Android Activity 대화상자가 나올 것이다.

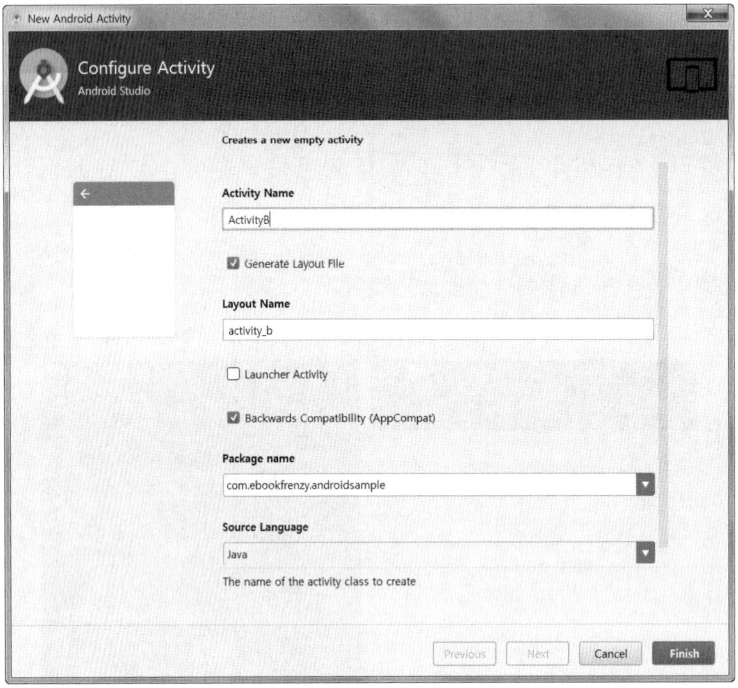

그림 43-2

Activity Name에 ActivityB를 입력하고 Layout Name에는 activity_b를 입력한다. 이 액티비티는 애플리케이션이 론칭될 때 시작되는 액티비티가 아니므로 Launcher Activity 옵션을 체크하지 말아야 한다(이 액티비티는 버튼이 터치되었을 때 ActivityA에 의해 인텐트로 론칭된다). Finish 버튼을 눌러 액티비티를 생성하자.

액티비티 생성이 끝나면 오른쪽의 편집기 창에는 ActivityB.java 소스 파일이 로드되어 있을 것이다. 또한, 사용자 인터페이스의 XML 레이아웃 리소스 파일인 activity_b.xml도 이미 로드되었을 것이다.

43.4 ActivityB의 사용자 인터페이스 레이아웃 디자인하기

ActivityB의 사용자 인터페이스도 EditText(Plain Text), TextView, Button을 포함하는 RelativeLayout 뷰로 구성할 것이다. 그리고 EditText의 ID는 editText1, TextView의 ID는 textView1, Button의 ID는 button1로 줄 것이다.

편집기 위쪽의 activity_b.xml 탭을 클릭한 후 텍스트 모드로 변경하자. 그리고 모든 XML을 삭제하고 다음의 내용으로 교체하자.

```
<RelativeLayout xmlns:android="http://schemas.android.com/apk/res/android"
    xmlns:tools="http://schemas.android.com/tools"
    android:layout_width="match_parent"
    android:layout_height="match_parent"
    android:id="@+id/activity_b"
    android:paddingLeft="16dp"
    android:paddingRight="16dp"
    android:paddingTop="16dp"
    android:paddingBottom="16dp"
    tools:context="com.ebookfrenzy.explicitintent.ActivityB">

    <TextView
        android:id="@+id/textView1"
        android:layout_width="wrap_content"
        android:layout_height="wrap_content"
        android:layout_alignParentTop="true"
        android:layout_centerHorizontal="true"
        android:layout_marginTop="35dp"
        android:text="TextView" />

    <EditText
        android:id="@+id/editText1"
        android:layout_width="300dp"
        android:layout_height="wrap_content"
        android:layout_below="@+id/textView1"
        android:layout_centerHorizontal="true"
        android:layout_marginTop="66dp"
        android:ems="10"
        android:inputType="text" />

    <Button
        android:id="@+id/button1"
        android:layout_width="wrap_content"
        android:layout_height="wrap_content"
        android:layout_below="@+id/editText1"
        android:layout_centerHorizontal="true"
        android:layout_marginTop="86dp"
        android:onClick="onClick"
        android:text="Answer Question" />

</RelativeLayout>
```

레이아웃 작성이 끝나면 그림 43-3처럼 보일 것이다.

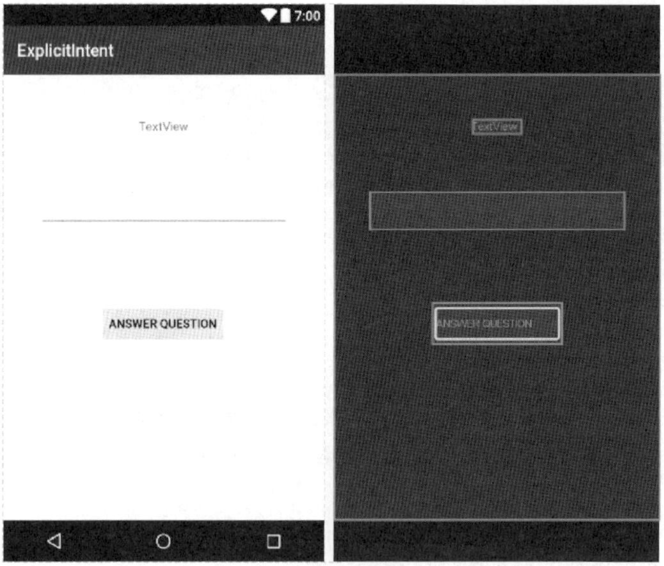

그림 43-3

43.5 애플리케이션의 매니페스트 파일 살펴보기

인텐트를 사용해서 ActivityA가 ActivityB를 론칭할 수 있으려면 매니페스트 파일에 ActivityB를 액티비티로 정의해야 한다. 프로젝트 도구 창에서 app ➡ manifests 밑에 있는 AndroidManifest.xml 파일을 더블 클릭하여 편집기 창으로 로드한 후, 다음과 같이 안드로이드 스튜디오가 자동으로 ActivityB 항목을 추가했는지 확인하자.

```
<?xml version="1.0" encoding="utf-8"?>
<manifest xmlns:android="http://schemas.android.com/apk/res/android"
    package="com.ebookfrenzy.explicitintent">

    <application
        android:allowBackup="true"
        android:icon="@mipmap/ic_launcher"
        android:label="@string/app_name"
        android:roundIcon="@mipmap/ic_launcher_round"
        android:supportsRtl="true"
        android:theme="@style/AppTheme">
        <activity android:name=".ActivityA">
            <intent-filter>
                <action android:name="android.intent.action.MAIN"/>

                <category android:name="android.intent.category.LAUNCHER"/>
            </intent-filter>
```

```
        </activity>
        <activity android:name=".ActivityB">
        </activity>
    </application>

</manifest>
```

두 번째 액티비티의 생성도 끝났고 매니페스트 파일에 추가되었으므로 지금부터는 인텐트를 요청하는 코드를 ActivityA 클래스에 추가할 것이다.

43.6 인텐트 생성하기

사용자가 Ask Question 버튼을 터치할 때 명시적 인텐트를 생성하고 시작시키는 것이 ActivityA의 목적이다. 이 버튼의 onClick 속성에는 onClick( ) 메서드를 호출하도록 구성되어 있다(앞에서 ActivityA의 사용자 인터페이스 레이아웃을 디자인할 때 지정했었다). 따라서 여기서는 onClick( ) 메서드를 ActivityA 클래스에 추가해야 한다.

사용자가 EditText 뷰에 질문 문자열을 입력한 후 버튼을 누르면 onClick( ) 메서드가 호출되어 인텐트를 생성한 후 그 문자열을 키-값의 쌍으로 인텐트 객체에 추가한다. 그리고 그 인텐트를 요청하여 ActivityB를 시작시킨다. ActivityA.java 파일에 다음의 굵은 글씨로 된 코드를 추가하자.

```
package com.ebookfrenzy.explicitintent;

import android.support.v7.app.AppCompatActivity;
import android.os.Bundle;
import android.content.Intent;
import android.view.View;
import android.widget.EditText;
import android.widget.TextView;

public class ActivityA extends AppCompatActivity {

    @Override
    protected void onCreate(Bundle savedInstanceState) {
        super.onCreate(savedInstanceState);
        setContentView(R.layout.activity_a);
    }

    public void onClick(View view) {

        Intent i = new Intent(this, ActivityB.class);
```

```
        final EditText editText1 = (EditText)
                findViewById(R.id.editText1);
        String myString = editText1.getText().toString();
        i.putExtra("qString", myString);
        startActivity(i);
    }
}
```

애플리케이션을 실행시키고 Ask Question 버튼을 눌러서 ActivityB가 제대로 시작되는지 확인해보자. 그리고 장치나 에뮬레이터의 Back 버튼을 눌러 ActivityA로 돌아오는지도 확인해보자.

43.7 인텐트 데이터 추출하기

이제는 ActivityB가 ActivityA로부터 론칭된다. 그다음은 ActivityB에서 인텐트의 String 데이터 값을 추출하여 ActivityB 사용자 인터페이스의 TextView 객체에 지정하도록 해보자.

이때는 ActivityB의 onCreate( ) 메서드에 코드를 추가하면 된다. ActivityB의 인스턴스가 생성되어 시작되면서 인텐트의 데이터가 Bundle 객체에 담겨 onCreate( ) 메서드의 인자로 전달되기 때문이다. ActivityB.java 파일에 다음의 굵은 글씨로 된 코드를 추가하자.

```
package com.ebookfrenzy.explicitintent;

import android.support.v7.app.AppCompatActivity;
import android.os.Bundle;
import android.content.Intent;
import android.view.View;
import android.widget.TextView;
import android.widget.EditText;

public class ActivityB extends AppCompatActivity {

    public void onCreate(Bundle savedInstanceState) {
        super.onCreate(savedInstanceState);
        setContentView(R.layout.activityb);

        Bundle extras = getIntent().getExtras();
        if (extras == null) {
            return;
        }

        String qString = extras.getString("qString");
```

```
        final TextView textView = (TextView)
            findViewById(R.id.textView1);
        textView.setText(qString);
    }
}
```

에뮬레이터나 실제 장치에서 애플리케이션을 실행해보자. ActivityA의 EditText 뷰에 문자열을 입력한 후 Ask Question 버튼을 누른다(소프트 키보드를 사용할 때는 입력이 끝난 후 화면 맨 아래 왼쪽의 삼각형 모양으로 된 Back 버튼을 클릭하면 된다). 그러면 그 문자열이 ActivityB의 TextView에 나타날 것이다.

43.8 서브 액티비티로 ActivityB 론칭하기

ActivityB가 ActivityA로 데이터를 반환할 수 있으려면 ActivityA에서 ActivityB를 서브 액티비티로 시작시켜야 한다. 이때는 ActivityA의 onClick( ) 메서드에서 startActivity( ) 대신 startActivityForResult( )를 호출하면 된다. 인텐트 객체만을 인자로 받는 startActivity( )와는 다르게 startActivityForResult( ) 메서드에서는 인텐트 객체와 함께 요청 코드도 인자로 받는다. 요청 코드는 숫자만 가능하며, 어떤 서브 액티비티가 데이터를 반환한 것인지를 확인하는 데 사용된다. 여기서는 요청 코드로 5를 사용할 것이다. 다음과 같이 ActivityA.java의 코드를 변경하자.

```
public class ActivityA extends AppCompatActivity {

    private static final int REQUEST_CODE = 5;

    @Override
    public void onCreate(Bundle savedInstanceState) {
        super.onCreate(savedInstanceState);
        setContentView(R.layout.main);
    }

    public void onClick(View view) {

        Intent i = new Intent(this, ActivityB.class);

        final EditText editText1 = (EditText)
        findViewById(R.id.editText1);
        String myString = editText1.getText().toString();
        i.putExtra("qString", myString);
        startActivityForResult(i, REQUEST_CODE);
    }
}
```

사용자가 장치의 Back 버튼을 누르거나 또는 비정상적으로 서브 액티비티(ActivityB)가 종료되면 부모 액티비티인 ActivityA의 onActivityResult( ) 메서드가 호출된다. 이때 인텐트의 요청 코드(ActivityA가 지정했던), 서브 액티비티가 반환한 결과 코드(서브 액티비티가 정상적으로 실행되었는지를 나타냄)와 인텐트 객체(데이터를 포함)가 인자로 전달된다. 따라서 다음과 같이 ActivityA 클래스에 onActivityResult( ) 메서드를 추가해야 한다.

```
protected void onActivityResult(int requestCode, int resultCode,
        Intent data) {
    if ((requestCode == REQUEST_CODE) && (resultCode == RESULT_OK)) {

        TextView textView1 =
                (TextView) findViewById(R.id.textView1);

        String returnString =
                data.getExtras().getString("returnData");

        textView1.setText(returnString);
    }
}
```

이 메서드에서는 인텐트 요청 시의 요청 코드가 인텐트로부터 반환된 요청 코드와 같은지 확인하며, 또한 서브 액티비티가 정상적으로 실행되었는지도 결과 코드로 확인한다. 그다음에 인텐트로부터 반환 데이터를 추출하고 TextView 객체에 지정하여 화면에 나타나게 한다.

43.9 서브 액티비티에서 데이터 반환하기

이제는 ActivityB가 ActivityA의 서브 액티비티로 시작된다. 그리고 ActivityB로부터 반환된 데이터를 ActivityA가 처리할 수 있다. 그러나 현재 ActivityB에서는 데이터를 반환하지 못한다. 따라서 ActivityB 클래스에 finish( ) 메서드를 구현해야 한다. 그리고 사용자가 ActivityB의 버튼을 누르면 ActivityA로 돌아가도록 onClick 속성에 onClick( ) 메서드를 지정했으므로 이 메서드도 추가해야 한다. finish( ) 메서드는 액티비티가 종료될 때(예를 들어, 사용자가 장치의 Back 버튼을 누름) 자동 호출된다(여기서는 버튼을 눌렀을 때도 호출되게 하였다). ActivityB.java의 ActivityB 클래스에 다음 코드를 추가하자.

```
public void onClick(View view) {
        finish();
}
```

```
@Override
public void finish() {
    Intent data = new Intent();

    EditText editText1 = (EditText) findViewById(R.id.editText1);

    String returnString = editText1.getText().toString();
    data.putExtra("returnData", returnString);

    setResult(RESULT_OK, data);
    super.finish();
}
```

finish( ) 메서드에서는 새로운 인텐트 객체를 생성한 후 키-값의 쌍으로 된 반환 데이터를 그 인텐트에 추가한다. 그리고 결과 코드와 인텐트 객체를 인자로 전달하여 setResult( ) 메서드를 호출한다. onClick( ) 메서드에서는 finish( ) 메서드만 호출한다.

43.10 애플리케이션 테스트하기

애플리케이션을 실행시키고 ActivityA의 텍스트 필드에 질문 문자열을 입력한 후 Ask Question 버튼을 터치한다. ActivityB가 화면에 나타나면 답변 문자열을 입력한 후 장치의 Back 버튼 또는 ActivityB의 Answer Question 버튼을 눌러서 ActivityA로 돌아간다. 그러면 ActivityB에서 반환된 답변 문자열이 ActivityA의 텍스트 뷰에 나타날 것이다. 그림 43-4에서는 삼성 갤럭시 S6 엣지에서 실행한 화면을 보여준다. 왼쪽부터 차례대로 ActivityA ➡ ActivityB ➡ ActivityA가 실행되었다.

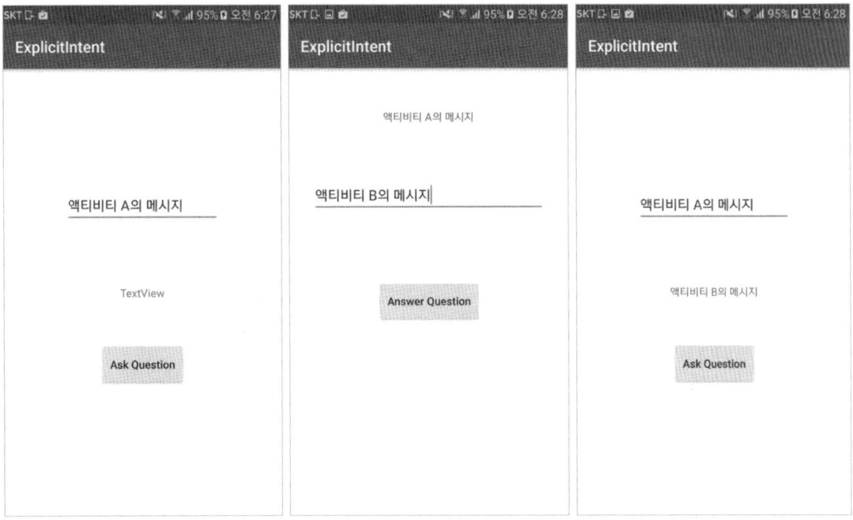

그림 43-4

43.11 요약

이번 장에서는 안드로이드 스튜디오로 애플리케이션 프로젝트를 생성하고 명시적 인텐트를 실제로 사용해보았다. 다음 장에서는 암시적 인텐트를 실제로 사용하는 예제 프로젝트를 생성하고 살펴볼 것이다.

암시적 인텐트 예제 프로젝트

이번 장에서는 안드로이드 스튜디오 예제 프로젝트를 생성하여 암시적(implicit) 인텐트의 실제 구현을 보여줄 것이다. 즉, 암시적 인텐트를 생성하고 요청하여 특정 웹 페이지의 내용을 로드하고 사용자에게 보여준다. 이때 우리 애플리케이션에서는 그런 일을 수행할 수 있는 액티비티를 포함하지 않을 것이므로 암시적 인텐트를 요청할 것이다.

그러면 안드로이드 시스템(구체적으로는 ActivityManager)에서 그런 일을 할 수 있는 다른 애플리케이션의 액티비티를 찾아서 론칭해준다. 또한, 새로운 프로젝트에서는 다른 액티비티에서 전달된 웹 페이지를 보여줄 수 있는 액티비티도 포함한다.

44.1 암시적 인텐트 예제 프로젝트 생성하기

우선, 안드로이드 스튜디오로 새 프로젝트를 생성하자. 안드로이드 스튜디오 메인 메뉴의 File ➡ New ➡ New Project...를 선택하거나 웰컴 스크린에서 Start a new Android Studio project를 선택한다.

Application name 필드에 ImplicitIntent를 입력하고, Company Domain 필드에 ebookfrenzy.com을 입력한다. 안드로이드 장치 선택 화면에서는 폰과 태블릿(Phone and Tablet)만 선택하고, 최소 SDK 버전은 API 22: Android 5.1 (Lollipop)으로 선택한다. 액티비티 선택 화면에서는 Empty

Activity를 선택한다. 그리고 마지막 대화상자에서 Activity Name에 ImplicitIntentActivity를 입력하고 자동으로 설정된 나머지 필드 값은 그대로 둔다. Finish 버튼을 눌러 프로젝트를 생성한다.

44.2 사용자 인터페이스 디자인하기

ImplicitIntentActivity의 사용자 인터페이스는 매우 간단하다. ConstraintLayout과 버튼으로만 구성된다.

편집기 위쪽의 activity_implicit_intent.xml 탭을 클릭한 후 디자인 모드로 변경하자. 그리고 'Hello World!'를 보여주는 TextView 객체를 선택하고, 키보드의 Delete 키를 눌러 레이아웃에서 삭제하자.

그다음에 자동 연결(Autoconnect)이 활성화된 상태에서(18장 참조) 팔레트의 Button을 끌어서 레이아웃의 중앙에 놓는다. 그리고 속성 창의 text 속성에 'Show Web Page'를 입력하고 이 값을 문자열 리소스로 추출한다(그림 3-16 참조). 그리고 속성 창의 onClick 속성을 찾아 속성값으로 showWebPage를 입력한다. 이것은 버튼을 클릭했을 때 실행될 메서드다. 레이아웃 작성이 끝나면 그림 44-1처럼 보일 것이다.

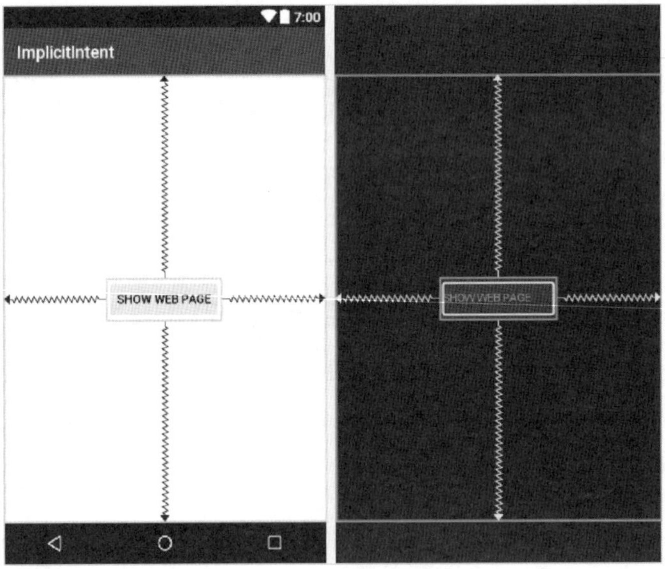

그림 44-1

44.3 암시적 인텐트 생성하기

여기서는 버튼을 클릭했을 때 실행되는 showWebPage( ) 메서드에서 암시적 인텐트를 생성하고 요청할 것이므로 그 메서드를 ImplicitIntentActivity 클래스에 구현해야 한다. 편집기 창의 ImplicitIntentActivity.java 파일 탭을 클릭한 후 다음과 같이 showWebPage( ) 메서드를 추가하자.

```
package com.ebookfrenzy.implicitintent;

import android.support.v7.app.AppCompatActivity;
import android.os.Bundle;
import android.net.Uri;
import android.content.Intent;
import android.view.View;

public class ImplicitIntentActivity extends AppCompatActivity {

    @Override
    protected void onCreate(Bundle savedInstanceState) {
        super.onCreate(savedInstanceState);
        setContentView(R.layout.activity_implicit_intent);
    }

    public void showWebPage(View view) {
        Intent intent = new Intent(Intent.ACTION_VIEW,
                Uri.parse("http://www.ebookfrenzy.com"));

        startActivity(intent);
    }
}
```

이 메서드에서 하는 일은 매우 간단하다. 우선, 새로운 인텐트 객체를 생성한다. 이때 인텐트를 받을 클래스 이름을 지정하지 않고 ACTION_VIEW 액션을 사용해서 필요한 일(사용자에게 뭔가를 보여줌)을 알려준다. 인텐트 객체는 또한 보여줄 URL을 포함하는 URI도 포함한다. 즉, 웹 페이지를 보여줄 수 있는 액티비티를 안드로이드 시스템에 요청하는 것이다. 그리고 이 인텐트는 startActivity( ) 메서드 호출에 의해 요청된다.

에뮬레이터나 실제 장치에서 애플리케이션을 실행한 후 Show Web Page 버튼을 클릭해보자. 웹 브라우저가 실행되어 URL로 지정한 웹 페이지가 로드된 후 화면에 나타날 것이다(실제 장치나 에뮬레이터에 설치된 웹 브라우저가 하나 이상일 때는 사용자가 선택할 수 있게 해준다). 그런 다음에 장치나 에뮬레이터의 Back 버튼을 클릭하면 다시 우리 애플리케이션의 액티비티 화면이 나타날 것이다.

44.4 암시적 인텐트로 론칭되는 액티비티 생성하기

이번 장의 나머지에서는 암시적 인텐트의 요구 사항과 일치하는 액티비티가 장치에 하나 이상 있을 때 어떻게 처리되는지 보여줄 것이다. 즉, 바로 앞의 ImplicitIntentActivity에서 웹 페이지를 보여줄 수 있는 액티비티를 요구하는 인텐트가 요청되었을 때 지금 새로 만들 프로젝트의 액티비티가 론칭될 수 있게 하려는 것이다. 그러면 두 번째 애플리케이션을 만들어보자. 우선, 이번 장 앞에서 했던 것과 같은 요령으로 안드로이드 스튜디오의 새로운 프로젝트를 생성하자. 애플리케이션 이름은 MyWebView로 지정하고 최소 SDK는 앞의 ImplicitIntent 프로젝트와 동일하게 선택한다. 그리고 Empty Activity를 선택하고, 액티비디 이름은 MyWebViewActivity로 입력하고, 자동으로 설정된 Layout Name인 activity_my_web_view는 그대로 두자.

프로젝트 생성이 끝나면 MyWebView 프로젝트가 프로젝트 도구 창에 나타난다. 그리고 오른쪽의 편집기 창에는 MyWebViewActivity.java 소스 파일이 로드되어 있을 것이다. 또한, 사용자 인터페이스의 XML 레이아웃 리소스 파일인 activity_my_web_view.xml도 이미 로드되었을 것이다.

44.5 사용자 인터페이스에 웹 뷰 추가하기

MyWebViewActivity의 사용자 인터페이스는 안드로이드 WebView의 인스턴스로 구성할 것이다. 레이아웃 편집기 창에 로드된 activity_my_web_view.xml 레이아웃 리소스 파일을 선택한 후 디자인 모드로 변경하자. 그리고 'Hello World!'를 보여주는 TextView 객체를 선택하고, 키보드의 Delete 키를 눌러 레이아웃에서 삭제하자.

그다음에 팔레트의 Containers 밑에 있는 WebView를 마우스로 끌어서 레이아웃의 중앙에 놓는다(그림44-2). 또한, 속성 창에서 ID를 webView1로 입력한다.

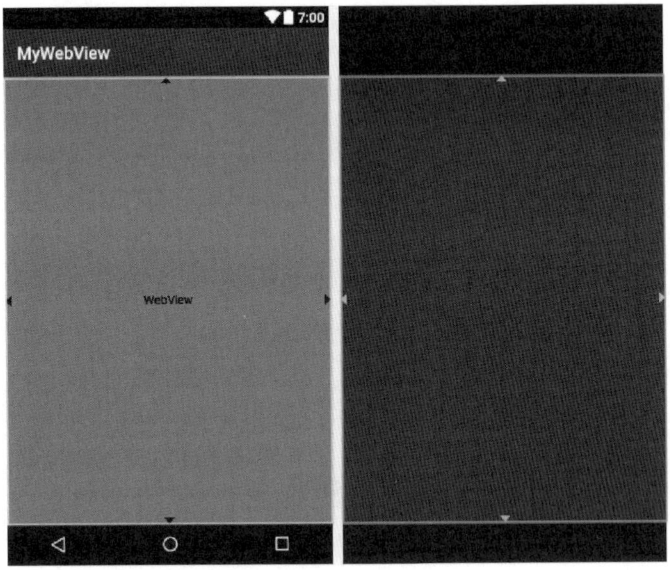

그림 44-2

44.6 인텐트 URL 얻기

앞의 ImplicitIntentActivity에서 요청하는 암시적 인텐트에 의해 이 액티비티가 론칭되면 보여줄 웹 페이지의 URL이 Uri 객체로 인텐트에 포함되어 전달된다. 이때 MyWebViewActivity 클래스의 onCreate( ) 메서드에서는 그 데이터를 Bundle 객체로 받게 된다. 그리고 onCreate( ) 메서드에서는 인텐트 객체에서 Uri를 추출하여 URL 문자열로 변환한 후 그것을 WebView 객체에 지정한다.

다음과 같이 MyWebViewActivity.java의 onCreate( ) 메서드를 변경하자.

```
package com.ebookfrenzy.mywebview;

import android.support.v7.app.AppCompatActivity;
import android.os.Bundle;
import java.net.URL;
import android.net.Uri;
import android.content.Intent;
import android.webkit.WebView;

public class MyWebViewActivity extends AppCompatActivity {

    @Override
    protected void onCreate(Bundle savedInstanceState) {
```

```
        super.onCreate(savedInstanceState);
        setContentView(R.layout.activity_my_web_view);

        Intent intent = getIntent();

        Uri data = intent.getData();
        URL url = null;

        try {
            url = new URL(data.getScheme(),
                    data.getHost(),
                    data.getPath());
        } catch (Exception e) {
            e.printStackTrace();
        }

        WebView webView = (WebView) findViewById(R.id.webView1);
        webView.loadUrl(url.toString());
    }
}
```

onCreate( ) 메서드에 새로 추가된 코드에서는 다음 작업을 수행한다.

- 이 액티비티를 론칭한 인텐트 객체의 참조를 얻는다.
- 인텐트 객체에서 Uri 데이터를 추출한다.
- Uri 데이터를 URL 객체로 변환한다.
- 사용자 인터페이스의 WebView 객체 참조를 얻는다.
- String으로 변환된 URL을 WebView 객체의 loadUrl( ) 메서드 인자로 전달하여 해당 웹 페이지를 WebView로 로드한다.

이로써 MyWebView 프로젝트의 코드는 완성되었다. 이제는 매니페스트 파일을 수정하는 것만 남았다.

44.7 MyWebView 프로젝트의 매니페스트 파일 변경하기

우리 애플리케이션을 테스트하기 전에 MyWebView의 매니페스트 파일을 수정해야 한다.

우선, 인터넷을 액세스하는 퍼미션을 얻어야 한다. 웹 페이지를 로드하기 때문이다. 이때는 다음과 같이 합당한 퍼미션을 매니페스트 파일에 추가하면 된다.

```
<uses-permission android:name="android.permission.INTERNET" />
```

그리고 AndroidManifest.xml 파일의 인텐트 필터 태그를 보면 다음과 같이 설정되어 있을 것이다.

```
<intent-filter>
        <action android:name="android.intent.action.MAIN" />
        <category android:name="android.intent.category.LAUNCHER" />
</intent-filter>
```

여기서 android.intent.action.MAIN 항목은 이 액티비티가 애플리케이션의 시작점(애플리케이션이 론칭될 때 제일 먼저 실행됨)이라는 것을 나타낸다. 반면에 android.intent.category.LAUNCHER는 액티비티가 장치의 애플리케이션 론처 화면에 아이콘으로 나타나 있어야 한다는 것을 나타낸다.

그러나 이 액티비티는 애플리케이션의 시작점으로 론칭될 필요가 없고, 데이터 입력(여기서는 URL) 없이는 실행될 수 없으며, 론처에 나타날 필요도 없으므로 애플리케이션의 매니페스트에 MAIN과 LAUNCHER 모두를 정의할 필요가 없다. 따라서 MyWebViewActivity의 인텐트 필터를 변경해야 한다. 그러나 http 데이터의 ACTION_VIEW 인텐트 액션을 처리할 수 있다는 것은 인텐트 필터에 정의해야 한다.

그리고 MAIN과 LAUNCHER 항목을 포함하지 않으면서 암시적 인텐트를 처리할 수 있는 액티비티의 경우도 **디폴트 카테고리**(default category)는 인텐트 필터에 포함해야 한다. 따라서 인텐트 필터 부분은 다음과 같이 변경되어야 한다.

```
<intent-filter>
    <action android:name="android.intent.action.VIEW" />
    <category android:name="android.intent.category.DEFAULT" />
    <data android:scheme="http" />
</intent-filter>
```

이런 모든 필요 사항들을 반영한 매니페스트 파일의 내역은 다음과 같다. 우선, 프로젝트 도구 창에서 app ➡ manifests 밑에 있는 AndroidManifest.xml 파일을 더블 클릭하여 편집기 창으로 로드한 후 다음과 같이 변경하자.

```
<?xml version="1.0" encoding="utf-8"?>
<manifest xmlns:android="http://schemas.android.com/apk/res/android"
    package="com.ebookfrenzy.mywebview" >

    <uses-permission android:name="android.permission.INTERNET" />

    <application
        android:allowBackup="true"
        android:icon="@mipmap/ic_launcher"
        android:label="@string/app_name"
        android:theme="@style/AppTheme" >
        <activity android:name=".MyWebViewActivity">
            <intent-filter>
                <action android:name="android.intent.action.VIEW" />
                <category
                      android:name="android.intent.category.DEFAULT" />
                <data android:scheme="http" />
            </intent-filter>
        </activity>
    </application>

</manifest>
```

이제는 매니페스트 파일의 변경이 완료되었으므로 새로운 액티비티가 장치에 설치될 준비가 된 것이다.

44.8 MyWebView 패키지를 장치에 설치하기

MyWebViewActivity가 암시적 인텐트를 수신하는 데 사용될 수 있으려면 우선 장치에 설치되어야 한다. 그러나 매니페스트 파일에 android.intent.action.MAIN과 android.intent.category.LAUNCHER 모두가 포함되어 있지 않으므로 장치에 애플리케이션을 설치한 다음에 바로 론칭을 해야 할지를 안드로이드 스튜디오가 결정하기는 어렵다. 따라서 설치를 위한 사전 구성이 필요하다.

안드로이드 스튜디오 메인 메뉴의 Run ➡ Edit Configurations를 선택하거나 그림 44-3과 같이 app 툴바의 Edit Configurations를 선택하면 그림 44-4의 Run/Debug 구성 대화상자가 나타난다.

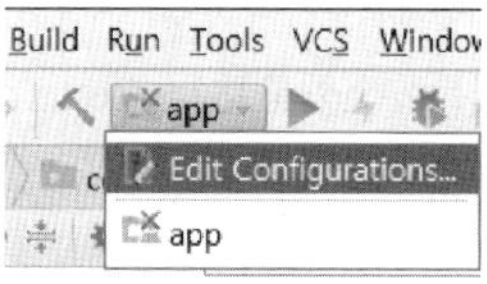

그림 44-3

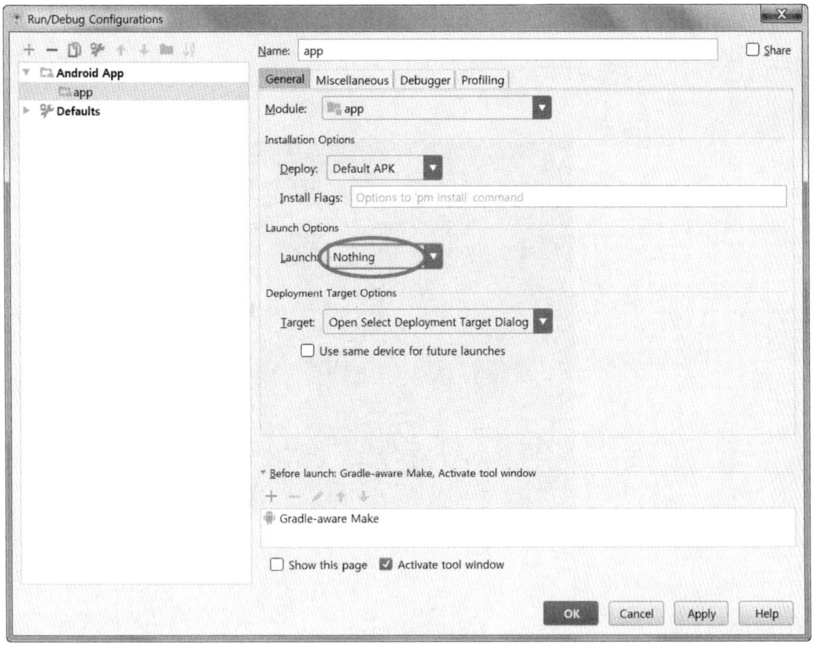

그림 44-4

이 액티비티는 설치할 필요는 있지만, 론칭은 지금 하지 않으므로 그림에 타원으로 표시된 것과 같이 Launch 드롭다운에서 Nothing을 선택하고 OK 버튼을 누른다.

그다음에 안드로이드 스튜디오 툴바의 Run 'app' 버튼(▶)을 누르거나 메인 메뉴의 Run ➡ Run 'app'을 선택하여 MyWebView를 실행시킨다. 잠시 후 MyWebView가 설치될 것이다. 단, 설치만 한 것이므로 실제 장치나 에뮬레이터 화면에 달리 나타나는 것은 없으며, 론처 앱 목록에도 나타나지 않는다. 따라서 제대로 설치되었는지 확인하려면 실제 장치나 에뮬레이터에서 설정 ➡ 애플리케이션을 선택한 후 설치된 앱 목록에 MyWebView가 있는지 확인하면 된다.

이 시점부터는 암시적 인텐트가 요청되어 그것을 처리할 수 있는 액티비티를 안드로이드 시스템이 찾을 때 이 액티비티도 론칭 대상이 된다.

44.9 애플리케이션 테스트하기

MyWebView를 테스트하려면 이 장 앞에서 생성한 ImplicitIntent 애플리케이션을 다시 실행하고 'Show Web Page' 버튼을 클릭하면 된다. 그러나 이번에는 안드로이드 시스템에서 두 개 이상의 액티비티를 찾을 것이다. ImplicitIntentActivity에서 요청한 암시적 인텐트와 일치하는 인텐트 필터를 갖는 액티비티가 두 개이기 때문이다. 이런 경우에 안드로이드 시스템에서는 그림

44-5와 같은 대화상자를 보여주고 론칭할 액티비티를 사용자가 선택할 수 있게 해준다. 여기서는 에뮬레이터에서 실행한 화면을 보여준다.

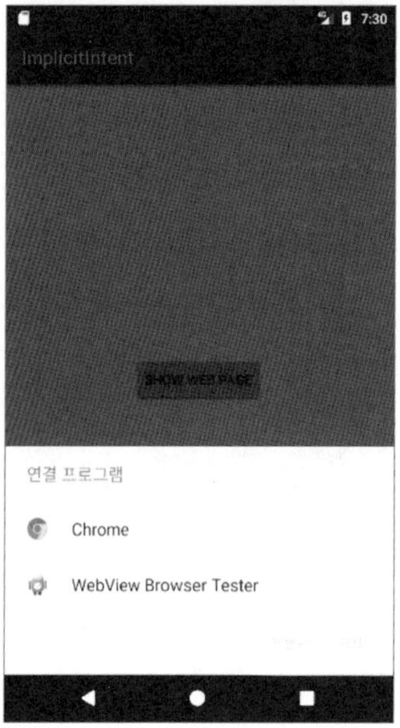

그림 44-5

WebView Browser Tester를 선택하고 Just once(한 번만 또는 이번만) 버튼을 클릭하자. 새로 생성한 MyWebViewActivity가 인텐트를 처리하여 우리가 지정한 웹 페이지가 화면에 나타날 것이다(그림 44-6).

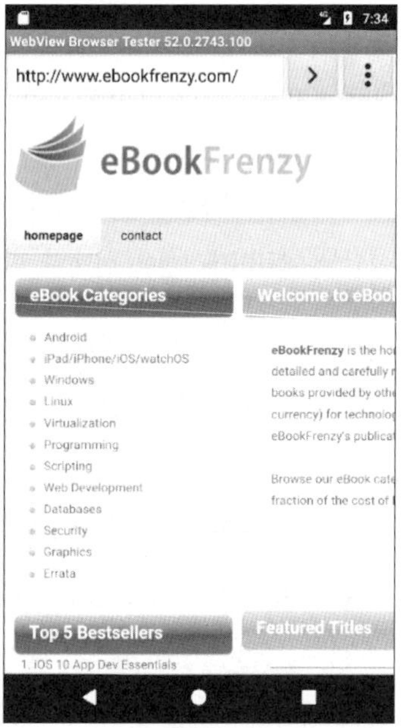

그림 44-6

장치에 어떤 웹 브라우저가 몇 개 설치되어 있는가에 따라 그림 44-5에 나타나는 액티비티 내역이 다를 수 있다. 예를 들어, 에뮬레이터에서는 그림 44-5처럼 크롬(Chrome)과 WebView Browser Tester가 나타난다.

만일 위의 대화상자가 나타나지 않고 크롬 브라우저로 웹 페이지가 로드된다면 크롬 브라우저가 장치의 **디폴트** 브라우저로 구성되어 있기 때문이다. 그럴 때는 다음과 같이 변경할 수 있다(장치의 안드로이드 버전에 따라 다를 수 있다). 장치의 **설정(Settings)** ➡ **애플리케이션**(또는 애플리케이션 관리)으로 이동한다. 그리고 애플리케이션의 목록을 스크롤해서 Chrome(크롬)을 찾은 후 선택한다. 크롬 애플리케이션 정보 화면이 나오면 **기본적으로 열기**(또는 기본으로 설정) ➡ **기본값 지우기**(또는 기본 설정 삭제)를 클릭하면 된다.

44.10 요약

암시적 인텐트는 액티비티가 다른 액티비티의 서비스를 요청할 수 있는 메커니즘을 제공한다. 이때 원하는 일을 나타내는 액션 타입과 데이터(필요할 때만)를 지정한다. 그러나 암시적 인텐트를 수신할 수 있는 후보 액티비티가 되려면 다음과 같이 액티비티가 구성되어야 한다. 즉, 전달되는 인텐트 객체로부터 적합한 데이터를 추출할 수 있어야 하며, 합당한 퍼미션과 인텐트 필터를 갖도록 구성된 매니페스트 파일에 포함되어야 한다.

요청된 암시적 인텐트와 일치하는 액티비티가 하나 이상일 때는 안드로이드 시스템에서 사용자에게 선택하도록 해준다.

브로드캐스트 인텐트와 브로드캐스트 수신자

애플리케이션의 액티비티를 론칭하는 메커니즘을 제공하는 것에 추가하여 인텐트는 시스템의 다른 컴포넌트들에게 시스템 차원의 메시지를 전파하는 방법으로도 사용될 수 있다. 이때는 브로드캐스트 인텐트(Broadcast Intent)와 브로드캐스트 수신자(Broadcast Receiver)를 구현하면 된다. 이것이 이번 장에서 알아볼 내용이다.

45.1 브로드캐스트 인텐트 개요

브로드캐스트 인텐트는 Activity 클래스의 sendBroadcast( ) 또는 sendStickyBroadcast( ) 또는 sendOrderedBroadcast( ) 메서드를 호출하여 전파되는 Intent 객체다. 애플리케이션 컴포넌트 간의 메시징과 이벤트 시스템을 제공하는 것에 추가하여 브로드캐스트 인텐트는 주요 시스템 이벤트에 관심 있는 애플리케이션들에게 알림하기 위해 안드로이드 시스템에 의해서도 사용된다(외부 전원 또는 헤드폰이 연결되거나 연결이 끊어지는 것 등이 시스템 이벤트의 주요 예다).

브로드캐스트 인텐트가 생성될 때는 **액션 문자열**(action string)을 포함해야 한다. 그리고 선택적인 데이터와 카테고리 문자열(category string)을 추가로 포함할 수 있다. 즉, 일반적인 인텐트와 마찬가지로 엑스트라(extra)라고 하는 데이터가 브로드캐스트 인텐트에 추가될 수 있다. 이때는 인텐트 객체의 putExtra( ) 메서드를 사용해서 키-값의 쌍으로 된 데이터를 추가한다. 선택적인 카테고리 문자열은 addCategory( ) 메서드를 호출하여 브로드캐스트 인텐트에 지정할 수 있다.

브로드캐스트 인텐트를 식별하는 액션 문자열은 고유해야 하며, 일반적으로 애플리케이션의 자바 패키지 이름 형태를 사용한다. 예를 들어, 다음 코드에서는 액션 문자열과 데이터를 포함하는 브로드캐스트 인텐트를 생성하고 전송한다.

```
Intent intent = new Intent();
intent.setAction("com.example.Broadcast");
intent.putExtra("MyData", 1000);
sendBroadcast(intent);
```

이 코드는 안드로이드 3.0 이전 버전을 실행 중인 장치에서 이 브로드캐스트 인텐트를 받는 브로드캐스트 수신자를 성공적으로 론칭할 수 있을 것이다. 그러나 3.0 이상 버전의 안드로이드에서는 브로드캐스트 수신자에 의해 이 인텐트가 수신되지 않는다. 왜냐하면 안드로이드 3.0에서 론칭을 제어하는 보안 조치가 도입되었기 때문이다. 그것은 **사용 정지된(stopped)** 애플리케이션의 컴포넌트가 인텐트를 통해 론칭되는 것을 막는 조치다. 애플리케이션이 방금 설치되어서 이전에 론칭된 적이 없거나 장치의 애플리케이션 매니저를 사용해서 사용자가 수동으로 정지시켰을 경우, 그 애플리케이션은 사용 정지된 상태에 있다고 간주된다. 따라서 이것을 해결하려면 인텐트를 전송하기 전에 플래그를 추가하면 된다. 이 플래그는 FLAG_INCLUDE_STOPPED_PACKAGES이며, 정지된 애플리케이션의 컴포넌트를 시작시키는 것이 인텐트에 허용된다는 것을 나타낸다. 위의 코드에는 다음과 같이 사용하면 된다.

```
Intent intent = new Intent();
intent.addFlags(Intent.FLAG_INCLUDE_STOPPED_PACKAGES);
intent.setAction("com.example.Broadcast");
intent.putExtra("MyData", 1000);
sendBroadcast(intent);
```

45.2 브로드캐스트 수신자 개요

애플리케이션의 매니페스트 파일에 **브로드캐스트 수신자**로 등록하면 특정 브로드캐스트 인텐트를 수신할 수 있다. 브로드캐스트 수신자는 BroadcastReceiver 클래스로부터 상속받고 onReceive() 메서드를 오버라이딩하여 구현한다. 그리고 브로드캐스트 수신자를 코드(예를 들어, 액티비티 내부) 또는 매니페스트 파일에서 등록하면 된다. 이때 수신자에서 리스닝하는 특정 브로드캐스트 인텐트를 나타내는 액션 문자열을 인텐트 필터에 정의한다. 그리고 이 액션 문자열과 일치하는 브로드캐스트 인텐트가 감지되면 브로드캐스트 수신자의 onReceive()

메서드가 호출된다. 이 메서드는 10초 이내에 필요한 일을 수행하고 복귀하도록 제한된다. 따라서 브로드캐스트 수신자에서는 시간이 오래 걸리는 작업을 수행하면 안 된다.

브로드캐스트 인텐트는 여러 브로드캐스트 수신자에게 동시 전파되므로 각 수신자가 시스템 리소스(특히 CPU)를 많이 사용하지 않도록 안드로이드 시스템에서 제한했기 때문이다. 브로드캐스트 인텐트의 액션 문자열과 일치하는 브로드캐스트 수신자가 발견되면 안드로이드 시스템에서 자동으로 그 수신자를 시작시킨 후 그것의 onReceive( ) 메서드를 호출한다.

다음 코드에서는 브로드캐스트 수신자 클래스의 기본적인 형태를 보여준다.

```
package com.example.broadcastdetector;

import android.content.BroadcastReceiver;
import android.content.Context;
import android.content.Intent;

public class MyReceiver extends BroadcastReceiver {

    public MyReceiver() {
    }

    @Override
    public void onReceive(Context context, Intent intent) {
        // 브로드캐스트 인텐트가 감지되었을 때
        // 실행할 코드를 여기에 구현한다
    }
}
```

브로드캐스트 수신자를 매니페스트 파일에 등록할 때는 하나 이상의 인텐트 필터를 포함하는 <receiver> 항목을 추가해야 한다. 그리고 각 인텐트 필터에는 수신자가 리스닝하는 브로드캐스트 인텐트의 액션 문자열을 지정한다.

브로드캐스트 수신자를 등록하는 매니페스트 파일의 예를 보면 다음과 같다. 이 브로드캐스트 수신자에서는 액션 문자열로 com.example.Broadcast를 포함하는 브로드캐스트 인텐트를 리스닝한다.

```
<?xml version="1.0" encoding="utf-8"?>
<manifest xmlns:android="http://schemas.android.com/apk/res/android"
    package="com.example.broadcastdetector"
    android:versionCode="1"
```

```
    android:versionName="1.0" >

    <uses-sdk android:minSdkVersion="17" />

    <application
        android:icon="@mipmap/ic_launcher"
        android:label="@string/app_name" >
        <receiver android:name="MyReceiver" >
            <intent-filter>
                <action android:name="com.example.Broadcast" >
                    </action>
            </intent-filter>
        </receiver>
    </application>
</manifest>
```

이것과 동일한 효과를 갖도록 코드에서도 브로드캐스트 수신자를 등록할 수 있다. 이때 Activity 클래스의 registerReceiver( ) 메서드를 사용한다. 그리고 인텐트 필터는 IntentFilter 객체를 생성하여 수신자 객체와 함께 registerReceiver( ) 메서드의 인자로 전달한다.

```
IntentFilter filter = new IntentFilter("com.example.Broadcast");

MyReceiver receiver = new MyReceiver();
registerReceiver(receiver, filter);
```

코드에서 등록된 브로드캐스트 수신자가 더 이상 필요하지 않을 때는 Activity 클래스의 unregisterReceiver( ) 메서드를 호출하여 등록을 해지할 수 있다. 이때 수신자 객체의 참조를 인자로 전달한다. 예를 들어, 다음 코드에서는 위의 브로드캐스트 수신자를 등록 해지한다.

```
unregisterReceiver(receiver);
```

안드로이드 시스템의 일부 브로드캐스트 인텐트는 매니페스트 파일이 아닌 코드에서 등록된 브로드캐스트 수신자에서만 받을 수 있다는 것을 알아두자. 자세한 내용은 다음의 안드로이드 Intent 클래스 문서를 참조하자.

URL *http://developer.android.com/reference/android/content/Intent.html*

45.3 브로드캐스트 수신자로부터 결과 데이터 받기

sendBroadcast() 메서드를 사용해서 브로드캐스트 인텐트를 전송할 때는 그것을 수신하는 브로드캐스트 수신자로부터 결과를 받는 액티비티를 시작시킬 방법이 없다. 따라서 결과를 돌려받을 필요가 있을 때는 sendOrderedBroadcast() 메서드를 사용해야 한다. 이 메서드를 사용해서 브로드캐스트 인텐트가 전송될 때는 각 브로드캐스트 수신자에게 순차적으로 전달된다.

sendOrderedBroadcast() 메서드는 여러 인자를 갖는다. 그런 인자에는 다른 브로드캐스트 수신자가 그 인텐트를 처리했을 때 알림되는 또 다른 브로드캐스트 수신자(결과 수신자라고 함)의 객체 참조가 포함된다. 또한, 그 수신자들이 결과 데이터를 넣을 수 있는 데이터 참조들도 포함된다. 그리고 모든 브로드캐스트 수신자들이 브로드캐스트 인텐트의 처리를 완료하면 결과 데이터를 인자로 받는 결과 수신자(result receiver)의 onReceive() 메서드가 호출된다.

45.4 스티키 브로드캐스트 인텐트

기본적으로 브로드캐스트 인텐트는 전송이 되어 브로드캐스트 수신자에 의해 처리되면 없어진다. 그러나 브로드캐스트 인텐트는 스티키(sticky)로 정의될 수 있다. 스티키 브로드캐스트 인텐트와 거기에 포함된 데이터는 전송되어 처리된 후에도 시스템에 남아 있는다. 스티키 브로드캐스트 인텐트에 저장된 데이터는 registerReceiver() 메서드 호출의 반환 값으로 얻을 수 있다. 이때 브로드캐스트 수신자의 객체 참조와 인텐트 필터 객체 참조를 인자로 사용한다. 대부분의 안드로이드 시스템 브로드캐스트 인텐트는 스티키하다(계속 남아 있는다). 가장 좋은 예가 배터리 레벨 상태에 관련된 브로드캐스트 인텐트들이다.

스티키 브로드캐스트 인텐트는 removeStickyBroadcast() 메서드를 호출하여 언제든 삭제할 수 있다. 이때 삭제할 브로드캐스트 인텐트의 객체 참조를 인자로 전달한다.

45.5 브로드캐스트 인텐트 예제 프로젝트

이 장의 나머지에서는 안드로이드 스튜디오 기반의 브로드캐스트 인텐트 예제 프로젝트를 생성하고 사용하는 방법을 알아볼 것이다. 우선, 우리 나름의 브로드캐스트 인텐트를 요청하기 위해 간단한 애플리케이션을 생성할 것이다. 그다음에 브로드캐스트 수신자를 생성하여 그 인텐트를 받았을 때 장치 화면에 메시지를 보여줄 것이다. 끝으로, 장치의 외부 전원이 끊겼다는 시스템의 알림를 브로드캐스트 수신자가 감지하도록 변경할 것이다.

45.6 예제 애플리케이션 생성하기

우선, 안드로이드 스튜디오로 새 프로젝트를 생성하자. 안드로이드 스튜디오 메인 메뉴의 File ➡ New ➡ New Project...를 선택하거나 웰컴 스크린에서 Start a new Android Studio project를 선택한다.

Application name 필드에 SendBroadcast를 입력하고, Company Domain 필드에는 ebookfrenzy.com을 입력한다. 안드로이드 장치 선택 화면에서는 폰과 태블릿(Phone and Tablet)만 선택하고, 최소 SDK 버전은 API 22: Android 5.1 (Lollipop)으로 선택한다. 액티비티 선택 화면에서는 Empty Activity를 선택한다. 그리고 마지막 대화상자에서 Activity Name에 SendBroadcastActivity를 입력하고 자동으로 설정된 나머지 필드 값은 그대로 둔다. Finish 버튼을 눌러 프로젝트를 생성한다.

편집기 위쪽의 activity_send_broadcast.xml 탭을 클릭한 후 디자인 모드로 변경하자. 그리고 'Hello World!'를 보여주는 TextView 객체를 선택하고, 키보드의 Delete 키를 눌러 레이아웃에서 삭제하자.

팔레트의 Button을 끌어서 레이아웃의 중앙에 놓는다. 그리고 속성 창의 text 속성에 'Send Broadcast'를 입력하고 이 값을 문자열 리소스로 추출한다(그림 3-16 참조). 그리고 layout_width 속성을 wrap_content로 변경한다. 또한, onClick 속성을 찾아 속성값으로 broadcastIntent를 입력한다. 이것은 버튼을 클릭했을 때 실행될 메서드다.

45.7 브로드캐스트 인텐트를 생성하고 전송하기

이제는 브로드캐스트 인텐트를 생성하고 전송하는 코드를 구현할 때가 되었다. 그러기 위해서는 앞에서 사용자 인터페이스 Button 뷰의 onClick 속성에 지정했던 broadcastIntent( ) 메서드를 구현해야 한다. 다음과 같이 SendBroadcastActivity.java에 코드를 추가하자.

```
package com.ebookfrenzy.sendbroadcast;

import android.support.v7.app.AppCompatActivity;
import android.os.Bundle;
import android.content.Intent;
import android.view.View;

public class SendBroadcastActivity extends AppCompatActivity {
```

```
    @Override
    protected void onCreate(Bundle savedInstanceState) {
        super.onCreate(savedInstanceState);
        setContentView(R.layout.activity_send_broadcast);
    }

    public void broadcastIntent(View view)
    {
       Intent intent = new Intent();
       intent.setAction("com.ebookfrenzy.sendbroadcast");
       intent.addFlags(Intent.FLAG_INCLUDE_STOPPED_PACKAGES);
       sendBroadcast(intent);
    }
}
```

여기서는 인텐트의 액션 문자열을 com.ebookfrenzy.sendbroadcast로 지정하였다. 따라서 잠시 후에 생성할 브로드캐스트 수신자 액티비티의 매니페스트 인텐트 필터에는 그 액션 문자열과 일치하는 <action> 요소가 정의되어야 한다.

이로써 브로드캐스트 인텐트를 전송하는 애플리케이션은 생성되었다. 이제는 이 인텐트와 일치하는 브로드캐스트 수신자를 생성할 것이다.

45.8 브로드캐스트 수신자 생성하기

브로드캐스트 수신자를 생성하려면 BroadcastReceiver의 서브 클래스로 새로운 클래스를 생성해야 한다. 앞에서 했던 것처럼 새로운 프로젝트를 생성하자. Application name 필드에 MyBroadcastReceiver를 입력하고, Company Domain 필드에는 ebookfrenzy.com을 입력한 후 Next 버튼을 누른다.

안드로이드 장치 선택 화면에서는 폰과 태블릿(Phone and Tablet)만 선택하고, 최소 SDK 버전은 API 22: Android 5.1 (Lollipop)으로 선택한다. 액티비티 선택 화면에서는 Add No Activity를 선택하고 Finish 버튼을 누른다.

Alt+1[Cmd+1] 키를 눌러 프로젝트 도구 창을 연다. 그리고 app ➡ java 폴더를 확장하면 바로 밑에 우리 패키지인 com.ebookfrenzy.mybroadcastreceiver가 있을 것이다. 거기에서 오른쪽 마우스 버튼을 눌러 메뉴의 New ➡ Other ➡ Broadcast Receiver 옵션을 선택한다. 자동으로 지정된 클래스 이름인 MyReceiver를 그대로 둔다. 그리고 Exported와 Enabled 옵션도 선택되어 있을 것이다. 만일 체크되어 있지 않으면 선택하자. 이 설정들은 안드로이드 시스템이 필요할 때 수신자를 론칭하게 하며, 장치의 다른 애플리케이션에서 전송된 메시지를 이 클래스가 수신할 수 있게 한다. Finish 버튼을 누르면 새로운 브로드캐스트 수신자 클래스가 생성된다.

클래스가 생성되면 안드로이드 스튜디오가 다음의 MyReceiver.java 파일을 편집기 창에 로드했을 것이다.

```
package com.ebookfrenzy.mybroadcastreceiver;

import android.content.BroadcastReceiver;
import android.content.Context;
import android.content.Intent;

public class MyReceiver extends BroadcastReceiver {

    @Override
    public void onReceive(Context context, Intent intent) {
    // TODO: This method is called when the BroadcastReceiver is receiving
    // an Intent broadcast.
        throw new UnsupportedOperationException("Not yet implemented");
    }
}
```

이 코드에서 보듯이, 안드로이드 스튜디오가 새로운 클래스의 템플릿과 onReceive( ) 메서드를 생성해준다. 다음과 같이 onReceive( ) 메서드의 코드를 변경하자.

```
package com.ebookfrenzy.mybroadcastreceiver;

import android.content.BroadcastReceiver;
import android.content.Context;
import android.content.Intent;
import android.widget.Toast;

public class MyReceiver extends BroadcastReceiver {

    @Override
    public void onReceive(Context context, Intent intent) {
    // TODO: This method is called when the BroadcastReceiver is receiving
    // an Intent broadcast.
        throw new UnsupportedOperationException("Not yet implemented");

        Toast.makeText(context, "Broadcast Intent Detected.",
                Toast.LENGTH_LONG).show();
    }
}
```

이제는 브로드캐스트 수신자의 코드가 완성되었다.

45.9 매니페스트 파일에 브로드캐스트 수신자 구성하기

브로드캐스트 수신자는 매니페스트 파일에 선언해주어야 한다. 이때 수신자가 리스닝하는 브로드캐스트 인텐트 액션 문자열을 인텐트 필터에 지정해야 한다.

프로젝트 도구 창에서 app ➡ manifests 밑에 있는 AndroidManifest.xml 파일을 더블 클릭하여 편집기 창으로 로드하자.

앞에서 MyReceiver 클래스가 생성되었을 때 안드로이드 스튜디오가 자동으로 <receiver> 요소를 매니페스트 파일에 추가하였다. 따라서 <receiver> 요소 내부에 <intent-filter>만 추가하면 된다. 다음과 같이 AndroidManifest.xml 파일을 변경하자.

```
<?xml version="1.0" encoding="utf-8"?>
<manifest xmlns:android="http://schemas.android.com/apk/res/android"
    package="com.ebookfrenzy.mybroadcastreceiver" >

    <application
        android:allowBackup="true"
        android:icon="@mipmap/ic_launcher"
        android:label="@string/app_name"
        android:roundIcon="@mipmap/ic_launcher_round"
        android:supportsRtl="true"
        android:theme="@style/AppTheme">
        <receiver
            android:name=".MyReceiver"
            android:enabled="true"
            android:exported="true">
            <intent-filter>
                <action
                    android:name="com.ebookfrenzy.sendbroadcast" >
                </action>
            </intent-filter>

        </receiver>
    </application>
</manifest>
```

매니페스트 파일의 변경이 끝났으므로 이제는 애플리케이션을 테스트할 준비가 되었다.

45.10 브로드캐스트 애플리케이션 테스트하기

브로드캐스트 인텐트의 송신과 수신을 테스트하려면 수신자인 MyBroadcastReceiver 애플리케이션을 장치에 먼저 설치해야 한다. 송신하는 SendBroadcast 애플리케이션은 이후에 그냥 실행하면 된다. 에뮬레이터나 장치에서 MyBroadcastReceiver 애플리케이션을 실행시키자. 그리고 설치할 장치를 선택하는 대화상자가 나타나면 설치할 장치나 에뮬레이터 중 하나를 선택하고 OK 버튼을 누른다. 에뮬레이터의 경우는 다음 그림과 같이 에러 메시지가 나타날 것이다. 실제 장치에서는 에러 메시지가 나타나지 않고 바로 설치되므로 다음의 과정을 건너뛰고 그림 45-3과 같이 애플리케이션 목록을 확인하면 된다.

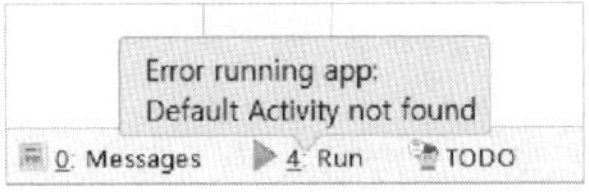

MyBroadcastReceiver 애플리케이션에 메인 액티비티가 없어서 이 메시지가 나오는 것이므로 실행 관련 구성을 해주어야 한다.

그림 45-1과 같이 안드로이드 스튜디오의 app 툴바를 클릭하고 Edit Configurations를 선택하면 그림 45-2의 Run/Debug Configurations 대화상자가 나타난다.

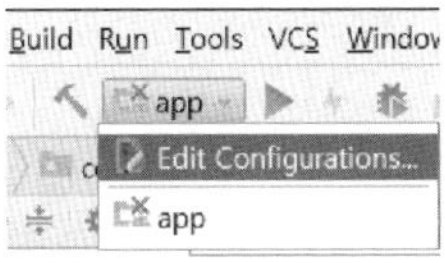

그림 45-1

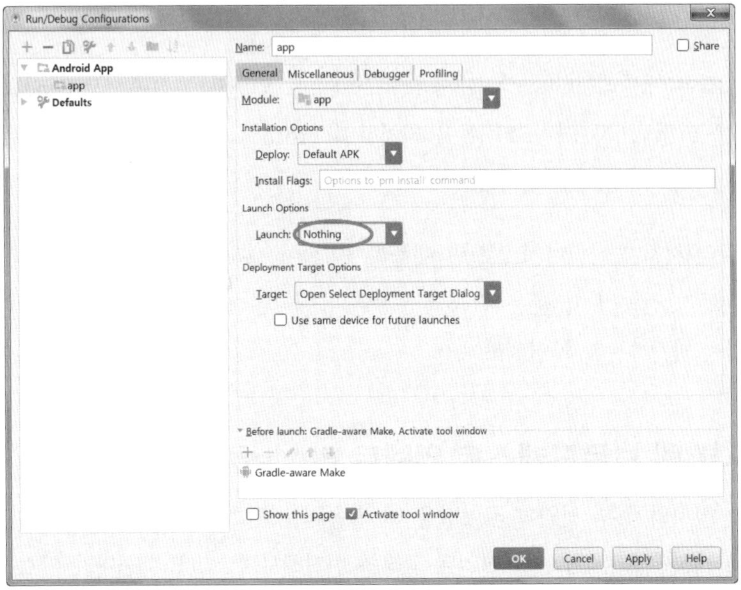

그림 45-2

그림 45-2에 타원으로 표시된 Launch Options를 Nothing으로 선택하고 OK 버튼을 누른다. 그리고 Run 'app' 툴바 버튼(▶)을 눌러서 애플리케이션을 다시 실행시키면 에러 메시지 없이 설치된다.

에뮬레이터나 장치에서 **설정 ➡ 애플리케이션**을 선택 후 애플리케이션 목록을 확인해보면 MyBroadcastReceiver 애플리케이션이 설치된 것을 확인할 수 있다. 그림 45-3에서는 에뮬레이터에서 확인된 화면을 보여준다.

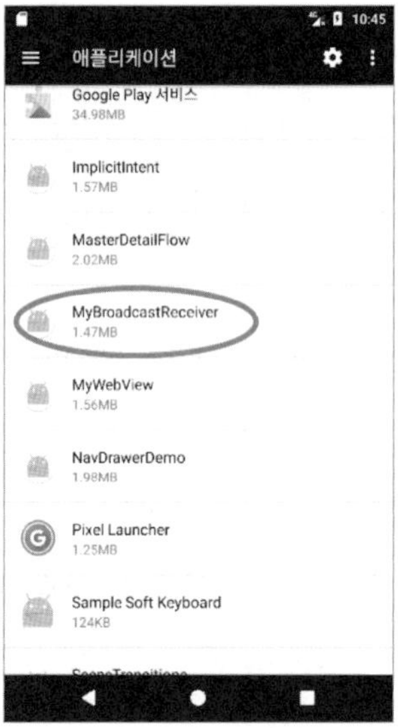

그림 45-3

그다음에는 같은 에뮬레이터나 장치에서 브로드캐스트 인텐트를 전송하는 SendBroadcast 애플리케이션을 실행시키자. 그리고 버튼을 터치하면 'Broadcast Intent Detected.'라는 토스트 메시지가 잠시 나왔다가 없어질 것이다.

만일 토스트 메시지가 나타나지 않으면 애플리케이션이 제대로 설치되었는지, 그리고 브로드캐스트 인텐트가 전송될 때 사용된 액션 문자열과 매니페스트 파일의 인텐트 필터에 지정한 액션 문자열이 일치하는지 확인해보자.

45.11 시스템 브로드캐스트 인텐트 리스닝하기

마지막으로, 장치의 외부 전원이 끊어졌을 때 전송되는 시스템 브로드캐스트 인텐트를 리스닝하도록 MyBroadcastReceiver의 인텐트 필터를 변경해보자. 이때 수신자가 리스닝할 필요가 있는 액션은 android.intent.action.ACTION_POWER_DISCONNECTED다.

MyBroadcastReceiver 애플리케이션의 변경된 매니페스트 파일은 다음과 같다.

```
<manifest xmlns:android="http://schemas.android.com/apk/res/android"
    package="com.ebookfrenzy.mybroadcastreceiver">

    <application
        android:allowBackup="true"
        android:icon="@mipmap/ic_launcher"
        android:label="@string/app_name"
        android:supportsRtl="true"
        android:theme="@style/AppTheme">
        <receiver
            android:name=".MyReceiver"
            android:enabled="true"
            android:exported="true">
            <intent-filter>
                <action
                    android:name="com.ebookfrenzy.sendbroadcast" >
                </action>
                <action
                    android:name="android.intent.action.ACTION_POWER_DISCONNECTED" >
                </action>

            </intent-filter>

        </receiver>
    </application>

</manifest>
```

이제는 onReceive( ) 메서드에서 두 가지 타입의 브로드캐스트 인텐트를 리스닝하므로 수신된 인텐트의 액션 문자열도 토스트 메시지에 같이 보여주는 것이 좋을 것이다. 액션 문자열은 onReceive( ) 메서드의 인자로 전달된 인텐트 객체의 getAction( ) 메서드를 호출해서 얻을 수 있다.

```
public void onReceive(Context context, Intent intent) {
    String message = "Broadcast intent detected "
            + intent.getAction();

    Toast.makeText(context, message,
            Toast.LENGTH_LONG).show();
}
```

변경된 MyBroadcastReceiver 애플리케이션을 실제 장치에서 다시 실행하여 설치하자. 그리고 SendBroadcast 애플리케이션을 다시 실행시킨 후 버튼을 터치하면 다음과 같이 우리 나름의 액션 스트링을 포함하는 메시지가 나타날 것이다.

```
Broadcast intent detected com.ebookfrenzy.sendbroadcast
```

그리고서 연결된 장치에 전원을 공급하는 USB 연결 코드를 빼보자. 브로드캐스트 수신자에서 다음의 토스트 메시지를 보여줄 것이다.

```
Broadcast intent detected android.intent.action.ACTION_POWER_DISCONNECTED
```

이후로는 USB 연결 코드를 뺄 때마다 이 메시지가 나타나게 된다. 따라서 우리 애플리케이션의 테스트가 끝나면 장치에서 MyBroadcastReceiver 애플리케이션을 삭제해야 한다.

삼성 갤럭시 S6 엣지에서 실행한 결과 화면은 다음과 같다.

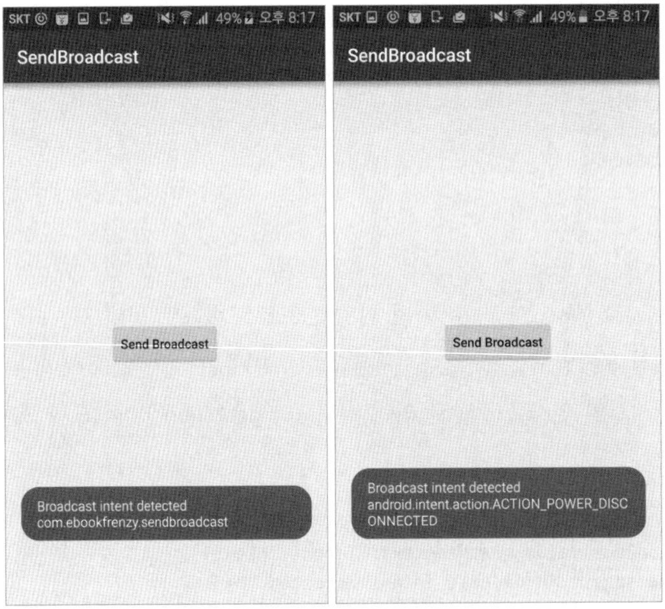

그림 45-4

45.12 요약

안드로이드 시스템의 여러 컴포넌트가 수신하도록 인텐트가 요청될 수 있는 메커니즘이 **브로드캐스트 인텐트**다. 브로드캐스트 인텐트를 받으려면 **브로드캐스트 수신자**로 등록되어야 하며, 액션 문자열과 일치하는 인텐트를 리스닝하도록 구성되어야 한다. 일반적으로 브로드캐스트 수신자는 휴면 상태로 있다가 일치하는 인텐트가 감지되면 시스템에 의해 활동이 시작된다.

브로드캐스트 인텐트는 또한 안드로이드 시스템에 의해 사용된다. 예를 들어, 배터리 전원이 얼마 없거나 장치의 외부 전원이 연결 또는 끊어졌을 때 시스템이 이벤트를 알림하는 경우다.

스레드와 스레드 핸들러

47장부터 50장까지는 애플리케이션의 작업을 백그라운드로 수행하기 위해 안드로이드 서비스를 사용하는 방법을 배울 것이다. 안드로이드 애플리케이션의 스레드(thread) 개념을 이해하지 못하고 서비스를 구현하는 방법을 아는 것은 불가능하다. 따라서 이번 장에서는 스레드와 스레드 핸들러(handler)를 먼저 알아볼 것이다.

46.1 스레드 개요

스레드는 멀티태스킹 운영체제의 초석이다. 그리고 메인 프로세스 내에서 작은 프로세스가 실행되는 것으로 생각할 수 있다. 스레드의 목적은 애플리케이션 내부에서 병렬로 실행될 수 있는 코드를 만드는 것이다.

46.2 애플리케이션의 메인 스레드

안드로이드 애플리케이션이 처음 시작되면 런타임 시스템에서 하나의 스레드를 생성하며, 모든 애플리케이션 컴포넌트는 기본적으로 그 스레드 내에서 실행된다. 그 스레드를 메인 스레드(main thread)라고 한다. 메인 스레드의 주된 역할은 사용자 인터페이스를 처리하는 것이다. 즉, 사용자 인터페이스의 이벤트 처리와 뷰와의 상호작용 등이다. 애플리케이션 내부에서 시작되는 어떤 추가적인 컴포넌트들도 기본적으로 메인 스레드에서 실행된다.

메인 스레드를 사용해서 시간이 오래 걸리는 작업을 수행하는 애플리케이션의 컴포넌트가 있다면 그 작업이 끝날 때까지 애플리케이션 전체가 멈춘 것처럼 보이게 된다. 이 경우 안드로이드에서는 '애플리케이션이 응답하지 않음' 경고를 사용자에게 보여준다. 당연히 이것은 어떤 애플리케이션에서도 원치 않을 것이다. 이때는 그런 작업을 별도의 스레드에서 수행하여 메인 스레드가 방해를 받지 않고 다른 작업을 계속하게 하면 된다.

46.3 스레드 핸들러

안드로이드 애플리케이션 개발의 중요한 규칙 중 하나는 애플리케이션의 메인 스레드에서 시간이 오래 걸리는 작업을 절대로 수행하지 않는 것이다. 두 번째로 똑같이 중요한 규칙이 있다. 즉, 메인 스레드 외의 다른 스레드 코드에서는 어떤 상황에서든 사용자 인터페이스(UI)를 직접 변경해서는 안 된다. 그 이유는 안드로이드 UI 툴킷이 **스레드에 안전하지 않기 때문이다**(여러 스레드가 동시에 실행되면서 각종 리소스를 공유할 때 생길 수 있는 많은 문제에 대한 대비를 하지 못한다는 의미다). 메인 스레드는 UI를 변경하는 모든 코드를 실행하며, 이는 서로 다른 UI 관련 이벤트들에 대한 응답으로 실행되는 코드들을 포함한다(그래서 메인 스레드를 UI 스레드라고도 한다). 여러 스레드에서 스레드에 안전하지 않은 코드가 동작하게 되면 원인을 찾기 어려운 문제가 간헐적으로 발생하고 예측할 수 없는 상태로 애플리케이션이 실행될 수 있다.

따라서 스레드에서 실행되는 코드가 사용자 인터페이스와 상호작용할 필요가 있는 경우는 메인 UI 스레드와 **동기화(synchronizing)**해서 사용해야 한다. 이때 메인 스레드에 **핸들러(handler)**를 생성한다. 그리고 핸들러는 다른 스레드로부터 메시지를 받아서 사용자 인터페이스를 변경한다.

46.4 기본적인 스레드 예제 프로젝트

이 장의 나머지에서는 프로젝트를 생성하여 기본적인 스레드 사용 예를 알아볼 것이다. 우선, 시간이 오래 걸리는 작업을 메인 스레드에서 할 때 어떻게 되는지 확인해 보고, 그다음에 메인 스레드가 아닌 다른 스레드에서 작업을 수행하는 것이 얼마나 중요한지 알아볼 것이다.

안드로이드 스튜디오로 새 프로젝트를 생성하자. 안드로이드 스튜디오 메인 메뉴의 File ➡ New ➡ New Project...를 선택하거나 웰컴 스크린에서 Start a new Android Studio project를 선택한다.

Application name 필드에 ThreadExample을 입력하고, Company Domain 필드에는 ebook frenzy.com을 입력한다. 안드로이드 장치 선택 화면에서는 폰과 태블릿(Phone and Tablet)만 선택하고, 최소 SDK 버전은 API 22: Android 5.1 (Lollipop)으로 선택한다. 액티비티 선택 화면에서는 Empty Activity를 선택한다. 그리고 마지막 대화상자에서 Activity Name에 ThreadExampleActivity를 입력하고 자동으로 설정된 나머지 필드 값은 그대로 둔다. Finish 버튼을 눌러 프로젝트를 생성한다.

레이아웃 편집기 위쪽의 activity_thread_example.xml 탭을 클릭한 후 디자인 모드로 변경하자. 그리고 'Hello World!'를 보여주는 TextView 컴포넌트를 클릭한 후 속성 창의 ID에 myTextView를 입력한다.

팔레트의 Button을 끌어서 TextView의 바로 밑에 놓는다. 그리고 레이아웃 편집기의 제약 추론 버튼( )을 클릭한다(18장 참조). 이렇게 하면 Button의 제약 연결이 자동으로 추가된다(그림 46-1). Button이 선택된 상태에서 속성 창의 text 속성을 'Press Me'로 변경하고 이 값을 문자열 리소스로 추출한다(그림 3-16 참조). layout_width 속성을 wrap_content로 변경한다. 끝으로, onClick 속성을 찾아 속성값으로 buttonClick을 입력한다.

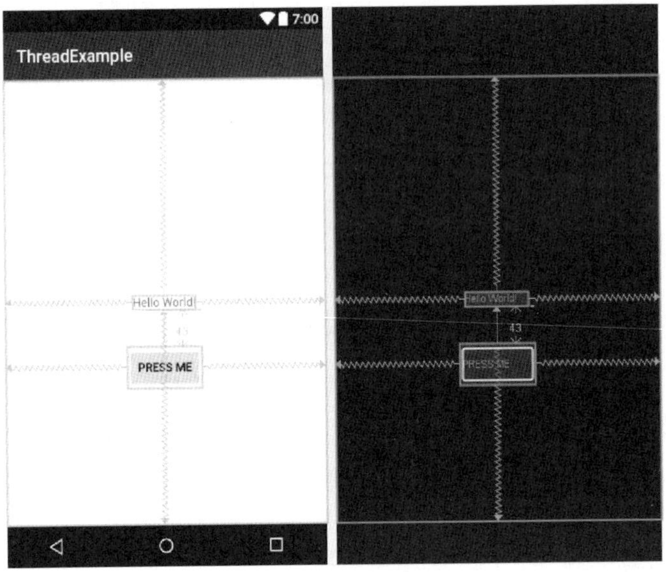

그림 46-1

다음은 사용자 인터페이스 Button 뷰의 onClick 속성에 지정했던 buttonClick( ) 메서드를 구현해야 한다. 이 메서드는 사용자가 버튼을 터치했을 때 호출된다. 메인 스레드에서 시간이 오래 걸리는 작업을 수행할 때 생기는 문제점을 보여주기 위해, 다음 코드에서는 TextView 객체에 텍스트를 보여주기 전에 일부러 20초 동안 일시 중지할 것이다. 다음과 같이 ThreadExampleActivity.java에 코드를 추가하자.

```
package com.ebookfrenzy.threadexample;

import android.support.v7.app.AppCompatActivity;
import android.os.Bundle;
import android.view.View;
import android.widget.TextView;

public class ThreadExampleActivity extends AppCompatActivity {
    @Override
    protected void onCreate(Bundle savedInstanceState) {
        super.onCreate(savedInstanceState);
        setContentView(R.layout.activity_thread_example);
    }

    public void buttonClick(View view)
    {
        long endTime = System.currentTimeMillis() + 20*1000;

        while (System.currentTimeMillis() < endTime) {
            synchronized (this) {
                try {
                    wait(endTime - System.currentTimeMillis());
                } catch (Exception e) {
                }
            }
        }
        TextView myTextView =
                (TextView)findViewById(R.id.myTextView);
        myTextView.setText("Button Pressed");
    }
}
```

코드 변경이 다 되었으면 실제 장치나 에뮬레이터에서 애플리케이션을 실행시키자. 그리고 버튼을 클릭하면 애플리케이션이 멈춘 것처럼 보일 것이다. 버튼을 여러 번 눌러 봐도 아무런 반응이 없다. 잠시 후에 안드로이드 시스템에서 그림 46-2와 같이 애플리케이션이 응답하지 않는다는 메시지를 보여줄 것이다(실제 장치에서는 앱을 바로 종료시키는 경우도 있다). 안드로이드에서는 5초 동안 사용자 인터페이스의 응답이 없으면 앱이 실행될 수 없기 때문이다. 앱 닫기를 클릭하여 실행을 끝내자.

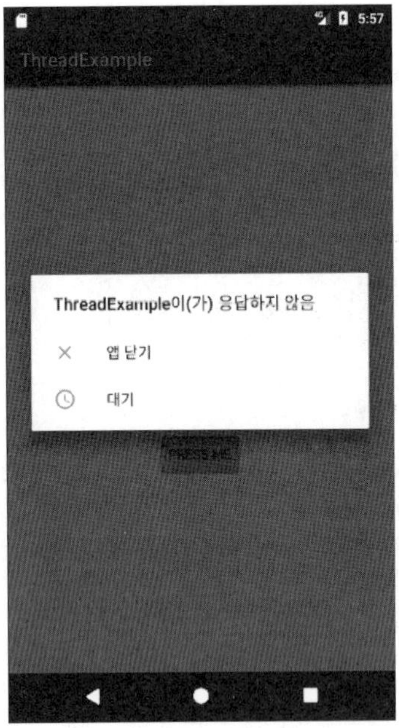

그림 46-2

당연한 것이지만, 메인 스레드의 buttonClick( ) 메서드처럼 오랫동안 실행되는 작업은 별도의 스레드에서 수행되어야 한다.

46.5 새로운 스레드 생성하기

새로운 스레드를 생성하려면 그 스레드에서 실행될 코드를 Runnable 인스턴스의 run( ) 메서드에 두어야 한다. 그다음에 새로운 Thread 객체를 생성해야 한다. 이때 Runnable 인스턴스의 객체 참조를 Thread 클래스의 생성자로 전달한다. 그리고 끝으로 그 스레드 객체의 start( ) 메서드를 호출하여 스레드로 실행되게 한다. 지금까지 설명한 작업을 buttonClick( ) 메서드에서 실행하도록 다음과 같이 변경하자.

```
public void buttonClick(View view)
{
    Runnable runnable = new Runnable() {
        public void run() {

            long endTime = System.currentTimeMillis()
                    + 20*1000;

            while (System.currentTimeMillis() < endTime) {
                synchronized (this) {
```

```
                try {
                    wait(endTime -
                            System.currentTimeMillis());
                } catch (Exception e) {}
            }
        }
        TextView myTextView =
                (TextView)findViewById(R.id.myTextView);
        myTextView.setText("Button Pressed");
    }
};
Thread myThread = new Thread(runnable);
myThread.start();
}
```

다시 애플리케이션을 실행시키자. 버튼을 클릭하면 새로운 스레드에서 20초 동안의 지연이 생길 것이다. 그러나 메인 스레드는 사용자 인터페이스 처리를 계속할 수 있다. 물론, 버튼을 다시 누르는 것도 가능하다. 실제로는 매번 버튼을 누를 때마다 새로운 스레드가 생성되어 실행된다.

여기 있는 buttonClick( ) 메서드에는 TextView의 텍스트를 변경하는 코드가 삭제되어 있다. 왜냐하면 앞에서도 설명했듯이 메인 스레드가 아닌 다른 스레드에서 사용자 인터페이스 요소를 변경하는 것은 안드로이드 애플리케이션 개발의 중요 규칙을 위반하는 것이기 때문이다. 그러므로 사용자 인터페이스를 변경하려면 그 스레드의 핸들러(Handler)를 메인 스레드에 구현해야 한다.

46.6 스레드 핸들러 구현하기

스레드 핸들러는 애플리케이션의 메인 스레드에 구현한다. 그리고 애플리케이션의 프로세스에서 실행 중인 다른 스레드가 전송한 메시지에 대한 응답으로 사용자 인터페이스를 변경하기 위해 사용된다.

핸들러는 안드로이드 Handler의 서브 클래스로 구현해야 하며, 다음 두 가지 방법으로 사용할 수 있다. 즉, 스레드가 요청할 때 실행되는 Runnable 객체로 핸들러를 지정하거나, 또는 Handler 서브 클래스에서 Handler 클래스의 handleMessage( ) 콜백 메서드를 오버라이딩하여 핸들러로 사용한다. handleMessage( ) 콜백 메서드는 스레드에서 핸들러에게 메시지를 보낼 때 호출된다.

여기서는 앞에서 생성된 스레드에서 사용자 인터페이스를 변경하기 위해 핸들러를 구현할 것이다. 핸들러 인스턴스를 액티비티에 추가하기 위해 편집기 창에 로드되어 있는 ThreadExample Activity.java 파일을 다음과 같이 변경하자. 그리고 Alt+Enter[Option+Enter] 키를 눌러서 필요한 import 문을 생성할 때 Handler는 android.os.Handler를 선택하고 Message는 android.os.Message를 선택해야 한다.

```
package com.ebookfrenzy.threadexample;

import android.support.v7.app.AppCompatActivity;
import android.os.Bundle;
import android.view.View;
import android.widget.TextView;
import android.os.Handler;
import android.os.Message;

public class ThreadExampleActivity extends AppCompatActivity {

    Handler handler = new Handler() {
        @Override
        public void handleMessage(Message msg) {
            TextView myTextView =
                    (TextView)findViewById(R.id.myTextView);
            myTextView.setText("Button Pressed");
        }
    };

    @Override
    protected void onCreate(Bundle savedInstanceState) {
        super.onCreate(savedInstanceState);
        setContentView(R.layout.activity_thread_example);
    }
.
.
}
```

여기서는 익명의 내부 클래스를 사용하여 핸들러를 선언하고 그것의 내부에서 handleMessage() 콜백 메서드를 구현한다. 이 메서드는 스레드가 핸들러에게 메시지를 보낼 때 호출된다. 여기서는 사용자 인터페이스의 TextView 객체에 'Button Pressed' 텍스트만 보여준다.

이제는 buttonClick() 메서드에서 생성된 스레드에서 메인 스레드의 핸들러에게 메시지를 보내는 것만 수정하면 된다. 20초의 지연 시간이 끝나면 메시지를 보낼 것이다.

```
public void buttonClick(View view)
{

    Runnable runnable = new Runnable() {
        public void run() {

            long endTime = System.currentTimeMillis() +
                    20*1000;

            while (System.currentTimeMillis() < endTime) {
                synchronized (this) {
                    try {
                        wait(endTime -
                                System.currentTimeMillis());
                    } catch (Exception e) {}
                }

            }
            handler.sendEmptyMessage(0);
        }
    };

    Thread myThread = new Thread(runnable);
    myThread.start();

}
```

이 코드에서는 핸들러 객체의 sendEmptyMessage( ) 메서드를 호출하는 코드만 추가되었다. 여기서는 핸들러가 자신이 받는 메시지의 내용에 개의치 않으므로 굳이 메시지 객체(Message 클래스의 인스턴스)를 생성하여 핸들러에게 보낼 필요는 없다.

애플리케이션을 실행시키고 버튼을 클릭해보자. 20초 후에 사용자 인터페이스의 TextView 객체에 새로운 텍스트가 나타날 것이다.

46.7 핸들러에게 메시지 전달하기

앞의 코드에서는 handleMessage( ) 핸들러 콜백 메서드를 호출하게 했었다. 그러나 핸들러에게 데이터를 전달하기 위해 메시지 객체(Message 클래스의 인스턴스)를 사용하지는 않았다. 여기서는 Message 객체를 사용해서 핸들러로 데이터를 전달하도록 코드를 변경할 것이다.

우선, buttonClick( ) 메서드의 변경된 스레드에서는 제일 먼저 메시지 풀(pool)로부터 메시지 객체를 얻기 위해 핸들러 객체의 obtainMessage( ) 메서드를 호출한다. 그리고 문자열 형식의 날짜와 시간을 시스템에서 얻은 후 그 정보를 Bundle 객체에 저장한다. 그다음에 그 객체를 메시지 객체에 추가한 후 핸들러 객체의 sendMessage( ) 메서드를 호출하여 전송한다. 다음과 같이 run( ) 메서드의 전체 코드를 변경하자.

```
package com.ebookfrenzy.threadexample;

import android.support.v7.app.AppCompatActivity;
import android.os.Bundle;
import android.view.View;
import android.widget.TextView;
import android.os.Handler;
import android.os.Message;
import java.text.SimpleDateFormat;
import java.util.Date;
import java.util.Locale;

public class ThreadExampleActivity extends AppCompatActivity {
.
.
.
    public void buttonClick(View view)
    {
        Runnable runnable = new Runnable() {
            public void run() {
                Message msg = handler.obtainMessage();
                Bundle bundle = new Bundle();
                SimpleDateFormat dateformat =
                        new SimpleDateFormat("HH:mm:ss MM/dd/yyyy",
                                Locale.US);
                String dateString =
                        dateformat.format(new Date());
                bundle.putString("myKey", dateString);
                msg.setData(bundle);
                handler.sendMessage(msg);
            }
        };
        Thread myThread = new Thread(runnable);
        myThread.start();

    }
}
```

그리고서 핸들러의 handleMessage( ) 메서드를 변경하자. 여기서는 메시지의 Bundle 객체로부터 날짜와 시간 문자열을 추출하여 TextView 객체의 텍스트로 보여줄 것이다.

```
Handler handler = new Handler() {
    @Override
    public void handleMessage(Message msg) {
        Bundle bundle = msg.getData();
        String string = bundle.getString("myKey");
        TextView myTextView = (TextView)findViewById(R.id.myTextView);
        myTextView.setText(string);
    }
};
```

애플리케이션을 다시 실행시키고 버튼을 클릭해보자. 그림 46-3처럼 현재의 날짜와 시간이 TextView 객체의 텍스트로 나타날 것이다.

그림 46-3

46.8 요약

이번 장에서는 안드로이드 애플리케이션의 스레드 사용 시에 중요한 것들을 알아보았다. 애플리케이션이 프로세스로 최초 론칭될 때 안드로이드 런타임 시스템은 메인 스레드를 생성한다. 그리고 이후에 론칭되는 애플리케이션 컴포넌트는 기본적으로 메인 스레드에서 실행된다. 메인 스레드의 주된 역할은 사용자 인터페이스를 처리하는 것이다. 따라서 시간이 오래 걸리는 작업이 메인 스레드에서 실행되면 애플리케이션이 멈춘 것처럼 보인다. 그러므로 그런 작업은 별도의 스레드에서 실행되어야 한다.

안드로이드 UI 툴킷이 스레드에 안전하지 않기 때문에 메인 스레드가 아닌 다른 스레드에서 사용자 인터페이스를 변경하면 안 된다. 이때는 메인 스레드에 핸들러를 생성하고 다른 스레드에서는 핸들러에 메시지를 보내어 핸들러에서 사용자 인터페이스를 변경하면 된다.

스타트 서비스와 바운드 서비스 개요

안드로이드 서비스 클래스는 애플리케이션이 백그라운드 작업을 시작시켜 수행할 수 있게 특별히 설계되었다. 작업을 빨리 수행하고 종료하는 브로드캐스트 수신자와 다르게, 서비스는 실행 시간이 길면서 사용자 인터페이스를 필요로 하지 않는 작업을 수행하도록 설계되었다(예를 들어, 인터넷 연결을 통해 파일을 다운로드하거나 사용자에게 음악을 스트리밍 서비스한다).

이번 장에서는 **스타트 서비스**(started service), **바운드 서비스**(bound service), **인텐트 서비스**(intent service)를 포함하여 다양한 타입의 사용 가능한 서비스들의 개요를 알아볼 것이다. 그리고 이후의 세 개 장에서는 예제 프로젝트를 생성하여 서비스를 실제 사용하는 방법을 알려줄 것이다.

47.1 스타트 서비스

스타트 서비스(started service)는 다른 애플리케이션 컴포넌트(예를 들어, 액티비티나 브로드캐스트 수신자)에 의해 론칭된다. 그리고 서비스가 중단되거나 리소스 해제를 위해 안드로이드 런타임 시스템에 의해 소멸될 때까지 백그라운드로 무한정 실행된다. 이 서비스는 자신을 시작시킨 애플리케이션이 더 이상 포그라운드에 있지 않아도 계속 실행된다. 심지어는 실제로 서비스를 시작시킨 컴포넌트가 소멸될 경우에도 계속 실행된다.

기본적으로 이 서비스는 자신이 론칭되었던 애플리케이션 프로세스와 동일한 메인 스레드에서 실행된다. 이것을 로컬(local) 서비스라고 한다. 따라서 CPU를 많이 사용하는 작업들은 그 서비스의 새로운 스레드에서 수행되도록 하는 것이 중요하다. 그리고 별도의 프로세스에서 서비스가 실행되는 것을 원격(remote) 서비스라고 하며, 이때는 매니페스트 파일에 구성 변경을 해야 한다.

매니페스트 파일의 설정으로 서비스가 특별히 private(론칭된 프로세스 전용)으로 구성되지 않는다면 그 서비스는 같은 안드로이드 장치의 다른 컴포넌트에 의해 시작될 수 있다. 이때는 앞의 다른 장에서 설명했듯이 한 액티비티가 다른 액티비티를 론칭하는 방법과 똑같이 인텐트 메커니즘을 사용하면 된다.

스타트 서비스는 startService( ) 메서드를 호출하여 론칭하며, 시작되는 서비스를 식별하는 인텐트 객체를 인자로 전달한다. 스타트 서비스는 작업을 완료한 후 stopSelf( )를 호출하여 자신을 중단시켜야 한다. 또한, stopService( ) 메서드를 호출하면 실행 중인 서비스를 다른 컴포넌트에서 중단시킬 수 있다. 이때는 중단될 서비스와 일치하는 인텐트를 인자로 전달한다.

스타트 서비스는 안드로이드 시스템에 의해 높은 우선순위가 부여된다. 그리고 리소스 해제를 위해 종료될 때도 제일 나중에 고려된다.

47.2 인텐트 서비스

앞에서 이야기했듯이, 서비스는 기본적으로 자신이 론칭된 컴포넌트와 같은 메인 스레드에서 실행된다. 따라서 CPU를 많이 사용하는 작업을 서비스가 수행할 필요가 있을 때는 새로운 스레드에서 수행되어야 한다. 그럼으로써 호출 애플리케이션의 성능에 영향을 주는 것을 방지할 수 있다. 이런 목적의 인텐트 서비스는 IntentService 클래스로 구현할 수 있다.

IntentService 클래스는 Service 클래스의 서브 클래스이자 편의(convenience) 클래스다. 이 클래스는 백그라운드 작업을 처리하는 작업 스레드를 설정하고 비동기 방식으로 각 요청을 처리한다. 이 서비스는 큐에 담긴 모든 요청을 처리한 후 그냥 중단된다. IntentService 클래스를 사용할 때는 각 요청을 실행하는 onHandleIntent( ) 메서드만 구현하면 된다.

각 요청을 동기식으로 처리할 필요가 없는 서비스라면 인텐트 서비스가 바람직하다. 그러나 동기화가 필요한 서비스는 Service 클래스의 서브 클래스가 되어야 하며, CPU를 많이 사용하는 작업을 효율적으로 처리하기 위해 스레드를 우리가 직접 구현하고 관리해야 한다.

47.3 바운드 서비스

바운드 서비스(bound service)는 스타트 서비스와 유사하다. 단, 바운드 서비스는 결과를 반환하며 자신을 론칭한 컴포넌트와의 상호작용도 허용한다는 것이 스타트 서비스와 다르다.

이와는 달리 바운드 서비스는 론칭 컴포넌트와의 상호작용을 허용하고 결과를 받을 수 있다. IPC(Inter-Process Communication, 프로세스 간 통신)의 구현을 통해서 그러한 상호작용은 프로세스 간에도 일어날 수 있다. 예를 들어, 오디오 재생을 하기 위해 액티비티에서 서비스를 시작시킬 수 있다. 그리고 그 액티비티는 재생 일시 중지나 다음 트랙으로 건너뛰기 등의 목적으로 사용자에게 제어를 제공하는 사용자 인터페이스를 포함할 가능성이 크다. 이와 유사하게, 오디오 재생 서비스에서는 현재 오디오 트랙이 끝났음을 나타내고 방금 재생을 시작한 다음 트랙의 상세 정보를 제공하기 위해 호출 액티비티에게 정보를 전달해야 한다.

한 컴포넌트(여기서는 클라이언트라고도 함)가 시작되어 bindService( ) 메서드를 호출하면 바운드 서비스에 바인딩(binding, 결속)된다. 그러면 동시에 여러 컴포넌트가 서비스에 바인딩할 수 있다. 클라이언트에서 바인딩된 서비스를 더 이상 필요로 하지 않을 때는 unbindService( ) 메서드를 호출해야 한다. 마지막으로, 남은 바인딩 클라이언트가 서비스에서 바인딩을 해제하면(unbind) 그 서비스는 안드로이드 런타임 시스템에 의해 종료된다. 바운드 서비스는 또한 startService( )의 호출로 시작될 수도 있다는 것을 알아두자. 이 경우 일단 서비스가 시작되면 컴포넌트들은 bindService( ) 호출로 그 서비스에 바인딩할 수 있다. 이처럼 바운드 서비스가 startService( ) 호출로 론칭되는 경우는 마지막 남은 클라이언트가 바인딩을 해제하더라도 서비스는 여전히 계속 실행된다.

바운드 서비스는 onBind( ) 메서드의 구현을 포함해야 한다. 서비스가 최초 생성될 때와 그 이후에 다른 클라이언트들이 그 서비스에 바인딩할 때 모두 onBind( ) 메서드가 자동 호출된다. 이 메서드의 목적은 바인딩한 클라이언트들에게 IBinder 타입의 객체를 반환하는 것이다. 이 객체는 서비스와 통신하기 위해 클라이언트가 필요로 하는 정보를 포함한다.

클라이언트와 바운드 서비스 간의 통신은 구성 형태에 따라 구현 기법이 달라진다. 즉, 클라이언트와 서비스가 같은 프로세스에 있는지 아니면 다른 프로세스에 있는지, 그리고 서비스가 특정 클라이언트에게만 가능한지 또는 그렇지 않은지에 따라 달라진다. 로컬 통신(같은 프로세스 내의 통신)은 Binder 클래스로부터 서브 클래스를 생성하고 onBind( ) 메서드에서 그 서브 클래스의 인스턴스를 반환함으로써 서비스가 구현될 수 있다. 이와는 달리 서로 다른 프로세스 간의 통신은 Messenger와 Handler를 구현해야 한다. 두 가지 모두에 대한 자세한 내용은 이후의 다른 장에서 살펴볼 것이다.

47.4 서비스 생명주기

이미 이야기했듯이, 서비스는 Service 클래스(android.app.Service)의 서브 클래스로 생성되거나 또는 Service 클래스의 서브 클래스(예를 들어, android.app.IntentService)로부터 서브 클래스로 생성되어야 한다. 그리고 생성되는 서비스의 특성에 따라 다음의 슈퍼 클래스 콜백 메서드들을 오버라이딩해야 한다.

- **onStartCommand( )** — 다른 컴포넌트가 startService( ) 메서드를 호출해서 서비스를 시작시킬 때 호출된다. 바운드 서비스의 경우는 이 메서드를 구현할 필요가 없다.
- **onBind( )** — 컴포넌트가 bindService( ) 메서드를 호출하여 서비스에 바인딩할 때 호출된다. 바운드 서비스를 구현할 때는 이 메서드에서 IBinder 객체를 반환해야 한다. 이 객체는 서비스가 클라이언트와 통신할 때 사용한다. 스타트 서비스의 경우는 이 메서드에서 null 값을 반환하도록 구현해야 한다.
- **onCreate( )** — 서비스가 생성될 때 호출되며, 이 메서드가 호출된 바로 다음에 onStartCommand( ) 메서드가 호출되거나 onBind( ) 메서드가 최초 호출된다.
- **onDestroy( )** — 서비스가 소멸될 때 호출된다.
- **onHandleIntent( )** — IntentService의 서브 클래스에만 적용되며, 이 메서드는 서비스를 처리하기 위해 호출된다. 메인 스레드와는 다른 별도의 스레드에서 실행된다.

IntentService 클래스는 onStartCommand( )와 onBind( ) 콜백 메서드를 자기 나름대로 구현하고 있다. 따라서 이 클래스의 서브 클래스에서는 그 메서드들을 추가로 구현할 필요가 없다.

47.5 소멸된 서비스 재시작 옵션 제어하기

우리 서비스 클래스에서 오버라이딩한 onStartCommand( ) 콜백 메서드에서는 정숫값을 반환해야 한다. 이것은 안드로이드 런타임 시스템에 의해 서비스가 소멸되는 경우(예를 들어, 시스템 셧다운)에 서비스를 어떻게 할 것인지를 정의하는 값이다. 반환 가능한 값은 다음과 같다.

- **START_NOT_STICKY** — 전송을 기다리는 인텐트가 없다면 서비스가 소멸될 때 다시 시작시키지 말라고 시스템에게 알려준다.

- **START_STICKY** — 만일 onStartCommand( ) 메서드의 실행이 끝나고 복귀한 이후에 서비스 소멸이 생긴다면 서비스가 소멸된 후 가능한 한 빨리 다시 시작되어야 한다는 것을 나타낸다. 이때 전송을 기다리는 인텐트가 없다면 null 인텐트 값을 인자로 받는 onStartCommand( ) 콜백 메서드가 호출된다. 그리고 처리될 인텐트는 서비스가 소멸되었을 때 무시된다.
- **START_REDELIVER_INTENT** — 만일 onStartCommand( ) 메서드의 실행이 끝나고 복귀한 이후에 서비스가 소멸되었다면 현재의 인텐트를 onStartCommand( ) 메서드에 다시 전송하여 그 서비스가 다시 시작되어야 한다는 것을 나타낸다. 그리고 그다음에 나머지 유보된 인텐트가 전달된다.

우리 서비스 클래스에서 오버라이딩한 onStartCommand( ) 콜백 메서드에서 이 세 가지 값 중 어떤 것을 반환해야 하는지는 서비스의 중요도에 달렸다. 서비스가 그리 중요하지 않다면 START_NOT_STICKY를 반환하면 될 것이다. 그러나 음악 재생과 같이 오랫동안 실행되는 서비스의 경우는 일단 시작되면 계속 실행되는 스티키(sticky) 서비스로 하는 것이 좋으므로 START_STICKY를 반환하는 것이 좋다.

47.6 매니페스트 파일에 서비스 선언하기

서비스를 사용하려면 매니페스트에 서비스를 선언해야 한다. 이때 적합하게 구성된 <service> 요소를 기존의 <application> 항목에 추가하면 된다. 다음과 같이 <service> 요소에는 서비스의 클래스 이름을 선언하는 속성이 포함되어야 한다.

```
    <application
        android:icon="@mipmap/ic_launcher"
        android:label="@string/app_name" >
        <activity
            android:name=".TestActivity" >
            <intent-filter >
                <action android:name="android.intent.action.MAIN" />
                <category android:name="android.intent.category.LAUNCHER" />
            </intent-filter>
        </activity>
        <service android:name=".MyService">
        </service>
    </application>
</manifest>
```

기본적으로 서비스는 public으로 선언된다. 즉, 서비스가 있는 애플리케이션 패키지 외부의 컴포넌트들이 액세스할 수 있다는 의미다. 서비스를 private으로 만들려면 <service> 요소 내부의 android:exported 속성을 false로 선언해야 한다. 예를 들면, 다음과 같다.

```
<service android:name=".MyService"
    android:exported="false">
</service>
```

앞에서 이야기했듯이, 기본적으로 서비스는 호출한 컴포넌트와 동일한 프로세스에서 실행된다. 따라서 서비스를 독립된 프로세스에서 실행하게 하려면 <service> 요소에 android:process 속성을 추가하면 된다. 이때 프로세스 이름 앞에 콜론(:)을 붙인다.

```
<service android:name=".MyService"
    android:exported="false"
    android:process=":myprocess">
</service>
```

앞에 붙인 콜론은 새로운 프로세스가 로컬 애플리케이션 전용(private)이라는 것을 나타낸다. 그러나 만일 프로세스 이름이 콜론 대신 영문 소문자로 시작하면 그 프로세스는 자신이 속한 애플리케이션 외의 다른 컴포넌트에서 사용할 수 있다.

끝으로, 인텐트 필터를 사용하면 서비스를 외부에서 호출하도록 할 수 있다. 인텐트 필터(Intent Filter)의 자세한 내용은 41장을 참조하자.

47.7 시스템 구동 시 서비스 시작시키기

백그라운드로 실행되는 서비스 특성으로 볼 때 안드로이드 시스템이 최초 부팅되는 시점에 자동으로 서비스가 시작되는 것은 흔히 있는 일이다. 이것은 인텐트 필터를 갖는 브로드캐스트 수신자를 생성하면 가능하다. 이때 android.intent.action.BOOT_COMPLETED 시스템 인텐트를 리스닝하도록 인텐트 필터를 구성하면 된다. 그런 다음, 그 인텐트가 감지되면 우리가 필요한 서비스를 브로드캐스트 수신자에서 시작시키고 종료하면 된다. 단, 그 브로드캐스트 수신자가 제대로 동작하려면 android.permission.RECEIVE_BOOT_COMPLETED 퍼미션을 요청해야 한다.

47.8 요약

안드로이드 서비스는 애플리케이션이 백그라운드로 실행되게 해주는 강력한 메커니즘이다. 일단, 론칭되면 서비스는 계속 실행된다. 그리고 자신을 시작시킨 애플리케이션이 더 이상 포그라운드에 있지 않아도 계속 실행되며, 심지어는 실제로 서비스를 시작시킨 컴포넌트가 소멸될 경우에도 계속 실행된다.

서비스는 안드로이드 Service 클래스의 서브 클래스이며, 스타트 서비스 또는 바운드 서비스로 분류된다. 스타트 서비스는 중단시키거나 소멸될 때까지 계속 실행된다. 그리고 다른 컴포넌트와의 상호작용이나 데이터를 교환하는 메커니즘을 본질적으로 제공하지 않는다. 이와는 달리 바운드 서비스는 다른 클라이언트 컴포넌트와의 통신 인터페이스를 제공한다. 그리고 바인딩된 마지막 클라이언트가 서비스 바인딩을 해제할 때까지 실행된다.

기본적으로 서비스는 시작시킨 애플리케이션과 동일한 프로세스 및 메인 스레드에서 실행된다. 그러므로 CPU를 많이 사용하는 작업을 처리할 때는 서비스에 새로운 스레드를 생성해야 한다. 원격(remote) 서비스는 별도의 프로세스에서 시작될 수 있다. 이때는 매니페스트 파일의 <service> 항목을 적합하게 변경해야 한다.

안드로이드 Service 클래스의 서브 클래스인 IntentService 클래스는 비동기식 서비스 요청을 별도의 작업 스레드에서 처리하는 편리한 메커니즘을 제공한다.

스타트 서비스 구현 예제 프로젝트

앞 장에서는 안드로이드 서비스에 관련된 많은 정보를 설명하였다. 그러나 아직은 서비스의 개념이 꽤 어렵게 생각될 것이다. 따라서 이번 장에서는 안드로이드 스튜디오 프로젝트를 통해서 실제로 스타트 서비스를 구현하는 방법을 알아볼 것이다.

그렇게 하기 위해 먼저 IntentService 클래스를 사용해서 서비스를 생성해보고 그다음에 Service 클래스의 사용법을 추가로 보여줄 것이다. 그리고 끝으로 서비스를 별도의 스레드로 구현하여 작업을 수행하도록 할 것이다. 다음 장에서는 바운드 서비스와 클라이언트 서버 통신을 구현하는 방법을 프로젝트를 생성하여 알아볼 것이다.

48.1 예제 프로젝트 생성하기

안드로이드 스튜디오로 새 프로젝트를 생성하자. 안드로이드 스튜디오 메인 메뉴의 File ➡ New ➡ New Project...를 선택하거나 웰컴 스크린에서 Start a new Android Studio project 를 선택한다.

Application name 필드에 ServiceExample을 입력하고, Company Domain 필드에는 ebookfrenzy.com을 입력한다. 안드로이드 장치 선택 화면에서는 폰과 태블릿(Phone and Tablet)만 선택하고, 최소 SDK 버전은 API 22: Android 5.1 (Lollipop)으로 선택한다. 액티비티 선택 화면에서는 Empty Activity를 선택한다. 그리고 마지막 대화상자에서 Activity Name에

ServiceExampleActivity를 입력하고 자동으로 설정된 나머지 필드 값은 그대로 둔다. Finish 버튼을 눌러 프로젝트를 생성한다.

48.2 Service 클래스 생성하기

코드 작성에 앞서 서비스를 포함하는 새로운 클래스를 프로젝트에 추가하자. 여기서 구현할 첫 번째 서비스의 타입은 IntentService 클래스를 기반으로 한다. 앞 장에서 설명했듯이, IntentService 클래스는 서비스를 생성하는 편리한 메커니즘을 개발자에게 제공한다. 즉, 서비스를 호출한 애플리케이션과 다른 별개의 스레드에서 비동기식으로 작업을 수행한다.

새로운 클래스를 프로젝트에 추가하자. 프로젝트 도구 창에서 app ➡ java 폴더를 찾으면 바로 밑에 우리 패키지인 com.ebookfrenzy.serviceexample이 있을 것이다. 거기에서 오른쪽 마우스 버튼을 눌러 메뉴의 New ➡ Java Class 옵션을 선택하자. 그리고 Create New Class 대화상자에서 클래스 이름을 MyIntentService로 입력하고 OK 버튼을 누르면 새 클래스가 생성된다.

클래스가 생성되면 MyIntentService.java 파일의 내용이 다음과 같이 편집기 창에 나타날 것이다.

```
package com.ebookfrenzy.serviceexample;

/**
 * Created by <name> on <date>.
 */
public class MyIntentService {
}
```

여기서 <name>은 각자 사용 중인 컴퓨터의 사용자 이름으로 나타나고, <date>는 클래스 생성 당시의 날짜가 연월일로 되어 있을 것이다. 이 시점에서 변경할 사항은 다음과 같다. 우선, MyIntentService 클래스가 안드로이드 IntentService 클래스의 서브 클래스가 되도록 수정해야 한다. IntentService 클래스의 서브 클래스를 생성할 때는 반드시 준수해야 할 두 가지 규칙이 있다. 첫 번째는 슈퍼 클래스의 생성자를 호출하도록 서브 클래스 생성자를 구현해야 한다. 이때 서비스의 클래스 이름을 인자로 전달한다. 두 번째는 서브 클래스에서 onHandleIntent() 메서드를 오버라이딩해야 한다. 다음과 같이 MyIntentService.java 파일의 코드를 변경하자.

```java
package com.ebookfrenzy.serviceexample;

import android.app.IntentService;
import android.content.Intent;

public class MyIntentService extends IntentService {

    @Override
    protected void onHandleIntent(Intent arg0) {

    }

    public MyIntentService() {
        super("MyIntentService");
    }
}
```

이제는 onHandleIntent( ) 메서드 내부에 코드를 구현하는 것만 남았다. 이 메서드가 호출되었을 때 서비스가 일을 처리하도록 하기 위해서다. 대개는 인터넷으로 용량이 큰 파일을 다운로드하거나 오디오를 재생하는 등의 시간이 오래 걸리는 작업을 이 메서드에서 수행한다. 그러나 여기서는 안드로이드 스튜디오의 로그캣(LogCat) 패널에 로그 메시지만 출력할 것이다. 다음과 같이 코드를 추가하자.

```java
package com.ebookfrenzy.serviceexample;

import android.app.IntentService;
import android.content.Intent;
import android.util.Log;

public class MyIntentService extends IntentService {

    private static final String TAG = "ServiceExampleTag";

    @Override
    protected void onHandleIntent(Intent arg0) {
        Log.i(TAG, "Intent Service started");
    }

    public MyIntentService() {
        super("MyIntentService");
    }
}
```

48.3 서비스를 매니페스트 파일에 추가하기

서비스를 호출하려면 애플리케이션 매니페스트 파일에 먼저 등록해야 한다. 이때 서비스 클래스 이름을 지정한 <service> 요소를 추가한다.

프로젝트 도구 창에서 app 밑에 있는 AndroidManifest.xml 파일을 더블 클릭하여 편집기 창으로 로드하자. 그리고 다음과 같이 변경하자.

```
<?xml version="1.0" encoding="utf-8"?>
<manifest xmlns:android="http://schemas.android.com/apk/res/android"
    package="com.ebookfrenzy.serviceexample">

    <application
        android:allowBackup="true"
        android:icon="@mipmap/ic_launcher"
        android:label="@string/app_name"
        android:roundIcon="@mipmap/ic_launcher_round"
        android:supportsRtl="true"
        android:theme="@style/AppTheme">
        <activity android:name=".ServiceExampleActivity">
            <intent-filter>
                <action android:name="android.intent.action.MAIN" />

                <category android:name="android.intent.category.LAUNCHER" />
            </intent-filter>
        </activity>
        <service android:name=".MyIntentService" />
    </application>

</manifest>
```

48.4 서비스 시작시키기

이제는 서비스를 구현했고 매니페스트 파일에도 선언하였다. 그다음은 애플리케이션이 론칭될 때 서비스를 시작시키는 코드를 추가하면 된다. 그 코드는 액티비티 클래스의 onCreate() 콜백 메서드에 두는 것이 가장 좋다. 편집기에 로드되어 있는 ServiceExampleActivity.java 파일을 선택하고 다음과 같이 코드를 추가하자.

```
package com.ebookfrenzy.serviceexample;

import android.support.v7.app.AppCompatActivity;
import android.os.Bundle;
```

```java
import android.content.Intent;

public class ServiceExampleActivity extends AppCompatActivity {

    @Override
    protected void onCreate(Bundle savedInstanceState) {
        super.onCreate(savedInstanceState);
        setContentView(R.layout.activity_service_example);

        Intent intent = new Intent(this, MyIntentService.class);
        startService(intent);
    }
}
```

추가된 코드에서는 시작시킬 서비스의 클래스 이름을 갖는 새로운 인텐트 객체를 생성한 후 그것을 startService( ) 메서드의 인자로 전달한다.

48.5 인텐트 서비스 테스트하기

이제는 IntentService 기반의 서비스가 완성되어 테스트할 준비가 되었다. 이 서비스에서 보여주는 메시지는 로그캣 패널에 나타날 것이므로 메시지를 보기 쉽도록 안드로이드 스튜디오에서 그 패널을 구성할 필요가 있다.

메인 창 왼쪽 아래의 Logcat 도구 창 바를 클릭하자. 만일 그 바가 나타나 있지 않으면 다음과 같이 한다. 안드로이드 메인 창의 맨 왼쪽 아래에 있는 도구 메뉴 버튼에 마우스를 클릭하지 않고 갖다 댄 후 메뉴 옵션의 Logcat을 선택하면 된다. 그리고 Logcat 창의 오른쪽 위를 보면 드롭다운 상자가 있다. 그것을 클릭하고 Edit Filter Configuration 항목을 선택하자.

Create New Logcat Filter 대화상자가 나오면 필터 이름을 ServiceExample로 입력하고, Log Tag에는 MyIntentService.java 파일에 선언된 TAG 값인 ServiceExampleTag를 입력한다. 변경이 끝났으면 OK 버튼을 누른다. 새로 지정한 필터 이름인 ServiceExample이 오른쪽 위의 드롭다운 상자에 나타날 것이다. 로그캣 창에는 시스템 메시지를 포함해서 많은 메시지가 나타난다. 따라서 필터를 지정하여 우리 애플리케이션의 메시지만 보기 쉽도록 한 것이다.

실제 장치나 에뮬레이터에서 애플리케이션을 실행시키면 'Intent Service Started' 메시지가 로그캣 패널에 나타날 것이다(여러 메시지가 섞여 나오므로 오른쪽 위의 드롭다운 상자에서 우리가 지정했던 필터인 ServiceExample이 선택되어 있어야 우리 메시지를 쉽게 볼 수 있다). 이 메시지는 MyIntent Service 클래스의 onHandleIntent( ) 메서드에서 출력한 것이다.

```
04-30 19:58:39.036 8732-8750/com.ebookfrenzy.serviceexample I/ServiceExampleTag:
Intent Service started
```

우리 애플리케이션에서 시작시킨 서비스는 IntentService이므로 별도의 스레드로 백그라운드에서 실행되면서 자신의 작업이 끝나면 중단된다. 따라서 애플리케이션의 메인 스레드에서는 사용자 인터페이스를 통해 사용자에게 계속 응답할 수 있다. 여기서는 우리 서비스에서 간단하게 로그 메시지만 출력했으므로 금방 중단될 것이다.

48.6 Service 클래스 사용하기

IntentService 클래스는 최소한의 코드 작성으로 서비스를 구현하게 해준다. 그러나 Service 클래스의 유연성과 동기식 처리 특성이 필요한 경우가 있다. 곧 알게 되겠지만, 이때는 추가적인 코드 작성을 해야한다.

서비스를 호출한 애플리케이션과 동일한 스레드에서 시간이 오래 걸리는 작업을 하면 위험하다는 것을 보여주기 위해 여기서는 우선 새로운 스레드로 서비스를 생성하지 않고 애플리케이션의 메인 스레드에서 생성하여 테스트할 것이다. 그리고 새로운 스레드로 서비스를 생성하는 것은 이번 장 끝에서 해볼 것이다.

48.7 새로운 서비스 생성하기

우선, Service 클래스의 서브 클래스를 프로젝트에 새로 추가하자. 프로젝트 도구 창에서 app ➡ java 폴더를 찾으면 바로 밑에 우리 패키지인 com.ebookfrenzy.serviceexample이 있을 것이다. 거기에서 마우스 오른쪽 버튼을 눌러 메뉴의 New ➡ Service ➡ Service 옵션을 선택하자. 그리고 대화상자에서 클래스 이름을 MyService로 입력하고(기본적으로 지정되어 있다) Exported와 Enabled 옵션이 선택되었는지 확인한 후 Finish 버튼을 누르면 새로운 서비스 클래스가 생성된다.

제대로 동작하는 서비스를 생성하려면 최소한 onStartCommand() 콜백 메서드는 구현해야 한다. 이 메서드는 서비스가 시작될 때 호출된다. 또한, onBind() 메서드에서는 null 값을 반환해야 한다. 바운드 서비스가 아니라는 것을 안드로이드 시스템에게 알려주기 위함이다. 여기서는 onStartCommand() 메서드에서 루프를 세 번 반복 실행하며, 각 루프에서는 10초 동안 일시 중지할 것이다. 그리고 onCreate()와 onDestroy() 메서드에서는 로그 메시지만 출력할 것이다. MyService.java 파일에 다음과 같이 코드를 추가하자.

```
package com.ebookfrenzy.serviceexample;

import android.app.Service;
import android.content.Intent;
import android.os.IBinder;
import android.util.Log;

public class MyService extends Service {

    public MyService() {
    }

    private static final String TAG =
            "ServiceExampleTag";

    @Override
    public void onCreate() {
        Log.i(TAG, "Service onCreate");
    }

    @Override
    public int onStartCommand(Intent intent, int flags, int startId) {

        Log.i(TAG, "Service onStartCommand");

        for (int i = 0; i < 3; i++) {
            long endTime = System.currentTimeMillis() +
                    10 * 1000;
            while (System.currentTimeMillis() < endTime) {
                synchronized (this) {
                    try {
                        wait(endTime - System.currentTimeMillis());
                    } catch (Exception e) {
                    }
                }
            }
            Log.i(TAG, "Service running");
        }
        return Service.START_STICKY;
    }

    @Override
    public IBinder onBind(Intent intent) {
        // TODO: Return the communication channel to the service.
        throw new UnsupportedOperationException("Not yet implemented");
        Log.i(TAG, "Service onBind");
        return null;
    }

    @Override
    public void onDestroy() {
```

```
        Log.i(TAG, "Service onDestroy");
    }
}
```

그리고 이 서비스의 <service> 항목이 다음과 같이 매니페스트 파일(AndroidManifest.xml)에 추가되어 있는지 확인한다. MyService 클래스를 생성할 때 안드로이드 스튜디오가 자동으로 추가했을 것이다.

```
<service
    android:name=".MyService"
    android:enabled="true"
    android:exported="true" />
```

48.8 사용자 인터페이스 변경하기

이번 장 맨 앞에서 프로젝트 생성 시에 자동 생성된 activity_service_example.xml 파일에 버튼 뷰를 하나 추가하자. 그리고 그 버튼을 누르면 서비스를 시작시키게 할 것이다.

레이아웃 편집기 창에 로드된 activity_service_example.xml 레이아웃 리소스 파일을 선택하고 디자인 모드로 변경하자. 그리고 'Hello World!'를 보여주는 TextView 객체를 선택하고, 키보드의 Delete 키를 눌러 레이아웃에서 삭제하자.

팔레트의 Button을 끌어서 레이아웃의 왼쪽 위에 놓는다. 그리고 레이아웃 편집기의 제약 추론 버튼( )을 클릭한다(18장 참조). 이렇게 하면 Button의 제약 연결이 자동으로 추가된다. 그리고 Button이 선택된 상태에서 속성 창의 text 속성에 'Start Service'를 입력하고 이 값을 문자열 리소스로 추출한다(그림 3-16 참조). 그리고 layout_width 속성을 wrap_content로 변경한다. 또한, 속성 창의 onClick 속성을 찾아 속성값으로 buttonClick을 입력한다. 이것은 버튼을 클릭했을 때 실행될 메서드다.

그다음에는 ServiceExampleActivity.java 파일에 buttonClick( ) 메서드를 추가한다. 또한, MyIntentService를 론칭하기 위해 추가했던 onCreate( ) 메서드의 코드를 삭제하자.

```
package com.ebookfrenzy.serviceexample;

import android.support.v7.app.AppCompatActivity;
import android.os.Bundle;
import android.content.Intent;
import android.view.View;

public class ServiceExampleActivity extends AppCompatActivity {

    @Override
    protected void onCreate(Bundle savedInstanceState) {
        super.onCreate(savedInstanceState);
        setContentView(R.layout.activity_service_example);
        Intent intent = new Intent(this, MyIntentService.class);
        startService(intent);
    }

    public void buttonClick(View view)
    {
        Intent intent = new Intent(this, MyService.class);
        startService(intent);
    }
}
```

buttonClick( ) 메서드에서는 새로운 서비스의 인텐트 객체를 생성하고 그것을 시작시킨다.

48.9 애플리케이션 실행하기

애플리케이션을 실행시키고 Start Service 버튼을 클릭(터치)하자. 그리고 안드로이드 스튜디오에서 Logcat 창을 열어보자. onCreate( ) 메서드가 호출되고 onStartCommand( ) 메서드의 루프가 실행된다는 것을 나타내는 로그 메시지가 로그캣 패널에 나타날 것이다. (애플리케이션 실행 시에 Run 도구 창에 에러 메시지가 나타나면서 설치가 안 될 때는 실제 장치나 에뮬레이터의 **설정 ➡ 애플리케이션**에서 ServiceExample을 찾아 선택하고 삭제한 후 다시 실행하면 된다.)

앱 실행 화면에서 Start Service 버튼을 다시 클릭해보자. 아무 응답이 없을 것이다. 그리고 약 20초 후에 시스템에서 'ServiceExample이(가) 응답하지 않음' 메시지를 포함하는 경고 대화상자를 보여줄 것이다(그림 48-1). 서비스의 루프를 실행하는 동안 애플리케이션의 메인 스레드가 지연되고 있기 때문이다. 이것은 애플리케이션이 사용자에게 응답하는 것을 방해하는 것은 물론이고 시스템에도 영향을 끼친다. 그러므로 시스템에서는 어떤 형태로든 애플리케이션이 멈추었다고 여긴다. 그러므로 메인 스레드와는 별도의 스레드에서 실행되도록 서비스의 코드를 변경해야 한다. 앱 닫기 버튼을 누르면 앱이 종료된다.

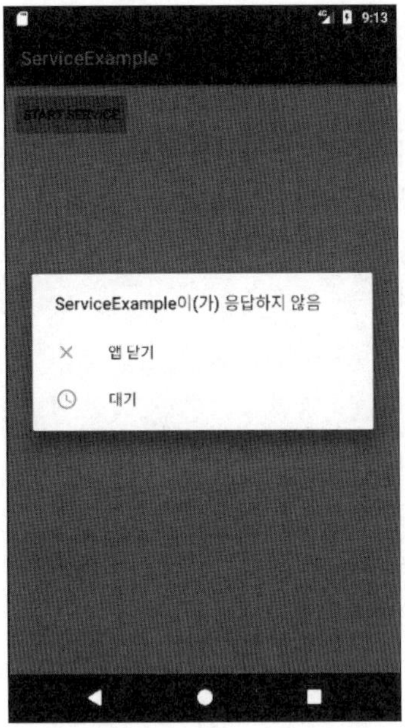

그림 48-1

48.10 서비스를 처리하는 새로운 스레드 생성하기

45장에서 설명했듯이, 안드로이드 애플리케이션이 최초 시작되면 런타임 시스템에서 하나의 스레드를 생성하여 모든 애플리케이션 컴포넌트가 그 스레드에서 실행되게 한다. 그 스레드를 **메인(main) 스레드**라고 한다. 메인 스레드의 주된 역할은 사용자 인터페이스를 처리하는 것이다. 즉, 사용자 인터페이스의 이벤트 처리와 뷰와의 상호작용 등이다. 애플리케이션 내부에서 시작되는 어떤 추가적인 컴포넌트들도 기본적으로 메인 스레드에서 실행된다.

앞의 예에서 보았듯이, 메인 스레드에서 시간이 오래 걸리는 작업을 수행하는 컴포넌트는 자신의 작업이 끝날 때까지 애플리케이션이 응답할 수 없게 만든다. 따라서 안드로이드에서는 애플리케이션이 추가적인 스레드를 생성하여 사용할 수 있는 API를 제공한다.

메인 스레드와 다른 별도의 스레드에서 수행되는 작업은 기본적으로 백그라운드로 실행된다. 그런 스레드를 **백그라운드(background) 스레드** 또는 **작업(worker) 스레드**라고 한다.

새로운 스레드에서 서비스의 작업을 수행하면 그런 문제가 간단하게 해결된다. 예를 들어, 기본적인 스레드 처리 방법을 사용해서 MyService.java 파일의 onStartCommand( ) 메서드를 다음과 같이 변경하면 된다. 여기서는 새로운 스레드에서 서비스의 작업을 처리한다.

```
@Override
public int onStartCommand(Intent intent, int flags, int startId) {

    Log.i(TAG, "Service onStartCommand " + startId);

    final int currentId = startId;

    Runnable r = new Runnable() {
        public void run() {

            for (int i = 0; i < 3; i++)
            {
                long endTime = System.currentTimeMillis() +
                        10*1000;

                while (System.currentTimeMillis() < endTime) {
                    synchronized (this) {
                        try {
                            wait(endTime -
                                    System.currentTimeMillis());
                        } catch (Exception e) {
                        }
                    }
                }
                Log.i(TAG, "Service running " + currentId);
            }
            return Service.START_STICKY;
            stopSelf();
        }
    };

    Thread t = new Thread(r);
    t.start();
    return Service.START_STICKY;
}
```

애플리케이션을 다시 실행시키자. 이번에는 Start Service 버튼을 여러 번 터치하는 것이 가능할 것이다. 그리고 매번 터치할 때마다 서비스에 의해 새로운 스레드가 생성되어 작업을 처리할 것이다. 또한, 로그캣 출력 메시지에도 각 서비스 요청의 startId를 참조하는 숫자가 포함될 것이다. 그림 48-2에서는 Start Service 버튼을 7회 눌렀을 때 출력된 로그캣 메시지를 보여준다.

```
04-30 21:24:27.017 12264-12264/com.ebookfrenzy.serviceexample I/ServiceExampleTag: Service onCreate
04-30 21:24:27.017 12264-12264/com.ebookfrenzy.serviceexample I/ServiceExampleTag: Service onStartCommand 1
04-30 21:24:28.100 12264-12264/com.ebookfrenzy.serviceexample I/ServiceExampleTag: Service onStartCommand 2
04-30 21:24:28.961 12264-12264/com.ebookfrenzy.serviceexample I/ServiceExampleTag: Service onStartCommand 3
04-30 21:24:29.778 12264-12264/com.ebookfrenzy.serviceexample I/ServiceExampleTag: Service onStartCommand 4
04-30 21:24:30.549 12264-12264/com.ebookfrenzy.serviceexample I/ServiceExampleTag: Service onStartCommand 5
04-30 21:24:31.412 12264-12264/com.ebookfrenzy.serviceexample I/ServiceExampleTag: Service onStartCommand 6
04-30 21:24:32.256 12264-12264/com.ebookfrenzy.serviceexample I/ServiceExampleTag: Service onStartCommand 7
04-30 21:24:37.019 12264-12302/com.ebookfrenzy.serviceexample I/ServiceExampleTag: Service running 1
04-30 21:24:38.101 12264-12303/com.ebookfrenzy.serviceexample I/ServiceExampleTag: Service running 2
04-30 21:24:38.973 12264-12304/com.ebookfrenzy.serviceexample I/ServiceExampleTag: Service running 3
04-30 21:24:39.783 12264-12307/com.ebookfrenzy.serviceexample I/ServiceExampleTag: Service running 4
04-30 21:24:40.552 12264-12308/com.ebookfrenzy.serviceexample I/ServiceExampleTag: Service running 5
04-30 21:24:41.414 12264-12309/com.ebookfrenzy.serviceexample I/ServiceExampleTag: Service running 6
04-30 21:24:42.258 12264-12310/com.ebookfrenzy.serviceexample I/ServiceExampleTag: Service running 7
```

그림 48-2

이제는 서비스가 메인 스레드의 외부에서 요청을 처리할 수 있게 되었으므로 애플리케이션에서는 사용자와 안드로이드 시스템 모두에게 항상 응답할 수 있다.

48.11 요약

이번 장에서는 IntentService와 Service 클래스를 사용해서 안드로이드 스타트 서비스를 구현하는 예제 프로젝트를 만들어보았다.

로컬 바운드 서비스 예제 프로젝트

스타트 서비스와는 달리 바운드 서비스(bound service)는 안드로이드 서비스와 하나 이상의 클라이언트 컴포넌트 간의 통신을 구현하는 메커니즘을 제공한다. 이번 장에서는 예제 프로젝트를 생성하여 로컬(local) 바운드 서비스를 구현하는 방법을 알아볼 것이다.

49.1 바운드 서비스 이해하기

스타트 서비스와 마찬가지로 바운드 서비스도 백그라운드에서 작업을 수행할 수 있다. 그러나 스타트 서비스와는 다르게 하나의 바운드 서비스에 여러 클라이언트 컴포넌트가 바인딩(binding)할 수 있다. 그리고 일단 바인딩되면 다양한 메커니즘을 사용해서 서비스와 상호작용할 수 있다.

바운드 서비스는 안드로이드 Service 클래스의 서브 클래스로 생성되며, 최소한 onBind( ) 메서드는 구현해야 한다. 클라이언트 컴포넌트는 bindService( ) 메서드를 호출하여 서비스에 바인딩한다. 바운드 서비스에 첫 번째 바인딩 요청이 접수되면 그 서비스의 onBind( ) 메서드가 호출된다(이후의 바인딩 요청에서는 onBind( )가 호출되지 않는다). 서비스에 바인딩하고자 하는 클라이언트는 onServiceConnected( )와 onServiceDisconnected( ) 메서드를 포함하는 ServiceConnection의 서브 클래스도 구현해야 한다. 클라이언트-서버 형태의 연결이 될 때는 onServiceConnected( )가 호출되고 끊어질 때는 onServiceDisconnected( )가 호출된다.

onServiceConnected( ) 메서드의 경우는 서비스와 상호작용하는 클라이언트가 필요로 하는 정보를 갖는 IBinder 객체가 전달된다.

49.2 바운드 서비스 상호작용 옵션

클라이언트 컴포넌트와 바운드 서비스 간의 상호작용을 구현하는 메커니즘은 두 개가 있다. 바운드 서비스가 클라이언트 컴포넌트와 동일한 애플리케이션에 대해 **로컬**이면서(클라이언트 컴포넌트와 같은 프로세스에서 실행됨) **전용**(private)인 경우는(다른 애플리케이션의 컴포넌트에서는 사용할 수 없음) Binder 클래스의 서브 클래스를 생성하여 서비스의 인터페이스를 제공하도록 하는 메커니즘이 적합하다. 이때 Binder 객체는 onBind( ) 메서드에서 반환되며, 나중에 서비스의 메서드와 데이터를 직접 액세스하기 위해 클라이언트 컴포넌트가 사용한다.

바운드 서비스가 애플리케이션에 대해 로컬이 아닌 경우는(클라이언트 컴포넌트와 다른 프로세스에서 실행됨) Messenger와 Handler를 구현하여 사용하는 메커니즘이 가장 좋다. 이번 장의 나머지에서는 예제 프로젝트를 생성하여 로컬과 전용 바운드 서비스를 생성, 시작, 사용하는 방법을 보여줄 것이다.

49.3 로컬 바운드 서비스 예제 프로젝트

여기서 생성할 예제 프로젝트는 하나의 액티비티와 하나의 바운드 서비스로 구성된다. 바운드 서비스에서는 시스템에서 현재 시간을 얻은 후 그것을 사용자에게 보여주는 액티비티로 반환한다. 이 바운드 서비스는 액티비티와 동일한 애플리케이션에 대해 로컬이면서 전용이다.

안드로이드 스튜디오로 새 프로젝트를 생성하자. 안드로이드 스튜디오 메인 메뉴의 File ➡ New ➡ New Project...를 선택하거나 웰컴 스크린에서 Start a new Android Studio project를 선택한다.

Application name 필드에 LocalBound를 입력하고, Company Domain 필드에는 ebookfrenzy.com을 입력한다. 안드로이드 장치 선택 화면에서는 **폰과 태블릿**(Phone and Tablet)만 선택하고, 최소 SDK 버전은 API 22: Android 5.1 (Lollipop)으로 선택한다. 액티비티 선택 화면에서는 Empty Activity를 선택한다. 그리고 마지막 대화상자에서 Activity Name에 LocalBoundActivity를 입력하고 자동으로 설정된 나머지 필드 값은 그대로 둔다. Finish 버튼을 눌러 프로젝트를 생성한다.

프로젝트 생성이 끝났으므로 이제는 바운드 서비스로 동작할 새로운 클래스를 추가하도록 하자.

49.4 바운드 서비스를 프로젝트에 추가하기

프로젝트 도구 창에서 app ➡ java 폴더를 찾으면 바로 아래에 우리 패키지인 com.ebookfrenzy.localbound가 있을 것이다. 거기에서 오른쪽 마우스 버튼을 눌러 메뉴의 New ➡ Service ➡ Service 옵션을 선택하자. 그리고 대화상자에서 클래스 이름을 BoundService로 입력하고, Exported와 Enabled 옵션이 선택되었는지 확인한 후 Finish 버튼을 누르면 새로운 서비스 클래스가 생성된다. 오른쪽의 편집기 창에는 다음과 같이 BoundService.java 소스 파일이 로드되어 있을 것이다.

```
package com.ebookfrenzy.localbound;

import android.app.Service;
import android.content.Intent;
import android.os.IBinder;

public class BoundService extends Service {
    public BoundService() {
    }

    @Override
    public IBinder onBind(Intent intent) {
        // TODO: Return the communication channel to the service.
        throw new UnsupportedOperationException("Not yet implemented");
    }
}
```

49.5 Binder 구현하기

앞에서 이야기했듯이, 로컬 바운드 서비스는 적합하게 구성된 Binder 객체를 클라이언트에게 전달하여 바인딩된 클라이언트와 통신할 수 있다. 바운드 서비스 클래스에서 Binder 서브 클래스를 생성한 후 클라이언트가 호출할 수 있는 하나 이상의 새로운 메서드를 추가하면 된다. 그리고 그 메서드들은 바운드 서비스 인스턴스의 참조를 반환하도록 구현하면 된다. 그다음에 클라이언트는 그 서비스 참조를 사용해서 직접 바운드 서비스의 데이터를 액세스하고 메서드를 호출할 수 있다.

따라서 조금 전에 생성한 BoundService 클래스를 변경할 필요가 있다. 우선, Binder 클래스의 서브 클래스를 선언해야 한다. 이 서브 클래스는 현재의 서비스 객체 참조(this 키워드로 나타냄)를 반환하는 getService( )라는 하나의 메서드를 포함한다. 이 내용을 염두에 두고 BoundService.java 파일을 다음과 같이 변경하자.

```
package com.ebookfrenzy.localbound;

import android.app.Service;
import android.content.Intent;
import android.os.IBinder;
import android.os.Binder;

public class BoundService extends Service {

    private final IBinder myBinder = new MyLocalBinder();

    public BoundService() {
    }

    @Override
    public IBinder onBind(Intent intent) {
        // TODO: Return the communication channel to the service.
        throw new UnsupportedOperationException("Not yet implemented");
    }

    public class MyLocalBinder extends Binder {
        BoundService getService() {
            return BoundService.this;
        }
    }
}
```

여기서 잠시 이 코드를 살펴보자. 우선, Binder의 서브 클래스인 MyLocalBinder 클래스를 내부 클래스로 선언하였다. 이 클래스는 하나의 메서드만 포함하며, 이 메서드는 BoundService 클래스의 현재 인스턴스 참조를 반환한다.

BoundService 클래스에서는 MyLocalBinder 클래스의 새로운 인스턴스를 생성하고 그 참조를 IBinder 타입의 myBinder 참조 변수에 지정한다(Binder는 IBinder의 서브 클래스이므로 가능하다).

그다음은 myBinder 객체의 참조를 반환하도록 onBind( ) 메서드를 변경할 필요가 있다. 또한, 서비스에 바인딩되는 클라이언트에 의해 호출될 때 현재 시간을 반환하는 새로운 public 메서드를 구현해야 한다. 이 내용을 염두에 두고 BoundService.java 파일을 다음과 같이 변경하자.

Alt+Enter[Option+Enter] 키를 눌러서 필요한 import 문을 생성할 때 Date 클래스는 java.util.Date를 선택해야 한다.

```
package com.ebookfrenzy.localbound;

import java.text.SimpleDateFormat;
import java.util.Date;
import java.util.Locale;

import android.app.Service;
import android.content.Intent;
import android.os.IBinder;
import android.os.Binder;

public class BoundService extends Service {

    private final IBinder myBinder = new MyLocalBinder();

    public BoundService() {
    }

    @Override
    public IBinder onBind(Intent intent) {
        // TODO: Return the communication channel to the service.
        throw new UnsupportedOperationException("Not yet implemented");
        return myBinder;
    }

    public String getCurrentTime() {
        SimpleDateFormat dateformat =
                new SimpleDateFormat("HH:mm:ss MM/dd/yyyy",
                        Locale.US);
        return (dateformat.format(new Date()));
    }

    public class MyLocalBinder extends Binder {
        BoundService getService() {
            return BoundService.this;
        }
    }
}
```

이제는 바운드 서비스가 완성되었으므로 프로젝트의 매니페스트 파일에 추가할 준비가 되었다. 프로젝트 도구 창에서 app ➡ manifests 밑에 있는 AndroidManifest.xml 파일을 더블 클릭하여 편집기 창으로 로드하자. 그리고 안드로이드 스튜디오에서 다음과 같이 <service> 항목을 추가했는지 확인해보자.

```
<?xml version="1.0" encoding="utf-8"?>
<manifest xmlns:android="http://schemas.android.com/apk/res/android"
    package="com.ebookfrenzy.localbound" >

    <application
        android:allowBackup="true"
        android:icon="@mipmap/ic_launcher"
        android:label="@string/app_name"
        android:roundIcon="@mipmap/ic_launcher_round"
        android:supportsRtl="true"
        android:theme="@style/AppTheme" >
        <activity
           android:name=" .LocalBoundActivity" >
           <intent-filter>
             <action android:name="android.intent.action.MAIN" />

             <category android:name="android.intent.category.LAUNCHER" />
           </intent-filter>
        </activity>

        <service
            android:name=".BoundService"
            android:enabled="true"
            android:exported="true" >
        </service>
    </application>

</manifest>
```

그다음은 서비스에 바인딩하고 getCurrentTime( ) 메서드를 호출하는 클라이언트 코드를 액티비티에 구현할 것이다.

49.6 클라이언트를 서비스에 바인딩하기

여기서는 실행되는 애플리케이션의 LocalBoundActivity 인스턴스가 클라이언트다. 앞에서 이야기했듯이, 서비스에 성공적으로 바인딩하고 서비스의 onBind( ) 메서드에서 반환되는 IBinder 객체를 받으려면 ServiceConnection의 서브 클래스를 생성하고 두 개의 콜백 메서드를 구현해야 한다. onServiceConnected( )와 onServiceDisconnected( )다. 다음과 같이 LocalBoundActivity.java 파일을 변경하자.

```java
package com.ebookfrenzy.localbound;

import android.support.v7.app.AppCompatActivity;
import android.os.Bundle;
import android.os.IBinder;
import android.content.Context;
import android.content.Intent;
import android.content.ComponentName;
import android.content.ServiceConnection;
import com.ebookfrenzy.localbound.BoundService.MyLocalBinder;

public class LocalBoundActivity extends AppCompatActivity {

    BoundService myService;
    boolean isBound = false;

    @Override
    protected void onCreate(Bundle savedInstanceState) {
        super.onCreate(savedInstanceState);
        setContentView(R.layout.activity_local_bound);
    }

    private ServiceConnection myConnection = new ServiceConnection()
    {
        @Override
        public void onServiceConnected(ComponentName className,
                                       IBinder service) {
            MyLocalBinder binder = (MyLocalBinder) service;
            myService = binder.getService();
            isBound = true;
        }

        @Override
        public void onServiceDisconnected(ComponentName name) {
            isBound = false;
        }
    };
}
```

onServiceConnected() 메서드는 클라이언트가 서비스에 성공적으로 바인딩하면 호출된다. 이때 서비스의 onBind() 메서드에서 반환한 IBinder 객체를 인자로 받는다. 그리고 이 인자를 MyLocalBinder 타입으로 캐스팅하고 바인더 객체의 getService() 메서드를 호출한다. 반환된 서비스 인스턴스의 참조는 myService에 지정한다. boolean 변수는 연결이 성공적으로 되었음을 나타내는 데 사용된다.

onServiceDisconnected( ) 메서드는 연결이 끝나면 호출되며, boolean 변수 값을 false로 지정한다.

연결에 필요한 준비는 다 되었으므로 이제는 클라이언트인 액티비티에서 서비스에 바인딩하는 코드가 필요하다. 이때 인텐트를 생성하고 bindService( ) 메서드를 호출한다. 이 코드들은 액티비티의 onCreate( ) 메서드에서 실행하는 것이 좋으므로 바로 앞의 LocalBoundActivity 클래스의 onCreate( ) 메서드에 다음과 같이 코드를 추가하자.

```
@Override
public void onCreate(Bundle savedInstanceState) {
    super.onCreate(savedInstanceState);
    setContentView(R.layout.activity_local_bound);
    Intent intent = new Intent(this, BoundService.class);
    bindService(intent, myConnection, Context.BIND_AUTO_CREATE);
}
```

49.7 예제 프로젝트 마무리하기

이제는 getCurrentTime( ) 메서드를 호출하고 그 결과를 사용자에게 보여주는 메커니즘을 구현하는 것만 남았다. 맨 앞에서 프로젝트를 생성할 때 안드로이드 스튜디오가 액티비티의 레이아웃 XML 파일인 activity_local_bound.xml을 생성하고 레이아웃 편집기 창에 로드했을 것이다. 레이아웃 편집기 창에서 그 XML 파일을 선택하고 디자인 모드로 변경하자. 그리고 레이아웃의 TextView를 클릭하고 속성 창의 ID 속성을 myTextView로 변경한다.

팔레트의 Button을 끌어서 TextView의 바로 밑에 놓는다. 그리고 레이아웃 편집기의 제약 추론 버튼( )을 클릭한다(18장 참조). 이렇게 하면 Button의 제약 연결이 자동으로 추가된다. Button이 선택된 상태에서 속성 창의 text 속성에 'Show Time'을 입력하고 이 값을 문자열 리소스로 추출한다(그림 3-16 참조). 또한, 속성 창의 onClick 속성을 찾아 속성값으로 showTime을 입력한다. 이것은 버튼을 클릭했을 때 실행될 메서드다.

변경이 끝나면 레이아웃이 그림 49-1과 같이 보일 것이다.

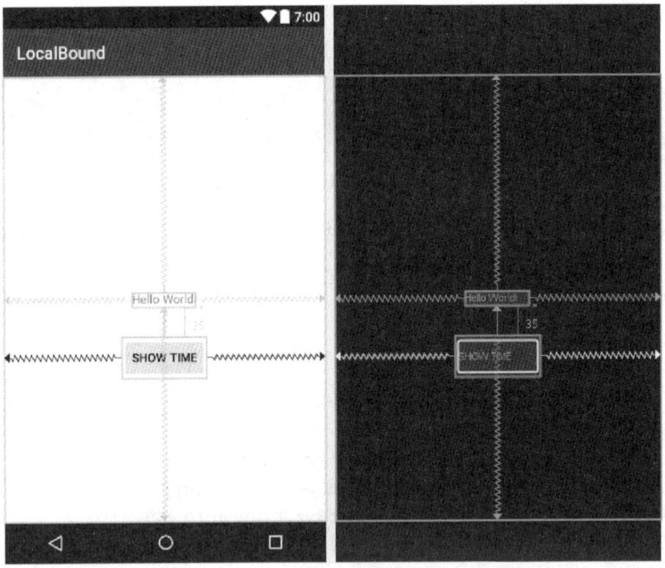

그림 49-1

마지막으로, showTime( ) 메서드를 구현하도록 LocalBoundActivity.java 파일을 수정하자. 이 메서드에서는 서비스의 getCurrentTime( ) 메서드를 호출하여 반환된 결과 문자열을 TextView에 지정한다(BoundService 객체 참조 변수인 myService에는 서비스 객체의 참조가 설정되어 있다. 서비스에 연결되면 호출되는 onServiceConnected( ) 메서드에서 지정했기 때문이다. 따라서 myService 참조를 사용해서 서비스의 getCurrentTime( ) 메서드를 호출할 수 있다).

```
package com.ebookfrenzy.localbound;

import android.support.v7.app.AppCompatActivity;
import android.os.Bundle;
import android.os.IBinder;
import android.content.Context;
import android.content.Intent;
import android.content.ComponentName;
import android.content.ServiceConnection;
import com.ebookfrenzy.localbound.BoundService.MyLocalBinder;
import android.view.View;
import android.widget.TextView;

public class LocalBoundActivity extends AppCompatActivity {

    BoundService myService;
    boolean isBound = false;
```

```
    public void showTime(View view)
    {
        String currentTime = myService.getCurrentTime();
        TextView myTextView =
                (TextView)findViewById(R.id.myTextView);
        myTextView.setText(currentTime);
    }
.
.
}
```

49.8 애플리케이션 테스트하기

애플리케이션을 실행시키고 Show Time 버튼을 클릭하여 TextView의 텍스트가 현재의 날짜와 시간으로 변경되어 나타나는지 확인하자. 우리 애플리케이션의 액티비티가 시작되면 서비스에 바인딩한 다음에 서비스의 메서드를 호출하여 작업을 수행시키고 그 결과를 액티비티에서 받는다. 실행 결과는 그림 49-2와 같다.

그림 49-2

49.9 요약

바운드 서비스가 애플리케이션에 대해 로컬이고 전용(private)일 때는 그 애플리케이션의 컴포넌트는 IPC(Inter-Process Communication, 프로세스 간 통신)에 의존할 필요 없이 서비스와 상호작용할 수 있다. 서비스의 onBind( ) 메서드는 실행 중인 서비스의 인스턴스 참조를 포함하는 IBinder 객체를 반환한다. 클라이언트 컴포넌트에서는 ServiceConnection의 서브 클래스를 구현한다. 그리고 이 클래스는 서비스가 연결되거나 끊어질 때 호출되는 콜백 메서드를 포함한다. 서비스에 연결되면 호출되는 onServiceConnected( ) 콜백 메서드에서는 onBind( ) 메서드에서 반환된 IBinder 객체를 인자로 받는다.

이번 장에서는 로컬 바운드 서비스의 구현 방법을 알아보았다. 다음 장에서는 원격(remote) 바운드 서비스를 구현하기 위해 IPC를 사용하는 방법에 초점을 둘 것이다.

원격 바운드 서비스 예제 프로젝트

이번 장에서는 메신저(Messenger)와 핸들러(Handler)를 사용하여 클라이언트와 원격(remote) 바운드 서비스 간의 상호작용을 구현하는 방법을 보여줄 것이다.

50.1 클라이언트에서 원격 서비스로 통신하기

앞 장에서 이야기했듯이, 클라이언트와 로컬 서비스 간의 상호작용은 서비스 객체 참조를 포함하는 IBinder 객체를 클라이언트에게 반환하여 구현될 수 있다. 그러나 원격 바운드 서비스의 경우는 이런 방법으로 할 수 없다. 원격 서비스가 다른 프로세스에서 실행되므로 클라이언트에서 서비스 객체를 직접 액세스할 수 없기 때문이다. 따라서 원격 서비스의 경우는 메신저와 핸들러를 생성해야 한다. 그래야만 클라이언트와 서비스 간의 프로세스 경계를 가로질러 메시지를 전달할 수 있기 때문이다.

원격 서비스에서는 메시지가 클라이언트로부터 수신될 때 작업을 수행할 Handler 인스턴스를 생성한다. 핸들러가 할 일은 Messenger 객체를 생성하는 것이다. 그리고 Messenger 객체는 클라이언트에게 반환될 IBinder 객체를 onBind( ) 메서드에서 생성한다. IBinder 객체는 나중에 서비스 핸들러에게 메시지를 전송하기 위해 클라이언트에서 사용한다. 그리고 클라이언트에서 메시지를 보낼 때마다 그 메시지 객체를 인자로 받는 핸들러의 handleMessage( ) 메서드가 호출된다.

이번 장의 예제 프로젝트는 별개의 프로세스에서 실행되는 하나의 액티비티와 하나의 바운드 서비스로 구성된다. 그리고 클라이언트에서 서비스에 문자열을 전송하면 서비스가 그 문자열을 토스트(Toast) 메시지로 보여주는 메신저/핸들러 메커니즘을 사용할 것이다.

50.2 예제 애플리케이션 생성하기

안드로이드 스튜디오로 새 프로젝트를 생성하자. 안드로이드 스튜디오 메인 메뉴의 File ➡ New ➡ New Project...를 선택하거나 웰컴 스크린에서 Start a new Android Studio project를 선택한다.

Application name 필드에 RemoteBound를 입력하고, Company Domain 필드에는 ebookfrenzy.com을 입력한다. 안드로이드 장치 선택 화면에서는 폰과 태블릿(Phone and Tablet)만 선택하고, 최소 SDK 버전은 API 22: Android 5.1 (Lollipop)으로 선택한다. 액티비티 선택 화면에서는 Empty Activity를 선택한다. 그리고 마지막 대화상자에서 Activity Name에 RemoteBoundActivity를 입력하고 자동으로 설정된 나머지 필드 값은 그대로 둔다. Finish 버튼을 눌러 프로젝트를 생성한다.

50.3 사용자 인터페이스 디자인하기

레이아웃 편집기 창에 로드된 activity_remote_bound.xml 레이아웃 리소스 파일을 선택하고 디자인 모드로 변경하자. 그리고 'Hello World!'를 보여주는 TextView 객체를 선택하고, 키보드의 Delete 키를 눌러 레이아웃에서 삭제하자.

그다음에 팔레트의 Button을 끌어서 레이아웃의 중앙에 놓는다. 그리고 속성 창의 text 속성에 'Send Message'를 입력하고 이 값을 문자열 리소스로 추출한다(그림 3-16 참조). 그리고 layout_width 속성을 wrap_content로 변경한다. 또한, 속성 창의 onClick 속성을 찾아 속성값으로 sendMessage를 입력한다. 이것은 버튼을 클릭했을 때 실행될 메서드다.

50.4 원격 바운드 서비스 구현하기

원격 바운드 서비스를 구현하기 위해 새로운 클래스를 프로젝트에 추가하자. 프로젝트 도구 창에서 app ➡ java 폴더를 찾으면 바로 밑에 우리 패키지인 com.ebookfrenzy.remotebound가 있을 것이다. 거기에서 마우스 오른쪽 버튼을 눌러 메뉴의 New ➡ Service ➡ Service 옵션을 선택하자. 그리고 대화상자에서 클래스 이름을 RemoteService로 입력하고, Exported와

Enabled 옵션이 선택되었는지 확인한 후 Finish 버튼을 누르면 새로운 서비스 클래스가 생성된다. 오른쪽의 편집기 창에는 RemoteService.java 소스 파일이 로드되어 있을 것이다.

다음은 새로운 서비스의 핸들러를 구현하자. 이때는 Handler 클래스의 서브 클래스를 만들고 handleMessage( ) 메서드를 구현하면 된다. 이 메서드는 클라이언트로부터 메시지가 수신될 때 호출되며, 클라이언트가 서비스에 전달할 필요가 있는 데이터를 포함하는 Message 객체를 인자로 받는다. 여기서는 Message 객체의 데이터를 Bundle 객체로 받아 사용자에게 보여줄 문자열을 만든다. 다음과 같이 RemoteService.java 파일을 변경하자. Alt+Enter[Option+Enter] 키를 눌러서 필요한 import 문을 생성할 때 Handler의 경우는 android.os.Handler를 선택해야 한다.

```
package com.ebookfrenzy.remotebound;

import android.app.Service;
import android.content.Intent;
import android.os.IBinder;
import android.os.Bundle;
import android.os.Handler;
import android.os.Message;
import android.widget.Toast;
import android.os.Messenger;

public class RemoteService extends Service {

    public RemoteService() {
    }

    class IncomingHandler extends Handler {
        @Override
        public void handleMessage(Message msg) {

            Bundle data = msg.getData();
            String dataString = data.getString("MyString");
            Toast.makeText(getApplicationContext(),
                    dataString, Toast.LENGTH_SHORT).show();
        }
    }

    @Override
    public IBinder onBind(Intent intent) {
        // TODO: Return the communication channel to the service.
        throw new UnsupportedOperationException("Not yet implemented");
    }
}
```

핸들러가 구현되었으므로 이제 남은 것은 onBind() 메서드를 변경하는 것이다. 이 메서드에서는 Messenger 객체를 포함하는 IBinder 객체를 반환한다. 이때 Messenger 객체는 핸들러의 참조를 포함한다. 다음과 같이 RemoteService.java 파일을 변경하자.

```
final Messenger myMessenger = new Messenger(new IncomingHandler());

@Override
public IBinder onBind(Intent intent) {
        // TODO: Return the communication channel to the service.
        throw new UnsupportedOperationException("Not yet implemented");
        return myMessenger.getBinder();
}
```

이 코드의 첫 번째 라인에서는 우리 핸들러 객체를 생성하고 그것을 Messenger 클래스의 생성자 인자로 전달하여 새로운 Messenger 객체를 생성한다. 그리고 onBind() 메서드에서는 그 메신저의 IBinder 객체를 반환하기 위해 메신저 객체의 getBinder() 메서드를 호출한다.

50.5 원격 서비스를 매니페스트 파일에 구성하기

클라이언트와 원격 서비스 간의 통신을 정확하게 나타내려면 애플리케이션의 다른 부분과 분리된 프로세스에서 서비스가 실행되도록 구성할 필요가 있다. 이때는 매니페스트 파일의 <service> 태그에 android:process 속성을 추가하면 된다. 프로젝트 도구 창에서 app 밑에 있는 AndroidManifest.xml 파일을 더블 클릭하여 편집기 창으로 로드하자. 그리고 필요한 항목을 다음과 같이 추가하자.

```
<?xml version="1.0" encoding="utf-8"?>
<manifest xmlns:android="http://schemas.android.com/apk/res/android"
    package="com.ebookfrenzy.remotebound" >

    <application
        android:allowBackup="true"
        android:icon="@mipmap/ic_launcher"
        android:label="@string/app_name"
        android:roundIcon="@mipmap/ic_launcher_round"
        android:supportsRtl="true"
        android:theme="@style/AppTheme" >
        <activity
           android:name=".RemoteBoundActivity" >
           <intent-filter>
              <action android:name="android.intent.action.MAIN" />
```

```
            <category android:name="android.intent.category.LAUNCHER" />
        </intent-filter>
    </activity>

    <service
        android:name=".RemoteService"
        android:enabled="true"
        android:exported="true"
        android:process=":my_process" >
    </service>
</service>
</application>

</manifest>
```

50.6 원격 서비스를 론칭하고 바인딩하기

로컬 바운드 서비스처럼 클라이언트 컴포넌트에서는 ServiceConnection 클래스의 인스턴스를 구현해야 한다. 그리고 그 클래스의 onServiceConnected( )와 onServiceDisconnected( ) 메서드도 구현해야 한다. 또한, 로컬 서비스와 마찬가지로 onServiceConnected( ) 메서드는 원격 서비스의 onBind( ) 메서드에서 반환하는 IBinder 객체를 인자로 받는다. IBinder 객체는 클라이언트가 서버 핸들러에게 메시지를 보내는 데 사용한다. 여기서는 클라이언트가 우리 애플리케이션의 액티비티인 RemoteBoundActivity다. 앞에서 프로젝트를 생성할 때 편집기 창에 로드된 RemoteBoundActivity.java를 선택하고 다음과 같이 변경하자. ServiceConnection 클래스를 추가한다. 그리고 수신된 Messenger 객체의 참조를 저장하는 변수를 추가한다. 또한, 원격 서비스와 연결이 되었는지의 여부를 나타내기 위해 boolean 변수도 추가한다.

```
package com.ebookfrenzy.remotebound;

import android.support.v7.app.AppCompatActivity;
import android.os.Bundle;
import android.os.IBinder;
import android.os.Message;
import android.os.Messenger;
import android.os.RemoteException;
import android.content.ComponentName;
import android.content.Context;
import android.content.Intent;
import android.content.ServiceConnection;
import android.view.View;

public class RemoteBoundActivity extends AppCompatActivity {
```

```
    Messenger myService = null;
    boolean isBound;

    @Override
    protected void onCreate(Bundle savedInstanceState) {
        super.onCreate(savedInstanceState);
        setContentView(R.layout.activity_remote_bound);
    }

    private ServiceConnection myConnection =
        new ServiceConnection() {
            public void onServiceConnected(
                ComponentName className, IBinder service) {
                myService = new Messenger(service);
                isBound = true;
            }

            public void onServiceDisconnected(
                ComponentName className) {
                myService = null;
                isBound = false;
            }
        };
}
```

다음은 원격 서비스에 바인딩하는 코드를 추가해야 한다. 이때는 원격 서비스를 론칭하는 명시적 인텐트를 생성한다(Service의 론칭을 요청하는 인텐트는 명시적이어야 하기 때문이다). 그다음에 그 인텐트 객체와 ServiceConnection 인스턴스의 참조를 인자로 전달하여 bindService() 메서드를 호출한다. 여기서는 그 코드를 RemoteBoundActivity의 onCreate() 메서드에 구현하였다.

```
@Override
protected void onCreate(Bundle savedInstanceState) {
    super.onCreate(savedInstanceState);
    setContentView(R.layout.activity_remote_bound);

    Intent intent = new Intent(getApplicationContext(),
            RemoteService.class);

    bindService(intent, myConnection, Context.BIND_AUTO_CREATE);
}
```

50.7 원격 서비스에 메시지 전송하기

애플리케이션을 테스트하기에 앞서 마지막으로 할 것이 있다. RemoteBoundActivity 클래스의 sendMessage() 메서드를 구현하는 것이다. 이 메서드는 사용자 인터페이스의 버튼을 사용자가 터치했을 때 호출되도록 구성되어 있다(이것은 맨 앞에서 프로젝트 생성 시 버튼의 onClick 속성에 지정했던 메서드다). 이 메서드에서는 서비스가 연결되었는지 제일 먼저 확인한다. 그리고 연결이 되었으면 서비스에서 보여줄 문자열을 Bundle 객체에 추가하고 Bundle 객체를 Message 객체에 추가한 후 서비스로 전송한다.

RemoteBoundActivity.java의 onCreate( ) 메서드 다음에 이 코드를 추가하자.

```
public void sendMessage(View view)
{
    if (!isBound) return;

    Message msg = Message.obtain();

    Bundle bundle = new Bundle();
    bundle.putString("MyString", "Message Received");

    msg.setData(bundle);

    try {
        myService.send(msg);
    } catch (RemoteException e) {
        e.printStackTrace();
    }
}
```

이제 다 되었다. 애플리케이션을 실행시키고 버튼을 클릭해보자. 'Message Received'라는 토스트 메시지가 화면에 뜰 것이다. 실행 결과는 그림 50-1과 같다.

그림 50-1

50.8 요약

클라이언트와 원격 바운드 서비스 간의 상호작용을 구현하려면 메신저와 핸들러를 구현해야 한다. 이번 장에서는 예제 프로젝트를 생성하여 그런 기법을 실제로 어떻게 구현하는지 알아보았다.

안드로이드 7의 알림 개요

앱이 실행되고 있지 않거나 또는 백그라운드 상태로 있을 때 메시지를 전달하는 방법을 제공하는 것이 알림(notification)이다. 예를 들어, 메시징 앱에서는 연락처로부터 새로운 메시지가 도착했다는 것을 사용자가 알 수 있도록 알림을 보낼 수 있다. 알림에는 로컬(local) 알림과 원격(remote) 알림이 있다. 로컬 알림은 장치에서 실행 중인 앱에서 생성된다. 반면에 원격 알림은 원격 서버에서 생성되어 장치에 전송된다.

알림의 자세한 내용은 화면의 상태 바를 쓸어 내리면 나타나는 알림 영역에서 볼 수 있다. 그리고 각 알림은 버튼 같은 것을 포함할 수 있어서 알림을 보낸 앱을 실행시킬 수 있다. 또한, 안드로이드 7에서는 직접 응답(direct reply) 기능이 알림에 추가되었다. 이것은 사용자가 알림 영역에서 알림에 대한 응답을 바로 해줄 수 있는 기능이다.

이번 장에서는 안드로이드 앱에서 로컬 알림을 구현하는 방법을 알려준다. 그리고 다음 장에서는 직접 응답 알림을 구현하는 방법을 알아볼 것이다. 또한, 원격 알림을 생성하고 전송하기 위해 Firebase를 사용하는 방법을 53장과 54장에서 살펴볼 것이다.

51.1 알림 개요

안드로이드 장치에서 알림이 생성되면 화면 위쪽의 상태 바에 아이콘으로 나타난다. 예를 들어, 그림 51-1에서는 여러 가지 알림 아이콘들이 있는 상태 바를 보여준다.

그림 51-1

그리고 상태 바를 쓸어 내리면 알림 패널에서 알림의 자세한 내용을 볼 수 있다(그림 51-2).

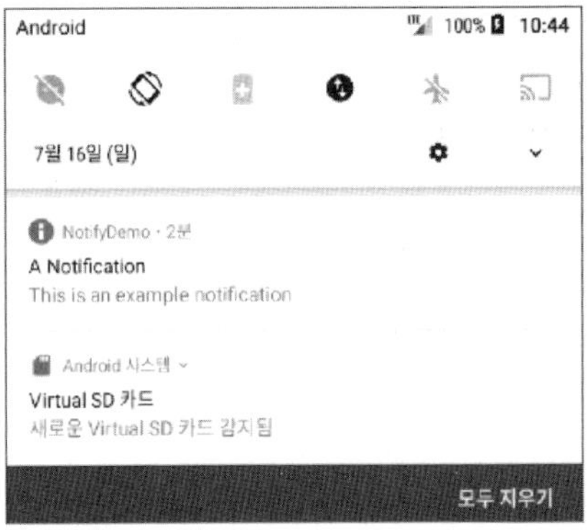

그림 51-2

그다음에 알림 패널에 나타난 메시지를 클릭하면 그것과 관련된 앱이 시작된다. 알림에는 또한 액션 버튼이 포함될 수 있으며, 그것을 클릭하면 관련 앱의 특정 작업이 수행된다. 예를 들어, 그림 51-3에서는 수신된 메시지에 응답하거나 삭제할 수 있는 두 개의 액션 버튼이 포함된 알림을 보여준다.

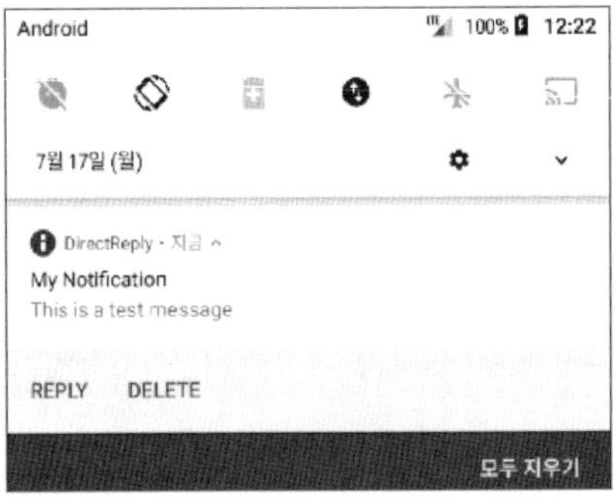

그림 51-3

안드로이드 7부터는 알림 패널에서 알림에 대한 응답을 직접 입력하여 관련 앱에 전달할 수 있다(그림 51-4). 따라서 알림 관련 앱이 시작되어 화면에 보이지 않아도 사용자가 알림에 응답할 수 있다.

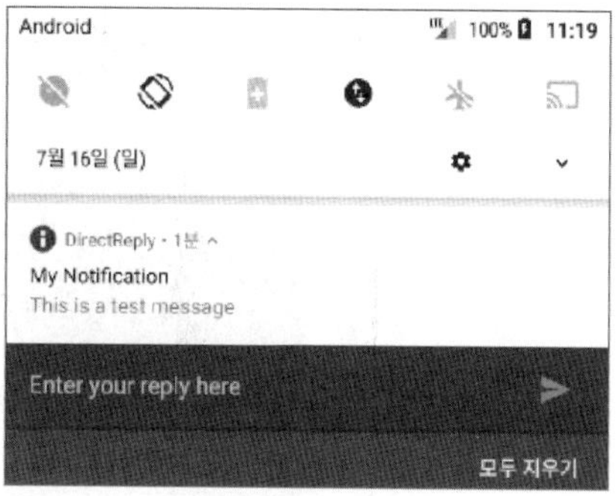

그림 51-4

이번 장의 나머지 부분에서는 액션을 포함하는 간단한 알림을 생성하고 전달하는 방법을 자세히 알아볼 것이다.

51.2 NotifyDemo 프로젝트 생성하기

우선, 새 프로젝트를 생성하자. 안드로이드 스튜디오 메인 메뉴의 File ➡ New ➡ New Project...를 선택하거나 웰컴 스크린에서 Start a new Android Studio project를 선택한다.

Application name 필드에 NotifyDemo를 입력하고, Company Domain 필드에는 ebookfrenzy.com을 입력한다. 안드로이드 장치 선택 화면에서는 폰과 태블릿(Phone and Tablet)만 선택하고, 최소 SDK 버전은 API 24: Android 7.0 (Nougat)으로 선택한다. 액티비티 선택 화면에서는 Empty Activity를 선택한다. 그리고 마지막 대화상자에서 Activity Name에 NotifyDemoActivity를 입력하고 자동으로 설정된 나머지 필드 값은 그대로 둔다. Finish 버튼을 눌러 프로젝트를 생성한다.

51.3 사용자 인터페이스 디자인하기

메인 액티비티에서는 인텐트를 생성하여 전달하기 위해 하나의 Button을 갖는다. 레이아웃 편집기에 열려 있는 레이아웃 파일인 activity_notify_demo.xml의 탭을 클릭하여 선택한 후 디자인 모드로 변경한다. 그리고 Hello World!를 보여주는 TextView를 삭제하자.

팔레트의 Button을 마우스로 끌어서 레이아웃의 중앙에 놓는다(그림 51-5). 그리고 레이아웃 편집기의 제약 추론 버튼( )을 클릭한다(18장 참조). 이렇게 하면 Button의 제약 연결이 자동으로 추가된다.

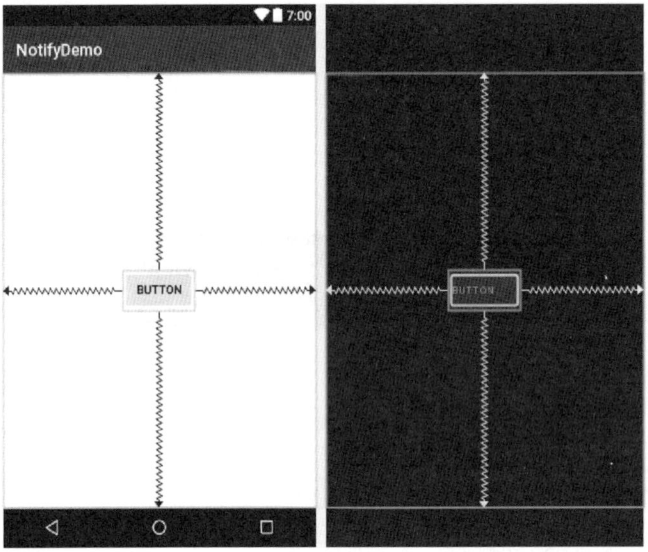

그림 51-5

그리고 속성 창의 onClick 속성을 찾아 속성값으로 sendNotification을 입력한다. 이것은 버튼을 클릭했을 때 실행될 메서드다.

51.4 두 번째 액티비티 생성하기

NotifyDemo 앱에서는 두 번째 액티비티를 갖는다. 이 액티비티는 알림에서 사용자가 시작시키게 할 것이다. 프로젝트 도구창의 app ➡ java 밑에 있는 com.ebookfrenzy.notifydemo 패키지에서 오른쪽 마우스 버튼을 누른 후 New ➡ Activity ➡ Empty Activity를 선택한다.

그리고 액티비티 구성 대화상자에서 Activity Name을 ResultActivity로 변경하고 Layout Name은 activity_result로 변경한다. 이 액티비티는 애플리케이션이 시작될 때 바로 실행되는 것이 아니므로 Launcher Activity를 체크하지 말아야 한다. 나머지는 기본값 그대로 두고 Finish 버튼을 누른다.

레이아웃 편집기에 열려 있는 레이아웃 파일인 activity_result.xml의 탭을 클릭하여 선택한 후 디자인 모드로 변경한다. 그리고 팔레트의 TextView를 마우스로 끌어서 레이아웃의 중앙에 놓고 레이아웃 편집기의 제약 추론 버튼( )을 클릭한다. 또한, 속성 창의 text 속성을 'Result Activity'로 변경하고 문자열 리소스로 추출한 후 layout_width 속성을 wrap_content로 변경한다.

51.5 알림을 생성하고 전달하기

NotificationCompat.Builder 클래스를 사용하면 알림을 생성할 수 있다. 알림의 아이콘, 제목, 내용과 같은 속성을 지정할 수 있기 때문이다. 편집기의 NotifyDemoActivity.java를 선택한 후 다음과 같이 sendNotification( ) 메서드를 추가한다.

```
package com.ebookfrenzy.notifydemo;

import android.support.v7.app.AppCompatActivity;
import android.os.Bundle;
import android.app.NotificationManager;
import android.support.v4.app.NotificationCompat;
import android.view.View;
import android.content.Intent;
import android.app.PendingIntent;

public class NotifyDemoActivity extends AppCompatActivity {
.
.
    public void sendNotification(View view) {

        NotificationCompat.Builder builder =
          new NotificationCompat.Builder(this)
              .setSmallIcon(android.R.drawable.ic_dialog_info)
              .setContentTitle("A Notification")
              .setContentText("This is an example notification");
    }
}
```

이 코드에서는 안드로이드에 내장된 아이콘을 사용해서 알림 아이콘을 설정한다. 이 아이콘은 알림이 전달될 때 상태 바와 알림 영역 모두에 나타난다.

여기서 sendNotification(View view) 메서드의 접근 제한자를 반드시 public으로 지정해야 한다는 것에 유의하자.

알림이 생성되면 NotificationManager 인스턴스의 notify( ) 메서드를 사용해서 전달해야 한다. NotificationManager 인스턴스는 getSystemService( ) 메서드를 호출하여 얻을 수 있으며, 안드로이드 장치에서 실행되는 서비스이면서 알림을 관리하는 일을 수행한다. sendNotification( ) 메서드에 다음과 같이 코드를 추가하자.

```
public void sendNotification(View view) {

    NotificationCompat.Builder builder =
          new NotificationCompat.Builder(this)
               .setSmallIcon(android.R.drawable.ic_dialog_info)
               .setContentTitle("A Notification")
               .setContentText("This is an example notification");

    int notificationId = 101;

    NotificationManager notifyMgr =
            (NotificationManager)
              getSystemService(NOTIFICATION_SERVICE);

    notifyMgr.notify(notificationId, builder.build());
}
```

알림이 전달될 때는 알림 ID가 지정된다. 알림 ID는 어떤 정숫값도 가능하며, 해당 알림을 변경 또는 삭제할 때 사용된다.

앱을 실행하고 메인 액티비티의 버튼을 클릭해보자. 그리고 알림 아이콘이 상태 바에 나타나면 상태 바를 끌어 내려서(에뮬레이터에서는 클릭한 채로 밑으로 길게 끌어주어야 함) 그 내용을 확인해보자.

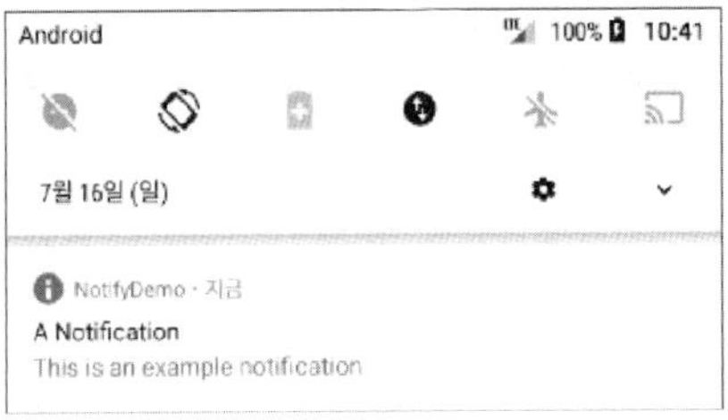

그림 51-6

현재는 알림 패널의 메시지를 클릭(터치)해도 아무 변화가 없을 것이다. 액티비티를 시작시키는 코드를 지금부터 구현하자.

51.6 알림에서 액티비티를 시작시키기

알림에서는 사용자가 어떤 형태의 액션도 수행할 수 있다. 예를 들어, 알림을 처리하는 앱을 시작시키거나 알림에 응답하는 다른 형태의 액션 등이다. 그러나 대개는 알림을 처리하는 앱의 액티비티를 시작시킨다. 이때는 앱에서 해당 액티비티를 시작시키는 인텐트를 구성해야 한다. 예를 들어, 액티비티 이름이 ResultActivity라면 인텐트는 다음과 같이 생성한다.

```
Intent resultIntent = new Intent(this, ResultActivity.class);
```

그리고 이 인텐트를 PendingIntent 인스턴스에 포함시켜야 한다. PendingIntent 객체는 인텐트를 다른 애플리케이션에 전달할 수 있으며, 전달받은 애플리케이션이 향후에 그 인텐트를 수행할 수 있게 해준다. 여기서는 사용자가 알림 패널을 터치할 때 ResultActivity를 시작시키는 방법을 알림 시스템에 제공하기 위해 PendingIntent 객체를 사용한다.

```
PendingIntent pendingIntent =
     PendingIntent.getActivity(
            this,
            0,
            resultIntent,
            PendingIntent.FLAG_UPDATE_CURRENT
     );
```

그다음에 앞에서 생성된 알림 빌더 인스턴스(builder)에 PendingIntent 객체를 지정하면 된다.

```
builder.setContentIntent(pendingIntent);
```

지금까지 설명한 내용을 다음과 같이 sendNotification( ) 메서드에 추가하자.

```
public void sendNotification(View view) {

    NotificationCompat.Builder builder =
         new NotificationCompat.Builder(this)
             .setSmallIcon(android.R.drawable.ic_dialog_info)
             .setContentTitle("A Notification")
             .setContentText("This is an example notification");

    Intent resultIntent = new Intent(this, ResultActivity.class);
```

```
    PendingIntent pendingIntent =
            PendingIntent.getActivity(
                    this,
                    0,
                    resultIntent,
                    PendingIntent.FLAG_UPDATE_CURRENT
            );

    builder.setContentIntent(pendingIntent);

    int notificationId = 101;

    NotificationManager notifyMgr =
      (NotificationManager) getSystemService(NOTIFICATION_SERVICE);

    notifyMgr.notify(notificationId, builder.build());
}
```

앱을 실행하고 메인 액티비티의 버튼을 클릭해보자. 그리고 상태 바를 끌어 내린 후 알림 패널의 메시지를 클릭해보자. 이제는 ResultActivity가 시작될 것이다.

51.7 알림에 액션 추가하기

액티비티를 시작시키는 것과 더불어 알림에는 액션을 추가할 수도 있다. 액션은 알림 메시지 밑에 버튼으로 나타나며, 사용자가 클릭하면 특정 인텐트를 시작시키게 할 수 있다. 다음 코드를 sendNotification() 메서드에 추가하면 이전에 생성된 PendingIntent를 시작시키는 OPEN 액션 버튼이 나타난다.

```
NotificationCompat.Action action =
     new NotificationCompat.Action.Builder(
     android.R.drawable.sym_action_chat,
     "OPEN", pendingIntent)
     .build();

builder.addAction(action);
```

이 코드를 다음과 같이 sendNotification() 메서드에 추가하자.

```
public void sendNotification(View view) {
    .
    .

    builder.setContentIntent(pendingIntent);

    NotificationCompat.Action action =
         new NotificationCompat.Action.Builder(
         android.R.drawable.sym_action_chat,
         "OPEN", pendingIntent)
         .build();

    builder.addAction(action);

    int notificationId = 101;

    .
    .
}
```

다시 앱을 실행하고 메인 액티비티의 버튼을 클릭해보자. 그리고 알림 아이콘이 나타난 상태 바를 끌어 내리면 그림 51-7과 같이 OPEN 버튼이 나타난다.

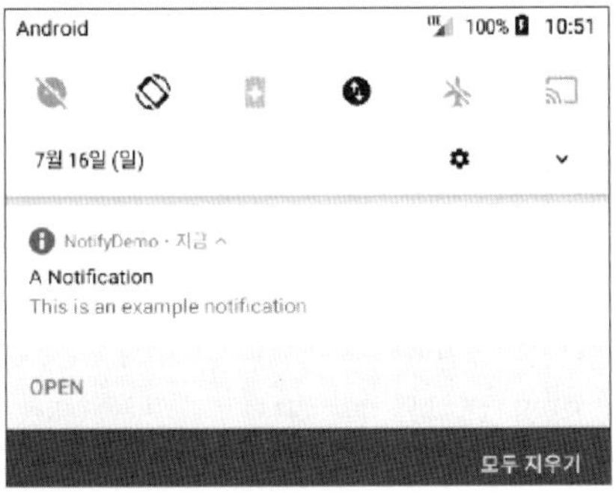

그림 51-7

그다음에 OPEN 버튼을 클릭하면 ResultActivity가 시작될 것이다.

51.8 알림에 소리 추가하기

알림 빌더 객체를 생성할 때 setSound( ) 메서드를 사용하면 알림에 소리를 추가할 수 있다. 다음 코드에서는 장치에 기본으로 설정된 소리를 알림에 추가한다.

```
package com.ebookfrenzy.notifydemo;

import android.app.NotificationManager;
import android.app.PendingIntent;
import android.content.Intent;
import android.support.v7.app.AppCompatActivity;
import android.os.Bundle;
import android.support.v4.app.NotificationCompat;
import android.view.View;
import android.media.RingtoneManager;
import android.net.Uri;
.
.
public void sendNotification(View view) {

    Uri defaultSoundUri= RingtoneManager.getDefaultUri(
                         RingtoneManager.TYPE_NOTIFICATION);

    NotificationCompat.Builder builder =
            new NotificationCompat.Builder(this)
              .setSmallIcon(android.R.drawable.ic_dialog_info)
              .setContentTitle("A Notification")
              .setContentText("This is an example notification")
              .setSound(defaultSoundUri);
.
.
}
```

51.9 알림 메시지 묶기

앱에서 정기적으로 다량의 알림 메시지를 보내는 경우 여러 개의 알림 도착 아이콘이 상태 바에 나타나므로 어수선하게 된다. 알림 패널을 볼 때도 마찬가지다. 새로운 뉴스가 생길 때마다 알림을 보내는 뉴스 앱 또는 연락처로부터 도착한 새로운 메시지를 알림으로 보여주는 메시징 앱 등이 그렇다. 예를 들면, 그림 51-8과 같다.

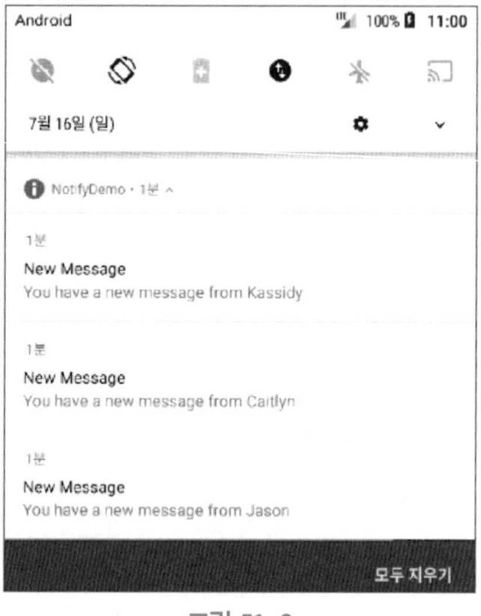

그림 51-8

여기서는 같은 알림이 세 번 도착했지만, 수십 개가 전송되었다면 상태 바의 아이콘도 많아지고 알림 패널에도 메시지가 길게 나타나므로 사용자가 보기에 피곤할 것이다. 이런 문제를 해결하기 위해 안드로이드 7에서는 그룹으로 알림을 묶을 수 있다.

알림을 묶으려면 각 알림을 같은 그룹에 속하도록 지정해야 한다. 이때 setGroup( ) 메서드를 사용한다. 그리고 setGroupSummary( ) 메서드를 사용해서 해당 그룹의 요약된 알림을 제공하도록 하면 된다.

예를 들어, 다음 코드에서는 그림 51-8의 세 개 알림을 생성하고 전송한다. 그리고 이때 모든 알림을 같은 그룹으로 묶고 요약된 것을 제공한다(여기서는 앞에서 추가했던 알림의 소리와 액션 버튼은 제외하였다). NotifyDemoActivity.java의 sendNotification( ) 메서드 코드를 다음과 같이 변경한다.

```
.
.
public class NotifyDemoActivity extends AppCompatActivity {

    final static String GROUP_KEY_NOTIFY = "group_key_notify";
.
.
    public void sendNotification(View view) {
        NotificationCompat.Builder builderSummary =
            new NotificationCompat.Builder(this)
                    .setSmallIcon(android.R.drawable.ic_dialog_info)
                    .setContentTitle("A Bundle Example")
                    .setContentText("You have 3 new messages")
                    .setGroup(GROUP_KEY_NOTIFY)
                    .setGroupSummary(true);

        NotificationCompat.Builder builder1 =
            new NotificationCompat.Builder(this)
                    .setSmallIcon(android.R.drawable.ic_dialog_info)
                    .setContentTitle("New Message")
                    .setContentText("You have a new message from Kassidy")
                    .setGroup(GROUP_KEY_NOTIFY);

        NotificationCompat.Builder builder2 =
            new NotificationCompat.Builder(this)
                    .setSmallIcon(android.R.drawable.ic_dialog_info)
                    .setContentTitle("New Message")
                    .setContentText("You have a new message from Caitlyn")
                    .setGroup(GROUP_KEY_NOTIFY);
```

```
        NotificationCompat.Builder builder3 =
            new NotificationCompat.Builder(this)
                    .setSmallIcon(android.R.drawable.ic_dialog_info)
                    .setContentTitle("New Message")
                    .setContentText("You have a new message from Jason")
                    .setGroup(GROUP_KEY_NOTIFY);

        Intent resultIntent = new Intent(this, ResultActivity.class);

        int notificationId0 = 100;
        int notificationId1 = 101;
        int notificationId2 = 102;
        int notificationId3 = 103;

        NotificationManager notifyMgr =
            (NotificationManager) getSystemService(NOTIFICATION_SERVICE);

        notifyMgr.notify(notificationId1, builder1.build());
        notifyMgr.notify(notificationId2, builder2.build());
        notifyMgr.notify(notificationId3, builder3.build());
        notifyMgr.notify(notificationId0, builderSummary.build());
    }
}
```

다시 앱을 실행하고 메인 액티비티의 버튼을 클릭해보자. 상태 바의 아이콘이 한 개만 나타날 것이다. 그리고 알림 아이콘이 나타난 상태 바를 끌어내리면 그림 51-9와 같이 요약된 메시지 내역을 보여준다.

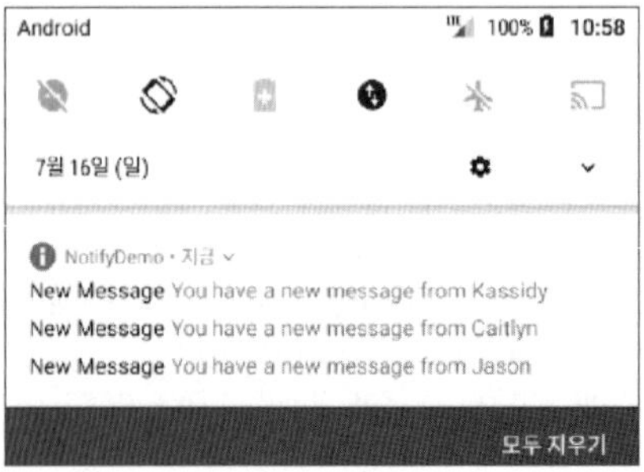

그림 51-9

그다음에 알림 패널을 다시 끌어내리면 각 알림의 메시지를 상세하게 보여준다.

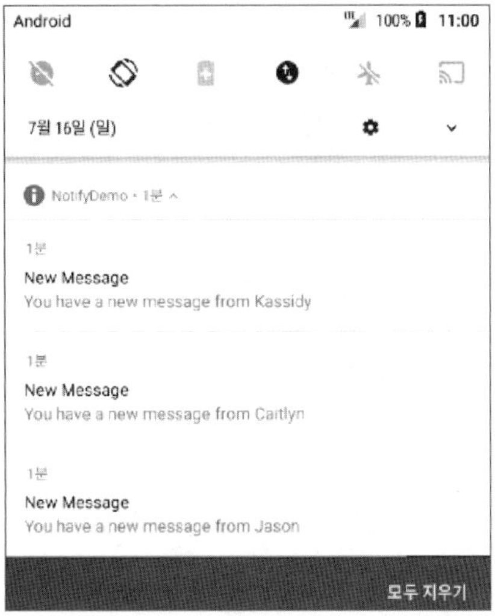

그림 51-10

51.10 요약

알림을 사용하면 앱이 실행되고 있지 않거나 또는 백그라운드 상태로 있을 때 앱에서 사용자에게 메시지를 전달할 수 있다. 알림이 도착하면 상태 바의 아이콘으로 나타나며, 상태 바를 끌어내리면 알림 패널에 메시지가 나타난다. 알림에는 로컬 알림과 원격 알림이 있다. 로컬 알림은 장치에서 실행 중인 앱에서 생성된다. 반면에 원격 알림은 원격 서버에서 생성되어 장치에 전송된다. 로컬 알림은 NotificationCompat.Builder 클래스를 사용해서 생성하며, NotificationManager 서비스를 사용해서 전송된다.

이번 장에서 구현했듯이, 액션과 인텐트 및 PendingIntent 클래스를 사용하여 알림을 구성하면 사용자가 선택 가능한 액션을 제공할 수 있다. 또한, 알림을 그룹으로 묶을 수 있으므로 알림을 많이 보내는 앱에서는 매우 유용하다.

안드로이드 7 알림의 직접 응답 구현

안드로이드 7에 추가된 직접 응답(direct reply) 기능을 사용하면 알림에서 사용자가 텍스트를 입력하여 알림 관련 앱에 전달할 수 있다. 따라서 알림 관련 앱의 액티비티를 시작시키지 않고도 메시지에 직접 응답할 수 있다. 이번 장에서는 앞 장에서 배운 내용을 기반으로 직접 응답 기능을 구현할 것이다.

52.1 DirectReply 프로젝트 생성하기

우선, 새 프로젝트를 생성하자. 안드로이드 스튜디오 메인 메뉴의 File ➡ New ➡ New Project...를 선택하거나 웰컴 스크린에서 Start a new Android Studio project를 선택한다.

Application name 필드에 DirectReply를 입력하고, Company Domain 필드에는 ebookfrenzy.com을 입력한다. 안드로이드 장치 선택 화면에서는 폰과 태블릿(Phone and Tablet)만 선택하고, 최소 SDK 버전은 API 24: Android 7.0 (Nougat)으로 선택한다. 액티비티 선택 화면에서는 Empty Activity를 선택한다. 그리고 마지막 대화상자에서 Activity Name에 DirectReplyActivity를 입력하고 자동으로 설정된 나머지 필드 값은 그대로 둔다. Finish 버튼을 눌러 프로젝트를 생성한다.

52.2 사용자 인터페이스 디자인하기

레이아웃 편집기에 열려 있는 레이아웃 파일인 activity_direct_reply.xml의 탭을 클릭하고 디자인 모드로 변경한다. 그리고 Hello World!를 보여주는 TextView를 선택하고 속성 창에서 ID에 textView를 입력한다. 또한, 팔레트의 Button을 마우스로 끌어서 TextView의 밑에 놓는다. 그리고 레이아웃 편집기의 제약 추론 버튼( )을 클릭한다(18장 참조). 이렇게 하면 Button의 제약 연결이 자동으로 추가된다(그림 52-1).

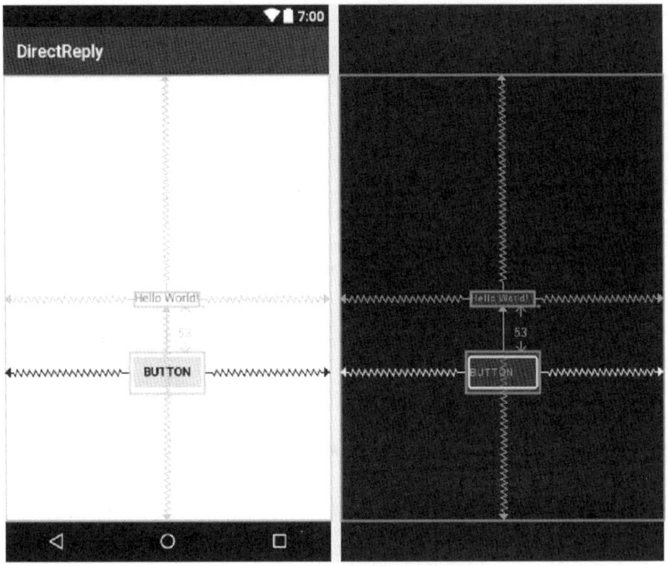

그림 52-1

또한, Button이 선택된 상태에서 속성 창의 onClick 속성을 찾아 속성값으로 sendNotification을 입력한다. 이것은 버튼을 클릭했을 때 실행될 메서드다.

52.3 RemoteInput 객체 생성하기

알림에서 직접 응답 텍스트 입력이 가능하게 해주는 핵심 요소는 RemoteInput 클래스다. 51장에서는 한 애플리케이션에서 인텐트를 생성한 후 다른 애플리케이션이나 서비스가 그 인텐트를 시작시킬 수 있게 해주는 방법을 알아보았다. 그리고 이때 PendingIntent 객체를 생성하여 알림에서 관련 앱의 액티비티를 시작시킬 수 있게 하였다. RemoteInput 클래스는 사용자 입력 요청이 PendingIntent 객체에 포함될 수 있게 해준다. 따라서 PendingIntent 객체에 포함된 인텐트가 시작되면 그 인텐트로 실행되는 액티비티에서 사용자 입력도 전달받는다.

알림의 직접 응답을 구현하려면 우선 RemoteInput.Builder( ) 메서드를 사용해서 RemoteInput 객체를 생성해야 한다. RemoteInput 객체에는 인텐트의 사용자 입력을 추출하기 위해 사용되는 키 문자열이 필요하다. 또한, 알림의 텍스트 입력 필드에 나타낼 라벨 문자열도 있어야 한다. 편집기 창에 열려 있는 DirectReplyActivity.java를 선택한 후 다음과 같이 sendNotification( ) 메서드 코드를 추가하자. 여기서 추가하는 변수와 import 문 중에는 더 뒤에서 사용하기 위해 미리 정의한 것도 있다.

```
package com.ebookfrenzy.directreply;

import android.app.Notification;
import android.app.NotificationManager;
import android.app.PendingIntent;
import android.content.Context;
import android.content.Intent;
import android.support.v4.app.NotificationCompat;
import android.support.v4.app.RemoteInput;
import android.support.v4.content.ContextCompat;
import android.support.v7.app.AppCompatActivity;
import android.os.Bundle;
import android.view.View;
import android.widget.TextView;

public class DirectReplyActivity extends AppCompatActivity {

    private static int notificationId = 101;
    private static String KEY_TEXT_REPLY = "key_text_reply";
.
.
    public void sendNotification(View view) {

        String replyLabel = "Enter your reply here";
        RemoteInput remoteInput =
            new RemoteInput.Builder(KEY_TEXT_REPLY)
                .setLabel(replyLabel)
                .build();
    }
}
```

RemoteInput 객체를 생성하고 키와 라벨 문자열로 초기화하였으므로 이제는 이 객체를 알림 액션 객체에 포함시켜야 한다. 그러나 그전에 PendingIntent 객체를 생성해야 한다.

52.4 PendingIntent 객체 생성하기

PendingIntent 객체를 생성하는 방법은 51장에서 했던 것과 동일하다. 메인 액티비티인 DirectReplyActivity를 시작시키게 인텐트를 구성한다는 것만 다르다. DirectReplyActivity.java의 sendNotification( ) 메서드에 다음 코드를 추가하자.

```
public void sendNotification(View view) {

    String replyLabel = "Enter your reply here";
    RemoteInput remoteInput =
            new RemoteInput.Builder(KEY_TEXT_REPLY)
            .setLabel(replyLabel)
            .build();

    Intent resultIntent = new Intent(this, DirectReplyActivity.class);

    PendingIntent resultPendingIntent =
            PendingIntent.getActivity(
                    this,
                    0,
                    resultIntent,
                    PendingIntent.FLAG_UPDATE_CURRENT
            );
}
```

52.5 응답 액션 생성하기

알림의 직접 응답은 액션 버튼을 통해서 할 수 있다. 액션은 아이콘, 버튼 라벨, PendingIntent 객체, RemoteInput 객체로 구성되고 생성되어야 한다. 액션을 생성하는 코드를 다음과 같이 sendNotification( ) 메서드에 추가하자.

```
public void sendNotification(View view) {

    String replyLabel = "Enter your reply here";
    RemoteInput remoteInput =
            new RemoteInput.Builder(KEY_TEXT_REPLY)
            .setLabel(replyLabel)
            .build();

    Intent resultIntent = new Intent(this, DirectReplyActivity.class);

    PendingIntent resultPendingIntent =
            PendingIntent.getActivity(
```

```
                    this,
                    0,
                    resultIntent,
                    PendingIntent.FLAG_UPDATE_CURRENT
            );

    NotificationCompat.Action replyAction =
            new NotificationCompat.Action.Builder(
                        android.R.drawable.ic_dialog_info,
                    "Reply", resultPendingIntent)
                    .addRemoteInput(remoteInput)
                    .build();
}
```

이제는 RemoteInput, PendingIntent, 알림 액션 객체 모두가 생성되어 사용할 준비가 되었으므로 알림을 생성하고 전송할 것이다. sendNotification( ) 메서드에 다음 코드를 추가하자.

```
public void sendNotification(View view) {

    String replyLabel = "Enter your reply here";
    RemoteInput remoteInput =
            new RemoteInput.Builder(KEY_TEXT_REPLY)
            .setLabel(replyLabel)
            .build();

    Intent resultIntent =
         new Intent(this, DirectReplyActivity.class);

    PendingIntent resultPendingIntent =
            PendingIntent.getActivity(
                    this,
                    0,
                    resultIntent,
                    PendingIntent.FLAG_UPDATE_CURRENT
            );

    NotificationCompat.Action replyAction =
            new NotificationCompat.Action.Builder(
                    android.R.drawable.ic_dialog_info,
                    "REPLY", resultPendingIntent)
                    .addRemoteInput(remoteInput)
                    .build();

    Notification newMessageNotification =
            new NotificationCompat.Builder(this)
                .setColor(ContextCompat.getColor(this,
                        R.color.colorPrimary))
                .setSmallIcon(android.R.drawable.ic_dialog_info)
```

```
                .setContentTitle("My Notification")
                .setContentText("This is a test message")
                .addAction(replyAction).build();

        NotificationManager notificationManager =
                (NotificationManager)
                    getSystemService(Context.NOTIFICATION_SERVICE);

        notificationManager.notify(notificationId,
                newMessageNotification);
}
```

앱을 실행하고 버튼을 클릭해보자. 그리고 알림 아이콘이 나타난 상태 바를 끌어내리면 그림 52-2와 같이 알림 메시지가 나타난다.

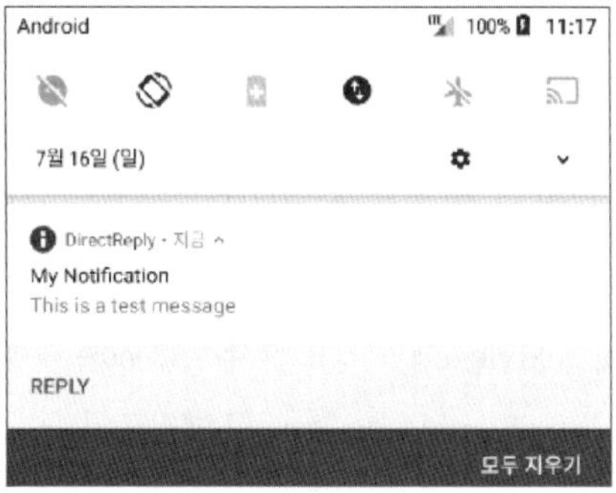

그림 52-2

그리고 REPLY 액션 버튼을 클릭하면 응답 라벨을 보여주는 텍스트 입력 필드가 나타난다. 이 응답 라벨은 객체가 생성될 때 우리가 지정했던 문자열이다(그림 52-3).

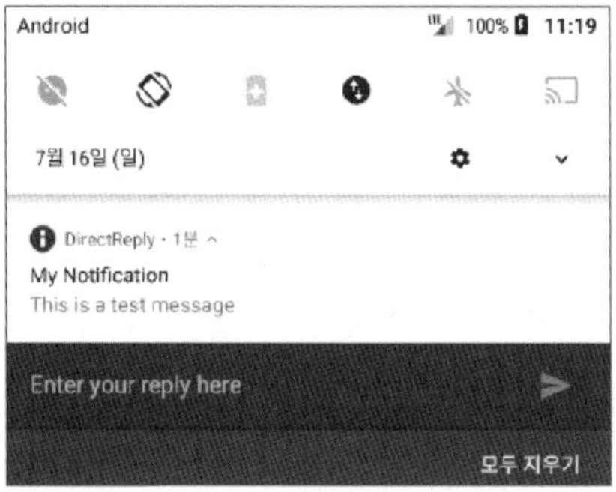

그림 52-3

아무 텍스트나 입력하고 오른쪽의 화살표 버튼을 누른다. 그리고 DirectReplyActivity가 다시 로드되는지 확인한다(화면에는 여전히 알림 메시지가 보이고 작업 진행을 나타내는 원 표시가 알림 패널에 나와 있을 것이다. 그러나 장치나 에뮬레이터의 오버뷰 버튼(사각형 모양)을 클릭하고 DirectReply 앱을 선택하면 DirectReplyActivity의 화면을 볼 수 있다.)

52.6 직접 응답 입력 데이터 수신하기

이제는 사용자가 알림의 직접 입력을 할 수 있으므로 앱에서는 입력 데이터를 받아 필요한 일을 처리해야 한다. 여기서는 액티비티 화면의 TextView에 그것을 보여줄 것이다.

사용자가 알림에서 텍스트를 입력한 후 화살표 모양의 전송 버튼을 누르면 PendingIntent 객체에 포함된 인텐트를 통해 DirectReplyActivity가 시작된다. 그리고 입력된 텍스트는 인텐트로 전달된다.

우선, DirectReplyActivity의 onCreate( ) 메서드 내부에서 getIntent( ) 메서드를 호출하여 액티비티를 시작시킨 인텐트 객체의 참조를 얻는다. 그리고 그것을 RemoteInput.getResultsFromIntent( ) 메서드의 인자로 전달하여 호출하면 응답 텍스트를 갖는 Bundle 객체가 반환되므로 이 객체의 값을 추출하여 TextView에 지정하면 된다(Bundle 객체는 키와 값의 쌍으로 구성되는 데이터를 갖는다). DirectReplyActivity.java의 onCreate( ) 메서드에 다음 코드를 추가하자.

```
@Override
protected void onCreate(Bundle savedInstanceState) {
    super.onCreate(savedInstanceState);
    setContentView(R.layout.activity_direct_reply);

    Intent intent = this.getIntent();

    Bundle remoteInput = RemoteInput.getResultsFromIntent(intent);

    if (remoteInput != null) {

        TextView myTextView = (TextView) findViewById(R.id.textView);
        String inputString = remoteInput.getCharSequence(
                KEY_TEXT_REPLY).toString();

        myTextView.setText(inputString);
    }
}
```

앱을 다시 실행하고 버튼을 클릭해보자. 그리고 알림 아이콘이 나타난 상태 바를 끌어내린 후 REPLY 액션 버튼을 클릭하면 응답 라벨을 보여주는 텍스트 입력 필드가 나타난다. 아무 텍스트나 입력하고 오른쪽의 화살표 버튼을 누른다. 입력한 텍스트가 DirectReplyActivity의 TextView에 나타날 것이다(앞에서처럼 장치나 에뮬레이터의 오버뷰 버튼(사각형 모양)을 클릭하고 DirectReply 앱을 선택하면 DirectReplyActivity의 화면을 볼 수 있다.)

52.7 알림 변경하기

알림에서 응답 텍스트를 입력하고 화살표 버튼을 눌러 전송하면 작업 진행을 나타내는 원 표시가 알림 패널에 나타난다(그림 52-4).

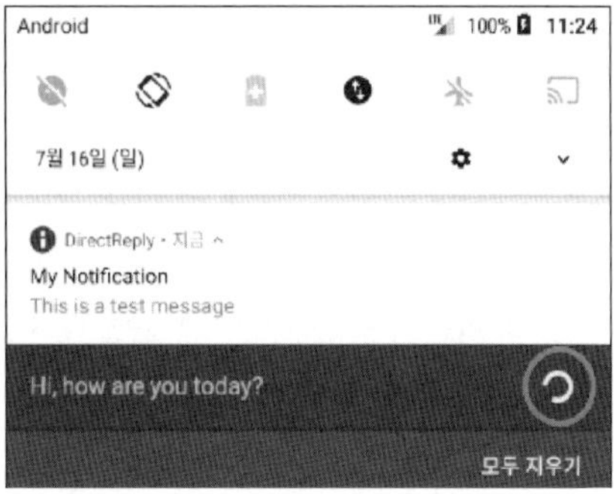

그림 52-4

이 표시는 전송된 응답 텍스트의 액티비티 수신 확인을 기다린다는 것을 나타낸다. 이때는 응답 텍스트를 잘 받아 처리했다는 것을 나타내는 새로운 메시지로 알림을 변경하는 것이 바람직하다. 현재의 알림이 전송될 때 ID가 지정되어 있으므로 이것을 사용해서 변경하면 된다. onCreate( ) 메서드에 다음 코드를 추가하자.

```
@Override
protected void onCreate(Bundle savedInstanceState) {
    super.onCreate(savedInstanceState);
    setContentView(R.layout.activity_direct_reply);

    Intent intent = this.getIntent();

    Bundle remoteInput = RemoteInput.getResultsFromIntent(intent);

    if (remoteInput != null) {
```

```
            TextView myTextView = (TextView) findViewById(R.id.textView);
            String inputString = remoteInput.getCharSequence(
                        KEY_TEXT_REPLY).toString();

            myTextView.setText(inputString);

            Notification repliedNotification =
                    new Notification.Builder(this)
                            .setSmallIcon(android.R.drawable.ic_dialog_info)
                            .setContentText("Reply received")
                            .build();

            NotificationManager notificationManager =
                    (NotificationManager)
                            getSystemService(Context.NOTIFICATION_SERVICE);
            notificationManager.notify(notificationId, repliedNotification);
        }
    }
```

앱을 다시 실행하고 버튼을 클릭해보자. 그리고 알림 아이콘이 나타난 상태 바를 끌어 내린 후 REPLY 액션 버튼을 클릭하면 응답 라벨을 보여주는 텍스트 입력 필드가 나타난다. 아무 텍스트나 입력하고 오른쪽의 화살표 버튼을 누르자. 이번에는 원 표시가 없어지고 알림 메시지가 Reply received로 변경될 것이다(그림 52-5).

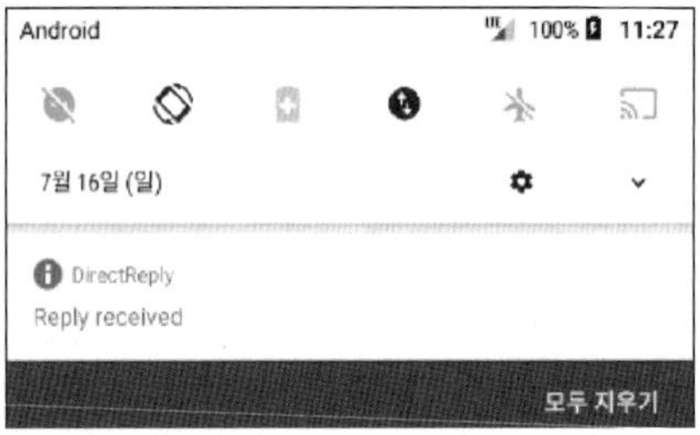

그림 52-5

52.8 요약

알림의 직접 응답 기능을 사용하면 사용자가 알림에서 텍스트를 입력할 수 있다. 그리고 입력된 텍스트는 인텐트를 통해 관련 앱의 액티비티로 전달된다. 직접 응답은 RemoteInput 클래스로 구현되며, 입력된 텍스트가 수신되어 처리되었음을 NotificationManager 서비스에 알려주는 것이 중요하다. 이때는 현재의 알림이 전송될 때 지정된 ID를 사용해서 새로운 메시지로 알림을 변경하는 것이 좋은 방법이다.

안드로이드 스튜디오에서 Firebase 사용하기

다음 장에서는 Firebase를 사용해서 원격 알림(remote notification)을 안드로이드 앱에 전송하는 방법을 배운다. 그러나 Firebase를 사용하려면 안드로이드 스튜디오 프로젝트에서 해줄 것이 많다. 이번 장에서는 Firebase의 개요를 알아보고 Firebase 알림을 안드로이드 스튜디오 프로젝트와 통합하는 방법을 배운다.

53.1 Firebase란?

2014년에 구글에서 인수하기 전까지 Firebase는 독립 법인이었으며, 실시간 데이터베이스, 분석, 메시징, 알림 등의 클라우드 기반 서비스를 웹과 모바일 애플리케이션 개발자에게 제공하였다. 기본적으로 Firebase는 클라우드 서비스, 프로그래밍 인터페이스, 라이브러리로 구성되며, 서비스를 관리하는 웹 기반의 콘솔과 결합되어 있다. (쉽게 말해서, 원격 서버의 서비스를 사용하는 앱을 개발할 때 서버가 없어도 Firebase의 서비스를 사용해서 개발할 수 있다는 것이다. 서버와 서비스는 Firebase에서 운영 및 지원해주기 때문이다. 이것은 개발자의 부담을 크게 덜어준다.)

다음 장에서는 Firebase의 서비스 중 하나인 **클라우드 메시징**(cloud messaging)을 사용해서 안드로이드 앱에 원격 알림을 전송하는 방법을 알아볼 것이다. 그러나 그전에 Firebase를 사용하기 위한 초기 설정 작업을 해야 한다.

53.2 Firebase에 서명하기

Firebase를 사용하려면 구글 계정이 필요하므로 다음 URL로 접속한다.

URL *https://firebase.google.com/*

페이지가 로드된 후 Firebase 콘솔을 액세스하기 위해 **무료로 시작하기**(Get Started for Free) 버튼을 클릭하면 Firebase 콘솔 페이지가 나타난다(그림 53-1).

그림 53-1

Firebase를 비롯해서 구글이 제공하는 모든 서비스(예를 들어, 구글 맵)는 서버 측에 해당 서비스의 프로젝트를 생성해야 사용할 수 있다. 서비스를 사용하는 우리 앱의 정보 등을 알려주어야 하기 때문이다. 그리고 서비스의 프로젝트가 생성되면 안드로이드 스튜디오의 우리 앱 프로젝트와 연결해서 해당 서비스를 사용할 수 있다.

Firebase 프로젝트를 생성하고 안드로이드 스튜디오의 우리 앱 프로젝트와 연결할 때는 웹 브라우저에서 Firebase 콘솔을 사용하거나(그림 53-1) 또는 Firebase 플러그인을 사용해서 안드로이드 스튜디오에서 직접 할 수 있다. 이번 장에서는 더 편리한 방법인 Firebase 플러그인을 사용한다. 우선, 안드로이드 스튜디오에서 우리 앱 프로젝트를 생성하자.

53.3 FirebaseNotify 프로젝트 생성하기

안드로이드 스튜디오 메인 메뉴의 File ➡ New ➡ New Project...를 선택하거나 웰컴 스크린에서 Start a new Android Studio project를 선택한다.

Application name 필드에 FirebaseNotify를 입력하고, Company Domain 필드에는 ebookfrenzy.com을 입력한다. 안드로이드 장치 선택 화면에서는 폰과 태블릿(Phone and Tablet)만 선택하고, 최소 SDK 버전은 API 24: Android 7.0 (Nougat)으로 선택한다. 액티비티 선택 화면에서는 Empty Activity를 선택한다. 그리고 마지막 대화상자에서 Activity Name에 FirebaseNotifyActivity를 입력하고 자동으로 설정된 나머지 필드 값은 그대로 둔다. Finish 버튼을 눌러 프로젝트를 생성한다.

53.4 사용자 인터페이스 구성하기

여기서는 Hello World!를 보여주는 TextView 객체의 ID만 지정할 것이다. 레이아웃 편집기에 열려 있는 레이아웃 파일인 activity_firebase_notify.xml의 탭을 클릭하고 디자인 모드로 변경한다. 그리고 TextView를 선택한 후 속성 창에서 ID에 myTextView를 입력한다.

53.5 프로젝트를 Firebase에 연결하기

안드로이드 스튜디오 프로젝트는 Firebase 플러그인을 사용해서 Firebase 서비스를 지원하도록 구성될 수 있다. 안드로이드 스튜디오 메인 메뉴의 Tools ➡ Firebase를 선택한다. 그러면 안드로이드 스튜디오 메인 창의 오른쪽 패널에 Assistant 도구 창이 나타난다. 이 패널에서 Cloud Messaging 옵션을 찾아서 왼쪽의 작은 삼각형을 클릭하여 확장한 후 "Set up Firebase Cloud Messaging"을 클릭한다(그림 53-2).

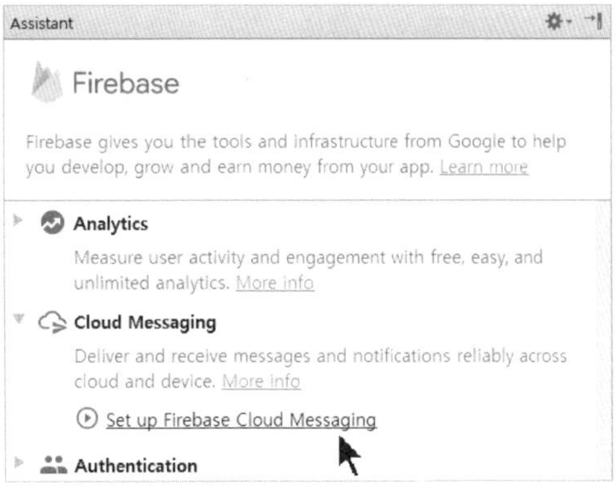

그림 53-2

그러면 그림 53-3의 Firebase 클라우드 메시징 설정 패널이 나타난다.

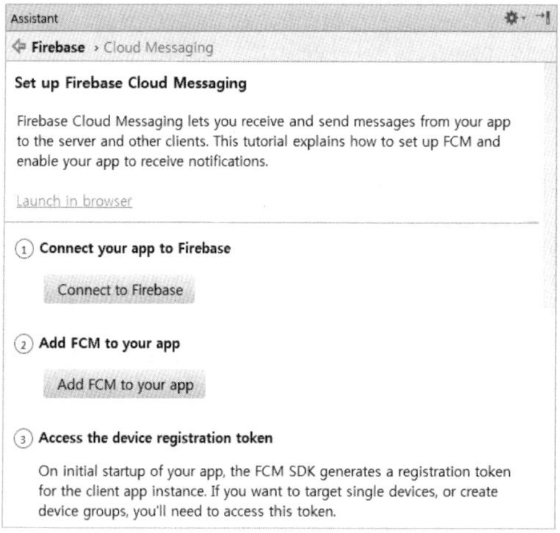

그림 53-3

새로운 Firebase 프로젝트를 생성하고 그것을 현재의 안드로이드 스튜디오 프로젝트와 연관시키려면 우선 안드로이드 스튜디오 프로젝트의 app(구체적으로는 app 모듈)이 Firebase에 연결되어야 하므로 Connect to Firebase 버튼을 클릭하면 그림 53-4의 대화상자가 나타난다. 만일 안드로이드 스튜디오를 설치한 이후에 Firebase를 처음 연결하는 것이라면 각자의 구글 계정 액세스 허용을 요청하는 웹 브라우저 창이 나타날 것이다. 이때 허용 버튼을 누르면 다음 그림과 같이 안드로이드 스튜디오에서 Firebase 연결에 성공했다는 웹 화면이 나타난다. (이후로는 나타나지 않는다.)

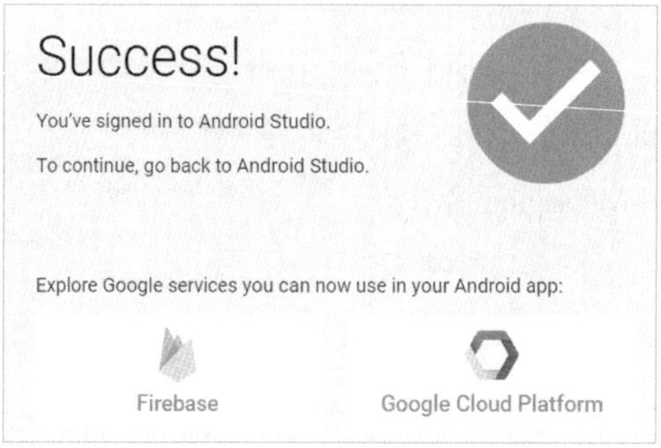

53.6 새로운 Firebase 프로젝트 생성하기

그다음에 Firebase의 각종 서비스(예를 들어, 원격 알림)를 사용하려면 안드로이드 스튜디오 프로젝트의 app을 Firebase 프로젝트에 연결해야 한다. 따라서 Firebase 프로젝트가 있어야 한다(새로 생성 또는 기존 것 사용). 그림 53-4의 대화상자에서는 새로운 Firebase 프로젝트를 생성하거나 또는 기존의 Firebase 프로젝트를 사용할 수 있는 옵션을 제공한다.

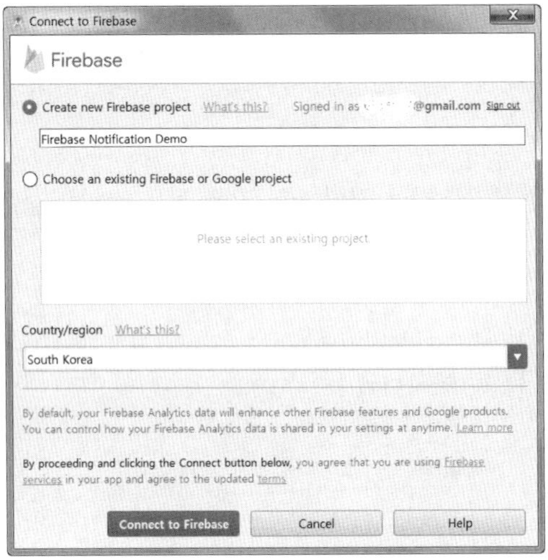

그림 53-4

그림 53-4와 같이 Create new Firebase Project 옵션을 선택하고 텍스트 필드에 Firebase Notification Demo를 입력한다. 이것이 Firebase 서버에 등록되는 Firebase 프로젝트 이름이다. 그리고 드롭다운에서 국가를 선택하고(예를들어, South Korea) Connect to Firebase 버튼을 누른다. 그리고 조금 기다리면 Firebase 프로젝트가 생성되고 안드로이드 스튜디오 프로젝트의 app 모듈에 성공적으로 연결되었다는 메시지가 나타난다.

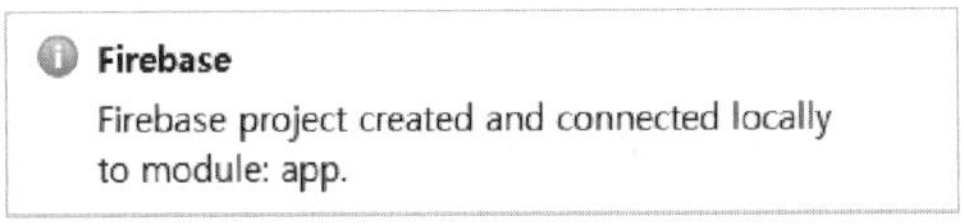

53.7 google-services.json 파일

안드로이드 스튜디오 프로젝트의 app이 Firebase 프로젝트와 연결되면 google-services.json이라는 이름의 파일이 안드로이드 스튜디오 프로젝트에 자동으로 추가된다. 이 파일을 찾으려면 우선 프로젝트 도구 창을 Android 뷰에서 Project 뷰로 전환해야 한다(그림 53-5).

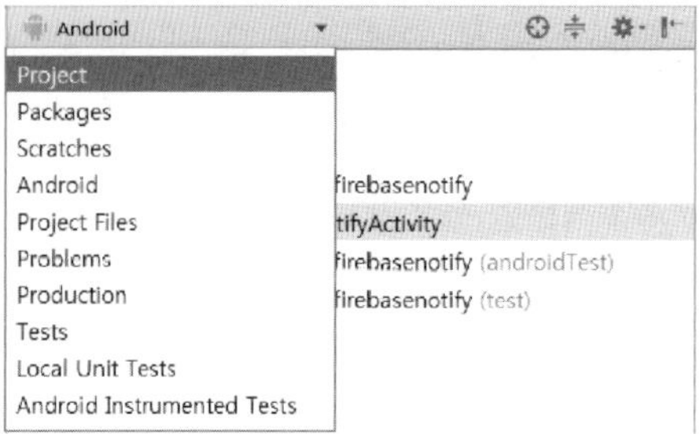

그림 53-5

그다음에 그림 53-6처럼 폴더를 확장하면 app 밑에 있는 google-services.json 파일을 볼 수 있다.

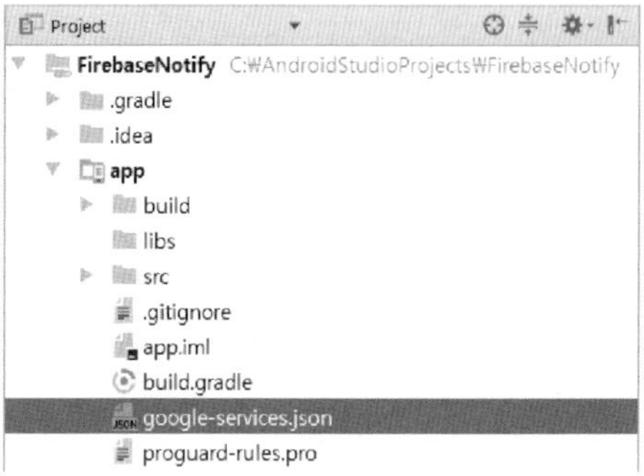

그림 53-6

이 구성 파일에는 Firebase에서 우리 앱을 고유하게 식별하는 정보가 포함되어 있다. 그리고 Firebase의 각종 서비스가 실행되려면 이 파일이 우리 프로젝트에 포함되어 있어야 한다. 프로젝트 도구 창을 다시 Android 뷰로 전환하자.

53.8 Firebase 라이브러리 추가하기

Firebase 알림을 완벽하게 지원하려면 프로젝트에 여러 가지 라이브러리를 추가해야 한다. 이처럼 다른 라이브러리를 사용할 때 안드로이드 스튜디오에서는 프로젝트의 build.gradle (Module: app) 파일에 라이브러리 의존성(dependency)을 추가하면 된다. Firebase 알림 라이브러리의 경우는 앞의 그림 53-3의 Firebase Assistant 패널에서 Add FCM to your app 버튼을 클릭하면 자동으로 추가된다. 이 버튼을 누르면 그림 53-7의 대화상자가 나타난다.

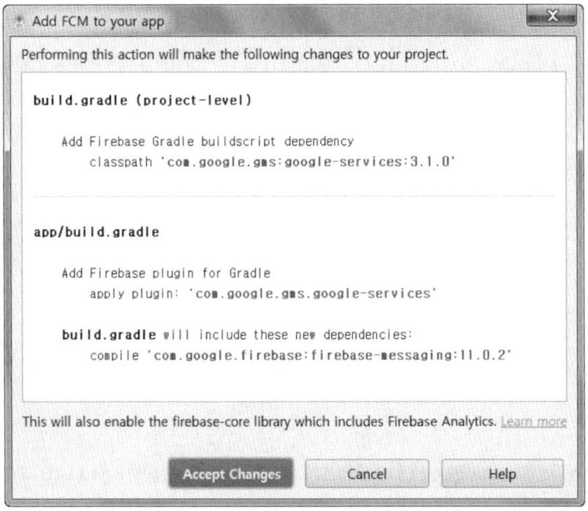

그림 53-7

여기서 Accept Changes 버튼을 클릭하면 안드로이드 스튜디오가 자동으로 우리 프로젝트에 라이브러리 의존성을 추가하고 프로젝트 빌드 파일을 동기화시켜 준다.

우리 프로젝트에 자동으로 추가되는 것들은 다음과 같다. 첫 번째, 프로젝트 수준의 build.gradle 파일에 구글 서비스 라이브러리의 의존성이 추가된다. 프로젝트 도구 창이 Android 뷰인 상태에서 Gradle Scripts ➡ build.gradle (Project: FirebaseNotify) 파일을 더블 클릭하여 편집기 창에 열면 추가된 것을 볼 수 있다(진한 글씨로 표시된 부분). 제일 끝의 라이브러리 버전 번호는 라이브러리가 업데이트될 때마다 달라질 수 있다.

```
buildscript {
    repositories {
        jcenter()
    }
    dependencies {
        classpath 'com.android.tools.build:gradle:3.0.0-alpha8'
        classpath 'com.google.gms:google-services:3.1.0'
    }
}
.
.
}
```

두 번째, 모듈 수준의 build.gradle 파일에 Firebase 메시징 라이브러리 의존성과 구글 서비스 라이브러리 플러그인이 추가된다. 프로젝트 도구 창에서 Gradle Scripts ➡ build.gradle (Module: app)

파일을 더블 클릭하여 편집기 창에 열면 추가된 것을 볼 수 있다(진한 글씨로 표시된 부분). 제일 끝의 라이브러리 버전 번호는 라이브러리가 업데이트될 때마다 달라질 수 있다.

```
apply plugin: 'com.android.application'

android {
    compileSdkVersion 26
.
.

dependencies {
    .
    .
    implementation 'com.google.firebase:firebase-messaging:11.0.2'
    .
    .
}

apply plugin: 'com.google.gms.google-services'
```

이처럼 안드로이드 스튜디오 프로젝트에 모든 변경 사항이 적용되면 우리 앱에서 Firebase 원격 알림을 사용할 준비가 된 것이다. (안드로이드 스튜디오에서 프로젝트를 앱으로 빌드할 때 그래들(gradle)이 자동으로 라이브러리를 다운로드하여 우리 프로젝트에 통합시켜 준다.)

53.9 요약

Firebase는 다양한 클라우드 기반 서비스를 제공한다. 그리고 알림, 원격 데이터베이스 스토리지, 메시징과 같은 서비스를 쉽고 빠르게 구현하기 위해 웹과 모바일 애플리케이션에 통합될 수 있다. 이번 장에서는 새로운 Firebase 프로젝트를 생성하고 안드로이드 스튜디오 프로젝트와 통합하는 데 필요한 내용을 알아보았다.

Firebase 원격 알림 사용하기

앞 장에서는 새로운 Firebase 프로젝트를 생성하고 안드로이드 스튜디오 프로젝트와 통합하는 데 필요한 내용을 알아보았다. Firebase 원격 알림을 사용하는 앱을 구현하기 위해 사전 준비 작업을 한 것이다.

이번 장에서는 Firebase 콘솔의 알림 메시지 작성과 전송 기능을 사용해서 특정 앱에 메시지를 전송하는 방법을 설명한다. 그리고 Firebase 알림에 맞춤(custom) 데이터를 포함시켜 전송 및 수신하는 방법과 포그라운드에서 실행 중인 앱에서 알림을 수신하는 방법도 같이 알아본다.

54.1 Firebase 알림 전송하기

우선, 앞 장에서 생성된 FirebaseNotify 앱을 에뮬레이터나 실제 장치에서 시작시키자. 그리고 홈(home) 버튼을 눌러서 FirebaseNotify 앱을 백그라운드로 실행되게 한다. 앱이 실행되고 있지 않거나 또는 백그라운드에 있을 때만 알림이 전송되기 때문이다.

그다음에 Firebase 콘솔에 서명하기 위해 웹 브라우저를 실행하고 *https://console.firebase.google.com/*에 접속한 후 앞 장에서 생성했던 Firebase Notification Demo 프로젝트를 선택한다. 프로젝트가 로드되면 콘솔의 왼쪽 패널에 있는 Notifications 옵션을 선택한다(그림 54-1).

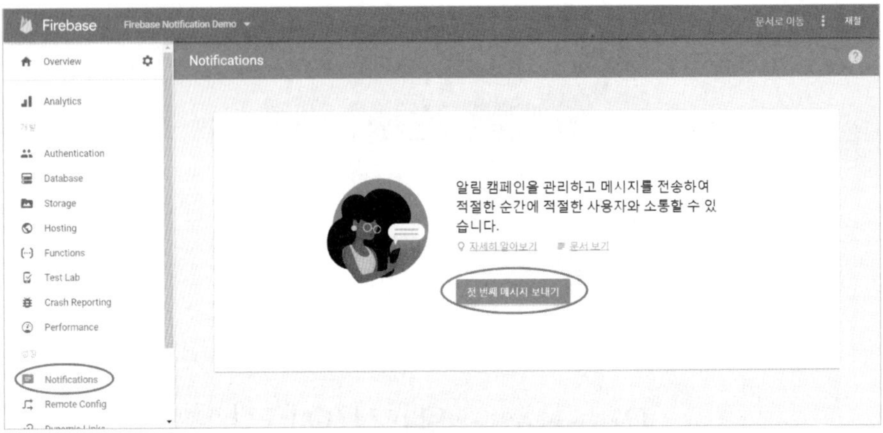

그림 54-1

그리고 첫 번째 메시지 보내기 버튼을 누르면 메시지 작성 화면이 나타난다(그림 54-2).

그림 54-2

메시지 내용 필드에 아무 메시지나 입력한다. 메시지 라벨은 입력을 생략할 수 있다(이것은 Firebase 시스템에서 알림을 참조하는 데 사용되며, 앱 사용자에게는 보이지 않는다). 전송 날짜의 **지금 보내기**는 그대로 둔다.

대상에서는 앱 사용자 그룹을 선택할 수 있다. 여기서는 앱의 모든 사용자를 대상으로 알림 메시지를 보낼 것이므로 기본값인 **사용자 세그먼트**를 그대로 둔다. 그리고 그 밑의 앱 선택을 클릭하여 com.ebookfrenzy.firebasenotify를 선택한다. 또한, AND를 클릭하면 알림을 보낼 대상의 조건(잠재 고객, 사용자의 언어, 앱의 버전)을 추가로 지정할 수 있다.

기본적으로 알림의 제목은 관련 앱의 이름으로 설정되지만, **고급 옵션**을 클릭하면 제목을 변경할 수 있다. 또한, **고급 옵션**에서는 제목 외에도 메시지 우선순위나 보관 기간 등을 설정할 수 있다(그림 54-3).

그림 54-3

알림 메시지 작성이 다 되었으면 **메시지 보내기** 버튼을 클릭한다. 그리고 메시지 검토의 내용을 확인 후 **보내기** 버튼을 클릭한다(그림 54-4).

그림 54-4

잠시 후에 웹 브라우저의 Firebase 콘솔에서는 다음 그림과 같이 전송된 알림 내역을 보여준다.

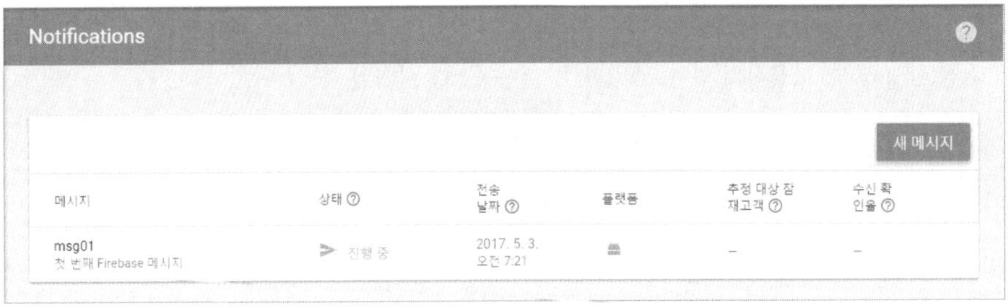

그림 54-5

54.2 알림 메시지 수신하기

메시지가 전송되었으면 백그라운드로 우리 앱이 실행 중인 에뮬레이터나 실제 장치의 화면 위에 있는 상태 바에서 알림 표시가 나타났는지 확인한다. 그리고 상태 바를 끌어내려서 알림을 확인한다. Firebase 콘솔에서 작성했던 알림 메시지가 나타나 있을 것이다(그림 54-6).

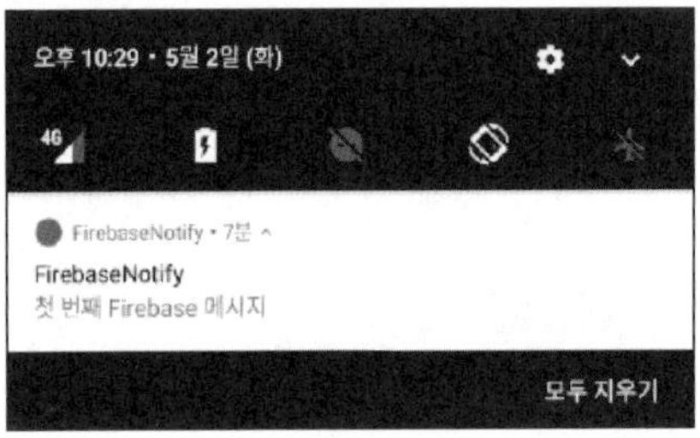

그림 54-6

또한, 알림 메시지를 클릭(터치)하면 백그라운드에 있던 FirebaseNotify 앱이 포그라운드로 실행되어 화면에 나타난다.

54.3 알림에 맞춤 데이터 포함시키기

Firebase 클라우드 메시징 서비스에서는 키와 값이 쌍으로 된 데이터를 알림에 전달하는 옵션을 제공한다. 이 데이터는 장치에서 해당 알림이 선택될 때 시작되는 액티비티에서 수신할 수 있다. 이 데이터는 Firebase 콘솔의 메시지 작성 화면(그림 54-3)에 있는 **고급 옵션**에서 지정한다. 예를 들어, 그림 54-7에서는 두 개의 맞춤 데이터를 알림에 추가하는 것을 보여준다.

그림 54-7

(현재 웹 브라우저의 Firebase 콘솔 화면에는 그림 54-5와 같이 전송된 알림 내역이 나타나 있을 것이다. 따라서 이후의 내용을 실습할 때는 오른쪽 위의 **새 메시지** 버튼을 클릭한 후 메시지 작성 화면의 **고급 옵션**에서 맞춤 데이터를 입력하면 된다.)

사용자가 장치의 알림을 클릭하여 시작되는 액티비티에서는 getIntent( ) 메서드를 사용해서 자신을 시작시킨 인텐트 객체의 참조를 얻을 수 있다. 그리고 그 인텐트 객체의 getExtras( ) 메서드를 호출하면 알림의 맞춤 데이터를 갖는 Bundle 객체를 반환한다.

그다음에 Bundle 객체의 getString( ) 메서드 인자로 키에 해당되는 값을 전달하여 호출하면 그 키와 관련된 맞춤 데이터 값을 액세스할 수 있다.

다음의 코드를 FirebaseNotifyActivity.java 파일의 onCreate( ) 메서드에 추가하자. 여기서는 문자열인 MyKey1을 키로 갖는 맞춤 데이터 값을 추출하여 FirebaseNotifyActivity 사용자 인터페이스의 myTextView에 보여준다.

```
import android.widget.TextView;
.
.
@Override
protected void onCreate(Bundle savedInstanceState) {
    super.onCreate(savedInstanceState);
    setContentView(R.layout.activity_firebase_notify);

    Bundle customData = getIntent().getExtras();

    if (customData != null) {

        TextView textView = (TextView) findViewById(R.id.myTextView);
        textView.setText(customData.getString("MyKey1"));
    }
}
```

에뮬레이터나 실제 장치에서 다시 한 번 FirebaseNotify 앱을 시작시킨 후 홈(home) 버튼을 눌러서 FirebaseNotify 앱을 백그라운드로 실행되게 한다. 그리고 웹 브라우저의 Firebase 콘솔에서 FirebaseNotify 앱을 대상으로 새로운 메시지를 작성한다. 이때 고급 옵션의 맞춤 데이터에서 MyKey1을 키로 입력하고 값은 각자 원하는 것을 입력한 후 알림 메시지를 전송한다. 그 다음에 에뮬레이터나 실제 장치의 상태 바에 알림 아이콘이 나타나면 상태 바를 끌어내려서 알림 메시지가 나타나게 한다. 끝으로, 알림 메시지를 클릭하여 액티비티가 시작되게 한 후 Firebase 콘솔에서 지정한 맞춤 데이터 값이 TextView에 나타나는지 확인하자.

54.4 포그라운드 앱의 알림 처리하기

앞에서도 얘기했듯이, 현재 포그라운드로 실행되는, 즉 화면에 보이며 사용자와 상호 동작하는 앱은 Firebase 알림을 받지 못한다. 포그라운드 앱이 알림을 받으려면 추가로 Firebase 메시징 서비스를 구현해야 한다. 이때 우리가 구현할 서비스는 FirebaseMessagingService 클래스의 서브 클래스면서 onMessageReceived( ) 메서드를 오버라이딩해야 한다.

FirebaseNotify 프로젝트 도구 창의 app ➡ java ➡ com.ebookfrenzy.firebasenotify 패키지에서 오른쪽 마우스 버튼을 클릭한 후 New ➡ Service ➡ Service를 선택한다. 그리고 대화상자에서 클래스 이름에 MyFBMessageService를 입력한 후 Exported와 Enabled 옵션은 체크된 상태로 두고 Finish 버튼을 클릭한다.

그다음에 새로 생성되어 편집기 창에 열린 MyFBMessageService.java 파일을 다음과 같이 수정한다.

```
package com.ebookfrenzy.firebasenotify;

import android.app.Service;
import android.content.Intent;
import android.os.IBinder;
import android.util.Log;

import com.google.firebase.messaging.FirebaseMessagingService;
import com.google.firebase.messaging.RemoteMessage;

public class MyFBMessageService extends FirebaseMessagingService  {

    String TAG = "firebasenotify";

    public MyFBMessageService() {
    }
```

```
    @Override
    public IBinder onBind(Intent intent) {
        // TODO: Return the communication channel to the service.
        throw new UnsupportedOperationException("Not yet implemented");
    }

    @Override
    public void onMessageReceived(RemoteMessage remoteMessage) {
        Log.d(TAG, "Notification Title: " +
              remoteMessage.getNotification().getTitle());
        Log.d(TAG, "Notification Message: " +
              remoteMessage.getNotification().getBody());
    }
}
```

onMessageReceived( ) 메서드가 호출될 때는 RemoteMessage 객체를 인자로 받는다. 이 객체에는 알림의 상세 정보(제목과 메시지)를 갖는 RemoteMessage.Notification 클래스의 인스턴스(객체)가 포함된다.

위의 코드에서는 RemoteMessage.Notification 객체의 참조를 얻기 위해 RemoteMessage 객체의 getNotification( ) 메서드를 호출한다. 그다음에 RemoteMessage.Notification 객체의 getTitle( ) 메서드를 호출하여 메시지 제목 텍스트를 받으며, getBody( ) 메서드를 호출하여 메시지 본문 텍스트를 받는다. 그리고 두 가지 텍스트 문자열을 모두 로그 메시지로 출력한다. 이 내용은 안드로이드 스튜디오의 Logcat 도구 창에서 확인할 수 있다.

끝으로, AndroidManifest.xml 파일에 Firebase 메시징 이벤트의 인텐트 필터를 추가해야 한다.

```
<service
    android:name=".MyFBMessageService"
    android:enabled="true"
    android:exported="true">
    <intent-filter>
        <action android:name="com.google.firebase.MESSAGING_EVENT"/>
    </intent-filter>
</service>
```

로그 메시지를 보기 위해 Logcat 도구 창을 열자. 그리고 에뮬레이터나 실제 장치에서 다시 한 번 FirebaseNotify 앱을 시작시키면 FirebaseNotifyActivity 화면이 나타나면서 포그라운드로 실행된다. 그다음에 웹 브라우저의 Firebase 콘솔에서 FirebaseNotify 앱을 대상으로 새로운 메시지를 작성한다. 이때 고급 옵션의 맞춤 데이터에서 MyKey1을 키로 입력하고 값은 각자 원하는 것을 입력한 후 메시지를 전송한다.

메시지가 전송되면 Logcat 창에서 알림 메시지의 제목과 본문을 볼 수 있다(그림 54-8). (logcat 창의 검색 필드에 D/firebasenotify를 입력하면 우리의 로그 메시지만 나타나므로 쉽게 볼 수 있다.)

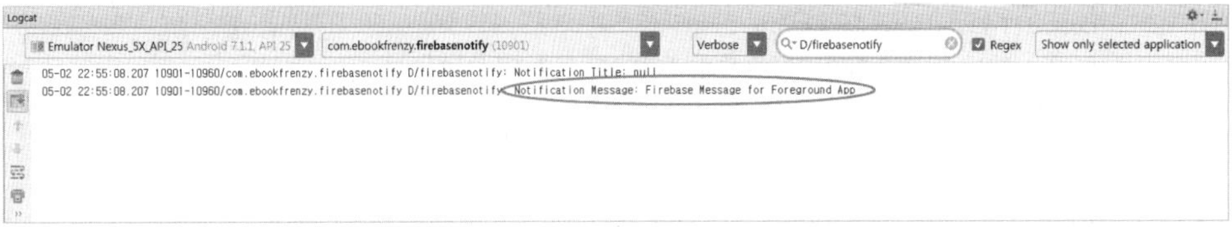

그림 54-8

54.5 요약

안드로이드에서는 로컬 알림에 추가하여 Firebase 클라우드 메시징 서비스를 사용한 원격 알림 전송 방법을 제공한다. 이때 다양한 조건(잠재 고객, 사용 언어, 앱 버전)을 지정하여 사용자에게 알림을 보낼 수 있다. 이번 장에서는 원격 알림을 전송하고 수신하는 방법을 알아보았다. 여기에는 원격 서버로부터 맞춤 데이터를 앱에 전달하는 방법과 포그라운드 앱에서 알림을 수신하기 위해 추가로 서비스를 구현하는 방법도 포함된다.

안드로이드 7의 다중 창 지원 개요

안드로이드 7(누가, Nougat)에서는 이전 버전과는 다르게 다중 창(multi-window) 기능을 지원한다. 이 기능을 사용하면 두 개 이상의 애플리케이션(이하 앱) 액티비티가 화면을 분할하여 동시에 나타날 수 있다. 예를 들어, 사용자가 화면을 분할하여 한쪽에서는 웹 페이지를 작성하면서 다른 쪽에서는 이메일을 작성할 수 있다. 또한, 분할된 창으로 화면을 공유하는 서로 다른 액티비티 간에 데이터를 드래그-앤-드롭할 수 있다. 이번 장에서는 다중 창 기능이 어떤 것인지 사용자와 개발자 모두의 관점에서 알아본다.

그리고 다음 장에서는 다중 창 모드로 동작하는 안드로이드 앱을 개발할 때 할 일을 예제 프로젝트를 통해서 자세히 살펴볼 것이다.

55.1 분할 화면과 자유형식 및 PIP 모드

안드로이드의 다중 창 지원에서는 세 가지의 다중 창 모드를 제공한다. 분할 화면(split-screen) 모드, 자유형식(freeform) 모드, PIP(picture-in-picture) 모드다. 우선, 분할 화면 모드는 대부분의 폰이나 태블릿 장치에서 사용 가능하며, 화면을 분할하는 환경을 제공한다. 이때 두 개의 앱 액티비티가 좌우 또는 상하로 화면에 나타날 수 있다. 그리고 사용자는 분할선을 끌어서 각 액티비티의 화면 영역 크기를 조정할 수 있다. 예를 들어, 삼성 갤럭시 노트5에서는 그림 55-1과 같다.

그림 55-1

자유형식 모드에서는 더 큰 화면을 갖는 장치의 창 환경을 제공하며, 장치 제조사에서 이 기능을 활성화할 때 사용 가능하다. 두 개의 액티비티만 화면에 나타나는 분할 화면 모드와 달리, 자유형식 모드에서는 동시에 나타나는 액티비티의 개수에 제한이 없으며, 각 액티비티는 크기 조정이 가능한 별개의 창으로 나타날 수 있다. 예를 들어, 그림 55-2에서는 삼성 갤럭시 노트5의 자유형식 모드에서 뮤직, 웹브라우저, 설정 앱이 별개의 창으로 나타난 것을 보여준다.

그림 55-2

PIP 모드에서는 말 그대로 본 화면 속에 작은 화면을 동시에 보여줄 수 있다. 예를 들어, 사용자가 주된 작업을 하면서 동시에 작은 화면으로 동영상을 같이 볼 수 있다. 이 기능은 원래 안드로이드 TV에서만 가능했지만 안드로이드 8.0부터는 모든 안드로이드 장치에서 사용 가능하다.

55.2 다중 창 모드로 전환하기

화면 분할이나 자유형식의 다중 창 모드를 전환하는 방법은 실제 장치와 에뮬레이터 모두 거의 동일하다. 따라서 다음에 설명하는 에뮬레이터의 사례를 보면 다른 장치에서도 쉽게 알 수 있을 것이다(물론 안드로이드 7.0 이상이 실행되는 장치여야 한다). 그리고 다중 창이 지원되는 대부분의 실제 장치에서는 "설정"에서 다중 창을 활성화 또는 비활성화할 수 있다(예를 들어, 삼성 갤럭시 노트5의 경우는 "설정" ➡ "유용한 기능" ➡ "멀티윈도우"에서 "팝업 화면 바로 실행"과 "분할 화면 바로 실행"을 켜거나 끈다. 노트5에서는 자유형식 모드를 팝업 화면이라고 한다).

에뮬레이터를 실행시킨 후 세 개 정도의 앱을 미리 실행시켜 두자. 그리고 특정 앱의 화면이 나와 있는 상태에서 오버뷰(Overview) 버튼(사각형 모양)을 길게 누르면 분할 화면 모드로 바뀌면서 현재 액티비티가 분할된 화면의 한쪽에 나타난다(이때 오버뷰 버튼이 두 개의 포개진 사각형 모양으로 바뀐다). 그리고 그림 55-3처럼 다른 쪽 화면에는 오버뷰 화면이 나타나면서 두 번째 액티비티를 선택할 수 있게 해준다(만일 빈 화면이 나타나면 오버뷰 버튼을 다시 누르면 된다). 이때 오버뷰 목록에서 다른 액티비티를 선택하면 분할된 화면의 나머지 창에 그 액티비티가 나타난다.

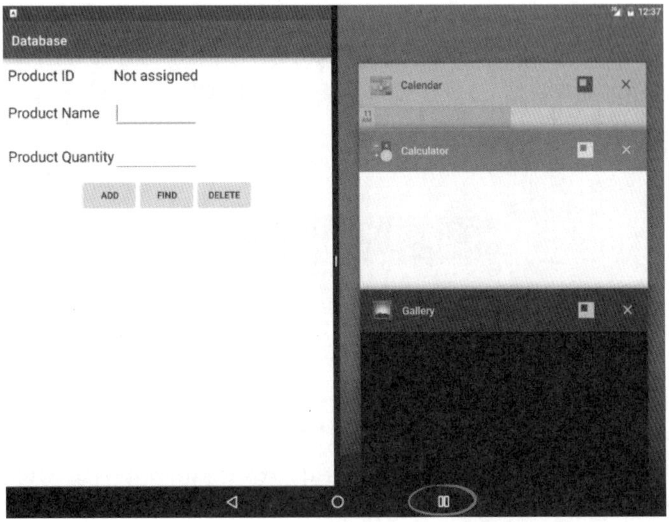

그림 55-3

또 다른 방법을 사용해서 분할 화면 모드로 전환할 수 있다. 오버뷰 버튼을 짧게 눌러서 나타나는 오버뷰 화면에서 특정 앱 액티비티의 제목(타이틀 바)을 길게 누른 후 "여기를 드래그하여 분할 화면 사용하기" 메시지가 나타나는 곳으로 끌어서 놓으면 된다.

분할 화면 모드를 끝내고자 할 때는 두 액티비티 사이의 분할선을 어느 한쪽 끝으로 밀어서 한 액티비티만 보이게 하면 된다. 또는 오버뷰 버튼을 길게 눌러서 버튼의 모양이 하나의 사각형으로 바뀌게 하면 된다.

에뮬레이터의 경우는 기본적으로 분할 화면 모드를 지원한다. 그러나 자유형식 모드는 지원하지 않는다. 따라서 자유형식 모드를 활성화하려면 다음과 같이 해 주어야 한다. 이 작업은 에뮬레이터를 생성한 후 한 번만 해주면 된다.

에뮬레이터가 실행 중인 상태에서 안드로이드 스튜디오 메인 창의 제일 왼쪽 아래에 있는 Terminal 도구 바를 클릭하여 Terminal 도구 창을 열자. 그리고 다음의 명령을 입력하여 실행시킨다.

```
adb shell settings put global enable_freeform_support 1
```

(여기서 support와 1 사이에는 한 칸 이상을 띄워야 한다.)

이렇게 하면 현재 실행 중인 에뮬레이터의 자유형식 모드가 활성화된다. 단, 에뮬레이터를 종료했다가 다시 시작시켜야 한다.

자유형식 모드가 지원되는 경우는 오버뷰 화면에 나타나는 각 앱 액티비티의 제목에 버튼이 추가된다(그림 55-4의 표시 참고). 그리고 그 버튼을 누르면 해당 액티비티가 자유형식 모드의 창으로 나타난다.

그림 55-4

자유형식 모드의 창으로 나타난 액티비티의 제목에는 또 다른 모양의 버튼이 추가로 나타난다(그림 55-5의 표시 참고). 그리고 그 버튼을 누르면 해당 액티비티가 전체 화면 모드로 전환되어 나타난다.

그림 55-5

자유형식 모드로 실행 중인 액티비티가 있을 때 오버뷰 버튼을 누르면 그 액티비티들을 위에 보여주며, 자율형식 모드로 실행 중이 아닌 나머지 액티비티들을 밑에 보여준다(그림 55-6).

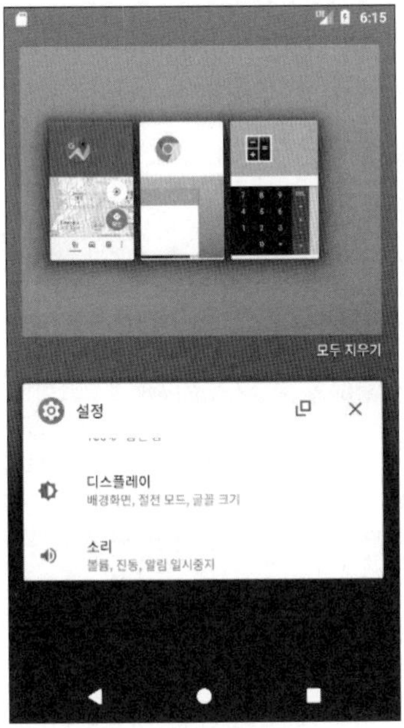

그림 55-6

55.3 자유형식 모드의 지원 여부 확인하기

앞에서 얘기했듯이, 자유형식 다중 창 모드는 안드로이드 장치 제조사에서 활성화해야 한다. 자유형식 모드는 화면이 큰 장치에서만 의미가 있으므로 앱이 실행될 모든 장치에서 사용 가능하다는 보장은 없다. 그러나 다행스럽게도 자유형식 모드를 사용할 수 없는 장치에서는 자유형식 모드 관련 메서드와 속성들을 시스템에서 무시하므로 그런 장치에서 앱을 사용해도 문제를 발생시키지 않는다. 그러나 장치에서 자유형식 모드를 지원하는지 검사하면 좋은 경우가 있다. 이때는 패키지 매니저로 확인하면 된다. 예를 들어, 다음 코드에서는 자유형식 다중 창 지원 여부를 확인하고 결과에 따른 boolean 값을 반환한다(지원되면 true를 반환).

```
public Boolean checkFreeform() {
    return getPackageManager().hasSystemFeature(
            PackageManager.FEATURE_FREEFORM_WINDOW_MANAGEMENT);
}
```

55.4 다중 창 지원을 앱에서 활성화하기

앱의 다중 창 지원 여부는 매니페스트 파일의 android:resizableActivity 속성으로 제어한다. 이 속성은 애플리케이션 전체 또는 액티비티별로 지정될 수 있다. 예를 들어, MainActivity라는 이름의 액티비티에서 분할 화면과 자유형식 다중 창 모드를 같이 지원하도록 할 때는 다음과 같이 설정한다.

```
<activity
    android:name=".MainActivity"
    android:resizeableActivity="true"
    android:label="@string/app_name"
    android:theme="@style/AppTheme.NoActionBar">
    <intent-filter>
        <action android:name="android.intent.action.MAIN" />

        <category android:name="android.intent.category.LAUNCHER" />
    </intent-filter>
</activity>
```

android:resizableActivity 속성을 false로 설정하면 해당 액티비티가 분할 화면과 자유형식 모드로 나타날 수 없으므로 이 액티비티를 시작할 때 전체 화면으로 보이게 된다.

55.5 다중 창 관련 속성 지정하기

액티비티가 다중 창 모드로 시작될 때 크기와 위치를 지정하는 속성들이 많이 있으며, 이 속성들은 <layout> 요소의 일부가 된다. 그중에서 자유형식 모드로 시작될 때 액티비티의 초기 높이와 너비 및 위치를 지정하는 데 사용되는 속성들은 다음과 같다.

- **android:defaultWidth** — 액티비티의 기본 너비를 지정한다.

- **android:defaultHeight** — 액티비티의 기본 높이를 지정한다.
- **android:gravity** — 액티비티의 초기 위치를 지정한다(시작, 끝, 왼쪽, 오른쪽, 위 등).

이 속성들은 액티비티가 자유형식 모드로 나타날 때만 적용되며, 예를 들면 다음과 같다.

```
<activity android:name=".MainActivity ">
    <layout android:defaultHeight="350dp"
          android:defaultWidth="450dp"
          android:gravity="start|end" />
</activity>
```

다음 속성들은 분할 화면이나 자유형식 모드에서 액티비티의 창이 축소 가능한 최소 너비와 최소 높이를 지정하는 데 사용될 수 있다.

- **android:minimalHeight** — 액티비티가 축소 가능한 최소 높이를 지정한다.
- **android:minimalWidth** — 액티비티가 축소 가능한 최소 너비를 지정한다.

사용자가 최소 높이나 최소 너비보다 작아지게 분할 화면선을 밀 때는 시스템에서 더 이상 축소되지 않게 해준다. 매니페스트에 지정한 예는 다음과 같다.

```
<activity android:name=".MainActivity ">
    <layout android:minimalHeight="400dp"
          android:minimalWidth="290dp" />
</activity>
```

55.6 액티비티에서 다중 창 모드인지 검사하기

사용자가 다중 창 모드로 액티비티를 보고 있는지 검사해야 할 때가 있다. 이때 Activity 클래스의 isInMultiWindowMode( ) 메서드를 호출하면 된다. 액티비티가 다중 창 모드일 때는 true를, 그렇지 않고 전체 화면 상태일 때는 false를 반환한다.

```
if (this.isInMultiWindowMode()) {
    // 액티비티가 다중 창 모드로 실행 중임
} else {
    // 액티비티가 다중 창 모드로 실행 중이 아님
}
```

55.7 다중 창 관련 통지 받기

액티비티에서 onMultiWindowModeChanged( ) 콜백 메서드를 오버라이딩하면 다중 창 모드로 진입하거나 벗어날 때 통지를 받을 수 있다. 다중 창 모드로 진입할 때는 true가 메서드 인자로 전달되며, 벗어날 때는 false가 전달된다.

```
@Override
public void onMultiWindowModeChanged(boolean isInMultiWindowMode) {
    super.onMultiWindowModeChanged(isInMultiWindowMode);

    if (isInMultiWindowMode) {
        // 액티비티가 다중 창 모드로 진입했음
    } else {
        // 액티비티가 다중 창 모드를 벗어났음
    }
}
```

55.8 다중 창 모드에서 액티비티를 시작시키기

43장에서는 액티비티가 인텐트를 사용해서 다른 액티비티를 시작시키는 프로젝트를 작성했었다. 기본적으로 인텐트로 시작된 액티비티는 시작시킨 액티비티와 같은 **태스크 스택**(task stack)에 위치한다. 그러나 인텐트에 플래그를 전달하면 새로운 태스크 스택으로 액티비티를 시작시킬 수 있다.

다중 창 모드로 실행 중인 액티비티에서 다른 액티비티를 시작시킬 때 같은 태스크 스택으로 시작시키면 새로 시작된 액티비티가 시작시킨 액티비티를 교체하여 같은 창에 나타난다(사용자가 Back 버튼을 누르면 원래의 시작시킨 액티비티로 돌아간다).

그러나 분할 화면 모드(두 개의 창으로만 화면이 분할됨)에서 새로운 태스크 스택으로 시작되면 새로 시작된 액티비티는 원래의 시작시킨 액티비티와 인접한 다른 창에 나타난다. 따라서 두 액티비티 모두를 동시에 같이 볼 수 있다. 또한, 자유형식 모드(여러 개의 창으로 화면이 분할됨)의 경우에는 새로 시작된 액티비티가 또 다른 창으로 나타난다.

새로운 태스크 스택으로 액티비티를 시작시키려면 시작시키는 인텐트에 다음 플래그를 설정해야 한다.

- Intent.FLAG_ACTIVITY_LAUNCH_ADJACENT

- Intent.FLAG_ACTIVITY_MULTIPLE_TASK
- Intent.FLAG_ACTIVITY_NEW_TASK

예를 들어, 다음 코드에서는 새로 시작되는 액티비티가 별개의 창으로 나타나게 한다.

```
Intent i = new Intent(this, SecondActivity.class);

i.addFlags(Intent.FLAG_ACTIVITY_LAUNCH_ADJACENT|
           Intent.FLAG_ACTIVITY_MULTIPLE_TASK|
           Intent.FLAG_ACTIVITY_NEW_TASK);

startActivity(i);
```

55.9 자유형식 모드로 실행되는 액티비티의 크기와 위치 구성하기

자유형식 모드에서 다른 태스크 스택으로 시작되는 액티비티는 시스템에서 지정한 크기로 화면 중앙의 창에 위치한다. 이 창의 위치와 크기는 ActivityOptions 클래스를 사용해서 launch bounds 설정을 인텐트에 전달하여 제어할 수 있다. 우선, 액티비티 창을 나타내는 사각형의 왼쪽 위 꼭짓점 XY 좌표와 오른쪽 아래 꼭짓점 XY 좌표로 구성된 Rect 객체를 생성한다. 예를 들어, 다음 코드에서는 왼쪽 위 꼭짓점 좌표가 (100, 800)이고 오른쪽 아래 꼭짓점 좌표가 (900, 700)인 Rect 객체를 생성한다.

```
Rect rect = new Rect(100, 800, 900, 700);
```

그다음에는 ActivityOptions 클래스의 기본 인스턴스를 생성하고 setLaunchBounds( ) 메서드를 사용해서 Rect 객체에 설정된 값으로 초기화한다.

```
ActivityOptions options = ActivityOptions.makeBasic();
ActivityOptions bounds = options.setLaunchBounds(rect);
```

끝으로, ActivityOptions 인스턴스를 Bundle 객체로 변환하여 인텐트 객체와 함께 startActivity( ) 메서드의 인자로 전달한다.

```
startActivity(i, bounds.toBundle());
```

지금까지 설명한 내용을 함께 코드로 구현한 예를 보면 다음과 같다.

```
Intent i = new Intent(this, SecondActivity.class);
i.addFlags(Intent.FLAG_ACTIVITY_LAUNCH_ADJACENT|
          Intent.FLAG_ACTIVITY_MULTIPLE_TASK|
          Intent.FLAG_ACTIVITY_NEW_TASK);

Rect rect = new Rect(100, 800, 900, 700);

ActivityOptions options = ActivityOptions.makeBasic();
ActivityOptions bounds = options.setLaunchBounds(rect);

startActivity(i, bounds.toBundle());
```

자유형식 모드에서 실행되는 액티비티에서 요청한 인텐트로 시작되는 액티비티는 Rect 객체에 지정된 위치와 크기를 갖는 새로운 액티비티 창에 나타난다.

55.10 요약

안드로이드 7(누가)에서는 다중 창 지원이 추가되었다. 이것은 동시에 두 개 이상의 액티비티를 화면에 보여줄 수 있는 기능이다. 다중 창 지원에서는 분할 화면과 자유형식 및 PIP의 세 가지 모드를 제공한다. 분할 화면 모드에서는 상하 또는 좌우로 두 개의 액티비티 창을 보여줄 수 있다. 자유형식 모드는 장치 제조사에서 활성화된 장치에서만 지원되며, 여러 개의 액티비티가 별개의 창으로 나타날 수 있고 각 창은 이동과 크기 조정이 가능하다. PIP 모드에서는 사용자가 어떤 작업을 하는 동안 별개의 작은 창으로 동영상 재생을 할 수 있게 해준다. 참고로, 구글 제공 샘플 코드는 *https://github.com/googlesamples/android-PictureInPicture/*를 접속하여 "Clone or download ZIP" ➡ Download ZIP으로 다운로드 받은 후 압축을 풀고 안드로이드 스튜디오에서 "Import project" ➡ android-PictureInPicture-master를 선택하여 열고 테스트하면 된다. 단, 이때 Gradle 에러 메시지가 나타나면 아래쪽에 자동으로 열린 Gradle 창에서 "Update plugin to version 3.0 and sync project"를 클릭하면 된다.

다중 창 예제 프로젝트

앞 장에서 설명한 다중 창 지원 개요에 이어서 이번 장에서는 다중 창 지원을 구현하는 안드로이드 앱을 만들 것이다. 이번 장에서 생성하는 프로젝트에서는 여러 개의 액티비티를 분할 화면 모드와 자유형식 모드로 구성하고 관리하는 방법을 보여준다.

56.1 다중 창 프로젝트 생성하기

우선, 새 프로젝트를 생성하자. 안드로이드 스튜디오 메인 메뉴의 File ➡ New ➡ New Project...를 선택하거나 웰컴 스크린에서 Start a new Android Studio project를 선택한다.

Application name 필드에 MultiWindow를 입력하고, Company Domain 필드에는 ebookfrenzy.com을 입력한다. 안드로이드 장치 선택 화면에서는 폰과 태블릿(Phone and Tablet)만 선택하고, 최소 SDK 버전은 API 24: Android 7.0 (Nougat)으로 선택한다. 액티비티 선택 화면에서는 Empty Activity를 선택한다. 그리고 마지막 대화상자에서 Activity Name에 FirstActivity를 입력하고 자동으로 설정된 나머지 필드 값은 그대로 둔다. Finish 버튼을 눌러 프로젝트를 생성한다.

56.2 FirstActivity의 사용자 인터페이스 디자인하기

여기서는 사용자 인터페이스를 하나의 Button과 TextView로 구성한다. 레이아웃 편집기에 열려 있는 레이아웃 파일인 activity_first.xml의 탭을 클릭하여 선택한 후 디자인 모드로 변경한다. 그리고 Hello World!를 보여주는 TextView를 삭제하자.

자동 연결(Autoconnect)이 활성화된 상태에서(18장 참조) 팔레트의 Text 부류에 있는 TextView를 마우스로 끌어서 레이아웃의 중앙에 놓고 ID를 myTextView로 변경한다. 또한 Widgets 부류에 있는 Button을 끌어서 TextView 밑에 놓자. 그리고 레이아웃 편집기의 제약 추론 버튼(✨)을 클릭한다(18장 참조). 이렇게 하면 Button의 제약 연결이 자동으로 추가된다. Button이 선택된 상태에서 속성 창의 text 속성을 'Launch'로 변경하고 이 값을 문자열 리소스로 추출한다. 또한, onClick 속성을 찾아 속성값으로 launchIntent를 입력한다. 이것은 버튼을 클릭했을 때 실행될 메서드다. 완성된 레이아웃은 그림 56-1과 같다.

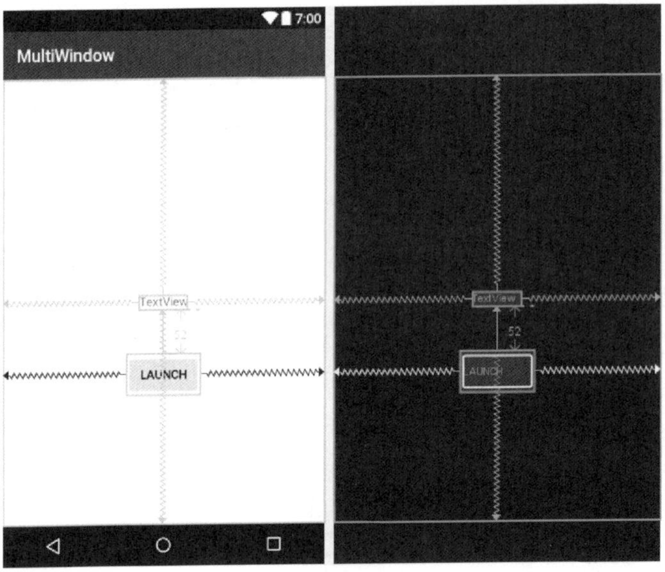

그림 56-1

56.3 두 번째 액티비티 추가하기

두 번째 액티비티는 사용자가 첫 번째 액티비티의 버튼을 클릭(터치)하면 시작되게 할 것이다. 프로젝트 도구창의 app ➡ java 밑에 있는 com.ebookfrenzy.multiwindow 패키지에서 오른쪽 마우스 버튼을 누른 후 New ➡ Activity ➡ Empty Activity를 선택한다.

그리고 액티비티 구성 대화상자에서 Activity Name을 SecondActivity로 변경하고 Layout Name은 activity_second로 변경한다. 이 액티비티는 애플리케이션이 시작될 때 바로 실행되는 것이 아니므로 Launcher Activity를 체크하지 말아야 한다. 나머지는 기본값 그대로 두고 Finish 버튼을 누른다.

레이아웃 편집기에 열려 있는 레이아웃 파일인 activity_second.xml의 탭을 클릭하여 선택한 후 디자인 모드로 변경한다. 그리고 팔레트의 TextView를 마우스로 끌어서 레이아웃의 중앙에 놓고 속성 창의 text 속성을 'Second Activity'로 변경하고 layout_width 속성을 wrap_content로 변경한다. 완성된 레이아웃은 그림 56-2와 같다.

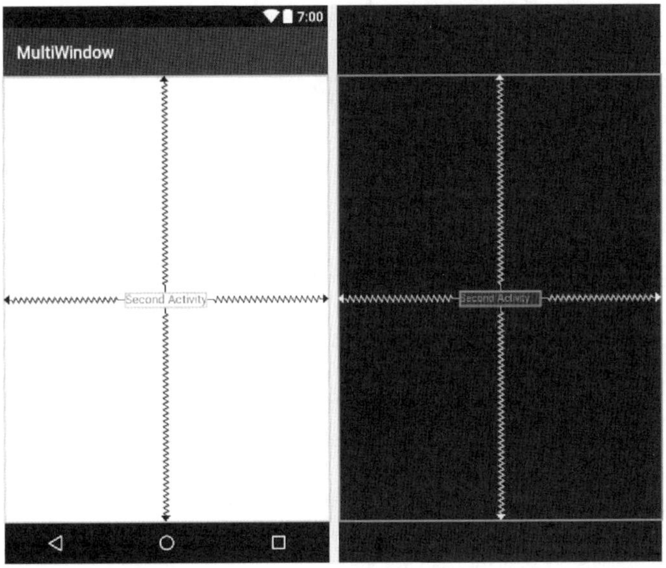

그림 56-2

56.4 두 번째 액티비티 시작시키기

그다음에는 FirstActivity 클래스에 launchIntent( ) 메서드를 구현하는 코드를 추가하자. 편집기의 FirstActivity.java를 선택한 후 다음 코드를 추가한다.

```
package com.ebookfrenzy.multiwindow;

import android.content.Intent;
import android.support.v7.app.AppCompatActivity;
import android.os.Bundle;
import android.view.View;

public class FirstActivity extends AppCompatActivity {

    @Override
    protected void onCreate(Bundle savedInstanceState) {
        super.onCreate(savedInstanceState);
        setContentView(R.layout.activity_first);
    }
```

```
    public void launchIntent(View view) {
        Intent i = new Intent(this, SecondActivity.class);
        startActivity(i);
    }
}
```

안드로이드 7(Nougat)이 실행 중인 실제 장치나 에뮬레이터에서 앱을 실행한 후 Launch 버튼을 클릭하여 두 번째 액티비티가 시작되는지 확인해보자.

56.5 다중 창 모드 활성화하기

또한, 앱의 다중 창 지원을 활성화하도록 다음과 같이 AndroidManifest.xml 파일을 변경한다 (매니페스트 파일은 프로젝트 도구 창의 app ➡ manifests 밑에 있다).

```
<?xml version="1.0" encoding="utf-8"?>
<manifest xmlns:android="http://schemas.android.com/apk/res/android"
    package="com.ebookfrenzy.multiwindow">

    <application
        android:allowBackup="true"
        android:icon="@mipmap/ic_launcher"
        android:label="@string/app_name"
        android:roundIcon="@mipmap/ic_launcher_round"
        android:supportsRtl="true"
        android:theme="@style/AppTheme">
        <activity
            android:name=".FirstActivity"
            android:resizeableActivity="true">
            <intent-filter>
                <action android:name="android.intent.action.MAIN" />

                <category android:name="android.intent.category.LAUNCHER" />
            </intent-filter>
        </activity>
        <activity android:name=".SecondActivity"></activity>
    </application>

</manifest>
```

이 책을 저술하는 시점에는 다중 창 지원이 기본적으로 활성화되어 있다. 그러나 향후에는 기본 설정이 변경될 수 있으므로 위와 같이 매니페스트에 다중 창 지원 활성화를 추가하는 것이 좋다.

56.6 다중 창 지원 테스트하기

우선, 안드로이드 7.0 이상 버전이 실행되는 에뮬레이터를 시작시키자(5장 참조). 여기서는 Nexus 5X 에뮬레이터를 사용한다(55장의 55.2절에서 설명한 대로 자유형식 모드를 활성화시켜야 한다). 앱을 다시 실행시켜서 전체 화면 모드로 나타난 상태에서 **오버뷰** 버튼을 길게 눌러 분할 화면 모드로 전환하면 그림 56-3과 같이 MultiWindow 앱과 오버뷰 화면이 서로 다른 창으로 나타난다.

그림 56-3

Launch 버튼을 클릭하면 첫 번째 액티비티와 같은 창에 두 번째 액티비티가 나타난다. 그리고 두 개의 직사각형이 포개진 모양의 오버뷰 버튼을 다시 길게 누르면 전체 화면 모드로 전환된다. Back 버튼을 눌러서 다시 첫 번째 액티비티가 나타나게 한다.

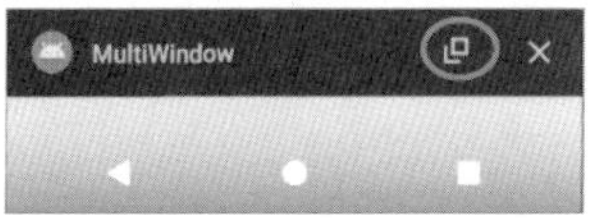

그림 56-4

이번에는 자유형식 모드로 MultiWindow 앱을 실행해보자. 단, 이때는 자유형식 모드를 지원하는 장치나 에뮬레이터에서 앱을 실행해야 한다. 우선, 전체 화면 모드에서 **오버뷰** 버튼을 짧게 눌러서 오버뷰 화면이 나타나게 한다. 그리고 MultiWindow 앱의 제목에 나타난 **자유형식 모드** 버튼(그림 56-4에 원으로 표시됨)을 클릭한다.

그러면 MultiWindow 앱이 자유형식 모드의 창으로 나타난다(그림 56-5).

그림 56-5

그다음에 Launch 버튼을 클릭하면 첫 번째 액티비티가 두 번째 액티비티로 교체되어 같은 창에 나타난다.

따라서 두 번째 액티비티를 다른 창에 나타나게 하려면 그와 관련된 플래그를 설정한 인텐트로 시작시켜야 한다.

56.7 두 번째 액티비티를 다른 창에서 시작시키기

첫 번째 액티비티가 두 번째 액티비티로 교체되지 않고 다른 창으로 나타나게 하려면 두 번째 액티비티를 다른 태스크 스택에서 시작시켜야 한다. FirstActivity.java의 launchIntent( ) 메서드를 다음과 같이 변경한다.

```
public void launchIntent(View view) {
    Intent i = new Intent(this, SecondActivity.class);

    i.addFlags(Intent.FLAG_ACTIVITY_LAUNCH_ADJACENT|
            Intent.FLAG_ACTIVITY_MULTIPLE_TASK|
            Intent.FLAG_ACTIVITY_NEW_TASK);

    startActivity(i);
}
```

변경이 끝났으면 앱을 다시 실행시키자. 그리고 오버뷰 버튼을 길게 눌러 분할 화면 모드로 전환한 후 Launch 버튼을 눌러 두 번째 액티비티를 시작시킨다. 이제는 두 번째 액티비티가 첫 번째 액티비티와 인접한 다른 창에 나타날 것이다(그림 56-6).

그림 56-6

그림 56-6의 상태에서 오버뷰 버튼을 길게 누르면 MultiWindow 앱이 전체 화면 모드로 전환된다. 그리고 오버뷰 버튼을 짧게 누르면 오버뷰 화면이 나타난다. 거기에서 MultiWindow 앱의 두 번째 액티비티를 닫은 후 첫 번째 액티비티의 자유형식 모드 버튼(그림 56-4)을 클릭하여 자유형식 모드로 전환한다. 그다음에 Launch 버튼을 클릭하여 두 번째 액티비티를 실행시키면 첫 번째 액티비티와 다른 창에 두 번째 액티비티가 나타난다(그림 56-7).

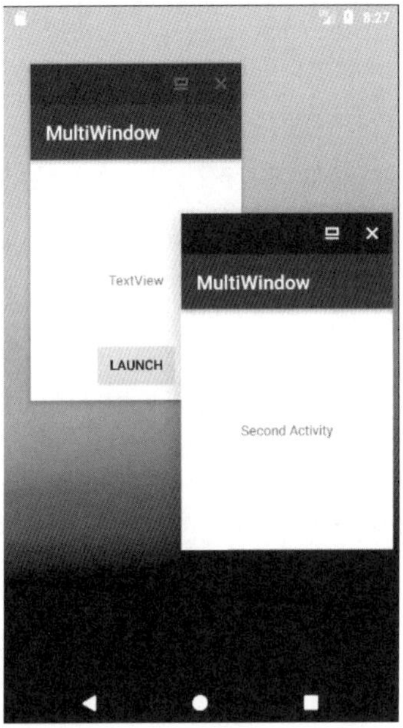

그림 56-7

56.8 자유형식 창의 위치와 크기 변경하기

두 번째 액티비티가 자유형식 모드의 별개 창으로 시작될 때는 기본적으로 화면 중앙에 나타난다. 그러나 다음과 같이 하면 창의 위치와 크기를 변경할 수 있다. 여기서는 화면의 제일 왼쪽 위에 창이 나타나면서 가로와 세로가 각각 100픽셀 크기를 갖도록 지정한다. 다음과 같이 lauchIntent( ) 메서드를 변경하자.

```
package com.ebookfrenzy.multiwindow;

import android.app.ActivityOptions;
import android.content.Intent;
import android.graphics.Rect;
import android.support.v7.app.AppCompatActivity;
```

```java
import android.os.Bundle;
import android.view.View;

import static com.ebookfrenzy.multiwindow.R.id.myTextView;

public class FirstActivity extends AppCompatActivity {

    @Override
    protected void onCreate(Bundle savedInstanceState) {
        super.onCreate(savedInstanceState);
        setContentView(R.layout.activity_first);
    }

    public void launchIntent(View view) {
        Intent i = new Intent(this, SecondActivity.class);

        i.addFlags(Intent.FLAG_ACTIVITY_LAUNCH_ADJACENT|
                Intent.FLAG_ACTIVITY_MULTIPLE_TASK|
                Intent.FLAG_ACTIVITY_NEW_TASK);

        Rect rect = new Rect(0, 0, 100, 100);

        ActivityOptions options = ActivityOptions.makeBasic();
        ActivityOptions bounds = options.setLaunchBounds(rect);

        startActivity(i, bounds.toBundle());

    }
```

마지막으로, 앱을 다시 실행하고 자유형식 모드로 전환한 후 두 번째 액티비티를 시작시키자. 그리고 두 번째 액티비티 창이 앞에서 지정한 위치 및 크기로 나타나는지 확인해보자.

56.9 요약

이번 장에서는 예제 프로젝트를 생성하여 안드로이드 앱의 다중 창 지원을 사용하는 방법을 알아보았다. 구체적으로는 다중 창 지원의 활성화, 새로운 태스크 스택으로 액티비티 시작시키기, 자유형식 모드에서 창의 크기와 위치를 구성하기 등이다.

안드로이드 SQLite 데이터베이스 개요

영속적인(persistent) 데이터를 조금이라도 저장할 필요가 없는 모바일 애플리케이션은 거의 없을 것이다. 데이터 중심의 애플리케이션에서부터 게임 점수처럼 소량의 데이터만을 저장할 필요가 있는 애플리케이션에 이르기까지 데이터베이스의 사용은 대부분의 애플리케이션에 필수적이다.

일반적인 안드로이드 애플리케이션의 일시적인 생명주기를 고려할 때 영속적인 데이터 저장의 중요성은 더욱 분명해진다. 안드로이드 런타임 시스템이 리소스를 해제하기 위해 애플리케이션 컴포넌트를 종료시킬 것이라는 위험이 항상 존재하므로 데이터 손실을 막기 위한 포괄적인 데이터 저장 전략이 애플리케이션 개발 전략의 수립과 구현에 핵심 요소가 된다.

이번 장에서는 안드로이드 운영체제에 같이 제공되는 SQLite 관계형 데이터베이스 관리 시스템의 개요를 알아볼 것이다. 또한, 영속적인 SQLite 기반 데이터베이스를 안드로이드 애플리케이션에서 사용할 수 있게 제공되는 안드로이드 SDK 클래스들의 개요도 살펴볼 것이다. 그러나 그에 앞서 데이터베이스와 SQL의 개요를 잠깐 들여다보자.

57.1 데이터베이스 테이블 이해하기

관계형(Relational) 데이터베이스 테이블(Table)은 데이터베이스에 필수적인 데이터 구조를 제공한다. 각 데이터베이스는 여러 개의 테이블을 포함할 수 있으며, 각 테이블은 특정 타입의 정보를 저장하도록 설계된다. 예를 들어, 데이터베이스는 **고객**(customer) 테이블을 포함할 수 있으며, 고객 테이블은 특정 업무에 관련된 모든 고객의 이름, 주소, 전화번호로 구성된다. 또한, 같은 데이터베이스가 **제품**(product) 테이블도 포함할 수 있으며, 이 테이블은 판매된 품목의 제품 코드와 연관된 제품 설명을 저장하는 데 사용된다.

데이터베이스의 각 테이블에는 그 데이디베이스 내에서 고유한 이름이 지정되며, 데이터베이스가 다를 때만 같은 테이블 이름을 사용할 수 있다.

57.2 데이터베이스 스키마 개요

데이터베이스 스키마(Database Schema)는 데이터베이스 테이블에 저장된 데이터의 특성을 정의한다. 예를 들어, 고객 데이터베이스 테이블의 테이블 스키마는 다음과 같이 정의할 수 있다. 고객 이름은 20자 이내의 문자열이며, 고객 전화번호는 특정 형식의 숫자 데이터 필드다.

스키마는 또한 데이터베이스 전체의 구조와 각 데이터베이스에 포함된 다양한 테이블 간의 관계를 정의하는 데도 사용된다.

57.3 열과 데이터 타입

데이터가 **행**(row)과 **열**(column)로 저장되는 스프레드시트와 유사한 것이 관계형 데이터베이스 테이블이라고 생각하면 될 것이다.

각 열은 해당 테이블의 데이터 필드를 나타낸다. 예를 들어, 고객 테이블의 이름, 주소, 전화번호 데이터 필드는 모두 열이다.

각 열은 특정 **데이터 타입**(datatype)으로 정의되며, 데이터 타입은 열이 포함할 수 있는 데이터의 타입을 나타낸다. 따라서 숫자를 저장하기 위해 설계된 열은 숫자 데이터 타입으로 정의된다.

57.4 데이터베이스 행

각각의 새로운 레코드는 테이블의 행으로 저장된다. 그리고 각 행은 저장된 레코드와 연관된 데이터 열로 구성된다.

조금 전에 이야기했던 스프레드시트와의 유사점을 다시 생각해보자. 고객 테이블의 각 항목은 스프레드시트의 행과 같고, 각 열은 각 고객의 데이터(이름, 주소, 전화번호 등)를 포함한다.

새로운 고객이 테이블에 추가될 때는 새로운 행이 생성되고, 그 행의 열에 그 고객의 데이터가 저장된다.

때로는 행을 **레코드**(record) 또는 **항목**(entry)이라고도 하며, 이 용어들은 바꿔 사용될 수 있다.

57.5 기본 키 개요

각 데이터베이스 테이블은 테이블의 각 행을 고유하게 식별하는 데 사용될 수 있는 하나 이상의 열을 포함해야 한다. 데이터베이스 용어로 이것을 **기본 키**(Primary Key)라 한다. 예를 들어, 은행 계좌 테이블에서는 은행 계좌 번호 열을 테이블의 기본 키로 사용할 수 있다. 반면에 고객 테이블에서는 고객 번호를 기본 키로 사용할 수 있다.

기본 키는 데이터베이스 관리 시스템이 테이블의 특정 행을 고유하게 식별할 수 있도록 해준다. 기본 키가 없으면 테이블의 특정 행을 조회하거나 삭제할 수 없다. 올바른 행이 선택되었는지 확신할 수 없기 때문이다. 예를 들어, 고객의 이름이 기본 키로 정의된 테이블이 있다고 해보자. 이 경우 이름이 같은 고객이 한 명 이상 있다면 문제가 생길 수 있을 것이다. 실제로 동명이인이 많이 있어서 이름만으로는 기본 키가 되기 어렵다. 특정 행을 고유하게 식별할 수 있는 확실한 방법 없이는 올바른 데이터의 액세스를 보장할 수 없다.

테이블의 기본 키는 하나 또는 여러 개의 열로 구성될 수 있다. 하나의 열로 기본 키가 구성될 때는 그 열의 값이 같은 행이 있으면 안 된다. 그러나 여러 개의 열로 기본 키가 구성될 때는 각 열의 값은 고유하지 않아도 되지만, 기본 키 열 모두를 합한 값은 고유해야 한다.

57.6 SQLite란?

SQLite는 임베디드 '관계형 데이터베이스 관리 시스템(RDBMS, Relational Database Management System)'이다. 대부분의 RDBMS(예를 들어, 오라클이나 MySQL)는 독자적으로 실행되는 독립 실행형 서버 프로세스다. 그리고 데이터베이스 액세스가 필요한 애플리케이션과 함께 동작한다. 그러나 SQLite는 **임베디드**(embedded, 내장형) RDBMS라고 한다. 왜냐하면 애플리케이션과 연결되는 라이브러리 형태로 제공되기 때문이다. 따라서 백그라운드에서 실행되는 독립 실행형 데이터베이스 서버가 없다. 모든 데이터베이스 오퍼레이션은 SQLite 라이브러리에 포함된 함수의 호출을 통해 애플리케이션 내부에서 처리된다. 또한, 크기도 작으므로 모바일용 RDBMS로 적합하다. 그래서 안드로이드와 애플 iOS 모두에서 사용되고 있다.

SQLite는 C 프로그래밍 언어로 작성되었다. 그러므로 안드로이드 SDK에서는 자바 기반의 '래퍼(wrapper)'를 이용하여 SQLite에 접속한다. 그리고 SQLite 기반의 데이터베이스를 생성하고 관리하기 위해 애플리케이션의 자바 코드에서 사용할 수 있는 클래스들로 래퍼가 구성된다.

SQLite의 더 자세한 정보는 *http://www.sqlite.org*를 참조하자.

57.7 SQL

SQLite 데이터베이스에서는 SQL을 사용해서 데이터에 액세스한다. SQL은 Structured Query Language의 약어이며, 보통은 시퀄(sequel)로 발음한다. SQL은 대부분의 RDBMS에서 사용하는 표준 데이터베이스 언어다. SQLite는 SQL-92 표준을 준수한다.

SQL은 간단하고 사용하기 쉬운 데이터베이스 언어이며, 관계형 데이터베이스의 데이터를 읽고 쓸 수 있도록 특별히 설계되었다. SQL의 키워드는 많지 않으므로 빨리 배울 수 있다. 또한, SQL 구문은 대부분의 RDBMS에서 거의 동일하다. 따라서 한 RDBMS의 SQL을 배우면 다른 RDBMS에서도 그대로 활용할 수 있다.

이번 장에서 몇 가지 SQL 명령문이 사용되긴 하지만, SQL의 자세한 내용은 이 책의 범위를 벗어난다. SQLite와 SQL에 관해 더 자세한 내용을 알고 싶다면 《SQLite 마스터 북(제2판)》(제이펍)을 읽어보기 바란다.

57.8 AVD에서 SQLite 사용해보기

데이터베이스와 SQLite에 친숙하지 않은 독자들에게는 곧바로 SQLite를 사용하는 안드로이드 애플리케이션을 생성하는 게 부담스럽게 느껴질 수 있을 것이다. 다행스럽게도 안드로이드는 사전 설치된 SQLite를 같이 제공한다. 거기에는 실행 중인 AVD 에뮬레이터에 연결된 adb 셸(shell)에서 SQL 명령을 대화식으로 실행할 수 있는 환경이 포함되어 있다. 이것은 SQLite와 SQL 모두를 배우는 데 유용한 도구다. 그리고 에뮬레이터에서 실행되는 애플리케이션에서 생성한 데이터베이스의 문제점을 찾는 데도 크게 도움이 되는 도구다.

대화식 SQLite를 론칭하려면 AVD(Android Virtual Device) Manager부터 실행시켜야 한다. 안드로이드 스튜디오 메인 메뉴에서 Tools ➡ Android ➡ AVD Manager를 선택하자. 그리고 AVD 매니저 대화상자가 나오면 애플리케이션을 테스트하기 위해 미리 구성했던 AVD를 선택하고 시작 버튼(▶)을 누르자. AVD 에뮬레이터가 시작될 것이다. 이 책의 애플리케이션을 테스트

해봐서 알겠지만, 에뮬레이터가 처음 시작될 때는 시간이 걸리니 완전히 론칭될 때까지 기다리자.

AVD가 실행되면 터미널 창(맥 OS X과 리눅스 시스템의 경우) 또는 명령 프롬프트 창(윈도우 시스템의 경우)을 열고 다음의 adb 명령행 도구를 사용해서 에뮬레이터에 연결하자. 또는 안드로이드 스튜디오에서 터미널(Terminal) 도구 창을 열고 해도 된다. 우선, 다음과 같이 에뮬레이터의 파일 시스템에 루트(root) 사용자로 연결해야 한다. 단, adb의 경로가 Path에 지정되어 있어야 한다(2장 참조).

```
adb root
```

그리고 에뮬레이터의 콘솔 명령을 실행할 수 있도록 셸(shell)과 연결한다. 여기서 -e 플래그는 실제 장치가 아닌 에뮬레이터에 연결하라는 의미다.

```
adb -e shell
```

에뮬레이터에 연결되면 명령을 입력할 수 있는 프롬프트를 셸에서 보여준다. 예를 들면 다음과 같다.

```
generic_x86_64:/ #
```

SQLite 데이터베이스에 저장된 데이터는 애플리케이션이 실행 중인 안드로이드 장치 파일 시스템의 데이터베이스 파일에 저장되어 있다(SQLite는 하나의 데이터베이스를 하나의 .db 파일로 저장하고 관리한다). 데이터베이스 파일들의 파일 시스템 경로는 기본적으로 다음과 같다.

```
/data/data/<package name>/databases/<database filename>.db
```

예를 들어, 패키지 이름이 com.example.MyDBApp인 애플리케이션에서 mydatabase.db라는 데이터베이스를 생성하면 그 데이터베이스 파일의 경로는 다음과 같다.

```
/data/data/com.example.MyDBApp/databases/mydatabase.db
```

따라서 여기서는 adb 셸에서 /data/data 디렉터리로 위치를 변경할 것이다. 그리고 그 밑에 SQLite 실습용 서브 디렉터리를 만들 것이다. 다음과 같이 하나씩 명령을 입력하여 실행시키자.

```
cd /data/data
mkdir com.example.dbexample
cd com.example.dbexample
mkdir databases
cd databases
```

모든 명령이 에러 없이 실행되면 우리의 데이터베이스 파일을 저장할 디렉터리가 생성된 것이다. 이제는 데이터베이스 파일을 생성할 디렉터리가 준비되었으므로 다음과 같이 대화식 SQLite 도구인 sqlite3를 론칭하자. 이때 데이터베이스 파일 이름을 지정하면 그 데이터베이스를 사용할 수 있다(그런 이름의 데이터베이스 파일이 없을 때는 SQLite가 자동으로 생성해준다).

```
generic_x86_64:/data/data/com.example.dbexample/databases # sqlite3 ./mydatabase.db
sqlite3 ./mydatabase.db
SQLite version 3.9.2 2015-11-02 18:31:45
Enter ".help" for usage hints.
sqlite>
```

sqlite> 프롬프트가 나온 다음부터는 테이블 생성이나 데이터 추가 등의 어떤 SQL 명령도 실행할 수 있다. 또한, 점(.)으로 시작하는 SQLite 명령도 실행할 수 있다. 예를 들어, 우리 데이터베이스에 새로운 contacts 테이블을 생성하려면 다음과 같이 한다. 이 테이블은 ID, name, address, phone 필드를 갖는다.

```
create table contacts (_id integer primary key autoincrement, name text,
address text, phone text);
```

테이블의 각 행은 기본 키를 가져야 한다. 여기서는 ID 필드를 기본 키로 지정하면서 integer 타입으로 선언한다. 그리고 새로운 행이 추가될 때마다 자동으로 증가된 숫자를 넣도록 SQLite에게 요청한다. 이것은 각 행이 고유한 기본 키를 갖도록 흔히 사용하는 방법이다. 안드로이드에서는 기본 키를 _id로 하는 것이 좋다. 모든 안드로이드 데이터베이스 관련 클래스를 사용해서 데이터베이스를 액세스할 수 있기 때문이다. 나머지 필드들은 text 데이터 타입으로 선언하고 있다.

현재 선택된 데이터베이스의 테이블 내역을 보려면 SQLite 명령인 **.tables**를 사용한다.

```
sqlite> .tables
contacts
```

SQL insert 명령으로 테이블에 데이터를 추가해보자.

```
sqlite> insert into contacts (name, address, phone) values ("Bill
Smith", "123 Main Street, California", "123-555-2323");
sqlite> insert into contacts (name, address, phone) values ("Mike
Parks", "10 Upping Street, Idaho", "444-444-1212");
```

SQL select 명령으로 테이블의 모든 행을 조회해보자.

```
sqlite> select * from contacts;
1|Bill Smith|123 Main Street, California|123-555-2323
2|Mike Parks|10 Upping Street, Idaho|444-444-1212
```

SQL select 명령의 where 절을 사용해서 특정 조건에 맞는 행을 검색해보자.

```
sqlite> select * from contacts where name="Mike Parks";
2|Mike Parks|10 Upping Street, Idaho|444-444-1212
```

대화식 SQLite 환경인 sqlite3을 종료할 때는 SQLite 명령인 **.exit**를 사용한다.

```
sqlite> .exit
```

안드로이드 애플리케이션을 에뮬레이터 환경에서 실행할 때는 앞에서 이야기한 경로를 사용해서 에뮬레이터의 파일 시스템에 데이터베이스 파일이 생성된다. 따라서 지금까지 했던 대로 adb에 연결하고 데이터베이스 파일을 찾은 후 sqlite3 대화식 도구를 사용하면 많은 장점을 얻을 수 있다. 예를 들어, 애플리케이션에서 필요한 데이터를 데이터베이스에 미리 준비(추가, 변경, 삭제)하거나 또는 데이터 관련 문제의 해결 방법을 찾는 것 등이다.

adb 셸을 실제 장치에 연결할 경우는 데이터베이스를 생성하고 관리하는 셸의 권한이 부족해서 사용상 제약이 따른다. 따라서 데이터베이스 관련 문제를 디버깅할 때는 AVD를 사용하는 것이 좋다.

57.9 안드로이드 SQLite 자바 클래스

앞에서 이야기했듯이, SQLite는 C 언어로 작성되는 반면에 안드로이드 애플리케이션은 자바를 사용해서 개발된다. 이러한 '언어 갭'을 해소하기 위해 안드로이드 SDK에는 SQLite DBMS 계층의 위에 자바 계층을 제공하는 클래스들이 포함되어 있다. 이 장의 나머지에서는 그런 클래스들의 개요를 알아볼 것이다(각 클래스의 더 자세한 내역은 온라인 안드로이드 문서를 참조하자).

57.9.1 Cursor 클래스

데이터베이스 쿼리(query)의 결과를 액세스하기 위해 제공된 클래스다. 예를 들어, SQL SELECT 명령은 데이터베이스의 일치하는 많은 행들을 결과 세트(result set)로 반환한다. 그리고 Cursor 인스턴스를 사용해서 그 결과 세트를 액세스하면서 애플리케이션 코드에서 데이터를 사용할 수 있다. Cursor 클래스의 주요 메서드는 다음과 같다.

- **close( )** — 커서가 사용한 모든 리소스를 해제하고 커서를 닫는다.
- **getCount( )** — 결과 세트에 포함된 행의 개수를 반환한다.
- **moveToFirst( )** — 결과 세트의 첫 번째 행으로 이동한다.
- **moveToLast( )** — 결과 세트의 마지막 행으로 이동한다.
- **moveToNext( )** — 결과 세트의 다음 행으로 이동한다.
- **move( )** — 결과 세트의 현재 위치로부터 지정된 만큼 이동한다.
- **get<type>( )** — 현재의 커서 위치에 있는 행의 지정된 열에 포함된 값을 지정된 <type>의 값으로 반환한다. 예를 들면, getString( ), getInt( ), getShort( ), getFloat( ), getDouble( ) 등이 있다.

57.9.2 SQLiteDatabase 클래스

이 클래스는 애플리케이션 코드와 SQLite 데이터베이스 간의 주요 인터페이스를 제공한다. 이 클래스를 사용하면 데이터 행의 추가, 삭제, 쿼리 및 SQL 명령 실행 등을 할 수 있다. 주요 메서드는 다음과 같다.

- **insert( )** — 데이터베이스 테이블에 새로운 행을 추가한다.
- **delete( )** — 데이터베이스 테이블의 행(들)을 삭제한다.
- **query( )** — 지정된 데이터베이스 쿼리를 수행하고 일치된 결과 세트를 Cursor 객체로 반환한다.

- **execSQL( )** — 결과 데이터를 반환하지 않는 SQL 명령을 실행한다.
- **rawQuery( )** — SQL 쿼리를 실행하고 일치된 결과 세트를 Cursor 객체의 형태로 반환한다.

57.9.3 SQLiteOpenHelper 클래스

데이터베이스 생성과 버전 업그레이드를 더 쉽게 하기 위해 설계된 도우미(helper) 클래스다. 애플리케이션의 코드에서는 이 클래스의 서브 클래스를 생성해야 하며, 그 서브 클래스에 다음의 콜백 메서드를 구현해야 한다.

- **onCreate( )** — 데이터베이스가 최초 생성될 때 호출된다. 이 메서드에서는 새로 생성된 데이터베이스의 SQLiteDatabase 객체를 인자로 받는다. 테이블을 생성하고 초기 데이터 행을 추가하는 등의 데이터베이스 초기화 작업을 하는 데 적합한 메서드다.
- **onUpgrade( )** — 애플리케이션 코드가 더 최신의 데이터베이스 버전 번호 참조를 포함하는 경우에 호출된다. 일반적으로 이것은 장치의 애플리케이션이 업데이트되면서 추가 데이터를 저장하기 위해 우리 데이터베이스 스키마도 업데이트될 필요가 있을 때 사용된다(여기서 버전 번호는 SQLite RDBMS의 버전이 아니라 우리가 관리하는 데이터베이스 스키마의 버전을 의미한다).

이러한 필수적인 콜백 메서드에 추가하여 데이터베이스가 열릴 때 호출되는 onOpen( ) 메서드도 서브 클래스에 구현할 수 있다.

서브 클래스의 생성자에서는 반드시 슈퍼 클래스 생성자를 호출해주어야 한다. 이때 애플리케이션 컨텍스트, 데이터베이스 이름과 버전을 인자로 전달한다.

위의 콜백 메서드 외에 SQLiteOpenHelper 클래스의 또 다른 주요 메서드는 다음과 같다.

- **getWritableDatabase( )** — 읽고 쓰기 위한 데이터베이스를 열거나 생성하며, SQLiteDatabase 객체의 형태로 데이터베이스 참조를 반환한다.
- **getReadableDatabase( )** — 읽기 전용으로 데이터베이스를 열거나 생성하며, SQLiteDatabase 객체의 형태로 데이터베이스 참조를 반환한다.
- **close( )** — 데이터베이스를 닫는다.

57.9.4 ContentValues 클래스

ContentValues는 편의(convenience) 클래스이며, 키(key)-값(value)의 쌍으로 데이터를 저장할 수 있게 해준다. 이 클래스는 데이터베이스 테이블의 데이터를 추가 또는 변경할 때 사용될 수 있다.

예를 들어, SQL의 INSERT 명령에 지정하는 테이블 열의 이름을 키(key)로 사용하고, 그 열의 값을 값(value)으로 주어서 ContentValues 객체를 생성한다. 그리고 그것을 SQLiteDatabase의 insert( ) 메서드 인자로 전달하여 데이터를 추가할 수 있다(이 클래스는 59장에서 사용 예를 볼 수 있다).

57.10 요약

SQLite는 크기가 작은 임베디드 관계형 데이터베이스 시스템이다. 그리고 안드로이드 프레임워크의 일부분으로 포함되어 있으며, 안드로이드 애플리케이션의 영속적인 데이터 저장을 구현하는 메커니즘을 제공한다. SQLite 데이터베이스 외에도 안드로이드 프레임워크에는 다양한 자바 클래스도 포함되어 있다. 이 클래스들은 SQLite 기반의 데이터베이스와 테이블을 생성하고 관리하는 데 사용될 수 있다.

이 장에서는 안드로이드 애플리케이션 개발과 관련하여 데이터베이스와 SQL의 개요를 알아보았다. 다음의 네 개 장에서는 예제 프로젝트를 생성하여 이런 이론을 실제로 구현하는 여러 가지 방법을 살펴볼 것이다.

TableLayout과 TableRow 개요

원래는 이 책의 다음 장(안드로이드 SQLite 데이터베이스 예제 프로젝트)에서 데이터베이스 예제 프로젝트의 사용자 인터페이스 레이아웃 디자인도 같이 포함시키려고 했었다. 그러나 TableLayout과 TableRow 뷰를 사용해서 사용자 인터페이스를 구현하는 것이 가장 좋은 방법이라고 판단되어 이 내용을 별도의 장으로 분리하게 되었다. 따라서 이번 장에서는 다음 장에서 완성할 데이터베이스 애플리케이션의 사용자 인터페이스 디자인에만 초점을 둘 것이다. 그러면서 안드로이드 스튜디오에서 테이블 레이아웃을 구현하는 방법을 알아볼 것이다.

58.1 TableLayout과 TableRow

TableLayout 컨테이너 뷰에서는 사용자 인터페이스 요소들을 행(row)과 열(column)로 구성되는 테이블 형태로 화면에 구성할 수 있다. TableLayout의 각 행은 TableRow 인스턴스가 사용하며, TableRow 인스턴스는 셀(cell)로 나뉜다. 그리고 각 셀은 하나의 자식 뷰를 포함한다(자식 뷰 자신도 여러 자식 뷰를 갖는 컨테이너가 될 수 있다).

테이블의 열 개수는 가장 많은 열을 갖는 행에 의해 결정되며, 기본적으로 각 열의 너비는 그 열에서 가장 넓은 셀에 의해 정의된다. 열은 부모 TableLayout과 관련하여 크기가 변경되므로 줄어들거나 넓어질 수 있게 구성될 수 있다. 또한, 하나의 셀이 여러 열에 걸치도록 구성될 수 있다.

그림 58-1의 사용자 인터페이스 레이아웃을 생각해보자.

그림 58-1

그림 58-1의 모습으로 봐서는 인터페이스 디자인에 사용될 TableLayout 구조를 알아보기 어려울 것이다. 그러나 그림 58-2의 계층적 트리로 보면 그 구조를 더 쉽게 이해할 수 있다.

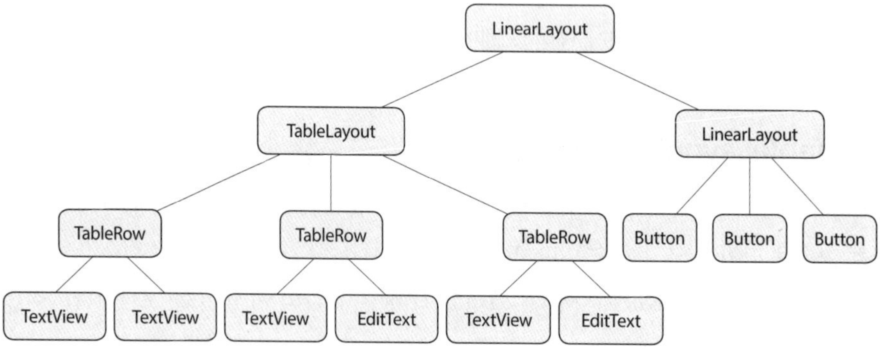

그림 58-2

이 레이아웃은 TableLayout과 LinearLayout을 자식으로 갖는 부모 LinearLayout 뷰로 구성된다. TableLayout은 테이블의 세 개 행을 나타내는 세 개의 TableRow 자식을 포함한다. 그리고 TableRow는 각각 두 개의 자식 뷰를 포함하며, 각 자식 뷰는 셀의 내용을 나타낸다. LinearLayout 자식 뷰는 세 개의 Button 자식 뷰를 포함한다.

다음 장에서 완성될 데이터베이스 예제에 필요한 레이아웃이 그림 58-2의 레이아웃과 일치한다. 따라서 이 장의 나머지에서는 안드로이드 스튜디오 레이아웃 편집기를 사용해서 이 인터페이스의 디자인을 단계별로 생성할 것이다.

58.2 데이터베이스 프로젝트 생성하기

안드로이드 스튜디오로 새 프로젝트를 생성하자. 안드로이드 스튜디오 메인 메뉴의 File ➡ New ➡ New Project...를 선택하거나 웰컴 스크린에서 Start a new Android Studio project를 선택한다.

Application name 필드에 Database를 입력하고, Company Domain 필드에는 ebookfrenzy.com을 입력한다. 안드로이드 장치 선택 화면에서는 폰과 태블릿(Phone and Tablet)만 선택하고, 최소 SDK 버전은 API 22: Android 5.1 (Lollipop)으로 선택한다. 액티비티 선택 화면에서는 Empty Activity를 선택한다. 그리고 마지막 대화상자에서 Activity Name에 DatabaseActivity를 입력하고 자동으로 설정된 나머지 필드 값은 그대로 둔다. Finish 버튼을 눌러 프로젝트를 생성한다.

58.3 사용자 인터페이스에 TableLayout 추가하기

안드로이드 스튜디오의 액티비티 템플릿에서 자동으로 생성해준 ConstraintLayout을 여기서는 수직 방향(vertical)의 LinearLayout으로 변경해야 한다. 레이아웃 편집기 창에 로드된 activity_database.xml 레이아웃 리소스 파일을 선택하고 텍스트 모드로 변경하자. 그리고 XML 전체를 다음으로 변경하자.

```
<?xml version="1.0" encoding="utf-8"?>
<LinearLayout
    xmlns:tools="http://schemas.android.com/tools"
    android:orientation="vertical"
    android:layout_width="match_parent"
    android:layout_height="match_parent"
    xmlns:android="http://schemas.android.com/apk/res/android"
    tools:context="com.ebookfrenzy.database.DatabaseActivity">
</LinearLayout>
```

그리고 디자인 모드로 변경한 후 팔레트의 Layouts 부류에 있는 TableLayout을 끌어서 장치 화면의 LinearLayout에 놓자. 이때 그림 58-3처럼 LinearLayout 영역의 맨 위 왼쪽에 놓으면 된다. 또한, 속성 창의 layout_height 속성을 wrap_content로 변경한다.

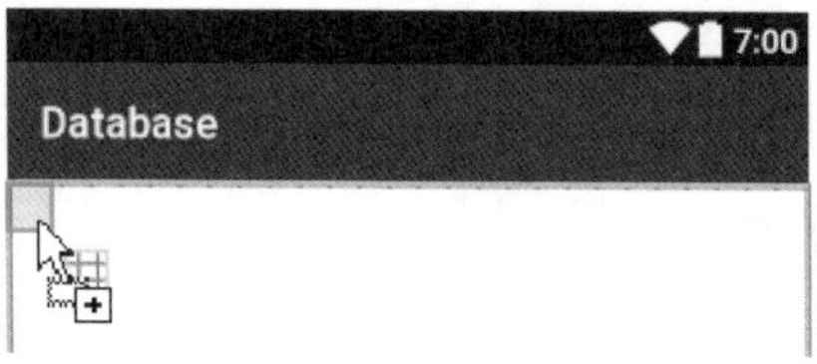

그림 58-3

지금까지의 작업이 끝나면 레이아웃의 컴포넌트 트리가 그림 58-4처럼 보일 것이다(TableLayout 왼쪽의 작은 삼각형을 클릭하면 확장해서 보여주며, 다시 클릭하면 축소해서 보여준다).

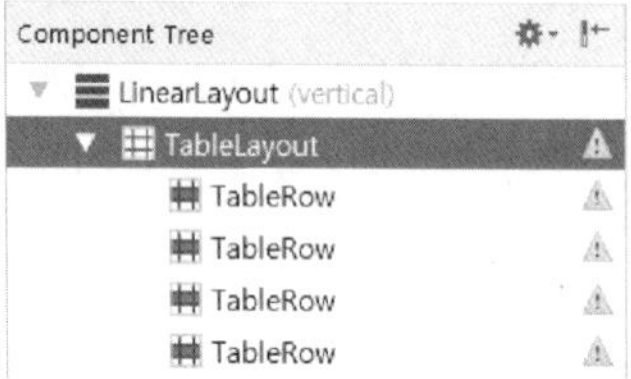

그림 58-4

TableLayout을 추가하면 안드로이드 스튜디오가 네 개의 TableRow 인스턴스를 자동으로 추가해준다. 여기서는 TableRow가 세 개만 필요하므로 네 번째 TableRow를 클릭하고 Del 키를 눌러 삭제하자. 이후에 TableRow를 추가할 때는 팔레트의 Layouts 밑에 있는 TableRow를 끌어서 컴포넌트 트리 창에 놓으면 된다.

58.4 TableRow 구성하기

팔레트의 Text 부류에 있는 TextView 객체를 끌어서 컴포넌트 트리 패널의 맨 위에 있는 TableRow 이름에 놓자. 그리고 다시 한 번 TextView 객체를 끌어서 첫 번째 TextView 밑에 추가하자(선이 나타날 때 마우스 버튼을 놓으면 된다). 그러면 컴포넌트 트리가 그림 58-5와 같이 될 것이다.

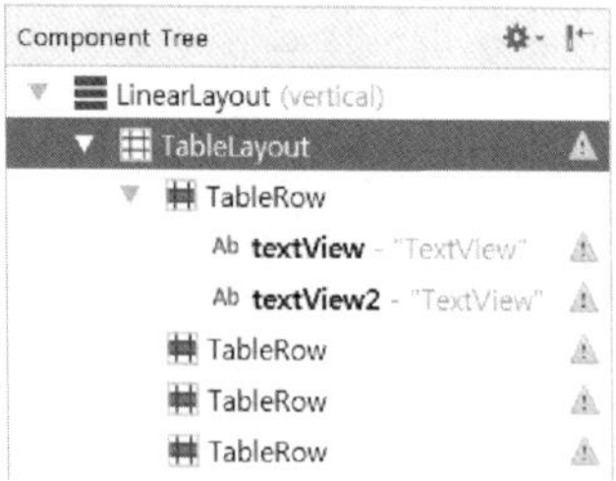

그림 58-5

컴포넌트 트리의 첫 번째 TextView를 클릭한 후 속성 창의 text에 'Product ID'를 입력하고 ID는 textView를 그대로 둔다. 그리고 두 번째 TextView를 클릭한 후 text는 'Not assigned'를 입력하고 ID에는 productID를 입력한다.

그다음에는 팔레트의 Text 부류에 있는 TextView 객체를 끌어서 컴포넌트 트리 패널의 두 번째 TableRow 이름에 놓고 클릭한 후 속성 창의 text 속성을 'Product Name'으로 변경한다. 또한, 팔레트의 Plain Text 객체를 끌어서 조금 전의 TextView 밑에 놓고 클릭한다. 그리고 속성 창에서 ID를 productName으로 입력하고 text 속성값은 지운 후 inputType 속성을 None으로 변경한다(inputType 속성의 오른쪽 필드를 클릭한 후 대화상자의 None을 체크하고 textPersonName의 체크를 지운 후 대화상자를 닫는다).

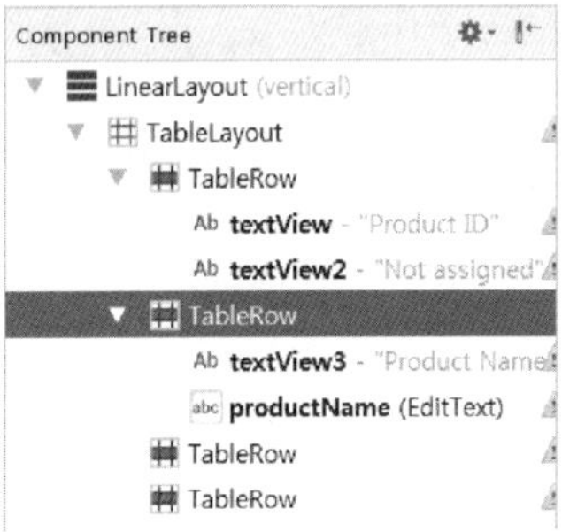

그림 58-6

끝으로, 팔레트의 TextView 객체를 끌어서 컴포넌트 트리 패널의 세 번째 TableRow 이름에 놓고 클릭한다. 그리고 속성 창의 text 속성을 'Product Quantity'로 변경한다. 또한, 팔레트의 Text 부류에 있는 Number(Decimal) 객체를 끌어서 조금 전의 TextView 밑에 놓고 클릭한 후 ID에 productQuantity를 입력한다.

그림 58-7과 같이 레이아웃 편집기 화면의 제일 왼쪽 위를 마우스로 클릭한 채로 끌어서 레이아웃의 모든 위젯을 선택한다(컴포넌트 트리에서 Ctrl 키를 누르고 선택해도 된다). 그리고 속성 창의 **모든 속성 보기** 버튼(⇄)을 클릭한 후 textSize 속성을 찾아서 18sp를 입력한다.

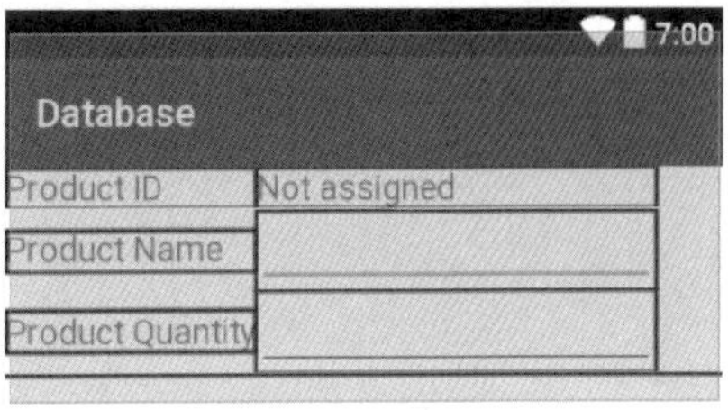

그림 58-7

모든 작업이 완료되었으면 레이아웃의 모든 TextView에 지정한 문자열 값을 문자열 리소스로 추출하자(그림 3-16 참조).

58.5 버튼을 레이아웃에 추가하기

다음은 LinearLayout(Horizontal) 뷰를 부모 LinearLayout 뷰에 추가할 것이다. 그것의 위치는 TableLayout 뷰 바로 밑이다. 컴포넌트 트리에서 TableLayout 왼쪽의 작은 화살표를 클릭하여 자식 뷰를 감춘다. 팔레트의 Layouts 부류에 있는 LinearLayout(Horizontal)을 마우스로 끌어서 컴포넌트 트리의 TableLayout 바로 밑에 놓고 클릭하자. 그리고 layout_height 속성을 wrap_content로 변경한다.

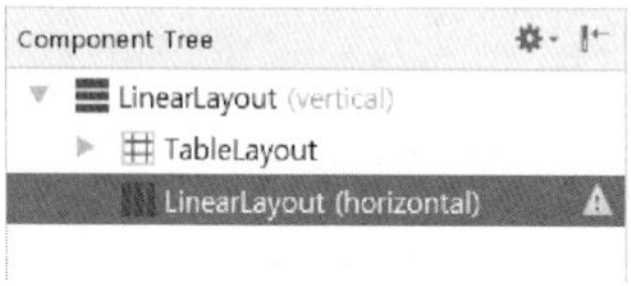

그림 58-8

방금 추가한 LinearLayout에 세 개의 Button 객체를 추가한다. 그리고 속성 창에서 왼쪽 첫 번째 버튼의 text는 'Add', ID는 addButton, 두 번째 버튼의 text는 'Find', ID는 findButton, 세 번째 버튼의 text는 'Delete', ID는 deleteButton으로 변경한다. 또한, 각 버튼에서 style 속성의 오른쪽 필드를 클릭하여 Widget.AppCompat.Button.Borderless를 선택한다. 여러 개의 버튼을 갖는 이런 형태의 버튼 바에서는 각 버튼의 경계선이 없는 것이 좋기 때문이다. 그리고 앞의 TextView와 동일한 요령으로 세 개의 Button에 지정한 문자열 값을 문자열 리소스로 추출하자.

그다음은 컴포넌트 트리에서 LinearLayout(Horizontal) 뷰를 선택한다. 그리고 그림 58-9와 같이 속성 창의 gravity 속성 왼쪽의 버튼(…)을 클릭한 후 값으로 center_horizontal을 선택하자. 버튼들을 수평으로 중앙에 놓기 위해서다.

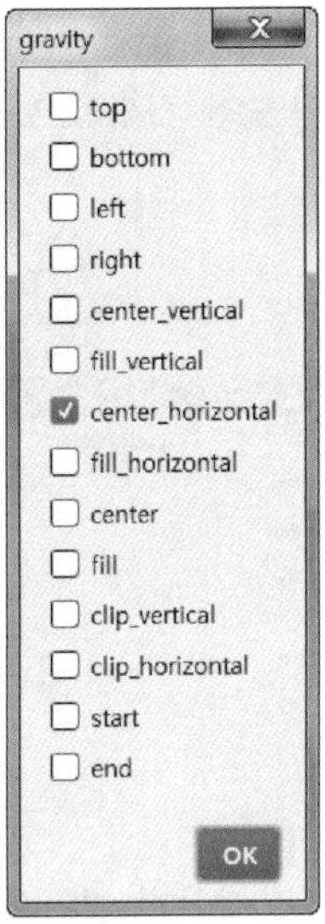

그림 58-9

컴포넌트 트리 패널에서 레이아웃의 계층 구조가 그림 58-10처럼 되어 있는지 확인하자. 또한, 각 뷰의 ID가 그림과 일치하는지도 확인하자.

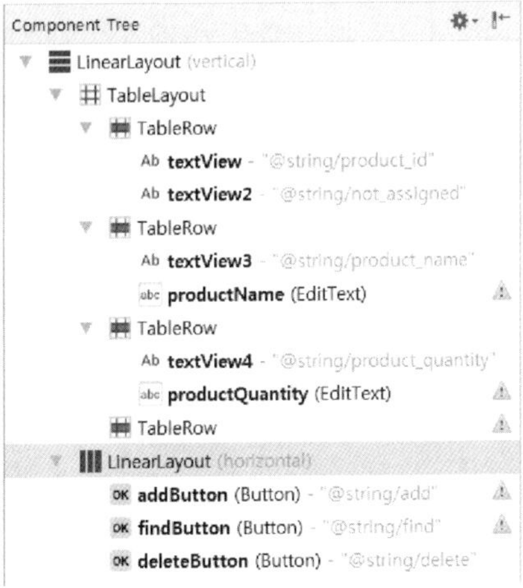

그림 58-10

58.6 레이아웃 마진 조정하기

이제는 레이아웃의 일부 설정을 조정하는 것만 남았다. 우선, 컴포넌트 트리의 첫 번째 TableRow를 클릭하여 선택한 후 Ctrl 키를 누른 상태로 두 번째와 세 번째 TableRow를 클릭하여 세 개 모두를 선택하자. 그리고 속성 창의 제일 위에 있는 Layout_Margin 속성의 왼쪽 화살표를 눌러 확장한 후 all의 오른쪽 필드를 클릭하고 10dp를 입력하여 모든 마진을 10dp로 변경한다(그림 58-11).

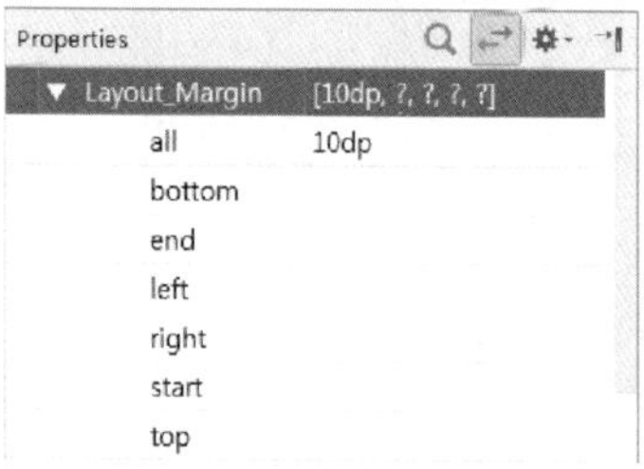

그림 58-11

모든 TableRow의 마진을 설정하였으므로 사용자 인터페이스는 이번 장 앞의 그림 58-1처럼 보일 것이다.

58.7 요약

안드로이드 TableLayout 컨테이너 뷰는 행과 열로 뷰 컴포넌트를 배열하는 방법을 제공한다. TableLayout 뷰는 전체적인 컨테이너를 제공하며, 각 행과 거기에 포함된 셀들은 TableRow 뷰 인스턴스로 구현된다. 이번 장에서는 안드로이드 스튜디오에서 TableLayout과 TableRow 컨테이너를 사용해서 사용자 인터페이스를 디자인하였다. 다음 장에서는 이 사용자 인터페이스를 사용하는 SQLite 데이터베이스 애플리케이션을 구현할 것이다.

안드로이드 SQLite 데이터베이스 예제 프로젝트

57장에서는 SQLite 데이터베이스 관리 시스템을 사용해서 관계형 데이터베이스를 안드로이드 애플리케이션에 통합하는 기본 개념을 알아보았다. 그리고 바로 앞 장에서는 안드로이드 스튜디오 레이아웃 편집기에서 TableLayout을 디자인하는 방법을 배우면서 이번 장에서 만들 데이터베이스 예제 프로젝트의 사용자 인터페이스를 생성하였다. 이번 장에서는 그 사용자 인터페이스를 사용하는 데이터베이스 예제 프로젝트를 생성하면서 안드로이드 데이터베이스 애플리케이션을 만드는 방법을 배울 것이다.

59.1 데이터베이스 예제 개요

앞 장에서 디자인한 사용자 인터페이스를 보면 예상할 수 있듯이, 이번 장의 예제 프로젝트에서는 사용자가 제품(product) 데이터를 추가, 쿼리(조회), 삭제할 수 있는 간단한 애플리케이션을 만들 것이다.

데이터베이스 이름은 productID.db이며, products 테이블 하나를 포함한다. 데이터베이스 테이블의 각 레코드는 제품 ID, 제품명, 현재의 재고 제품 수량을 포함하며, 열(column)의 이름은 productid, productname, productquantity다. productid 열은 기본 키이며, 데이터가 추가될 때마다 SQLite DBMS에 의해 자동으로 증가되는 정숫값을 갖는다.

테이블의 데이터베이스 스키마는 표 59-1과 같다.

표 59-1

열	데이터 타입	SQLite 선언 타입
productid	정수 / 기본 키 / 자동 증가	INTEGER, PRIMARY KEY
productname	텍스트	TEXT
productquantity	정수	INTEGER

59.2 데이터 모델 생성하기

예제 애플리케이션은 하나의 액티비티와 하나의 데이터베이스 핸들러 클래스로 구성된다. 데이터베이스 핸들러는 SQLiteOpenHelper의 서브 클래스이며, SQLite 데이터베이스와 액티비티 클래스 간의 추상화 계층을 제공한다. 그리고 데이터베이스를 액세스(데이터베이스 데이터의 추가, 삭제, 조회)하기 위해 액티비티가 데이터베이스 핸들러의 메서드를 호출한다. 이러한 데이터베이스 액세스를 구현하기 위해 세 번째 클래스가 필요하다. 이 클래스는 액티비티와 핸들러 간에 전달되는 데이터베이스 데이터를 보존한다. 이것은 매우 간단한 클래스이며, 제품 ID, 제품명, 제품 수량을 보존한다. 그리고 그 값들을 액세스하는 게터(getter)와 세터(setter) 메서드를 갖는다. 이 클래스의 인스턴스는 액티비티와 데이터베이스 핸들러에서 생성되어 필요시에 상호 전달된다. 이 클래스는 데이터베이스 데이터 모델을 나타내는 것으로 생각할 수 있다.

이후부터는 58장에서 생성한 Database 프로젝트를 열어 놓은 상태에서 작업해야 한다. 프로젝트 도구 창에서 app ➡ java 폴더를 찾으면 바로 밑에 우리 패키지인 com.ebookfrenzy.database가 있을 것이다. 거기에서 오른쪽 마우스 버튼을 눌러 메뉴의 New ➡ Java Class를 선택하자. 그리고 Create New Class 대화상자에서 클래스 이름을 Product로 입력하고 OK 버튼을 누르면 새 클래스가 생성된다.

클래스가 생성되면 Product.java 소스 파일이 자동으로 편집기에 로드될 것이다. 다음과 같이 코드를 추가하자.

```
package com.ebookfrenzy.database;

public class Product {

    private int _id;
    private String _productname;
    private int _quantity;

    public Product() {
```

```
    }

    public Product(int id, String productname, int quantity) {
        this._id = id;
        this._productname = productname;
        this._quantity = quantity;
    }

    public Product(String productname, int quantity) {
        this._productname = productname;
        this._quantity = quantity;
    }

    public void setID(int id) {
        this._id = id;
    }

    public int getID() {
        return this._id;
    }

    public void setProductName(String productname) {
        this._productname = productname;
    }

    public String getProductName() {
        return this._productname;
    }

    public void setQuantity(int quantity) {
        this._quantity = quantity;
    }

    public int getQuantity() {
        return this._quantity;
    }
}
```

완성된 Product 클래스는 데이터 열의 값을 내부적으로 보존하는 private 데이터 멤버를 포함하며, 그 값들을 알려주는 게터 메서드와 설정하는 세터 메서드들을 갖는다.

59.3 데이터 핸들러 구현하기

데이터 핸들러는 안드로이드 SQLiteOpenHelper 클래스의 서브 클래스로 구현되며, 생성자와 onCreate( ) 및 onUpgrade( ) 메서드를 추가로 갖는다. 또한, 핸들러는 액티비티 컴포넌트를 대신하여 데이터를 추가, 쿼리(조회), 삭제하므로 그런 일을 처리하는 메서드도 클래스에 추가될 필요가 있다.

핸들러로 동작할 두 번째 클래스를 앞에서와 같은 요령으로 프로젝트에 추가하자. 클래스 이름은 MyDBHandler다. 클래스가 생성되면 MyDBHandler.java 소스 파일이 자동으로 편집기에 로드될 것이다. 다음과 같이 코드를 추가하자.

```
package com.ebookfrenzy.database;

import android.database.sqlite.SQLiteDatabase;
import android.database.sqlite.SQLiteOpenHelper;

public class MyDBHandler extends SQLiteOpenHelper {

    @Override
    public void onCreate(SQLiteDatabase db) {

    }

    @Override
    public void onUpgrade(SQLiteDatabase db, int oldVersion, int newVersion) {

    }
}
```

일단, onCreate( )와 onUpgrade( ) 메서드의 템플릿은 추가되었으므로 다음으로는 생성자를 추가해야 한다. 데이터베이스 이름, 테이블 이름, 테이블 열 이름, 데이터베이스 버전을 선언하고 생성자를 추가하는 코드를 다음과 같이 MyDBHandler.java 소스 파일에 추가하자(여기서 말하는 데이터베이스 버전은 SQLite DBMS 버전이 아니다. 우리 데이터베이스 스키마 버전을 의미한다).

```
package com.ebookfrenzy.database;

import android.database.sqlite.SQLiteDatabase;
import android.database.sqlite.SQLiteOpenHelper;
import android.content.Context;
import android.content.ContentValues;
import android.database.Cursor;

public class MyDBHandler extends SQLiteOpenHelper {

    private static final int DATABASE_VERSION = 1;
    private static final String DATABASE_NAME = "productDB.db";
    public static final String TABLE_PRODUCTS = "products";

    public static final String COLUMN_ID = "_id";
    public static final String COLUMN_PRODUCTNAME = "productname";
    public static final String COLUMN_QUANTITY = "quantity";
```

```
    public MyDBHandler(Context context, String name,
            SQLiteDatabase.CursorFactory factory, int version) {
        super(context, DATABASE_NAME, factory, DATABASE_VERSION);
    }

    @Override
    public void onCreate(SQLiteDatabase db) {

    }

    @Override
    public void onUpgrade(SQLiteDatabase db, int oldVersion,
            int newVersion) {

    }
}
```

다음은 onCreate( ) 메서드를 구현해야 한다. 데이터베이스가 최초로 초기화될 때 products 테이블을 생성하기 위한 것이다. 그러기 위해서는 우선 SQL CREATE 명령문을 String 객체로 생성한 후 SQLiteDatabase 객체의 execSQL( ) 메서드의 인자로 전달하면서 호출해야 한다 (SQLiteDatabase 객체는 onCreate( ) 메서드의 인자로 전달된 것을 사용한다).

다음과 같이 onCreate( ) 메서드 코드를 추가하자.

```
@Override
public void onCreate(SQLiteDatabase db) {
    String CREATE_PRODUCTS_TABLE = "CREATE TABLE " +
        TABLE_PRODUCTS + "("
        + COLUMN_ID + " INTEGER PRIMARY KEY," + COLUMN_PRODUCTNAME
        + " TEXT," + COLUMN_QUANTITY + " INTEGER" + ")";
    db.execSQL(CREATE_PRODUCTS_TABLE);
}
```

이전에 사용된 것보다 더 높은 데이터베이스 버전을 갖고 핸들러가 실행될 때 onUpgrade( ) 메서드가 호출된다. 이 메서드에서 실행하는 코드는 애플리케이션에 따라 달라질 수 있다. 여기서는 기존 데이터베이스 테이블을 삭제하고 새롭게 다시 생성할 것이다(다시 말하지만, 여기서 말하는 데이터베이스 버전은 SQLite DBMS 버전이 아니다. 우리 데이터베이스 스키마 버전을 의미하며, 우리가 임의로 부여한다. 예를 들어, 특정 테이블의 열이 추가되어 데이터베이스 스키마가 변경되었을 때 버전 번호를 종전보다 높게 지정하여 핸들러를 실행하면 onUpgrade( ) 메서드가 자동 호출되므로 우리가 원하는 SQL 작업을 하는 코드를 이 메서드에 추가하면 된다).

```
@Override
public void onUpgrade(SQLiteDatabase db, int oldVersion, int newVersion) {
    db.execSQL("DROP TABLE IF EXISTS " + TABLE_PRODUCTS);
    onCreate(db);
}
```

이제는 데이터베이스 테이블 데이터를 추가, 쿼리, 삭제하는 코드를 핸들러에 추가하는 것만 남았다.

59.3.1 데이터 추가 핸들러 메서드

데이터를 추가하는 메서드 이름은 addProduct( )이며, 우리의 Product 데이터 모델 클래스의 인스턴스를 인자로 받는다. 이 메서드에서는 ContentValues 객체를 생성한 후 추가할 데이터의 열 이름과 값(Product 객체에서 알아 낸)을 그 객체의 키와 값으로 저장한다. 그다음에 getWritableDatabase( ) 메서드를 호출하여 데이터베이스 참조를 얻는다. 그리고 그 참조로 insert( ) 메서드를 호출하여 데이터를 추가한 후 데이터베이스를 닫는다. 다음 메서드를 onUpgrade( ) 메서드 다음에 추가하자.

```
public void addProduct(Product product) {

    ContentValues values = new ContentValues();
    values.put(COLUMN_PRODUCTNAME, product.getProductName());
    values.put(COLUMN_QUANTITY, product.getQuantity());

    SQLiteDatabase db = this.getWritableDatabase();

    db.insert(TABLE_PRODUCTS, null, values);
    db.close();
}
```

59.3.2 데이터 쿼리 핸들러 메서드

데이터를 쿼리하는 메서드 이름은 findProduct( )이며, 이 메서드는 찾고자 하는 제품의 이름을 포함하는 String 객체를 인자로 받는다. 그리고 테이블의 제품명이 이 문자열과 일치하는 제품을 찾는 SQL SELECT 명령문을 구성한다. 여기서는 첫 번째로 일치하는 데이터만 반환되어 우리의 Product 데이터 모델 클래스 인스턴스에 저장된다. 다음 메서드를 addProduct( ) 메서드 다음에 추가하자.

```
public Product findProduct(String productname) {
    String query = "SELECT * FROM " + TABLE_PRODUCTS + " WHERE " +
                COLUMN_PRODUCTNAME + " =  \"" + productname + "\"";

    SQLiteDatabase db = this.getWritableDatabase();

    Cursor cursor = db.rawQuery(query, null);

    Product product = new Product();

    if (cursor.moveToFirst()) {
        cursor.moveToFirst();
        product.setID(Integer.parseInt(cursor.getString(0)));
        product.setProductName(cursor.getString(1));
        product.setQuantity(Integer.parseInt(cursor.getString(2)));
        cursor.close();
    } else {
        product = null;
    }
    db.close();
    return product;
}
```

59.3.3 데이터 삭제 핸들러 메서드

데이터를 삭제하는 메서드 이름은 deleteProduct( )이며, 이 메서드는 삭제하고자 하는 제품의 Product 객체를 인자로 받는다. 이 메서드에서는 SQL SELECT 명령문을 사용하여 메서드 인자로 받은 제품명과 일치하는 제품을 찾은 후 그 제품을 테이블에서 삭제한다. 그리고 삭제의 성공 여부를 boolean 값으로 반환한다. 다음 메서드를 findProduct( ) 메서드 다음에 추가하자.

```
public boolean deleteProduct(String productname) {

    boolean result = false;

    String query = "SELECT * FROM " + TABLE_PRODUCTS + " WHERE " +
                COLUMN_PRODUCTNAME + " =  \"" + productname + "\"";

    SQLiteDatabase db = this.getWritableDatabase();

    Cursor cursor = db.rawQuery(query, null);

    Product product = new Product();

    if (cursor.moveToFirst()) {
        product.setID(Integer.parseInt(cursor.getString(0)));
        db.delete(TABLE_PRODUCTS, COLUMN_ID + " = ?",
```

```
                new String[] { String.valueOf(product.getID()) });
        cursor.close();
        result = true;
    }
    db.close();
    return result;
}
```

59.4 액티비티 이벤트 메서드 구현하기

이제는 사용자 인터페이스에 있는 세 버튼의 onClick 이벤트 처리기를 구현하는 일만 남았다. 그렇게 하기 위해서 onClick 이벤트가 발생했을 때 실행될 메서드 이름을 버튼의 onClick 속성에 선언할 것이다. 그리고 액티비티 코드에서 그 메서드를 구현하면 된다.

레이아웃 편집기 창에 Database 프로젝트의 activity_database.xml 파일이 로드되어 있는지 확인하자. 만일 로드되어 있지 않다면 프로젝트 도구 창에서 app ➡ res ➡ layout 폴더를 찾자. 그리고 거기에 있는 activity_database.xml 파일을 더블 클릭하여 안드로이드 스튜디오 레이아웃 편집기로 로드하자. 로드가 되었으면 텍스트 모드로 변경한 후 다음과 같이 세 버튼의 onClick 속성을 추가하자. 또한 버튼 제목의 대소문자를 구분하도록 textAllCaps 속성도 false로 지정한다.

```
<Button
    android:text="@string/add"
    android:layout_width="wrap_content"
    android:layout_height="wrap_content"
    android:id="@+id/addButton"
    android:layout_weight="1"
    style="@style/Widget.AppCompat.Button.Borderless"
    android:textAllCaps="false"
    android:onClick="newProduct" />

<Button
    android:text="@string/find"
    android:layout_width="wrap_content"
    android:layout_height="wrap_content"
    android:id="@+id/findButton"
    android:layout_weight="1"
    style="@style/Widget.AppCompat.Button.Borderless"
    android:textAllCaps="false"
    android:onClick="lookupProduct" />

<Button
```

```
    android:text="@string/delete"
    android:layout_width="wrap_content"
    android:layout_height="wrap_content"
    android:id="@+id/deleteButton"
    android:layout_weight="1"
    style="@style/Widget.AppCompat.Button.Borderless"
    android:textAllCaps="false"
    android:onClick="removeProduct" />
```

마찬가지로, DatabaseActivity.java 소스 파일이 편집기에 로드되어 있는지 확인하자. 그리고 사용자 인터페이스의 세 버튼에 지정한 메서드들을 다음과 같이 추가하자.

```
package com.ebookfrenzy.database;

import android.support.v7.app.AppCompatActivity;
import android.os.Bundle;
import android.view.View;
import android.widget.EditText;
import android.widget.TextView;

public class DatabaseActivity extends AppCompatActivity {

    TextView idView;
    EditText productBox;
    EditText quantityBox;

    @Override
    protected void onCreate(Bundle savedInstanceState) {
        super.onCreate(savedInstanceState);
        setContentView(R.layout.activity_database);

        idView = (TextView) findViewById(R.id.productID);
        productBox = (EditText) findViewById(R.id.productName);
        quantityBox =
                (EditText) findViewById(R.id.productQuantity);
    }

    public void newProduct (View view) {
        MyDBHandler dbHandler = new MyDBHandler(this, null, null, 1);

        int quantity =
                Integer.parseInt(quantityBox.getText().toString());

        Product product =
                new Product(productBox.getText().toString(), quantity);

        dbHandler.addProduct(product);
```

```
            productBox.setText("");
            quantityBox.setText("");
        }

        public void lookupProduct (View view) {
            MyDBHandler dbHandler = new MyDBHandler(this, null, null, 1);

            Product product =
                    dbHandler.findProduct(productBox.getText().toString());

            if (product != null) {
                idView.setText(String.valueOf(product.getID()));

                quantityBox.setText(String.valueOf(product.getQuantity()));
            } else {
                idView.setText("No Match Found");
            }
        }

        public void removeProduct (View view) {
            MyDBHandler dbHandler = new MyDBHandler(this, null,
                    null, 1);

            boolean result = dbHandler.deleteProduct(
                    productBox.getText().toString());

            if (result)
            {
                idView.setText("Record Deleted");
                productBox.setText("");
                quantityBox.setText("");
            }
            else
                idView.setText("No Match Found");
        }
}
```

59.5 애플리케이션 테스트하기

AVD 에뮬레이터나 실제 장치에서 애플리케이션을 실행해보자. 그리고 사용자 인터페이스 화면에서 제품명과 수량을 입력하고 Add 버튼을 눌러보자. 데이터가 추가되면 텍스트가 지워질 것이다. 같은 요령으로 데이터를 하나 더 입력하자. 그리고 새로 추가된 제품 중 하나의 이름을 제품명 필드에 입력하고 Find 버튼을 눌러보자. 선택된 제품의 ID와 수량이 나타날 것이다. 그 상태에서 Delete 버튼을 누르면 그 제품이 삭제될 것이다. 실행 결과는 그림 59-1과 같다. 왼쪽은 삼성 갤럭시 S6 엣지의 화면이고, 오른쪽은 에뮬레이터에서 실행한 화면이다.

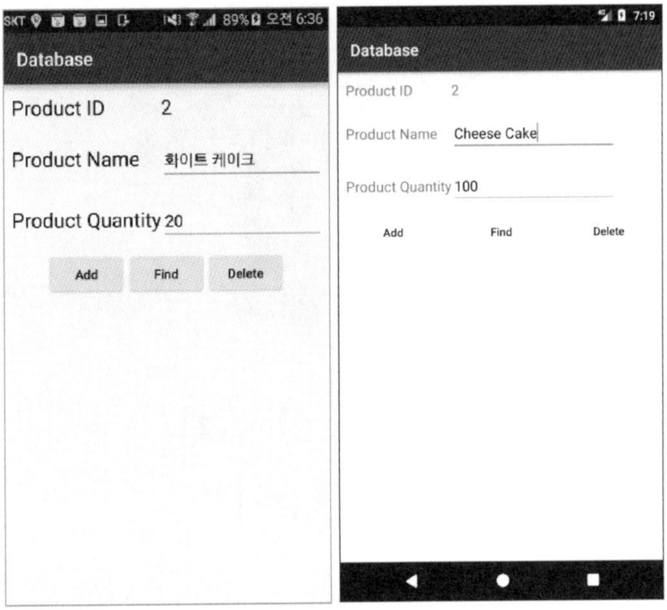

그림 59-1

59.6 요약

이번 장에서는 SQLite 기반의 데이터베이스를 사용하는 애플리케이션을 구현해보았다. 다음은 여러분 각자의 실력을 향상시킬 겸 기존 데이터를 변경하는 코드를 추가해보자.

콘텐트 제공자 이해하기

앞 장에서는 데이터베이스를 사용해서 데이터를 저장하는 애플리케이션을 생성하는 방법을 알아보았다. 이 방법으로 애플리케이션을 구현하면 데이터가 특정 애플리케이션 전용이 되므로 같은 장치에서 실행되는 다른 애플리케이션에서는 액세스할 수 없다. 대부분의 애플리케이션에서는 그런 형태의 데이터 액세스가 필요하다. 그러나 저장된 데이터가 다른 애플리케이션에 도움이 되는 경우가 있을 수 있다. 가장 좋은 예가 안드로이드 장치에 내장된 연락처(Contacts) 애플리케이션의 데이터다. 연락처 애플리케이션은 사용자의 주소록 명세를 관리하는 책임이 있지만, 그것의 데이터는 다른 애플리케이션에서도 액세스할 수 있다. 안드로이드 애플리케이션 간의 그런 데이터 공유는 **콘텐트 제공자(content provider)**의 구현으로 가능하다.

60.1 콘텐트 제공자란?

콘텐트 제공자는 서로 다른 안드로이드 애플리케이션 간의 구조화된 데이터 액세스를 제공한다. 이 데이터는 표 형태의 데이터(SQLite 데이터베이스와 같은 방식) 또는 파일 핸들로 애플리케이션에 제공된다. 이것은 클라이언트/서버 방식으로 구현된다. 이때 데이터를 액세스하려는 애플리케이션이 클라이언트가 되고 콘텐트 제공자는 서버가 된다. 서버는 클라이언트 대신 데이터 액세스를 수행하고 그 결과를 반환한다.

콘텐트 제공자를 성공적으로 구현하려면 서로 다른 요소들이 필요하다. 이번 장의 나머지에서는 그런 요소 각각을 조금 더 자세히 알아볼 것이다.

60.2 콘텐트 제공자

콘텐트 제공자는 android.content.ContentProvider 클래스의 서브 클래스로 생성된다. 일반적으로, 공유되는 데이터를 관리할 책임이 있는 애플리케이션이 콘텐트 제공자를 구현한다. 그리고 콘텐트 제공자는 다른 애플리케이션에서 데이터를 공유할 수 있게 해준다.

콘텐트 제공자를 생성하려면 다른 클라이언트 애플리케이션 대신 데이터를 관리하는 메서드들을 구현해야 한다. 그 메서드들은 다음과 같다.

60.2.1 onCreate( )

이 메서드는 콘텐트 제공자가 처음 생성될 때 호출되며, 콘텐트 제공자가 필요로 하는 초기화 작업을 수행하는 데 사용된다.

60.2.2 query( )

이 메서드는 콘텐트 제공자의 데이터 액세스를 클라이언트가 요청할 때 호출된다. 액세스되는 데이터를 찾고 하나 또는 여러 개의 행(row)으로 추출한 후 Cursor 객체에 지정하여 결과를 반환하는 것이 이 메서드의 역할이다.

60.2.3 insert( )

이 메서드는 새로운 행을 제공자 데이터베이스에 추가할 필요가 있을 때 호출된다. 이 메서드에서는 데이터를 추가할 곳을 확인하고 추가를 한 후 새로 추가된 행의 완전한 URI를 반환한다.

60.2.4 update( )

이 메서드는 클라이언트 대신 기존 행들을 변경할 필요가 있을 때 호출된다. 이 메서드에서는 전달된 인자를 사용해서 테이블의 행들을 변경한 후 변경된 행들의 개수를 결과로 반환한다.

60.2.5 delete( )

이 메서드는 테이블에서 행들이 삭제될 때 호출된다. 이 메서드에서는 지정된 행을 삭제하고 삭제된 행의 개수를 반환한다.

60.2.6 getType( )

콘텐트 제공자가 저장한 데이터의 MIME 타입을 반환한다.

이런 메서드들을 콘텐트 제공자에 구현할 때 알아둘 것이 있다. onCreate( ) 메서드를 제외한 나머지 메서드들은 많은 프로세스에서 동시에 호출될 수 있으므로 스레드에 안전해야 한다. 즉, 동시에 여러 스레드가 데이터를 공유하는 데 따른 여러 문제점이 생기지 않도록 해야 한다는 의미다.

콘텐트 제공자의 구현 다음에 알아야 할 것은 안드로이드 시스템에서 제공자를 식별하는 방법이다. 그것이 바로 **콘텐트 URI**(Uniform Resource Identifier)가 필요한 이유다.

60.3 콘텐트 URI

안드로이드 장치는 많은 수의 콘텐트 제공자를 포함한다. 따라서 시스템에서는 각 제공자를 식별하는 방법을 제공해야 한다. 이와 유사하게 하나의 콘텐트 제공자는 여러 형태의 콘텐트(일반적으로는 데이터베이스 테이블 형태)에 대한 액세스를 제공할 수 있다. 그러므로 클라이언트 애플리케이션은 액세스가 필요한 데이터를 지정할 방법이 필요하다. 이때 콘텐트 URI를 사용한다.

콘텐트 URI는 특정 콘텐트 제공자의 특정 데이터를 식별하는 데 사용된다. URI의 authority에는 콘텐트 제공자를 지정하며, 주로 콘텐트 제공자의 패키지 이름 형태를 사용한다. 예를 들면, 다음과 같다.

```
com.example.mydbapp.myprovider
```

제공자 데이터 구조의 특정 데이터베이스 테이블은 authority에 테이블 이름을 붙여서 참조할 수 있다. 예를 들어, 다음 URI에서는 콘텐트 제공자의 products 테이블을 참조한다.

```
com.example.mydbapp.myprovider/products
```

또한, 지정된 테이블의 특정 행은 행의 ID와 URI를 붙여서 참조할 수 있다. 예를 들어, 다음 URI에서는 _id 열에 저장된 값이 3인 products 테이블 행을 참조한다.

```
com.example.mydbapp.myprovider/products/3
```

콘텐트 제공자에 추가, 쿼리, 변경, 삭제 메서드를 구현할 때는 그 메서드들이 해야 할 일이 있다. 즉, 받은 URI가 테이블의 특정 행 하나를 대상으로 하는지 아니면 여러 행을 참조하는지를 확인하고 그에 따라 처리해야 한다. URI가 여러 단계로 확장될 수 있어서 그런 작업은 매우 복잡할 수 있다. 그러나 UriMatcher 클래스를 사용하면 매우 쉽게 할 수 있다. 이 내용은 다음 장에서 알아볼 것이다.

60.4 콘텐트 리졸버

콘텐트 제공자의 액세스는 ContentResolver 객체로 할 수 있다. 애플리케이션은 자신의 콘텐트 리졸버 객체 참조를 얻을 수 있으며, 이때 애플리케이션 컨텍스트의 getContentResolver( ) 메서드를 호출한다.

콘텐트 리졸버 객체는 콘텐트 제공자를 반영하는 메서드들(insert, query, delete 등)을 포함한다. 애플리케이션에서는 작업이 수행될 콘텐트의 URI를 지정하여 그 메서드들을 호출하면 된다. 그러면 콘텐트 리졸버 객체와 콘텐트 제공자 객체가 상호 소통하여 요청된 작업을 애플리케이션 대신 수행한다.

60.5 <provider> 매니페스트 요소

콘텐트 제공자를 안드로이드 시스템에서 알 수 있게 하려면 그것이 포함된 애플리케이션의 매니페스트 파일에 그 제공자를 선언해야 한다. 이때 <provider> 요소를 사용하며, 이 요소는 다음 항목을 포함해야 한다.

- **android:authorities** — 콘텐트 제공자의 완전한 authority URI를 지정한다. 예를 들면, 다음과 같다. com.example.mydbapp.myprovider.
- **android:name** — 콘텐트 제공자를 구현하는 클래스 이름을 지정한다. 대부분의 경우에 이것은 authority와 같은 값을 사용한다.

이와 유사하게 <provider> 요소는 퍼미션을 정의하는 데 사용될 수 있다. 이 퍼미션은 데이터 액세스 자격을 얻기 위해 클라이언트 애플리케이션이 보유해야 하는 것이다. 만일 아무 퍼미션도 선언되지 않으면 모든 애플리케이션에게 허용된 퍼미션이 디폴트가 된다.

퍼미션은 콘텐트 제공자 전체 또는 특정 테이블과 행에 국한되어 설정될 수 있다.

60.6 요약

일반적으로 애플리케이션에 속한 데이터는 그 애플리케이션 전용이며 다른 애플리케이션에서는 액세스할 수 없다. 그러나 데이터가 공유될 필요가 있는 경우는 **콘텐트 제공자**를 설정해야 한다. 이번 장에서는 애플리케이션 간의 데이터 공유를 할 수 있도록 결합된 기본 요소들과 콘텐트 제공자, 콘텐트 URI, 콘텐트 리졸버의 개념을 알아보았다.

다음 장에서는 제품(product) 데이터를 콘텐트 제공자를 통해 사용 가능하도록 예제 프로젝트를 만들 것이다.

콘텐트 제공자 구현하기

앞 장에서 설명했듯이, **콘텐트 제공자**(content provider)는 하나의 안드로이드 애플리케이션에서 저장한 데이터를 다른 애플리케이션에서 액세스할 수 있게 해주는 메커니즘을 제공한다. 콘텐트 제공자의 이론적인 개요를 알아보았으므로 이번 장에서는 59장에서 생성한 Database 프로젝트를 확장하여 콘텐트 제공자 기반의 데이터베이스 액세스를 구현할 것이다.

61.1 Database 프로젝트 활용하기

59장에서 생성한 Database 프로젝트에 영향을 주지 않도록 여기서는 그 프로젝트를 다른 위치로 복사한 후 콘텐트 제공자를 구현할 것이다. 만일 안드로이드 스튜디오에서 Database 프로젝트가 열려 있다면 메인 메뉴의 File ➡ Close Project를 선택하여 그 프로젝트를 닫자.

각자 운영체제의 파일 시스템 탐색기를 사용하여 안드로이드 스튜디오 프로젝트들을 포함하는 디렉터리를 찾고 그 밑에 DataBaseProvider 서브 디렉터리를 생성한다. 그리고 기존의 Database 프로젝트 폴더를 DataBaseProvider 서브 디렉터리 밑에 복사하자.

안드로이드 스튜디오 웰컴 스크린에서 Open an existing Android Studio project를 선택하여 DataBaseProvider 디렉터리 밑에 있는 Database 프로젝트를 열자(안드로이드 스튜디오가 실행 중일 때 프로젝트들이 있는 디렉터리에 변경이 생길 때는 파일을 여는 대화상자의 제일 위에 있는 Refresh 버튼( )을 클릭하는 것이 좋다).

61.2 콘텐트 제공자 패키지 추가하기

우선, 콘텐트 제공자 클래스가 생성될 Database 프로젝트에 새로운 패키지를 추가하자.

프로젝트 도구 창의 com.ebookfrenzy.database에서 오른쪽 마우스 버튼을 누른 후 New ➡ Package를 선택한다. 그리고 패키지 이름에 provider를 입력하고 OK 버튼을 누르자.

이제는 그림 61-1처럼 새로운 패키지가 보일 것이다.

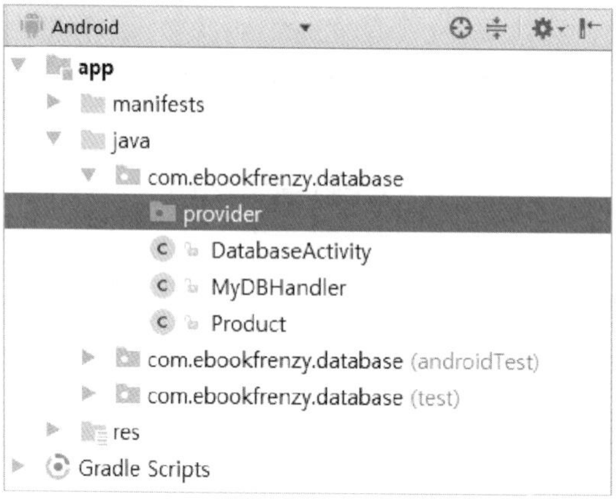

그림 61-1

61.3 콘텐트 제공자 클래스 생성하기

앞 장에서 이야기했듯이, 콘텐트 제공자는 android.content.ContentProvider 클래스의 서브 클래스로 생성되어야 한다. 우선, 이 애플리케이션의 콘텐트 제공자로 동작할 새 클래스를 앞에서 생성한 provider 패키지에 추가할 것이다. provider 패키지에서 마우스 오른쪽 버튼을 누른 후 New ➡ Other ➡ Content Provider를 선택하자. 그리고 Configure Component 대화상자에서 클래스 이름에 MyContentProvider를 입력하고 URI Authorities에는 다음을 입력한다.

```
com.ebookfrenzy.database.provider.MyContentProvider
```

exported와 enabled 모두 체크되어 있는지 확인한 후 Finish 버튼을 눌러 새로운 클래스를 생성하자.

새로운 클래스가 생성되면 프로젝트 도구 창의 provider 패키지 밑에 MyContentProvider.java 파일이 나타나고 다음과 같이 이 파일의 내용이 편집기 창에 로드되었을 것이다.

```
package com.ebookfrenzy.database.provider;

import android.content.ContentProvider;
import android.content.ContentValues;
import android.database.Cursor;
import android.net.Uri;

public class MyContentProvider extends ContentProvider {
    public MyContentProvider() {
    }

    @Override
    public int delete(Uri uri, String selection, String[] selectionArgs) {
        // Implement this to handle requests to delete one or more rows.
        throw new UnsupportedOperationException("Not yet implemented");
    }

    @Override
    public String getType(Uri uri) {
        // TODO: Implement this to handle requests for the MIME type of
        // the data at the given URI.
        throw new UnsupportedOperationException("Not yet implemented");
    }

    @Override
    public Uri insert(Uri uri, ContentValues values) {
        // TODO: Implement this to handle requests to insert a new row.
        throw new UnsupportedOperationException("Not yet implemented");
    }

    @Override
    public boolean onCreate() {
        // TODO: Implement this to initialize your content provider on startup.
        return false;
    }

    @Override
    public Cursor query(Uri uri, String[] projection, String selection,
            String[] selectionArgs, String sortOrder) {
        // TODO: Implement this to handle query requests from clients.
        throw new UnsupportedOperationException("Not yet implemented");
    }

    @Override
    public int update(Uri uri, ContentValues values, String selection,
            String[] selectionArgs) {
```

```
        // TODO: Implement this to handle requests to update one or more rows.
        throw new UnsupportedOperationException("Not yet implemented");
    }
}
```

이 코드를 보면 알 수 있듯이, ContentProvider의 서브 클래스에서 구현할 필요가 있는 메서드들을 안드로이드 스튜디오가 미리 생성해주었다. 이 메서드들의 실행 코드는 곧 구현할 것이다. 우선, 콘텐트 제공자의 콘텐트 authority와 URI에 관련된 상수를 선언해야 한다.

61.4 Authority와 콘텐트 URI 구성하기

앞 장에서 이야기했듯이, 모든 콘텐트 제공자는 authority와 콘텐트 URI에 연관되어야 한다. 일반적으로 authority에는 콘텐트 제공자 클래스 자신의 완전한 패키지 이름을 준다. 여기서는 com.ebookfrenzy.database.provider.MyContentProvider이며, 이것은 앞에서 새로운 콘텐트 제공자 클래스를 생성했을 때 선언했던 것이다.

콘텐트 URI는 애플리케이션에 따라 다를 수 있다. 그러나 여기서는 데이터베이스 테이블 이름인 products로 구성할 것이다. MyContentProvider.java 파일을 다음과 같이 변경하자.

```
package com.ebookfrenzy.database.provider;

import android.content.ContentProvider;
import android.content.ContentValues;
import android.database.Cursor;
import android.net.Uri;
import android.content.UriMatcher;

public class MyContentProvider extends ContentProvider {

    private static final String AUTHORITY =
        "com.ebookfrenzy.database.provider.MyContentProvider";
    private static final String PRODUCTS_TABLE = "products";
    public static final Uri CONTENT_URI =
        Uri.parse("content://" + AUTHORITY + "/" + PRODUCTS_TABLE);

    public MyContentProvider() {
    }
.
.
}
```

여기서는 새로운 String 객체인 AUTHORITY에 authority 문자열을 지정한다. 또한, 두 번째 String 객체인 PRODUCTS_TABLE에는 우리 데이터베이스 테이블 이름인 products를 지정한다.

그리고 content:// 문자열과 두 String 객체의 문자열이 결합된 문자열을 Uri 클래스의 parse( ) 메서드 인자로 전달하여 Uri 객체로 변환한다. 그리고 그 객체 참조를 CONTENT_URI 변수에 지정한다.

61.5 콘텐트 제공자에 UriMatcher 구현하기

콘텐트 제공자의 메서드들이 호출될 때는 데이터베이스 연산(쿼리, 추가, 삭제, 변경)이 수행될 데이터를 나타내는 URI를 인자로 받는다. 이 URI는 특정 테이블의 특정 행을 참조하는 형태가 될 수 있다. 또한, 데이터베이스 테이블만 지정하는 것과 같은 더 일반적인 형태일 수도 있다. URI 타입을 확인하고 그것에 따라 동작하는 것은 각 메서드가 할 일이다. 이때 UriMatcher 인스턴스를 사용하면 그런 작업을 쉽게 할 수 있다. 생성된 UriMatcher 인스턴스는 확인된 URI 타입과 대응되는 특정 정숫값을 반환하도록 구성될 수 있다. 여기서는 URI가 products 테이블 전체를 참조할 때 UriMatcher 인스턴스에서 1을 반환하도록 구성할 것이다. 그리고 URI가 products 테이블의 특정 행 ID를 참조할 때는 2를 반환하도록 할 것이다. 우선, 두 개의 URI 타입을 나타내는 정수형 상수를 선언하도록 다음과 같이 MyContentProvider.java 파일을 변경하자.

```
package com.ebookfrenzy.database.provider;

import android.content.ContentProvider;
import android.content.ContentValues;
import android.database.Cursor;
import android.net.Uri;
import android.content.UriMatcher;

public class MyContentProvider extends ContentProvider {

    private static final String AUTHORITY =
        "com.ebookfrenzy.database.provider.MyContentProvider";
    private static final String PRODUCTS_TABLE = "products";
    public static final Uri CONTENT_URI =
        Uri.parse("content://" + AUTHORITY + "/" + PRODUCTS_TABLE);

    public static final int PRODUCTS = 1;
    public static final int PRODUCTS_ID = 2;
.
.
}
```

그리고 UriMatcher 인스턴스를 생성하고 그 인스턴스가 적합한 값을 반환하도록 구성하는 코드를 다음과 같이 추가하자.

```
public class MyContentProvider extends ContentProvider {

    private static final String AUTHORITY =
        "com.ebookfrenzy.database.provider.MyContentProvider";
    private static final String PRODUCTS_TABLE = "products";
    public static final Uri CONTENT_URI =
        Uri.parse("content://" + AUTHORITY + "/" + PRODUCTS_TABLE);

    public static final int PRODUCTS = 1;
    public static final int PRODUCTS_ID = 2;

    private static final UriMatcher sURIMatcher =
        new UriMatcher(UriMatcher.NO_MATCH);

    static {
        sURIMatcher.addURI(AUTHORITY, PRODUCTS_TABLE, PRODUCTS);
        sURIMatcher.addURI(AUTHORITY, PRODUCTS_TABLE + "/#", PRODUCTS_ID);
    }
.
.
}
```

이제는 UriMatcher 인스턴스가 적합한 정숫값을 반환하게 되었다. 즉, URI에서 products 테이블만 참조할 때는 PRODUCTS 상숫값을 반환하고, URI가 그 테이블의 특정 행 ID를 포함할 때는 PRODUCTS_ID 상숫값을 반환한다.

61.6 콘텐트 제공자의 onCreate( ) 메서드 구현하기

콘텐트 제공자 인스턴스가 생성되어 초기화될 때는 그 콘텐츠 제공자 클래스(여기서는 MyContentProvider)의 onCreate( ) 메서드가 호출된다. 이 메서드에서는 초기화에 필요한 작업을 수행하면 된다. 여기서는 59장에서 구현되었던 데이터베이스 핸들러인 MyDBHandler 클래스의 인스턴스를 생성한다. 그리고 이 인스턴스가 생성되면 콘텐트 제공자 클래스의 다른 메서드들이 그것을 액세스할 필요가 있다. 따라서 그 인스턴스의 참조를 갖는 변수가 선언될 필요가 있다. 다음과 같이 MyContentProvider.java 파일을 변경하자.

```
package com.ebookfrenzy.database.provider;

import com.ebookfrenzy.database.MyDBHandler;

import android.content.ContentProvider;
import android.content.ContentValues;
import android.database.Cursor;
import android.net.Uri;
import android.content.UriMatcher;
import android.database.sqlite.SQLiteDatabase;
import android.database.sqlite.SQLiteQueryBuilder;
import android.text.TextUtils;

public class MyContentProvider extends ContentProvider {
    private MyDBHandler myDB;
.
.
.
    @Override
    public boolean onCreate() {
        myDB = new MyDBHandler(getContext(), null, null, 1);
        return false;
    }
}
```

61.7 콘텐트 제공자의 insert( ) 메서드 구현하기

클라이언트 애플리케이션 또는 액티비티가 데이터베이스의 데이터 추가를 요청할 때 콘텐트 제공자의 insert( ) 메서드가 호출된다. 현재 MyContentProvider.java 파일의 이 메서드에는 실행 코드가 없고 다음과 같이 메서드만 정의되어 있다.

```
@Override
public Uri insert(Uri uri, ContentValues values) {
    // TODO: Implement this to handle requests to insert a new row.
    throw new UnsupportedOperationException("Not yet implemented");
}
```

이 메서드의 인자로는 URI 객체와 ContentValues 객체가 전달된다. URI 객체는 추가될 곳을 지정하며, ContentValues 객체에는 추가될 데이터가 포함된다.

이 메서드는 다음의 작업을 수행하도록 변경되어야 한다.

- URI 타입을 확인하기 위해 sUriMatcher 객체를 사용한다.

- 만일 URI가 부적합하면 예외를 발생시킨다.
- SQLite 데이터베이스의 쓰기 가능한 인스턴스 참조를 얻는다.
- SQL insert 명령을 수행하여 데이터를 데이터베이스 테이블에 추가한다.
- 데이터베이스 데이터가 변경되었다는 것을 콘텐트 리졸버에게 알림한다.
- 새로 추가된 테이블 행의 URI를 반환한다.

이런 작업을 수행하도록 변경된 insert( ) 메서드는 다음과 같다.

```
@Override
public Uri insert(Uri uri, ContentValues values) {

    int uriType = sURIMatcher.match(uri);

    SQLiteDatabase sqlDB = myDB.getWritableDatabase();

    long id = 0;
    switch (uriType) {
        case PRODUCTS:
            id = sqlDB.insert(MyDBHandler.TABLE_PRODUCTS, null, values);
            break;
        default:
            throw new IllegalArgumentException("Unknown URI: " + uri);
    }
    getContext().getContentResolver().notifyChange(uri, null);
    return Uri.parse(PRODUCTS_TABLE + "/" + id);
}
```

61.8 콘텐트 제공자의 query( ) 메서드 구현하기

조회 요청된 데이터를 반환하기 위해 콘텐트 제공자가 호출되면 콘텐트 제공자 클래스의 query( ) 메서드가 호출된다. 이 메서드가 호출될 때는 다음 중 일부 또는 모든 인자를 전달받는다.

- **URI** — 쿼리가 수행될 데이터 소스를 지정하는 URI다. 결과가 여러 행이 되는 일반적인 쿼리 형태이거나 하나의 테이블 행 ID를 찾는 특정 쿼리 형태일 수 있다.
- **Projection** — 데이터베이스 테이블의 행은 여러 개의 데이터 열로 구성될 수 있다. 예를 들어, 우리 애플리케이션에서는 ID, 제품명, 수량이 열이다. 이 인자는 쿼리의 결과 세트(result set)에 반환되는 각 열의 이름을 포함하는 String 배열이다. SQL SELECT 명령의 열 리스트를 나타낸다.

- **Selection** — SQL SELECT 명령의 where 절을 나타내며, 지정된 데이터베이스에서 선택될 행을 제어한다. 예를 들어, 제품명이 "Cat Food"인 제품만 쿼리를 원한다면 이 인자는 productname = "Cat Food" 문자열이 된다.
- **Selection Args** — selection을 수행하는 SQL 쿼리에 전달될 필요가 있는 추가적인 인자다.
- **Sort Order** — SQL SELECT 명령의 order by를 나타내며, 선택된 행의 정렬 순서다.

query( ) 메서드는 다음의 작업을 수행한다.

- URI 타입을 확인하기 위해 sUriMatcher 객체를 사용한다.
- 만일 URI가 부적합하면 예외를 발생시킨다.
- 메서드에 전달된 인자를 기반으로 SQL 쿼리를 구성한다. 그리고 쿼리를 구성할 때 SQLite QueryBuilder 클래스를 사용할 수 있다.
- 데이터베이스에 쿼리를 실행한다.
- 콘텐트 리졸버에게 알림한다.
- 쿼리의 결과 세트를 포함하는 Cursor 객체를 반환한다.

이런 내용을 고려해서 MyContentProvider.java 파일의 query( ) 메서드는 다음과 같이 변경해야 한다.

```
@Override
public Cursor query(Uri uri, String[] projection, String selection,
    String[] selectionArgs, String sortOrder) {
    SQLiteQueryBuilder queryBuilder = new SQLiteQueryBuilder();
    queryBuilder.setTables(MyDBHandler.TABLE_PRODUCTS);

    int uriType = sURIMatcher.match(uri);
    switch (uriType) {
        case PRODUCTS_ID:
            queryBuilder.appendWhere(MyDBHandler.COLUMN_ID + "="
                + uri.getLastPathSegment());
            break;
        case PRODUCTS:
            break;
        default:
            throw new IllegalArgumentException("Unknown URI");
    }

    Cursor cursor = queryBuilder.query(myDB.getReadableDatabase(),
            projection, selection, selectionArgs, null, null, sortOrder);
```

```
    cursor.setNotificationUri(getContext().getContentResolver(), uri);
    return cursor;
}
```

61.9 콘텐트 제공자의 update( ) 메서드 구현하기

콘텐트 제공자의 update( ) 메서드는 기존 데이터베이스 테이블 행의 변경 요청이 있을 때 호출된다. 이 메서드는 URI, ContentValues 객체의 형태로 된 변경될 값, selection 인자 문자열을 인자로 받는다.

update( ) 메서드는 다음의 작업을 수행한다.

- URI 타입을 확인하기 위해 sUriMatcher 객체를 사용한다.
- 만일 URI가 부적합하면 예외를 발생시킨다.
- SQLite 데이터베이스의 쓰기 가능한 인스턴스 참조를 얻는다.
- Selection과 URI 타입에 따른 데이터베이스 데이터의 변경을 수행한다.
- 데이터베이스 데이터가 변경되었다는 것을 콘텐트 리졸버에게 알림한다.
- 변경된 행의 개수를 반환한다.

여기서 사용할 update( ) 메서드 코드는 다음과 같다.

```
@Override
public int update(Uri uri, ContentValues values, String selection,
String[] selectionArgs) {

    int uriType = sURIMatcher.match(uri);
    SQLiteDatabase sqlDB = myDB.getWritableDatabase();
    int rowsUpdated = 0;

    switch (uriType) {
        case PRODUCTS:
            rowsUpdated =
                sqlDB.update(MyDBHandler.TABLE_PRODUCTS,
                values,
                selection,
                selectionArgs);
            break;
        case PRODUCTS_ID:
            String id = uri.getLastPathSegment();
            if (TextUtils.isEmpty(selection)) {
```

```
                rowsUpdated =
                    sqlDB.update(MyDBHandler.TABLE_PRODUCTS,
                        values,
                        MyDBHandler.COLUMN_ID + "=" + id,
                        null);
            } else {
                rowsUpdated =
                    sqlDB.update(MyDBHandler.TABLE_PRODUCTS,
                        values,
                        MyDBHandler.COLUMN_ID + "=" + id
                        + " and "
                        + selection,
                        selectionArgs);
            }
            break;
        default:
            throw new IllegalArgumentException("Unknown URI: " + uri);
    }
    getContext().getContentResolver().notifyChange(uri, null);

    return rowsUpdated;
}
```

61.10 콘텐트 제공자의 delete( ) 메서드 구현하기

다른 콘텐트 제공자 메서드와 마찬가지로 delete( ) 메서드는 URI, selection 인자 문자열, 선택적인 selection 인자를 메서드 인자로 받는다. delete( ) 메서드는 다음의 작업을 수행한다.

- URI 타입을 확인하기 위해 sUriMatcher 객체를 사용한다.
- 만일 URI가 부적합하면 예외를 발생시킨다.
- SQLite 데이터베이스의 쓰기 가능한 인스턴스 참조를 얻는다.
- Selection과 URI 타입에 따른 데이터베이스 데이터의 삭제를 수행한다.
- 데이터베이스 데이터가 변경되었다는 것을 콘텐트 리졸버에게 알림한다.
- 삭제된 행의 개수를 반환한다.

delete( ) 메서드는 여러 면에서 update( ) 메서드와 매우 유사하다. 여기서 사용할 delete( ) 메서드 코드는 다음과 같다.

```java
@Override
public int delete(Uri uri, String selection, String[] selectionArgs) {
    int uriType = sURIMatcher.match(uri);
    SQLiteDatabase sqlDB = myDB.getWritableDatabase();
    int rowsDeleted = 0;

    switch (uriType) {
        case PRODUCTS:
            rowsDeleted = sqlDB.delete(MyDBHandler.TABLE_PRODUCTS,
                selection,
                selectionArgs);
                break;

        case PRODUCTS_ID:
            String id = uri.getLastPathSegment();
            if (TextUtils.isEmpty(selection)) {
                rowsDeleted = sqlDB.delete(MyDBHandler.TABLE_PRODUCTS,
                                MyDBHandler.COLUMN_ID + "=" + id, null);
            } else {
                rowsDeleted = sqlDB.delete(MyDBHandler.TABLE_PRODUCTS,
                                MyDBHandler.COLUMN_ID + "=" + id +
                                " and " + selection,
                                selectionArgs);
            }
            break;
        default:
            throw new IllegalArgumentException("Unknown URI: " + uri);
    }
    getContext().getContentResolver().notifyChange(uri, null);
    return rowsDeleted;
}
```

이 메서드들이 구현되면 여기서 필요한 관점으로는 콘텐트 제공자 클래스가 완성된 것이다. 다음으로 할 일은 콘텐트 제공자를 우리 프로젝트의 매니페스트 파일에 선언하는 것이다. 그래야만 어떤 콘텐트 리졸버에서도 그것을 찾아 액세스할 수 있기 때문이다.

61.11 매니페스트 파일에 콘텐트 제공자 선언하기

콘텐트 제공자가 자신이 속한 애플리케이션의 매니페스트 파일에 선언되지 않으면 콘텐트 리졸버가 그 콘텐트 제공자를 찾아 액세스할 수 없다. 이미 설명했듯이, 콘텐트 제공자는 <provider> 태그를 사용해서 선언한다. 이때 콘텐트 제공자의 authority와 URI에는 올바른 참조를 지정해야 한다.

프로젝트 도구 창에서 app ➡ manifests에 있는 AndroidManifest.xml 파일을 더블 클릭하

여 편집기 창으로 로드하자. 거기에는 콘텐트 제공자가 이미 선언되어 있을 것이다. 앞에서 MyContentProvider 클래스를 프로젝트에 추가했을 때 안드로이드 스튜디오가 자동으로 추가했기 때문이다. 다음의 굵은 글씨로 된 <provider> 태그가 있는지 확인하자.

```
<?xml version="1.0" encoding="utf-8"?>
<manifest xmlns:android="http://schemas.android.com/apk/res/android"
    package="com.ebookfrenzy.database" >

    <application
        android:allowBackup="true"
        android:icon="@mipmap/ic_launcher"
        android:label="@string/app_name"
        android:roundIcon="@mipmap/ic_launcher_round"
        android:supportsRtl="true"
        android:theme="@style/AppTheme" >
        <activity
            android:name=".DatabaseActivity" >
            <intent-filter>
                <action android:name="android.intent.action.MAIN" />

                <category android:name="android.intent.category.LAUNCHER" />
            </intent-filter>
        </activity>

        <provider android:name=".provider.MyContentProvider"
            android:authorities=
                "com.ebookfrenzy.database.provider.MyContentProvider"
            android:enabled="true"
            android:exported="true" >
        </provider>
    </application>
</manifest>
```

애플리케이션을 테스트하기 앞서 할 일이 하나 더 있다. 데이터베이스를 직접 액세스하는 대신에 콘텐트 제공자를 사용하도록 데이터베이스 핸들러 클래스를 변경하는 것이다.

61.12 데이터베이스 핸들러 변경하기

59장에서 이 애플리케이션을 작성했을 때는 데이터베이스를 직접 액세스하기 위해 데이터베이스 핸들러를 사용했었다. 그러나 이제는 콘텐트 제공자를 구현했으므로 데이터베이스 핸들러를 변경해야 한다. 그래야만 콘텐트 제공자를 사용해서 모든 데이터베이스 연산(쿼리, 추가, 삭제, 변경)을 수행할 수 있기 때문이다.

우선, 데이터베이스 핸들러에서 ContentResolver 인스턴스의 참조를 얻도록 해야 하므로 59장에서 작성한 MyDBHandler.java 파일을 수정하자. 그 일은 MyDBHandler 클래스의 생성자에서 하면 된다.

```
package com.ebookfrenzy.database;

import com.ebookfrenzy.database.provider.MyContentProvider;

import android.database.sqlite.SQLiteDatabase;
import android.database.sqlite.SQLiteOpenHelper;
import android.content.Context;
import android.content.ContentValues;
import android.database.Cursor;
import android.content.ContentResolver;

public class MyDBHandler extends SQLiteOpenHelper {

    private ContentResolver myCR;

    private static final int DATABASE_VERSION = 1;
    private static final String DATABASE_NAME = "productDB.db";
    public static final String TABLE_PRODUCTS = "products";

    public static final String COLUMN_ID = "_id";
    public static final String COLUMN_PRODUCTNAME = "productname";
    public static final String COLUMN_QUANTITY = "quantity";

    public MyDBHandler(Context context, String name,
               SQLiteDatabase.CursorFactory factory, int version) {
        super(context, DATABASE_NAME, factory, DATABASE_VERSION);
        myCR = context.getContentResolver();
    }
.
.
}
```

그다음은 콘텐트 리졸버와 콘텐트 제공자를 사용하도록 addProduct( ), findProduct( ), removeProduct( ) 메서드들을 다시 작성해야 한다.

```
public void addProduct(Product product) {

    ContentValues values = new ContentValues();
    values.put(COLUMN_PRODUCTNAME, product.getProductName());
    values.put(COLUMN_QUANTITY, product.getQuantity());
```

```
    myCR.insert(MyContentProvider.CONTENT_URI, values);
}

public Product findProduct(String productname) {
    String[] projection = {COLUMN_ID,
        COLUMN_PRODUCTNAME, COLUMN_QUANTITY };

    String selection = "productname = \"" + productname + "\"";

    Cursor cursor = myCR.query(MyContentProvider.CONTENT_URI,
        projection, selection, null, null);

    Product product = new Product();

    if (cursor.moveToFirst()) {
        cursor.moveToFirst();
        product.setID(Integer.parseInt(cursor.getString(0)));
        product.setProductName(cursor.getString(1));

        product.setQuantity(Integer.parseInt(cursor.getString(2)));
                cursor.close();
    } else {
        product = null;
    }
    return product;
}

public boolean deleteProduct(String productname) {
    boolean result = false;

    String selection = "productname = \"" + productname + "\"";

    int rowsDeleted = myCR.delete(MyContentProvider.CONTENT_URI,
            selection, null);

    if (rowsDeleted > 0)
        result = true;

    return result;
}
```

콘텐트 리졸버와 콘텐트 제공자를 사용하도록 데이터베이스 핸들러 클래스가 변경되었으므로 이제는 애플리케이션을 테스트할 수 있다. 애플리케이션을 실행시키고 제품을 추가, 조회, 삭제해보자. 기능상으로 봤을 때 이 애플리케이션은 데이터베이스를 직접 액세스했던 때와 똑같이 동작한다. 차이점이 있다면 이제는 콘텐트 제공자를 사용한다는 것이다.

이제는 콘텐트 제공자가 구현되어 매니페스트 파일에 선언되었으므로 다른 애플리케이션에서 우리 데이터를 액세스할 수 있다. 퍼미션을 선언하지 않아서 디폴트로 모든 액세스가 가능하기 때문이다. 즉, 다른 애플리케이션에서는 콘텐트 URI와 테이블의 열 이름만 알면 우리 데이터를 액세스할 수 있다.

61.13 요약

이번 장에서는 안드로이드 콘텐트 제공자와 그 클래스의 query( ), insert( ), delete( ), update( ) 메서드들을 구현하는 방법을 알아보았다. 또한, 콘텐트 제공자의 데이터를 액세스하기 위해 콘텐트 리졸버를 사용하는 방법도 같이 살펴보았다.

구글 클라우드 스토리지 액세스하기

사용자의 파일과 데이터를 저장하는 원격 스토리지 서비스('클라우드 스토리지')가 최근 수년간 널리 확산되고 있다. 이런 성장의 원동력에는 두 가지 주된 요인이 있다.

첫 번째는 대부분의 모바일 장치가 지속적이고 빠른 속도의 인터넷 연결을 제공하여 데이터 전송이 빠르고 비용이 저렴하기 때문이다. 두 번째는 기존의 컴퓨터 시스템(데스크톱과 랩톱 등)에 비해 모바일 장치들이 내부 스토리지 자원 측면에서 제약이 있기 때문이다. 예를 들어, 오늘날 고사양의 안드로이드 태블릿이 갖는 스토리지 용량을 노트북 시스템과 비교해볼 때 많은 모바일 애플리케이션에서 원격 스토리지의 필요성이 더욱 요구된다.

이런 사실을 인식하고 구글에서는 안드로이드 4.4 SDK의 일부로 스토리지 액세스 프레임워크(Storage Access Framework)를 소개하였다. 이번 장에서는 스토리지 액세스 프레임워크의 개요를 알아볼 것이다. 그리고 더 자세한 내용은 다음 장에서 다룰 것이다.

62.1 스토리지 액세스 프레임워크

스토리지 액세스 프레임워크는 사용하기 쉬운 사용자 인터페이스를 제공한다. 따라서 안드로이드 애플리케이션의 스토리지 서비스가 호스팅하는 파일들의 브라우징, 삭제, 생성을 사용자가 쉽게 할 수 있다(스토리지 서비스를 문서 제공자(document provider)라고도 한다).

예를 들어, 피커(picker)라고도 하는 그런 인터페이스를 사용해서 사용자는 자신이 선택한 문서 제공자가 호스팅하는 파일들(각종 문서, 오디오, 이미지와 비디오 등)을 브라우징할 수 있다. 그림 62-1에서는 문서 제공자가 호스팅하는 파일들을 보여주는 피커 사용자 인터페이스의 예를 보여준다.

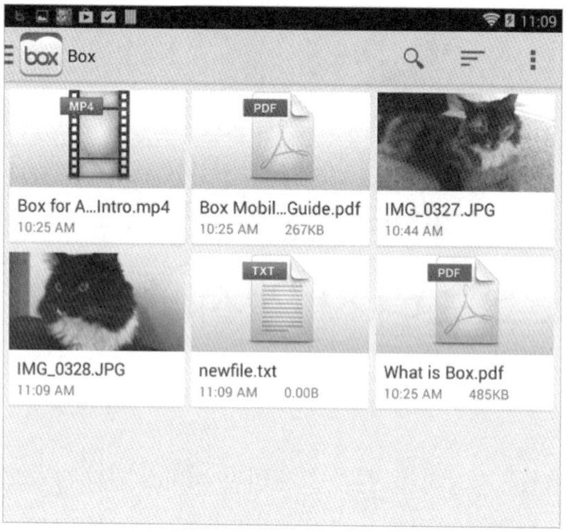

그림 62-1

문서 제공자들은 클라우드 기반의 서비스에서부터 로컬 문서 제공자(클라이언트 애플리케이션과 같은 장치에서 실행됨)까지 다양하게 존재할 수 있다. 현재 스토리지 액세스 프레임워크와 호환되는 주요 문서 제공자에는 Box, 구글 드라이브 등이 있다. 향후에는 다른 클라우드 스토리지 제공자와 애플리케이션 개발자도 스토리지 액세스 프레임워크와 호환되는 서비스를 제공하게 될 것이다. 그림 62-2에서는 피커 인터페이스로 조회된 문서 제공자들을 보여준다.

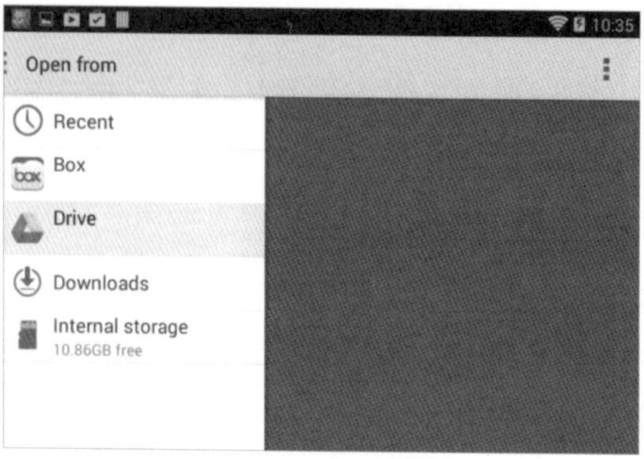

그림 62-2

그림 62-2에서 볼 수 있듯이, 피커는 클라우드 기반의 문서 제공자와 더불어 장치의 내부 스토리지도 함께 보여준다. 이처럼 피커는 다양한 종류의 파일 스토리지 옵션을 애플리케이션 사용자에게 제공한다.

안드로이드 4.4에 포함된 인텐트들을 사용하면 애플리케이션 개발자들이 그런 스토리지 기능을 불과 몇 라인의 코드만으로 애플리케이션에 포함시킬 수 있다. 그리고 스토리지 액세스 프레임워크를 사용해서 그런 스토리지 기능을 애플리케이션에 구현하면 코드 수정 없이 모든 문서 제공자와 동작할 수 있는 애플리케이션을 만들 수 있다.

62.2 스토리지 액세스 프레임워크 사용하기

안드로이드 4.4에서는 새로운 인텐트들을 소개하였는데, 이것들은 스토리지 액세스 프레임워크의 기능을 안드로이드 애플리케이션에 통합시킬 수 있게 설계되었다. 이 인텐트들은 스토리지 액세스 프레임워크 피커 사용자 인터페이스를 사용자에게 보여주고 사용자와의 상호작용 결과를 애플리케이션에 반환한다. 이때 그 인텐트를 론칭한 액티비티의 **onActivityResult( )** 메서드가 자동으로 호출된다. **onActivityResult( )** 메서드가 호출될 때는 수행의 성공 여부를 나타내는 값과 함께 선택된 파일의 Uri를 인자로 받는다.

스토리지 액세스 프레임워크 인텐트를 요약하면 다음과 같다.

- **ACTION_OPEN_DOCUMENT** — 장치에 구성된 문서 제공자에서 파일을 선택할 수 있도록 사용자에게 피커 사용자 인터페이스 액세스를 제공한다. 선택된 파일들은 Uri 객체 형태로 애플리케이션에 전달된다.
- **ACTION_CREATE_DOCUMENT** — 사용자가 문서 제공자와 그 제공자의 스토리지 위치 및 새로운 파일명을 선택할 수 있게 해준다. 그리고 선택되면 스토리지 액세스 프레임워크에 의해 그 파일이 생성되고 향후 처리를 위해 그 파일의 Uri가 애플리케이션에 반환된다.

62.3 피커의 파일 내역 선별하기

인텐트가 시작될 때 피커 사용자 인터페이스에 나타난 파일들은 다양한 옵션을 사용해서 선별할 수 있다. 예를 들어, ACTION_OPEN_DOCUMENT 인텐트를 시작시키는 다음 코드를 생각해보자.

```
private static final int OPEN_REQUEST_CODE = 41;

Intent intent = new Intent(Intent.ACTION_OPEN_DOCUMENT);
startActivityForResult(intent, OPEN_REQUEST_CODE);
```

이 코드가 실행되면 피커 사용자 인터페이스가 나타나며, 사용 가능한 문서 제공자들이 호스딩하는 파일들을 사용자가 훑어보고 선택할 수 있다. 사용자가 하나의 파일을 선택하면 그 파일의 참조가 Uri 객체 형태로 애플리케이션에 제공된다. 그리고 애플리케이션에서는 openFileDescriptor(Uri, String) 메서드를 사용하여 그 파일을 열 수 있다. 그러나 문서 제공자가 보여주는 모든 파일을 그런 방법으로 열 수 있는 것은 아니다. 이때 CATEGORY_OPENABLE 옵션을 사용해서 인텐트를 변경하면 열 수 없는 파일들을 사전에 제외시킬 수 있다. 예를 들면, 다음과 같다.

```
private static final int OPEN_REQUEST_CODE = 41;

Intent intent = new Intent(Intent.ACTION_OPEN_DOCUMENT);
intent.addCategory(Intent.CATEGORY_OPENABLE);
startActivityForResult(intent, OPEN_REQUEST_CODE);
```

이렇게 하면 openFileDescriptor( ) 메서드를 사용해서 열 수 없는 파일들은 목록에는 나타나지만 사용자가 선택할 수 없게 된다.

파일 타입을 제한하여 파일을 선별하는 방법도 있다. 이때는 애플리케이션이 처리할 수 있는 파일의 타입을 지정하면 된다. 예를 들어, 이미지 편집 애플리케이션에서는 문서 제공자의 이미지 파일들만 사용자가 선택할 수 있기를 원할 것이다. 이 경우 사용자가 선택 가능한 MIME 타입의 파일들로 인텐트 객체를 구성하면 된다. 예를 들어, 다음 코드에서는 피커에서 이미지 파일들만 선택할 수 있게 지정한다.

```
Intent intent = new Intent(Intent.ACTION_OPEN_DOCUMENT);

intent.addCategory(Intent.CATEGORY_OPENABLE);
intent.setType("image/*");
startActivityForResult(intent, OPEN_REQUEST_CODE);
```

또한, JPEG 이미지만 선택 가능하게 제한할 수도 있다.

```
intent.setType("image/jpeg");
```

다음과 같이 하면 오디오 재생 애플리케이션에서는 오디오 파일들만 처리할 수 있다.

```
intent.setType("audio/*");
```

그리고 MP4 기반의 오디오 파일로 제한할 수도 있다.

```
intent.setType("audio/mp4");
```

스토리지 액세스 프레임워크를 사용하면 다양한 MIME 타입을 설정할 수 있다. 더 자세한 타입 정보는 다음을 참조하자.

URL *http://en.wikipedia.org/wiki/Internet_media_type#List_of_common_media_types*

62.4 인텐트 결과 처리하기

인텐트가 애플리케이션으로 제어를 넘길 경우에는 그 인텐트를 시작시켰던 액티비티의 onActivityResult( ) 메서드를 호출한다. 이 메서드에서는 요청 코드와 결과 코드 및 결과 데이터 객체를 인자로 받는다. 요청 코드는 인텐트 론칭 시에 애플리케이션에서 전달했던 것이며, 결과 코드는 그 인텐트가 성공적으로 처리되었는지의 여부를 나타낸다. 그리고 결과 데이터 객체는 선택된 파일의 Uri를 포함한다. 예를 들어, 다음 코드는 앞에서 설명한 ACTION_OPEN_DOCUMENT 인텐트의 결과를 처리할 때 사용할 수 있다.

```
public void onActivityResult(int requestCode, int resultCode,
    Intent resultData) {

    Uri currentUri = null;

    if (resultCode == Activity.RESULT_OK)
    {
        if (requestCode == OPEN_REQUEST_CODE)
        {
            if (resultData != null) {
                currentUri = resultData.getData();
                readFileContent(currentUri);
            }
```

```
        }
    }
}
```

이 코드에서는 인텐트가 성공적이었는지 확인한 후 요청 코드가 파일 열기 요청과 일치하는지를 검사한다. 그리고 인텐트 데이터의 Uri를 추출한 후 파일의 내용을 읽는 데 사용한다.

62.5 파일의 내용 읽기

문서 제공자가 호스팅하는 파일의 내용을 읽는 방법은 파일 타입에 따라 달라진다. 예를 들어, 텍스트 파일을 읽는 코드는 이미지나 오디오 파일의 코드와 다르다.

이미지 파일은 Uri 객체로부터 FD(파일 디스크립터)를 추출하여 Bitmap 객체로 지정할 수 있다. 그리고 그 이미지를 BitmapFactory 인스턴스로 디코딩한다. 예를 들면, 다음과 같다.

```
ParcelFileDescriptor pFileDescriptor =
        getContentResolver().openFileDescriptor(uri, "r");

FileDescriptor fileDescriptor =
        pFileDescriptor.getFileDescriptor();

Bitmap image = BitmapFactory.decodeFileDescriptor(fileDescriptor);

pFileDescriptor.close();

myImageView.setImageBitmap(image);
```

여기서는 파일 디스크립터를 'r' 모드로 연다. 이것은 그 파일을 읽기 전용으로 연다는 것을 나타낸다. 다른 옵션으로는 쓰기를 나타내는 'w'와 읽기와 쓰기를 나타내는 'rw'가 있다. 'rw'의 경우는 파일의 기존 내용이 새로운 내용으로 변경된다.

텍스트 파일의 내용을 읽을 때는 InputStream 객체를 사용한다. 예를 들어, 다음 코드에서는 텍스트 파일을 라인 단위로 읽는다.

```
InputStream inputStream = getContentResolver().openInputStream(uri);

BufferedReader reader = new BufferedReader(new InputStreamReader(
        inputStream));
```

```
String readline;

while ((readline = reader.readLine()) != null) {
    // 파일의 각 라인을 처리하는 코드
}
inputStream.close();
```

62.6 파일에 내용 쓰기

문서 제공자가 호스팅하는 열린 파일에 텍스트 데이터를 쓰는 것은 읽기와 유사하며, InputStream 객체 대신 OutputStream 객체를 사용한다. 예를 들어, 다음 코드에서는 지정된 Uri로 참조되는 스토리지 기반 파일의 OutputStream에 텍스트를 쓴다.

```
try{
    ParcelFileDescriptor pFileDescriptor =
            this.getContentResolver().openFileDescriptor(uri, "w");

    FileOutputStream fileOutputStream =
            new FileOutputStream(pFileDescriptor.getFileDescriptor());

    String textContent = "Some sample text";
    fileOutputStream.write(textContent.getBytes());
    fileOutputStream.close();
    pFileDescriptor.close();
} catch (FileNotFoundException e) {
    e.printStackTrace();
} catch (IOException e) {
    e.printStackTrace();
}
```

여기서는 Uri에서 파일 디스크립터를 추출한다. 이때 'w' 모드로 파일 디스크립터를 연다. 그리고 그 파일 디스크립터를 사용해서 파일의 OutputStream 객체 참조를 얻는다. 그다음에 텍스트를 OutputStream에 쓴 후 파일 디스크립터와 OutputStream을 닫는다.

62.7 파일 삭제하기

파일을 삭제할 수 있는가의 여부는 문서 제공자의 파일 삭제 지원 여부에 달렸다. 삭제가 가능하다고 가정한다면 다음과 같이 지정된 Uri에서 삭제가 수행될 수 있다.

```
if (DocumentsContract.deleteDocument(getContentResolver(), uri))
    // 삭제가 성공적으로 되었음
else
    // 삭제 실패
```

62.8 파일의 지속적인 액세스 얻기

스토리지 액세스 프레임워크를 통해 애플리케이션이 파일의 액세스를 얻으면 그 액세스는 애플리케이션이 실행 중인 안드로이드 장치가 다시 시작될 때까지 유효하다. 특정 파일의 지속적인 액세스는 그 Uri에 필요한 퍼미션을 요청하여 얻을 수 있다. 예를 들어, 다음 코드에서는 Uri 인스턴스인 fileUri로 참조되는 파일의 읽기와 쓰기 퍼미션을 계속 유지한다.

```
final int takeFlags = intent.getFlags()
        & (Intent.FLAG_GRANT_READ_URI_PERMISSION
        | Intent.FLAG_GRANT_WRITE_URI_PERMISSION);

getContentResolver().takePersistableUriPermission(fileUri, takeFlags);
```

애플리케이션에서 파일의 퍼미션을 받고 Uri를 보존하고 있다면 사용자는 장치가 다시 시작된 후에도 그 파일을 계속 액세스할 수 있다. 따라서 이때는 사용자가 피커 인터페이스에서 그 파일을 다시 선택하지 않아도 된다.

지속적인 퍼미션이 더는 필요하지 않다면 콘텐트 리졸버의 releasePersistableUriPermission() 메서드를 사용해서 해제시킬 수 있다.

```
final int releaseFlags = intent.getFlags()
        & (Intent.FLAG_GRANT_READ_URI_PERMISSION
        | Intent.FLAG_GRANT_WRITE_URI_PERMISSION);

getContentResolver().releasePersistableUriPermission(fileUri, releaseFlags);
```

62.9 요약

최근 몇 년 동안의 스토리지 변화를 보면 흥미롭다. 한때 대용량 하드 디스크 드라이브의 대명사였던 '스토리지'라는 용어를 이제는 스토리지 공간이라고 불러야 할 것이다. 원격으로 클라우드에서 호스팅되고 인터넷 연결을 통해 액세스되는 그런 스토리지이기 때문이다. 그리고

'항상 연결되어 있고' 내부 스토리지 용량이 작은 모바일 장치의 확산에 따라 점차 광범위하게 채택되고 있다.

안드로이드 스토리지 액세스 프레임워크는 사용자와 애플리케이션 개발자 모두가 클라우드에 저장된 파일을 액세스할 수 있는 간단한 메커니즘을 제공한다. 안드로이드 4.4에 소개된 인텐트들과 문서 제공자 및 파일을 선택할 수 있는 내장된 사용자 인터페이스를 사용해서 클라우드 기반의 스토리지를 최소한의 코딩으로 안드로이드 애플리케이션에 통합할 수 있다.

안드로이드 스토리지 액세스 프레임워크 예제 프로젝트

앞 장에서 이야기했듯이, 스토리지 액세스 프레임워크는 클라우드 기반의 스토리지 액세스를 안드로이드 애플리케이션에 통합시키는 절차를 수월하게 해준다. 피커 사용자 인터페이스와 새로운 인텐트로 구성되어 문서 제공자(구글 드라이브와 Box 등)에 저장된 파일들의 액세스가 상대적으로 쉽게 안드로이드 애플리케이션에 생성될 수 있다.

이번 장에서는 앞 장에서 설명한 안드로이드 스토리지 액세스 프레임워크를 실제로 사용하는 애플리케이션을 만들 것이다.

63.1 스토리지 액세스 프레임워크 예제 프로젝트 개요

이번 장에서 생성할 안드로이드 애플리케이션은 클라우드 기반의 스토리지 서비스에 텍스트 파일을 원격으로 생성하고 저장하는 기본적인 텍스트 편집기의 형태를 가질 것이다. 실제로 이 예제 애플리케이션은 스토리지 액세스 프레임워크와 호환되는 어떤 클라우드 기반의 문서 제공자와도 잘 동작한다. 단, 여기서는 **구글 드라이브(Google Drive)**를 사용할 것이다. (실제 장치에서 자신의 구글 계정에 로그인되어 있어야 구글 드라이브 사용이 가능하다. 에뮬레이터에서도 이 애플리케이션이 실행 가능하다. 그러나 에뮬레이터는 루팅된(흔히 얘기하는 탈옥된) 장치나 마찬가지이므로 여기서는 사용하지 않는 것이 좋다.)

기능적 측면에서 이 애플리케이션은 텍스트가 입력 및 편집되는 멀티라인 텍스트 뷰를 사용자에게 보여준다. 그리고 스토리지 기반의 텍스트 파일을 생성, 열기, 저장하는 버튼들도 함께 갖는다.

63.2 스토리지 액세스 프레임워크 예제 프로젝트 생성

안드로이드 스튜디오로 새 프로젝트를 생성하자. 안드로이드 스튜디오 메인 메뉴의 File ➡ New ➡ New Project...를 선택하거나 웰컴 스크린에서 Start a new Android Studio project를 선택한다.

Application name 필드에 StorageDemo를 입력하고, Company Domain 필드에는 ebookfrenzy.com을 입력한다. 안드로이드 장치 선택 화면에서는 폰과 태블릿(Phone and Tablet)만 선택하고, 최소 SDK 버전은 API 22: Android 5.1 (Lollipop)으로 선택한다. 액티비티 선택 화면에서는 Empty Activity를 선택한다. 그리고 마지막 대화상자에서 Activity Name에 StorageDemoActivity를 입력하고 자동으로 설정된 나머지 필드 값은 그대로 둔다. Finish 버튼을 눌러 프로젝트를 생성한다.

63.3 사용자 인터페이스 디자인하기

사용자 인터페이스는 세 개의 Button 뷰와 하나의 EditText 뷰로 구성한다. 편집기 위쪽의 activity_storage_demo.xml 탭을 클릭한 후 디자인 모드로 변경하자. 그리고 'Hello World!'를 보여주는 TextView 객체를 선택하고, 키보드의 Delete 키를 눌러 레이아웃에서 삭제하자.

그다음에는 자동 연결(Autoconnect)이 활성화된 상태에서(18장 참조) 팔레트의 Widgets 부류에 있는 Button을 마우스로 끌어서 레이아웃의 왼쪽 위 모서리로 이동시킨 후 왼쪽과 위쪽에 점선의 여백 지시선이 나타날 때 마우스 버튼을 놓는다. 그리고 속성 창의 text에 'New'를 입력하고 문자열 리소스로 추출한다(그림 3-16 참조). 그림 63-1을 참고하여 같은 요령으로 Button을 두 개 더 추가하고 문자열 리소스로 추출한다. 이때 두 번째 버튼의 text는 'Open', Resource name은 open_string으로 변경하고, 세 번째 버튼의 text는 'Save', Resource name은 save_string으로 변경한다. 그리고 팔레트의 Text 부류에 있는 Plain Text를 끌어서 수평으로 중앙에 위치하도록 가운데 버튼의 밑에 놓고 속성 창의 text 속성값을 지운다. 또한 ID를 fileText로 변경하고 레이아웃 편집기의 제약 추론 버튼( )을 클릭한다(18장 참조). 이렇게 하면 누락된 제약 연결이 있을 때 자동으로 추가된다.

끝으로, 각 버튼을 차례대로 클릭하면서 onClick 속성을 지정한다. New 버튼은 newFile, Open 버튼은 openFile, Save 버튼은 saveFile이다. 이번 장에서는 사용자 인터페이스가 중요하지 않으므로, 버튼들의 제약 연결이 그림 63-1과 다르게 생성되었더라도 개의치 말자.

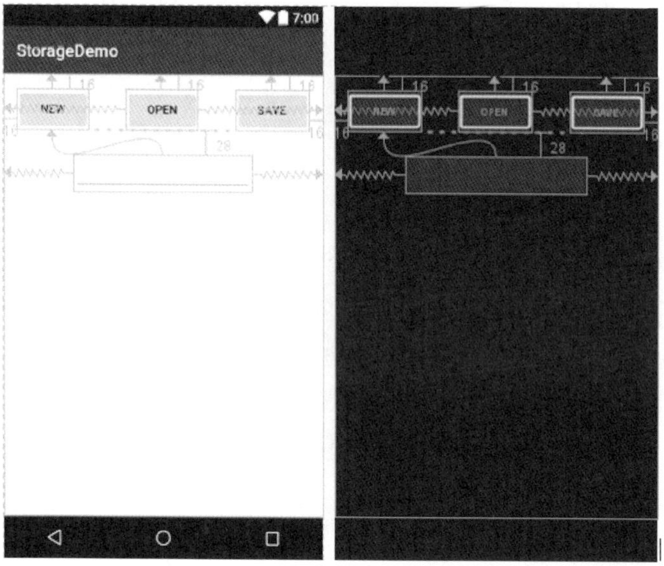

그림 63-1

63.4 요청 코드 선언하기

스토리지 액세스 프레임워크에서 파일을 처리할 때는 수행될 액션에 따라 우리가 다양한 인텐트를 요청하면 된다. 그러면 항상 프레임워크에서 스토리지 피커 사용자 인터페이스를 보여주므로 사용자는 스토리지 위치를 지정할 수 있다(예를 들어, 구글 드라이브의 디렉터리와 파일 이름). 그리고 인텐트의 작업이 완료되면 우리 애플리케이션의 onActivityResult( ) 메서드가 자동 호출된다.

하나의 액티비티에서는 여러 가지 인텐트를 요청할 수 있으며, 각 인텐트의 수행이 완료되면 그 액티비티에 구현한 같은 onActivityResult( ) 메서드가 자동 호출된다. 따라서 요청했던 인텐트가 어떤 것이었는지 확인하는 메커니즘이 필요하다. 바로 그런 목적으로 사용하는 것이 요청 코드(request code)다. 요청 코드는 인텐트를 요청할 때 전달한다.

그리고 인텐트의 수행이 완료되어 onActivityResult( ) 메서드가 자동 호출될 때 다시 인자로 전달된다. 어떤 액션의 인텐트를 요청했었는지 확인할 수 있게 하기 위해서다. 따라서 버튼의

onClick 이벤트 처리 메서드를 구현하기에 앞서 파일의 생성, 저장, 열기를 처리하기 위한 액션 요청 코드를 선언해야 한다.

편집기 창에 로드되어 있는 StorageDemoActivity.java 파일을 선택하자. 그리고 다음과 같이 코드를 추가하자. 여기서는 애플리케이션에서 수행될 세 가지 액션의 상숫값을 선언하며, 멀티라인 EditText 객체의 참조를 얻는 코드를 추가한다. 이 객체는 더 뒤에 나오는 메서드에서 사용할 것이다.

```
package com.ebookfrenzy.storagedemo;

import android.support.v7.app.AppCompatActivity;
import android.os.Bundle;
import android.widget.EditText;

public class StorageDemoActivity extends AppCompatActivity {

    private static EditText textView;

    private static final int CREATE_REQUEST_CODE = 40;
    private static final int OPEN_REQUEST_CODE = 41;
    private static final int SAVE_REQUEST_CODE = 42;

    @Override
    protected void onCreate(Bundle savedInstanceState) {
        super.onCreate(savedInstanceState);
        setContentView(R.layout.activity_storage_demo);

        textView = (EditText) findViewById(R.id.fileText);
    }
}
```

63.5 새로운 스토리지 파일 생성하기

New 버튼이 터치(클릭)되면 애플리케이션에서는 ACTION_CREATE_DOCUMENT 인텐트를 요청해야 한다. 이 인텐트는 텍스트 MIME 타입의 파일을 생성하기 위해 구성한다. 앞에서 사용자 인터페이스를 디자인할 때 New 버튼은 newFile( ) 메서드를 호출하도록 구성했었다. 이 메서드에서는 파일 생성에 적합한 인텐트를 론칭한다.

StorageDemoActivity.java 파일에 다음과 같이 newFile( ) 메서드를 추가하자. Intent와 View 클래스의 import 문도 같이 추가해야 한다.

```
package com.ebookfrenzy.storagedemo;

import android.app.Activity;
import android.support.v7.app.AppCompatActivity;
import android.os.Bundle;
import android.widget.EditText;
import android.content.Intent;
import android.view.View;

public class StorageDemoActivity extends AppCompatActivity {

    private static EditText textView;

    private static final int CREATE_REQUEST_CODE = 40;
    private static final int OPEN_REQUEST_CODE = 41;
    private static final int SAVE_REQUEST_CODE = 42;
.
.
.
    public void newFile(View view)
    {
        Intent intent = new Intent(Intent.ACTION_CREATE_DOCUMENT);

        intent.addCategory(Intent.CATEGORY_OPENABLE);
        intent.setType("text/plain");
        intent.putExtra(Intent.EXTRA_TITLE, "newfile.txt");

        startActivityForResult(intent, CREATE_REQUEST_CODE);
    }
}
```

여기서는 새로운 ACTION_CREATE_DOCUMENT 인텐트 객체를 생성한다. 그리고 파일 디스크립터로 열 수 있는 파일들만 반환하도록 인텐트를 구성한다(Intent.CATEGORY_OPENABLE 카테고리를 설정).

그다음에 열고자 하는 파일을 텍스트 MIME 타입(text/plain)으로 지정하고 임시 파일명도 지정한다. 이 파일명은 피커 사용자 인터페이스에서 사용자가 변경할 수 있다. 끝으로, 인텐트를 시작시킨다. 이때 앞에서 선언했던 요청 코드의 상수인 CREATE_REQUEST_CODE를 인자로 전달한다.

이 메서드가 실행되고 지정된 작업을 인텐트가 완료하면 우리 애플리케이션의 onActivityResult( ) 메서드가 호출된다. 이때 새로 생성된 문서의 Uri와 요청 코드가 인자로 전달된다. 이 요청 코드는 인텐트를 시작시킬 때 startActivityForResult( ) 메서드 인자로 전달했던 코드다.

63.6 onActivityResult( ) 메서드

onActivityResult( ) 메서드는 애플리케이션이 실행되는 동안 요청되는 모든 인텐트에서 공유한다(인텐트의 실행이 끝나고 복귀할 때 항상 이 메서드가 자동 호출된다). 그리고 이 메서드가 자동 호출될 때마다 요청 코드, 결과 코드, 스토리지 파일의 Uri를 포함하는 결과 데이터가 인자로 전달된다. 이 메서드는 다음과 같은 작업을 하도록 구현해야 한다. 즉, 인텐트 액션이 성공적으로 수행되었는지의 여부를 검사한 후 수행된 액션의 타입을 확인하고 결과 데이터에서 파일의 Uri를 추출한다. 그러나 여기서는 선택된 문서 제공자의 새로운 파일 생성만 처리하면 된다. 다음의 메서드를 StorageDemoActivity.java 파일에 추가하자.

```
public void onActivityResult(int requestCode, int resultCode,
        Intent resultData) {

    if (resultCode == Activity.RESULT_OK)
    {
        if (requestCode == CREATE_REQUEST_CODE)
        {
            if (resultData != null) {
                textView.setText("");
            }
        }
    }

}
```

이 메서드 코드는 매우 간단하다. 인텐트 요청으로 실행된 액티비티의 실행 결과를 검사하고, 성공적이라면 사용자가 새로운 파일을 생성하는지 확인하기 위해 요청 코드를 CREATE_REQUEST_CODE 값과 비교한다. 그리고 그 값이 일치하면 새 파일의 생성을 나타내기 위해 EditText 뷰의 기존 텍스트를 지운다.

그러면 실제 장치에서 애플리케이션을 실행하고 New 버튼을 클릭해보자. 스토리지 액세스 프레임워크가 저장(Save to) 피커 사용자 인터페이스를 보여줄 것이다(에뮬레이터에서는 최근 항목과 다운로드만 나타나고 구글 드라이브는 나타나지 않는다). 그림 63-2에서는 삼성 갤럭시 S6 엣지에서 실행한 화면을 보여준다.

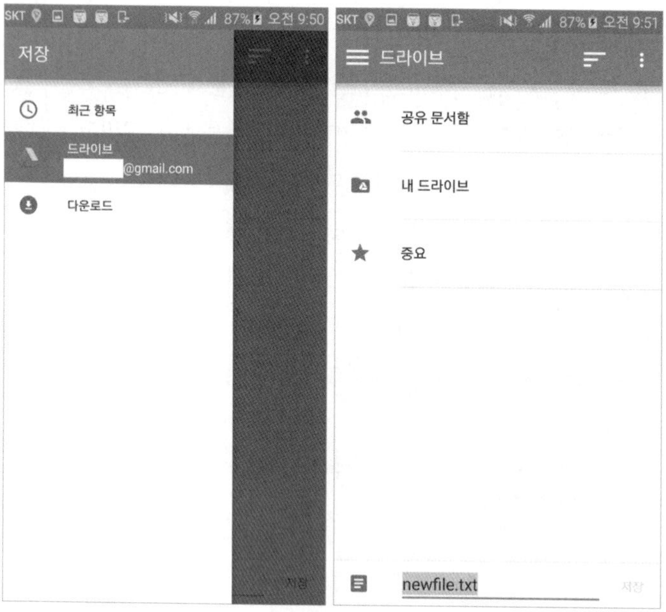

그림 63-2

왼쪽의 메뉴에서 드라이브(Drive) ➡ 내 드라이브(My Drive)를 선택하고 새 파일을 저장할 각자의 구글 드라이브 스토리지 위치로 이동한다(에뮬레이터에서는 다운로드 영역에 저장한다). 그리고 피커 사용자 인터페이스의 밑에 있는 텍스트 필드에서 'newfile.txt'로 된 파일명을 다른 적합한 이름으로 변경한 후 저장(Save) 옵션을 선택한다(.txt 확장자는 그대로 둔다).

새로운 파일이 생성되면 우리 애플리케이션의 메인 액티비티로 제어가 복귀되고 파일을 업로드했다는 알림 메시지가 전송된다. 화면 위의 상태 바를 끌어 내리면 그림 63-3과 같은 알림 메시지를 볼 수 있다.

그림 63-3

이때 브라우저를 실행시키고 각자의 구글 드라이브 계정으로 로그인하면 우리가 요청했던 위치에서 새로 생성된 파일을 찾을 수 있다(파일이 없는 경우는 애플리케이션이 실행 중인 안드로이드 장치가 인터넷 연결이 가능한지 확인한다). 대부분의 안드로이드 장치에 기본적으로 설치되는 구글 드라이브 앱을 실행하면 우리 애플리케이션에서 생성한 구글 드라이브 파일을 확인할 수 있다(구글 드라이브 앱은 구글 플레이 스토어에서 구할 수 있다).

63.7 스토리지 파일에 데이터 저장하기

이제는 새로운 스토리지 기반 파일을 생성할 수 있으므로 다음은 사용자가 입력한 텍스트를 그 파일에 저장할 수 있게 할 것이다. 우리 액티비티의 사용자 인터페이스 레이아웃에는 사용자가 Save 버튼을 클릭할 때 saveFile() 메서드가 호출되게 구성되어 있다. 이 메서드에서는 ACTION_OPEN_DOCUMENT 타입의 새로운 인텐트를 시작시킬 것이다. 이 액션 타입의 인텐트가 시작되면 텍스트가 저장될 파일을 사용자가 선택할 수 있게 피커 사용자 인터페이스가 나타난다. 여기서는 텍스트 파일만을 사용할 것이다. 따라서 text/plain MIME 타입과 일치하는 파일들만 사용자가 선택할 수 있게 인텐트를 구성해야 한다. 다음의 saveFile() 메서드를 StorageDemoActivity.java 파일에 추가하자.

```
public void saveFile(View view)
{
    Intent intent = new Intent(Intent.ACTION_OPEN_DOCUMENT);
    intent.addCategory(Intent.CATEGORY_OPENABLE);
    intent.setType("text/plain");

    startActivityForResult(intent, SAVE_REQUEST_CODE);
}
```

여기서 요청 코드로 SAVE_REQUEST_CODE가 인텐트에 전달되었으므로 onActivityResult() 메서드에는 저장(save) 액션을 처리하기 위한 코드가 다음과 같이 추가되어야 한다.

```
package com.ebookfrenzy.storagedemo;

import android.app.Activity;
import android.support.v7.app.AppCompatActivity;
import android.os.Bundle;
import android.widget.EditText;
import android.content.Intent;
import android.view.View;
import android.net.Uri;

public class StorageDemoActivity extends AppCompatActivity {
.
.
    public void onActivityResult(int requestCode, int resultCode,
            Intent resultData) {

        Uri currentUri = null;

        if (resultCode == Activity.RESULT_OK)
```

```
        {
            if (requestCode == CREATE_REQUEST_CODE)
            {
                    if (resultData != null) {
                        textView.setText("");
                    }
            } else if (requestCode == SAVE_REQUEST_CODE) {

                if (resultData != null) {
                    currentUri = resultData.getData();
                    writeFileContent(currentUri);
                }
            }
        }
    }
}
```

여기서는 저장 요청 코드인 SAVE_REQUEST_CODE를 확인한다. 그리고 스토리지 피커 사용자 인터페이스에서 사용자가 선택한 파일의 Uri를 추출한 후 writeFileContent( ) 메서드를 호출한다. 이때 텍스트가 저장될 파일의 Uri를 인자로 전달한다. 다음과 같이 writeFileContent( ) 메서드를 StorageDemoActivity.java 파일에 추가하자.

```
package com.ebookfrenzy.storagedemo;

import java.io.FileNotFoundException;
import java.io.FileOutputStream;
import java.io.IOException;

import android.app.Activity;
import android.support.v7.app.AppCompatActivity;
import android.os.Bundle;
import android.widget.EditText;
import android.content.Intent;
import android.view.View;
import android.net.Uri;
import android.os.ParcelFileDescriptor;

public class StorageDemoActivity extends AppCompatActivity {
.
.
    private void writeFileContent(Uri uri)
    {
        try{
            ParcelFileDescriptor pfd =
                this.getContentResolver().
                        openFileDescriptor(uri, "w");
```

```
            FileOutputStream fileOutputStream =
                        new FileOutputStream(pfd.getFileDescriptor());

            String textContent =
                textView.getText().toString();

            fileOutputStream.write(textContent.getBytes());

            fileOutputStream.close();
            pfd.close();
        } catch (FileNotFoundException e) {
            e.printStackTrace();
        } catch (IOException e) {
            e.printStackTrace();
        }
    }
.
.
}
```

이 코드에서는 사용자가 선택한 파일의 Uri에서 파일 디스크립터를 추출한다. 이때 쓰기('w') 모드로 파일 디스크립터를 연다. 그리고 그 파일 디스크립터를 사용해서 파일의 OutputStream 객체 참조를 얻는다. 사용자가 입력한 텍스트는 EditText 객체에서 추출하여 OutputStream에 쓴 후 파일 디스크립터와 OutputStream을 닫는다. 또한, 파일에 쓰는 도중 생길 수 있는 IOexception 예외를 처리하는 코드도 추가되었다.

이 메서드를 추가한 후 애플리케이션을 실행시키고 텍스트 영역에 텍스트를 입력 후 Save 버튼을 클릭해보자. 그리고 피커 사용자 인터페이스에서 이전에 생성했던 구글 드라이브 스토리지의 파일을 찾아 선택하면 조금 전에 입력했던 텍스트가 저장될 것이다. 그다음에 앞에서 실행했던 브라우저 창의 구글 드라이브 계정으로 돌아가서 그 텍스트 파일을 선택하자. 우리 애플리케이션에서 입력한 텍스트가 그 파일에 포함되어 있을 것이다.

63.8 스토리지 파일을 열고 읽기

텍스트 파일을 생성하고 저장하는 코드를 작성하였으므로 이제는 스토리지의 파일을 열고 읽는 기능을 추가하는 것만 남았다. 이때는 Open 버튼을 클릭할 때 호출되는 openFile( ) 메서드에서 ACTION_OPEN_DOCUMENT 인텐트를 시작시키면 된다. 다음과 같이 메서드를 추가하자.

```
public void openFile(View view)
{
    Intent intent = new Intent(Intent.ACTION_OPEN_DOCUMENT);
    intent.addCategory(Intent.CATEGORY_OPENABLE);
    intent.setType("text/plain");
    startActivityForResult(intent, OPEN_REQUEST_CODE);
}
```

이 코드에서는 애플리케이션에서 열 수 있는 파일들만 선별하도록 인텐트를 구성한다. 이때 인텐트를 요청하면서 열기 요청 코드 상수인 OPEN_REQUEST_CODE를 인자로 전달한다. 따라서 이 요청 코드를 onActivityResult( ) 메서드에서 추가로 처리해야 한다.

```
public void onActivityResult(int requestCode, int resultCode,
    Intent resultData) {

    Uri currentUri = null;

    if (resultCode == Activity.RESULT_OK)
    {

        if (requestCode == CREATE_REQUEST_CODE)
        {
                if (resultData != null) {
                        textView.setText("");
                }
        } else if (requestCode == SAVE_REQUEST_CODE) {

            if (resultData != null) {
                currentUri = resultData.getData();
                writeFileContent(currentUri);
            }
        } else if (requestCode == OPEN_REQUEST_CODE) {

            if (resultData != null) {
                currentUri = resultData.getData();

                try {
                    String content =
                            readFileContent(currentUri);
                            textView.setText(content);
                } catch (IOException e) {
                        // 에러 처리 코드
                }
            }
        }
    }
}
```

방금 추가한 코드에서는 다음을 수행한다. 즉, 피커 사용자 인터페이스에서 사용자가 선택한 파일의 Uri를 얻은 후 readFileContent() 메서드의 인자로 전달하여 호출한다. 이 메서드는 선택된 파일의 데이터를 읽어서 String 객체 형태로 반환한다. 그리고 반환된 문자열을 EditText 뷰의 text 속성에 지정한다. 다음으로, readFileContent() 메서드를 추가하자.

```
package com.ebookfrenzy.storagedemo;

import java.io.FileNotFoundException;
import java.io.FileOutputStream;
import java.io.IOException;
import java.io.BufferedReader;
import java.io.InputStream;
import java.io.InputStreamReader;

import android.app.Activity;
import android.support.v7.app.AppCompatActivity;
import android.os.Bundle;
import android.widget.EditText;
import android.content.Intent;
import android.view.View;
import android.net.Uri;
import android.os.ParcelFileDescriptor;

public class StorageDemoActivity extends AppCompatActivity {
.
.
.
    private String readFileContent(Uri uri) throws IOException {

        InputStream inputStream =
                    getContentResolver().openInputStream(uri);
        BufferedReader reader =
            new BufferedReader(new InputStreamReader(
                        inputStream));
        StringBuilder stringBuilder = new StringBuilder();
        String currentline;
        while ((currentline = reader.readLine()) != null) {
                stringBuilder.append(currentline + "\n");
        }
        inputStream.close();
        return stringBuilder.toString();
    }
.
.
}
```

이 메서드에서는 선택된 텍스트 파일의 파일 디스크립터를 추출하고 파일의 내용을 읽기 위해 그것을 연다. 그다음에 인자로 전달된 Uri와 연관된 InputStream 객체를 생성하고 그것을 BufferedReader 인스턴스의 입력 소스로 사용한다. 그리고 파일의 각 라인을 읽어서 StringBuilder 객체에 저장한다. 모든 라인의 텍스트를 다 읽으면 InputStream과 파일 디스크립터 모두를 닫은 후 파일의 내용을 String 객체로 반환한다.

63.9 스토리지 액세스 애플리케이션 테스트하기

애플리케이션의 모든 코드 작성이 다 끝났으므로 이제는 테스트할 준비가 되었다. 실제 장치에서 애플리케이션을 론칭하고 New 버튼을 터치해보자. 그다음에 나타나는 피커 사용자 인터페이스에서 구글 드라이브 위치를 선택하고 텍스트 파일의 이름을 storagedemo.txt로 입력한다. 그리고 파일 이름 필드의 오른쪽에 있는 **저장** 버튼을 터치하자.

우리 애플리케이션으로 제어가 돌아오면 아무 텍스트나 텍스트 영역에 입력해보자. 그리고 Save 버튼을 누른다. 그다음에 피커 사용자 인터페이스에서 저장된 storagedemo.txt 파일을 선택하면 다시 애플리케이션으로 제어가 돌아오면서 그 내용을 보여준다. 그 텍스트를 지우고 Open 버튼을 터치한다. 그리고 피커 사용자 인터페이스에서 다시 한 번 storagedemo.txt 파일을 선택하자. 그러면 애플리케이션으로 제어가 돌아오고 텍스트 파일의 내용이 EditText 뷰에 나타날 것이다.

안드로이드 장치나 에뮬레이터가 실행되는 컴퓨터가 인터넷 연결이 안 될 때는 스토리지 액세스 프레임워크가 스토리지 파일을 로컬(장치 또는 컴퓨터)로 캐싱한다는 것에 유의하자. 그러나 다시 연결이 되면 캐싱되었던 데이터가 원격 스토리지 서비스와 동기화된다.

이 애플리케이션을 삼성 갤럭시 S6 엣지에서 실행한 화면의 예를 보면 다음과 같다.

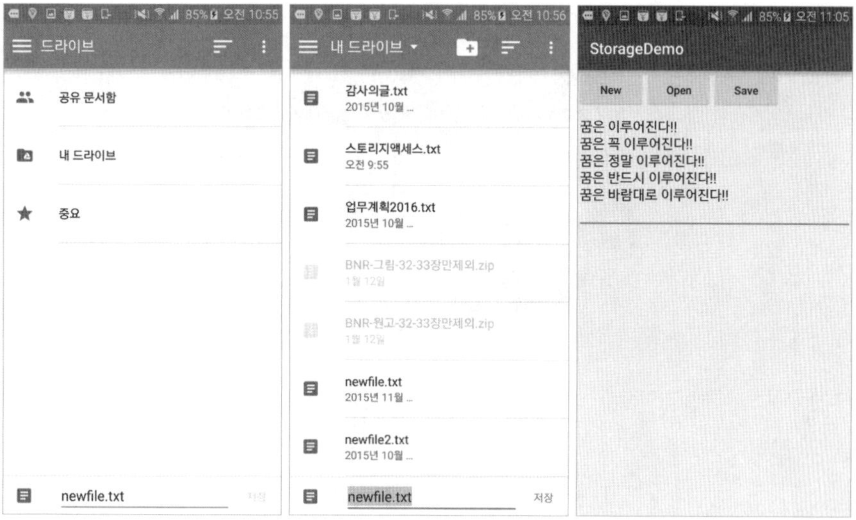

그림 63-4

63.10 요약

이번 장에서는 안드로이드 스토리지 액세스 프레임워크를 사용해서 클라우드 기반의 스토리지에 파일을 열고, 생성하고, 저장하는 애플리케이션을 만들어보았다.

비디오 재생 구현하기

스마트폰과 태블릿의 주 용도 중 하나는 콘텐트 액세스와 소비다. 그리고 널리 사용되는 콘텐트의 주된 형태는 비디오(video)일 것이다. 특히, 태블릿의 경우가 그렇다.

안드로이드 SDK에 포함된 VideoView와 MediaController 클래스를 사용하면 애플리케이션을 개발할 때 안드로이드 장치의 비디오 재생을 쉽게 구현할 수 있다. 이번 장에서는 그 클래스들의 개요를 알아본 후 간단한 비디오 재생 애플리케이션을 만들어볼 것이다.

64.1 안드로이드 VideoView 클래스 개요

안드로이드 애플리케이션에서 비디오를 보여주는 가장 간단한 방법은 VideoView 클래스를 사용하는 것이다. 이것은 시각적인 컴포넌트다. 따라서 액티비티의 레이아웃에 이 컴포넌트를 추가하면 비디오를 재생해서 보여줄 수 있다. 현재 안드로이드에서는 다음의 비디오 포맷을 제공한다.

- H.263
- H.264 AVC
- H.265 HEVC
- MPEG-4 SP

- VP8
- VP9

VideoView 클래스는 비디오 재생을 하기 위해 호출될 수 있는 다양한 종류의 메서드를 갖고 있다. 그중에서 가장 흔히 사용되는 메서드들은 다음과 같다.

- **setVideoPath(String path)** — 재생될 비디오 미디어의 경로를 문자열로 지정한다. 이 경로는 원격 비디오 파일의 URL 또는 장치의 로컬 비디오 파일이 될 수 있다.
- **setVideoUri(Uri uri)** — setVideoPath( ) 메서드와 같은 일을 수행하지만, 문자열 대신 Uri 객체를 인자로 받는다.
- **start( )** — 비디오 재생을 시작한다.
- **stopPlayback( )** — 비디오 재생을 중단한다.
- **pause( )** — 비디오 재생을 일시 중지한다.
- **isPlaying( )** — 비디오가 현재 재생 중인지 여부를 boolean 값으로 반환한다.
- **setOnPreparedListener(MediaPlayer.OnPreparedListener)** — 비디오 재생 준비가 될 때 콜백 메서드가 호출될 수 있게 해준다.
- **setOnErrorListener(MediaPlayer.OnErrorListener)** — 비디오 재생 중에 에러가 발생할 때 콜백 메서드가 호출될 수 있게 해준다.
- **setOnCompletionListener(MediaPlayer.OnCompletionListener)** — 비디오의 끝에 도달하면 콜백 메서드가 호출될 수 있게 해준다.
- **getDuration( )** — 비디오의 재생 시간을 반환한다. OnPreparedListener( ) 콜백 메서드에서 호출되지 않을 때는 -1을 반환한다. 비디오 재생 준비가 되지 않은 상태에서는 재생 소요 시간을 알 수 없기 때문이다.
- **getCurrentPosition( )** — 현재의 재생 위치를 나타내는 정숫값을 반환한다.
- **setMediaController(MediaController)** — 비디오 재생 컨트롤들을 사용자가 볼 수 있게 해주는 MediaController 인스턴스를 지정한다.

64.2 안드로이드 MediaController 클래스 개요

VideoView 클래스만 사용해서 비디오를 재생하면 사용자는 재생을 제어할 수 없으므로 비디오의 끝에 도달할 때까지 재생이 계속된다. 이때 VideoView 인스턴스에 MediaController 클래스 인스턴스를 첨부하면 그 문제가 해결될 수 있다. 그러면 사용자가 재생을 관리할 수 있는 MediaController가 컨트롤들을 제공한다(예를 들어, 비디오 재생 중지나 앞뒤로 프레임을 찾음).

사용자 인터페이스 레이아웃의 특정 뷰에 컨트롤러 인스턴스를 고정하면 재생 컨트롤들의 위치를 지정할 수 있다. 그리고 일단 뷰에 첨부되어 고정되면 컨트롤들은 재생이 시작될 때 잠시만 화면에 나타났다가 사라진다. 이후로는 컨트롤러 인스턴스가 고정된 뷰를 사용자가 톡 치면 언제든지 다시 나타난다(에뮬레이터에서는 마우스 왼쪽 버튼을 클릭).

MediaController 클래스의 주요 메서드는 다음과 같다.

- **setAnchorView(View view)** — 컨트롤러가 고정될 뷰를 지정하며, 화면상의 컨트롤 위치를 제어한다.
- **show( )** — 컨트롤들을 보여준다.
- **show(int timeout)** — 1/1000초 단위로 지정된 시간 동안 컨트롤들을 보여준다.
- **hide( )** — 사용자에게 보이지 않게 컨트롤러를 숨긴다.
- **isShowing( )** — 컨트롤들이 현재 사용자에게 보이는지 여부를 boolean 값으로 반환한다.

64.3 비디오 재생 테스트 관련 사항

안드로이드 AVD 에뮬레이터에서 비디오 재생을 테스트할 때는 처리 속도가 느려서 매끄럽게 재생되지 않을 것이다. 따라서 가급적 실제 장치에 애플리케이션을 설치하고 테스트하는 게 좋다.

64.4 비디오 재생 예제 프로젝트 생성하기

이번 장의 나머지에서는 VideoView와 MediaController 클래스를 사용해서 웹 기반의 MPEG-4 비디오 파일을 재생하는 예제 애플리케이션을 만들 것이다.

안드로이드 스튜디오로 새 프로젝트를 생성하자. 안드로이드 스튜디오 메인 메뉴의 File ➡ New ➡ New Project...를 선택하거나 웰컴 스크린에서 Start a new Android Studio project를 선택한다.

Application name 필드에 VideoPlayer를 입력하고, Company Domain 필드에는 ebookfrenzy.com을 입력한다. 안드로이드 장치 선택 화면에서는 **폰과 태블릿**(Phone and Tablet)만 선택하고,

최소 SDK 버전은 API 22: Android 5.1 (Lollipop)으로 선택한다. 액티비티 선택 화면에서는 Empty Activity를 선택한다. 그리고 마지막 대화상자에서 Activity Name에 VideoPlayerActivity를 입력하고 자동으로 설정된 나머지 필드 값은 그대로 둔다. Finish 버튼을 눌러 프로젝트를 생성한다.

64.5 VideoPlayer 애플리케이션의 레이아웃 디자인하기

메인 액티비티의 사용자 인터페이스는 간단하게 VideoView 클래스 인스턴스만으로 구성된다. 레이아웃 편집기 창에 로드된 activity_video_player.xml 레이아웃 리소스 파일을 선택하고 디자인 모드로 변경하자. 그리고 'Hello World!'를 보여주는 TextView 객체를 선택하고, 키보드의 Delete 키를 눌러 레이아웃에서 삭제하자.

자동 연결(Autoconnect)이 활성화된 상태에서(18장 참조) 팔레트의 Images 부류에 있는 VideoView를 마우스로 끌어서 레이아웃의 중앙에 놓으면(수평과 수직의 점선이 교차되는 지점) 그림 64-1처럼 레이아웃 전체를 채우게 된다.

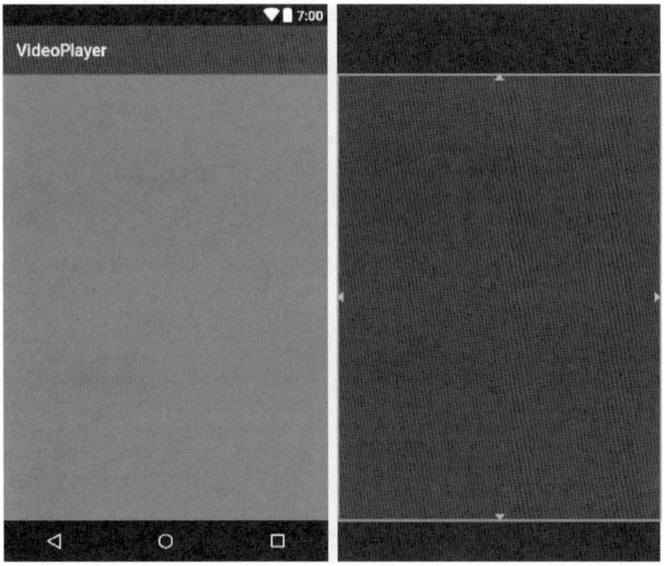

그림 64-1

그리고 속성 창에서 VideoView의 ID를 videoView1로 변경하고 layout_width와 layout_height 속성을 match_constraint로 변경한다.

64.6 VideoView 구성하기

다음은 재생될 비디오의 경로를 갖도록 VideoView를 구성한 후 재생을 시작시킬 것이다. 이런 작업은 메인 액티비티가 시작될 때 OnCreate( ) 메서드에서 수행할 것이다. 편집기에 로드된 VideoPlayerActivity.java 파일을 다음과 같이 변경하자.

```
package com.ebookfrenzy.videoplayer;

import android.support.v7.app.AppCompatActivity;
import android.os.Bundle;
import android.widget.VideoView;

public class VideoPlayerActivity extends AppCompatActivity {

    @Override
    protected void onCreate(Bundle savedInstanceState) {
        super.onCreate(savedInstanceState);
        setContentView(R.layout.activity_video_player);

        final VideoView videoView =
                (VideoView) findViewById(R.id.videoView1);

        videoView.setVideoPath(
                "http://www.ebookfrenzy.com/android_book/movie.mp4");

        videoView.start();
    }
}
```

여기서는 레이아웃의 VideoView 인스턴스 참조를 얻은 후 지정된 웹사이트의 MPEG-4 파일을 가리키도록 비디오 경로를 설정한다. 그리고 비디오 재생을 시작시킨다.

64.7 인터넷 퍼미션 추가하기

이 시점에서 애플리케이션을 실행하려고 하면 론칭에 실패한다. 그리고 '동영상을 재생할 수 없습니다.' 또는 '재생할 수 없는 동영상입니다.'라는 메시지를 나타내는 에러 대화상자가 나타날 것이다. 이것은 코드에 에러가 있거나 또는 비디오 파일 포맷이 잘못되어 그런 것이 아니다. 애플리케이션에서 인터넷을 통해 파일을 액세스하려고 했지만, 그런 일을 하기 위한 퍼미션을 요청하는 데 실패했기 때문이다. 따라서 이런 문제를 해결하려면 프로젝트의 매니페스트 파일에 관련 퍼미션을 등록해야 한다. 프로젝트 도구 창에서 app ➡ manifests 밑에 있는

AndroidManifest.xml 파일을 더블 클릭하여 편집기 창으로 로드하고 다음의 한 라인을 추가하자.

```
<?xml version="1.0" encoding="utf-8"?>
<manifest xmlns:android="http://schemas.android.com/apk/res/android"
    package="com.ebookfrenzy.videoplayer" >

    <uses-permission android:name="android.permission.INTERNET" />

    <application
        android:allowBackup="true"
        android:icon="@mipmap/ic_launcher"
        android:label="@string/app_name"
        android:roundIcon="@mipmap/ic_launcher_round"
        android:supportsRtl="true"
        android:theme="@style/AppTheme" >
.
.
</manifest>
```

실제 장치나 에뮬레이터 애플리케이션을 실행시키고 장치를 세로 방향으로 회전시키자(에뮬레이터에서는 회전 툴바(◇)를 클릭). 론칭이 된 후 비디오 콘텐트를 버퍼에 넣느라 시간이 조금 경과된 후 재생이 시작될 것이다. 그림 64-2에서는 에뮬레이터에서 실행하는 화면을 보여준다.

그림 64-2

지금까지 했던 것을 보면 알겠지만, 안드로이드 애플리케이션에 비디오 재생 기능을 추가하는 것은 매우 쉽다. VideoView 인스턴스와 세 라인의 코드만 사용했을 뿐이다.

64.8 MediaController를 VideoView에 추가하기

현재 VideoPlayer 애플리케이션에서는 사용자가 재생을 제어할 수 있는 방법이 없다. 그러나 앞에서 이야기했듯이 MediaController 클래스를 사용하면 제어가 가능하다.

VideoView에 컨트롤러를 추가하기 위해서 다음과 같이 onCreate( ) 메서드를 변경하자.

```
package com.ebookfrenzy.videoplayer;

import android.support.v7.app.AppCompatActivity;
import android.os.Bundle;
import android.widget.VideoView;
import android.widget.MediaController;

public class VideoPlayerActivity extends AppCompatActivity {

    @Override
    protected void onCreate(Bundle savedInstanceState) {
        super.onCreate(savedInstanceState);
        setContentView(R.layout.activity_video_player);

        final VideoView videoView = (VideoView)
                          findViewById(R.id.videoView1);

        videoView.setVideoPath(
                "http://www.ebookfrenzy.com/android_book/movie.mp4");

        MediaController mediaController = new
            MediaController(this);
        mediaController.setAnchorView(videoView);
        videoView.setMediaController(mediaController);

        videoView.start();
    }
}
```

이처럼 코드가 변경된 상태에서 애플리케이션을 론칭하면 재생이 시작되고 수 초 동안 미디어 컨트롤들이 나타날 것이다. 이 컨트롤에는 시크바(seekbar), 볼륨 컨트롤, 재생/일시 중지 버튼이 포함된다. 그리고 컨트롤이 뷰에서 사라진 후에도 사용자가 VideoView 화면을 톡 치면 다시 나타난다(에뮬레이터에서는 왼쪽 마우스 버튼 클릭). 불과 세 라인의 코드만 더 추가했지만, 우리 애플리케이션에서는 그림 64-3처럼 미디어 컨트롤을 갖게 되었다(밑에 타원으로 표시하였음). 따라서 비디오를 자유롭게 재생 또는 중지할 수 있다.

그림 64-3

64.9 onPreparedListener 설정하기

비디오 기반의 미디어와 함께 동작하는 코드의 마지막 예로 여기서는 onCreate( ) 메서드에 리스너를 구성하는 방법을 보여줄 것이다. 다음 코드에서는 onPreparedListener 리스너를 구현하여 안드로이드 스튜디오의 로그캣(LogCat) 패널 메시지로 비디오 재생 시간을 출력한다.

```
package com.ebookfrenzy.videoplayer;

import android.support.v7.app.AppCompatActivity;
import android.os.Bundle;
import android.widget.VideoView;
import android.widget.MediaController;
import android.util.Log;
import android.media.MediaPlayer;

public class VideoPlayerActivity extends AppCompatActivity {

    String TAG = "VideoPlayer";

    @Override
    protected void onCreate(Bundle savedInstanceState) {
        super.onCreate(savedInstanceState);
        setContentView(R.layout.activity_video_player);

        final VideoView videoView =
                (VideoView) findViewById(R.id.videoView1);

        videoView.setVideoPath(
                "http://www.ebookfrenzy.com/android_book/movie.mp4");

        MediaController mediaController = new
                MediaController(this);
```

```
        mediaController.setAnchorView(videoView);
        videoView.setMediaController(mediaController);

        videoView.setOnPreparedListener(new
              MediaPlayer.OnPreparedListener()  {
                    @Override
                    public void onPrepared(MediaPlayer mp) {
                        Log.i(TAG, "Duration = " +
                            videoView.getDuration());
                    }
        });

        videoView.start();

    }
}
```

애플리케이션을 다시 실행한 후 Logcat 도구 창을 열고 오른쪽 위의 검색 상자에 'Duration =' 을 입력하면 다음 메시지를 볼 수 있다.

```
05-05 21:50:49.007 4711-4711/com.ebookfrenzy.videoplayer I/VideoPlayer:
Duration = 6874
```

64.10 요약

태블릿 기반의 안드로이드 장치는 사용자에게 콘텐트를 보여주는 데 적합한 플랫폼이다. 특히, 비디오 미디어의 경우가 그렇다. 이번 장에서 설명했듯이, 안드로이드 SDK에서는 VideoView와 MediaController 클래스를 제공한다. 그리고 이 클래스들을 결합하여 안드로이드 애플리케이션에 비디오 재생 기능을 빠르고 쉽게 통합할 수 있다. 불과 몇 라인의 자바 코드면 족하다.

카메라 인텐트를 사용한 비디오 녹화와 이미지 캡처

대부분의 안드로이드 장치들은 최소한 하나의 카메라를 장착하고 있다. 그리고 내장된 카메라로 안드로이드 애플리케이션에서 비디오를 녹화하는 방법은 여러 가지가 있다. 그러나 현재 가장 쉬운 방법은 안드로이드 운영체제에 포함된 카메라 인텐트를 사용하는 것이다. 이 경우 안드로이드 비디오 녹화 인터페이스를 애플리케이션에서 호출하면 된다. 그리고 사용자가 녹화를 끝내면 녹화된 비디오를 포함하는 미디어 파일의 참조를 인텐트가 전달하면서 제어가 애플리케이션으로 돌아온다.

이번 장에서 보여주겠지만, 그 방법을 사용하면 불과 몇 라인의 코드만 애플리케이션에 추가하여 비디오 녹화를 할 수 있다.

65.1 카메라 지원 여부 확인하기

안드로이드 장치의 카메라를 액세스할 때는 카메라 하드웨어가 있는지 코드에서 미리 확인해야 한다. 모든 안드로이드 장치에 카메라가 있는 것은 아니므로 이것은 특히 중요하다.

카메라의 유무는 PackageManager.hasSystemFeature( ) 메서드를 호출하여 확인할 수 있다. 또한, 전면 카메라의 유무 확인을 할 때는 PackageManager.FEATURE_CAMERA_FRONT 상수를 메서드 인자로 전달한다. 그리고 이런 처리는 다음의 메서드로 캡슐화할 수 있다.

```
private boolean hasCamera() {
    return (getPackageManager().hasSystemFeature(
            PackageManager.FEATURE_CAMERA_FRONT))
}
```

이와 유사하게 후면 카메라의 유무는 PackageManager.FEATURE_CAMERA 상수를 사용해서 확인할 수 있다. 또한, 종류를 불문하고 장치에 카메라가 있는지 여부만을 확인할 때는 PackageManager.FEATURE_CAMERA_ANY 상수를 사용한다.

65.2 비디오 캡처 인텐트 호출하기

비디오 캡처 인텐트를 사용하려면 인텐트를 요청하는 코드와 인텐트의 반환 결과를 처리하는 메서드를 구현해야 한다. 안드로이드에 내장된 비디오 녹화 인텐트는 MediaStore.ACTION_VIDEO_CAPTURE 액션 타입으로 나타내며, 다음과 같이 론칭할 수 있다.

```
private static final int VIDEO_CAPTURE = 101;

Intent intent = new Intent(MediaStore.ACTION_VIDEO_CAPTURE);
startActivityForResult(intent, VIDEO_CAPTURE);
```

이 방법으로 인텐트를 호출하면 장치나 에뮬레이터에 디폴트 위치와 파일명으로 저장된다.

사용자가 비디오 녹화를 완료 또는 취소하면 인텐트를 호출한 액티비티의 **onActivityResult( )** 메서드가 자동 호출된다. 이 메서드에서는 다음 작업을 처리해야 한다. 우선, 인자로 전달된 요청 코드가 인텐트를 요청했을 때 전달했던 것과 일치하는지 확인한다. 그리고 비디오 녹화가 정상적으로 완료되었는지를 결과 코드로 확인한 후 비디오 미디어 파일의 경로를 추출한다. 바로 위 코드의 인텐트 실행 결과를 처리하는 **onActivityResult( )** 메서드 코드는 다음과 같다.

```
protected void onActivityResult(int requestCode, int resultCode, Intent data) {
    Uri videoUri = data.getData();

    if (requestCode == VIDEO_CAPTURE) {
        if (resultCode == RESULT_OK) {
            Toast.makeText(this, "Video saved to:\n" +
                    videoUri, Toast.LENGTH_LONG).show();
        } else if (resultCode == RESULT_CANCELED) {
            Toast.makeText(this, "Video recording cancelled.",
                    Toast.LENGTH_LONG).show();
```

```
        } else {
            Toast.makeText(this, "Failed to record video",
                    Toast.LENGTH_LONG).show();
        }
    }
}
```

이 코드에서는 비디오를 녹화하는 인텐트가 정상적으로 완료되었는지의 여부를 나타내기 위해 간단한 토스트 메시지를 보여준다. 정상적으로 녹화되었을 경우는 저장된 비디오 파일의 경로를 보여준다.

그림 65-1처럼 비디오 캡처 인텐트가 론칭되면 사용자가 비디오를 녹화할 수 있다.

그림 65-1

65.3 이미지 캡처 인텐트 호출하기

비디오 캡처 인텐트에 추가하여 내장된 카메라로 정지 사진을 찍게 설계된 인텐트도 안드로이드에 포함되어 있다. 이 인텐트는 MediaStore.ACTION_IMAGE_CAPTURE 액션으로 론칭한다.

```
private static final int IMAGE_CAPTURE = 102;

Intent intent = new Intent(MediaStore.ACTION_IMAGE_CAPTURE);
startActivityForResult(intent, IMAGE_CAPTURE);
```

비디오 캡처 인텐트와 마찬가지로 이 인텐트도 이미지가 저장될 위치와 파일명을 전달받을 수 있다. 또는 디폴트 위치와 파일명을 사용할 수도 있다.

65.4 안드로이드 스튜디오 비디오 녹화 프로젝트 생성하기

이번 장의 나머지에서는 비디오 캡처 인텐트의 사용법을 보여주는 간단한 애플리케이션을 생성할 것이다. 이 애플리케이션은 하나의 버튼으로 구성되며, 사용자가 버튼을 터치하면 비디오 캡처 인텐트를 론칭할 것이다. 그리고 비디오 녹화가 끝나고 비디오 캡처 인텐트가 화면에서 사라지면 애플리케이션에서는 비디오 파일의 경로를 토스트(Toast) 메시지로 보여줄 것이다.

안드로이드 스튜디오로 새 프로젝트를 생성하자. 안드로이드 스튜디오 메인 메뉴의 File ➡ New ➡ New Project...를 선택하거나 웰컴 스크린에서 Start a new Android Studio project를 선택한다.

Application name 필드에 CameraApp을 입력하고, Company Domain 필드에는 ebookfrenzy.com을 입력한다. 안드로이드 장치 선택 화면에서는 폰과 태블릿(Phone and Tablet)만 선택하고, 최소 SDK 버전은 API 22: Android 5.1 (Lollipop)으로 선택한다. 액티비티 선택 화면에서는 Empty Activity를 선택한다. 그리고 마지막 대화상자에서 Activity Name에 CameraAppActivity를 입력하고 자동으로 설정된 나머지 필드 값은 그대로 둔다. Finish 버튼을 눌러 프로젝트를 생성한다.

65.5 사용자 인터페이스 레이아웃 디자인하기

편집기 위쪽의 activity_camera_app.xml 탭을 클릭한 후 디자인 모드로 변경하자. 그리고 'Hello World!'를 보여주는 TextView 객체를 선택하고, 키보드의 Delete 키를 눌러 레이아웃에서 삭제하자.

그다음에 그림 65-2를 참조하여 팔레트의 Widgets 부류에서 Button을 마우스로 끌어서 레이아웃의 중앙에 놓는다. 그리고 레이아웃 편집기의 제약 추론 버튼( )을 클릭한다(18장 참조). 이렇게 하면 Button의 제약 연결이 자동으로 추가된다. Button이 선택된 상태에서 속성 창의 text에 'Record Video'를 입력하고 문자열 리소스로 추출한다(그림 3-16 참조). ID에는 recordButton을 입력하고 layout_width 속성을 wrap_content로 변경한다. 또한, 속성 창의 onClick 속성을 찾아 속성값으로 startRecording을 입력한다.

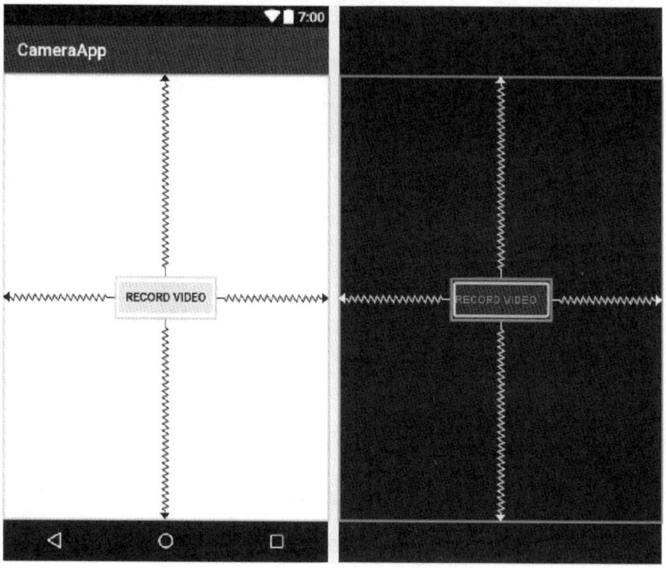

그림 65-2

65.6 카메라 확인하기

비디오 캡처 인텐트를 론칭하기 전에 우선 애플리케이션에서는 장치에 카메라가 있는지 확인하자. 여기서는 앞의 65.1절에서 설명했던 hasCamera() 메서드를 사용할 것이다. 단, 여기서는 타입 불문하고 카메라가 있는지 여부만을 확인한다. 그리고 카메라가 없는 경우는 Record Video 버튼을 비활성화시켜서 터치가 안 되게 한다.

CameraAppActivity.java 파일을 다음과 같이 변경하자.

```
package com.ebookfrenzy.cameraapp;

import android.support.v7.app.AppCompatActivity;
import android.os.Bundle;
import android.content.pm.PackageManager;
import android.widget.Button;

public class CameraAppActivity extends AppCompatActivity {

    @Override
    protected void onCreate(Bundle savedInstanceState) {
        super.onCreate(savedInstanceState);
        setContentView(R.layout.activity_camera_app);

        Button recordButton =
```

```
                (Button) findViewById(R.id.recordButton);

        if (!hasCamera())
            recordButton.setEnabled(false);
    }

    private boolean hasCamera() {
            return (getPackageManager().hasSystemFeature(
                PackageManager.FEATURE_CAMERA_ANY));
    }
}
```

65.7 비디오 캡처 인텐트 론칭하기

사용자가 Record Video 버튼을 터치하면 비디오 캡처 인텐트를 론칭할 것이다. 따라서 여기서는 그 버튼의 onClick 속성에 지정했던 startRecording( ) 메서드를 구현하면 된다.

이 메서드를 다음과 같이 CameraAppActivity.java 파일에 추가하자.

```
package com.ebookfrenzy.cameraapp;

import android.support.v7.app.AppCompatActivity;
import android.os.Bundle;
import android.content.pm.PackageManager;
import android.widget.Button;
import android.net.Uri;
import android.provider.MediaStore;
import android.content.Intent;
import android.view.View;

public class CameraAppActivity extends AppCompatActivity {

    private static final int VIDEO_CAPTURE = 101;
    private Uri fileUri;

    public void startRecording(View view)
    {

        Intent intent = new Intent(MediaStore.ACTION_VIDEO_CAPTURE);
        startActivityForResult(intent, VIDEO_CAPTURE);
    }
.
.
}
```

65.8 인텐트의 반환 결과 처리하기

인텐트의 수행이 끝나면 애플리케이션의 메인 액티비티에 구현한 onActivityResult( ) 메서드가 호출된다. 여기서는 이 메서드에서 비디오 캡처 인텐트의 실행 성공 여부를 확인한 후 녹화된 비디오가 저장된 파일의 경로를 보여준다. 다음과 같이 onActivityResult( ) 메서드를 추가하자.

```
package com.ebookfrenzy.cameraapp;

import android.support.v7.app.AppCompatActivity;
import android.os.Bundle;
import android.content.pm.PackageManager;
import android.widget.Button;
import android.net.Uri;
import android.provider.MediaStore;
import android.content.Intent;
import android.view.View;
import android.widget.Toast;

public class CameraAppActivity extends AppCompatActivity {
.
.
.
    protected void onActivityResult(int requestCode,
        int resultCode, Intent data) {

        Uri videoUri = data.getData();

        if (requestCode == VIDEO_CAPTURE) {
            if (resultCode == RESULT_OK) {
                Toast.makeText(this, "Video saved to:\n" +
                        videoUri, Toast.LENGTH_LONG).show();
            } else if (resultCode == RESULT_CANCELED) {
                Toast.makeText(this, "Video recording cancelled.",
                        Toast.LENGTH_LONG).show();
            } else {
                Toast.makeText(this, "Failed to record video.",
                        Toast.LENGTH_LONG).show();
            }
        }
    }
.
.
}
```

65.9 애플리케이션 테스트하기

실제 안드로이드 장치나 에뮬레이터에서 애플리케이션을 실행시키자. 그리고 **Record Video** 버튼을 터치(클릭)하면 비디오 캡처 인텐트가 요청되어 장치에 있는 카메라 애플리케이션이 실행될 것이다. 그 애플리케이션에서 비디오를 녹화한 후 **녹화/중단** 버튼을 눌러 중지시키자. 그리고 녹화가 끝나면 화면에 **확인**과 **재생** 버튼이 나타난다. **확인**(때로는 체크 마크로 나타남) 버튼을 터치하여 우리 애플리케이션(CameraApp)으로 복귀한다. 그러면 장치의 특정 위치에 비디오가 저장되었다는 것을 나타내는 토스트 메시지가 나타날 것이다(정확한 위치는 장치에 따라 다를 수 있다).

에뮬레이터의 경우는 생성할 때 카메라를 지정하지 않으면 모의 이미지가 녹화된다. 그리고 녹화된 동영상 파일은 내장 SD 카드 영역에 저장되며, 그림 65-3과 같은 토스트 메시지가 나타난다.

Video saved to:
content://media/external/video/media/35

그림 65-3

65.10 요약

대부분의 안드로이드 태블릿과 스마트폰 장치들은 애플리케이션에서 액세스할 수 있는 카메라를 내장하고 있다. 카메라 지원 기능을 애플리케이션에 추가하는 방법은 여러 가지가 있는데, 안드로이드 비디오와 이미지 캡처 인텐트에서는 비디오와 이미지를 캡처하는 간단하고 쉬운 방법을 제공한다.

런타임 퍼미션 요청하기

앞의 여러 장에서 생성했던 대부분의 예제 프로젝트에서는 앱에서 특정 작업을 수행하기 위해 **퍼미션**(permission)을 요청할 때 AndroidManifest.xml 파일을 변경하였다. 앱에서 웹 페이지를 다운로드하여 보여주기 위해 인터넷 퍼미션을 요청했던 것이 일례다. 그리고 사용자로부터 승인을 받기 위해 그와 같이 매니페스트에만 추가하면 되었다.

그러나 안드로이드 6.0 이상 버전에서 앱이 제대로 실행되기 위해서는 추가 작업이 필요한 퍼미션들이 많이 있다. 다음 장에서 접하게 될 소위 **위험**(dangerous) 퍼미션이 그것이다. 이번 장에서는 앱이 실행 중일 때 승인을 요청해야 하는 그런 퍼미션의 개요를 알아볼 것이다.

66.1 보통과 위험 퍼미션 이해하기

안드로이드에서는 앱의 특정 작업 수행에 필요한 퍼미션을 승인받기 위해 사용자에게 요청한다. 안드로이드 6 이전 버전에서는 장치에 앱이 설치되는 시점에서 퍼미션을 승인받게 되어 있다. 예를 들어, 구글 플레이 스토어에서 받은 앱을 설치할 때 그림 66-1과 같이 다양한 퍼미션을 화면에 보여주고 사용자의 승인을 받는다.

그림 66-1

퍼미션의 타입에 따라서는 안드로이드 6.x 이상 버전에서도 여전히 이런 식으로 사용자의 승인을 받는다. 그런 퍼미션들을 **보통(normal) 퍼미션**이라고 하며, 이런 퍼미션들은 앱 설치 시점에 사용자의 승인을 받는다. 그러나 또 다른 퍼미션 타입인 **위험(dangerous) 퍼미션**은 보통 퍼미션과 동일하게 매니페스트 파일에 선언해야 하지만, 앱이 실행될 때에도 최초 한 번 사용자의 승인을 받아야 한다. 이것을 **런타임 퍼미션**이라고 하며, 그림 66-2와 같이 대화상자로 나타난다.

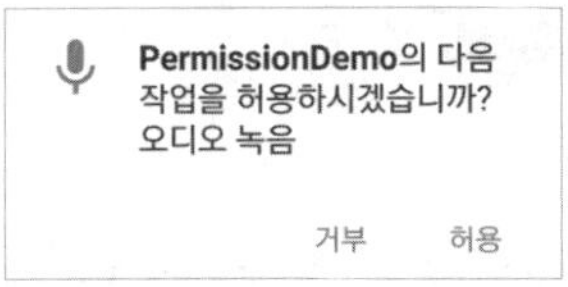

그림 66-2

위험 퍼미션 부류에 속하는 퍼미션들의 내역은 표 66-1과 같다. 이런 퍼미션들은 사용자의 사생활을 침해할 수 있기 때문에 안전 장치를 추가한 것이다. 예를 들어, 사용자 몰래 앱에서 녹음을 한다면 안 될 것이다.

표 66-1

퍼미션 그룹	퍼미션
Calendar	READ_CALENDAR
	WRITE_CALENDAR
Camera	CAMERA
Contacts	READ_CONTACTS
	WRITE_CONTACTS
	GET_ACCOUNTS
Location	ACCESS_FINE_LOCATION
	ACCESS_COARSE_LOCATION
Microphone	RECORD_AUDIO
Phone	READ_PHONE_STATE
	CALL_PHONE
	READ_CALL_LOG
	WRITE_CALL_LOG
	ADD_VOICEMAIL
	USE_SIP
	PROCESS_OUTGOING_CALLS

퍼미션 그룹	퍼미션
Sensors	BODY_SENSORS
SMS	SEND_SMS
	RECEIVE_SMS
	READ_SMS
	RECEIVE_WAP_PUSH
	RECEIVE_MMS
Storage	READ_EXTERNAL_STORAGE
	WRITE_EXTERNAL_STORAGE

66.2 퍼미션 예제 프로젝트 생성하기

안드로이드 스튜디오로 새 프로젝트를 생성하자. 안드로이드 스튜디오 메인 메뉴의 File ➡ New ➡ New Project...를 선택하거나 웰컴 스크린에서 Start a new Android Studio project를 선택한다.

Application name 필드에 PermissionDemo를 입력하고, Company Domain 필드에는 ebookfrenzy.com을 입력한다. 안드로이드 장치 선택 화면에서는 **폰과 태블릿**(Phone and Tablet)만 선택하고, 최소 SDK 버전은 API 22: Android 5.1 (Lollipop)으로 선택한다. 액티비티 선택 화면에서는 Empty Activity를 선택한다. 그리고 마지막 대화상자에서 Activity Name에 PermissionDemoActivity를 입력하고 자동으로 설정된 나머지 필드 값은 그대로 둔다. Finish 버튼을 눌러 프로젝트를 생성한다

66.3 퍼미션 확인하기

안드로이드 지원 라이브러리에는 안드로이드 앱의 코드에서 위험 퍼미션을 찾고 관리하는 많은 메서드가 포함되어 있다. 이 메서드들은 앱이 실행되는 안드로이드 버전과 관계없이 안전하게 호출될 수 있다. 그러나 안드로이드 6.x 이상 버전에서 실행될 때만 제 기능을 수행한다.

위험 퍼미션의 사용자 승인을 요청하는 기능을 앱에서 사용하려면 해당 퍼미션이 승인되었는지 먼저 확인해야 한다. 그 퍼미션이 앞서 승인 또는 거절되었더라도 마찬가지다. 이 경우 ContextCompat 클래스의 checkSelfPermission() 메서드를 호출하면 된다. 그리고 이때 현재 액티비티의 참조와 요청하는 퍼미션을 인자로 전달한다. 그러면 이 메서드에서 해당 퍼미션의 승인 여부를 확인한 후 정숫값인 PackageManager.PERMISSION_GRANTED 또는 PackageManager.PERMISSION_DENIED를 반환한다.

편집기에 로드된 PermissionDemoActivity.java 파일에 다음 코드를 추가하자. 추가된 코드에서는 앱의 오디오 녹음 퍼미션이 승인되었는지의 여부를 확인한다.

```
package com.ebookfrenzy.permissiondemo;

import android.support.v7.app.AppCompatActivity;
import android.os.Bundle;
import android.Manifest;
import android.content.pm.PackageManager;
import android.support.v4.content.ContextCompat;
```

```
import android.util.Log;

public class PermissionDemoActivity extends AppCompatActivity {

    private static String TAG = "PermissionDemo";

    @Override
    protected void onCreate(Bundle savedInstanceState) {
        super.onCreate(savedInstanceState);
        setContentView(R.layout.activity_permission_demo);

        int permission = ContextCompat.checkSelfPermission(this,
                Manifest.permission.RECORD_AUDIO);

        if (permission != PackageManager.PERMISSION_GRANTED) {
            Log.i(TAG, "Permission to record denied");
        }
    }
}
```

안드로이드 6.0 이전 버전이 실행되는 실제 장치나 에뮬레이터에서 앱을 실행하고 Logcat 창을 연 후 출력 메시지를 확인해보자. 퍼미션이 거절되었다는 'Permission to record denied' 메시지가 나타나 있을 것이다(로그캣 패널 오른쪽 위의 검색 필드에 'I/PermissionDemo'를 입력하면 쉽게 볼 수 있다). 이 경우 실행이 되어 화면은 나타나지만 오디오 녹음은 할 수 없다.

프로젝트 도구 창의 app ➡ manifests에 있는 AndroidManifest.xml 파일을 더블 클릭하여 편집기에 열고 다음의 퍼미션 요청을 추가하자.

```
<?xml version="1.0" encoding="utf-8"?>
<manifest xmlns:android="http://schemas.android.com/apk/res/android"
    package="com.ebookfrenzy.permissiondemoactivity" >

    <uses-permission android:name="android.permission.RECORD_AUDIO" />

    <application
        android:allowBackup="true"
        android:icon="@mipmap/ic_launcher"
        android:label="@string/app_name"
        android:roundIcon="@mipmap/ic_launcher_round"
        android:supportsRtl="true"
        android:theme="@style/AppTheme" >
        <activity android:name=".PermissionDemoActivity" >
            <intent-filter>
                <action android:name="android.intent.action.MAIN" />
```

```
            <category android:name="android.intent.category.LAUNCHER" />
        </intent-filter>
    </activity>
</application>

</manifest>
```

앱을 다시 실행하면 이번에는 퍼미션 거절 메시지가 나타나지 않을 것이다. 안드로이드 6.0 이전 버전에서는 이처럼 매니페스트에만 퍼미션 요청을 추가하면 되기 때문이다.

이번에는 안드로이드 6.0 이상 버전이 실행되는 장치나 에뮬레이터에서 앱을 실행해보자. 이 경우 퍼미션 요청이 매니페스트에 있지만, 앞에서 추가한 코드에서 확인하여 승인 거절 메시지를 출력한다. 안드로이드 6.x 이상 버전의 경우 이런 부류의 위험 퍼미션은 런타임 시에도 앱에서 승인을 요청해야 하기 때문이다(현재 우리 앱에는 그런 코드가 없다). 다음 그림에서는 안드로이드 6.0 Nexus 5 에뮬레이터에서 앱을 실행한 후 출력된 로그캣 메시지를 보여준다.

그림 66-3

66.4 런타임 시에 퍼미션 요청하기

런타임 시의 퍼미션 요청은 ActivityCompat 클래스의 requestPermissions( ) 메서드를 호출하여 처리한다. 이 메서드가 호출될 때는 퍼미션 요청이 비동기 작업으로 처리되며, 그 작업이 끝나면 onRequestPermissionsResult( ) 메서드가 호출된다.

requestPermissions( ) 메서드는 세 개의 인자를 받는다. 현재 액티비티의 참조, 요청 퍼미션의 식별자, 요청 코드다. 요청 코드는 어떤 정숫값도 될 수 있으며, 어떤 요청으로 인해 onRequestPermissionsResult( ) 메서드가 호출되었는지 식별하기 위해 사용된다(여기서는 101로 지정하였다). PermissionDemoActivity.java 파일에 다음 코드를 추가하자. 추가된 코드에서는 요청 코드 상수를 선언하고, 오디오 녹음 퍼미션이 아직 승인되지 않은 경우 그 퍼미션을 요청한다.

```java
package com.ebookfrenzy.permissiondemoactivity;

import android.Manifest;
import android.content.pm.PackageManager;
import android.support.v4.content.ContextCompat;
import android.support.v7.app.AppCompatActivity;
import android.os.Bundle;
import android.util.Log;
import android.support.v4.app.ActivityCompat;

public class PermissionDemoActivity extends AppCompatActivity {

    private static String TAG = "PermissionDemo";
    private static final int RECORD_REQUEST_CODE = 101;

    @Override
    protected void onCreate(Bundle savedInstanceState) {
        super.onCreate(savedInstanceState);
        setContentView(R.layout.activity_permission_demo);

        int permission = ContextCompat.checkSelfPermission(this,
                Manifest.permission.RECORD_AUDIO);

        if (permission != PackageManager.PERMISSION_GRANTED) {
            Log.i(TAG, "Permission to record denied");
            makeRequest();
        }
    }

    protected void makeRequest() {
        ActivityCompat.requestPermissions(this,
                new String[]{Manifest.permission.RECORD_AUDIO},
                RECORD_REQUEST_CODE);
    }
}
```

그리고 다음의 onRequestPermissionsResult( ) 메서드를 추가한다.

```java
@Override
public void onRequestPermissionsResult(int requestCode,
                                       String permissions[], int[] grantResults) {
    switch (requestCode) {
        case RECORD_REQUEST_CODE: {

            if (grantResults.length == 0
                    || grantResults[0] !=
                      PackageManager.PERMISSION_GRANTED) {

                Log.i(TAG, "Permission has been denied by user");
            } else {
```

```
                Log.i(TAG, "Permission has been granted by user");
            }
            return;
        }
    }
}
```

안드로이드 6.0 이상 버전이 실행되는 장치나 에뮬레이터에서 앱을 다시 실행해보자. 이번에는 그림 66-4와 같이 오디오 녹음 퍼미션을 요청하는 대화상자가 나타날 것이다.

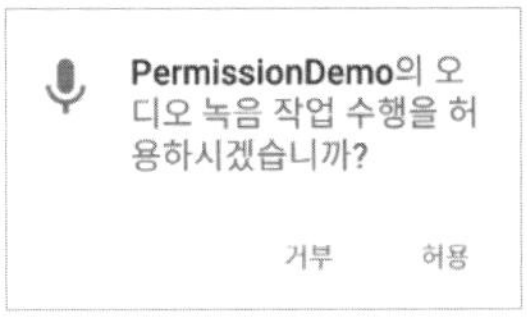

그림 66-4

이때 허용(ALLOW) 버튼을 클릭하면 로그캣 패널에 'Permission has been granted by user' 메시지가 나타난다.

이처럼 런타임 퍼미션을 요청할 때 사용자가 허용(ALLOW) 버튼을 눌러서 최초 한 번 퍼미션을 승인하면 이후로는 checkSelfPermission( ) 메서드에서 PERMISSION_GRANTED를 반환하므로 그림 66-4의 대화상자가 나타나지 않는다. 물론, 사용자가 앱을 삭제하고 다시 설치하거나 설정에서 앱의 퍼미션을 변경하면 다시 승인받게 된다.

66.5 퍼미션 요청 이유 제공하기

그림 66-4의 대화상자에서 보았듯이, 사용자는 요청된 퍼미션을 거절할 수 있다. 이 경우 앱에서는 사용자가 실행시킬 때마다 계속 퍼미션 승인을 요청하게 된다. 사용자가 계속해서 승인을 거절한다는 것은 그 퍼미션이 앱에서 왜 필요한지 잘 몰라서 그럴 수가 있다. 따라서 승인을 요청할 때 그 이유를 설명한다면 사용자의 승인을 받기가 한결 수월할 것이다. 하지만 그런 설명을 포함하도록 그림 66-4의 요청 대화상자를 수정할 수는 없다.

이때는 요청 대화상자가 사용자에게 보이기 전에 별도의 대화상자에 그런 설명을 포함시켜 보여줄 수 있다. 그러나 그런 설명 대화상자를 언제 보여줄지가 아리송하다. 안드로이드 문서에서는 다음을 권장한다. 즉, 설명 대화상자는 사용자가 그 퍼미션을 이전에 거절한 적이 있을 때만 보여주라는 것이다. 그리고 그런 경우인지를 식별하는 메서드를 제공한다.

ActivityCompat 클래스의 shouldShowRequestPermissionRationale( ) 메서드가 그것이다.

만일 사용자가 지정된 퍼미션을 이전에 거절한 적이 있으면 이 메서드에서 true를 반환한다. 그러나 퍼미션이 이전에 요청된 적이 없으면 false를 반환한다. true가 반환되는 경우 앱에서는 퍼미션이 필요한 이유를 포함하는 대화상자를 보여주면 된다. 그리고 사용자가 그 대화상자를 보고서도 묵살한다면 그때는 어쩔 수 없이 퍼미션 요청이 반복될 수밖에 없다.

이런 기능을 추가하기 위해 다음과 같이 onCreate( ) 메서드를 수정하자.

```
.
.
import android.app.AlertDialog;
import android.content.DialogInterface;
.
.
@Override
protected void onCreate(Bundle savedInstanceState) {
    super.onCreate(savedInstanceState);
    setContentView(R.layout.activity_permission_demo);

    int permission = ContextCompat.checkSelfPermission(this,
            Manifest.permission.RECORD_AUDIO);

    if (permission != PackageManager.PERMISSION_GRANTED) {
        Log.i(TAG, "Permission to record denied");

        if (ActivityCompat.shouldShowRequestPermissionRationale(this,
                Manifest.permission.RECORD_AUDIO)) {
            AlertDialog.Builder builder = new AlertDialog.Builder(this);
            builder.setMessage(
"Permission to access the microphone is required for this app to record audio.");
            builder.setTitle("Permission required");
            builder.setPositiveButton("OK", new DialogInterface.OnClickListener() {

                public void onClick(DialogInterface dialog, int id) {
                    Log.i(TAG, "Clicked");
                    makeRequest();
                }
            });

            AlertDialog dialog = builder.create();
            dialog.show();
        } else {
            makeRequest();
        }
    }
}
```

이 메서드에서는 퍼미션의 승인 여부를 여전히 확인한다. 그러나 이제는 퍼미션 요청 이유를 보여줄 필요가 있는지의 여부도 확인한다. 그리고 만일 사용자가 이전에 승인 요청을 거절한 적이 있다면 설명을 포함하는 대화상자를 보여준다. 그리고서 사용자가 OK(확인) 버튼을 터치하면 makeRequest( ) 메서드를 호출한다. 그러나 퍼미션 요청을 이전에 한 적이 없다면 곧바로 makeRequest( ) 메서드를 호출하여 퍼미션 승인을 요청한다.

66.6 퍼미션 앱 테스트하기

안드로이드 6.0 이상 버전이 실행 중인 장치나 에뮬레이터에서는 이미 설치된 Permission Demo 앱을 삭제한다(설정 ➡ 앱/애플리케이션 ➡ PermissionDemo 앱 선택 ➡ 삭제/제거 버튼 누름).

앱을 다시 실행하자. 그리고 퍼미션 요청 대화상자가 나타나면 거부(Deny) 버튼을 누른다. 그런 다음, 앱을 종료했다가 다시 실행한다. 이때 퍼미션 요청 이유를 설명하는 대화상자가 나타나면 OK 버튼을 누른다. 그다음에 퍼미션 요청 대화상자가 나타나면 허용(ALLOW) 버튼을 누른다.

앱을 종료한 후 다시 설정 앱을 실행한다. 그리고 앱 및 알림 ➡ 앱 정보에서 PermissionDemo 앱을 선택한 후 이 앱의 퍼미션(권한/접근권한) 항목에 오디오 녹음(에뮬레이터에서는 마이크로 나타남) 퍼미션이 추가되어 있는지 확인해보자. 에뮬레이터에 설치된 PermissionDemo 앱 화면은 다음과 같다.

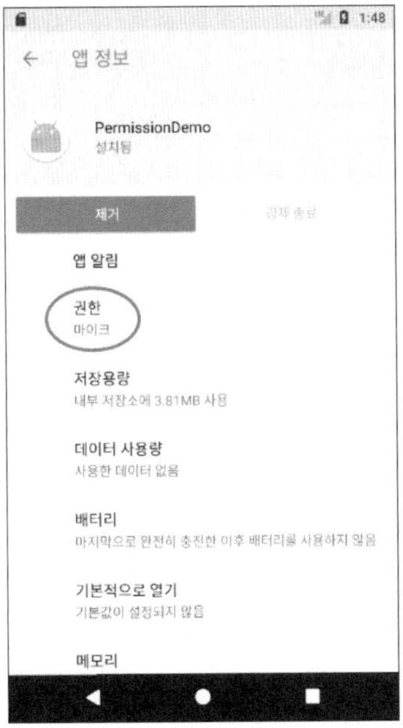

그림 66-5

66.7 요약

안드로이드 6.0 이전에는 앱의 퍼미션 요청을 매니페스트 파일에만 추가하면 되었다. 그리고 앱이 설치되는 시점에 사용자의 승인을 받게 되어 있었다. **보통** 퍼미션들은 안드로이드 6.0 이상 버전에서도 여전히 그렇게 하면 된다. 그러나 **위험** 퍼미션들은 사용자의 사생활을 침해할 수 있다. 예를 들어, 장치의 마이크나 연락처 데이터 사용 등이다. 따라서 최초 실행 시에도 사용자의 승인을 받는다.

이번 장에서 알아보았듯이, 안드로이드 6.0 이상 버전에서 실행되는 앱에서는 위험 퍼미션 요청을 매니페스트 파일에 추가하는 것은 물론이고 런타임 시에도 해야 한다.

안드로이드 오디오 녹음과 재생하기

이번 장에서는 MediaRecorder 클래스의 개요와 이 클래스를 사용해서 오디오를 녹음하는 방법을 설명할 것이다. 또한, MediaPlayer 클래스를 사용해서 오디오를 재생하는 방법도 알아볼 것이다. 더불어 SD 카드에 파일을 저장하는 방법과 마이크 등의 하드웨어 존재 여부를 검사하는 방법도 알려줄 것이다. 그리고 예제 애플리케이션을 생성하여 그런 모든 방법을 실제 구현해볼 것이다.

67.1 오디오 재생하기

안드로이드에서는 다음의 오디오 포맷을 지원한다. AAC LC/LTP, HE-AACv1 (AAC+), HE-AACv2 (enhanced AAC+), AMR-NB, AMR-WB, MP3, MIDI, Ogg Vorbis, PCM/WAVE.

오디오 재생은 MediaPlayer 또는 AudioTrack 클래스를 사용해서 할 수 있다. AudioTrack 클래스는 스트리밍 오디오 버퍼를 사용하며, 더 풍부한 오디오 제어를 제공한다. 반면에 MediaPlayer 클래스는 오디오와 비디오 재생을 구현하기 쉬운 프로그래밍 인터페이스를 제공한다.

MediaPlayer 클래스는 애플리케이션에서 호출할 수 있는 다양한 메서드를 갖고 있다. 그중에서 중요한 것들을 보면 다음과 같다.

- **create( )** — MediaPlayer 클래스의 새로운 인스턴스를 생성하기 위해 호출하며, 재생될 오디오의 Uri를 인자로 받는다.

- **setDataSource()** — 재생될 오디오의 소스를 설정한다.
- **prepare()** — 재생 시작을 준비시킨다.
- **start()** — 재생을 시작시킨다.
- **pause()** — 재생을 일시 중지한다. resume() 메서드를 호출하면 다시 재생을 시작할 수 있다.
- **stop()** — 재생을 중단시킨다.
- **setVolume()** — 좌우 채널의 재생 볼륨 값을 지정하는 두 개의 부동소수점 인자를 받는다.
- **resume()** — 앞서 일시 중지된 재생 세션을 다시 시작한다.
- **reset()** — 미디어 재생 인스턴스를 재설정하여 초기화되지 않은 상태로 되돌린다. 따라서 데이터 소스 설정을 다시 해야 하고, prepare() 메서드도 다시 호출해야 한다.
- **release()** — 재생 인스턴스가 더 이상 필요 없을 때 호출한다. 이 메서드는 재생 인스턴스가 점유한 모든 리소스를 해제시킨다.

애플리케이션에서 MediaPlayer를 구현하는 일반적인 방법은 다음과 같다. MediaPlayer 클래스의 인스턴스를 생성하고 재생될 오디오의 소스를 설정한다. 그리고 prepare() 메서드를 호출한 다음, start() 메서드를 호출한다. 예를 들면, 다음과 같다.

```
MediaPlayer mediaPlayer = new MediaPlayer();

mediaPlayer.setDataSource("http://www.yourcompany.com/myaudio.mp3");
mediaPlayer.prepare();
mediaPlayer.start();
```

67.2 MediaRecorder 클래스를 사용해서 오디오 녹음하기

오디오 재생과 마찬가지로 녹음을 할 수 있는 방법은 여러 가지가 있다. 그중 하나가 MediaRecorder 클래스를 사용하는 것이다. 이 클래스는 오디오 녹음과 비디오 녹화를 하는 데 사용될 수 있다. MediaPlayer 클래스처럼 이 클래스에서는 다음과 같이 많은 메서드를 제공한다.

- **setAudioSource()** — 녹음될 오디오의 입력 소스를 지정한다(일반적으로 이것은 장치 마이크의 MediaRecorder.AudioSource.MIC가 될 것이다).
- **setVideoSource()** — 녹화될 비디오의 입력 소스를 지정한다(예를 들어, 장치 카메라인 MediaRecorder.VideoSource.CAMERA).

- **setOutputFormat( )** — 녹음된 오디오나 비디오가 저장되는 포맷을 지정한다(예를 들어, MediaRecorder.OutputFormat.AAC_ADTS).
- **setAudioEncoder( )** — 녹음된 오디오에 사용되는 오디오 인코더를 지정한다(예를 들어, MediaRecorder.AudioEncoder.AAC).
- **setOutputFile( )** — 녹음된 오디오나 비디오가 저장되는 파일의 경로를 구성한다.
- **prepare( )** — 녹음을 시작하기 위해 MediaRecorder 인스턴스를 준비시킨다.
- **start( )** — 녹음을 시작한다.
- **stop( )** — 녹음을 중단한다. 녹음이 중단되면 레코더(MediaRecorder 인스턴스)를 완전히 재구성하고 다시 시작하기 전에 준비시켜야 한다.
- **reset( )** — 레코더를 재설정한다. MediaRecorder 인스턴스를 완전히 재구성하고 다시 시작하기 전에 준비시켜야 한다.
- **release( )** — MediaRecorder 인스턴스가 더 이상 필요 없을 때 호출해야 한다. 이 메서드는 그 인스턴스가 점유한 모든 리소스를 해제시킨다.

애플리케이션에서 MediaRecorder를 구현하는 일반적인 방법은 다음과 같다. MediaRecorder 클래스의 인스턴스를 생성하고, 오디오의 소스, 출력 포맷, 인코딩 포맷, 출력 파일을 설정한다. 그리고 prepare( ) 메서드를 호출한 다음, start( ) 메서드를 호출한다. 그 이후에 녹음이 끝나면 stop( ) 메서드를 호출한 다음, reset( ) 메서드를 호출한다. 그리고 애플리케이션에서 레코더 인스턴스가 더 이상 필요 없을 때는 release( ) 메서드를 호출하여 사용하던 리소스를 해제해야 한다. 예를 들면, 다음과 같다.

```
MediaRecorder mediaRecorder = new MediaRecorder();

mediaRecorder.setAudioSource(MediaRecorder.AudioSource.MIC);
mediaRecorder.setOutputFormat(MediaRecorder.OutputFormat.AAC_ADTS);
mediaRecorder.setAudioEncoder(MediaRecorder.AudioEncoder.AAC);
mediaRecorder.setOutputFile(audioFilePath);

mediaRecorder.prepare();
mediaRecorder.start();
.
.
.
mediaRecorder.stop()
mediaRecorder.reset()
mediaRecorder.release()
```

또한, 오디오를 녹음하려면 애플리케이션의 매니페스트 파일에 android.permission.RECORD_AUDIO 퍼미션을 추가해야 한다.

```
<uses-permission android:name="android.permission.RECORD_AUDIO" />
```

66장에서 얘기했듯이, 애플리케이션에서 마이크를 사용하는 것은 위험(dangerous) 퍼미션 유형에 속한다. 따라서 안드로이드 6.0 이상에서는 애플리케이션이 실행될 때도 최초 한 번 마이크 사용 퍼미션 승인을 받아야 한다. 그 방법은 이번 장 뒤에서 얘기할 것이다. (사적인 데이터의 액세스, 네트워크를 통한 데이터 전송이나 수신, 사용자를 염탐하는 데 사용될 수 있는 하드웨어 액세스, 사용자에게 문제를 초래할 수 있는 것들이 위험 퍼미션에 속한다. 예를 들면, 인터넷 퍼미션, 카메라 퍼미션, 연락처 퍼미션 등이다. 따라서 위험 퍼미션을 승인하기 전에 안드로이드는 사용자에게 계속 진행할 것인지를 명시적으로 요청할 수 있다.)

67.3 예제 프로젝트 개요

이번 장의 나머지에서는 MediaPlayer와 MediaRecorder 클래스를 사용하는 애플리케이션을 생성하여 안드로이드 장치에서 오디오를 녹음하고 재생하는 것을 구현할 것이다.

장치의 특정 하드웨어를 사용하는 애플리케이션을 개발할 때는(여기서는 마이크) 애플리케이션 코드에서 그것을 액세스하기에 앞서 사용 가능 여부를 확인하는 것이 중요하다. 따라서 여기서 생성할 애플리케이션에서는 장치의 마이크가 있는지를 확인하는 코드도 보여줄 것이다.

이 애플리케이션에서는 사용자가 오디오를 녹음하고 재생할 수 있도록 간단한 인터페이스를 제공할 것이다. 그리고 녹음된 오디오는 장치의 오디오 파일에 저장될 필요가 있다. 이때 SD 카드를 사용하는 방법도 같이 알아볼 것이다.

67.4 AudioApp 프로젝트 생성하기

안드로이드 스튜디오로 새 프로젝트를 생성하자. 안드로이드 스튜디오 메인 메뉴의 File ➡ New ➡ New Project...를 선택하거나 웰컴 스크린에서 'Start a new Android Studio project'를 선택한다.

Application name 필드에 AudioApp을 입력하고, Company Domain 필드에는 ebookfrenzy.com을 입력한다. 안드로이드 장치 선택 화면에서는 폰과 태블릿(Phone and Tablet)만 선택하고, 최소

SDK 버전은 API 22: Android 5.1 (Lollipop)으로 선택한다. 액티비티 선택 화면에서는 Empty Activity를 선택한다. 그리고 마지막 대화상자에서 Activity Name에 AudioAppActivity를 입력하고 자동으로 설정된 나머지 필드 값은 그대로 둔다. Finish 버튼을 눌러 프로젝트를 생성한다.

67.5 사용자 인터페이스 디자인하기

레이아웃 편집기 창에 로드된 activity_audio_app.xml 레이아웃 리소스 파일을 디자인 모드로 변경하자. 그리고 'Hello World!'를 보여주는 TextView 객체를 선택하고, 키보드의 Delete 키를 눌러 레이아웃에서 삭제하자. 그다음에 그림 67-1을 참조하여 레이아웃을 작성한다.

자동 연결(Autoconnect)이 활성화된 상태에서(18장 참조) 팔레트의 Widgets 부류에 있는 Button을 마우스로 끌어서 장치 화면 레이아웃에 놓는다(여기서는 버튼의 위치가 그리 중요하지 않다). Button이 선택된 상태에서 속성 창의 text에 'Play'를 입력하고 이 값을 문자열 리소스로 추출한다(그림 3-16 참조). ID는 playButton으로 변경한다.

같은 요령으로 두 개의 버튼을 더 추가하자. 두 번째 버튼은 text를 'Record'로 입력하고 이 값을 문자열 리소스로 추출한다. ID는 recordButton으로 변경한다. 세 번째 버튼은 text를 'Stop'으로 입력하고 이 값을 문자열 리소스로 추출한다. ID는 stopButton으로 변경한다. 그리고 레이아웃 편집기의 제약 추론 버튼(✨)을 클릭한다(18장 참조). 이렇게 하면 누락된 Button의 제약 연결이 자동으로 추가된다.

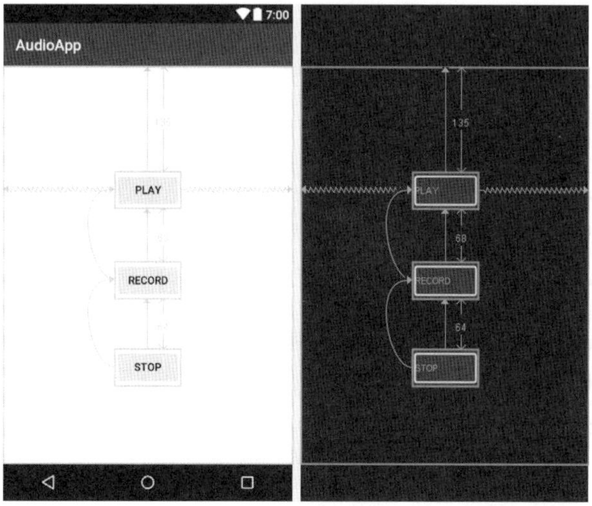

그림 67-1

끝으로, 각 버튼을 클릭한 후 속성 창에서 onClick 속성의 값을 입력한다(첫 번째 버튼은 playAudio, 두 번째 버튼은 recordAudio, 세 번째 버튼은 stopAudio). 이번 장에서는 사용자 인터페이스가 중요하지 않으므로, 버튼들의 제약 연결이 그림 67-1과 다르게 생성되었더라도 개의치 말자.

67.6 마이크 확인하기

마이크가 없는 장치에서 오디오를 녹음하려고 하면 안드로이드 시스템이 예외를 발생시킨다. 그러므로 마이크의 유무를 사전에 코드에서 확인하는 것이 중요하다. 확인하는 방법은 여러 가지가 있지만, 서로 다른 안드로이드 장치에서 잘 동작하는 쉬운 방법이 있다. 즉, 특정 기능(feature)의 패키지가 설치되어 있는지 안드로이드 시스템에게 확인을 요청하는 것이다. 이때 안드로이드 PackageManager 클래스의 객체를 생성한 후 그 객체의 hasSystemFeature( ) 메서드를 호출하면 된다. 그리고 그 기능을 나타내는 상수를 메서드 인자로 전달한다(여기서는 PackageManager.FEATURE_MICROPHONE).

다음 코드에서는 마이크의 유무 확인을 hasMicrophone( ) 메서드에서 한다. 안드로이드 스튜디오 편집기에 로드된 AudioAppActivity.java 파일을 다음과 같이 변경하자.

```
package com.ebookfrenzy.audioapp;

import android.support.v7.app.AppCompatActivity;
import android.os.Bundle;
import android.content.pm.PackageManager;

public class AudioAppActivity extends AppCompatActivity {

    @Override
    protected void onCreate(Bundle savedInstanceState) {
        super.onCreate(savedInstanceState);
        setContentView(R.layout.activity_audio_app);
    }

    protected boolean hasMicrophone() {
        PackageManager pmanager = this.getPackageManager();
        return pmanager.hasSystemFeature(
                PackageManager.FEATURE_MICROPHONE);
    }
}
```

67.7 액티비티 초기화하기

다음은 여러 초기화 작업을 하기 위해 액티비티의 onCreate( ) 메서드를 변경할 것이다. AudioAppActivity.java 파일을 다음과 같이 변경하자.

```
package com.ebookfrenzy.audioapp;

import java.io.IOException;

import android.support.v7.app.AppCompatActivity;
import android.os.Bundle;
import android.content.pm.PackageManager;
import android.media.MediaRecorder;
import android.os.Environment;
import android.widget.Button;
import android.view.View;
import android.media.MediaPlayer;

public class AudioAppActivity extends AppCompatActivity {

    private static MediaRecorder mediaRecorder;
    private static MediaPlayer mediaPlayer;

    private static String audioFilePath;
    private static Button stopButton;
    private static Button playButton;
    private static Button recordButton;

    private boolean isRecording = false;

    @Override
    protected void onCreate(Bundle savedInstanceState) {
        super.onCreate(savedInstanceState);
        setContentView(R.layout.activity_audio_app);

        recordButton =
            (Button) findViewById(R.id.recordButton);
        playButton = (Button) findViewById(R.id.playButton);
        stopButton = (Button) findViewById(R.id.stopButton);

        if (!hasMicrophone())
        {
            stopButton.setEnabled(false);
            playButton.setEnabled(false);
            recordButton.setEnabled(false);
        } else {
            playButton.setEnabled(false);
            stopButton.setEnabled(false);
        }
```

```
        audioFilePath =
            Environment.getExternalStorageDirectory().getAbsolutePath()
                + "/myaudio.3gp";
    }
.
.
}
```

위의 추가된 코드에서는 우선 사용자 인터페이스에 있는 세 개 버튼 뷰의 참조를 얻는다. 그리고 앞에서 구현한 hasMicrophone( ) 메서드를 호출하여 장치에 마이크가 있는지를 확인한다. 만일 없다면 모든 버튼을 비활성화시키고, 그렇지 않다면 Stop과 Play 버튼만 비활성화한다.

위의 코드 중에서 다음 코드는 추가 설명이 필요하다.

```
audioFilePath =
        Environment.getExternalStorageDirectory().getAbsolutePath()
                + "/myaudio.3gp";
```

이 코드에서는 장치의 SD 카드 위치를 확인하고 그 위치를 사용해서 녹음된 오디오가 저장될 myaudio.3gp 파일의 경로를 생성한다. SD 카드의 경로는 안드로이드 Environment 클래스의 getExternalStorageDirectory( ) 메서드를 호출하여 얻을 수 있다(SD 카드는 외부 스토리지라고 하지만, 많은 수의 안드로이드 장치들이 실제 장치 없이 내부적으로 구현하는 경우도 있다).

외부 스토리지로 작업할 때는 애플리케이션에서 퍼미션이 필요하므로 애플리케이션의 매니페스트 파일에 선언해주어야 한다. 예를 들면, 다음과 같다. 여기서는 더 뒤에서 추가할 것이다.

```
<uses-permission android:name="android.permission.WRITE_EXTERNAL_STORAGE" />
```

67.8 recordAudio( ) 메서드 구현하기

사용자가 Record 버튼을 터치하면 recordAudio( ) 메서드가 호출된다(앞의 사용자 인터페이스에서 버튼의 onClick 속성에 지정했었다). 이 메서드에서는 Play 버튼과 Stop 버튼을 비활성화시켜야 한다. 그리고 MediaRecorder 인스턴스가 다음의 정보를 갖도록 구성해야 한다. 오디오 소스, 출력 포맷, 인코딩 포맷, 오디오 데이터가 저장될 파일의 위치다.

끝으로, MediaRecorder 객체의 prepare( )와 start( ) 메서드를 호출해야 한다. 다음 메서드를 AudioAppActivity.java 파일에 추가하자.

```
public void recordAudio (View view) throws IOException
{
    isRecording = true;
    stopButton.setEnabled(true);
    playButton.setEnabled(false);
    recordButton.setEnabled(false);

    try {
      mediaRecorder = new MediaRecorder();
      mediaRecorder.setAudioSource(MediaRecorder.AudioSource.MIC);
      mediaRecorder.setOutputFormat(MediaRecorder.OutputFormat.THREE_GPP);
      mediaRecorder.setOutputFile(audioFilePath);
      mediaRecorder.setAudioEncoder(MediaRecorder.AudioEncoder.AMR_NB);
      mediaRecorder.prepare();
    } catch (Exception e) {
        e.printStackTrace();
    }

    mediaRecorder.start();
}
```

67.9 stopAudio( ) 메서드 구현하기

stopAudio( ) 메서드에서는 Play 버튼은 활성화하고 Stop 버튼은 비활성화한다. 그런 다음에 MediaRecorder 인스턴스를 재설정해야 한다. 다음 메서드를 AudioAppActivity.java 파일에 추가하자.

```
public void stopAudio (View view)
{

    stopButton.setEnabled(false);
    playButton.setEnabled(true);

    if (isRecording)
    {
        recordButton.setEnabled(false);
        mediaRecorder.stop();
        mediaRecorder.release();
        mediaRecorder = null;
        isRecording = false;
    } else {
```

```
        mediaPlayer.release();
        mediaPlayer = null;
        recordButton.setEnabled(true);
    }
}
```

67.10 playAudio( ) 메서드 구현하기

playAudio( ) 메서드에서는 새로운 MediaPlayer 인스턴스를 생성하고, SD 카드에 위치한 오디오 파일을 데이터 소스로 지정한 후 재생을 준비 및 시작시킨다. 다음의 playAudio( ) 메서드를 AudioAppActivity.java 파일에 추가하자.

```
public void playAudio (View view) throws IOException
{
    playButton.setEnabled(false);
    recordButton.setEnabled(false);
    stopButton.setEnabled(true);

    mediaPlayer = new MediaPlayer();
    mediaPlayer.setDataSource(audioFilePath);
    mediaPlayer.prepare();
    mediaPlayer.start();
}
```

67.11 매니페스트 파일에 퍼미션 구성하기

애플리케이션을 테스트하기에 앞서 애플리케이션에서 필요한 퍼미션을 매니페스트 파일에 선언해야 한다. 여기서는 오디오 녹음과 외부 스토리지(SD 카드) 액세스를 하기 위한 퍼미션이 필요하다. 프로젝트 도구 창에서 app ➡ manifests 밑에 있는 AndroidManifest.xml 파일을 더블클릭하여 편집기 창으로 로드하자. 그런 다음, 아래와 같이 두 개의 퍼미션 태그를 추가하자.

```
<?xml version="1.0" encoding="utf-8"?>
<manifest xmlns:android="http://schemas.android.com/apk/res/android"
    package="com.ebookfrenzy.audioapp" >

    <uses-permission android:name=
                "android.permission.WRITE_EXTERNAL_STORAGE" />
    <uses-permission android:name="android.permission.RECORD_AUDIO" />

    <application
        android:allowBackup="true"
```

```
        android:icon="@mipmap/ic_launcher"
        android:label="@string/app_name"
        android:roundIcon="@mipmap/ic_launcher_round"
        android:supportsRtl="true"
        android:theme="@style/AppTheme" >
        <activity android:name=".AudioAppActivity"
            <intent-filter>
                <action android:name="android.intent.action.MAIN" />

                <category android:name=
                     "android.intent.category.LAUNCHER" />
            </intent-filter>
        </activity>
    </application>

</manifest>
```

마이크와 외부 스토리지 사용은 모두 다 위험 퍼미션 유형에 속한다. 그런 퍼미션이 필요한 애플리케이션은 사용자의 사생활을 침해할 수 있기 때문이다. 안드로이드 6.0 이전 버전이 실행되는 장치에서는 애플리케이션이 설치될 때 사용자로부터 퍼미션을 승인받게 되므로 위험 퍼미션도 위와 같이 매니페스트에만 선언하면 된다. 그러나 안드로이드 6.0 이상 버전의 장치에서 우리 애플리케이션이 제대로 동작하려면 매니페스트 등록은 물론이고 실행 시에도 퍼미션을 요청하는 코드를 추가해야 한다.

우선, 퍼미션 식별 코드로 사용될 상수와 import 문을 AudioAppActivity.java 파일에 추가한다.

```
package com.ebookfrenzy.audioapp;

import java.io.IOException;

import android.support.v7.app.AppCompatActivity;
import android.os.Bundle;
import android.content.pm.PackageManager;
import android.media.MediaRecorder;
import android.os.Environment;
import android.widget.Button;
import android.view.View;
import android.media.MediaPlayer;
import android.widget.Toast;
import android.support.v4.content.ContextCompat;
import android.Manifest;
import android.support.v4.app.ActivityCompat;

public class AudioAppActivity extends AppCompatActivity {

    private static final int RECORD_REQUEST_CODE = 101;
```

```
    private static final int STORAGE_REQUEST_CODE = 102;

    private static MediaRecorder mediaRecorder;
    private static MediaPlayer mediaPlayer;
.
.
```

그리고서 메서드를 하나 추가해야 한다. 이 메서드에서는 요청할 퍼미션과 그것의 요청 식별 코드를 인자로 받는다. AudioAppActivity.java에 다음 메서드를 추가한다.

```
protected void requestPermission(String permissionType, int requestCode) {
    int permission = ContextCompat.checkSelfPermission(this,
            permissionType);

    if (permission != PackageManager.PERMISSION_GRANTED) {
        ActivityCompat.requestPermissions(this,
                new String[]{permissionType}, requestCode
        );
    }
}
```

66장에서 얘기했듯이, 이 메서드에서는 퍼미션 요청에 앞서 해당 퍼미션이 승인되었는지를 확인한다. 그리고 아직 승인되지 않았으면 퍼미션을 요청한다. 이때 해당 퍼미션의 식별 코드를 전달한다. 이후에 어떤 퍼미션이 승인되었는지 onRequestPermissionsResult( ) 메서드에서 알기 위해서다.

퍼미션 요청이 처리되면 우리 액티비티의 onRequestPermissionsResult( ) 메서드가 호출된다. 그리고 이때 퍼미션 식별 코드와 요청 결과 값이 메서드 인자로 전달된다. 따라서 이 메서드를 우리 액티비티에 구현해야 한다. AudioAppActivity.java에 다음 코드를 추가하자.

```
@Override
public void onRequestPermissionsResult(int requestCode,
        String permissions[], int[] grantResults) {
    switch (requestCode) {
        case RECORD_REQUEST_CODE: {

            if (grantResults.length == 0
                || grantResults[0] !=
                    PackageManager.PERMISSION_GRANTED) {

                recordButton.setEnabled(false);
```

```
                Toast.makeText(this,
                        "Record permission required",
                                Toast.LENGTH_LONG).show();
            } else {
                requestPermission(
                    Manifest.permission.WRITE_EXTERNAL_STORAGE,
                        STORAGE_REQUEST_CODE);
            }
            return;
        }
        case STORAGE_REQUEST_CODE: {

            if (grantResults.length == 0
                    || grantResults[0] !=
                            PackageManager.PERMISSION_GRANTED) {
                recordButton.setEnabled(false);
                Toast.makeText(this,
                        "External Storage permission required",
                        Toast.LENGTH_LONG).show();
            }
            return;
        }
    }
}
```

이 코드에서는 우선 요청 식별 코드를 확인한다. 어떤 퍼미션 요청이 반환되었는지 구별하기 위해서다. 그리고서 그 퍼미션이 승인되었는지를 확인한다. 만일 사용자가 마이크 사용 퍼미션을 승인했다면 이어서 외부 스토리지 사용 퍼미션을 요청한다. 두 가지 퍼미션 요청 중 어느 하나라도 거부되는 경우에는 애플리케이션이 제대로 동작하지 않는다는 것을 나타내는 메시지를 사용자에게 보여주며, 녹음 버튼을 누를 수 없도록 비활성화시킨다.

이제는 조금 전에 추가한 requestPermission( ) 메서드를 호출하는 것만 남았다. 우리 애플리케이션이 시작될 때 마이크 사용 퍼미션을 요청하기 위해서다. AudioAppActivity.java의 onCreate( ) 메서드에 다음과 같이 코드를 추가하자.

```
@Override
protected void onCreate(Bundle savedInstanceState) {
    super.onCreate(savedInstanceState);
    setContentView(R.layout.activity_audio_app);

    recordButton = (Button) findViewById(R.id.recordButton);
    playButton = (Button) findViewById(R.id.playButton);
    stopButton = (Button) findViewById(R.id.stopButton);

```

```
    if (!hasMicrophone())
    {
        stopButton.setEnabled(false);
        playButton.setEnabled(false);
        recordButton.setEnabled(false);
    } else {
        playButton.setEnabled(false);
        stopButton.setEnabled(false);
    }

    audioFilePath =
            Environment.getExternalStorageDirectory().getAbsolutePath()
                    + "/myaudio.3gp";

    requestPermission(Manifest.permission.RECORD_AUDIO,
            RECORD_REQUEST_CODE);
}
```

67.12 애플리케이션 테스트하기

마이크가 있는 실제 장치 또는 에뮬레이터(개발 컴퓨터의 마이크를 사용)에서 애플리케이션을 실행시키자. 그리고 권한을 요청하는 대화상자가 나타나면 허용을 클릭한다. 그다음에 Record 버튼을 터치하여 녹음을 시작하자. 그리고 녹음이 끝나면 Stop 버튼을 터치한 다음, Play 버튼을 터치해보자. 조금 전에 녹음했던 오디오가 장치의 스피커로 재생될 것이다. 우리 애플리케이션은 안드로이드 6.0 이상 버전은 물론이고 이전 버전이 실행되는 장치에서도 잘 실행된다. 단, 안드로이드 6.0 이상 버전의 장치에서 애플리케이션을 실행할 때는 외부 스토리지 사용과 오디오 녹음에 대한 퍼미션 요청을 설치는 물론 실행 시에도 하게 된다.

67.13 요약

안드로이드 SDK는 오디오 녹음과 재생을 구현하는 다양한 메커니즘을 제공한다. 이번 장에서는 프로젝트를 생성하여 MediaPlayer와 MediaRecorder 클래스로 구현하는 방법을 실제로 해보았다. 또한, 오디오를 녹음하기 전에 장치에 마이크 존재 여부를 확인하는 방법과 외부 스토리지인 SD 카드를 사용하는 방법도 알아보았다.

구글 맵 API 사용하기

여러 해 전에 구글이 지도 서비스를 소개하기로 결정했을 때 모바일 애플리케이션에 통합할 수 있는 버전을 염두에 두었는지를 지금 확인하기는 어렵다. 구글 맵(Google Map)이라고 하는 첫 번째 웹 기반의 버전이 2005년에 소개되었을 때 애플 아이폰은 아직 스마트폰 혁명을 일으키지 못했으며, 안드로이드 운영체제를 개발하고 있었던 안드로이드라는 회사는 그 후 6개월이 더 지나서야 구글에 인수되었다. 당시에 구글 맵의 미래에 대해 구글이 가졌던 포부가 무엇이었는지는 알 수 없지만, 아무튼 지금은 구글 맵 안드로이드 API를 사용하는 안드로이드 애플리케이션을 통해 구글 맵의 모든 능력을 직접 액세스할 수 있다.

이번 장에서는 구글 맵 시스템과 구글 맵 안드로이드 API의 개요를 알아볼 것이다. 이때 API를 구성하는 서로 다른 요소들 및 구글 맵과 동작하는 개발 환경을 구성하는 방법을 설명할 것이다. 그리고 예제 애플리케이션을 생성하여 구글 맵을 애플리케이션에 통합하는 방법을 보여줄 것이다.

68.1 구글 맵 안드로이드 API의 구성 요소

구글 맵 안드로이드 API는 안드로이드 애플리케이션에 지도 처리 능력을 제공하기 위해 설계된 핵심 클래스들로 구성된다.

- **GoogleMap** — 구글 맵 안드로이드 API의 메인 클래스다. 이 클래스는 지도 제목을 다운로드하고 보여주며, 맵 컨트롤들에게 응답하는 책임을 갖는다. GoogleMap 객체는 애플리케이션에서 직접 생성하지 않는다. 대신에 MapView 또는 MapFragment 인스턴스가 생성될 때 GoogleMap 객체도 같이 생성된다. 따라서 애플리케이션에서 MapView, MapFragment 또는 SupportMapFragment 인스턴스의 getMap( ) 메서드를 호출하여 GoogleMap 객체의 참조를 얻을 수 있다.
- **MapView** — View 클래스의 서브 클래스다. 이 클래스는 GoogleMap 객체가 지도를 그리는 뷰 캔버스를 제공한다. 따라서 이 클래스를 사용하면 액티비티의 사용자 인터페이스 레이아웃에 지도를 넣을 수 있다.
- **MapFragment** — android.app.Fragment 클래스의 서브 클래스이며, 안드로이드 레이아웃의 프래그먼트에 지도가 위치할 수 있게 해준다. API 레벨 12 이상의 장치에서 실행되는 앱에서 사용한다.
- **SupportMapFragment** — android.support.v4.app.Fragment 클래스의 서브 클래스이며, MapFragment와 기능적으로 거의 동일하다. 안드로이드 하위 버전과의 호환성을 고려해서 지원 라이브러리(android.support.v4)의 컴포넌트들과 사용하기 위해 만들어진 것이다.
- **Marker** — 이 클래스는 위치가 지도상에 표시되게 해준다. 지도와 연관된 GoogleMap 객체의 참조를 얻은 후, 그 객체의 addMarker( ) 메서드를 호출하면 표식(Marker 객체)들을 지도에 추가할 수 있다. 표식의 위치는 경도와 위도로 정의된다. 제목, 텍스트, 아이콘을 포함하여 표식은 여러 방법으로 구성될 수 있다. 또한, 표식은 끌어서 옮길 수 있으므로 사용자가 지도의 다른 위치로 표식을 이동시킬 수 있다.
- **Shapes** — Polyline, Polygon, Circle 클래스들을 사용하여 지도에 선이나 도형을 그릴 수 있다.
- **UiSettings** — 지도에 나타나는 사용자 인터페이스 컨트롤들의 레벨을 애플리케이션에서 제어할 수 있게 해준다. 예를 들어, 이 클래스를 사용하면 지도를 확대/축소하거나 현재 위치와 나침반이 나타나도록 애플리케이션에서 제어할 수 있다. 또한, 이 클래스는 지도에서 인식되는 터치 스크린 제스처를 구성하기 위해 사용될 수 있다.
- **My Location Layer** — 이것이 활성화되면 내 위치(My Location)가 지도의 버튼에 나타난다. 그리고 사용자가 그 버튼을 선택하면 사용자의 현재 지리적 위치가 지도의 중앙에 나타난다. 만일 사용자가 정지 상태이면 이 위치는 파란색 표식으로 지도에 나타나며, 이동 중일 때는 사용자의 이동 방향을 나타내는 V자 표식으로 나타난다.

구글 맵 API의 두 프래그먼트인 MapFragment와 SupportMapFragment는 우리 애플리케이션에서 구글 지도를 쉽게 사용할 수 있게 해준다. 그리고 지도의 사용자 인터페이스는 MapView가 담당하며, 구글 지도 데이터는 GoogleMap 객체를 통해서 받는다.

구글 맵 API에 익숙해지는 가장 좋은 방법은 예제 애플리케이션을 만들어보는 것이다. 이번 장의 나머지에서는 구글 맵 API의 주요 기능을 위주로 구글 맵 기반의 간단한 애플리케이션을 생성할 것이다.

68.2 구글 맵 프로젝트 생성하기

안드로이드 스튜디오로 새 프로젝트를 생성하자. 안드로이드 스튜디오 메인 메뉴의 File ➡ New ➡ New Project...를 선택하거나 웰컴 스크린에서 Start a new Android Studio project를 선택한다.

Application name 필드에 MapDemo를 입력하고, Company Domain 필드에는 ebookfrenzy.com을 입력한다. 안드로이드 장치 선택 화면에서는 **폰과 태블릿**(Phone and Tablet)만 선택하고, 최소 SDK 버전은 API 22: Android 5.1 (Lollipop)으로 선택한다. 액티비티 선택 화면에서는 Google Maps Activity를 선택한다. 그리고 마지막 대화상자에서 Activity Name에 MapDemoActivity를 입력하고 자동으로 설정된 나머지 필드 값은 그대로 둔다. Finish 버튼을 눌러 프로젝트를 생성한다.

68.3 개발자 서명 얻기

애플리케이션에서 구글 맵 API를 사용하려면 사전에 구글 맵 API 콘솔(Console)에서 등록해야 한다. 그러나 애플리케이션을 등록하기에 앞서 우리의 개발 환경과 연관된 **개발자 서명**(SHA-1 지문이라고도 함)이 확인되어야 한다(맵 API를 사용해서 구글 지도 데이터를 적법하게 사용하려면 애플리케이션 인증 지문을 구글에 등록한 후 애플리케이션에서 지도 데이터를 받을 때 사용할 API 키를 얻어야 한다). 개발자 서명은 안드로이드 SDK가 설치된 우리 홈 디렉터리의 .android 서브 디렉터리에 있는 keystore 파일에 포함된다. 그리고 자바 SDK의 일부로 제공된 keytool 유틸리티를 사용해서 서명을 얻을 수 있다. 그러나 이런 작업을 더 쉽게 하기 위해 안드로이드 스튜디오에서는 관련 파일들을 우리 프로젝트에 추가해준다(단, 바로 앞에서 MapDemo 프로젝트를 생성할 때처럼 Google Maps Activity를 선택해야 한다). 그중 하나의 파일이 google_maps_api.xml이며, 프로젝트의 app ➡ res ➡ values 폴더에 위치한다.

google_maps_api.xml 파일에는 구글 개발자 콘솔의 https 링크가 포함되어 있다. 그 링크를 복사해서 웹 브라우저 주소 창에 붙여넣기를 한 후 접속하면, 그림 68-1의 구글 개발자 콘솔 페이지가 나타날 것이다(이때 구글 계정에 로그인되어 있지 않다면 구글 로그인 페이지가 나올 것이므로 로그인을 한다).

그림 68-1

프로젝트 만들기가 선택된 상태에서 모두 '예'를 선택하고 동의 및 계속하기 버튼을 클릭한다. 잠시 후에 새로운 프로젝트가 생성되고 그림 68-2의 화면이 나타날 것이다.

그림 68-2

API 키 만들기 버튼을 클릭하면 생성된 API 키를 보여주는 대화상자가 나타나며(그림 68-3의 위), 닫기 버튼을 클릭하면 생성된 모든 API 키 내역을 보여주는 화면이 나타난다(그림 68-3의 아래).

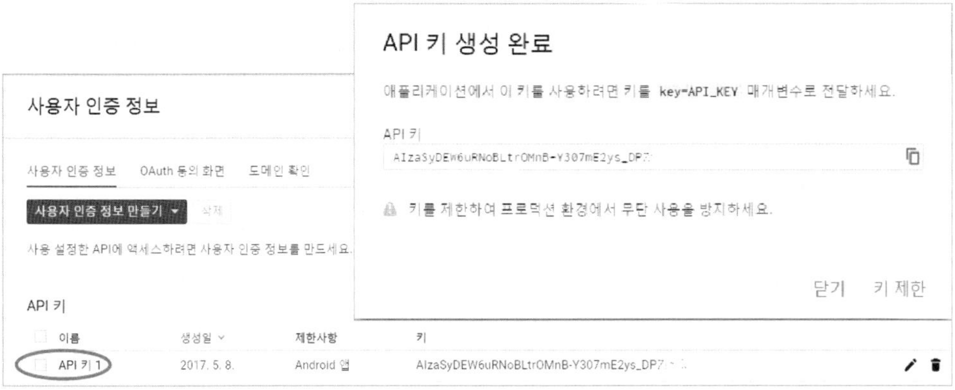

그림 68-3

방금 생성된 API 키의 왼쪽 체크상자를 클릭하여 선택한 후 오른쪽의 연필 모양 아이콘(✎)을 클릭하면 상세 내역이 나타난다(그림 68-4).

그림 68-4

여기서는 생성된 API 키의 사용을 제한하는 옵션을 변경할 수 있다. 또한, 안드로이드 스튜디오 프로젝트의 google_maps_api.xml 파일에 있는 SHA-1 지문과 애플리케이션 패키지 이름을 같이 보여준다(사각형으로 표시된 부분). 화면 중간의 39자로 구성된 API 키(타원으로 표시된 부분)를 마우스로 끌어서 선택하여 클립보드로 복사한 후 **저장** 버튼을 누른다.

그다음에 안드로이드 스튜디오로 돌아와서 앞에서 복사한 API 키를 google_maps_api.xml 파일의 YOUR_KEY_HERE에 붙여넣기 한다.

```
<string name="google_maps_key" templateMergeStrategy="preserve"
translatable="false">YOUR_KEY_HERE</string>
```

API 키가 생성되었으므로 이제는 우리 애플리케이션에서 구글 맵을 사용할 수 있다.

68.4 애플리케이션 테스트하기

API 키가 올바르게 구성되었는지 확인할 겸 애플리케이션을 실행시키자. 구성이 제대로 되었다면 애플리케이션이 실행되어 화면에 지도가 나타날 것이다. 그림 68-5는 삼성 갤럭시 노트 5에서 실행 후 나타난 지도다. 왼쪽 지도에서 두 손가락을 벌리는 핀치 제스처를 사용해서 점차 확대한 것이다.

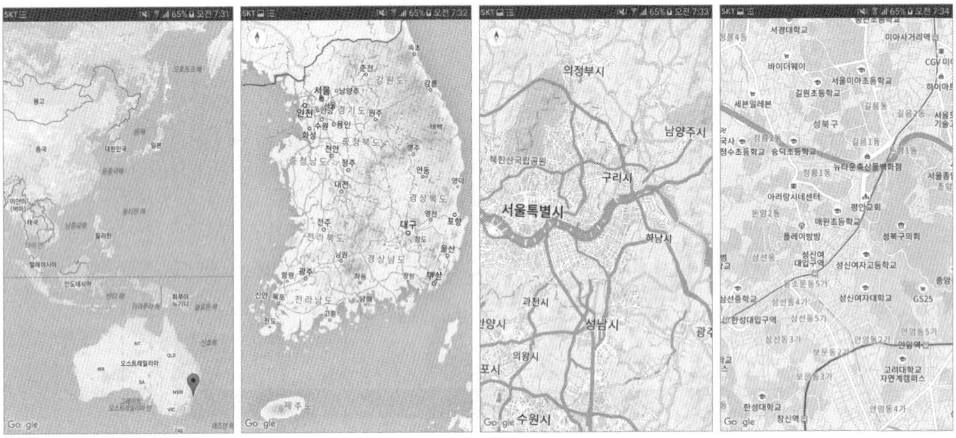

그림 68-5

지도가 나타나지 않을 경우는 다음 사항을 확인한다.

- 만일 애플리케이션을 에뮬레이터에서 실행 중이라면 그 에뮬레이터가 구글 API를 포함하는 안드로이드 버전을 실행하는 것인지 확인한다. 현재의 AVD를 변경할 때는 다음과 같이 하면 된다. 안드로이드 스튜디오 메뉴의 Tools ➡ Android ➡ AVD Manager를 선택하면 대화상자가 나온다. 변경하고자 하는 AVD의 맨 오른쪽에 있는 아이콘 중에서 연필 모양의 아이콘을 클릭하면 AVD 구성 대화상자가 나타난다. 위에서 세 번째 줄에 있는 AVD 안드로이드 버전의 오른쪽에 있는 Change... 버튼을 누르면 AVD의 시스템 이미지를 선택할 수 있는 대화상자가 나타난다. 목록에 나와 있는 시스템 이미지 중에서 Google API가 포함된 최신 버전의 것을 하나 선택하고(예를 들어, Android 8.0 또는 Android 7.1.1 with Google APIs) OK 버튼을 누르면 된다. 그리고 AVD가 현재 실행 중이라면 창을 닫아 실행을 끝내고 다시 실행시킨 후 애플리케이션을 실행한다.
- 구글 맵 API의 인증 문제와 관련된 에러 메시지들이 로그캣(LogCat) 출력에 나온 것이 없는지 로그캣 창에서 확인해본다. 이런 경우는 대개 API 키가 잘못 입력되었거나 애플리케이션 패키지 이름이 API 키 생성 시 지정된 것과 달라서 그렇다.

- Google Maps Android API가 서비스 패널에서 활성화되었는지를 구글 API 콘솔에서 확인한다.

68.5 지오코딩과 역-지오코딩 이해하기

지오코딩(geocoding)을 모르면서 지도와 지리적 위치에 관해 논하는 것은 불가능하다. 텍스트 기반의 지리적 위치(예를 들어, 거리 주소)를 위도와 경도의 지리적 좌표로 변환하는 것을 지오코딩이라고 한다.

지오코딩은 안드로이드 Geocoder 클래스를 사용하여 할 수 있다. 예를 들어, Geocoder 클래스 인스턴스의 getFromLocationName( ) 메서드에서는 도시 이름, 거리 주소, 공항 코드 등의 위치를 나타내는 문자열 및 원하는 결과의 개수를 인자로 받아서 그 위치와 일치하는 것을 인자의 개수만큼 찾은 후 각각을 Address 객체로 생성하여 List에 저장한 후 반환한다. 이때 가장 근접하게 일치하는 것부터 차례대로 List에 넣는다(가장 근접하게 일치하는 것이 0번째). 그런 다음, Address 객체로부터 다양한 정보(경도와 위도 포함)를 추출하여 사용할 수 있다.

예를 들어, 다음 코드에서는 미국 워싱턴 D.C에 있는 항공 우주 박물관(National Air and Space Museum)의 위치를 요청한다.

```
import java.io.IOException;
import java.util.List;

import android.location.Address;
import android.location.Geocoder;
.
.
.
    double latitude;
    double longitude;

    List<Address> geocodeMatches = null;

    try {
        geocodeMatches =
                new Geocoder(this).getFromLocationName(
                "600 Independence Ave SW, Washington, DC 20560", 1);
    } catch (IOException e) {
        // TODO Auto-generated catch block
        e.printStackTrace();
    }

    if (!geocodeMatches.isEmpty())
```

```
    {
        latitude = geocodeMatches.get(0).getLatitude();
        longitude = geocodeMatches.get(0).getLongitude();
    }
```

getFromLocationName( ) 메서드의 두 번째 인자로 전달된 1은 찾은 결과 중 하나만 List에 넣어서 반환하라는 의미다. 여기서는 자세한 주소를 지정했으므로 일치할 가능성이 가장 큰 것은 하나일 것이다. 그러나 모호한 위치를 주는 경우에는 일치될 가능성이 큰 주소가 더 많이 나올 수 있으며, 이때는 사용자에게 보여주고 하나를 선택하게 하면 된다.

위의 코드는 텍스트로 된 위치를 기준으로 좌표를 산출하는 **순-지오코딩**(forward-geocoding)의 예다. 이와는 달리 **역-지오코딩**(reverse-geocoding)은 지리적 좌표를 사람이 알기 쉬운 주소 문자열로 변환한다. 예를 들어, 다음 코드를 보자.

```
import java.io.IOException;
import java.util.List;

import android.location.Address;
import android.location.Geocoder;
.
.
.
    List<Address> geocodeMatches = null;
    String Address1;
    String Address2;
    String State;
    String Zipcode;
    String Country;

    try {
        geocodeMatches =
          new Geocoder(this).getFromLocation(38.8874245, -77.0200729, 1);
    } catch (IOException e) {
        // TODO Auto-generated catch block
        e.printStackTrace();
    }

    if (!geocodeMatches.isEmpty())
    {
        Address1 = geocodeMatches.get(0).getAddressLine(0);
        Address2 = geocodeMatches.get(0).getAddressLine(1);
        State = geocodeMatches.get(0).getAdminArea();
        Zipcode = geocodeMatches.get(0).getPostalCode();
        Country = geocodeMatches.get(0).getCountryName();
    }
```

여기서 Geocoder 객체는 getFromLocation( ) 메서드를 통해서 경도와 위도 값으로 초기화된다. 다시 말하지만, 이 코드에서는 하나의 일치된 결과만 요청하고 있다. 그런 다음, 결과로 생성된 Address 객체로부터 텍스트 기반의 주소 정보가 추출된다.

실제로는 지오코딩이 안드로이드 장치에서 수행되지 않고 변환이 필요할 때 장치와 연결된 구글 서버에서 수행된다. 그리고 변환이 끝나면 그 결과가 장치로 반환된다. 따라서 장치가 인터넷에 연결되어 있을 때만 지오코딩이 가능하다는 것에 유의하자.

68.6 지도를 애플리케이션에 추가하기

애플리케이션에 지도를 추가하는 가장 간단한 방법은 액티비티의 사용자 인터페이스 레이아웃 XML에 그것을 지정하는 것이다. MapDemo 프로젝트를 생성할 때 안드로이드 스튜디오가 생성해준 app ➡ res ➡ layout ➡ activity_map_demo.xml 레이아웃 파일을 더블 클릭하여 편집기에 열자. 이때 그림 68-6의 Render errors 메시지가 나타날 수 있다. 프래그먼트(SupportMapFragment 인스턴스)를 레이아웃에 포함시킨 것이므로 레이아웃 편집기에서 보여줄 때 어떤 프래그먼트를 넣어서 보여줄 것인지 알 수 없기 때문에 그런 것이다.

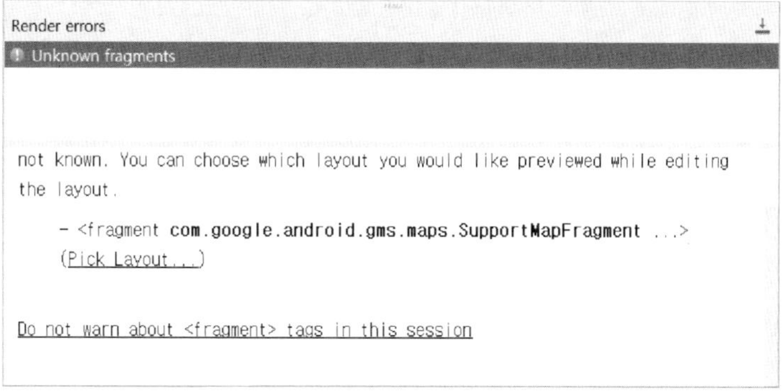

그림 68-6

이때는 메시지 상자 오른쪽의 스크롤바를 끌어 내린 후 제일 밑의 'Do not warn about <fragment> tags in this session'을 클릭하면 메시지가 없어진다. 그리고 텍스트 모드로 변경하면 activity_map_demo.xml 파일에 자동으로 추가된 SupportMapFragment 인스턴스를 볼 수 있다. 이렇게 하면 SupportMapFragment 인스턴스의 지도를 우리 레이아웃에 바로 보여줄 수 있다.

```
<fragment xmlns:android="http://schemas.android.com/apk/res/android"
          xmlns:map="http://schemas.android.com/apk/res-auto"
          xmlns:tools="http://schemas.android.com/tools"
          android:id="@+id/map"
          android:name="com.google.android.gms.maps.SupportMapFragment"
          android:layout_width="match_parent"
          android:layout_height="match_parent"
          tools:context="com.ebookfrenzy.mapdemo.MapDemoActivity"/>
```

68.7 현재 위치 퍼미션 요청하기

66장에서 얘기했듯이, 퍼미션(permission) 중에는 사용자의 사생활을 침해할 수 있는 위험 퍼미션의 유형에 속하는 것들이 있다. 사용자의 현재 위치를 식별할 수 있는 기능을 애플리케이션에 부여하는 위치 관련 퍼미션도 그런 것 중 하나다. 기본적으로 안드로이드 스튜디오에서는 매니페스트 파일에 위치 관련 퍼미션을 선언한다. 프로젝트 도구 창에서 app ➡ manifests ➡ AndroidManifest.xml 파일을 더블 클릭하여 편집기에 열면 다음의 위치 관련 퍼미션을 볼 수 있다.

```
<uses-permission
          android:name="android.permission.ACCESS_FINE_LOCATION" />
```

프로젝트를 생성할 때 액티비티 템플릿을 Google Maps Activity로 선택했기 때문에 이 퍼미션이 자동으로 추가된 것이다. 안드로이드 6.0 이전 버전이 실행되는 장치에서는 앱이 설치되는 시점에 사용자로부터 퍼미션을 승인받으므로 이렇게 하면 문제없다. 그러나 안드로이드 6.0 이상 버전이 실행되는 장치에서는 애플리케이션이 최초 실행될 때에도 퍼미션을 요청하여 승인받아야 한다. 따라서 이와 관련된 코드를 MapDemoActivity.java 파일에 추가해야 한다.

우선, 퍼미션 요청 코드로 사용할 상수와 import 문을 추가하자.

```
package com.ebookfrenzy.mapdemo;

import android.support.v4.app.FragmentActivity;
import android.os.Bundle;
import android.support.v4.content.ContextCompat;
import android.support.v4.app.ActivityCompat;
import android.Manifest;
import android.widget.Toast;
import android.content.pm.PackageManager;
```

```
import com.google.android.gms.maps.CameraUpdateFactory;
import com.google.android.gms.maps.GoogleMap;
import com.google.android.gms.maps.OnMapReadyCallback;
import com.google.android.gms.maps.SupportMapFragment;
import com.google.android.gms.maps.model.LatLng;
import com.google.android.gms.maps.model.MarkerOptions;

public class MapDemoActivity extends FragmentActivity implements OnMapReadyCallback {

    private static final int LOCATION_REQUEST_CODE = 101;

    private GoogleMap mMap;
.
.
}
```

다음은 메서드를 하나 추가하자. 이 메서드에서는 요청할 퍼미션과 그것의 요청 식별 코드를 인자로 받아서 퍼미션을 요청한다. MapDemoActivity.java 파일에 다음 메서드를 추가한다.

```
protected void requestPermission(String permissionType,
                                 int requestCode) {

    ActivityCompat.requestPermissions(this,
            new String[]{permissionType}, requestCode);
}
```

사용자가 퍼미션 요청에 응답하면 액티비티의 onRequestPermissionsResult( ) 메서드가 호출된다. 따라서 이 메서드도 MapDemoActivity.java 파일에 추가해야 한다.

```
@Override
public void onRequestPermissionsResult(int requestCode,
                String permissions[], int[] grantResults) {

    switch (requestCode) {
        case LOCATION_REQUEST_CODE: {

            if (grantResults.length == 0
                    || grantResults[0] !=
                    PackageManager.PERMISSION_GRANTED) {
                Toast.makeText(this,
                    "Unable to show location - permission required",
                                Toast.LENGTH_LONG).show();
            } else {

                SupportMapFragment mapFragment =
```

```
                    (SupportMapFragment) getSupportFragmentManager()
                        .findFragmentById(R.id.map);
                mapFragment.getMapAsync(this);
            }
        }
    }
}
```

만일 사용자가 퍼미션을 승인하지 않았다면, 우리 앱에서는 현재 위치를 보여줄 수 없다는 것을 나타내는 메시지를 보여준다. 그렇지 않고 승인을 했다면, 현재 위치를 나타내는 표식을 지도에 보여줄 수 있다.

68.8 사용자의 현재 위치 보여주기

일단 퍼미션이 승인된 후에는 보여줄 지도와 연관된 GoogleMap 객체의 참조를 얻어서 그 객체의 setMyLocationEnabled( ) 메서드를 호출하여 사용자의 현재 위치를 지도에 보여줄 수 있다. 이때 메서드 인자로 true 값을 전달한다.

지도를 보여줄 준비가 되면 액티비티의 onMapReady( ) 메서드가 호출된다. 이 메서드는 기본적으로 안드로이드 스튜디오가 구현해준다. 그리고 호주를 중심으로 지도가 나타나고, 시드니 시에 표식을 보여주도록 코드가 추가되어 있다. 이러한 템플릿 생성 코드를 삭제한 후 사용자의 현재 위치를 보여주기 전에 위치 퍼미션이 승인되었는지 확인하는 코드를 추가하자. 만일 퍼미션이 승인되지 않았다면 앞에서 추가한 requestPermission( ) 메서드를 호출하여 사용자에게 승인을 요청한다.

```
@Override
public void onMapReady(GoogleMap googleMap) {
    mMap = googleMap;

    // Add a marker in Sydney and move the camera
    LatLng sydney = new LatLng(-34, 151);
    mMap.addMarker(new MarkerOptions().position(sydney)
            .title("Marker in Sydney"));
    mMap.moveCamera(CameraUpdateFactory.newLatLng(sydney));

    if (mMap != null) {
        int permission = ContextCompat.checkSelfPermission(this,
                Manifest.permission.ACCESS_FINE_LOCATION);

        if (permission == PackageManager.PERMISSION_GRANTED) {
            mMap.setMyLocationEnabled(true);
```

```
        } else {
                requestPermission(
                    Manifest.permission.ACCESS_FINE_LOCATION,
                            LOCATION_REQUEST_CODE);
        }
    }
}
```

우리 앱을 다시 실행하면 위치 퍼미션을 요청하는 대화상자가 나타난다. 이때 허용을 클릭(터치)하면 우리 앱이 정상적으로 실행되면서 작은 파란색 점으로 현재 위치가 지도에 나타날 것이다. 두 손가락을 벌려서 지도를 계속 확대하면 장치의 현재 위치를 정확하게 보여주는 것을 알 수 있다. 그림 68-7에서는 삼성 갤럭시 노트5의 대화상자를 보여준다.

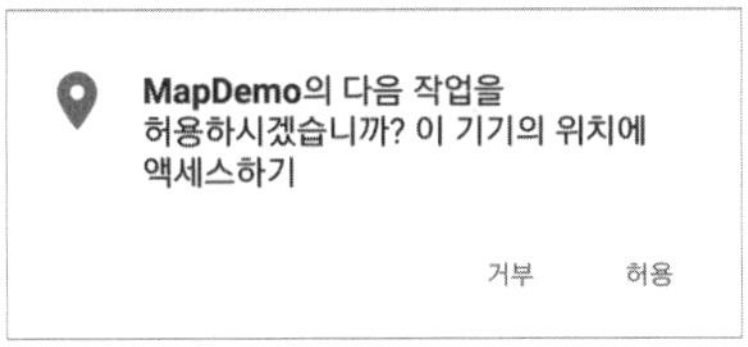

그림 68-7

68.9 지도 타입 변경하기

GoogleMap 객체의 setMapType( ) 메서드를 호출하면 보여주는 지도의 타입을 동적으로 변경할 수 있다. 이때 다음 값 중 하나를 메서드 인자로 전달한다.

- **GoogleMap.MAP_TYPE_NONE** — 격자선 없이 나타난다.
- **GoogleMap.MAP_TYPE_NORMAL** — 전형적인 도로 지도로 구성되는 표준 뷰
- **GoogleMap.MAP_TYPE_SATELLITE** — 해당 지도 영역의 인공위성 사진을 보여준다.
- **GoogleMap.MAP_TYPE_HYBRID** — 도로 지도가 겹쳐진 인공위성 사진을 보여준다.
- **GoogleMap.MAP_TYPE_TERRAIN** — 등고선과 색상 등의 지형 정보를 보여준다.

예를 들어, 다음 코드를 onMapReady( ) 메서드에 추가하면 지도를 인공위성(Satellite) 모드로 변경한다.

```
.
.
if (mMap != null) {
    int permission = ContextCompat.checkSelfPermission(
            this, Manifest.permission.ACCESS_FINE_LOCATION);

    if (permission == PackageManager.PERMISSION_GRANTED) {
        mMap.setMyLocationEnabled(true);
    } else {
        requestPermission(Manifest.permission.ACCESS_FINE_LOCATION,
                LOCATION_REQUEST_CODE);
    }
    mMap.setMapType(GoogleMap.MAP_TYPE_SATELLITE);
}
.
.
```

또 다른 방법으로는, 지도가 포함되는 XML 레이아웃 파일에 지도의 타입을 지정할 수도 있다. 이때는 map:mapType 속성에 none, normal, hybrid, satellite, terrain 중 하나를 지정하면 된다. 예를 들면 다음과 같다.

```
<?xml version="1.0" encoding="utf-8"?>
<fragment xmlns:android="http://schemas.android.com/apk/res/android"
          xmlns:map="http://schemas.android.com/apk/res-auto"
          android:id="@+id/map"
          android:layout_width="match_parent"
          android:layout_height="match_parent"
          map:mapType="hybrid"
android:name="com.google.android.gms.maps.SupportMapFragment"/>
```

68.10 맵 컨트롤을 사용자에게 보여주기

구글 맵 안드로이드 API는 지도를 볼 때 사용할 수 있는 여러 컨트롤을 제공한다. 이것들은 선택적으로 사용자에게 보여줄 수 있으며, 줌인과 줌아웃 버튼, my location(내 위치) 버튼과 나침반으로 구성된다.

줌과 나침반 컨트롤들을 보여줄지의 여부는 우리 코드 또는 XML 레이아웃 리소스의 맵 요소에서 제어할 수 있다. 코드에서 컨트롤을 구성하려면 GoogleMap 객체와 연관된 UiSettings 객체의 참조를 얻어야 한다.

```
import com.google.android.gms.maps.UiSettings;
.
.
UiSettings mapSettings;
mapSettings = mMap.getUiSettings();
```

줌 컨트롤은 UiSettings 객체의 setZoomControlsEnabled( ) 메서드를 호출하여 활성화/비활성화할 수 있다. 예를 들면, 다음과 같다.

```
mapSettings.setZoomControlsEnabled(true);
```

또는 XML 리소스 파일의 맵 요소에서 map:uiZoomControls 속성을 설정해도 된다.

```
map:uiZoomControls="false"
```

나침반은 UiSettings 객체의 setCompassEnabled( ) 메서드를 호출하거나 map:uiCompass 속성을 사용하는 XML 리소스를 통해 보여줄 수 있다.

My Location(내 위치) 버튼은 My Location 모드가 활성화되었을 때만 나타난다. 그리고 이 모드가 활성화되어 있더라도 UiSettings 객체의 setMyLocationButtonEnabled( ) 메서드를 호출하여 비활성화할 수 있다.

68.11 지도 제스처 처리하기

구글 맵 안드로이드 API는 여러 가지의 사용자 요청에 응답할 수 있다. 즉, 사용자에게 보이는 지도의 영역과 줌 레벨 및 뷰의 앵글(어떤 도시들은 3D 지도가 나옴)을 변경할 때 그런 기능을 사용할 수 있다.

68.11.1 지도의 줌 제스처

지도의 줌인/줌아웃과 관련된 제스처의 지원은 GoogleMap 인스턴스와 연관된 UiSettings 객체의 setZoomControlsEnabled( ) 메서드를 사용해서 활성화/비활성화할 수 있다. 예를 들어, 다음 코드에서는 지도의 줌 제스처를 활성화한다.

```
UiSettings mapSettings;
mapSettings = map.getUiSettings();
mapSettings.setZoomGesturesEnabled(false);
```

XML 레이아웃 리소스 파일의 map:uiZoomGestures 속성을 true 또는 false로 설정해도 같은 결과를 얻을 수 있다.

지도의 줌 제스처가 활성화되면 사용자가 화면에서 핀치 제스처(두 손가락을 오므렸다 폈다 함)를 할 때 줌인/줌아웃이 일어난다. 이와 유사하게 두 손가락을 두 번 두드리면 줌인이 되고, 두 손가락으로 한 번 두드리면 줌아웃이 된다. 이와는 달리 한 손가락으로 줌 제스처를 할 때는 반복해서 누 번씩 두드리면 줌인/줌아웃이 수행된다. 또한, 두 번째 두드리는 손가락을 화면에서 떼지 않고 밀어 올리거나 내려도 줌인과 줌아웃이 수행된다.

68.11.2 지도의 스크롤링/패닝 제스처

스크롤링 또는 패닝 제스처를 사용하면 사용자가 지도를 이동시킬 수 있다. 이때는 화면의 지도를 한 손가락으로 끌면 된다. 스크롤링 제스처는 UiSettings 인스턴스의 setScrollGestures Enabled( ) 메서드를 호출하여 코드에서 활성화시킬 수 있다.

```
UiSettings mapSettings;
mapSettings = mMap.getUiSettings();
mapSettings.setScrollGesturesEnabled(true);
```

또는 XML 레이아웃 리소스 파일의 map:uiScrollGestures 속성을 사용해도 활성화시킬 수 있다.

68.11.3 지도의 틸트 제스처

틸트(tilt) 제스처를 사용하면 사용자가 지도의 투영 앵글을 조정할 수 있다. 이때는 화면에 두 손가락을 놓고 위 또는 아래로 움직여서 기울기 각도를 조정하면 된다. 틸트 제스처는 UiSettings 인스턴스의 setTiltGesturesEnabled( ) 메서드를 호출하여 활성화/비활성화할 수 있다. 예를 들면, 다음과 같다.

```
UiSettings mapSettings;
mapSettings = mMap.getUiSettings();
mapSettings.setTiltGesturesEnabled(true);
```

또한, XML 레이아웃 리소스 파일의 map:uiTiltGestures 속성을 사용해도 틸트 제스처를 활성화/비활성화할 수 있다.

68.11.4 지도의 회전 제스처

지도 회전 제스처가 활성화된 경우에 화면에 두 손가락을 놓고 원을 그리듯이 회전시키면 사용자가 지도의 방향을 회전시킬 수 있다. 이 제스처는 코드에서 UiSettings 인스턴스의 setRotateGesturesEnabled( ) 메서드를 호출하여 활성화/비활성화할 수 있다. 예를 들면, 다음과 같다.

```
UiSettings mapSettings;
mapSettings = mMap.getUiSettings();
mapSettings.setRotateGesturesEnabled(true);
```

또는 XML 레이아웃 리소스 파일의 map:uiRotateGestures 속성을 사용해도 회전 제스처를 활성화/비활성화할 수 있다.

68.12 지도 표식 생성하기

표식(Marker)은 지도상의 위치를 사용자에게 알려주는 데 사용되며, 표준 또는 커스텀 아이콘의 형태를 갖는다. 표식은 또한 제목과 스니펫(snippet)이라고 하는 텍스트를 포함한다(텍스트는 생략 가능하다). 그리고 사용자가 지도의 다른 위치로 끌어서 옮길 수 있게 구성될 수 있다. 사용자가 표식을 두드리면 그 표식 위치에 관한 추가 정보를 보여주는 정보 창(info window)이 나타난다.

표식은 Marker 클래스의 인스턴스로 나타낸다. 그리고 GoogleMap 객체의 addMarker( ) 메서드를 호출하여 지도에 추가한다. 이때 제목과 스니펫 텍스트 등의 표식에 필요한 다양한 옵션을 포함하는 MarkerOptions 클래스 인스턴스를 메서드 인자로 전달한다. 표식의 위치는 경도와 위도 값으로 정의되며, MarkerOptions 인스턴스의 일부로 포함된다. 예를 들어, 다음 코드에서는 제목, 스니펫 텍스트, 지도의 특정 위치를 포함하는 하나의 표식을 추가한다.

```
import com.google.android.gms.maps.model.Marker;
import com.google.android.gms.maps.model.LatLng;
import com.google.android.gms.maps.model.MarkerOptions;
.
.
LatLng MUSEUM = new LatLng(38.8874245, -77.0200729);
Marker museum = mMap.addMarker(new MarkerOptions()
                .position(MUSEUM)
                .title("Museum")
                .snippet("National Air and Space Museum"));
```

이 코드가 실행되면 지정된 위치에 표식이 나타날 것이다. 그리고 그 표식을 두드리면 제목과 스니펫 텍스트를 포함하는 정보 창이 나타난다(그림 68-8).

그림 68-8

68.13 맵 카메라 제어하기

안드로이드 장치 화면은 평면이고 지구는 구형이므로 구글 맵 안드로이드 API에서는 메르카토르 투영(Mercator projection) 도법을 사용해서 지구를 평면상에 나타낸다. 기본적으로 지도는 지도 위에 걸려 있는 카메라(camera)를 통해서 아래의 지도를 직접 가리키는 것처럼 사용자에게 보인다. 구글 맵 안드로이드 API에서는 그 카메라의 목표 위치, 줌, 방위, 틸트(기울기)를 애플리케이션에서 실시간으로 변경할 수 있게 해준다.

- **목표(Target)** — 장치 화면에 있는 지도의 중앙 위치(경도와 위도로 지정됨).
- **줌(Zoom)** — 카메라의 줌 레벨이다.
- **틸트(Tilt)** — 볼 수 있는 지도 영역의 중앙에 걸치는 둥근 모양의 위치로 지정된 카메라의 뷰 앵글이다.

- **방위(Bearing)** — 북쪽으로부터 시계 바늘과 같은 방향으로 측정된 방위각으로 된 지도의 방위

카메라의 변경은 적합한 설정을 갖는 CameraUpdate 클래스의 인스턴스를 생성하여 처리한다. CameraUpdate 인스턴스는 CameraUpdateFactory 클래스의 메서드 호출로 생성된다.

CameraUpdate 인스턴스가 생성되면 GoogleMap 인스턴스의 moveCamera( ) 메서드를 호출하여 지도에 적용할 수 있다. 카메라가 변경될 때 부드럽게 움직이는 효과를 얻으려면 moveCamera( ) 대신 animateCamera( ) 메서드를 호출하면 된다.

CameraUpdateFactory 클래스의 메서드를 요약하면 다음과 같다.

- **CameraUpdateFactory.zoomIn( )** — 한 레벨 줌인된 CameraUpdate 인스턴스를 제공한다.
- **CameraUpdateFactory.zoomOut( )** — 한 레벨 줌아웃된 CameraUpdate 인스턴스를 제공한다.
- **CameraUpdateFactory.zoomTo(float)** — 줌 레벨을 지정된 값으로 변경하는 CameraUpdate 인스턴스를 생성한다.
- **CameraUpdateFactory.zoomBy(float)** — 지정된 양만큼 증가 또는 감소된 줌 레벨을 갖는 CameraUpdate 인스턴스를 제공한다.
- **CameraUpdateFactory.zoomBy(float, Point)** — 지정된 값으로 줌 레벨을 증가 또는 감소시킨 CameraUpdate 인스턴스를 생성한다.
- **CameraUpdateFactory.newLatLng(LatLng)** — 카메라의 목표 경도와 위도를 변경하는 CameraUpdate 인스턴스를 생성한다.
- **CameraUpdateFactory.newLatLngZoom(LatLng, float)** — 카메라의 경도와 위도 및 줌을 변경하는 CameraUpdate 인스턴스를 생성한다.
- **CameraUpdateFactory.newCameraPosition(CameraPosition)** — 카메라를 지정된 위치로 이동시키는 CameraUpdate 인스턴스를 반환한다. CameraPosition 인스턴스는 CameraPosition.Builder( )를 사용해서 얻을 수 있다.

예를 들어, 다음 코드에서는 움직이는 효과를 내면서 카메라를 한 레벨 줌인한다.

```
mMap.animateCamera(CameraUpdateFactory.zoomIn());
```

이와는 달리 다음 코드에서는 움직이는 효과 없이 카메라를 새로운 위치로 이동시키고 줌 레벨을 10으로 조정한다.

```
private static final LatLng MUSEUM =
        new LatLng(38.8874245, -77.0200729);

mMap.moveCamera(CameraUpdateFactory.newLatLngZoom(MUSEUM, 10));
```

마지막으로, 다음 코드에서는 CameraPosition.Builder( )를 사용하여 CameraPosition 객체를 생성한다. 이때 목표 위치, 줌 레벨, 방위, 틸트를 변경한다. 그리고 이런 변경 사항은 움직이는 효과를 사용하는 카메라에 적용된다.

```
import com.google.android.gms.maps.model.CameraPosition;
.
.
CameraPosition cameraPosition = new CameraPosition.Builder()
    .target(MUSEUM)
    .zoom(50)
    .bearing(70)
    .tilt(25)
    .build();
map.animateCamera(CameraUpdateFactory.newCameraPosition(cameraPosition));
```

68.14 요약

이번 장에서는 구글 맵 안드로이드 API를 구성하는 핵심 클래스들과 메서드들의 개요를 알아보았으며, 코드 예를 통해 애플리케이션에서 사용하는 방법도 살펴보았다.

안드로이드 인쇄 프레임워크 사용하기

안드로이드 4.4 킷캣 버전에서 인쇄(printing) 프레임워크가 소개되면서 이제는 안드로이드 애플리케이션에서 콘텐트를 인쇄할 수 있게 되었다. 우리 애플리케이션에 인쇄 지원 기능을 추가하는 더 자세한 내용은 70장과 71장에서 살펴보겠으며, 이번 장에서는 현재 안드로이드에서 사용 가능한 다양한 인쇄 옵션과 그런 옵션을 사용하는 방법을 알아보는 데 초점을 둘 것이다.

69.1 안드로이드 인쇄 아키텍처

안드로이드 4.4 이상 버전의 인쇄 기능은 인쇄 프레임워크에서 지원한다. 기본적으로 이 프레임워크는 하나의 인쇄 매니저와 다수의 인쇄 서비스 플러그인(plugin)들로 구성된다. 애플리케이션의 인쇄 요청을 처리하고 장치에 설치된 인쇄 서비스 플러그인과 상호작용하여 인쇄 요청이 수행되게 하는 것이 인쇄 매니저의 역할이다. 기본적으로 대부분의 안드로이드 장치들은 인쇄 서비스 플러그인을 갖고 있으며, 이 플러그인은 구글 클라우드 인쇄와 구글 드라이브 서비스를 사용해서 인쇄할 수 있게 설치되어 있다. 만일 설치되어 있지 않다면 다른 프린터 타입의 인쇄 서비스 플러그인도 구글 플레이 스토어에서 받을 수 있다. 현재는 HP, 엡슨, 삼성, 캐논 프린터에서 인쇄 서비스 플러그인을 사용할 수 있다. 그리고 가까운 장래에 구글 클라우드 인쇄 서비스 플러그인을 통해 릴리스될 다른 프린터 제조사들의 플러그인도 안드로이드 장치로부터 다른 프린터 타입과 모델로 인쇄하는 데 사용될 수 있다. 이 책에서는 일례로 HP 인쇄 서비스 플러그인을 사용할 것이다.

69.2 인쇄 서비스 플러그인

애플리케이션에서 무선랜(Wi-Fi)이나 블루투스를 통해서 안드로이드 장치가 인식할 수 있는 호환 가능한 프린터로 인쇄할 수 있게 해주는 것이 인쇄 서비스 플러그인의 목적이다. 인쇄 서비스 플러그인은 현재 다양한 프린터에서 사용 가능하다. 예를 들어, HP, 삼성, 브라더, 캐논, 렉스마크, 제록스 등이다.

안드로이드 장치용 인쇄 서비스 플러그인은 구글 플레이 스토어 애플리케이션을 실행하여 Print Services Plugin을 검색하면 찾을 수 있다. 그리고 플레이 스토어에 그 플러그인이 나타나면 설치 버튼을 터치하여 설치하면 된다. 예를 들어, 그림 69-1에서는 구글 플레이 스토어에 게시된 인쇄 서비스 플러그인들을 보여준다. 왼쪽은 모든 인쇄 서비스 플러그인들의 목록이며, 오른쪽은 HP 인쇄 서비스 플러그인의 상세 내역이다.

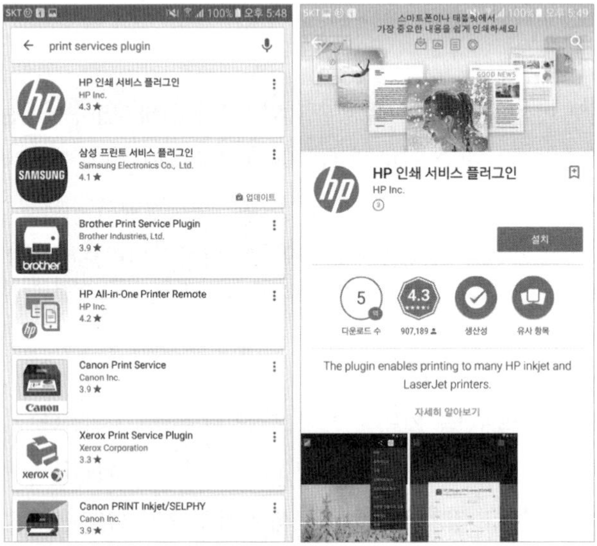

그림 69-1

HP 인쇄 서비스 플러그인은 안드로이드 장치가 연결된 네트워크상의 HP 호환 프린터를 자동으로 감지한다. 그리고 애플리케이션에서 인쇄할 때 그 내역을 옵션으로 보여준다.

69.3 구글 클라우드 인쇄

구글 클라우드 인쇄는 구글에서 제공하는 서비스이며, 인터넷 연결이 가능한 곳이면 어디서든지 웹을 통해 프린터로 콘텐트를 인쇄할 수 있게 해준다. 구글 클라우드 인쇄는 클라우드 지원(Cloud Ready)과 클래식(Classic) 프린터의 두 가지 형태로 다양한 장치와 프린터 모델을 지원한다. 클라우드 지원 프린터는 웹을 통해 인쇄할 수 있는 기능이 내장되어 있다. 클라우드 지원 프린터를 제공하는 제조사에는 삼성, 캐논, 엡슨, HP, 코닥 등이 포함된다. 각자의 프린터가 클라우드 지원 모델이면서 구글 클라우드 인쇄도 지원하는지 확인하려면 다음 URL에서 프린터 내역을 보면 된다.

URL *https://www.google.com/cloudprint/learn/printers.html*

클래식이면서 클라우드 지원 모델이 아닌 프린터의 경우는 구글 클라우드 인쇄에서 클라우드 인쇄 지원을 제공한다. 이때는 클래식 프린터가 연결되는 컴퓨터 시스템에 소프트웨어를 설치해야 한다. 그리고 프린터는 안드로이드 장치와 직접 연결하거나 또는 집이나 사무실 네트워크에 연결하면 된다.

구글 클라우드 인쇄를 설정하려면 다음의 웹 페이지를 방문하여 해당 프린터 모델을 등록하면 된다. 이때 구글 계정 ID로 로그인이 필요하다. 이 ID는 안드로이드 장치에서 로그인할 때 사용하는 것과 같은 ID다.

URL *https://www.google.com/cloudprint/learn/index.html*

우리의 구글 클라우드 인쇄 계정에 프린터가 추가되면 우리 장치의 안드로이드 애플리케이션에서 인쇄할 때 선택 가능한 프린터 내역으로 나타난다.

69.4 구글 드라이브로 인쇄하기

실제 프린터를 지원하는 것에 추가하여 자신의 구글 드라이브 계정에 인쇄 출력을 저장하는 것도 가능하다. 안드로이드 장치에서 인쇄할 때 구글 드라이브로 저장하는 옵션을 선택하면 된다. 그러면 인쇄될 내용이 PDF 파일로 변환되어 장치에 로그인된 구글 계정 ID와 연관된 구글 드라이브의 클라우드 기반 스토리지에 저장된다.

69.5 PDF로 저장하기

지금까지 이야기한 것 외에도 안드로이드에서 제공하는 또 다른 인쇄 옵션이 있다. 인쇄된 내용이 안드로이드 장치의 PDF 파일로 저장되는 옵션이다. 이 옵션을 선택했을 때는 문서가 저장될 PDF 파일명과 장치상의 위치를 지정해야 한다.

PDF 저장과 구글 드라이브 저장 옵션 모두는 우리 안드로이드 애플리케이션의 인쇄 기능을 테스트할 때 용지가 절감된다는 측면에서 꽤 유용하다.

69.6 안드로이드 장치에서 인쇄하기

콘텐트를 인쇄할 수 있는 기능을 제공하는 애플리케이션에서는 인쇄 옵션을 오버플로 메뉴(30장 참조)에 놓도록 구글에서 권장하고 있다. 안드로이드에 포함되어 제공되는 여러 애플리케이션들이 이제는 **인쇄...** 메뉴 옵션을 갖고 있다. 예를 들어, 그림 69-2에서는 크롬(Chrome) 브라우저 애플리케이션의 오버플로 메뉴에 있는 **인쇄** 옵션을 보여준다.

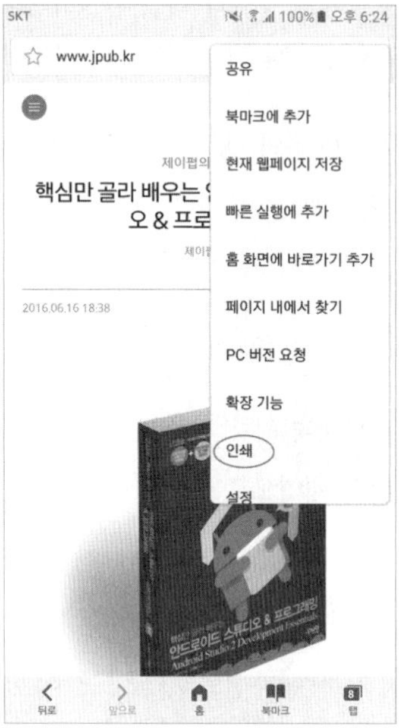

그림 69-2

인쇄 메뉴 옵션을 선택하면 그림 69-3처럼 표준 안드로이드 인쇄 화면이 나타나서 인쇄될 콘텐트를 미리 보여준다.

그림 69-3

화면 위의 중앙에 있는 체크 표시를 터치하면 다음 그림과 같이 모든 인쇄 옵션이 나타난다.

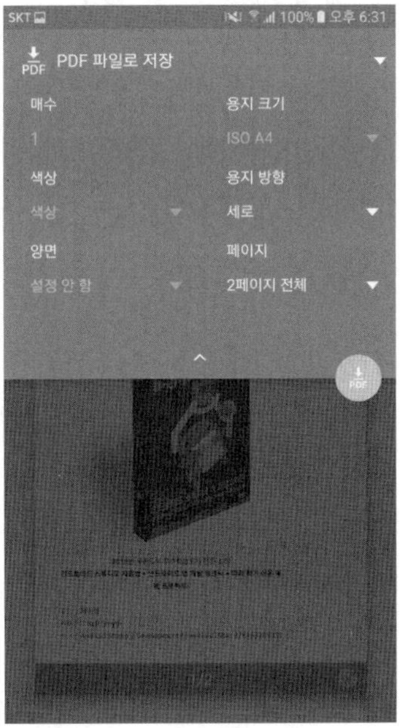

그림 69-4

안드로이드 인쇄 패널에서는 용지 크기, 색상, 용지 방향, 출력 매수, 페이지 범위와 같은 통상적인 인쇄 옵션을 제공한다. 화면 위의 오른쪽에 있는 뒤집힌 삼각형 또는 PDF 파일로 저장을 터치하면 프린터로 출력할 수 있다.

69.7 안드로이드 애플리케이션에 포함되는 인쇄 지원 옵션

안드로이드 4.4 SDK에 소개된 인쇄 프레임워크에서는 안드로이드 애플리케이션에 인쇄 지원을 포함시키는 여러 옵션을 제공한다. 이 옵션들은 다음과 같이 분류될 수 있다.

69.7.1 이미지 인쇄

이 옵션을 사용하면 이미지 인쇄 기능을 안드로이드 애플리케이션에 포함시킬 수 있다. 이 기능을 애플리케이션에 추가할 때는 우선 PrintHelper 클래스의 새로운 인스턴스를 생성해야 한다.

```
PrintHelper imagePrinter = new PrintHelper(context);
```

그런 다음, PrintHelper 인스턴스의 setScaleMode( ) 메서드를 호출하여 인쇄되는 이미지의 크기 조정 모드를 지정할 수 있다. 이때 메서드 인자로 전달하는 옵션은 다음과 같다.

- **SCALE_MODE_FIT** — 이미지 크롭이나 종횡비의 변경 없이 용지 크기에 맞춰 이미지 크기가 조정된다. 따라서 용지의 한쪽 방향에 빈 공간이 생긴다.
- **SCALE_MODE_FILL** — 용지를 채우도록 이미지 크기가 조정된다. 이때는 인쇄 출력의 빈 공간이 생기지 않도록 하기 위해 이미지 크롭이 수행된다.

크기 조정 모드 설정이 없을 때는 시스템에서 SCALE_MODE_FILL을 디폴트로 지정한다. 예를 들어, 다음 코드에서는 앞에서 생성했던 PrintHelper 인스턴스의 크기 조정 모드를 설정한다.

```
imagePrinter.setScaleMode(PrintHelper.SCALE_MODE_FIT);
```

이와 유사하게, 인쇄 출력이 컬러나 흑백 중 어느 것인지를 나타내는 색상 모드도 구성할 수 있다. 이때는 PrintHelper 인스턴스의 setColorMode( ) 메서드 인자로 다음 옵션을 전달하면 된다.

- **COLOR_MODE_COLOR** — 이미지가 컬러로 인쇄됨을 나타낸다.
- **COLOR_MODE_MONOCHROME** — 이미지가 흑백으로 인쇄됨을 나타낸다.

예를 들어, 다음 코드에서는 흑백 옵션을 지정한다. 그러나 색상 옵션을 지정하지 않으면 인쇄 프레임워크가 컬러 인쇄를 디폴트로 지정한다.

```
imagePrinter.setColorMode(PrintHelper.COLOR_MODE_MONOCHROME);
```

PrintHelper 인스턴스의 printBitmap( ) 메서드를 호출하면 이미지를 인쇄할 수 있다. 이때 인쇄 작업의 이름을 나타내는 문자열과 이미지의 참조(Bitmap 객체 또는 이미지의 Uri 참조)를 메서드 인자로 전달한다.

```
Bitmap bitmap = BitmapFactory.decodeResource(getResources(),
                R.drawable.oceanscene);
imagePrinter.printBitmap("My Test Print Job", bitmap);
```

인쇄 작업이 시작되면 인쇄 프레임워크가 인쇄 대화상자를 보여주고, 사용자로부터 선택 사항들을 받은 후 선택한 프린터로 이미지를 인쇄한다.

69.7.2 HTML 콘텐트 생성과 인쇄

안드로이드 인쇄 프레임워크는 애플리케이션에서 HTML 기반 콘텐트를 쉽게 인쇄하는 방법도 제공한다. 이 콘텐트는 웹사이트 페이지의 URL로 참조되는 HTML 콘텐트이거나 애플리케이션에서 동적으로 생성된 HTML 콘텐트가 될 수 있다.

안드로이드 4.4에서는 HTML 인쇄를 할 수 있도록 WebView 클래스 기능이 확장되었다. 최소한의 코드 작성으로 인쇄를 지원하기 위해서다.

기존 웹 페이지를 로드하고 인쇄하는 것과는 대조적으로 애플리케이션에서 HTML 콘텐트를 동적으로 생성할 때는 웹 뷰(WebView) 객체를 생성하고 그것을 웹 뷰 클라이언트(WebViewClient) 객체와 연관시킨다. 그리고 동적으로 생성된 HTML이 웹 뷰 객체로 완전히 로드되었을 때 인쇄 작업을 시작하도록 웹 뷰 클라이언트 객체를 구성한다.

예를 들어, 다음 코드를 살펴보자.

```
private WebView myWebView;

public void printContent(View view)
{
    WebView webView = new WebView(this);
    webView.setWebViewClient(new WebViewClient() {

        public boolean shouldOverrideUrlLoading(WebView view,
                String url)
        {
            return false;
        }

        @Override
        public void onPageFinished(WebView view, String url) {
            createWebPrintJob(view);
            myWebView = null;
        }
    });

    String htmlDocument =
          "<html><body><h1>Android Print Test</h1><p>"
        + "This is some sample content.</p></body></html>";


    webView.loadDataWithBaseURL(null, htmlDocument,
            "text/HTML", "UTF-8", null);

    myWebView = webView;
}
```

이 코드에서는 우선 myWebView라는 변수를 선언한다. 이 변수는 printContent( ) 메서드 내부에서 생성되는 WebView 객체의 참조를 저장하기 위해 필요하다(그 이유는 조금 더 뒤에서 설명한다). printContent( ) 메서드에서는 WebView 객체가 생성되며, 이때 그 객체에 WebViewClient 객체가 지정된다. 여기서 WebViewClient는 인쇄 이벤트를 처리하는 콜백 메서드를 구현하기 위해 익명의 내부 클래스로 선언되어 있다.

WebView 객체에 지정된 WebViewClient 객체는 HTML 콘텐트를 그 WebView 객체의 메서드에서 로드한다는 것을 나타내며, 그러기 위해서 shouldOverrideUrlLoading( ) 메서드에서 false를 반환한다.

여기서 중요한 것은 onPageFinished( ) 콜백 메서드이며, 이 코드에서는 인쇄 작업을 처리하기 위해 우리가 구현한 createWebPrintJob( ) 메서드를 호출한다. onPageFinished( ) 콜백 메서드는 모든 HTML 콘텐트가 웹 뷰에 완전히 로드되었을 때 자동으로 호출된다. 즉, 모든 콘텐트가 준비되어야만 인쇄 작업이 시작되므로 콘텐트가 누락되지 않고 인쇄될 수 있다.

다음에는 HTML 콘텐트를 포함하는 String 객체를 생성한 후 그것을 웹 뷰에 로드한다. 그리고 HTML의 로딩이 끝나면 onPageFinished( ) 콜백 메서드가 자동 호출된다. printContent( ) 메서드의 맨 끝에서는 웹 뷰 객체의 참조를 메서드 외부의 변수에 저장한다. 이렇게 하지 않으면 심각한 위험이 생길 수 있다. 왜냐하면 애플리케이션에서 웹 뷰 객체를 더 이상 필요로 하지 않는다고 런타임 시스템이 판단하고 그 객체를 메모리에서 지움으로써(이것을 자바 용어로 가비지 컬렉션(garbage collection)이라고 한다) 인쇄 작업이 끝나지도 않았는데 불시에 중단될 수 있기 때문이다.

이제 이 코드 예에서 남은 일은 다음과 같이 createWebPrintJob( ) 메서드를 구현하는 것이다.

```
private void createWebPrintJob(WebView webView) {

    PrintManager printManager = (PrintManager) this
            .getSystemService(Context.PRINT_SERVICE);

    PrintDocumentAdapter printAdapter =
            webView.createPrintDocumentAdapter("MyDocument");
    String jobName = getString(R.string.app_name) + " Document";

    PrintJob printJob = printManager.print(jobName, printAdapter,
            new PrintAttributes.Builder().build());
}
```

이 메서드에서는 안드로이드의 인쇄 매니저 서비스(PrintManager) 객체 참조를 얻은 후 웹 뷰 객체에게 인쇄 어댑터를 생성하게 한다(인쇄 어댑터 객체는 웹 뷰의 HTML을 인쇄 매니저에게 제공하기 위해 필요하다). 그리고 인쇄 작업의 이름을 저장하기 위해 새로운 String 객체를 생성한다(여기서는 애플리케이션 이름 뒤에 'Document'를 붙인다).

끝으로, 인쇄 매니저의 print( ) 메서드를 호출하여 인쇄 작업이 시작된다. 이때 작업 이름, 인쇄 어댑터 객체 참조, 디폴트 인쇄 속성을 인자로 전달한다. 그리고 필요하다면 해상도(dpi, dots per inch), 여백, 컬러 옵션을 지정하여 인쇄 속성을 변경할 수 있다.

69.7.3 기존 웹 페이지 인쇄하기

기존 웹 페이지를 인쇄하는 방법은 앞에서 설명한 것과 유사하다. 동적으로 생성된 HTML 대신 웹 페이지의 URL을 웹 뷰에 전달하는 것만 다르다. 예를 들면, 다음과 같다.

```
webView.loadUrl("http://developer.android.com/google/index.html");
```

이때는 웹 페이지가 로드되자마자 자동으로 인쇄될 때만 WebViewClient를 구성할 필요가 있다는 것에 유의하자. 만일 웹 페이지가 로드된 후 사용자가 메뉴 옵션을 선택해야만 인쇄가 시작된다면, 앞에 나온 코드 중에서 createWebPrintJob( ) 메서드만 우리 애플리케이션 코드에 포함시키면 된다. 70장에서는 프로젝트를 생성하여 그렇게 하는 방법을 보여줄 것이다.

69.7.4 커스텀 문서 인쇄하기

지금까지 보았듯이, 인쇄 프레임워크에 소개된 동적 HTML과 기존 웹 페이지 인쇄에서는 안드로이드 애플리케이션에서 콘텐트를 인쇄하는 쉬운 방법을 제공한다. 그러나 이런 방법은 너무 단순해서 더 복잡한 인쇄 요구를 처리하기에는 역부족이다. 따라서 더 복잡한 인쇄 작업을 할 수 있도록 인쇄 프레임워크에서는 커스텀 문서 인쇄도 지원한다. 이때는 텍스트와 그래픽 형태로 콘텐트가 캔버스에 그려진 다음에 인쇄된다.

상대적으로 쉽게 구현될 수 있는 HTML과 이미지 인쇄와는 다르게 커스텀 문서 인쇄는 더 복잡하고 여러 단계에 걸쳐 처리된다(이 내용은 71장에서 알아볼 것이다). 처리 단계를 요약하면 다음과 같다.

- 안드로이드 인쇄 매니저에 연결한다.
- PrintDocumentAdapter 클래스의 서브 클래스로 커스텀 인쇄 어댑터를 생성한다.
- 문서 페이지를 나타내기 위해 PdfDocument 인스턴스를 생성한다.
- PdfDocument 인스턴스의 페이지 참조를 얻는다. 각 페이지 참조는 Canvas 인스턴스와 일대일로 연관된다.
- 각 페이지 캔버스에 콘텐트를 그린다.
- 문서의 인쇄 준비가 끝났다고 인쇄 프레임워크에 통지한다.

커스텀 인쇄 어댑터에서는 여러 메서드를 구현해야 한다. 이 메서드들은 인쇄하는 중에 특정 작업을 수행할 수 있도록 안드로이드 시스템이 자동 호출한다. 그중에서 중요한 메서드로

onLayout()이 있다. 이 메서드는 용지 크기나 방향과 같이 사용자가 변경한 설정에 따라 문서 레이아웃을 재구성하는 일을 수행한다. 그리고 onWrite() 메서드에서는 인쇄될 페이지를 렌더링하는 일을 수행한다.

69.8 요약

안드로이드 4.4 킷캣에서는 안드로이드 장치에서 콘텐트를 인쇄할 수 있는 기능을 소개하였다. 인쇄 결과는 적합하게 구성된 프린터, 로컬 PDF 파일, 구글 드라이브를 통한 클라우드로 출력될 수 있다. 인쇄 프레임워크를 사용하면 안드로이드 애플리케이션 개발자가 이런 기능들을 애플리케이션에서 사용할 수 있다. 이미지와 HTML의 형태로 된 콘텐트는 인쇄를 구현하기 가장 쉽다. 그러나 프레임워크의 커스텀 문서 인쇄를 사용하면 더 복잡한 인쇄를 구현할 수도 있다.

HTML과 웹 콘텐트 인쇄 예제 프로젝트

앞 장에서 설명했듯이, 안드로이드 인쇄 프레임워크는 동적으로 생성된 HTML 콘텐트와 웹 페이지 모두를 인쇄하는 데 사용될 수 있다. 이 두 가지 방법은 매우 유사하지만, 코드로 구현할 때 고려해야 할 차이점이 있다. 이번 장에서는 두 개의 예제 프로젝트를 생성하여 두 가지 방법을 실제로 구현해볼 것이다.

70.1 HTML 인쇄 예제 애플리케이션 생성하기

안드로이드 스튜디오로 새 프로젝트를 생성하자. 안드로이드 스튜디오 메인 메뉴의 File ➡ New ➡ New Project...를 선택하거나 웰컴 스크린에서 Start a new Android Studio project를 선택한다.

Application name 필드에 HTMLPrint를 입력하고, Company Domain 필드에는 ebookfrenzy.com을 입력한다. 안드로이드 장치 선택 화면에서는 폰과 태블릿(Phone and Tablet)만 선택하고, 최소 SDK 버전은 API 22: Android 5.1 (Lollipop)으로 선택한다. 액티비티 선택 화면에서는 Empty Activity를 선택한다. 그리고 마지막 대화상자에서 Activity Name에 HTMLPrintActivity를 입력하고, Layout Name에는 **activity_html_print**를 입력한다(자동으로 생성된 이름에서는 html과 print 사이에 밑줄(_)이 없을 것이므로 추가한다). Finish 버튼을 눌러 프로젝트를 생성한다.

70.2 동적 HTML 콘텐트 인쇄하기

여기서는 HTML 콘텐트를 생성하고 그것을 인쇄 작업의 형태로 인쇄 프레임워크에 전달하는 코드를 프로젝트에 추가할 것이다.

편집기에 로드된 HTMLPrintActivity.java 파일을 다음과 같이 변경하자.

```
package com.ebookfrenzy.htmlprint;

import android.support.v7.app.AppCompatActivity;
import android.os.Bundle;
import android.webkit.WebView;
import android.webkit.WebViewClient;
import android.webkit.WebResourceRequest;
import android.print.PrintAttributes;
import android.print.PrintDocumentAdapter;
import android.print.PrintManager;
import android.content.Context;

public class HTMLPrintActivity extends AppCompatActivity {

    private WebView myWebView;

    @Override
    protected void onCreate(Bundle savedInstanceState) {
        super.onCreate(savedInstanceState);
        setContentView(R.layout.activity_html_print);

        WebView webView = new WebView(this);
        webView.setWebViewClient(new WebViewClient() {

            public boolean shouldOverrideUrlLoading(WebView view,
                                    WebResourceRequest request)
            {
                return false;
            }

            @Override
            public void onPageFinished(WebView view, String url)
            {
                createWebPrintJob(view);
                myWebView = null;
            }
        });

        String htmlDocument =
           "<html><body><h1>Android Print Test</h1><p>"
           + "This is some sample content.</p></body></html>";
```

```
        webView.loadDataWithBaseURL(null, htmlDocument,
                "text/HTML", "UTF-8", null);

        myWebView = webView;
    }
}
```

이 코드에서는 우선 myWebView라는 변수를 선언한다. 이 변수는 onCreate() 메서드 내부에서 생성되는 WebView 객체의 참조를 저장하기 위해 필요하다(그 이유는 조금 더 뒤에서 설명한다). onCreate() 메서드에서는 WebView 객체가 생성되며, 이때 그 객체에 WebViewClient 객체가 지정된다. 여기서 WebViewClient는 인쇄 이벤트를 처리하는 콜백 메서드를 구현하기 위해 익명의 내부 클래스로 선언되어 있다.

WebView 객체에 지정된 WebViewClient 객체는 HTML 콘텐트를 그 WebView 객체의 메서드에서 로드한다는 것을 나타내며, 그러기 위해 shouldOverrideUrlLoading() 메서드에서 false를 반환한다.

여기서 중요한 것은 onPageFinished() 콜백 메서드이며, 이 코드에서는 인쇄 작업을 처리하기 위해 우리가 구현한 createWebPrintJob() 메서드를 호출한다. onPageFinished() 콜백 메서드는 모든 HTML 콘텐트가 웹 뷰에 완전히 로드되었을 때 자동으로 호출된다. 앞 장에서 설명했듯이, 동적으로 생성된 HTML 콘텐트를 인쇄할 경우에는 모든 콘텐트가 WebView에 완전히 로드되었을 때 인쇄 작업이 시작되어야 하기 때문이다.

다음에는 HTML 콘텐트를 포함하는 String 객체를 생성한 후 그것을 웹 뷰에 로드한다. 그리고 HTML의 로딩이 끝나면 onPageFinished() 콜백 메서드가 자동 호출된다. onCreate() 메서드의 맨 끝에서는 웹 뷰 객체의 참조를 앞에 선언된 myWebView 변수에 저장한다.

이렇게 하지 않으면 심각한 위험이 생길 수 있다. 왜냐하면 애플리케이션에서 웹 뷰 객체를 더 이상 필요로 하지 않는다고 런타임 시스템이 판단하고 그 객체를 메모리에서 지움으로써 인쇄 작업이 끝나지도 않았는데 불시에 중단될 수 있기 때문이다.

이제 이 코드에서 남은 일은 다음과 같이 createWebPrintJob() 메서드를 구현하는 것이다. 이 메서드는 onPageFinished() 콜백 메서드에서 호출된다. HTMLPrintActivity.java 파일에 다음의 createWebPrintJob() 메서드를 추가하자.

```
private void createWebPrintJob(WebView webView) {

    PrintManager printManager = (PrintManager) this
            .getSystemService(Context.PRINT_SERVICE);

    PrintDocumentAdapter printAdapter =
            webView.createPrintDocumentAdapter("MyDocument");

    String jobName = getString(R.string.app_name) + " Print Test";

    printManager.print(jobName, printAdapter,
            new PrintAttributes.Builder().build());
}
```

이 메서드에서는 안드로이드의 인쇄 매니저 서비스(PrintManager) 객체 참조를 얻은 후 웹 뷰 객체에게 인쇄 어댑터를 생성하게 한다(인쇄 어댑터 객체는 웹 뷰의 HTML을 인쇄 매니저에게 제공하기 위해 필요하다). 그리고 인쇄 작업의 이름을 저장하기 위해 새로운 String 객체를 생성한다(여기서는 애플리케이션 이름 뒤에 'Print Test'를 붙인다).

끝으로, 인쇄 매니저의 print( ) 메서드를 호출하여 인쇄 작업이 시작된다. 이때 작업 이름, 인쇄 어댑터 객체 참조, 디폴트 인쇄 속성을 인자로 전달한다. 그리고 필요하다면 해상도(dpi), 여백, 컬러 옵션을 지정하여 인쇄 속성을 변경할 수 있다.

안드로이드 5.0 이상 버전을 실행하는 장치 또는 에뮬레이터에서 애플리케이션을 실행시키자. 애플리케이션이 론칭되면 표준 안드로이드 인쇄 페이지가 나타난다. 그림 70-1에서는 삼성 갤럭시 S6 엣지에서 실행한 화면을 보여준다.

그림 70-1

화면 위의 PDF 파일로 저장을 터치하면 PDF 파일로 저장 또는 프린터 인쇄를 선택할 수 있다. 그리고 오른쪽 위의 PDF를 터치하면 구글 드라이브 또는 장치에 저장할 수 있다(구글 드라이브는 실제 장치에서 앱을 실행할 때만 가능하다). 그림 70-2의 왼쪽 화면에서는 **구글-클라우드-프린트**라는 파일명으로 구글 드라이브에 저장하는 것을 보여주며, 오른쪽 화면에서는 그 파일의 내용을 별도의 구글 드라이브 앱으로 조회한 내용을 보여준다.

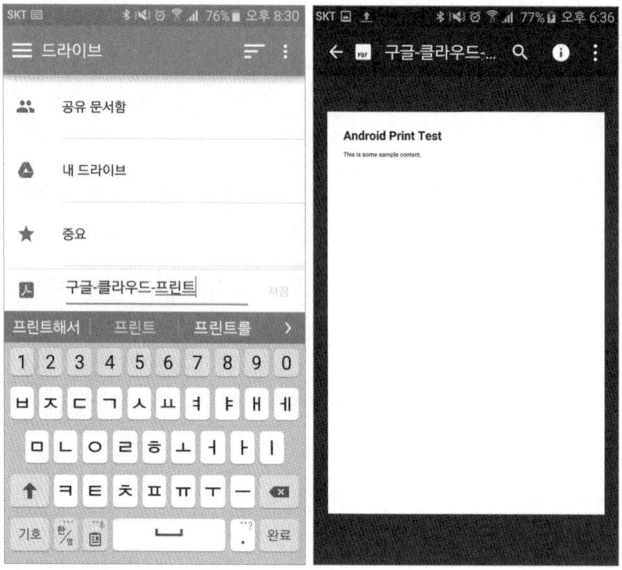

그림 70-2

70.3 기존 웹 페이지 인쇄 예제 애플리케이션 생성하기

여기서 생성할 두 번째 애플리케이션에서는 현재 화면에 보이는 웹 페이지를 WebView 인스턴스에 인쇄하는 오버플로 메뉴 옵션을 사용자에게 제공한다.

앞과 같이 새 프로젝트를 생성하자. Application name 필드에 WebPrint를 입력하고, Company Domain 필드에는 ebookfrenzy.com을 입력한 후 Next 버튼을 누른다.

안드로이드 장치 선택 화면에서는 폰과 태블릿(Phone and Tablet)만 선택하고, 최소 SDK 버전은 API 22: Android 5.1 (Lollipop)으로 선택한다. 액티비티 선택 화면에서는 Basic Activity를 선택한다(Basic Activity 템플릿에서 생성해주는 컨텍스트 메뉴를 사용할 것이기 때문이다). 그리고 마지막 대화상자에서 Activity Name에 WebPrintActivity를 입력하고 자동으로 설정된 나머지 필드 값은 그대로 둔다. Finish 버튼을 눌러 프로젝트를 생성한다.

70.4 플로팅 액션 버튼 삭제하기

프로젝트를 생성할 때 Basic Activity 템플릿을 선택하면 컨텍스트 메뉴와 플로팅 액션 버튼을 생성해준다. 플로팅 액션 버튼은 우리 앱에서 필요하지 않으므로 먼저 삭제하자. 프로젝트 도구 창에서 app ➡ res ➡ layout 밑에 있는 activity_web_print.xml 레이아웃 파일을 더블클릭하여 레이아웃 편집기로 로드하고 디자인 모드로 전환한다. 그리고 컴포넌트 트리에서 fab(FloatingActionButton)으로 표시된 플로팅 액션 버튼을 선택하고 키보드의 Delete 키를 눌러 삭제한다. 그런 다음, 편집기에 로드된 WebPrintActivity.java 파일 탭을 클릭하여 선택한 후 onCreate( ) 메서드에 있는 플로팅 액션 버튼 코드를 삭제한다.

```
@Override
protected void onCreate(Bundle savedInstanceState) {
    super.onCreate(savedInstanceState);
    setContentView(R.layout.activity_web_print);
    Toolbar toolbar = (Toolbar) findViewById(R.id.toolbar);
    setSupportActionBar(toolbar);

    FloatingActionButton fab =
        (FloatingActionButton) findViewById(R.id.fab);
    fab.setOnClickListener(new View.OnClickListener() {
        @Override
        public void onClick(View view) {
            Snackbar.make(view, "Replace with your own action",
                    Snackbar.LENGTH_LONG)
                        .setAction("Action", null).show();
        }
    });
}
```

70.5 사용자 인터페이스 레이아웃 디자인하기

레이아웃 편집기에 로드된 content_web_print.xml 레이아웃 리소스 파일을 디자인 모드로 변경하자. 그리고 'Hello World!'를 보여주는 TextView 객체를 선택하고, 키보드의 Delete 키를 눌러 레이아웃에서 삭제하자.

자동 연결(Autoconnect)이 활성화된 상태에서(18장 참조) 팔레트의 Containers 부류에 있는 WebView를 마우스로 끌어서 레이아웃의 중앙(수평과 수직의 점선이 교차되는 지점)에 놓는다. 그리고 속성 창에서 WebView의 layout_width(너비)와 layout_height(높이) 속성을 모두 다 match_constraint로 변경한다. 이렇게 하는 이유는 그림 70-3처럼 WebView가 레이아웃 전체를 사용하기 위해서다.

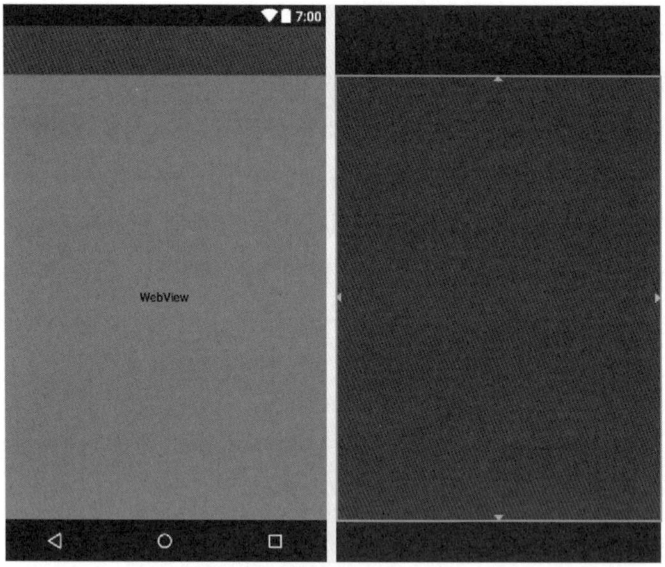

그림 70-3

그리고 WebView가 선택된 상태에서 ID를 myWebView로 입력한다.

인쇄할 웹 페이지를 다운로드하기 위해 WebView 객체가 인터넷을 액세스하려면 퍼미션이 필요하다. 프로젝트 도구 창에서 app ➡ manifests 밑에 있는 AndroidManifest.xml 파일을 더블 클릭하여 편집기 창으로 로드하자. 그리고 다음과 같이 퍼미션 태그를 추가하자.

```
<?xml version="1.0" encoding="utf-8"?>
<manifest xmlns:android="http://schemas.android.com/apk/res/android"
    package="com.ebookfrenzy.webprint" >

    <uses-permission android:name="android.permission.INTERNET" />

    <application
        android:allowBackup="true"
        android:icon="@mipmap/ic_launcher"
        android:label="@string/app_name"
        android:roundIcon="@mipmap/ic_launcher_round"
        android:supportsRtl="true"
        android:theme="@style/AppTheme" >
        <activity
            android:name=".WebPrintActivity"
            android:label="@string/app_name"
            android:theme="@style/AppTheme.NoActionBar" >
            <intent-filter>
                <action android:name="android.intent.action.MAIN" />
```

```
                <category android:name=
                        "android.intent.category.LAUNCHER" />
            </intent-filter>
        </activity>
    </application>

</manifest>
```

70.6 웹 페이지를 WebView에 로드하기

웹 페이지를 인쇄하려면 우선 그것을 WebView 인스턴스에 로드해야 한다. 여기서는 WebPrintActivity 클래스의 onCreate() 메서드에서 WebView 인스턴스의 loadUrl() 메서드를 호출하여 로드할 것이다. 다음과 같이 WebPrintActivity.java 파일을 변경하자.

```
package com.ebookfrenzy.webprint;

import android.os.Bundle;
import android.support.design.widget.FloatingActionButton;
import android.support.design.widget.Snackbar;
import android.view.View;
import android.support.v7.app.AppCompatActivity;
import android.support.v7.widget.Toolbar;
import android.view.Menu;
import android.view.MenuItem;
import android.webkit.WebView;
import android.webkit.WebViewClient;
import android.webkit.WebResourceRequest;

public class WebPrintActivity extends AppCompatActivity {

    private WebView myWebView;

    @Override
    protected void onCreate(Bundle savedInstanceState) {
        super.onCreate(savedInstanceState);
        setContentView(R.layout.activity_web_print);
        Toolbar toolbar = (Toolbar) findViewById(R.id.toolbar);
        setSupportActionBar(toolbar);

        myWebView = (WebView) findViewById(R.id.myWebView);
        myWebView.setWebViewClient(new WebViewClient(){
            @Override
            public boolean shouldOverrideUrlLoading(
                WebView view, WebResourceRequest request) {
                    return super.shouldOverrideUrlLoading(
                            view, request);
            }
        });
```

```
        myWebView.getSettings().setJavaScriptEnabled(true);
        myWebView.loadUrl(
                "https://developer.android.com/google/index.html");
    }
.
.
}
```

70.7 인쇄 메뉴 옵션 추가하기

이제는 웹 페이지를 인쇄하는 옵션을 오버플로 메뉴에 추가할 것이다(31장에서 설명한 방법을 사용한다).

우선, 메뉴 옵션의 라벨을 문자열 리소스로 선언해야 한다. 프로젝트 도구 창에서 app ➡ res ➡ values ➡ strings.xml 파일을 더블 클릭하여 편집기로 로드한 후 다음과 같이 새로운 문자열 리소스를 추가하자.

```
<resources>
    <string name="app_name">WebPrint</string>
    <string name="action_settings">Settings</string>
    <string name="print_string">Print</string>
</resources>
```

그리고 app ➡ res ➡ menu 밑에 있는 menu_web_print.xml 파일을 더블 클릭하여 메뉴 편집기 창에 열고 텍스트 모드로 변경한 후 Settings 메뉴 항목을 삭제하고 Print(인쇄) 항목을 추가한다.

```
<menu xmlns:android="http://schemas.android.com/apk/res/android"
    xmlns:app="http://schemas.android.com/apk/res-auto"
    xmlns:tools="http://schemas.android.com/tools"
    tools:context="com.ebookfrenzy.webprint.WebPrintActivity" >
    <item android:id="@+id/action_settings"
        android:title="@string/action_settings"
        android:orderInCategory="100"
        app:showAsAction="never" />

    <item
        android:id="@+id/action_print"
        android:orderInCategory="100"
        app:showAsAction="never"
        android:title="@string/print_string"/>

</menu>
```

이제 메뉴 항목을 처리하는 onOptionsItemSelected( ) 메서드만 수정하면 메뉴에 대해 할 일은 끝난다. 편집기에 로드된 WebPrintActivity.java 파일 탭을 클릭하고 다음과 같이 수정하자.

```
@Override
public boolean onOptionsItemSelected(MenuItem item) {
    int id = item.getItemId();
    if (id == R.id.action_print) {
        createWebPrintJob(myWebView);
        return true;
    }
    return super.onOptionsItemSelected(item);
}
```

onOptionsItemSelected( ) 메서드가 구현되었으므로 오버플로 메뉴의 Print 메뉴 옵션이 선택되면 액티비티에서 createWebPrintJob( ) 메서드를 호출할 것이다. 이 메서드의 구현은 앞의 HTMLPrint 프로젝트에 사용된 것과 같으며, 다음과 같이 WebPrintActivity.java 파일에 추가하면 된다.

```
package com.ebookfrenzy.webprint;

import android.os.Bundle;
import android.support.v7.app.AppCompatActivity;
import android.support.v7.widget.Toolbar;
import android.view.Menu;
import android.view.MenuItem;
import android.webkit.WebView;
import android.webkit.WebViewClient;
import android.webkit.WebResourceRequest;
import android.print.PrintAttributes;
import android.print.PrintDocumentAdapter;
import android.print.PrintManager;
import android.content.Context;

public class WebPrintActivity extends AppCompatActivity {

    private WebView myWebView;

    @Override
    protected void onCreate(Bundle savedInstanceState) {
            .
            .
    }

    private void createWebPrintJob(WebView webView) {
```

```
        PrintManager printManager = (PrintManager) this
                .getSystemService(Context.PRINT_SERVICE);

        PrintDocumentAdapter printAdapter =
                webView.createPrintDocumentAdapter("MyDocument");

        String jobName = getString(R.string.app_name) +
                " Print Test";

        printManager.print(jobName, printAdapter,
                new PrintAttributes.Builder().build());
    }
.
.
}
```

코드 변경이 끝났으면 안드로이드 5.0 이상 버전이 실행되는 실제 안드로이드 장치나 에뮬레이터에서 애플리케이션을 실행시키자. 애플리케이션이 론칭되면 지정된 웹 페이지의 콘텐트를 갖는 WebView가 화면에 보일 것이다. 그런 다음, 오버플로 메뉴에서 Print 옵션을 선택하자. 그리고 인쇄 패널이 나오면 원하는 프린터로 웹 페이지를 인쇄하거나 PDF 파일로 저장해보자. 그림 70-4에서는 삼성 갤럭시 노트5에서 실행할 때의 인쇄 옵션 화면이며, 그림 70-5에서는 오른쪽 위의 Print 메뉴를 선택했을 때 나타나는 인쇄 화면을 보여준다.

그림 70-4

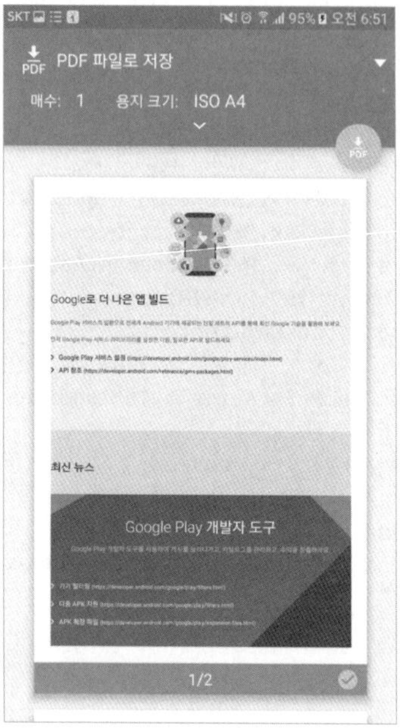

그림 70-5

70.8 요약

안드로이드 인쇄 프레임워크는 WebView 클래스의 확장 기능을 포함한다. 이 기능을 사용하면 안드로이드 애플리케이션에서 HTML 기반의 콘텐트를 쉽게 인쇄할 수 있다. 이때 콘텐트는 런타임 시에 애플리케이션에서 동적으로 생성한 HTML이거나 WebView 인스턴스에 로드된 기존 웹 페이지가 될 수 있다. 동적으로 생성된 HTML의 경우는 WebViewClient 인스턴스를 사용하는 것이 중요하다. 생성된 HTML이 WebView로 완전히 로드된 다음에 인쇄가 시작되어야 하기 때문이다.

안드로이드 커스텀 문서 인쇄

앞의 두 장에서 보았듯이, 콘텐트가 이미지나 HTML의 형태인 경우에 안드로이드 인쇄 프레임워크를 사용하면 애플리케이션에 상대적으로 쉽게 인쇄 지원을 구현할 수 있다. 그리고 더 복잡한 인쇄 요구 사항은 인쇄 프레임워크의 커스텀 문서 인쇄 기능을 사용하여 충족시킬 수 있다.

71.1 안드로이드 커스텀 문서 인쇄 개요

간단히 말해, 커스텀 문서 인쇄에서는 캔버스를 사용해서 출력 문서의 페이지를 나타낸다. 애플리케이션에서는 인쇄될 콘텐트를 도형, 색상, 텍스트, 이미지의 형태로 캔버스에 그린다. 실제로 캔버스는 안드로이드 Canvas 클래스의 인스턴스로 나타내므로 풍부한 그리기 옵션을 선택할 수 있다. 그리고 모든 페이지를 그린 다음에 문서를 인쇄하면 된다.

어찌 보면 매우 간단하게 보이지만 실제로는 수행할 작업이 많다. 각 작업을 요약하면 다음과 같다.

- PrintDocumentAdapter 클래스의 서브 클래스로 커스텀 인쇄 어댑터를 구현한다.
- 안드로이드 인쇄 매니저 서비스의 객체 참조를 얻는다.
- 문서 페이지를 저장하기 위해 PdfDocument 클래스의 인스턴스를 생성한다.

- 각 페이지를 PdfDocument.Page 인스턴스의 형태로 PdfDocument에 추가한다.
- 각 문서 페이지와 연관된 Canvas 객체 참조를 얻는다.
- 각 페이지 캔버스에 콘텐트를 그린다.
- 인쇄 프레임워크에서 제공하는 출력 스트림으로 PDF 문서를 생성한다.
- 문서의 인쇄 준비가 끝났다고 인쇄 프레임워크에게 통지한다.

이번 장에서는 커스텀 문서 인쇄의 구현 방법을 보여주기 위해 설계된 예제 프로젝트를 생성하여 실제 이런 작업들을 해볼 것이다.

71.1.1 커스텀 인쇄 어댑터

인쇄 어댑터의 역할은 인쇄 프레임워크에게 인쇄될 콘텐트를 제공하고 사용자의 선택에 맞게 그것의 포맷을 만드는 것이다(이때 용지 크기와 페이지 방향 등을 고려한다).

HTML과 이미지를 인쇄할 때는 작업의 대부분을 안드로이드에서 제공하는 인쇄 어댑터가 수행한다. 이 인쇄 어댑터는 안드로이드 인쇄 프레임워크의 일부로 제공되며, 그런 특정 작업을 위해 특별히 설계된 것이다. 예를 들어, 웹 페이지를 인쇄할 때는 WebView 클래스 인스턴스의 createPrintDocumentAdapter( ) 메서드를 호출할 때 인쇄 어댑터가 생성된다. 그러나 커스텀 문서 인쇄의 경우는 애플리케이션 개발자가 인쇄 어댑터를 설계하고 코드로 구현해야 한다. 콘텐트를 그리고 출력 포맷을 만드는 인쇄 준비 작업을 하기 위해서다.

커스텀 인쇄 어댑터는 PrintDocumentAdapter 클래스의 서브 클래스로 생성하며, 그 클래스의 콜백 메서드들을 오버라이딩해야 한다. 이 콜백 메서드들은 인쇄 작업의 여러 단계에서 인쇄 프레임워크가 자동으로 호출한다. 콜백 메서드를 요약하면 다음과 같다.

- **onStart( )** — 이 메서드는 인쇄 작업이 시작될 때 호출된다. 애플리케이션 코드에서는 인쇄 작업의 생성 준비에 필요한 일들을 이 메서드에서 수행할 수 있다. PrintDocumentAdapter의 서브 클래스에서는 필요할 때만 이 메서드를 구현하면 된다.
- **onLayout( )** — 이 메서드는 onStart( ) 메서드가 호출된 다음에 호출된다. 그리고 사용자가 인쇄 설정을 변경할 때마다 다시 호출된다. 예를 들어, 페이지 방향이나 크기, 컬러 설정을 변경하는 경우다. 이 메서드에서는 그런 설정 변경에 맞도록 콘텐트와 레이아웃을 조정해야 한다. 그리고 모든 변경이 완료되면 인쇄될 페이지 수를 반환해야 한다. PrintDocumentAdapter의 서브 클래스에서는 반드시 이 메서드를 구현해야 한다.

- **onWrite( )** — 이 메서드는 onLayout( ) 메서드 다음에 호출되며, 인쇄될 페이지의 캔버스에 콘텐트를 렌더링한다. 그리고 모든 페이지의 렌더링이 완료되면 인자로 받은 파일 디스크립터를 사용해서 PDF 문서로 출력한다. 그리고 마지막으로 onWriteFinished( ) 메서드를 호출하여 인쇄 준비가 끝났음을 인쇄 프레임워크에게 알림한다. 이때 인쇄될 페이지 범위 정보를 메서드 인자로 전달한다. PrintDocumentAdapter의 서브 클래스에서는 반드시 이 메서드를 구현해야 한다.
- **onFinish( )** — 필요할 때만 구현하는 메서드이며, 인쇄 작업이 완료될 때 인쇄 프레임워크가 한 번 호출한다. 애플리케이션에서 사용하던 리소스를 클린업하는 작업이 필요할 때만 이 메서드를 구현하면 된다.

71.2 커스텀 문서 인쇄 프로젝트 준비하기

안드로이드 스튜디오로 새 프로젝트를 생성하자. 안드로이드 스튜디오 메인 메뉴의 File ➡ New ➡ New Project...를 선택하거나 웰컴 스크린에서 Start a new Android Studio project를 선택한다.

Application name 필드에 CustomPrint를 입력하고, Company Domain 필드에는 ebookfrenzy.com을 입력한다. 안드로이드 장치 선택 화면에서는 폰과 태블릿(Phone and Tablet)만 선택하고, 최소 SDK 버전은 API 22: Android 5.1 (Lollipop)으로 선택한다. 액티비티 선택 화면에서는 Empty Activity를 선택한다. 그리고 마지막 대화상자에서 Activity Name에 CustomPrintActivity를 입력하고 자동으로 설정된 나머지 필드 값은 그대로 둔다. Finish 버튼을 눌러 프로젝트를 생성한다

레이아웃 편집기 창에 로드된 activity_custom_print.xml 레이아웃 리소스 파일을 선택하고 디자인 모드로 변경하자. 그리고 'Hello World!'를 보여주는 TextView 객체를 선택하고, 키보드의 Delete 키를 눌러 레이아웃에서 삭제하자. 자동 연결(Autoconnect)이 활성화된 상태에서(18장 참조) 팔레트의 Widgets 부류에 있는 Button을 마우스로 끌어서 레이아웃의 중앙(수평과 수직의 점선이 교차되는 지점)에 놓은 후 속성 창의 text 속성에 'Print Document'를 입력하고 문자열 리소스로 추출한다. 또한, layout_width 속성을 wrap_content로 변경하고 onClick 속성을 찾아 속성값으로 printDocument를 입력한다. 이것은 버튼을 클릭했을 때 문서 인쇄를 시작시키는 메서드다. 완성된 사용자 인터페이스는 그림 71-1과 같다.

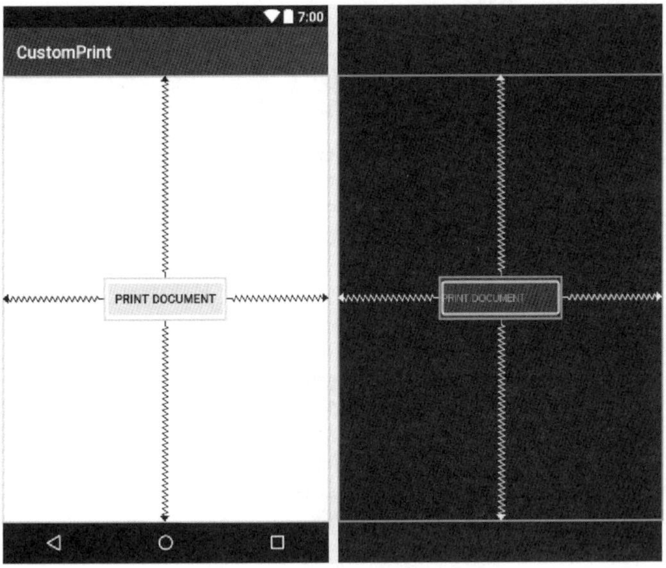

그림 71-1

71.3 커스텀 인쇄 어댑터 생성하기

안드로이드 애플리케이션에서 커스텀 문서 인쇄를 구현하는 작업의 대부분은 커스텀 인쇄 어댑터 클래스를 생성하는 데 소요된다. 다음 코드에서는 onLayout( )과 onWrite( ) 콜백 메서드를 구현하는 인쇄 어댑터를 사용한다. CustomPrintActivity.java 파일에 다음의 커스텀 인쇄 어댑터 내부 클래스를 추가하자(현재는 콜백 메서드의 실행 코드가 없다).

```
package com.ebookfrenzy.customprint;

import android.support.v7.app.AppCompatActivity;
import android.os.Bundle;
import android.os.CancellationSignal;
import android.os.ParcelFileDescriptor;
import android.print.PageRange;
import android.print.PrintAttributes;
import android.print.PrintDocumentAdapter;
import android.content.Context;

public class CustomPrintActivity extends AppCompatActivity {

    public class MyPrintDocumentAdapter extends PrintDocumentAdapter
    {
        Context context;

        public MyPrintDocumentAdapter(Context context)
```

```
        {
            this.context = context;
        }

        @Override
        public void onLayout(PrintAttributes oldAttributes,
                             PrintAttributes newAttributes,
                             CancellationSignal cancellationSignal,
                             LayoutResultCallback callback,
                             Bundle metadata) {
        }

        @Override
        public void onWrite(final PageRange[] pageRanges,
                            final ParcelFileDescriptor destination,
                            final CancellationSignal
                                    cancellationSignal,
                            final WriteResultCallback callback) {
        }

    }
.
.
}
```

새로 추가된 인쇄 어댑터 내부 클래스의 생성자에서는 호출 액티비티의 컨텍스트를 인자로 받아서 인스턴스 변수로 저장한다. 나중에 두 개의 콜백 메서드에서 참조하여 사용하기 위해서다.

이제 두 콜백 메서드의 실행 코드를 구현할 것이다. 우선, onLayout() 메서드부터 시작하자.

71.4 onLayout() 콜백 메서드 구현하기

onLayout() 메서드 코드에서 필요한 import 문부터 CustomPrintActivity.java 파일에 추가하자.

```
package com.ebookfrenzy.customprint;

import android.support.v7.app.AppCompatActivity;
import android.os.Bundle;
import android.os.CancellationSignal;
import android.os.ParcelFileDescriptor;
import android.print.PageRange;
import android.print.PrintAttributes;
import android.print.PrintDocumentAdapter;
import android.content.Context;
import android.print.PrintDocumentInfo;
import android.print.pdf.PrintedPdfDocument;
import android.graphics.pdf.PdfDocument;
```

```
public class CustomPrintActivity extends AppCompatActivity {
.
.
.
}
```

다음은 onLayout() 메서드에서 사용되는 변수들을 MyPrintDocumentAdapter 내부 클래스에 추가하자.

```
public class MyPrintDocumentAdapter extends PrintDocumentAdapter
{
    Context context;
    private int pageHeight;
    private int pageWidth;
    public PdfDocument myPdfDocument;
    public int totalpages = 4;
.
.
}
```

여기서는 4페이지 분량의 문서를 인쇄할 것이므로 totalpages 변수의 값으로 4를 지정하였다. 그러나 일반적으로는 인쇄될 페이지 수를 애플리케이션에서 동적으로 계산하는 것이 좋다. 이때 사용자의 선택(용지 크기와 페이지 방향)과 연관시켜 콘텐트의 양과 레이아웃을 기준으로 계산한다.

변수 선언이 되었으면 다음 코드를 onLayout() 메서드에 추가하자.

```
@Override
public void onLayout(PrintAttributes oldAttributes,
                     PrintAttributes newAttributes,
                     CancellationSignal cancellationSignal,
                     LayoutResultCallback callback,
                     Bundle metadata) {

    myPdfDocument = new PrintedPdfDocument(context, newAttributes);

    pageHeight =
            newAttributes.getMediaSize().getHeightMils()/1000 * 72;
    pageWidth =
            newAttributes.getMediaSize().getWidthMils()/1000 * 72;

    if (cancellationSignal.isCanceled() ) {
```

```
        callback.onLayoutCancelled();
        return;
    }

    if (totalpages > 0) {
        PrintDocumentInfo.Builder builder = new PrintDocumentInfo
            .Builder("print_output.pdf")
            .setContentType(PrintDocumentInfo.CONTENT_TYPE_DOCUMENT)
            .setPageCount(totalpages);

        PrintDocumentInfo info = builder.build();
        callback.onLayoutFinished(info, true);
    } else {
        callback.onLayoutFailed("Page count is zero.");
    }
}
```

이 메서드에서 수행하는 작업들을 조금 더 자세히 알아보자.

우선, 새로운 PDF 문서를 PdfDocument 클래스 타입의 인스턴스로 생성한다. 인쇄 프레임워크에 의해 onLayout( ) 메서드가 호출될 때 전달되는 인자 중 하나는 PrintAttributes 타입의 객체다. 이 객체는 사용자가 인쇄 출력으로 선택한 용지 크기, 해상도, 컬러 설정들에 관한 정보를 포함한다. 이 설정들은 PDF 문서를 생성할 때 사용되며, 앞에서 우리 커스텀 인쇄 어댑터 내부 클래스(MyPrintDocumentAdapter)의 생성자 메서드에서 저장했던 액티비티의 컨텍스트와 함께 PrintedPdfDocument 클래스 생성자의 인자로 전달한다.

```
myPdfDocument = new PrintedPdfDocument(context, newAttributes);
```

그리고 PrintAttributes 객체를 사용해서 문서 페이지의 높이(height)와 너비(width) 값을 추출하여 MyPrintDocumentAdapter의 인스턴스 변수로 저장한다. 이때 추출된 높이와 너비 값은 1/1000인치 단위이므로 1인치 단위로 변환하기 위해 1000으로 나눈다. 그리고 나중에 이 값들을 1/72인치 단위로 사용할 것이므로 72를 곱한 것이다.

```
pageHeight = newAttributes.getMediaSize().getHeightMils()/1000 * 72;
pageWidth = newAttributes.getMediaSize().getWidthMils()/1000 * 72;
```

여기서는 사용자가 선택한 컬러 속성을 사용하지 않았지만, 이 속성의 값은 PrintAttributes 객체의 getColorMode( ) 메서드를 호출하여 얻을 수 있다. 이 메서드는 COLOR_MODE_COLOR 또는 COLOR_MODE_MONOCHROME 중 하나의 값을 반환한다.

onLayout( ) 메서드가 호출될 때는 LayoutResultCallback 타입의 객체가 인자로 전달된다. 이 객체는 자신의 여러 메서드를 통해 onLayout( ) 메서드의 상태 정보를 인쇄 프레임워크에게 알려주는 방법을 제공한다. 예를 들어, 사용자가 인쇄 작업을 취소하면 onLayout( ) 메서드의 실행이 취소되어야 한다. 작업 취소는 onLayout( ) 메서드가 인자로 받은 CancellationSignal 객체의 isCanceled( ) 메서드를 호출하여 확인한다. 취소가 되는 경우에 onLayout( ) 메서드에서는 LayoutResultCallback 객체의 onLayoutCancelled( ) 메서드를 호출하여 인쇄 프레임워크에게 그 사실(취소 요청을 받아서 작업이 취소되었다는)을 알림해야 한다.

```
if (cancellationSignal.isCanceled() ) {
    callback.onLayoutCancelled();
    return;
}
```

작업이 완료될 때 onLayout( ) 메서드는 LayoutResultCallback 객체의 onLayoutFinished( ) 메서드를 호출해야 한다. 이때 두 개의 인자를 전달한다. 첫 번째 인자는 PrintDocumentInfo 객체이며, 이 객체는 인쇄될 문서에 관한 정보를 포함한다. 이 정보에는 PDF 문서의 이름, 콘텐트 타입(여기서는 이미지가 아닌 PDF 문서), 페이지 수가 포함된다. 두 번째 인자는 boolean 값이며, onLayout( ) 메서드가 마지막으로 호출된 이후에 레이아웃이 변경되었는지 여부를 나타낸다.

```
if (totalpages > 0) {
    PrintDocumentInfo.Builder builder = new PrintDocumentInfo
        .Builder("print_output.pdf")
        .setContentType(PrintDocumentInfo.CONTENT_TYPE_DOCUMENT)
        .setPageCount(totalpages);

    PrintDocumentInfo info = builder.build();

    callback.onLayoutFinished(info, true);
} else {
    callback.onLayoutFailed("Page count is zero.");
}
```

페이지 수가 0인 경우에는 LayoutResultCallback 객체의 onLayoutFailed( ) 메서드를 호출하여 인쇄 프레임워크에게 작업 실패를 알린다.

onLayoutFinished( ) 메서드를 호출하면 작업이 완료되었음을 인쇄 프레임워크에게 알림하게 되므로 이어서 onWrite( ) 메서드가 호출된다.

71.5 onWrite( ) 콜백 메서드 구현하기

onWrite( ) 콜백 메서드는 문서 페이지들을 렌더링한 다음에 문서가 인쇄될 준비가 되었다고 인쇄 프레임워크에게 알림하는 일을 수행한다. 완성된 onWrite( ) 메서드의 내역은 다음과 같다.

```
package com.ebookfrenzy.customprint;

import java.io.FileOutputStream;
import java.io.IOException;

import android.support.v7.app.AppCompatActivity;
import android.os.Bundle;
import android.os.CancellationSignal;
import android.os.ParcelFileDescriptor;
import android.print.PageRange;
import android.print.PrintAttributes;
import android.print.PrintDocumentAdapter;
import android.content.Context;
import android.print.PrintDocumentInfo;
import android.print.pdf.PrintedPdfDocument;
import android.graphics.pdf.PdfDocument;
import android.graphics.pdf.PdfDocument.PageInfo;
.
.
.
.
    @Override
    public void onWrite(final PageRange[] pageRanges,
                        final ParcelFileDescriptor destination,
                        final CancellationSignal cancellationSignal,
                        final WriteResultCallback callback) {

        for (int i = 0; i < totalpages; i++) {
            if (pageInRange(pageRanges, i))
            {
                PageInfo newPage = new PageInfo.Builder(pageWidth,
                        pageHeight, i).create();

                PdfDocument.Page page =
```

```
                    myPdfDocument.startPage(newPage);

                if (cancellationSignal.isCanceled()) {
                    callback.onWriteCancelled();
                    myPdfDocument.close();
                    myPdfDocument = null;
                    return;
                }
                drawPage(page, i);
                myPdfDocument.finishPage(page);
            }
        }

        try {
            myPdfDocument.writeTo(new FileOutputStream(
                    destination.getFileDescriptor()));
        } catch (IOException e) {
            callback.onWriteFailed(e.toString());
            return;
        } finally {
            myPdfDocument.close();
            myPdfDocument = null;
        }

        callback.onWriteFinished(pageRanges);
    }
```

onWrite( ) 메서드는 문서의 각 페이지를 반복 처리하는 루프로 시작된다. 그러나 문서를 구성하는 모든 페이지의 인쇄를 사용자가 요청하지 않았을 수도 있다는 것을 고려해야 한다. 실제로 인쇄 프레임워크 사용자 인터페이스 패널에는 인쇄될 특정 페이지 또는 페이지 범위를 지정하는 옵션이 있다(그림 71-2의 페이지 옵션).

그림 71-2

인쇄될 페이지들을 PDF 문서로 쓸 때 onWrite( ) 메서드에서는 사용자가 지정한 페이지들만 인쇄되도록 해야 한다. 따라서 인쇄 프레임워크에서는 인쇄될 페이지 범위를 나타내는 PageRange 객체 배열을 인자로 전달한다. 앞의 onWrite( ) 메서드에서는 pageInRange( ) 메서드가 매 페이지마다 호출되어 지정된 범위 안에 있는 페이지인지 확인한다. pageInRange( ) 메서드의 실행 코드는 이번 장 후반부에서 구현할 것이다.

```
for (int i = 0; i < totalpages; i++) {
    if (pageInRange(pageRanges, i))
    {
```

지정된 범위 안에 있는 페이지의 경우에는 새로운 페이지 객체인 PdfDocument.Page가 생성된다. 이때 onLayout( ) 메서드에서 이전에 저장했던 높이와 너비 값들이 인자로 전달된다. 사용자가 선택한 인쇄 옵션에 페이지 크기를 맞추기 위해서다.

```
PageInfo newPage = new PageInfo.Builder(pageWidth,
                             pageHeight, i).create();

PdfDocument.Page page = myPdfDocument.startPage(newPage);
```

onLayout( ) 메서드처럼 onWrite( ) 메서드에서도 취소 요청에 응답할 필요가 있다. 이때는 취소가 수행되었다고 인쇄 프레임워크에게 알림하고, 파일을 닫고 파일 객체 참조 변수인 myPdfDocument를 null로 지정한다.

```
if (cancellationSignal.isCanceled()) {
    callback.onWriteCancelled();
    myPdfDocument.close();
    myPdfDocument = null;
    return;
}
```

인쇄 작업이 취소되지 않고 정상적으로 수행될 때는 현재 페이지에 콘텐트를 그리는 drawPage( ) 메서드를 호출하여 페이지를 완성한 후, myPdfDocument 객체의 finishPage( ) 메서드를 호출하여 PDF 문서 페이지로 구성한다.

```
drawPage(page, i);
myPdfDocument.finishPage(page);
```

콘텐트를 페이지에 그리는 drawPage( ) 메서드는 더 뒤에서 구현할 것이다.

필요한 페이지들이 PDF 문서로 추가되면 onWrite( ) 메서드의 인자로 전달된 파일 디스크립터를 사용해서 파일에 문서를 쓴다. 만일 어떤 이유로든 쓰기에 실패하면, onWrite( ) 메서드의 인자로 전달된 WriteResultCallback 객체의 onWriteFailed( ) 메서드를 호출하여 인쇄 프레임워크에게 알림한다.

```
try {
    myPdfDocument.writeTo(new FileOutputStream(
        destination.getFileDescriptor()));
} catch (IOException e) {
        callback.onWriteFailed(e.toString());
        return;
} finally {
        myPdfDocument.close();
        myPdfDocument = null;
}
```

끝으로, WriteResultsCallback 객체의 onWriteFinish( ) 메서드를 호출하여 문서가 인쇄될 준비가 되었다고 인쇄 프레임워크에게 알림한다.

71.6 페이지가 인쇄 범위에 있는지 확인하기

앞에서 이야기했듯이, onWrite( ) 메서드가 호출될 때 PageRange 객체를 저장한 배열이 인자로 전달된다. 이 객체는 인쇄되는 문서의 페이지 범위를 나타낸다. PageRange 클래스는 페이지 범위의 시작과 끝 페이지를 저장하도록 설계되었으며, 시작과 끝 페이지는 그 클래스의 getStart( )와 getEnd( ) 메서드를 사용해서 얻을 수 있다.

앞의 onWrite( ) 메서드에서는 PageRange 객체를 저장한 배열과 페이지 번호를 인자로 받는 pageInRange( ) 메서드를 호출하였다. 이 메서드에서는 지정된 페이지 번호가 지정된 범위 안에 있는지 확인하는 일을 수행한다. 그리고 다음과 같이 CustomPrintActivity.java에 있는 MyPrintDocumentAdapter 클래스 내부에 구현하면 된다.

```
public class MyPrintDocumentAdapter extends PrintDocumentAdapter
{
.
.
.
```

```
    private boolean pageInRange(PageRange[] pageRanges, int page)
    {
        for (int i = 0; i<pageRanges.length; i++)
        {
            if ((page >= pageRanges[i].getStart()) &&
                (page <= pageRanges[i].getEnd()))
                return true;
        }
        return false;
    }
.
.
}
```

71.7 페이지 캔버스에 콘텐트 그리기

이제는 인쇄될 페이지에 콘텐트를 그리는 코드를 작성할 때가 되었다. 당연하지만, 그리는 콘텐트는 애플리케이션에 따라 완전히 다르며, 안드로이드 Canvas 클래스를 사용해서 그릴 수 있는 것으로 제한된다. 여기서는 간단한 텍스트와 그래픽을 캔버스에 그릴 것이다.

우리 애플리케이션에서는 onWrite( ) 메서드에서 drawPage( ) 메서드를 호출한다. drawPage( ) 메서드는 현재 페이지를 나타내는 PdfDocument.Page 객체와 페이지 번호를 나타내는 정수를 인자로 받는다. CustomPrintActivity.java 파일에 다음과 같이 drawPage( ) 메서드를 추가하자.

```
package com.ebookfrenzy.customprint;

import java.io.FileOutputStream;
import java.io.IOException;

import android.support.v7.app.AppCompatActivity;
import android.os.Bundle;
import android.os.CancellationSignal;
import android.os.ParcelFileDescriptor;
import android.print.PageRange;
import android.print.PrintAttributes;
import android.print.PrintDocumentAdapter;
import android.content.Context;
import android.print.PrintDocumentInfo;
import android.print.pdf.PrintedPdfDocument;
import android.graphics.pdf.PdfDocument;
import android.graphics.pdf.PdfDocument.PageInfo;
import android.graphics.Canvas;
import android.graphics.Color;
import android.graphics.Paint;
```

```java
public class CustomPrintActivity extends AppCompatActivity {
.
.
    public class MyPrintDocumentAdapter extends PrintDocumentAdapter
    {
.
.
        private void drawPage(PdfDocument.Page page,
                              int pagenumber) {
            Canvas canvas = page.getCanvas();

            pagenumber++; // 페이지 번호가 1부터 시작하게 한다

            int titleBaseLine = 72;
            int leftMargin = 54;

            Paint paint = new Paint();
            paint.setColor(Color.BLACK);
            paint.setTextSize(40);
            canvas.drawText(
                    "Test Print Document Page " + pagenumber,
                                                  leftMargin,
                                                  titleBaseLine,
                                                  paint);

            paint.setTextSize(14);
            canvas.drawText("This is some test content to verify that
                    custom document printing works",
                    leftMargin, titleBaseLine + 35, paint);

            if (pagenumber % 2 == 0)
                    paint.setColor(Color.RED);
            else
                    paint.setColor(Color.GREEN);

            PageInfo pageInfo = page.getInfo();


            canvas.drawCircle(pageInfo.getPageWidth()/2,
                              pageInfo.getPageHeight()/2,
                              150,
                              paint);
        }
.
.
}
```

onWrite( ) 메서드의 루프문에서 drawPage( ) 메서드를 호출하면서 인자로 전달하는 페이지 번호는 0부터 시작한다. 그러나 통상적으로 문서의 페이지 번호는 1부터 시작하므로

drawPage( )에서는 우선 페이지 번호를 하나 증가시키면서 시작한다. 그런 다음, 페이지와 연관된 Canvas 객체의 참조를 얻고 여백과 베이스 라인 값을 선언한다.

```
Canvas canvas = page.getCanvas();

pagenumber++;

int titleBaseLine = 72;
int leftMargin = 54;
```

그런 다음, 그리기에 사용되는 Paint와 Color 객체를 생성하고 텍스트 크기를 설정한 후에 페이지 제목 텍스트와 현재 페이지 번호를 그린다.

```
Paint paint = new Paint();

paint.setColor(Color.BLACK);
paint.setTextSize(40);

canvas.drawText("Test Print Document Page " + pagenumber,
                                              leftMargin,
                                              titleBaseLine,
                                              paint);
```

다음으로, 텍스트 크기를 줄이고 제목 밑에 본문 텍스트를 그린다.

```
paint.setTextSize(14);

canvas.drawText("This is some test content to verify that custom document printing
      works", leftMargin, titleBaseLine + 35, paint);
```

이 메서드에서 수행되는 마지막 작업은 원을 그리는 것이다. 이때 짝수 페이지에는 빨간색 원을 그리고, 홀수 페이지에는 초록색 원을 그린다. 페이지가 홀수 또는 짝수 중 어느 것인지 확인한 후에는 페이지 높이와 너비를 얻고 페이지의 중앙에 원을 위치시키기 위해 그 값들을 사용한다.

```
if (pagenumber % 2 == 0)
    paint.setColor(Color.RED);
else
    paint.setColor(Color.GREEN);
```

```
PageInfo pageInfo = page.getInfo();

canvas.drawCircle(pageInfo.getPageWidth()/2,
                  pageInfo.getPageHeight()/2,
                  150, paint);
```

캔버스에 그리기 작업이 완료되면 onWrite( ) 메서드로 제어가 복귀된다.

drawPage( ) 메서드까지 작성되었으므로 이제는 MyPrintDocumentAdapter 클래스가 완성된 것이다.

71.8 인쇄 작업 시작시키기

Print Document 버튼을 사용자가 터치하면 onClick 이벤트 처리 메서드인 printDocument( )가 호출된다(이번 장 앞에서 버튼의 onClick 속성에 지정했기 때문이다). 따라서 이 메서드를 CustomPrintActivity.java 파일에 추가할 필요가 있다. 이 메서드는 MyPrintDocumentAdapter 내부 클래스의 밖에 추가해야 한다는 것에 유의하자.

```
package com.ebookfrenzy.customprint;

import java.io.FileOutputStream;
import java.io.IOException;

import android.support.v7.app.AppCompatActivity;
import android.os.Bundle;
import android.os.CancellationSignal;
import android.os.ParcelFileDescriptor;
import android.print.PageRange;
import android.print.PrintAttributes;
import android.print.PrintDocumentAdapter;
import android.content.Context;
import android.print.PrintDocumentInfo;
import android.print.pdf.PrintedPdfDocument;
import android.graphics.pdf.PdfDocument;
import android.graphics.pdf.PdfDocument.PageInfo;
import android.graphics.Canvas;
import android.graphics.Color;
import android.graphics.Paint;
import android.print.PrintManager;
import android.view.View;

public class CustomPrintActivity extends AppCompatActivity {
```

```
    public void printDocument(View view)
    {
        PrintManager printManager = (PrintManager) this
                .getSystemService(Context.PRINT_SERVICE);

        String jobName = this.getString(R.string.app_name) +
                    " Document";

        printManager.print(jobName, new
                    MyPrintDocumentAdapter(this), null);
    }
.
.
.
}
```

이 메서드에서는 인쇄 매니저 서비스 객체의 참조를 얻는다. 그리고 인쇄 작업의 이름을 갖는 String 객체를 생성한 후에 인쇄 매니저의 print( ) 메서드를 호출하여 인쇄 작업을 시작시킨다. 이때 작업 이름과 커스텀 인쇄 문서 어댑터 클래스의 인스턴스를 인자로 전달한다.

71.9 애플리케이션 테스트하기

안드로이드 5.0 이상 버전이 실행되는 실제 안드로이드 장치에서 애플리케이션을 실행시키자. 애플리케이션이 론칭되면 Print Document 버튼을 터치하여 인쇄 작업을 시작시킨다. 그리고 인쇄 패널에서 PDF 파일로 저장하거나 프린터로 출력하자(용지와 프린터 잉크의 낭비를 막는 데는 PDF 파일로 저장 옵션이 유용하다).

텍스트와 그래픽을 포함하는 4페이지 분량의 문서가 인쇄 출력으로 나왔는지 확인해보자. 예를 들어, 그림 71-3에서는 삼성 갤럭시 노트5의 가로 방향 화면을 보여준다.

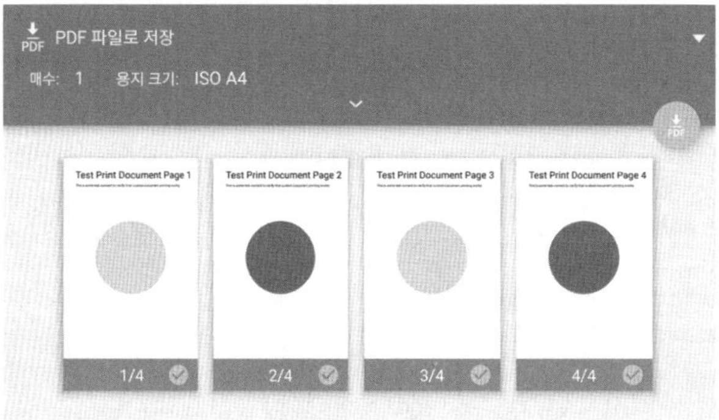

그림 71-3

인쇄 패널에서 다른 인쇄 옵션(용지 크기와 방향 및 페이지 선택 등)을 선택하여 테스트해보자. 각 설정 변경이 인쇄 출력에 반영될 것이다. 이것은 곧 커스텀 인쇄 문서 어댑터가 제대로 동작한다는 것을 나타낸다.

71.10 요약

안드로이드 인쇄 프레임워크의 커스텀 문서 인쇄는 HTML과 이미지 인쇄보다는 구현하기가 더 복잡하다. 하지만 많은 유연성을 제공하므로 안드로이드 애플리케이션의 복잡한 콘텐트를 인쇄하는 데 사용할 수 있다. 커스텀 문서 인쇄를 구현하는 작업의 대부분은 커스텀 인쇄 어댑터 클래스를 생성하는 데 소요된다. 이 클래스에서는 문서 페이지의 콘텐트를 그리는 것은 물론이고, 사용자의 인쇄 설정 변경(페이지 크기와 페이지 범위 등)에 올바르게 응답해야 하기 때문이다.

안드로이드 지문 인증 구현하기

지문 인증(Fingerprint authentication) API에서는 안드로이드 장치에 내장된 지문 센서를 사용하여 사용자를 식별하며, 인앱 결제와 같은 애플리케이션 기능을 장치에서 사용할 수 있게 해준다. 지문 인증은 여러 단계에 걸쳐 구현되므로 처음에는 굉장히 복잡하게 보인다. 그러나 막상 각 단계 별로 나누어 살펴보면 그리 복잡하지 않다. 기본적으로 지문 인증은 키를 포함한 암호, 암호화 처리, 인증 절차를 처리하는 FingerprintManager로 구성된다.

이번 장에서는 지문 인증의 개요를 알아본 후 각 단계별로 실제 구현하는 방법을 보여줄 것이다.

72.1 지문 인증 개요

안드로이드 앱에서 지문 인증을 구현하려면 기본적으로 10단계의 작업이 필요하다. 그 내용을 요약하면 다음과 같다.

1. 프로젝트의 매니페스트 파일에 지문 인증 퍼미션을 추가한다.
2. 앱이 실행되는 장치의 잠금 화면이 PIN(네 자리 숫자의 개인 식별 번호)이나 패턴 또는 암호로 보호되도록 구성되어 있는지 검사한다. 지문은 잠금 화면으로 보호되는 장치에서만 등록될 수 있다(지문의 대안으로 잠긴 화면 해제 및 이중 보안을 위해 PIN이나 다른 인증 방법이 사용될 수 있어야 하기 때문이다).

3. 장치에 최소한 하나의 인증용 지문이 등록되어 있는지 확인한다.
4. FingerprintManager 클래스의 인스턴스를 생성한다.
5. Keystore 인스턴스를 사용하여 안드로이드 Keystore 컨테이너를 액세스한다. Keystore 컨테이너는 암호 키로 보호되는 안드로이드 장치의 스토리지 영역이다.
6. KeyGenerator 클래스를 사용해서 암호 키를 생성하고 그것을 Keystore 컨테이너에 저장한다.
7. 6번에서 생성된 키를 사용해서 Cipher 클래스의 인스턴스를 초기화한다.
8. Cipher 인스턴스를 사용해서 CryptoObject를 생성한다. 그리고 그것을 4번에서 생성된 FingerprintManager 인스턴스에 지정한다.
9. FingerprintManager 인스턴스의 인증 메서드를 호출한다.
10. 인증이 수행된 후 호출되는 콜백 메서드를 구현하여 인증 결과(성공 또는 실패)를 처리하는 기능을 구현한다.

이번 장의 나머지 부분에서는 예제 프로젝트를 통해 각 단계를 자세히 알아볼 것이다.

72.2 지문 인증 프로젝트 생성하기

안드로이드 스튜디오로 새 프로젝트를 생성하자. 안드로이드 스튜디오 메인 메뉴의 File ➡ New ➡ New Project...를 선택하거나 웰컴 스크린에서 Start a new Android Studio project를 선택한다.

Application name 필드에 FingerprintDemo를 입력하고, Company Domain 필드에는 ebookfrenzy.com을 입력한다. 안드로이드 장치 선택 화면에서는 폰과 태블릿(Phone and Tablet)만 선택하고, 최소 SDK 버전은 **API 23: Android 6.0 (Marshmallow)**로 선택한다. 액티비티 선택 화면에서는 Empty Activity를 선택한다. 그리고 마지막 대화상자에서 Activity Name에 FingerprintDemoActivity를 입력하고 자동으로 설정된 나머지 필드 값은 그대로 둔다. Finish 버튼을 눌러 프로젝트를 생성한다

72.3 장치의 지문 인증 구성하기

지문 인증은 지문 센서가 있으면서 잠금 화면으로 장치를 보호하도록 구성된 장치에서만 가능하다. 그리고 최소한 하나의 인증용 지문이 등록되어 있어야 한다. 에뮬레이터로 지문 인증을

테스트하려면 장치와는 다른 방법으로 사전 구성이 필요하다. 그 방법은 6장을 참조한다.

우선, 지문 인증을 하기 위해 장치의 사전 구성이 필요하다. 만일 지문 외의 화면 잠금 해제 방식이 설정되어 있지 않다면 PIN, 패턴, 암호 중 하나로 설정한다.

다음은 인증에 사용할 지문을 등록한다. 이미 등록된 경우는 추가로 할 필요가 없다. 등록하는 절차는 장치마다 다를 수 있지만 일반적으로 다음과 같이 한다. **설정** 앱을 실행한 후 **보안**(또는 **잠금화면** 또는 **잠금화면 및 보안**)을 선택한다. 그리고 **보안** 화면에서 **지문**을 선택한다. 그런 다음, 앞에서 등록한 잠금 해제 방식으로 인증을 받는다. 끝으로, 지문 등록 화면에서 지문 센서를 터치하여 지문을 등록한다(등록 절차나 지문 센서의 인식 방법은 각 장치마다 다를 수 있다). 그림 72-1에서는 삼성 갤럭시 노트5의 등록 화면을 보여준다.

그림 72-1

72.4 지문 퍼미션을 매니페스트 파일에 추가하기

앱에서 지문 인증을 하려면 USE_FINGERPRINT 퍼미션을 요청해야 한다. 이 퍼미션을 프로젝트 매니페스트 파일에 추가하자. 프로젝트 도구 창의 app ➡ manifests ➡ AndroidManifest.xml 파일을 더블 클릭하여 편집기에 열고 다음을 추가한다.

```
<?xml version="1.0" encoding="utf-8"?>
<manifest xmlns:android="http://schemas.android.com/apk/res/android"
    package="com.ebookfrenzy.fingerprintdemo1">

    <uses-permission
        android:name="android.permission.USE_FINGERPRINT" />
.
.
```

72.5 지문 아이콘 다운로드하기

앱에서 사용자의 지문 인증을 받을 때 보여주어야 하는 표준 아이콘(그림 72-2)을 구글에서 제공한다. 웹 브라우저에서 *https://material.io/icons/*를 접속하여 Action 부류에 있는 fingerprint 아이콘을 클릭하고 화면 밑의 메뉴바에서 원하는 크기(예를 들어, 24dp)를 선택한 후 오른쪽의 PNGS를 클릭하면 다운로드된다.

그림 72-2

이 아이콘은 다음 URL에서도 다운로드받을 수 있다(웹 브라우저 화면의 이미지를 복사 및 저장). 또는 이 책의 프로젝트 파일을 다운로드받으면 Material_Icons 디렉터리에도 있다. 파일 이름은 ic_fp_40px.png이다.

URL *http://www.ebookfrenzy.com/code/ic_fp_40px.png*

다운로드받은 이미지 파일을 각자 운영체제의 파일 탐색기에서 찾은 후 Ctrl+C[Cmd+C] 키를 눌러 복사한다. 그리고 안드로이드 스튜디오 프로젝트 도구 창의 app ➡ res ➡ drawable 폴더에서 오른쪽 마우스 버튼을 누른 후 Paste를 선택한 다음, Copy 대화상자에서 OK 버튼을 클릭한다.

72.6 사용자 인터페이스 디자인하기

여기서는 사용자 인터페이스를 간단하게 하기 위해 TextView와 ImageView만 하나씩 둘 것이다. 프로젝트를 생성할 때 자동으로 편집기에 로드된 activity_fingerprint_demo.xml 레이아웃 리소스 파일을 선택하고 디자인 모드로 변경한 후 TextView 객체를 삭제하자. 그리고 자동 연결(Autoconnect)이 활성화된 상태에서(18장 참조) 팔레트의 Images 부류에 있는 ImageView를 끌어서 레이아웃의 중앙에 놓으면 Resources 대화상자가 나타난다. 제일 왼쪽 위에 있는 Drawable을 클릭한 후 바로 오른쪽의 Project 밑에 있는 ic_fp_40px를 클릭하면 그림 72-3처럼 오른쪽에 큰 아이콘으로 나타난다. OK 버튼을 누르면 이 아이콘 이미지가 ImageView에 지정된다. 레이아웃의 아이콘 이미지는 우리가 원하는 대로 크기를 조정할 수 있다.

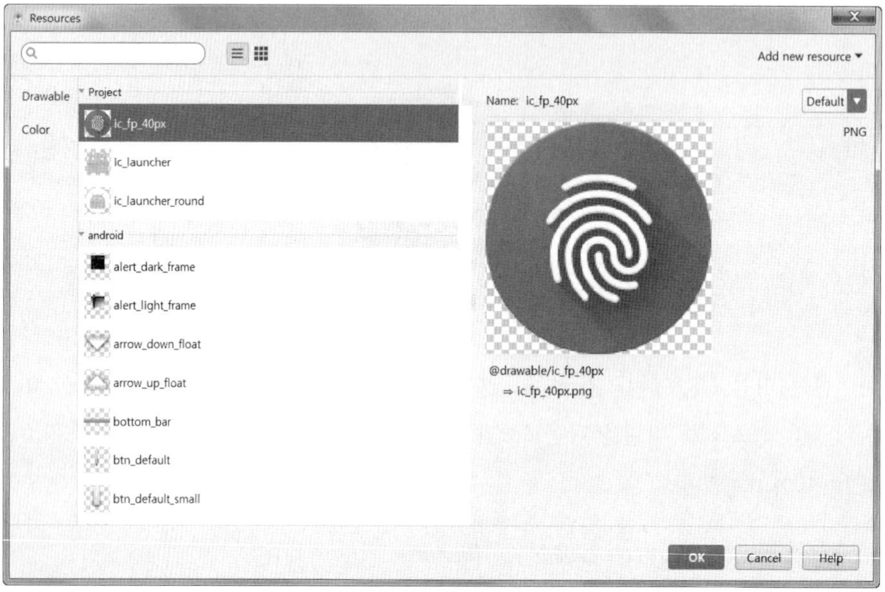

그림 72-3

팔레트의 Text 부류에 있는 TextView를 끌어서 ImageView 객체 밑에 놓는다. 그리고 속성 창에서 layout_width와 layout_height를 wrap_content로 변경하고 text 속성에 'Touch Sensor'를 입력한 후 문자열 리소스로 추출한다. 끝으로, 속성 창의 textSize 속성값을 24sp로 변경한다.

다 되었으면 레이아웃이 그림 72-4처럼 보일 것이다.

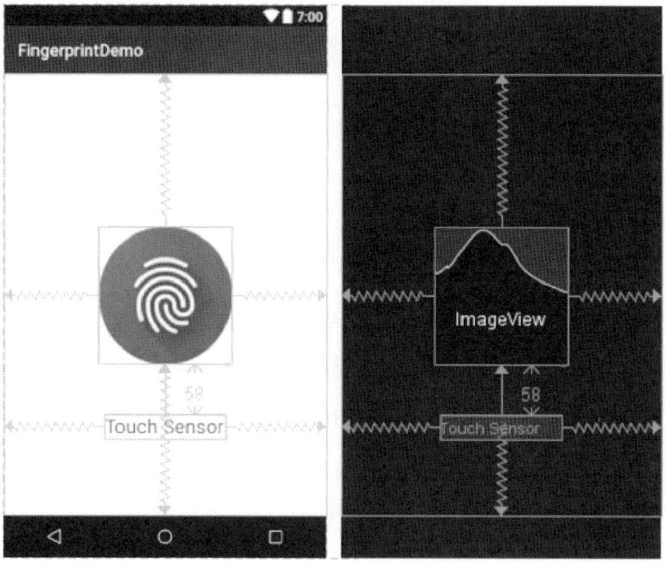

그림 72-4

72.7 KeyguardManager와 FingerprintManager 사용하기

지문 인증에서는 두 개의 시스템 서비스를 이용한다. KeyguardManager와 FingerprintManager이다. 따라서 두 서비스의 참조를 얻을 필요가 있다. 편집기에 로드된 FingerprintDemoActivity.java 파일의 onCreate( ) 메서드에 다음 코드를 추가하자.

```
package com.ebookfrenzy.fingerprintdemo;

import android.support.v7.app.AppCompatActivity;
import android.os.Bundle;
import android.app.KeyguardManager;
import android.hardware.fingerprint.FingerprintManager;

public class FingerprintDemoActivity extends AppCompatActivity {

    private FingerprintManager fingerprintManager;
    private KeyguardManager keyguardManager;

    @Override
    protected void onCreate(Bundle savedInstanceState) {
        super.onCreate(savedInstanceState);
        setContentView(R.layout.activity_fingerprint_demo);

        keyguardManager =
            (KeyguardManager) getSystemService(KEYGUARD_SERVICE);
```

```
        fingerprintManager =
            (FingerprintManager) getSystemService(FINGERPRINT_SERVICE);

    }
}
```

72.8 장치의 보안 설정 확인하기

이번 장 앞에서는 앱을 테스트할 장치나 에뮬레이터에 잠금 화면을 구성하고 지문을 등록했었다. 그러나 지문 인증을 하기에 앞서 그런 것들이 준비되었는지 검사하는 코드를 앱에 포함시키는 것이 중요하다. 여기서는 그런 일을 FingerprintDemoActivity.java 파일의 onCreate( ) 메서드에서 수행할 것이다. 그리고 이때 Keyguard와 Fingerprint 매니저 서비스를 이용한다. 이와 더불어 여기서는 USE_FINGERPRINT 퍼미션이 앱에 제대로 구성되었는지도 검사한다.

```
package com.ebookfrenzy.fingerprintdemo;

import android.support.v7.app.AppCompatActivity;
import android.os.Bundle;
import android.app.KeyguardManager;
import android.hardware.fingerprint.FingerprintManager;
import android.widget.Toast;
import android.Manifest;
import android.content.pm.PackageManager;
import android.support.v4.app.ActivityCompat;

public class FingerprintDemoActivity extends AppCompatActivity {

    private FingerprintManager fingerprintManager;
    private KeyguardManager keyguardManager;

    @Override
    protected void onCreate(Bundle savedInstanceState) {
        super.onCreate(savedInstanceState);
        setContentView(R.layout.activity_fingerprint_demo);

        keyguardManager =
            (KeyguardManager) getSystemService(KEYGUARD_SERVICE);
        fingerprintManager =
            (FingerprintManager) getSystemService(FINGERPRINT_SERVICE);

        if (!keyguardManager.isKeyguardSecure()) {

            Toast.makeText(this,
                    "Lock screen security not enabled in Settings",
                    Toast.LENGTH_LONG).show();
```

```
            return;
        }

        if (ActivityCompat.checkSelfPermission(this,
            Manifest.permission.USE_FINGERPRINT) !=
                PackageManager.PERMISSION_GRANTED) {
                Toast.makeText(this,
                    "Fingerprint authentication permission not enabled",
                    Toast.LENGTH_LONG).show();
                return;
        }

        if (!fingerprintManager.hasEnrolledFingerprints()) {

            // 지문이 하나도 등록된 게 없을 때.
            Toast.makeText(this,
                    "Register at least one fingerprint in Settings",
                    Toast.LENGTH_LONG).show();
            return;
        }
    }
    .
    .
}
```

이 코드에서는 우선 장치에 화면 잠금 방법이 구성되었는지를 Keyguard 매니저를 사용해서 검사한다(잠긴 화면을 해제하기 위해 지문의 대안으로 PIN이나 다른 인증 방법이 사용될 수 있어야 하기 때문이다). 그리고 구성되어 있지 않으면 사용자에게 문제점을 알리고 메서드 실행을 끝낸다.

그런 다음, Fingerprint 매니저를 사용해서 최소한 하나의 지문이 장치에 등록되었는지 검사한다. 만일 하나도 없으면 마찬가지로 사용자에게 문제점을 알리고 메서드 실행을 끝낸다.

72.9 안드로이드 Keystore와 KeyGenerator 사용하기

지문 인증 절차의 일환으로 암호 키의 생성이 수반되며, 생성된 키는 안드로이드 Keystore 시스템을 사용해서 장치에 안전하게 저장된다. 키를 생성하고 저장하기 전에 앱에서는 제일 먼저 Keystore 인스턴스를 얻어야 한다. 여기서는 FingerprintDemoActivity.java 파일에 generateKey 라는 이름의 메서드를 구현하여 키 생성과 저장 작업을 수행할 것이다. 우선, Keystore를 액세스하는 코드만 다음과 같이 추가한다.

```java
package com.ebookfrenzy.fingerprintdemo;

import android.support.v7.app.AppCompatActivity;
import android.os.Bundle;
import android.app.KeyguardManager;
import android.hardware.fingerprint.FingerprintManager;
import android.widget.Toast;
import android.Manifest;
import android.content.pm.PackageManager;
import android.support.v4.app.ActivityCompat;

import java.security.KeyStore;

public class FingerprintDemoActivity extends AppCompatActivity {

    private FingerprintManager fingerprintManager;
    private KeyguardManager keyguardManager;
    private KeyStore keyStore;
.
.
    protected void generateKey() {
        try {
            keyStore = KeyStore.getInstance("AndroidKeyStore");
        } catch (Exception e) {
            e.printStackTrace();
        }
    }
}
```

Keystore 인스턴스 참조는 Keystore 클래스의 getInstance 메서드를 호출하여 얻는다. 그리고 이때 표준 안드로이드 Keystore 컨테이너의 식별자('AndroidKeyStore')를 인자로 전달한다. 다음은 KeyGenerator 서비스를 사용해서 키를 생성할 것이다. 키를 생성하기 전에 KeyGenerator의 인스턴스 참조를 얻는 코드를 추가해야 한다. 그리고 이때 생성될 키의 타입과 키가 저장될 Keystore 컨테이너의 이름을 인자로 전달한다.

```java
package com.ebookfrenzy.fingerprintdemo;

import android.support.v7.app.AppCompatActivity;
import android.os.Bundle;
import android.app.KeyguardManager;
import android.hardware.fingerprint.FingerprintManager;
import android.widget.Toast;
import android.Manifest;
import android.content.pm.PackageManager;
import android.support.v4.app.ActivityCompat;
```

```
import android.security.keystore.KeyProperties;

import java.security.KeyStore;
import java.security.NoSuchAlgorithmException;
import java.security.NoSuchProviderException;

import javax.crypto.KeyGenerator;

public class FingerprintDemoActivity extends AppCompatActivity {

    private FingerprintManager fingerprintManager;
    private KeyguardManager keyguardManager;
    private KeyStore keyStore;
    private KeyGenerator keyGenerator;

    protected void generateKey() {
        try {
            keyStore = KeyStore.getInstance("AndroidKeyStore");
        } catch (Exception e) {
            e.printStackTrace();
        }

        try {
            keyGenerator = KeyGenerator.getInstance(
                               KeyProperties.KEY_ALGORITHM_AES,
                               "AndroidKeyStore");
        } catch (NoSuchAlgorithmException |
                 NoSuchProviderException e) {
            throw new RuntimeException(
                    "Failed to get KeyGenerator instance", e);
        }
    }
.
.
}
```

72.10 키 생성하기

이제는 Keystore 컨테이너와 KeyGenerator 인스턴스의 참조를 갖게 되었다. 다음은 암호화 처리를 위한 암호를 만드는 데 사용할 키를 생성할 것이다. FingerprintDemoActivity.java 파일에 다음 코드를 추가한다.

```
package com.ebookfrenzy.fingerprintdemo;

import android.support.v7.app.AppCompatActivity;
import android.os.Bundle;
import android.app.KeyguardManager;
import android.hardware.fingerprint.FingerprintManager;
import android.widget.Toast;
import android.Manifest;
import android.content.pm.PackageManager;
import android.support.v4.app.ActivityCompat;
import android.security.keystore.KeyProperties;
import android.security.keystore.KeyGenParameterSpec;

import java.security.KeyStore;
import java.security.NoSuchAlgorithmException;
import java.security.NoSuchProviderException;
import java.security.cert.CertificateException;
import java.security.InvalidAlgorithmParameterException;
import java.io.IOException;

import javax.crypto.KeyGenerator;

public class FingerprintDemoActivity extends AppCompatActivity {

    private static final String KEY_NAME = "example_key";
    private FingerprintManager fingerprintManager;
    private KeyguardManager keyguardManager;
    private KeyStore keyStore;
    private KeyGenerator keyGenerator;
.
.
.
    protected void generateKey() {
        try {
            keyStore = KeyStore.getInstance("AndroidKeyStore");
        } catch (Exception e) {
            e.printStackTrace();
        }

        try {
            keyGenerator = KeyGenerator.getInstance(
                        KeyProperties.KEY_ALGORITHM_AES,
                        "AndroidKeyStore");
        } catch (NoSuchAlgorithmException |
                NoSuchProviderException e) {
            throw new RuntimeException(
                    "Failed to get KeyGenerator instance", e);
        }

        try {
            keyStore.load(null);
```

```
            keyGenerator.init(new
                KeyGenParameterSpec.Builder(KEY_NAME,
                    KeyProperties.PURPOSE_ENCRYPT |
                    KeyProperties.PURPOSE_DECRYPT)
                        .setBlockModes(KeyProperties.BLOCK_MODE_CBC)
                        .setUserAuthenticationRequired(true)
                        .setEncryptionPaddings(
                            KeyProperties.ENCRYPTION_PADDING_PKCS7)
                                .build());
            keyGenerator.generateKey();
        } catch (NoSuchAlgorithmException |
                InvalidAlgorithmParameterException |
                CertificateException | IOException e) {
            throw new RuntimeException(e);
        }
    }
.
.
}
```

이 코드에서는 Keystore 컨테이너에 키를 저장할 때 사용할 이름(여기서는 'example_key')을 나타내는 String 변수를 선언한다.

그런 다음, Keystore 컨테이너가 로드되고 KeyGenerator가 초기화된다. 이때 생성되는 키의 타입을 지정하기 위해 KeyGenParameterSpec.Builder 클래스를 사용한다. 그리고 이 클래스의 인스턴스를 생성하면서 키 이름 참조 및 암호화와 해독에 사용되는 키 구성 정보를 인자로 전달한다.

또한, setUserAuthenticationRequired 메서드의 인자로 true가 전달된다. 따라서 지문 인증으로 키를 사용할 때마다 사용자의 인증이 필요하다. KeyGenerator의 구성이 완료되면 generateKey 메서드를 호출하여 키 생성에 사용한다.

72.11 Cipher 초기화하기

이제는 키가 생성되었으므로 다음은 암호화된 FingerprintManager.CryptoObject 인스턴스를 생성하는 데 사용될 Cipher를 초기화할 것이다. 그런 다음, 지문 인증 처리에 CryptoObject가 사용된다. Cipher를 구성할 때는 Cipher 인스턴스를 얻은 후 Keystore 컨테이너에 저장된 키를 사용해서 그것을 초기화한다. 여기서는 그런 일을 처리하는 새로운 메서드인 cipherInit를 추가할 것이다. 다음 코드를 FingerprintDemoActivity.java 파일에 추가하자.

```
package com.ebookfrenzy.fingerprintdemo;

import android.security.keystore.KeyProperties;
import android.support.v7.app.AppCompatActivity;
import android.os.Bundle;
import android.app.KeyguardManager;
import android.hardware.fingerprint.FingerprintManager;
import android.widget.Toast;
import android.Manifest;
import android.content.pm.PackageManager;
import android.support.v4.app.ActivityCompat;
import android.security.keystore.KeyGenParameterSpec;
import android.security.keystore.KeyPermanentlyInvalidatedException;

import java.security.KeyStore;
import java.security.InvalidAlgorithmParameterException;
import java.security.NoSuchAlgorithmException;
import java.security.cert.CertificateException;
import java.security.InvalidAlgorithmParameterException;
import java.io.IOException;
import java.security.InvalidKeyException;
import java.security.KeyStoreException;
import java.security.UnrecoverableKeyException;

import javax.crypto.KeyGenerator;
import javax.crypto.NoSuchPaddingException;
import javax.crypto.SecretKey;
import javax.crypto.Cipher;

public class FingerprintDemoActivity extends AppCompatActivity {

    private static final String KEY_NAME = "example_key";
    private FingerprintManager fingerprintManager;
    private KeyguardManager keyguardManager;
    private KeyStore keyStore;
    private KeyGenerator keyGenerator;
    private Cipher cipher;
.
.
.
    public boolean cipherInit() {
        try {
            cipher = Cipher.getInstance(
                    KeyProperties.KEY_ALGORITHM_AES + "/"
                  + KeyProperties.BLOCK_MODE_CBC + "/"
                  + KeyProperties.ENCRYPTION_PADDING_PKCS7);
        } catch (NoSuchAlgorithmException |
                NoSuchPaddingException e) {
            throw new RuntimeException("Failed to get Cipher", e);
        }
```

```
        try {
            keyStore.load(null);
            SecretKey key = (SecretKey) keyStore.getKey(KEY_NAME, null);
            cipher.init(Cipher.ENCRYPT_MODE, key);
            return true;
        } catch (KeyPermanentlyInvalidatedException e) {
            return false;
        } catch (KeyStoreException | CertificateException
                | UnrecoverableKeyException | IOException
                | NoSuchAlgorithmException | InvalidKeyException e) {
            throw new RuntimeException("Failed to init Cipher", e);
        }
    }
}
```

Cipher 클래스의 getInstance 메서드는 Cipher 인스턴스를 얻기 위해 호출되며, 이 인스턴스는 지문 인증에 필요한 속성들로 구성된다. 그리고서 앞에서 생성된 키가 Keystore 컨테이너에서 추출되어 Cipher 인스턴스를 초기화하는 데 사용된다. 또한, 그에 맞춰 에러도 처리된다.

이제는 generateKey와 cipherInit 메서드 모두 완성되었다. 다음은 그 메서드들을 호출하고 모두 다 성공적으로 실행되면 CryptoObject 인스턴스를 생성하도록 onCreate( ) 메서드를 변경할 것이다.

72.12 CryptoObject 인스턴스 생성하기

FingerprintDemoActivity.java의 onCreate( ) 메서드에 다음 코드를 추가하자. 이 코드에서는 generateKey와 cipherInit 메서드를 호출한 후에 CryptoObject를 생성한다.

```
public class FingerprintDemoActivity extends AppCompatActivity {

    private static final String KEY_NAME = "example_key";
    private FingerprintManager fingerprintManager;
    private KeyguardManager keyguardManager;
    private KeyStore keyStore;
    private KeyGenerator keyGenerator;
    private Cipher cipher;
    private FingerprintManager.CryptoObject cryptoObject;

    @Override
    protected void onCreate(Bundle savedInstanceState) {
        super.onCreate(savedInstanceState);
        setContentView(R.layout.activity_fingerprint_demo);
```

```
.
.
.
        if (!fingerprintManager.hasEnrolledFingerprints()) {

            // 지문이 하나도 등록된 게 없을 때
            Toast.makeText(this,
                    "Register at least one fingerprint in Settings",
                    Toast.LENGTH_LONG).show();
            return;
        }

        generateKey();

        if (cipherInit()) {
            cryptoObject = new FingerprintManager.CryptoObject(cipher);
        }
    }
```

이제는 실제로 지문 인증을 처리하는 새로운 클래스를 구현하는 일만 남았다.

72.13 지문 인증 처리 클래스 구현하기

지금까지의 모든 작업은 지문 인증에 필요한 키, Cipher, CryptoObject 객체를 준비하는 데 필요한 것이었다. 실제 지문 인증은 FingerprintManager 인스턴스의 인증 메서드를 호출하여 수행된다. 이 메서드는 인증의 성공이나 실패에 따른 여러 콜백 이벤트 중 하나에 의해 호출된다. 그리고 인증 메서드 호출과 콜백 처리 메서드 모두 FingerprintManager.AuthenticationCallback 클래스의 서브 클래스에 구현되어야 한다. 따라서 이제는 그런 클래스를 프로젝트에 추가할 것이다.

프로젝트 도구 창의 app ➡ java ➡ com.ebookfrenzy.fingerprintdemo에서 오른쪽 마우스 버튼을 클릭한 후 New ➡ Java Class를 선택한다. 그리고 대화상자의 클래스 이름에 FingerprintHandler를 입력하고 OK 버튼을 누른다.

이 클래스가 FingerprintManager.AuthenticationCallback의 서브 클래스가 되도록 수정한다. 그리고 필요한 import 문과 Context 객체를 인자로 받는 생성자를 추가한다(Context 객체는 콜백 메서드에서 인증 상태를 사용자에게 알려주기 위해 사용된다).

```
package com.ebookfrenzy.fingerprintdemo;

import android.Manifest;
import android.content.Context;
import android.content.pm.PackageManager;
import android.hardware.fingerprint.FingerprintManager;
import android.os.CancellationSignal;
import android.support.v4.app.ActivityCompat;
import android.widget.Toast;

public class FingerprintHandler extends
                    FingerprintManager.AuthenticationCallback {

    private CancellationSignal cancellationSignal;
    private Context appContext;

    public FingerprintHandler(Context context) {
        appContext = context;
    }
}
```

다음은 지문 인증을 시작시키기 위해 호출하는 메서드를 추가한다. 이 메서드가 호출될 때는 FingerprintManager 인스턴스와 CryptoObject 인스턴스를 인자로 전달할 필요가 있다. 이 메서드의 이름을 startAuth로 하고 다음과 같이 FingerprintHandler.java 파일에 추가하자(여기에는 지문 인증 퍼미션이 승인되었는지 확인하는 코드가 한 번 더 추가되었다).

```
public void startAuth(FingerprintManager manager,
     FingerprintManager.CryptoObject cryptoObject) {

    cancellationSignal = new CancellationSignal();

    if (ActivityCompat.checkSelfPermission(appContext,
                Manifest.permission.USE_FINGERPRINT) !=
                            PackageManager.PERMISSION_GRANTED) {
        return;
    }
    manager.authenticate(cryptoObject, cancellationSignal, 0, this, null);
}
```

다음은 콜백 핸들러 메서드들을 추가한다. 이 메서드들에서는 지문 인증 결과를 나타내는 토스트 메시지를 보여준다.

```
@Override
public void onAuthenticationError(int errMsgId,
                                  CharSequence errString) {
    Toast.makeText(appContext,
            "Authentication error\n" + errString,
            Toast.LENGTH_LONG).show();
}

@Override
public void onAuthenticationHelp(int helpMsgId,
                                 CharSequence helpString) {
    Toast.makeText(appContext,
            "Authentication help\n" + helpString,
            Toast.LENGTH_LONG).show();
}

@Override
public void onAuthenticationFailed() {
    Toast.makeText(appContext,
            "Authentication failed.",
            Toast.LENGTH_LONG).show();
}

@Override
public void onAuthenticationSucceeded(
            FingerprintManager.AuthenticationResult result) {

    Toast.makeText(appContext,
            "Authentication succeeded.",
            Toast.LENGTH_LONG).show();
}
```

이제는 onCreate( ) 메서드를 변경하는 것만 남았다. FingerprintHandler 클래스의 새로운 인스턴스를 생성하고 startAuth 메서드를 호출하기 위해서다. FingerprintDemoActivity.java 파일의 onCreate( ) 메서드를 다음과 같이 변경하자.

```
@Override
protected void onCreate(Bundle savedInstanceState) {
    super.onCreate(savedInstanceState);
    setContentView(R.layout.activity_fingerprint);
.
.
.
    if (cipherInit()) {
        cryptoObject = new FingerprintManager.CryptoObject(cipher);
        FingerprintHandler helper = new FingerprintHandler(this);
        helper.startAuth(fingerprintManager, cryptoObject);
    }
}
```

72.14 프로젝트 테스트하기

이제는 프로젝트가 완성되었다. 실제 장치나 에뮬레이터에서 앱을 실행해보자. 실제 장치에서는 지문 센서에 손가락을 대고 인증받는다. 그리고 에뮬레이터에서는 6장에서 설명한 확장 제어 패널을 사용하여 모의 지문으로 인증받는다. 등록된 지문과 동일하게 인식되면 인증 성공을 나타내는 토스트 메시지가 나타날 것이다. 그림 72-5에서는 안드로이드 6.0.1(마시멜로)이 실행 중인 삼성 갤럭시 S6 엣지에서 앱을 실행한 화면을 보여준다(홈 버튼의 지문 센서에 손가락을 대고 지문 인증을 받은 결과다). 현재의 애플리케이션에서는 지문 인증을 한 번만 한다. 따라서 인증 성공 여부와 상관없이 한번 인증을 받은 후에는 애플리케이션을 다시 실행해야 또다시 인증을 테스트할 수 있다.

그림 72-5

앱의 실행을 중단시키고 다시 시작시키자. 그리고 에뮬레이터에서는 등록된 지문과 다른 것으로 인증을 시도하고, 실제 장치에서는 다른 손가락을 지문 센서에 대보자. 그러면 인증 실패를 나타내는 토스트 메시지가 나타날 것이다.

72.15 요약

안드로이드의 지문 인증은 여러 단계에 걸쳐 처리되므로 처음에는 복잡해 보인다. 그러나 막상 각 단계를 나누어 들여다보면 그리 복잡하지 않다. 지문 인증에는 FingerprintManager 클래스의 기능과 더불어 키, Cipher, 키 스토리지가 필요하다. 이번 장에서는 지문 인증에 필요한 작업 단계를 알아보았고, 예제 프로젝트를 통해서 실제적인 지문 인증을 구현해보았다.

서로 다른 안드로이드 장치와 화면 처리하기

구글 플레이 앱 스토어(App Store)에서 애플리케이션을 구입 가능하게 하려면 우선 애플리케이션을 제출하여 검토와 승인을 받아야 한다. 그리고 제출에 앞서 애플리케이션이 지원하고자 하는 안드로이드 장치 모델이 결정되어야 하며, 그보다 더 중요한 것으로는 그런 장치에서 아무 문제 없이 애플리케이션이 실행되어야 한다는 것이다.

이번 장에서는 가능한 한 많은 종류의 안드로이드 장치에서 애플리케이션이 실행되도록 할 때 고려할 사항을 알아볼 것이다.

73.1 서로 다른 장치 화면 처리하기

안드로이드 장치들은 다양한 종류의 화면 크기와 해상도를 갖고 있다. 따라서 우리 애플리케이션의 사용자 인터페이스가 가능한 한 많은 장치에서 올바르게 나타나도록 디자인하는 것이 이상적인 방법이다. 그렇게 하려면 레이아웃에서 화면의 절대 위치(특정 XY 좌표)를 사용하지 않도록 사용자 인터페이스를 디자인하는 것이 가장 좋은 방법이다. 화면 크기와 자식 뷰 상호 간의 크기에 따라 상대적으로 배치되는 레이아웃 매니저인 RelativeLayout 또는 안드로이드 7에 새로 추가된 ConstraintLayout을 사용하는 것도 한 가지 방법이다.

이와 유사하게 특정 값을 갖는 너비와 높이 속성의 사용을 가능한 한 피하는 것이 좋다. 그러나 그런 속성을 불가피하게 사용해야 할 때는 항상 dp(density-independent pixel, 밀도 독립적 픽셀)

값을 사용하자. dp를 사용하면 애플리케이션 실행 시 장치 화면에 맞게 자동으로 크기가 조정된다.

사용자 인터페이스 디자인이 끝나면 지원하고자 하는 각 장치에서 실제 테스트해보자. 실제 장치 하드웨어가 없는 경우는 가능한 한 많은 장치의 에뮬레이터를 생성하여 테스트한다.

하나의 디자인으로 모든 안드로이드 장치에서 잘 동작하도록 사용자 인터페이스를 디자인할 수 없는 경우에는 화면에 따라 서로 다른 레이아웃을 제공할 수 있는 방법이 있다.

73.2 화면 크기에 맞는 레이아웃 생성하기

애플리케이션이 실행되는 장치의 화면 크기에 적응하는 사용자 인터페이스 레이아웃을 디자인하면 다양한 화면 크기에 따른 문제를 해결할 수 있으며, 애플리케이션을 변경하더라도 하나의 레이아웃만 관리하면 된다는 장점이 있다. 그러나 폰과 태블릿처럼 화면 크기가 많이 차이 나는 경우는 그렇게 할 수 없다. 이때는 화면 크기의 범주에 맞추어 서로 다른 레이아웃을 제공하는 방법이 있다. 즉, 각 화면의 **최소 너비 수식자**(qualifier) 값을 확인하고 화면당 하나의 XML 레이아웃 파일을 생성하는 것이다. 여기서 화면의 최소 너비 값은 dp를 기준 단위로 한다.

화면 크기의 특정 범주에 맞춘 레이아웃들은 프로젝트의 res 디렉터리 밑에 서브 디렉터리를 생성하여 구현한다. 이때 서브 디렉터리의 이름은 다음과 같은 규칙으로 지정해야 한다.

```
layout-<최소 너비>
```

예를 들어, 다양한 장치에 따른 레이아웃 리소스 폴더를 다음과 같이 구성할 수 있다(여기서 sw는 최소 너비를 의미한다).

- **res/layout** — 디폴트 레이아웃 파일은 여기에 둔다.
- **res/layout-sw200dp**
- **res/layout-sw600dp**
- **res/layout-sw800dp**

이와는 다른 방법으로 더 일반적인 부류의 화면 크기(small, normal, large, xlarge)를 기준으로 리소스 폴더를 구성할 수도 있다.

- **res/layout** — 디폴트 레이아웃 파일은 여기에 둔다.
- **res/layout-small**
- **res/layout-normal**
- **res/layout-large**
- **res/layout-xlarge**

폴더를 구성한 다음에는 그 화면 크기에 적합한 레이아웃 XML 파일의 복사본을 각 폴더에 넣어두면 된다. 이때 레이아웃 파일의 이름은 모두 같게 한다. 그리고 우리가 이렇게 구성해두면 해당 장치 화면과 일치하는 올바른 레이아웃 파일을 안드로이드 시스템이 자동으로 선택하여 사용자에게 보여준다.

73.3 안드로이드 스튜디오에서 다양한 크기의 레이아웃 생성하기

안드로이드 스튜디오에서는 레이아웃 편집기의 레이아웃 변이(Layout Variants) 버튼을 사용해서 다른 크기의 레이아웃을 쉽게 추가할 수 있다(그림 73-1).

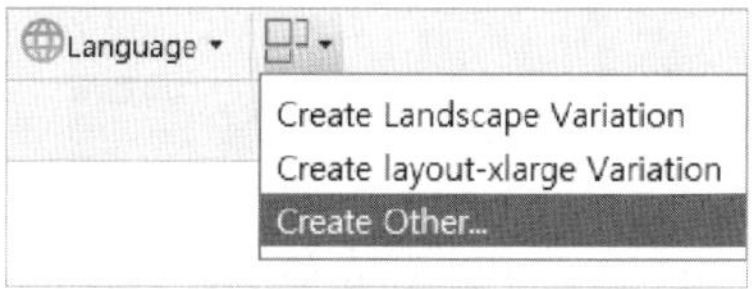

그림 73-1

이 버튼을 클릭하면 사전 구성된 가로 방향(landscape) 레이아웃(res/layout-land)이나 xlarge (res/layout-xlarge) 크기의 레이아웃을 생성할 수 있는 옵션이 나타난다. 또한, Create Other... 옵션을 사용해서 다양한 크기의 레이아웃을 생성할 수 있다. 이때는 다음과 같이 한다. 우선, Create Other... 옵션을 선택하면 Select Resource Directory 대화상자가 나타난다. 그리고 제일 왼쪽의 사용 가능한 수식자에서 Size를 선택하고 >> 버튼을 클릭한 후 드롭다운 메뉴에서 원하는 화면 크기를 선택하고 OK 버튼을 누르면 된다(그림 73-2).

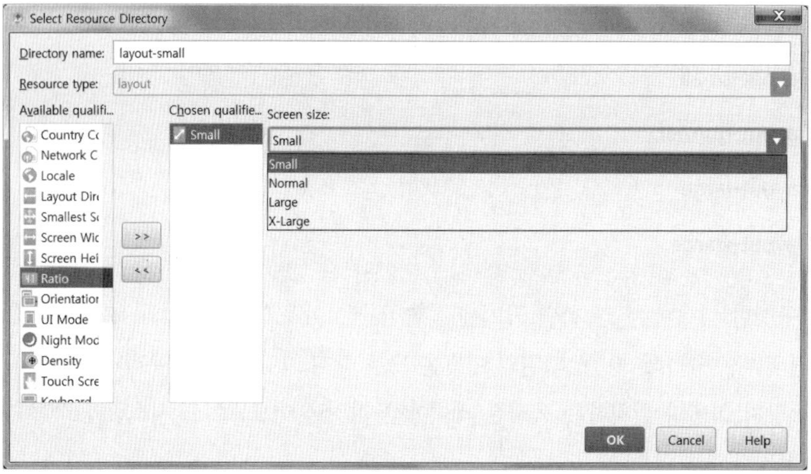

그림 73-2

이렇게 하면 선택한 크기의 레이아웃 파일이 생성되고(app ➡ res ➡ layout 밑에) 레이아웃 편집기 창에 열린다. 따라서 해당 화면 크기를 갖는 장치에서 어떤 모습으로 앱의 사용자 인터페이스가 보이는지 알 수 있다. 그리고 그림 73-3처럼 해당 크기의 레이아웃으로 전환할 수 있는 옵션이 추가되므로, 서로 다른 크기의 레이아웃을 같이 보면서 디자인할 수 있다.

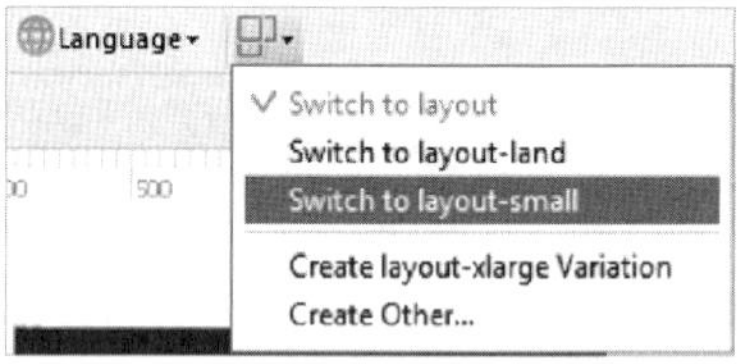

그림 73-3

73.4 서로 다른 이미지 제공하기

서로 다른 화면 밀도(해상도)와 크기에 맞추는 것 외에도 사용자 인터페이스에서 추가로 고려할 사항이 있다. 이미지의 경우가 그렇다. 예를 들어, 큰 화면의 태블릿에 맞춰 나타나는 이미지는 더 작은 화면의 폰에서는 올바르게 나타날 수 없다. 이 경우 레이아웃처럼 같은 이미지를 여러 가지 크기로 애플리케이션에 포함시키면 되며, 마찬가지로 최소 너비 값을 기준으로 한다. 그리고 res 디렉터리 밑에 drawable 폴더를 만들면 된다. 예를 들면, 다음과 같다.

- **res/drawable** — 디폴트 이미지 폴더
- **res/drawable-sw200dp**

- **res/drawable-sw600dp**
- **res/drawable-sw800dp**

폴더를 구성한 다음에는 그 화면 크기에 적합한 이미지 파일을 각 폴더에 넣어두면 된다. 이때 이미지 파일의 이름은 모두 같게 한다.

이와는 다른 방법으로, 화면의 픽셀 밀도를 기준으로 하는 다음의 서브 디렉터리를 사용해서 더 넓은 범주로 구성할 수도 있다.

- **res/drawable-ldpi** — 저밀도 화면 이미지(약 120dpi)
- **res/drawable-mdpi** — 중밀도 화면 이미지(약 160dpi)
- **res/drawable-hdpi** — 고밀도 화면 이미지(약 240dpi)
- **res/drawable-xhdpi** — 초고밀도 화면 이미지(약 320dpi)
- **res/drawable-tvdpi** — 중/고밀도 화면 이미지(약 213dpi)
- **res/drawable-nodpi** — 시스템이 자동 조정하지 않는 이미지

73.5 하드웨어 지원 여부 확인하기

적어도 지금까지는 모든 안드로이드 장치들이 똑같이 만들어지지 않았다. 따라서 마이크나 카메라와 같은 특정 하드웨어 기능을 사용하는 애플리케이션에서는 하드웨어가 없을 때 대처하는 코드를 포함해야 한다. 이때는 해당 하드웨어 기능이 빠져 있는지 확인한 다음, 그와 관련된 애플리케이션의 기능을 사용할 수 없다고 사용자에게 알려주면 된다.

다음 메서드는 마이크의 유무를 확인하는 데 사용할 수 있다.

```
protected boolean hasMicrophone() {
    PackageManager pmanager = this.getPackageManager();
    return pmanager.hasSystemFeature(
        PackageManager.FEATURE_MICROPHONE);
}
```

이와 유사하게 다음 메서드는 전면 카메라의 유무를 확인할 때 유용하다.

```
private boolean hasCamera() {
    if (getPackageManager().hasSystemFeature(
        PackageManager.FEATURE_CAMERA_FRONT)) {
            return true;
    } else {
        return false;
    }
}
```

73.6 특정 장치에 맞는 애플리케이션 바이너리 제공하기

구글에서는 하나의 애플리케이션 바이너리(실행 파일) 패키지에서 가능한 한 많은 장치를 목표로 개발할 것을 개발자에게 권장하지만, 하나의 애플리케이션에서 모든 안드로이드 장치를 목표로 하는 것이 불가능한 경우가 있게 마련이다. 이런 경우 구글 플레이 개발자 콘솔에 애플리케이션을 제출할 때 하나의 애플리케이션에 대해 다수의 애플리케이션 바이너리를 업로드할 수 있는 방법이 있다. 그리고 이렇게 하면 해당 바이너리가 잘 동작하는 장치를 구글에 알려주도록 각 바이너리가 구성된다. 그리고 그 이후에 사용자가 그 애플리케이션을 구입할 때 구글에서는 그 사용자의 장치에 합당한 바이너리가 다운되도록 해준다.

애플리케이션에서 모든 안드로이드 장치 모델의 지원을 제공하려는 것이 능사는 아닐 수 있음을 아는 것도 중요하다. 예를 들어, 특정 하드웨어가 없는 장치에서 그런 하드웨어 기능에 의존하는 애플리케이션을 만드는 것은 무의미하기 때문이다. 지원 가능 장치와 같은 그런 요구사항들은 다음의 링크에서 설명하는 구글 플레이 필터를 사용해서 정의할 수 있다.

URL *http://developer.android.com/google/play/filters.html*

73.7 요약

개발이 끝난 애플리케이션은 가능한 한 다양한 종류의 화면 크기에서 테스트한 후에 구글 플레이 개발자 콘솔에 제출해야 한다. 즉, 사용자 인터페이스 레이아웃과 이미지들이 각 장치의 화면에 맞게 제대로 크기 조정이 되는지 확인해야 한다. 그리고 특정 하드웨어 장치가 없는 것을 애플리케이션에서 잘 처리하는지도 확인해야 한다. 경우에 따라서는 특정 안드로이드 장치 모델별로 서로 다른 애플리케이션 바이너리를 개발자 콘솔에 제출하거나 또는 애플리케이션이 특정 안드로이드 장치를 지원하지 않는다는 것을 명시만 할 수도 있다.

안드로이드 애플리케이션 릴리스하기

안드로이드 애플리케이션의 개발이 끝나고 여러 종류의 안드로이드 장치에서 테스트가 된 후에는 구글 플레이 앱 스토어에 제출할 준비를 해야 한다. 그러나 그 전에 애플리케이션이 릴리스용 패키지로 빌드되어야 하고 개인 키(private key)로 서명되어야 한다. 이번 장에서는 개인 키를 얻고 애플리케이션의 릴리스 버전 패키지를 준비하는 방법을 알아볼 것이다.

74.1 릴리스 준비 절차

이 책에서 지금까지는 테스트와 디버깅에 적합한 모드로 애플리케이션 프로젝트를 빌드하였다. 이와는 달리 구글 플레이 스토어를 통해서 고객에게 릴리스할 애플리케이션 패키지를 빌드할 때는 추가적인 작업이 필요하다. 첫 번째는 애플리케이션을 **디버그(debug)** 모드 대신 **릴리스(release)** 모드로 빌드해야 한다. 두 번째는 애플리케이션 개발자를 고유하게 식별하는 개인 키를 사용해서 애플리케이션이 서명되어야 한다. 끝으로, 애플리케이션 패키지가 조정되어야 한다. 즉, 성능을 향상시키기 위해 애플리케이션 패키지의 일부 데이터 파일들이 바이트 정렬(byte alignment)이 되도록 맞추는 간단한 작업이다.

이런 작업들은 안드로이드 스튜디오 환경의 외부에서 할 수 있지만, 안드로이드 스튜디오의 빌드 메커니즘을 사용하면 더욱 쉽게 처리할 수 있다. 이번 장의 나머지 부분에서는 이 내용을 알아볼 것이다.

74.2 빌드 변이 변경하기

서명된 애플리케이션 APK 파일을 생성하려면 우선 그 애플리케이션 프로젝트의 빌드 변이(build variant)를 디버그에서 릴리스로 변경해야 한다(이 내용은 77장에서 자세히 설명한다). 이때 빌드 변이 도구 창을 사용하면 된다. 안드로이드 스튜디오 메인 창의 왼쪽 아래 모서리에 있는 퀵 액세스 메뉴 버튼에 마우스 커서를 갖다 댄 후(클릭하지 않음), 메뉴의 Build Variants를 선택하면 빌드 변이 도구 창이 나타난다. 또는 메인 창의 왼쪽 테두리 밑에 있는 Build Variants 바를 클릭해도 된다.

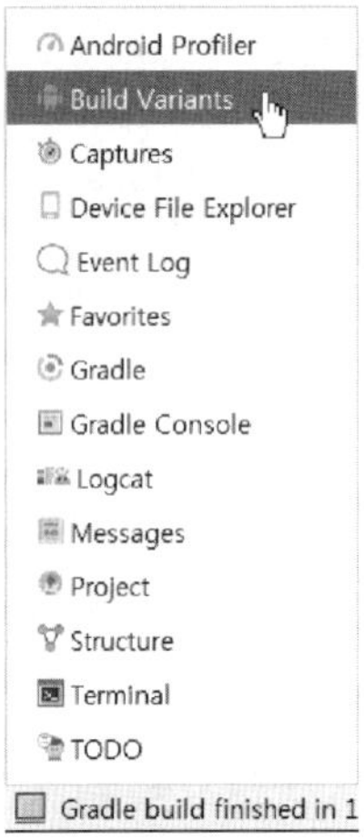

그림 74-1

빌드 변이 도구 창이 나타나면 Build Variant 설정을 debug에서 release로 변경하자(그림 74-2).

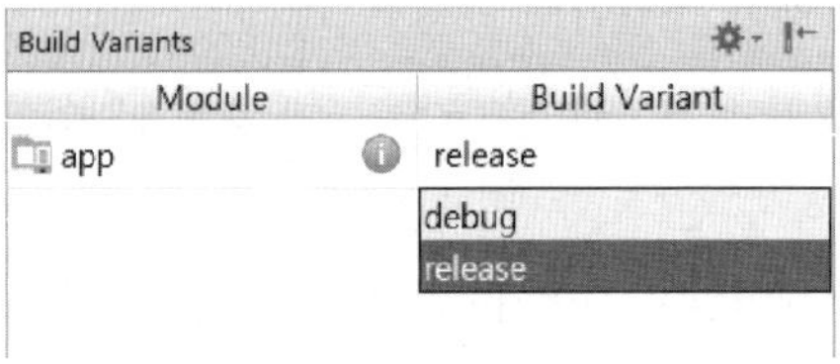

그림 74-2

이제 프로젝트는 릴리스 모드로 빌드가 구성된 것이다. 다음으로는 서명된 애플리케이션 패키지를 생성할 때 사용하기 위한 서명 키 정보를 구성해야 한다.

74.3 ProGuard 활성화하기

애플리케이션 패키지를 생성할 때 ProGuard를 사용할 수 있는 옵션이 있다. ProGuard는 최적화와 검사 작업을 수행하여 더 작고 효율적인 바이트 코드를 생성한다. 또한, 역공학을 통한 코드 파악을 하기 어렵게 만든다. ProGuard를 사용하려면 APK 파일 생성에 앞서 Project Structure 설정에서 그것을 활성화해야 한다.

ProGuard를 활성화하는 절차는 다음과 같다.

1. 안드로이드 스튜디오 메인 메뉴에서 File ➡ Project Structure를 선택하여 Project Structure 대화상자를 연다.
2. 왼쪽 패널에서 app 모듈을 선택한다.
3. 오른쪽 패널에서 Build Types 탭을 클릭한 후에 중앙 패널에서 release 항목을 선택한다.
4. Minify Enabled 옵션을 true로 변경하고 OK 버튼을 누른다.
5. 그리고 74.4절의 '키스토어 파일 생성하기'를 비롯해서 이후의 작업을 계속 진행하여 릴리스용 APK 파일을 생성한다.

74.4 키스토어 파일 생성하기

키를 저장하는 키스토어(keystore) 파일을 생성하기 위해 Build ➡ Generate Signed APK... 메뉴 옵션을 선택하자. 그러면 그림 74-3의 Generate Signed APK 대화상자가 나타날 것이다.

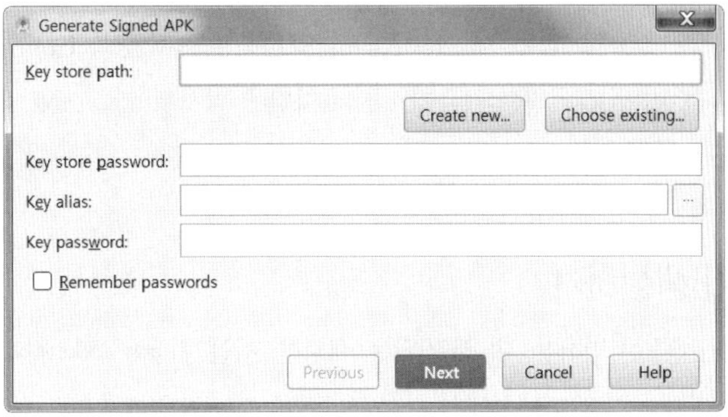

그림 74-3

기존의 릴리스용 키스토어 파일이 있는 경우는 Choose existing... 버튼을 클릭하여 파일을 선택한다. 그렇지 않고 아직 키스토어 파일을 생성하지 않은 경우는 Create new... 버튼을 클릭한다. 그러면 New Key Store 대화상자가 나타난다(그림 74-4). Key store path 필드의 오른쪽 버튼을 클릭하면 Choose keystore file 대화상자가 나타난다. 이때 키스토어 파일을 저장할 디렉터리를 선택하고, 키스토어 파일 이름을 입력한 후(예를 들어, keystore.release) OK 버튼을 누르면 다시 그림 74-4의 대화상자로 돌아온다. 이때 Key store path 필드에는 조금 전에 지정한 파일 이름과 디렉터리가 나타난다(키스토어 파일의 확장자는 .jks이며 자동으로 부여된다).

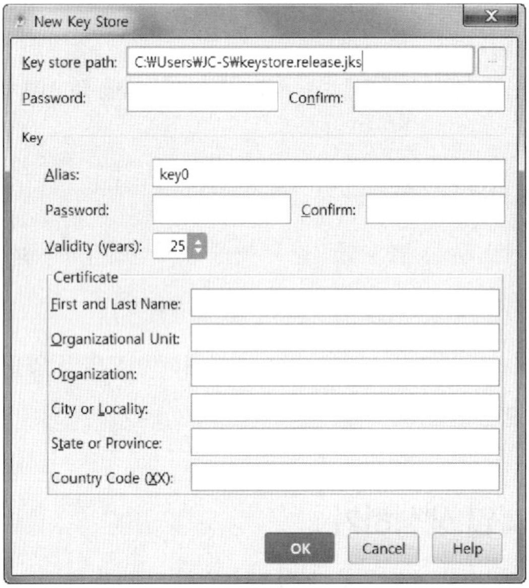

그림 74-4

New Key Store 대화상자는 두 개의 섹션으로 나뉘어 있다. 맨 위의 섹션은 키스토어 파일과 관련되어 있으며, 키스토어 파일을 보호하기 위한 암호를 Password와 Confirm 필드 모두에 똑같이 입력한다. 그 밑의 Key 섹션에는 키스토어 파일에 저장될 릴리스용 키와 관련된 필드들이 있다.

74.5 개인 키 생성하기

애플리케이션 패키지를 서명하는 데 사용되는 새로운 개인 키(private key)를 생성해야 한다. New Key Store 대화상자의 Key 섹션에서 다음을 입력하자(그림 74-5 참조).

- 키가 참조될 별칭(Alias)을 문자로 입력한다. 처음 8문자만 시스템에서 사용한다.
- 키를 보호할 암호를 입력한다(Password와 Confirm 필드 모두 똑같이).
- 키의 유효 기간(년)을 입력한다(구글에서는 25년을 넘기지 않을 것을 권장한다).

또한, 나머지 필드 중 최소 하나의 필드에 정보를 입력해야 한다(예를 들어, 성과 이름 또는 회사명).

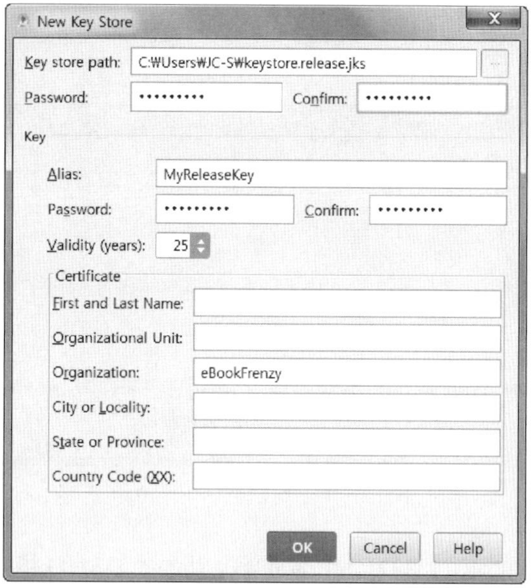

그림 74-5

입력을 마치고 OK 버튼을 누르면 서명된 APK를 생성하는 대화상자로 다시 돌아간다(그림 74-6).

74.6 애플리케이션 APK 파일 생성하기

애플리케이션 APK 패키지 파일을 릴리스 모드로 빌드하고 새로 생성된 개인 키로 그것을 서명하는 것이 다음으로 할 일이다. 이 시점에서 Generate Signed APK 대화상자는 우리가 지정한 값으로 각 필드의 정보가 채워져서 나타날 것이다.

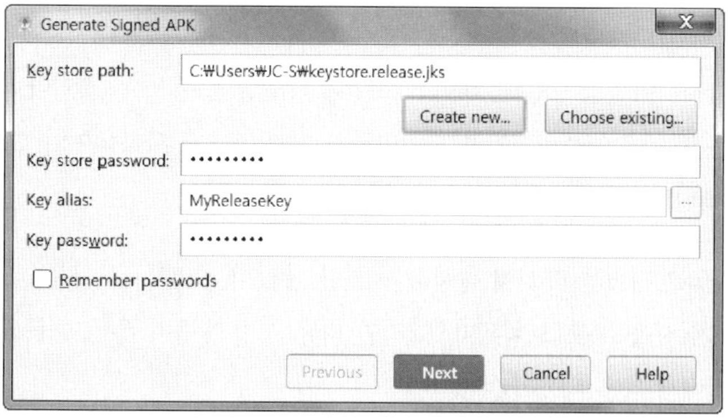

그림 74-6

Next 버튼을 누르면 그림 74-7의 대화상자가 나타난다. 여기서 APK Destination Folder는 APK 파일이 생성될 위치를 나타낸다. 우리가 원하는 위치가 맞는지 확인한다. 만일 다른 위치를 원한다면 텍스트 필드의 오른쪽에 있는 버튼을 클릭한 후 원하는 위치로 변경하면 된다.

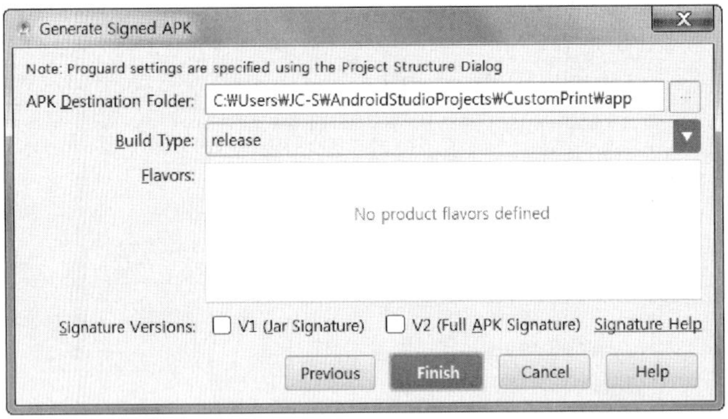

그림 74-7

여기서는 빌드 플레이버(Flavors)로 정의한 것이 없으므로 목록에 나타나지 않는다(플레이버는 77장을 참조하자). 그리고 서명 방식을 선택한다. V2는 안드로이드 7에서 새로 추가된 서명 방식으로 앱의 APK 파일을 무단으로 변경하지 못하게 하는 더 강력한 방식이다. 단, 이 방식을 사용했을 때 문제가 생기면 V1 방식을 선택한다. Finish 버튼을 누르면 그래들(Gradle) 시스템이 우리 애플리케이션을 릴리스 모드로 빌드하여 APK 패키지를 생성할 것이다. 그리고 빌드가 끝나면 그림 74-8의 메시지가 나타난다.

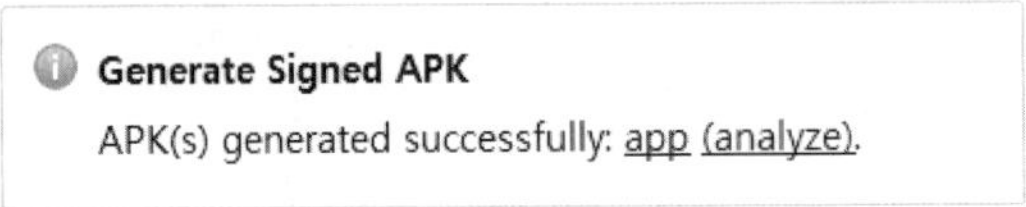

그림 74-8

이제는 우리 애플리케이션을 구글 플레이 스토어에 제출할 준비가 된 것이다. 위의 작업 중에 생성된 개인 키는 향후에 애플리케이션을 서명하고 릴리스할 때 사용되어야 하므로 안전한 곳에 잘 보관하고 백업도 받아두는 것이 좋다.

이제는 우리 애플리케이션을 마켓에 출시하는 일만 남았다. 이때는 구글 플레이 개발자 콘솔에 우리 애플리케이션을 제출하면 된다. 그러면 다른 사용자들이 우리 애플리케이션을 구글 플레이 앱 스토어에서 다운로드할 수 있다.

74.7 구글 플레이 개발자 콘솔 계정 등록하기

애플리케이션 제출의 첫 번째 단계는 구글 플레이 개발자 콘솔 계정을 생성하는 것이다. 이렇게 하려면 *https://play.google.com/apps/publish/signup/*을 방문하여 지시에 따라 등록을 완료하면 된다(현재는 미화로 25달러를 결제해야 한다).

계정이 생성되면 애플리케이션에 관한 정보를 모으는 것이 다음으로 할 일이다. 우리 애플리케이션을 마켓에 출시하려면 다음 정보가 필요하다.

- **Title** — 애플리케이션의 제목
- **Short Description** — 애플리케이션의 설명으로 80자까지 가능
- **Description** — 애플리케이션의 간략한 설명으로 4000자까지 가능
- **Screenshots** — 실행되는 애플리케이션의 스크린샷(최소 2개, 최대 8개). 구글에서는 7인치나 10인치 태블릿에서 실행 중인 애플리케이션의 스크린샷을 제출할 것을 권장한다.
- **Language** — 애플리케이션의 사용 언어(디폴트는 미국식 영어)
- **Promotional Text** — 애플리케이션의 판촉용으로 사용될 텍스트
- **Application Type** — 우리 애플리케이션이 게임 또는 일반 애플리케이션 중 어느 것인지를 표시
- **Category** — 우리 애플리케이션의 사용 분야(예를 들어, 금융, 건강, 교육, 스포츠 등)
- **Contact Details** — 애플리케이션의 지원을 받기 위해 사용자가 연락할 수 있는 수단(웹, 이메일, 폰 선택 가능)
- **Pricing & Distribution** — 애플리케이션의 가격과 판매처의 지리적 위치에 관한 정보

위의 정보가 수집되고 릴리스 버전의 애플리케이션 패키지 파일이 준비되면, 구글 플레이 개발자 콘솔의 지시에 따라 테스트나 판매를 위한 애플리케이션을 제출하면 된다.

74.8 새로운 APK 버전을 구글 플레이 개발자 콘솔에 업로드하기

첫 번째로 업로드된 우리 애플리케이션의 APK 파일은 항상 버전 코드로 1을 갖는다. 만일 같은 버전 코드 번호를 갖는 APK 파일을 다시 업로드하려고 하면 콘솔에서 다음 에러와 함께 그 파일의 업로드를 거부한다.

```
You need to use a different version code for your APK because you already
have one with version code 1.
```

버전 코드가 1인 APK가 이미 있으므로 다른 버전 코드의 APK를 사용해야 한다는 것이 이 에러의 의미다. 따라서 이 문제를 해결하려면 APK에 포함된 버전 코드를 증가시켜야 한다. 이것은 프로젝트에 포함된 모듈 수준의 **build.gradle** 파일에서 할 수 있다(그림 74-9의 타원으로 표시된 부분). 최상위 수준의 **build.gradle** 파일이 아님에 유의하자(**build.gradle** 파일의 자세한 내용은 76장을 참조하자).

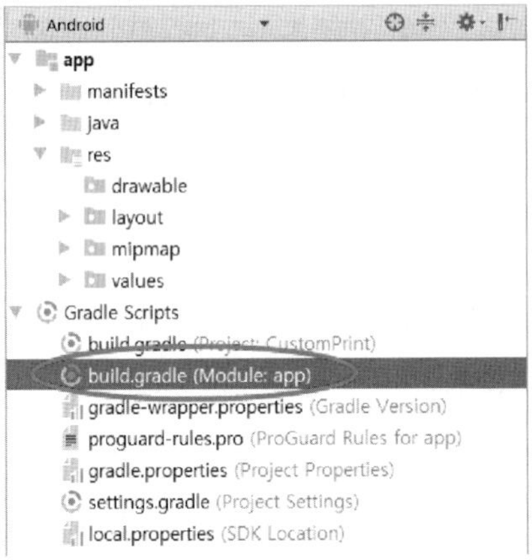

그림 74-9

일반적으로 이 파일은 다음의 내용을 포함한다.

```
apply plugin: 'com.android.application'

android {
    compileSdkVersion 26
    buildToolsVersion "26.0.1"
    defaultConfig {
        applicationId "com.ebookfrenzy.customprint"
        minSdkVersion 22
        targetSdkVersion 26
        versionCode 1
        versionName "1.0"
        testInstrumentationRunner "android.support.test.runner.AndroidJUnitRunner"
    }
    buildTypes {
        release {
            minifyEnabled false
```

```
            proguardFiles getDefaultProguardFile('proguard-android.txt'),
                    'proguard-rules.pro'
        }
    }
}

dependencies {
    implementation fileTree(dir: 'libs', include: ['*.jar'])
    implementation 'com.android.support:appcompat-v7:26.0.1'
    implementation 'com.android.support.constraint:constraint-layout:1.0.2'
    implementation 'com.android.support:design:26.0.1'
    testImplementation 'junit:junit:4.12'
    androidTestImplementation 'com.android.support.test:runner:0.5'
    androidTestImplementation 'com.android.support.test.espresso:espresso-core:2.2.2'
}
```

버전 코드를 변경하려면 versionCode 다음에 선언된 숫자만 변경하면 된다. 또한, 우리 애플리케이션의 사용자에게 보여주는 버전 번호를 변경하려면 versionName 문자열만 변경하면 된다. 예를 들면, 다음과 같다.

```
versionCode 2
versionName "2.0"
```

이렇게 변경한 후에 APK 파일을 다시 빌드하고 구글 플레이 개발자 콘솔에 다시 업로드하면 된다.

74.9 APK 파일 분석하기

안드로이드 애플리케이션은 APK(Android application PacKage)로 빌드되어 장치에 설치된 후 실행된다. 안드로이드 스튜디오에서는 APK 파일의 내용을 분석할 수 있는 기능을 제공한다. 따라서 APK 파일 크기가 예상보다 클 때 그 원인을 찾거나, 또는 애플리케이션 dex 파일의 클래스 구조를 살펴볼 때와 같은 경우에 유용하게 사용될 수 있다.

안드로이드 스튜디오 메인 메뉴의 Build ➡ Analyze APK...를 클릭한 후 대화상자에서 원하는 APK 파일을 선택한다(안드로이드 스튜디오에서 프로젝트를 빌드하면 기본적으로 디버깅 버전의 APK인 app-debug.apk 파일이 생성된다. 이 파일은 해당 프로젝트 디렉터리 밑의 app/build/outputs/apk에 있다. 이 파일을 선택해보자). APK 파일이 로드되면 전체 패키지의 파일 구조를 보여준다. 또한, 각 구성 요소의 실제 파일 크기와 압축되어 다운로드되는 크기 및 비율도 같이 나타난다(그림 74-10).

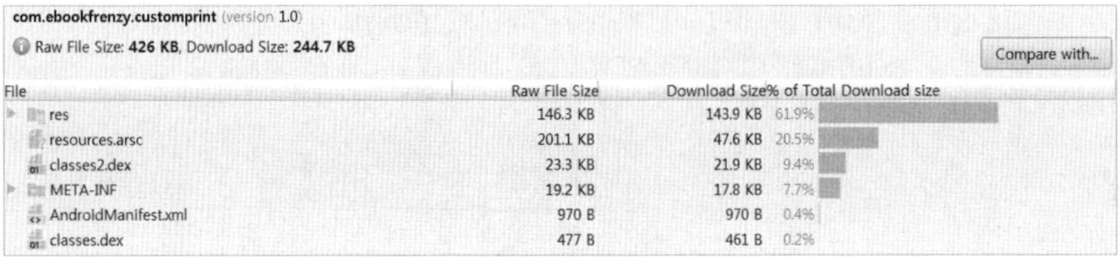

그림 74-10

여기서 classes.dex 파일을 클릭하면 아래쪽 패널에 그 파일의 클래스 구조를 보여준다. 이때 각 클래스의 메서드까지 확장시켜 볼 수 있다(그림 74-11). (또한, 패널 간의 경계선을 마우스로 끌면 아래쪽 패널의 크기를 조정할 수 있다.)

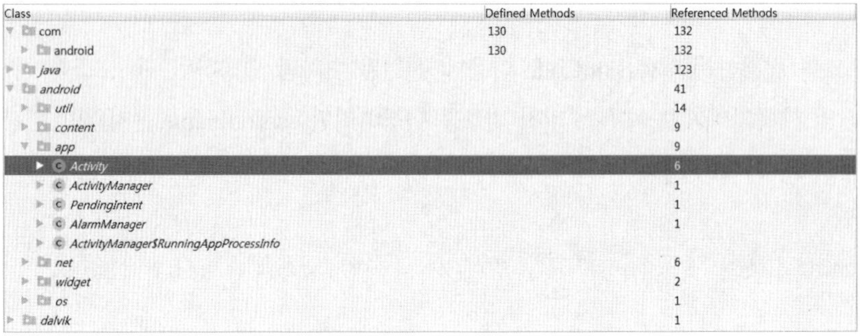

그림 74-11

이와 유사하게 파일 목록의 리소스나 이미지 파일을 클릭하면 아래쪽 패널에 그 파일의 콘텐트를 보여준다. 예를 들어, 그림 74-12에서는 drawable 폴더의 이미지 파일을 선택한 것을 보여준다(XML 파일은 소스를 보여준다).

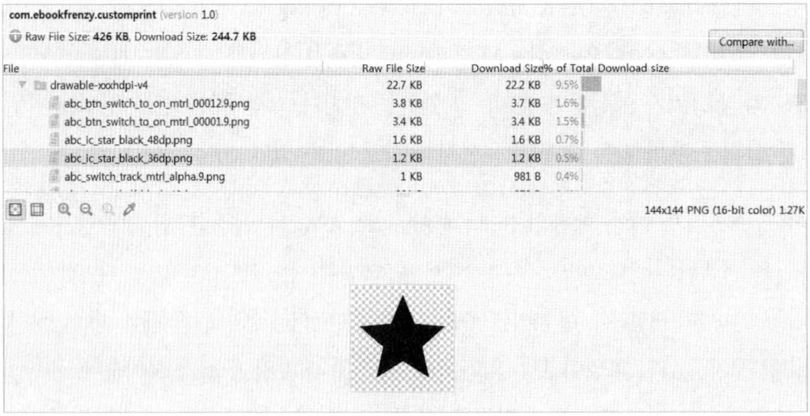

그림 74-12

오른쪽 위의 Compare with... 버튼을 클릭하고 또 다른 APK 파일을 선택하면 두 APK 파일 간의 크기 차이를 볼 수 있다.

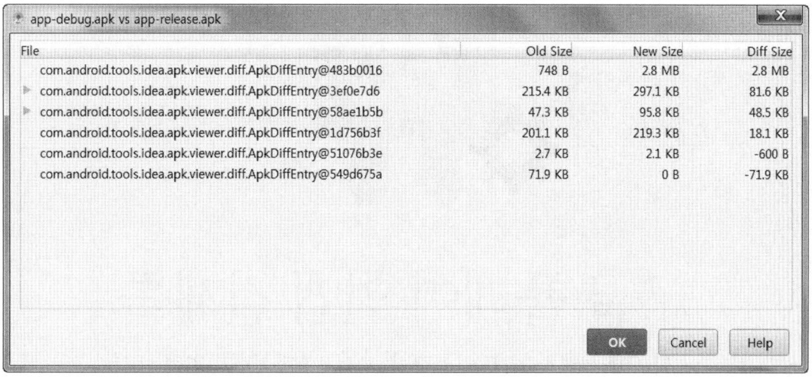

그림 74-13

여기서는 같은 애플리케이션의 Debug 빌드 APK와 서명이 안 된 Release 빌드 APK 간의 파일 크기 차이를 보여준다.

74.10 요약

구글 플레이 스토어에 애플리케이션을 제출하려면 우선 애플리케이션을 릴리스 모드로 빌드한다. 그리고 개인 키를 사용해서 애플리케이션이 서명되어야 한다. 그리고 이런 모든 작업은 안드로이드 스튜디오 빌드 시스템을 통해서 상대적으로 쉽게 처리할 수 있다.

구글 플레이 인앱 결제를 애플리케이션에 통합하기

안드로이드나 iOS 같은 운영체제의 모바일 애플리케이션 초창기에는 애플리케이션을 다운로드하고 설치하기 위한 선불 구입비를 청구하는 것이 돈을 버는 가장 보편적인 방법이었다. 그리고 얼마 지나지 않아 애플리케이션에 광고를 넣는 형태로 돈을 버는 방법이 도입되었다. 요즘에는 애플리케이션이 설치된 후에 애플리케이션 내부에서 아이템 구입비를 사용자에게 청구하는 방법이 가장 흔하면서 수익성도 좋은 선택일 것이다. 예를 들어, 게임에서 더 높은 레벨의 액세스, 아이템 등의 가상 상품이나 가상 화폐 획득, 잡지나 신문의 디지털 에디션 구독 등이다.

그런 대금 결제를 위해 구글에서는 인앱 구입을 애플리케이션에 통합하는 기능을 제공하며, 이때 구글 플레이 인앱 결제(In-App Billing) API를 사용한다. 이번 장에서는 예제 프로젝트를 생성하여 안드로이드 애플리케이션에서 구글 플레이 기반의 인앱 결제를 구현하는 방법을 보여줄 것이다.

75.1 구글 플레이 결제 라이브러리 설치하기

구글 플레이 인앱 결제를 구현하려면 우선 구글 플레이 결제 라이브러리(Billing Library)가 개발 시스템에 설치되어 있어야 한다. 안드로이드 스튜디오 메인 메뉴의 Tools ➡ Android ➡ SDK Manager를 선택하거나 웰컴 스크린의 오른쪽 밑에 있는 Configure ➡ SDK Manager를 선택한다. 그리고 대화상자 오른쪽 위의 SDK Tools 탭을 클릭하고 아래쪽의 Google Play Billing Library 항목에서 오른쪽 Status 열이 Installed로 되어 있는지 확인한다(그림 75-1).

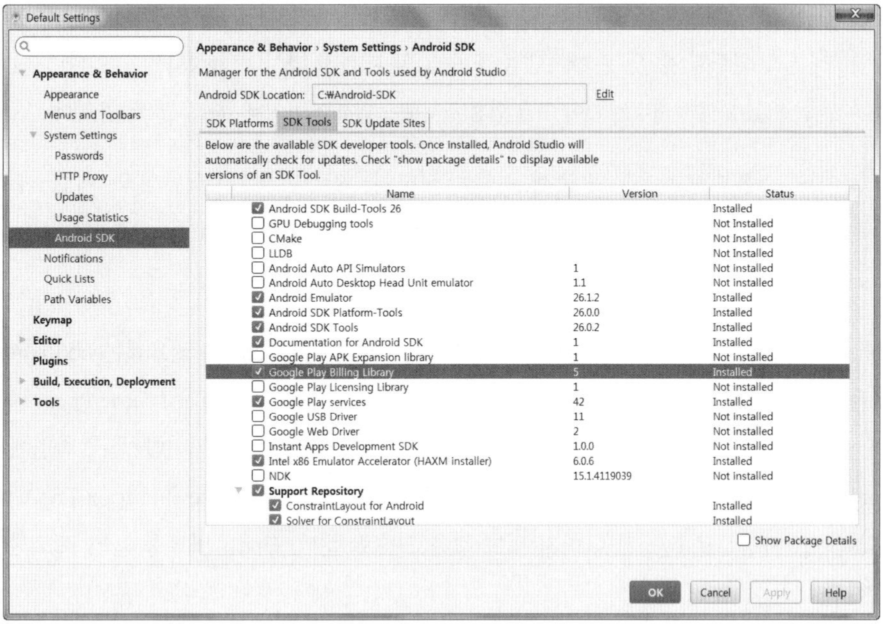

그림 75-1

만일 Not Installed로 나와 있으면 왼쪽의 체크 상자를 선택하고 Apply 버튼을 누른다. 그리고 설치 확인 대화상자가 나올 때 OK 버튼을 누르면 다운로드와 설치가 진행된다.

패키지의 설치가 완료되면 안드로이드 스튜디오를 설치한 디렉터리 밑의 sdk/extras/google/play_billing 서브 디렉터리에 라이브러리 파일들이 생겼을 것이다.

구글 플레이 결제 지원을 필요로 하는 프로젝트에서는 위의 SDK 서브 디렉터리에 있는 IInAppBillingService.aidl 파일을 포함해야 한다. 또한, 그 서브 디렉터리에는 TrivialDrive라는 샘플 애플리케이션도 samples 서브 디렉터리에 포함되어 있는데, 이 애플리케이션에는 결제 기능을 안드로이드 애플리케이션에 쉽게 통합할 수 있게 해주는 편의 클래스들이 포함되어 있다. 이번 장 후반부에서는 그 클래스들을 사용하여 인앱 결제를 구현할 것이다.

75.2 인앱 결제 예제 프로젝트 생성하기

여기서는 구글 인앱 결제 시스템을 사용해서 애플리케이션 구매를 가능하게 해주는 간단한 애플리케이션을 생성할 것이다. 이 애플리케이션은 두 개의 버튼으로 구성되며, 그중 첫 번째 버튼은 기본적으로 비활성화될 것이다. 그 버튼이 클릭될 수 있게 활성화되려면 사용자가 두 번째 버튼을 클릭하여 'button click' 아이템을 구입해야 한다. 그러면 첫 번째 버튼을 한 번 클릭할 수 있게 활성화된다. 그리고 이 버튼을 클릭하면 사용자가 두 번째 버튼을 클릭하여 첫 번째 버튼을 클릭할 수 있는 아이템을 또 구입할 때까지 다시 비활성화될 것이다(첫 번째 버튼을 한 번 클릭할 수 있게 해주는 것이 구글 인앱 결제로 구입하는 아이템이라고 생각하면 된다).

안드로이드 스튜디오로 새 프로젝트를 생성하자. 안드로이드 스튜디오 메인 메뉴의 File ➡ New ➡ New Project...를 선택하거나 웰컴 스크린에서 Start a new Android Studio project를 선택한다.

Application name 필드에 InAppBilling을 입력하고, Company Domain 필드에는 ebookfrenzy.com을 입력한다. 안드로이드 장치 선택 화면에서는 **폰과 태블릿(Phone and Tablet)**만 선택하고, 최소 SDK 버전은 API 22: Android 5.1 (Lollipop)으로 선택한다. 액티비티 선택 화면에서는 Empty Activity를 선택한다. 그리고 마지막 대화상자에서 Activity Name에 InAppBillingActivity를 입력하고 자동으로 설정된 나머지 필드 값은 그대로 둔다. Finish 버튼을 눌러 프로젝트를 생성한다.

75.3 결제 퍼미션을 매니페스트 파일에 추가하기

애플리케이션에서 인앱 결제를 지원할 수 있으려면 프로젝트의 매니페스트 파일에 새로운 퍼미션을 추가해야 한다. 프로젝트 도구 창에서 app ➡ manifests 밑에 있는 AndroidManifest.xml 파일을 더블 클릭하여 편집기 창으로 로드하자. 그리고 다음과 같이 한 라인의 결제 퍼미션 태그를 추가하자.

```
<?xml version="1.0" encoding="utf-8"?>
<manifest xmlns:android="http://schemas.android.com/apk/res/android"
    package="com.ebookfrenzy.inappbilling" >

    <uses-permission android:name="com.android.vending.BILLING" />

    <application
        android:allowBackup="true"
        android:icon="@mipmap/ic_launcher"
        android:label="@string/app_name"
        android:roundIcon="@mipmap/ic_launcher_round"
        android:supportsRtl="true"
        android:theme="@style/AppTheme" >
        <activity
            android:name=".InAppBillingActivity"
            android:label="@string/app_name" >
            <intent-filter>
                <action android:name="android.intent.action.MAIN" />
```

```
                <category android:name=
                    "android.intent.category.LAUNCHER" />
            </intent-filter>
        </activity>
    </application>

</manifest>
```

75.4 IInAppBillingService.aidl 파일을 프로젝트에 추가하기

이제는 구글 플레이 결제 라이브러리의 일부로 포함되어 있는 IInAppBillingService.aidl 파일을 프로젝트에 추가해야 한다. 이 파일은 app ➡ aidl 폴더에 위치하는 com.android.vending.billing 패키지에 추가할 것이다. 따라서 aidl 서브 디렉터리와 com.android.vending.billing 패키지를 새로 생성한 후 IInAppBillingService.aidl 파일을 거기로 복사해야 한다.

우선, aidl 서브 디렉터리를 생성하자. 프로젝트 도구 창의 app에서 오른쪽 마우스 버튼을 누른 후 New ➡ Folder ➡ AIDL Folder 메뉴 옵션을 선택하자(그림 75-2). 그리고 Configure Component 대화상자가 나오면 화면의 디폴트 값을 변경하지 말고 그냥 Finish 버튼을 누르자.

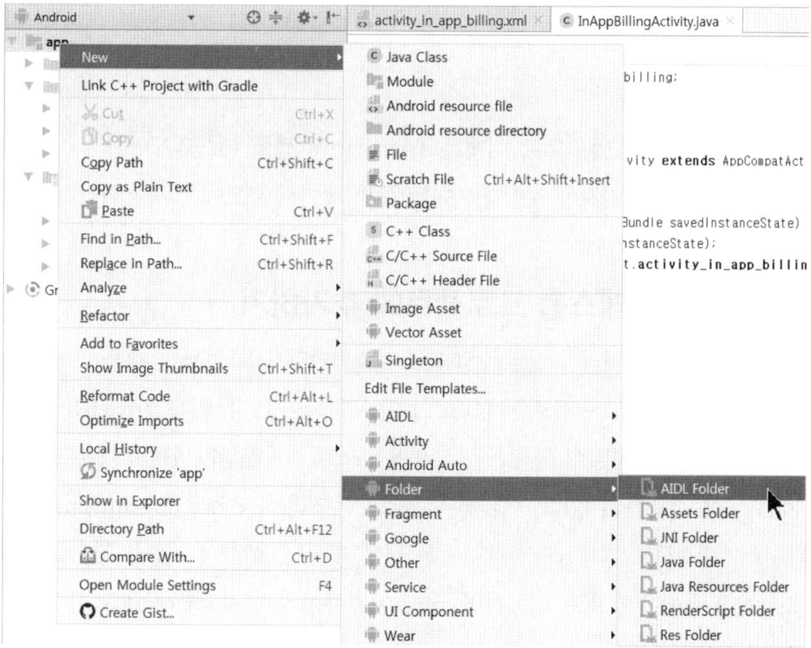

그림 75-2

이제는 프로젝트 도구 창에 aidl 폴더가 보일 것이다. 다음은 이 폴더 밑에 com.android.vending.billing 패키지를 생성한다. aidl 폴더에서 오른쪽 마우스 버튼을 클릭한 후 New ➡ Package 메뉴 옵션을 선택하자. 대화상자에서 com.android.vending.billing을 입력하고 OK 버튼을 누른다.

각자 운영체제의 파일 탐색기를 사용해서 <SDK설치디렉터리>/extras/google/play_billing을 찾는다. 여기서 <SDK설치디렉터리>는 각자 설치한 안드로이드 SDK의 경로(path)다. 그리고 여기에 있는 IInAppBillingService.aidl 파일을 복사한 후 안드로이드 스튜디오로 돌아와서 프로젝트 도구 창의 com.android.vending.billing 패키지에 붙여넣기(paste) 한다. 이때 Copy 대화상자가 나오면 경로가 맞는지 확인하고 OK 버튼을 누르면 된다. 이 시점에서 aidl 폴더의 구성은 그림 75-3과 같아야 한다.

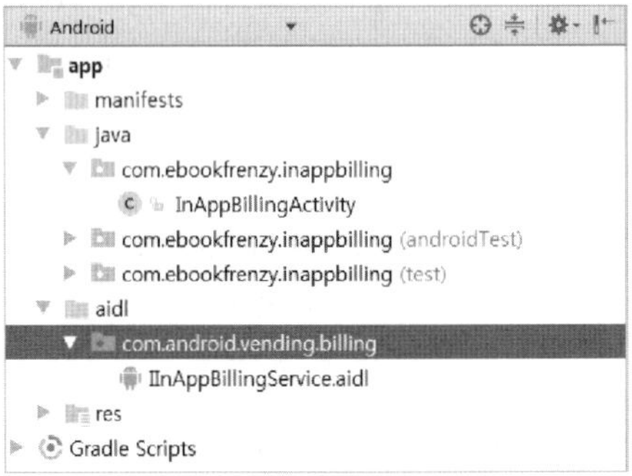

그림 75-3

라이브러리 파일이 설치되었으므로 이제는 TrivialDrive 샘플 애플리케이션의 유틸리티 클래스들을 우리 프로젝트로 가져올 것이다. 우리 애플리케이션 코드에서 사용하기 위해서다.

75.5 유틸리티 클래스를 프로젝트에 추가하기

구글 플레이 결제 라이브러리의 일부로 SDK에 설치되었던 TrivialDrive 샘플 프로젝트에는 인앱 결제를 쉽게 구현하도록 만들어진 클래스들이 포함되어 있다. 비록 TrivialDrive 샘플 프로젝트의 일부로 들어 있지만, 이 클래스들은 범용적으로 사용될 수 있어서 대부분의 애플리케이션 결제 요구에 적용할 수 있다. 여기서는 우리 프로젝트에 <your domain>.inappbilling.util 패키지를 새로 생성하고 그 클래스 파일들을 넣을 것이다. 여기서 <your domain>은 각자의 인터넷 도메인을 뒤집은 것으로 교체하면 된다. 여기서는 com.ebookfrenzy로 한다.

프로젝트 도구 창의 app ➡ java 폴더에서 오른쪽 마우스 버튼을 클릭한 후 New ➡ Package 메뉴 옵션을 선택하자. 그런 다음, 대화상자에서 ..\app\src\main\java를 선택하고 OK 버튼을 누르자. 그리고 대화상자에서는 새로운 패키지 이름을 com.ebookfrenzy.inappbilling.util로 입력하고 OK 버튼을 누른다.

다음은 TrivialDrive의 유틸리티 클래스 파일들을 안드로이드 스튜디오 프로젝트로 가져올 것이다. 각자 운영체제의 파일 탐색기에서 <SDK설치디렉터리>/extras/google/play_billing을 찾자(앞에서와 마찬가지로 <SDK설치디렉터리>는 각자 설치한 안드로이드 SDK의 경로다). 그리고 그 밑에 있는 다음 서브 디렉터리로 이동한다.

```
samples/TrivialDrive/src/com/example/android/trivialdrivesample/util
```

이 폴더의 9개 클래스 파일 모두를 선택 및 복사한다. 그리고 안드로이드 스튜디오로 돌아와서 프로젝트 도구 창의 com.ebookfrenzy.inappbilling.util 패키지에 붙여넣기 하자. 이때 Copy 대화상자가 나오면 경로가 맞는지 확인하고 OK 버튼을 누르면 된다. 그리고 그림 75-4와 같이 되었는지 확인하자.

그림 75-4

75.6 사용자 인터페이스 디자인하기

앞에서 이야기했듯이, 우리 애플리케이션의 사용자 인터페이스는 두 개의 버튼을 포함한다. 앞에서 프로젝트를 생성할 때 편집기에 로드된 activity_in_app_billing.xml 레이아웃 파일을 선택하고 디자인 모드로 변경하자. 그리고 'Hello World!'를 보여주는 TextView 객체를 선택하고, 키보드의 Delete 키를 눌러 레이아웃에서 삭제하자.

자동 연결(Autoconnect)이 활성화된 상태에서(18장 참조) 팔레트의 Widgets 부류에 있는 Button을 끌어서 레이아웃의 중앙에 놓는다. Button이 선택된 상태에서 속성 창의 text 속성에 'Buy a Click'을 입력하고 이 값을 문자열 리소스로 추출한다(그림 3-16 참조). 그리고 ID를 buyButton으로 변경한다. 또한, 두 번째 버튼을 첫 번째 버튼의 위에 추가하고 레이아웃 편집기의 제약 추론 버튼( )을 클릭한다(18장 참조). 이렇게 하면 누락된 Button의 제약 연결이 자동으로 추가된다. 또한 속성 창의 text 속성에 'Click Me!'를 입력한 후 이 값을 문자열 리소스로 추출한다(리소스 이름은 click_me로 입력한다). 그리고 ID를 clickButton으로 변경한다. 완성된 레이아웃은 그림 75-5와 같다.

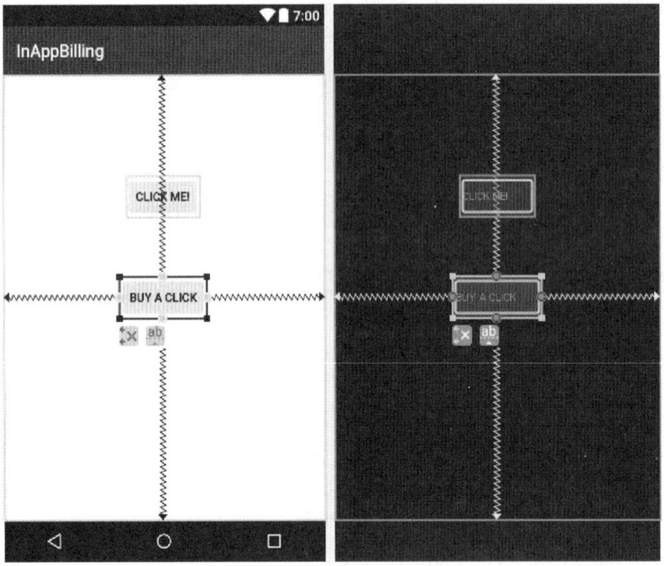

그림 75-5

끝으로, 위에서 첫 번째 버튼을 클릭하고 onClick 속성의 값으로 buttonClicked를 입력하고, 두 번째 버튼을 클릭한 후 onClick 속성의 값으로 buyClick을 입력한다. 이번 장에서는 사용자 인터페이스가 중요하지 않으므로, 버튼들의 제약 연결이 그림 75-5와 다르게 생성되었더라도 개의치 말자.

사용자 인터페이스 디자인이 끝났으므로 이제는 각 버튼의 onClick 이벤트 처리 코드를 작성할 것이다.

75.7 Click Me! 버튼 구현하기

애플리케이션이 처음 론칭될 때는 첫 번째 버튼인 Click Me! 버튼을 비활성화할 것이다. 편집기 창에 로드되어 있는 InAppBillingActivity.java 파일을 탭을 눌러 선택하자.

그리고 두 버튼의 객체 참조를 얻고 Click Me! 버튼을 비활성화하도록 다음과 같이 변경하자.

```
package com.ebookfrenzy.inappbilling;

import android.support.v7.app.AppCompatActivity;
import android.os.Bundle;
import android.widget.Button;

public class InAppBillingActivity extends AppCompatActivity {

    private Button clickButton;
    private Button buyButton;

    @Override
    protected void onCreate(Bundle savedInstanceState) {
        super.onCreate(savedInstanceState);
        setContentView(R.layout.activity_in_app_billing);

        buyButton = (Button)findViewById(R.id.buyButton);
        clickButton = (Button)findViewById(R.id.clickButton);
        clickButton.setEnabled(false);
    }
.
.
}
```

사용자가 Click Me! 버튼을 클릭했을 때 호출되는 buttonClicked() 메서드도 구현해야 한다. 이 메서드가 특별히 하는 일은 없다. 단지 Click Me! 버튼을 클릭하면 자신을 비활성화하고 Buy a Click 버튼을 활성화하는 것뿐이다(다시 말하지만, 여기서는 첫 번째 버튼을 한 번 클릭할 수 있게 해주는 것이 구글 인앱 결제로 구입하는 아이템이기 때문이다).

다음과 같이 이 메서드를 InAppBillingActivity.java 파일에 추가하자.

```
package com.ebookfrenzy.inappbilling;

import android.support.v7.app.AppCompatActivity;
import android.os.Bundle;
import android.widget.Button;
import android.view.View;

public class InAppBillingActivity extends AppCompatActivity {
.
.
    public void buttonClicked (View view)
    {
        clickButton.setEnabled(false);
        buyButton.setEnabled(true);
    }
.
.
}
```

다음은 인앱 결제 기능을 구현할 것이다.

75.8 구글 플레이 개발자 콘솔과 구글 계정

구글 플레이 결제를 사용하는 애플리케이션 개발자는 고유한 공개 인증 키로 식별되어야 한다. 공개 인증 키는 구글 플레이 개발자 콘솔(*https://play.google.com/apps/publish*)에서 애플리케이션을 등록해야만 받을 수 있으며, 이때 구글 플레이 개발자 콘솔 계정이 있어야 한다. 만일 이 계정이 없다면 74장에서 설명한 대로 계정을 등록하자.

웹 브라우저에서 구글 플레이 개발자 콘솔에 접속하여 로그인한 후 Settings 옵션(웹 페이지 왼쪽 끝의 톱니 모양 아이콘)을 클릭하자. 그리고 Account details 페이지에서 밑으로 스크롤하여 Merchant Account 섹션을 찾는다. 인앱 결제를 사용하려면 우리의 구글 플레이 개발자 콘솔 계정과 연관된 구글 지불 계정(Payments Account, Google Wallet Merchant 계정)을 갖고 있어야 한다. 만일 구글 지불 계정이 설정되지 않았다면 자동으로 그 계정을 생성하는 화면으로 이동된다.

75.9 애플리케이션의 공개 인증 키 받기

바로 위에서 알려준 구글 플레이 개발자 콘솔의 홈페이지에서 Create application 버튼을 클릭하자. 그리고 디폴트 언어를 선택하고, Title은 InAppBilling으로 입력한 후 Upload APK 버튼을 누른다(그림 75-6).

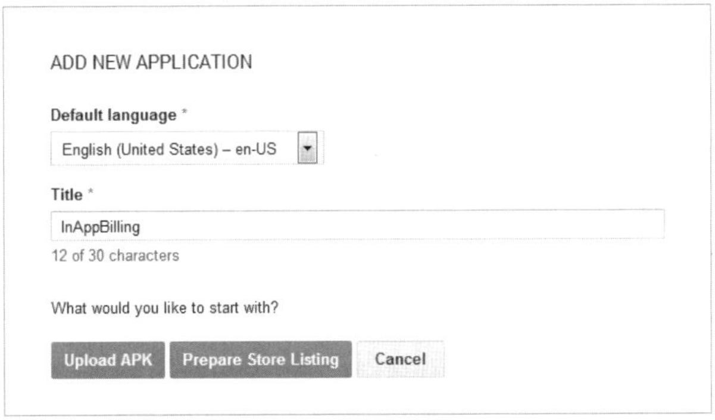

그림 75-6

이 시점에는 APK 파일을 업로드할 필요가 없다. 하지만 애플리케이션은 등록이 되었으므로 인증 키는 받은 것이다. 그림 75-7과 같이 왼쪽의 'Services & APIs' 옵션을 클릭하면 애플리케이션의 Base64-encoded RSA 공개 키가 나타날 것이다.

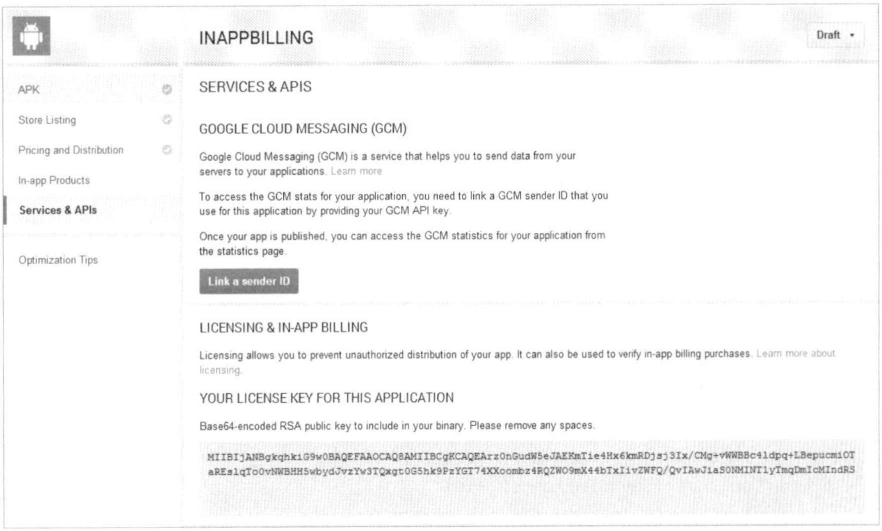

그림 75-7

지금은 이 브라우저 창을 닫지 말고 놔두자. 잠시 뒤에 이 키를 애플리케이션 코드에 포함시킬 필요가 있기 때문이다.

75.10 애플리케이션에서 구글 플레이 결제 설정하기

공개 인증 키가 생성되었으므로 이제는 애플리케이션 코드에서 그 키를 사용해서 결제를 초기 설정할 것이다. 우리 예제 프로젝트(InAppBilling)에서는 InAppBillingActivity.java 파일의 onCreate( ) 메서드에서 그 일을 수행할 것이다. 이때 앞에서 우리 프로젝트에 추가했던 유틸리티 클래스 중 IabHelper 클래스를 사용한다. 여기서 <your license key here>를 앞에서 받은 공개 인증 키로 교체해야 한다는 것에 유의하자.

```
package com.ebookfrenzy.inappbilling;

import com.ebookfrenzy.inappbilling.util.IabHelper;
import com.ebookfrenzy.inappbilling.util.IabResult;
import com.ebookfrenzy.inappbilling.util.Inventory;
import com.ebookfrenzy.inappbilling.util.Purchase;

import android.support.v7.app.AppCompatActivity;
import android.os.Bundle;
import android.widget.Button;
import android.view.View;
import android.content.Intent;
import android.util.Log;

public class InAppBillingActivity extends AppCompatActivity {

    private static final String TAG =
                "InAppBilling";
    IabHelper mHelper;

    private Button clickButton;
    private Button buyButton;

    @Override
    protected void onCreate(Bundle savedInstanceState) {
        super.onCreate(savedInstanceState);
        setContentView(R.layout.activity_in_app_billing);

        buyButton = (Button)findViewById(R.id.buyButton);
        clickButton = (Button)findViewById(R.id.clickButton);
        clickButton.setEnabled(false);

        String base64EncodedPublicKey =
                "<your license key here>";

        mHelper = new IabHelper(this, base64EncodedPublicKey);

        mHelper.startSetup(new
           IabHelper.OnIabSetupFinishedListener() {
```

```
            public void onIabSetupFinished(IabResult result)
            {
                if (!result.isSuccess()) {
                    Log.d(TAG, "In-app Billing setup failed: " +
                            result);
                } else {
                    Log.d(TAG, "In-app Billing is set up OK");
                }
            }
        });
    }
.
.
}
```

코드 변경이 다 되었으면 실제 안드로이드 장치에서 우리 애플리케이션을 실행해보자(구글 플레이 결제는 에뮬레이터에서 테스트할 수 없다). 그리고 'In-app Billing is set up OK' 메시지가 안드로이드 스튜디오의 로그캣(LogCat) 패널에 나타나는지 확인하자.

75.11 구글 플레이 인앱 결제 구입을 초기 설정하기

결제 시스템의 사용을 초기 설정하였으므로 이제는 사용자가 Buy a Click 버튼을 터치할 때 구입을 초기 설정하는 코드를 구현할 것이다. Buy a Click 버튼을 터치하면 buyClick( ) 메서드가 호출되도록 앞에서 구성했으므로 이 메서드를 InAppBillingActivity.java 파일에 구현해야 한다. 또한, onActivityResult( ) 메서드 및 구입이 끝날 때 호출되는 리스너 메서드도 함께 구현해야 한다.

우선, 다음과 같이 buyClick( ) 메서드를 InAppBillingActivity.java 파일에 추가하자.

```
public class InAppBillingActivity extends AppCompatActivity {

    private static final String TAG = "InAppBilling";
    IabHelper mHelper;
    static final String ITEM_SKU = "android.test.purchased";
.
.

    public void buyClick(View view) {
        mHelper.launchPurchaseFlow(this, ITEM_SKU, 10001,
                mPurchaseFinishedListener, "mypurchasetoken");
    }
.
.
}
```

이 메서드에서는 mHelper 인스턴스의 launchPurchaseFlow( ) 메서드만 호출한다. 이때 전달되는 인자는 다음과 같다.

- 이 메서드를 호출하는 액티비티 인스턴스의 참조
- 구입되는 제품을 식별하는 SKU(Stock Keeping Unit, 재고 보관 단위 코드). 여기서는 테스트 용도로 구글에서 제공하는 표준 SKU를 사용한다. 이 SKU는 고정 응답용 SKU라고 하며, 항상 제품 구입이 성공적으로 된 것처럼 해준다. 즉, 실제 구입을 하지 않고 구입 기능을 테스트할 때 사용할 수 있는 SKU다. 이외에도 이런 용도의 SKU에는 android.test.cancelled, android.test.refunded, android.test.item_unavailable이 있다.
- 어떤 양수의 정숫값도 가능한 요청 코드. 구입이 완료되면 onActivityResult( ) 메서드가 자동 호출되면서 구입 응답 코드와 함께 이 정숫값이 인자로 전달된다. 그럼으로써 어떤 제품을 구입하면서 반환된 것인지 식별할 수 있으므로 이 메서드에서 서로 다른 여러 제품의 구입을 처리할 필요가 있을 때 유용하다.
- 구입이 완료될 때 호출되는 onlabPurchaseFinished( ) 메서드를 구현하는 리스너 객체의 참조(75.13절에서 구현 예정)
- 개발자가 임의로 지정하는 토큰 문자열이며, 어떤 문자열 값도 가능하고 구입을 식별하기 위해 사용된다. 여기서는 mypurchasetoken으로 설정하였다.

75.12 onActivityResult 메서드 구현하기

구입 프로세스에서 우리 액티비티로 제어가 돌아오면 onActivityResult( ) 메서드가 자동 호출된다. 이때 launchPurchaseFlow( ) 메서드 인자로 전달했던 요청 코드와 구입 결과 코드 및 인텐트 데이터가 인자로 전달된다.

onActivityResult( ) 메서드에서는 인앱 구입 요청의 결과로 자신이 호출된 것인지 아니면 인앱 결제와 무관한 요청 때문에 호출된 것인지를 식별할 필요가 있다. 이렇게 하려면 자신이 받은 인자를 전달하면서 mHelper 인스턴스의 handleActivityResult( ) 메서드를 호출하면 된다. 만일 구입 요청에서 호출된 것이라면 mHelper가 true 값을 반환한다. 그러나 그렇지 않다면 슈퍼 클래스의 onActivityResult( ) 메서드에서 처리하도록 하면 된다. 이 내용을 구현한 메서드 코드는 다음과 같다.

```
@Override
protected void onActivityResult(int requestCode, int resultCode,
    Intent data)
{
    if (!mHelper.handleActivityResult(requestCode,
            resultCode, data)) {
        super.onActivityResult(requestCode, resultCode, data);
    }
}
```

인앱 결제 구입에 대한 응답으로 onActivityResult( ) 메서드가 호출된 경우는 launchPurchaseFlow( ) 메서드 호출에서 참조되는 리스너의 메서드가 호출된다. 여기서는 75.13절의 코드에 있는 mPurchaseFinishedListener의 onIabPurchaseFinished( ) 메서드가 호출된다. 따라서 다음으로 할 일은 이 메서드를 구현하는 것이다.

75.13 구입 종료 리스너 구현하기

'구입 종료(purchase finished)' 리스너는 여러 일을 수행해야 한다. 우선, 구입이 성공적이었는지 확인해야 한다. 그런 다음, 구입된 제품의 SKU가 구입 요청 시에 지정한 SKU와 일치하는지 확인해야 한다. 성공적 구입인 경우에는 사용자가 더 구입할 수 있도록 이 리스너 메서드에서 구입 제품을 소비(consume)할 필요가 있다. 만일 구입 제품이 소비되지 않으면 그 제품은 이미 구입되었다고 알려주면서 그 제품의 향후 구입은 실패할 것이다. 사용자가 그 제품을 한 번만 구입할 필요가 있다면 그렇게 하는 것이 바람직하겠지만, 여러 번 구입할 수 있는 소모품 구입에는 그런 처리가 적합하지 않다. 마지막으로, 이 리스너 메서드에서는 Click Me! 버튼을 활성화할 필요가 있다. 그래야만 제품으로 구입했던 버튼 클릭을 사용자가 사용할 수 있기 때문이다(다시 말하지만, 여기서는 첫 번째 버튼인 Click Me! 버튼을 한 번 클릭할 수 있게 해주는 것이 구글 인앱 결제로 구입하는 제품이기 때문이다).

InAppBillingActivity.java 파일에 다음의 구입 종료 리스너와 메서드를 추가하자.

```
IabHelper.OnIabPurchaseFinishedListener mPurchaseFinishedListener
    = new IabHelper.OnIabPurchaseFinishedListener() {
    public void onIabPurchaseFinished(IabResult result,
            Purchase purchase)
    {
        if (result.isFailure()) {
            // 에러 처리
            return;
        }
```

```
        else if (purchase.getSku().equals(ITEM_SKU)) {
            consumeItem();
            buyButton.setEnabled(false);
        }

    }
};
```

이 코드에서 알 수 있듯이, 구입이 성공적인 경우는 구입 제품을 소비하는 메서드인 consumeItem()이 호출된다(구입 제품을 소비해야만 다시 구입할 수 있기 때문이다). 따라서 다음은 이 메서드를 구현할 것이다.

75.14 구입 제품 소비하기

소모품은 소비가 되어야만 사용자가 다시 구입할 수 있게 하라고 구글 플레이 인앱 결제 문서에서 권장하고 있다. 지금까지 여기서는 제품을 구입했지만, 아직 소비는 하지 않았다. 따라서 제품 구입이 성공적인 경우에 mPurchaseFinishedListener에서는 제품 소비를 위해 consumeItem() 메서드를 호출한다(앞의 75.13절 참조). 다음의 코드에 있듯이, 이 메서드에서는 구입이 되었다는 것을 확인하기 위해 결제 시스템에 쿼리한다. 이때 mHelper 객체의 queryInventoryAsync() 메서드를 호출한다. 이 작업은 애플리케이션의 main 스레드와는 비동기적으로 수행되며, 작업이 완료될 때 mReceivedInventoryListener의 onQueryInventoryFinished() 메서드가 호출된다. 그리고 성공적으로 제품이 구입되었다면 그 리스너에서 mHelper 객체의 consumeAsync() 메서드를 호출하여 그 제품을 소비한다. 다음의 리스너와 메서드를 InAppBillingActivity.java 파일에 추가하자.

```
public void consumeItem() {
        mHelper.queryInventoryAsync(mReceivedInventoryListener);
}

IabHelper.QueryInventoryFinishedListener mReceivedInventoryListener
    = new IabHelper.QueryInventoryFinishedListener() {
        public void onQueryInventoryFinished(IabResult result,
            Inventory inventory) {

            if (result.isFailure()) {
                // 에러 처리
            } else {
                mHelper.consumeAsync(inventory.getPurchase(ITEM_SKU),
                        mConsumeFinishedListener);
```

```
            }
        }
};
```

쿼리와 마찬가지로 소비 작업도 비동기적으로 수행된다. 여기서는 소비 작업이 완료될 때 mConsumeFinishedListener의 메서드를 호출한다. 따라서 이 리스너를 구현해야 한다. 결제 시스템에서 제품이 소비된 것이므로 Click Me! 버튼을 활성화시키기 위해서다. 다음의 리스너와 메서드를 InAppBillingActivity.java 파일에 추가하자.

```
IabHelper.OnConsumeFinishedListener mConsumeFinishedListener =
    new IabHelper.OnConsumeFinishedListener() {
        public void onConsumeFinished(Purchase purchase,
                IabResult result) {

            if (result.isSuccess()) {

                clickButton.setEnabled(true);
            } else {
                // 에러 처리
            }
        }
};
```

75.15 IabHelper 인스턴스 해제하기

이번 장에서 처리하는 대부분의 작업은 IabHelper 유틸리티 클래스 인스턴스(이것의 참조 변수는 mHelper)의 메서드들을 호출하여 수행하였다. 이제는 가상 제품의 구입과 소비를 처리하는 코드가 완료되었으므로 마지막으로 할 일은 액티비티가 소멸될 때 IabHelper 객체가 사용하던 리소스를 해제(release)하는 것이다. InAppBillingActivity.java 파일에서 액티비티 생명주기 메서드인 onDestroy( )를 다음과 같이 오버라이딩하자.

```
public void onDestroy() {
    super.onDestroy();
    if (mHelper != null) mHelper.dispose();
    mHelper = null;
}
```

75.16 Security.java 파일 변경하기

안드로이드 스튜디오에서 애플리케이션을 컴파일하여 장치에 설치할 때는 디버그 모드(debug mode)로 빌드하고 실행시킨다. 그리고 애플리케이션 개발이 완료되면 릴리스 모드(release mode)로 빌드하여 구글 플레이 앱 스토어에 업로드한다(74장 참조).

현재 InAppBilling 애플리케이션에서는 고정 응답 SKU 코드인 android.test.purchased를 사용해서 제품을 구입하고 있다. 고정 응답 SKU 코드는 애플리케이션이 디버그 모드로 실행될 때만 사용될 수 있다는 것을 알아두자. 더 뒤에서 이야기하겠지만, 새로운 인앱 제품은 릴리스 모드로 애플리케이션의 충분한 테스트가 수행되기 전에 구글 플레이 개발자 콘솔에서 생성되어야 한다.

TrivialDrive 예제 애플리케이션에서 제공하는 유틸리티 클래스들의 현재 버전에는 추가된 보안 기능이 포함되어 있어서 구글 플레이 결제 서버에서 반환되는 적법한 키가 없이 제품을 구입하는 것을 막는다. 그 바람에 고정 응답 SKU 값을 사용할 때 코드가 제대로 동작하지 못하게 된다. 따라서 애플리케이션을 디버그 모드로 테스트하기 전에 Security.java 파일의 verifyPurchase( ) 메서드에 코드를 추가해야 한다. 안드로이드 스튜디오 프로젝트 도구 창에서 프로젝트의 app ➡ java ➡ com.ebookfrenzy.inappbilling ➡ util 폴더에 있는 Security.java 파일을 더블 클릭하여 편집기에 로드하자. 그리고 verifyPurchase( ) 메서드를 찾아서 다음과 같이 변경하자.

```
package com.ebookfrenzy.inappbilling.util;

import android.text.TextUtils;
import android.util.Log;

import org.json.JSONException;
import org.json.JSONObject;

import com.ebookfrenzy.inappbilling.BuildConfig;

import java.security.InvalidKeyException;
import java.security.KeyFactory;
import java.security.NoSuchAlgorithmException;
import java.security.PublicKey;
import java.security.Signature;
import java.security.SignatureException;
import java.security.spec.InvalidKeySpecException;
import java.security.spec.X509EncodedKeySpec;
```

```
.
.
.
    public static boolean verifyPurchase(String base64PublicKey,
            String signedData, String signature) {
        if (TextUtils.isEmpty(signedData) ||
                TextUtils.isEmpty(base64PublicKey) ||
                TextUtils.isEmpty(signature)) {
            Log.e(TAG, "Purchase verification failed: missing data.");
            if (BuildConfig.DEBUG) {
                return true;
            }
            return false;
        }

        PublicKey key = Security.generatePublicKey(base64PublicKey);
        return Security.verify(key, signedData, signature);
    }
```

위와 같이 코드를 변경하면 고정 응답 SKU가 검사될 때 인증 키가 없더라도 애플리케이션이 디버그(debug) 모드로 실행 중이면 에러로 처리하지 않는다. 그리고 디버그 모드의 경우만 그렇게 처리하므로 릴리스 모드로 애플리케이션을 빌드했을 때는 보안 검사가 제대로 수행된다.

75.17 인앱 결제 애플리케이션 테스트하기

구글 플레이 지원이 가능한 실제 안드로이드 장치에서 애플리케이션을 실행시키고 Buy a Click 버튼을 터치해보자. 그림 75-8과 같이 테스트 제품을 보여주는 구글 플레이 구입 대화상자가 나타날 것이다.

그림 75-8

구입을 모의 테스트하기 위해 BUY 버튼을 터치하면 지불 성공 메시지가 나타난다(그림 75-9). 그리고 우리 애플리케이션의 Click Me! 버튼이 활성화되어 한 번 클릭할 수 있게 된다.

그림 75-9

그리고 Click Me! 버튼을 클릭하면 그 버튼을 다시 활성화하기 위해 제품(버튼을 한 번 클릭할 수 있는 것)을 구입할 필요가 있을 것이다.

75.18 릴리스용 APK 빌드하기

지금까지 이번 장에서 생성된 예제 애플리케이션에서는 고정 응답 SKU를 사용하였다. 이 SKU는 인앱 결제의 초기 단계 테스트를 위해 구글이 제공한다. 이제는 가상 제품에 대해 실제 인앱 결제 제품 SKU 코드를 생성하고 애플리케이션을 테스트할 때 사용할 것이다. 그러나 그렇게 하기 전에 고정 응답 SKU 대신 실제 SKU를 사용하도록 애플리케이션 코드를 약간 변경해야 한다. 이번 장의 나머지에서 사용될 제품 SKU의 이름은 com.example.buttonclick으로 할 것이므로 다음과 같이 InAppBillingActivity.java 파일을 변경하자.

```
public class InAppBillingActivity extends Activity {

    rivate static final String TAG =
            "InAppBilling";
    IabHelper mHelper;
    static final String ITEM_SKU = "android.test.purchased";
    static final String ITEM_SKU = "com.example.buttonclick";

    private Button clickButton;
    private Button buyButton;
.
.
```

제품이 생성될 수 있으려면 우선 애플리케이션의 릴리스용 APK 파일을 개발자 콘솔에 업로드해야 한다. 애플리케이션의 릴리스용 APK 파일 준비는 74장에서 설명한 절차를 따라 하면 된다. 그리고 APK 파일이 생성되면 이번 장 앞에서 등록했던(75.9절 참조) 우리 애플리케이션을 구글 플레이 개발자 콘솔의 애플리케이션 내역에서 선택한 후 그다음 화면에서 왼쪽 패널의 APK 링크를 클릭한다. 그리고 릴리스 버전의 APK 파일을 콘솔로 업로드하면 된다.

75.19 새로운 인앱 제품 생성하기

APK 파일이 업로드되었으면 개발자 콘솔의 왼쪽 패널에 있는 'In-app Products' 메뉴 항목을 선택한다. 그러면 그림 75-10과 같은 화면이 나타날 것이다.

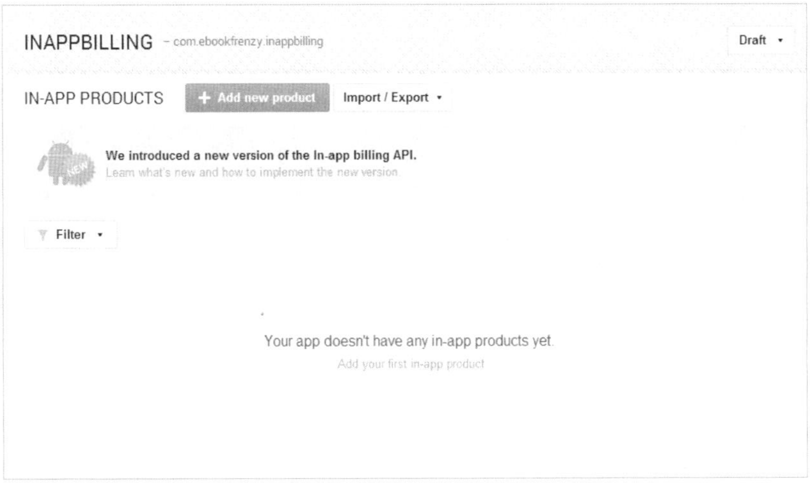

그림 75-10

새로운 제품을 추가하기 위해 Add new product 버튼을 클릭한 후 그다음 패널에서 제품 타입을 Managed product로 설정하고 제품 ID를 입력한다(여기서는 com.example.buttonclick).

Continue를 클릭하고 두 번째 화면에서 그 제품의 명칭(title), 설명(description), 가격(price)을 입력한다. 그리고 페이지 상단의 메뉴를 Activate로 변경한다.

인앱 제품 홈 화면으로 돌아오면 이제는 새로운 제품이 나와 있을 것이다(그림 75-11).

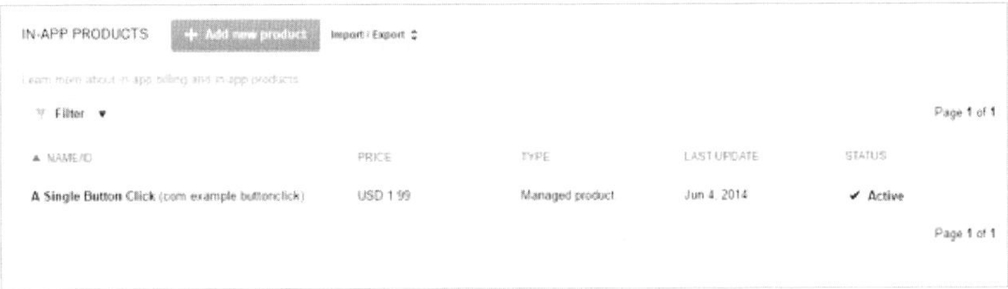

그림 75-11

75.20 알파 배포 채널로 애플리케이션 제출하기

현재는 우리 애플리케이션 APK 파일이 초안(Draft) 모드로 구글 플레이 개발자 콘솔에 저장된다. 따라서 실제 인앱 제품을 사용해서 앞으로의 테스트에 사용할 수 있으려면 애플리케이션을 알파(Alpha) 또는 베타(Beta) 테스트 배포 채널로 제출해야 한다. 이 채널들은 지정된 사용자 그룹에 의해 애플리케이션이 테스트될 수 있게 해준다.

그리고 애플리케이션 APK가 그런 테스트 채널 중 하나에 제출되기에 앞서 애플리케이션의 스토어 목록, 가격, 배포 정보가 완성되어야 한다. 이런 요구 사항을 충족시키기 위해 구글 플레이 개발자 콘솔에서 애플리케이션을 선택한 후 왼쪽 패널의 Store Listing 링크를 클릭하자. 그리고 그 화면에서 필수 정보(별표로 표시됨)를 입력하고 필요한 이미지를 업로드한다. 폼이 완성되면 페이지의 위에 있는 Save 버튼을 클릭한다. 가격과 배포 정보를 구성하려면 패널의 Pricing & Distribution 옵션을 선택하고 필수 필드에 입력하면 된다.

이처럼 필요한 정보가 제공되면 테스트 배포 채널에 애플리케이션을 제출할 수 있다. 모든 정보가 저장되면 화면의 오른쪽 위에 있는 버튼이 Draft에서 Ready to Publish로 변경된다. 만일 버튼이 여전히 Draft로 되어 있을 때는 그것을 클릭하고 메뉴의 'Why can't I publish?'를 선택한다. 그러면 어떤 문제를 해결할 필요가 있는지 보여준다.

모든 문제가 해결되었으면 Publish app 버튼을 누른다. 애플리케이션이 실제로 채널에 제출되어 테스터의 인앱 구입 요청에 응답할 수 있으려면 몇 시간 이상이 걸릴 수 있다는 것에 유의하자.

75.21 인앱 결제 테스트 계정 추가하기

구글에서는 개발자가 자신의 구글 계정으로 실제 제품 SKU를 사용하는 테스트 구입을 허용하지 않는다. 따라서 인앱 결제를 테스트하려면 테스트 계정으로 다른 구글 계정들을 설정해야 한다. 그리고 이 계정들의 사용자들은 우리 애플리케이션을 그들의 장치에 로드하고 테스트 구입을 해야 한다. 각각의 테스트 사용자 계정들을 추가하려면 구글 플레이 개발자 콘솔 홈 화면의 왼쪽에 있는 Settings 아이콘을 클릭한 후 계정 상세 화면에서 License Testing 섹션으로 스크롤한다. 그리고 텍스트 상자에서 인앱 테스트를 수행할 사용자들의 Gmail 계정을 입력한 후 저장하면 된다.

우리 애플리케이션을 기꺼이 테스트할 실제 사용자가 없을 때는 테스트 용도로 새로운 구글 계정을 설정할 수도 있다. 어떤 형태로든 우리의 기존 구글 계정과 연관되지 않는 Gmail 계정을 생성하면 된다. 구글 플레이 개발자 콘솔에 테스트 계정이 생성되어 추가되면 실제 안드로이드 장치에서 Settings(설정) 애플리케이션을 실행하고 사용자를 선택한다. 그리고 사용자 화면에서 화면 위의 Add User 버튼을 클릭한다. 그런 다음, 새로운 Gmail 계정과 암호 정보를 입력하여 그 장치의 새로운 사용자를 생성한다. 그리고 장치의 잠금 화면으로 돌아와서 화면 아래의 적합한 아이콘을 선택하여 테스트 사용자로 로그인한다. 인앱 결제를 완전하게 테스트하기 위해서는 테스트 구입을 하는 동안 새로운 사용자의 신용카드 정보를 입력할 필요가 있다는 것에 유의하자.

테스트 계정으로 사용자가 추가된 다음에는 앞에서 생성했던 릴리스용 APK 파일을 장치에 로드해야 한다. 우선, 7장에서 설명한 대로 장치의 USB 디버깅을 활성화한다. 그리고 장치를 개발 시스템에 연결한 후 애플리케이션의 이전 버전을 장치에서 삭제한다. 이때 터미널 창(리눅스나 맥 OS X 시스템)이나 명령 프롬프트(윈도우 시스템)에서 다음 명령을 실행하면 된다. 여기서 <package name>은 애플리케이션의 전체 패키지 경로를 나타낸다. 예를 들면, 다음과 같다. <각자의 도메인>.inappbilling.

```
adb uninstall <package name>
```

그리고 다음 명령을 실행하여 이번 장 앞에서 생성했던 릴리스 버전의 APK를 업로드한다(여기서 apkfile은 생성한 APK 파일명을 나타낸다).

```
adb -d install /path/to/release/apkfile.apk
```

애플리케이션이 장치에 설치되었으면 장치에서 그것을 찾아서 론칭한다. 구글 플레이 개발자 콘솔에 우리 애플리케이션이 테스트 상태로 되어 있는 한 애플리케이션의 인앱 결제 기능 테스트 도중 실제 대금 결제는 발생하지 않는다. 이제는 구글 플레이 대화상자(그림 75-12)에서 구글 플레이 개발자 콘솔의 제품에 선언한 대로 제품명과 가격을 보여준다.

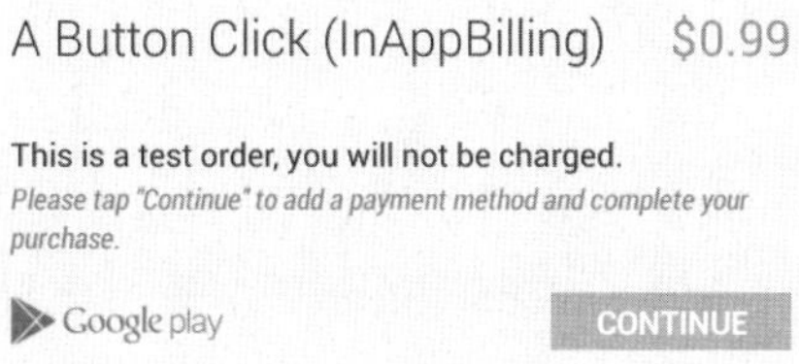
A Button Click (InAppBilling)
$0.99
This is a test order, you will not be charged.
Please tap "Continue" to add a payment method and complete your purchase.
Google play
CONTINUE

그림 75-12

이 방법으로 테스트 구입된 내역은 그 개발자의 구글 월렛(Wallet) 계정에 나타난다. 그러나 테스트를 수행한 사용자에게 대금이 청구되지는 않는다. 구글 월렛에서 수동으로 취소되지 않은 트랜잭션은 14일 후에 자동으로 취소되기 때문이다.

75.22 그룹 테스트 구성하기

새로운 애플리케이션을 테스트할 때 하나의 테스트 계정이 아닌 그룹에 의한 테스트도 가능하다. 단, 제약이 있다. 테스터로 지정되는 사용자들은 구글 그룹 또는 구글 플러스 커뮤니티 멤버라야 한다. 그런 그룹을 구성하려면 구글 플레이 개발자 콘솔에서 애플리케이션 설정을 액세스하여 왼쪽 패널의 APK 항목을 선택한다. 그리고 현재 사용하는 배포 채널에 따라 베타 또는 알파 테스트 탭을 선택한 후 그림 75-13에 표시한 세 개의 링크(closed, open, group) 중 하나를 선택한다.

그림 75-13

75.23 인앱 구입의 문제 해결하기

구글 인앱 구입의 구현은 여러 단계를 거친다. 따라서 사소한 오류가 실패와 혼란스러운 결과를 야기할 수 있다. 그러나 문제를 찾고 해결할 수 있는 단계가 많이 있다. 구글에서는 인앱 구입을 구현하고 테스트하는 메커니즘을 가끔 변경한다는 것에 유의하자. 따라서 변경된 것이 없는지 구글 플레이 개발자 콘솔의 Announcements 섹션을 항상 확인해보는 것이 좋다.

만일 인앱 구입이 잘 동작하지 않으면 구글 플레이 개발자 콘솔의 인증 키가 애플리케이션 코드에 포함된 것과 일치하는지 확인해보자. 정확하게 일치하지 않으면 구입 시도가 실패할 것이기 때문이다. 또한, 애플리케이션이 제출된 후 테스트를 할 수 있을 때까지 여러 시간이 걸릴 수 있다는 것을 염두에 두자.

또한, 애플리케이션이 디버그 모드로 실행 중일 때만 고정 응답 SKU 코드가 동작한다는 것을 알아두자. 이와 유사하게 개발자 콘솔에서 생성된 실제 SKU 코드의 제품은 개발자 콘솔에서 인가된 계정으로 실행되는 릴리스 버전의 애플리케이션에서만 구입할 수 있다. 이 계정은 구글 플레이 개발자 콘솔에 등록된 애플리케이션 개발자의 것과 같으면 안 된다.

만일 문제가 지속된다면 디버그 모드로 애플리케이션이 실행되는 동안에 안드로이드 스튜디오의 로그캣 패널을 확인하자. 인앱 구입 유틸리티 클래스들은 대부분의 실패 상황에서 유용한 피드백(로그 메시지)을 제공한다. 인앱 결제 초기 설정 시에 다음의 코드 라인을 추가하면 문제 진단 레벨을 높일 수 있다.

```
mHelper.enableDebugLogging(true, TAG);
```

예를 들어, 다음과 같이 사용할 수 있다.

```
mHelper.startSetup(new
        IabHelper.OnIabSetupFinishedListener() {
    public void onIabSetupFinished(IabResult result)
    {
        if (!result.isSuccess()) {
            Log.d(TAG, "In-app Billing setup failed: " +
                    result);
        } else {
            Log.d(TAG, "In-app Billing is set up OK");
            mHelper.enableDebugLogging(true, TAG);
        }
    }
});
```

고정 응답 SKU를 사용해서 디버그 모드로 잘 동작했던 코드가 실제 SKU 값을 갖는 릴리스 모드에서 실패하는 것을 접하는 경우가 많다. 이 경우에는 개발자 컴퓨터에 장치를 연결하고 터미널 창이나 명령 프롬프트 창에서 다음의 adb 명령을 실행하면 릴리스 모드로 실행되는 애플리케이션의 로그캣 출력을 실시간으로 볼 수 있다.

```
adb logcat
```

일반적으로 진단 메시지는 많은 에러의 중요한 원인을 찾는 데 좋은 시작점을 제공한다.

75.24 요약

구글 플레이 인앱 결제 API는 애플리케이션에서 가상 제품이나 서비스의 요금을 사용자에게 청구 및 결제할 수 있는 메커니즘을 제공한다. 인앱 제품들은 구독/사용 기반 제품, 1회 구입 제품, 소모품(애플리케이션에서 사용된 후에 재구입이 필요한 제품)으로 구성될 수 있다.

이번 장에서는 안드로이드 애플리케이션에서 구글 플레이 인앱 결제를 준비하고 구현하는 방법을 알아보았다.

안드로이드 스튜디오의 그래들 개요

우리가 생성했던 애플리케이션 프로젝트를 컴파일하고 실행시키는 데 필요한 일을 안드로이드 스튜디오가 해주는 게 당연한 것이라고 알고 있다. 그러나 안드로이드 스튜디오는 그런 일을 그래들(Gradle)이라는 시스템을 사용해서 백그라운드로 해주고 있다.

따라서 이제는 그래들에 대해 알아보자. 이번 장에서는 애플리케이션 프로젝트의 다양한 구성 요소를 함께 컴파일하고 패키지로 만드는 데 그래들을 사용하는 방법을 설명할 것이다. 또한, 안드로이드 스튜디오에서 프로젝트를 빌드하는 것과 관련하여 더 많은 요구 사항이 필요할 때 그래들을 구성하는 방법도 살펴볼 것이다.

76.1 그래들 개요

그래들은 자동화된 빌드 시스템이며, 빌드 구성 파일들을 통해 프로젝트 빌드가 구성되고 관리되게 해준다. 이때 프로젝트를 빌드하는 방법, 프로젝트 빌드에 필요한 모듈 간의 의존 관계와 같은 내용들이 정의된다.

그래들의 장점은 개발자에게 제공되는 유연성에 있다. 그래들 시스템은 독립적인 명령행 기반 환경이면서 또한 플러그인을 사용하여 다른 환경에 통합될 수 있다. 안드로이드 스튜디오의 경우는 안드로이드 스튜디오 플러그인을 통해 그래들이 통합되어 있다.

안드로이드 스튜디오에서는 안드로이드 스튜디오 플러그인을 사용하여 그래들 작업을 시작시키고 관리하지만, 이와는 별도로 그래들 명령행 도구를 사용해서 안드로이드 스튜디오 기반 프로젝트를 빌드할 수 있다. 이때는 안드로이드 스튜디오가 설치되지 않은 시스템에서도 프로젝트 빌드가 가능하다.

프로젝트를 빌드하기 위한 구성 규칙들은 그루비(Groovy) 프로그래밍 언어 기반의 스크립트로 그래들 빌드 파일에 선언된다.

76.2 그래들과 안드로이드 스튜디오

그래들은 안드로이드 애플리케이션 프로젝트를 빌드하는 강력한 기능을 많이 갖고 있다. 그 중 중요한 것들은 다음과 같다.

76.2.1 합리적인 디폴트

그래들은 **설정보다는 관례**(CoC, Convention over Configuration)라는 개념을 구현하고 있다. 즉, 그래들은 사전 정의된 합리적인 디폴트(sensible default) 구성 설정들을 갖고 있다. 이 설정들은 개발자가 빌드 파일의 설정들을 변경하지 않을 때 디폴트 설정으로 사용된다. 따라서 모든 구성 설정들을 개발자가 일일이 결정하고 지정하지 않아도 합리적으로 설정된 디폴트 값을 사용하여 빌드가 수행될 수 있다는 의미다. 그러므로 개발자 입장에서는 자신의 요구 사항에 맞지 않는 디폴트 구성 설정만 빌드 파일에 변경하면 된다.

76.2.2 의존 관계

또 다른 중요한 그래들 기능으로 **의존 관계**(dependency)가 있다. 예를 들어, 안드로이드 스튜디오 프로젝트의 한 모듈이 그 프로젝트의 다른 모듈을 로드하는 인텐트를 실행시키는 경우를 생각해보자. 이 경우 첫 번째 모듈은 두 번째 모듈에 의존 관계를 갖는다. 만일 런타임 시에 두 번째 모듈을 찾지 못해 론칭에 실패할 수 있다면 애플리케이션의 빌드가 실패하게 된다는 의미다.

따라서 첫 번째 모듈의 그래들 빌드 파일에 의존 관계가 선언되어야만 두 번째 모듈을 애플리케이션 빌드에 포함시킬 수 있다. 이때 그래들이 두 번째 모듈을 찾을 수 없거나 빌드할 수 없으면 빌드 에러를 알려준다. 또 다른 의존 관계의 예로는 프로젝트가 컴파일 및 실행되기 위해 필요한 라이브러리와 JAR 파일이 있다(안드로이드 애플리케이션, 안드로이드 라이브러리, JAR 파일, 안드로이드 TV 모듈, 안드로이드 웨어 모듈 등이 모듈의 기준이 된다).

그래들의 의존 관계는 **로컬**(local)과 **원격**(remote)으로 분류할 수 있다. 로컬 의존 관계에서는 빌드가 수행되는 컴퓨터 시스템의 로컬 파일 시스템에 있는 모듈을 참조한다. 반면에 원격 의존 관계는 **리포지터리**(repository)라고 하는 원격 서버에 있는 모듈을 참조하는 것을 의미한다.

안드로이드 스튜디오 프로젝트의 경우 원격 의존 관계는 **메이븐**(Maven)이라는 또 다른 프로젝트 관리 도구를 사용해서 처리된다. 만일 메이븐 구문을 사용해서 그래들 빌드 파일에 원격 의존 관계가 선언되면, 지정된 리포지터리로부터 의존 관계가 있는 파일들이 자동으로 다운로드되어 빌드 프로세스에 포함된다. 예를 들어, 다음과 같이 의존 관계를 선언하면 구글 리포지터리로부터 구글 플레이 서비스 라이브러리가 프로젝트에 추가된다(라이브러리가 지속적으로 업데이트되므로 제일 끝의 버전 번호는 달라질 수 있다).

```
compile 'com.google.android.gms:play-services:10.2.4'
```

76.2.3 빌드 변이

의존 관계에 추가하여 그래들은 또한 안드로이드 스튜디오 프로젝트의 **빌드 변이**(build variant) 지원을 제공한다. 즉, 하나의 프로젝트로 여러 변형된 버전의 애플리케이션을 빌드할 수 있다. 안드로이드는 다양한 CPU 타입과 화면 크기를 갖는 여러 장치에서 실행된다. 따라서 가능한 한 많은 장치 타입과 화면 크기에서 애플리케이션이 실행되게 하려면 하나의 프로젝트를 서로 다른 변형된 버전의 애플리케이션으로 빌드할 필요가 있다(예를 들어, 폰의 사용자 인터페이스를 갖는 버전과 태블릿 크기의 화면에 적합한 버전). 안드로이드 스튜디오에서는 그래들의 사용을 통해서 그런 모든 것이 가능하다.

76.2.4 매니페스트 항목

각 안드로이드 스튜디오 프로젝트는 애플리케이션의 자세한 구성 정보를 갖는 **매니페스트 파일**인 AndroidManifest.xml과 연관되어 있다. 많은 수의 매니페스트 항목들이 그래들 빌드 파일에 지정될 수 있으며, 그래들이 프로젝트를 빌드할 때 매니페스트 파일로 자동 생성해준다. 이 기능은 빌드 변이의 생성을 보완해준다. 애플리케이션 버전 번호, 애플리케이션 ID와 SDK 버전 정보 등의 요소들이 각 빌드 변이마다 다르게 구성될 수 있게 해주기 때문이다.

76.2.5 APK 서명하기

74장에서는 안드로이드 스튜디오를 사용해서 서명된 APK 파일을 생성하는 방법을 알아보았다. 이처럼 안드로이드 스튜디오 사용자 인터페이스를 통해서 입력된 서명 정보를 그래들 빌드 파일에 포함시키는 것도 가능하다. 따라서 서명된 APK 파일들을 명령행에서도 생성시킬 수 있다.

76.2.6 ProGuard 지원

ProGuard는 안드로이드 스튜디오에 포함된 도구이며, 자바 바이트 코드를 최적화하고 크기를 줄여서 더 효율적으로 만든다. 또한, 역공학(reverse engineering)으로 소스 코드를 해독하기 어렵게 해준다(컴파일된 자바 바이트 코드의 분석을 통해서 다른 사람들이 애플리케이션의 로직을 알아볼 수 있는 방법이 역공학이다). 그리고 우리 애플리케이션이 빌드될 때 ProGuard를 실행할 것인지의 여부를 그래들 빌드 파일에서 제어할 수 있다.

76.3 최상위 수준의 그래들 빌드 파일

완전한 안드로이드 스튜디오 프로젝트는 안드로이드 애플리케이션을 빌드하는 데 필요한 모든 것을 포함한다. 또한, 모듈, 라이브러리, 매니페스트 파일, 그래들 빌드 파일들도 프로젝트에 포함된다.

각 프로젝트는 하나의 최상위 수준 그래들 빌드 파일을 포함한다. 이 파일은 그림 76-1에 강조 표시된 것처럼 build.gradle(Project: 프로젝트 이름)으로 프로젝트 도구 창에 나타난다.

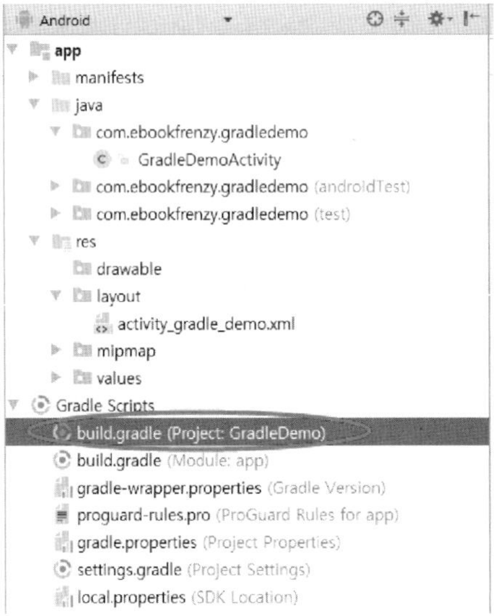

그림 76-1

기본적으로 최상위 수준 그래들 빌드 파일의 내용은 다음과 같다.

```
buildscript {
repositories {
        google()
        jcenter()
    }
    dependencies {
        classpath 'com.android.tools.build:gradle:3.0.0-alpha8'

        // NOTE: Do not place your application dependencies here; they belong
        // in the individual module build.gradle files
    }
}

allprojects {
    repositories {
        google()
        jcenter()
    }
}

task clean(type: Delete) {
    delete rootProject.buildDir
}
```

여기서는 jcenter 리포지터리를 사용해서 원격 라이브러리를 얻는다는 것, 그리고 빌드는 그래들의 안드로이드 플러그인에 종속된다는 것을 선언한다. 대부분의 경우에 이 빌드 파일은 우리가 변경하지 않아도 된다.

76.4 모듈 수준의 그래들 빌드 파일들

안드로이드 스튜디오 애플리케이션 프로젝트는 하나 이상의 모듈로 구성된다(앞에서 이야기했듯이, 안드로이드 애플리케이션, 안드로이드 라이브러리, JAR 파일, 안드로이드 TV 모듈, 안드로이드 웨어 모듈 등을 모듈이라고 한다). 예를 들어, Module1과 Module2라는 이름의 두 개 모듈을 포함하는 GradleDemo라는 가상의 애플리케이션 프로젝트가 있다고 해보자. 여기서 각 모듈은 자신의 그래들 빌드 파일이 필요하다. 개발 컴퓨터의 실제 디렉터리 구조에서 그 빌드 파일들은 다음의 위치에 있게 된다(각 모듈 이름의 첫 자는 대문자이지만, 서브 디렉터리 이름의 첫 자는 소문자가 된다).

- GradleDemo/module1/build.gradle
- GradleDemo/module2/build.gradle

기본적으로 Module1의 build.gradle 파일 내용은 다음과 같다.

```
apply plugin: 'com.android.application'

android {
    compileSdkVersion 26
    buildToolsVersion "26.0.1"
    defaultConfig {
        applicationId "com.ebookfrenzy.module1"
        minSdkVersion 22
        targetSdkVersion 26
        versionCode 1
        versionName "1.0"
        testInstrumentationRunner "android.support.test.runner.AndroidJUnitRunner"
    }
    buildTypes {
        release {
            minifyEnabled false
            proguardFiles getDefaultProguardFile('proguard-android.txt'),
                                                                    'proguard-rules.pro'
        }
    }
}

dependencies {
    implementation fileTree(dir: 'libs', include: ['*.jar'])
    implementation 'com.android.support:appcompat-v7:26.0.1'
    implementation 'com.android.support.constraint:constraint-layout:1.0.2'
    implementation 'com.android.support:design:26.0.1'
    testImplementation 'junit:junit:4.12'
    androidTestImplementation 'com.android.support.test:runner:0.5'
    androidTestImplementation 'com.android.support.test.espresso:espresso-core:2.2.2'
}
```

여기서 보면 알 수 있듯이, 이 그래들 빌드 파일은 안드로이드 플러그인의 사용을 선언하는 것부터 시작한다.

```
apply plugin: 'com.android.application'
```

그런 다음, android 섹션에서는 Module1을 빌드할 때 사용되는 SDK와 SDK에 포함된 안드로이드 빌드 도구의 버전을 정의한다.

```
android {
    compileSdkVersion 26
    buildToolsVersion "26.0.1"
```

defaultConfig 섹션에 선언된 항목들은 빌드하는 동안 해당 모듈의 AndroidManfest.xml 파일로 생성되는 요소들을 정의한다. 빌드 파일에 변경될 수 있는 이 설정들은 모듈이 최초 생성되었을 때 안드로이드 스튜디오에서 입력된 설정들로부터 가져온다.

```
defaultConfig {
    applicationId "com.ebookfrenzy.module1"
    minSdkVersion 22
    targetSdkVersion 26
    versionCode 1
    versionName "1.0"
    testInstrumentationRunner "android.support.test.runner.AndroidJUnitRunner"
}
```

buildTypes 섹션에서는 애플리케이션의 릴리스 버전(개발이 끝나고 실제 사용되는 버전)이 빌드될 때 APK 파일에 대해 ProGuard를 실행할 것인지 여부와 실행 방법을 정의한다.

```
buildTypes {
    release {
        minifyEnabled false
        proguardFiles
            getDefaultProguardFile('proguard-android.txt'), 'proguard-rules.pro'
    }
}
```

이 구성에서는 Module1이 빌드될 때 ProGuard가 실행되지 않는다. ProGuard를 실행하려면 minifyEnabled 항목을 false에서 true로 변경하면 된다. proguard-rules.pro 파일은 프로젝트의 모듈 디렉터리에서 찾을 수 있다. 이 파일을 변경하면 proguard-android.txt 파일의 디폴트 설정들이 무시된다. proguard-android.txt 파일은 안드로이드 SDK 설치 디렉터리 밑의 sdk/tools/proguard에 있다.

여기서는 디버그 버전(개발 중인 버전)의 buildType이 선언되지 않았으므로 디폴트 설정이 사용된다. 디폴트 설정으로 빌드될 때는 ProGuard를 실행하지 않으며, 디버그 키로 서명되고 디버그 심벌들이 활성화된다.

이외에도 여러 빌드 변이가 생성될 수 있도록 productFlavors 섹션이 모듈 빌드 파일에 포함될 수 있다. 이 내용은 다음 장에서 자세히 알아볼 것이다.

마지막으로, dependencies 섹션에는 이 모듈의 로컬과 원격 의존 관계를 나타낸다. 첫 번째 의존 관계는 다음과 같다.

```
implementation fileTree(dir: 'libs', include: ['*.jar'])
```

여기서는 모듈의 lib 서브 디렉터리에 있는 모든 JAR 파일이 프로젝트 빌드에 포함된다는 것을 그래들 시스템에 알려준다. 예를 들어, myclasses.jar라는 이름의 JAR 파일이 GradleDemo 프로젝트의 GradleDemo/module1/lib에 있다면, 그 JAR 파일이 모듈 의존 관계로 간주되어 빌드 프로세스에 포함된다.

같은 애플리케이션 프로젝트의 다른 모듈에 대한 의존 관계도 빌드 파일에 선언될 수 있다. 예를 들어, Module1이 Module2에 대해 의존 관계가 있다면 다음 내용이 Module1 build.gradle 파일의 dependencies 섹션에 추가되어야 한다.

```
implementation project(":Module2")
```

앞에 있는 Module1 build.gradle 파일의 맨 끝 의존 관계에 선언된 다음 내용에서는 메이븐 구문을 사용하며, 안드로이드 리포지터리로부터 안드로이드 AppCompat 지원 라이브러리와 디자인 라이브러리 및 Constraint 라이브러리가 포함될 필요가 있음을 나타낸다.

```
implementation 'com.android.support:appcompat-v7:26.0.1'
implementation 'com.android.support.constraint:constraint-layout:1.0.2'
implementation 'com.android.support:design:26.0.1'
```

흔히 사용하는 또 다른 리포지터리로 구글 플레이 서비스 라이브러리가 있으며, 이것에 대한 의존 관계는 다음과 같이 선언하면 된다.

```
compile 'com.google.android.gms:play-services:10.2.4'
```

의존 관계 선언에는 포함될 라이브러리의 버전을 나타내는 버전 번호가 포함될 수 있다. 라이브러리는 지속적으로 업데이트되기 때문에 버전 번호는 달라질 수 있다.

76.5 빌드 파일에 서명 설정 구성하기

안드로이드 스튜디오 사용자 인터페이스를 사용해서 키를 설정하고 서명된 릴리스 버전 APK 파일을 생성하는 방법을 74장에서 설명했었다. 이러한 설정들은 build.gradle 파일의 signingConfigs 섹션에도 선언될 수 있다. 예를 들면, 다음과 같다.

```
apply plugin: 'android'

android {
    compileSdkVersion 26
    buildToolsVersion "26.0.1"

    defaultConfig {
        applicationId "com.ebookfrenzy.module1"
        minSdkVersion 22
        targetSdkVersion 26
        versionCode 1
        versionName "1.0"
        testInstrumentationRunner "android.support.test.runner.AndroidJUnitRunner"
    }

    signingConfigs {
        release {
            storeFile file("keystore.release")
            storePassword "your keystore password here"
            keyAlias "your key alias here"
            keyPassword "your key password here"
        }
    }
    buildTypes {
.
.
}
```

이 예에서는 암호(password) 정보를 직접 빌드 파일에 넣는다. 그러나 시스템 환경 변수에서 그 값들을 추출하는 방법을 사용할 수도 있다. 예를 들면, 다음과 같다.

```
signingConfigs {
    release {
        storeFile file("keystore.release")
        storePassword System.getenv("KEYSTOREPASSWD")
        keyAlias "your key alias here"
        keyPassword System.getenv("KEYPASSWD")
    }
}
```

이외에도 또 다른 방법이 있다. 빌드하는 도중에 그래들이 암호를 입력받도록 하는 것이다. 예를 들면, 다음과 같다.

```
signingConfigs {
    release {
        storeFile file("keystore.release")
        storePassword System.console().readLine
            ("\nEnter Keystore password: ")
        keyAlias "your key alias here"
        keyPassword System.console().readLIne("\nEnter Key password: ")
    }
}
```

76.6 명령행에서 그래들 작업 실행하기

각 안드로이드 스튜디오 프로젝트는 명령행에서 그래들 작업을 수행할 수 있게 해주는 그래들 래퍼(wrapper) 도구(실행 파일)인 gradlew를 포함한다. 이 도구는 각 프로젝트 폴더의 홈 디렉터리 바로 밑에 있다(예를 들어, 프로젝트 이름이 GradleReview일 때는 GradleReview 디렉터리에 있다). 윈도우 시스템에서는 이 래퍼를 바로 실행시킬 수 있지만, 리눅스와 맥 OS X에서는 gradlew의 execute 퍼미션이 필요하다. execute 퍼미션을 설정하려면 터미널 창을 열고 래퍼가 있는 프로젝트 폴더로 디렉터리를 변경한 후 다음 명령을 실행하면 된다.

```
chmod +x gradlew
```

execute 퍼미션이 설정된 후에는 $PATH 환경 변수에 래퍼 도구 파일의 위치(경로)를 추가하거나 또는 그 파일 이름 앞에 ./를 붙여 실행하면 된다. 예를 들면, 다음과 같다.

```
./gradlew tasks
```

그래들은 프로젝트 빌드를 여러 가지의 서로 다른 작업으로 나누어 처리한다. 현재 프로젝트에서 가능한 작업의 전체 내역은 프로젝트 디렉터리에서 다음 명령을 실행하면 알 수 있다(바로 위에서 이야기했듯이, 리눅스나 맥 OS X에서 실행할 때는 맨 앞에 ./를 붙인다).

```
gradlew tasks
```

안드로이드 스튜디오에서는 그래들 도구 창에서 그 내역을 볼 수 있다(그림 76-2). 안드로이드 스튜디오 메인 창의 맨 왼쪽 아래에 있는 퀵 액세스 버튼에 마우스 커서를 갖다 댄 후(클릭하지 말고) 나타나는 메뉴에서 Gradle을 선택하면 그래들 도구 창이 나타난다. 또는 안드로이드 스튜디오 메인 창의 오른쪽 테두리에 있는 Gradle 도구 바를 클릭해도 된다.

그림 76-2

위쪽의 제일 왼쪽 툴바(Ⓢ)를 클릭하면 현재 프로젝트의 모든 그래들 파일을 찾아서 그림 76-2처럼 도구 창에 보여준다. 그다음에 각 작업 항목의 왼쪽 화살표를 클릭하면 더 자세한 작업 내역이 나타난다. 그리고 창에 나타난 특정 작업을 더블 클릭하면 그래들 작업을 수행시킬 수 있다.

실제 장치나 에뮬레이터에서 애플리케이션을 테스트하기 위해 프로젝트의 디버그 버전을 빌드할 때는 assembleDebug 그래들 작업을 수행시키면 된다. 이때 그림 76-2의 그래들 도구 창에서 이 작업을 찾아 더블 클릭하거나 또는 다음과 같이 개발 컴퓨터의 명령행(윈도우는 명령 프롬프트, 맥이나 리눅스는 터미널 창)에서 그래들 래퍼의 옵션으로 실행하면 된다.

```
gradlew assembleDebug
```

또한, 애플리케이션의 릴리스 버전을 빌드할 때는 다음과 같이 하면 된다.

```
gradlew assembleRelease
```

안드로이드 스튜디오에서 프로젝트를 빌드할 때는 이런 모든 그래들 작업이 자동으로 수행되므로 우리가 일일이 직접 할 필요는 없다.

76.7 요약

안드로이드 스튜디오는 개발자의 개입 없이 백그라운드로 애플리케이션을 빌드해준다. 그리고 이런 빌드 프로세스는 그래들 시스템을 사용해서 처리한다. 그래들 시스템은 빌드 구성 파일들을 통해 프로젝트 빌드가 구성되고 관리되게 해주는 자동화된 빌드 툴킷이다. 이번 장에서는 안드로이드 스튜디오 프로젝트와 연계하여 그래들 빌드 시스템의 개요와 구성 파일들을 알아보았다. 다음 장에서는 그래들 시스템을 사용해서 동일한 애플리케이션 프로젝트의 서로 다른 버전을 빌드하는 방법을 실제로 해볼 것이다.

안드로이드 스튜디오 그래들 빌드 예제 프로젝트

이번 장에서는 안드로이드 스튜디오의 빌드 변이(build variants) 기능을 사용하여 하나의 프로젝트로 폰과 태블릿의 두 가지 플레이버(flavor, 변형 버전)를 빌드하는 방법을 배울 것이다. 이때 각 플레이버는 릴리스 또는 디버그 빌드 타입을 사용해서 빌드될 수 있도록 빌드 환경을 구성할 것이다. 따라서 다음과 같이 네 개의 빌드 변이를 선택할 수 있게 된다.

- phoneDebug
- phoneRelease
- tabletDebug
- tabletRelease

여기서 빌드 타입과 빌드 플레이버의 차이점이 궁금할 것이다. 일반적으로 빌드 타입은 모듈이 빌드되는 방법(how)을 정의한다. 예를 들어, ProGuard를 실행할 것인지의 여부, 애플리케이션 패키지가 서명되는 방법 등이다.

반면에 빌드 플레이버는 모듈의 각 변이로 무엇(what)이 빌드되는지 정의한다. 예를 들어, 어떤 리소스와 소스 코드 파일들이 빌드에 포함되는가 하는 것이다.

여기서는 우선 두 개의 플레이버를 구성할 것이다(화면의 크기가 다른 폰과 태블릿에 맞추기 위함이다). 이것들은 레이아웃과 문자열 값 등의 시각적인 리소스 측면에서만 차이가 있다. 그리고 그다음에 각 플레이버가 달리 동작하도록 서로 다른 소스 코드를 사용하는 방법도 보여줄 것이다.

77.1 빌드 변이 예제 프로젝트 생성하기

안드로이드 스튜디오로 새 프로젝트를 생성하자. 안드로이드 스튜디오 메인 메뉴의 File ➡ New ➡ New Project...를 선택하거나 웰컴 스크린에서 Start a new Android Studio project를 선택한다.

Application name 필드에 BuildExample을 입력하고, Company Domain 필드에는 ebookfrenzy.com을 입력한다. 안드로이드 장치 선택 화면에서는 폰과 태블릿(Phone and Tablet)만 선택하고, 최소 SDK 버전은 API 22: Android 5.1 (Lollipop)으로 선택한다. 액티비티 선택 화면에서는 Empty Activity를 선택한다. 그리고 마지막 대화상자에서 Activity Name에 BuildExampleActivity를 입력하고 자동으로 설정된 나머지 필드 값은 그대로 둔다. Finish 버튼을 눌러 프로젝트를 생성한다.

편집기에 로드된 activity_build_example.xml 레이아웃 파일을 선택한 후 디자인 모드로 변경한다.

그리고 'Hello World!'를 보여주는 TextView를 클릭한 후 속성 창의 text 속성값을 'Build Example'로 변경하고 이 값을 문자열 리소스로 추출한다(리소스 이름은 variant_text로 지정한다).

컴포넌트 트리 창에서 제일 위의 ConstraintLayout을 클릭한 후 속성 창의 ID가 activity_build_example로 되어 있는지 확인하고, 다르면 activity_build_example로 변경한다.

77.2 빌드 플레이버를 모듈 빌드 파일에 추가하기

프로젝트가 생성되었으므로 다음은 모듈 수준의 build.gradle 파일에 두 개의 빌드 플레이버 구성을 추가할 것이다. 프로젝트 도구 창에서 app ➡ Gradle Scripts ➡ build.gradle(Module: app) 파일을 찾아(그림 77-1) 더블 클릭하여 편집기로 로드하자.

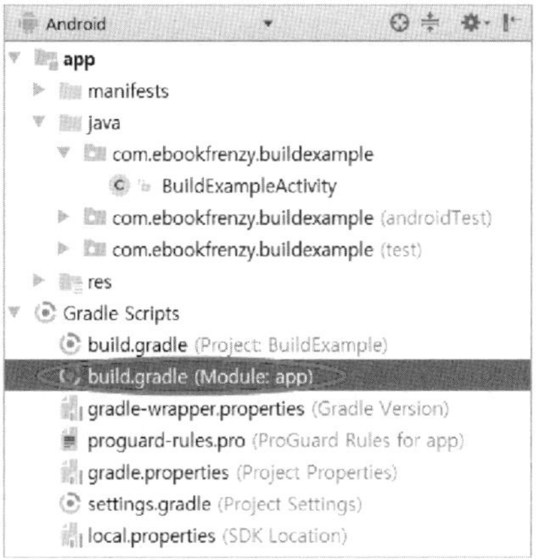

그림 77-1

로드된 빌드 파일의 내용은 다음과 같을 것이다(숫자로 표시된 버전 번호는 다를 수 있다).

```
apply plugin: 'com.android.application'

android {
    compileSdkVersion 26
    buildToolsVersion "26.0.1"
    defaultConfig {
        applicationId "com.ebookfrenzy.buildexample"
        minSdkVersion 22
        targetSdkVersion 26
        versionCode 1
        versionName "1.0"
        testInstrumentationRunner "android.support.test.runner.AndroidJUnitRunner"
    }
    buildTypes {
        release {
            minifyEnabled false
            proguardFiles getDefaultProguardFile('proguard-android.txt'),
                                                  'proguard-rules.pro'
        }
    }
}

dependencies {
    implementation fileTree(dir: 'libs', include: ['*.jar'])
    implementation 'com.android.support:appcompat-v7:26.0.1'
    implementation 'com.android.support.constraint:constraint-layout:1.0.2'
    testImplementation 'junit:junit:4.12'
    androidTestImplementation 'com.android.support.test:runner:0.5'
    androidTestImplementation 'com.android.support.test.espresso:espresso-core:2.2.2'
}
```

앞에서 얘기했듯이, 이 프로젝트는 두 개의 빌드 플레이버(폰과 태블릿)와 함께 두 개의 빌드 타입(릴리스와 디버그)으로 구성될 것이다. 위의 빌드 파일 내용을 보면 릴리스 빌드 타입은 이미 선언되어 있으므로 추가할 필요가 없다. 또한, 그래들은 디버그 빌드 타입의 합리적인 디폴트 설정을 사용하므로 이 타입도 추가할 필요가 없다. 따라서 다음과 같이 두 개의 빌드 플레이버만 추가로 선언하면 된다.

```
apply plugin: 'com.android.application'

android {
    compileSdkVersion 26
    buildToolsVersion "26.0.1"
    defaultConfig {
        applicationId "com.ebookfrenzy.buildexample"
        minSdkVersion 22
        targetSdkVersion 26
        versionCode 1
        versionName "1.0"
        testInstrumentationRunner "android.support.test.runner.AndroidJUnitRunner"
    }
    buildTypes {
        release {
            minifyEnabled false
            proguardFiles getDefaultProguardFile('proguard-android.txt'),
                                                                'proguard-rules.pro'
        }
    }

    flavorDimensions "mode"
    productFlavors {
        phone {
            dimension "mode"
            applicationId
                "com.ebookfrenzy.buildexample.app.phone"
            versionName "1.0-phone"
        }
        tablet {
            dimension "mode"
            applicationId
                "com.ebookfrenzy.buildexample.app.tablet"
            versionName "1.0-tablet"
        }
    }

}
```

```
dependencies {
    implementation fileTree(dir: 'libs', include: ['*.jar'])
    implementation 'com.android.support:appcompat-v7:26.0.1'
    implementation 'com.android.support.constraint:constraint-layout:1.0.2'
    testImplementation 'junit:junit:4.12'
    androidTestImplementation 'com.android.support.test:runner:0.5'
    androidTestImplementation 'com.android.support.test.espresso:espresso-core:2.2.2'
}
```

여기서 applicationId와 versionName 다음에는 반드시 한 칸 이상을 띄워야 한다.

변경이 끝나면 편집기 상단에 그래들 메시지를 보여주는 노란색의 경고 바가 나타날 것이다. 이것은 그래들 빌드 파일의 변경 내용을 프로젝트와 동기화시킬 필요가 있음을 나타낸다. 그런 경우에는 동기화를 수행시키기 위해 경고 패널의 오른쪽 끝에 있는 Sync Now 링크를 클릭하자.

그런 다음, 안드로이드 스튜디오 메인 창의 맨 왼쪽 아래에 있는 Build Variants 도구 창 바를 클릭하여 Build Variants 도구 창을 열자. 그리고 그림 77-2처럼 app 모듈의 Build Variant 셀을 클릭하면 네 개의 빌드 변이가 나타날 것이다. 여기서 phoneDebug를 선택하자.

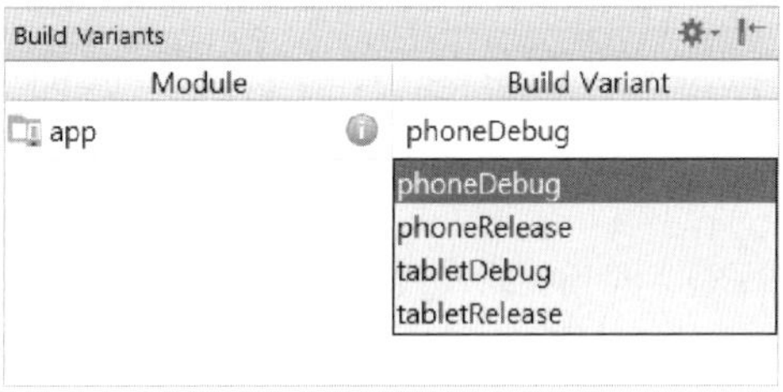

그림 77-2

이제는 두 개의 빌드 플레이버가 프로젝트 빌드 파일에 추가되었으므로 그것들을 지원하기 위해 프로젝트 구조에 추가해야 한다.

77.3 플레이버를 프로젝트 구조에 추가하기

이 책에서 지금까지는 안드로이드 스튜디오 프로젝트 도구 창을 Android 뷰로 사용하였다. 이 모드에서는 프로젝트의 디렉터리 구조를 있는 그대로 다 보여주지 않고 주로 사용하는 부분만 묶어서 보여준다. 그러나 빌드 변이로 작업할 때는 프로젝트 도구 창을 Project 뷰로 변경해야 한다. 그래야만 프로젝트의 모든 서브 디렉터리에 액세스할 수 있기 때문이다. 프로젝트 도구 창의 위에 있는 버튼(그림 77-3의 타원 표시 부분)을 클릭한다.

그림 77-3

그리고 드롭다운 메뉴에서 Project를 선택한다(그림 77-4).

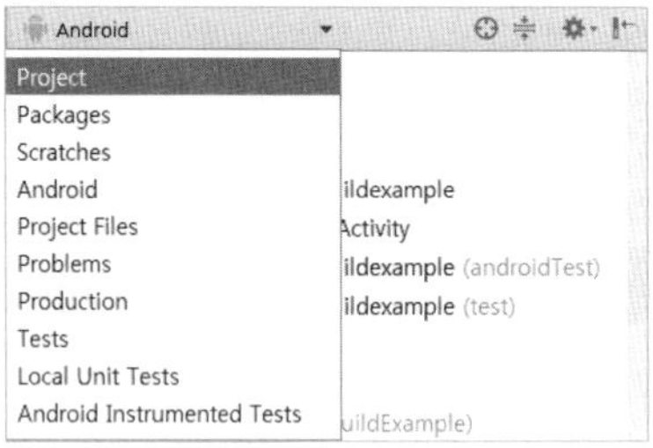

그림 77-4

프로젝트 도구 창의 src 디렉터리(BuildExample ➡ app ➡ src)에서 오른쪽 마우스 버튼을 클릭한 후 New ➡ Directory를 선택하고, 새로운 디렉터리 이름을 phone/res/layout으로 입력한 후 OK 버튼을 누르자. 그리고 다시 한 번 src 디렉터리에서 오른쪽 마우스 버튼을 클릭한 후 New ➡ Directory를 선택하고 새로운 디렉터리 이름을 phone/res/values로 입력하고 OK 버튼을 누른다.

같은 요령으로 두 개의 새로운 디렉터리를 추가로 생성하자. 디렉터리 이름은 tablet/res/layout과 tablet/res/values다. 디렉터리 생성이 끝나면 그것과 관련된 프로젝트 구조가 그림 77-5와 같이 될 것이다.

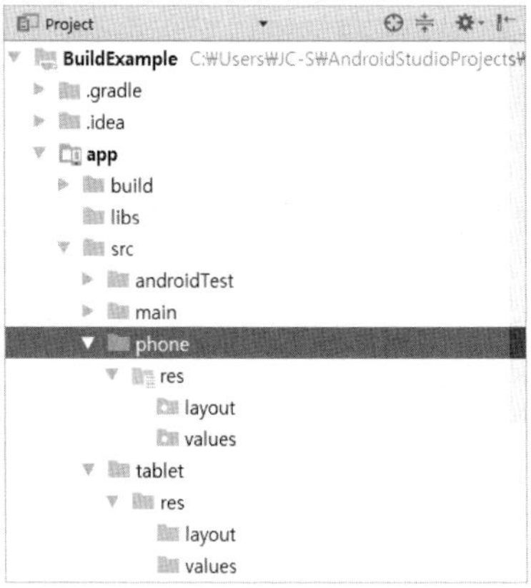

그림 77-5

77.4 리소스 파일을 플레이버에 추가하기

각 플레이버는 액티비티의 activity_build_example.xml과 strings.xml 리소스 파일들의 복사본을 가져야 한다. 그다음에 각 플레이버의 요구 사항에 맞게 그 파일들을 변경할 것이다.

프로젝트 도구 창의 BuildExample ➡ app ➡ src ➡ main ➡ res ➡ layout에 있는 activity_build_example.xml 파일에서 오른쪽 마우스 버튼을 클릭한 후 Copy 메뉴 옵션을 선택한다. 그리고 BuildExample ➡ app ➡ src ➡ phone ➡ res ➡ layout 폴더에서 오른쪽 마우스 버튼을 클릭한 후 Paste 메뉴 옵션을 선택하면 Copy 대화상자가 나올 것이다. 이때 파일 이름이 activity_build_example.xml로 되어 있는지 확인한 후 OK 버튼을 누르면 파일이 복사되고 편집기 창에 자동으로 열린다. 디자인 모드로 전환한 후 Build Example로 나타난 TextView가 레이아웃의 왼쪽 위에 있는지 확인한다. 만일 그렇지 않으면 마우스로 끌어서 왼쪽 위로 이동시키자.

같은 요령으로 BuildExample ➡ app ➡ src ➡ main ➡ res ➡ values ➡ strings.xml 파일을 BuildExample ➡ app ➡ src ➡ phone ➡ res ➡ values 폴더에 복사하자.

복사된 리소스 파일들은 자동으로 편집기 창에 열린다. 현재 편집기에는 phone 플레이버의 strings.xml 파일이 열려 있다. 앞의 77.1절에서 문자열 리소스로 추출했던 variant_text의 값을 다음과 같이 변경하자.

```
<?xml version="1.0" encoding="utf-8"?>
<resources>
    <string name="app_name">BuildExample</string>
    <string name="variant_text">This is the phone flavor</string>
</resources>
```

phone 플레이버의 phoneDebug 타입에는 리소스 파일을 복사하였으므로 다음은 tablet 플레이버의 tabletDebug 타입에 리소스 파일을 복사할 것이다.

앞에 나왔던 그림 77-2의 Build Variants 도구 창에서 Build Variant 설정을 tabletDebug로 변경하자. 그리고 phone의 activity_build_example.xml과 strings.xml 파일들을 tablet의 res ➡ layout과 res ➡ values 폴더로 각각 복사하자.

그리고 tablet 플레이버의 strings.xml 파일에 있는 variant_text 문자열을 'This is the tablet flavor'로 변경하자. 그리고 tablet 플레이버의 activity_build_example.xml 레이아웃 파일에 있는 TextView가 화면의 오른쪽 위에 오도록 위치를 변경한다(디자인 모드로 변경한 후 마우스로 끌어서 놓으면 쉽다).

모든 변경이 끝나면 프로젝트의 플레이버 구조는 그림 77-6과 같이 될 것이다.

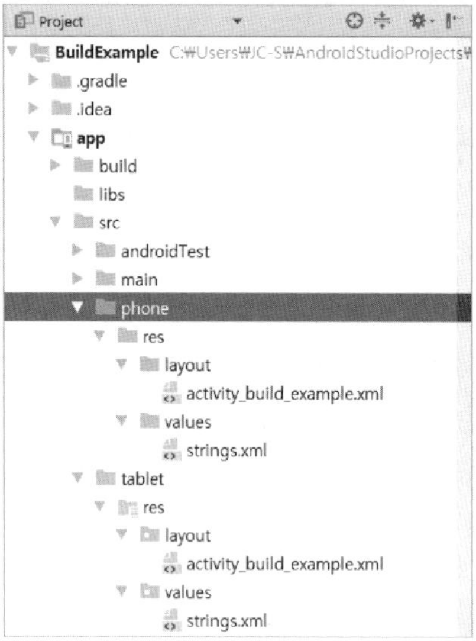

그림 77-6

77.5 빌드 플레이버 테스트하기

이제는 두 개의 플레이버가 구성되었고, 각 플레이버는 서로 다른 문자열 리소스와 레이아웃 리소스를 갖게 되었다. 다음 작업을 진행하기 전에 두 개의 빌드 플레이버가 제대로 동작하는지 확인하는 것이 중요하다.

Build Variants 도구 창에서 app 모듈의 Build Variant 설정을 phoneDebug로 변경하자. 그리고 실제 장치나 에뮬레이터에서 애플리케이션을 실행시키면 phone 플레이버에 구성했던 대로 애플리케이션이 빌드되어 실행된다. 따라서 사용자 인터페이스의 TextView 객체에는 'This is the phone flavor' 메시지가 나타날 것이다.

그다음에 안드로이드 스튜디오 툴바 버튼(■)을 눌러서 애플리케이션 실행을 중단시키자. 그리고 Build Variant 설정을 tabletDebug로 변경하고 애플리케이션을 실행시키자. 이때는 tablet 플레이버에 구성했던 대로 애플리케이션이 빌드되어 실행된다. 따라서 사용자 인터페이스의 TextView 객체가 화면의 오른쪽 위에 나타나서 'This is the tablet flavor' 메시지를 보여줄 것이다.

77.6 빌드 변이와 클래스 파일

현재의 프로젝트에서는 애플리케이션의 두 플레이버가 메인 액티비티인 BuildExample 클래스를 공유한다(각 플레이버의 변경된 리소스만 따로 갖는다). 이처럼 리소스만 변경해서 플레이버를 만들 수 있다. 그러나 각 플레이버마다 불가피하게 소스 코드를 변경해야 할 경우가 많이 생긴다. 이번 장의 나머지에서는 플레이버에서 서로 다른 코드를 사용할 수 있도록 메인 액티비티 클래스를 각 플레이버로 옮기고 변경할 것이다.

77.7 빌드 플레이버에 패키지 추가하기

이제부터는 각 빌드 플레이버가 자신의 액티비티 클래스 파일을 가질 것이다. 그리고 각 클래스 파일은 서로 다른 두 빌드의 요구 사항에 맞게 변경될 것이다.

우선, Build Variants 도구 창에서 phoneDebug를 선택하자. 프로젝트 도구 창의 phone 플레이버 폴더에서 오른쪽 마우스 버튼을 클릭한 후 New ➡ Directory 메뉴 옵션을 선택한다. 그리고 새로운 디렉터리 이름을 java로 입력한 후 OK 버튼을 누른다.

새로운 java 디렉터리에서 마우스 오른쪽 버튼을 누른 후 New ➡ Package 메뉴 옵션을 선택하고 패키지 이름을 com.ebookfrenzy.buildexample로 지정한다.

끝으로, BuildExample ➡ app ➡ src ➡ main ➡ java ➡ com.ebookfrenzy.buildexample 폴더에 있는 액티비티 클래스 파일인 BuildExampleActivity.java에서 오른쪽 마우스 버튼을 누른 후 Copy 메뉴 옵션을 선택하자. 그리고 phone 플레이버에 새로 추가했던 패키지에서 오른쪽 마우스 버튼을 클릭한 후에 Paste 메뉴 옵션을 선택하면 Copy 대화상자가 나올 것이다. 이때 파일 이름이 BuildExampleActivity로 되어 있는지 확인하고 OK 버튼을 누르자.

이제는 phone 빌드 변이가 자신의 액티비티 클래스 버전을 갖게 되었다. 다음에는 Build Variants 도구 창에서 Build Variant를 tabletDebug로 변경하자. 그리고 앞의 phone과 같은 요령으로 패키지와 액티비티 클래스 파일을 tablet 플레이버 폴더에 추가하자.

이때 phoneDebug와 tabletDebug 모두의 BuildExampleActivity 클래스에 빨간색 줄이 표시되면서 에러임을 알려줄 것이다. 왜냐하면 같은 이름의 클래스 파일이 각 플레이버 폴더에 있으면서 메인 빌드 폴더에도 여전히 남아 있기 때문이다. 그러므로 메인 빌드 폴더의 것을 삭제해야 한다. BuildExample ➡ app ➡ src ➡ main ➡ java ➡ com.ebookfrenzy.buildexample 밑에 있는 BuildExampleActivity.java를 찾아 삭제하자(마우스 오른쪽 버튼을 누른 후 Delete... 옵션을 선택하고 대화상자의 모든 항목이 체크되어 있는지 확인 후 OK 버튼을 누름).

77.8 각 플레이버의 액티비티 클래스 변경하기

Build Variants 도구 창에서 Build Variant를 phoneDebug로 변경하자. 그리고 phone ➡ java ➡ com.ebookfrenzy.buildexample ➡ BuildExampleActivity.java 파일을 더블 클릭하여 편집기 창으로 로드하고, 레이아웃의 배경이 빨간색이 되도록 onCreate( ) 메서드를 변경하자.

```
package com.ebookfrenzy.buildexample;

import android.os.Bundle;
import android.support.v7.app.AppCompatActivity;
import android.graphics.Color;
import android.support.constraint.ConstraintLayout;

public class BuildExampleActivity extends AppCompatActivity {

    @Override
    protected void onCreate(Bundle savedInstanceState) {
        super.onCreate(savedInstanceState);
        setContentView(R.layout.activity_build_example);
        ConstraintLayout myLayout =
              (ConstraintLayout) findViewById(R.id.activity_build_example);
        myLayout.setBackgroundColor(Color.RED);
    }
}
```

다음에는 Build Variants 도구 창에서 Build Variant를 tabletDebug로 변경하자. 그리고 tablet ➡ java ➡ com.ebookfrenzy.buildexample ➡ BuildExampleActivity.java 파일을 더블 클릭하여 편집기 창으로 로드하고, 레이아웃의 배경이 초록색이 되도록 onCreate( ) 메서드를 변경하자.

```
package com.ebookfrenzy.buildexample;

import android.os.Bundle;
import android.support.v7.app.AppCompatActivity;
import android.graphics.Color;
import android.support.constraint.ConstraintLayout;

public class BuildExampleActivity extends AppCompatActivity {

    @Override
    protected void onCreate(Bundle savedInstanceState) {
```

```
        super.onCreate(savedInstanceState);
        setContentView(R.layout.activity_build_example);
        ConstraintLayout myLayout =
                (ConstraintLayout) findViewById(R.id.activity_build_example);
        myLayout.setBackgroundColor(Color.GREEN);
    }
}
```

각 빌드 변이를 사용해서 애플리케이션을 실행시켜 보자(Build Variants 도구 창에서 Build Variant를 phoneDebug 또는 tabletDebug로 변경한 후 실행해야 한다). 각 빌드 변이마다 레이아웃의 배경색이 다르게 나타날 것이다. 각 플레이버가 서로 다른 리소스 파일과 액티비티 클래스 파일을 갖고 있기 때문이다.

77.9 요약

안드로이드 마켓에는 서로 다른 하드웨어와 화면 크기를 갖는 다양한 종류의 장치가 있다. 이때 ConstraintLayout이나 RelativeLayout과 같은 레이아웃 매니저를 사용하고 그런 상황에 대비하는 코드를 작성하면 하나의 프로젝트로 여러 장치에서 실행되는 애플리케이션을 만들 수 있다. 그러나 일부 장치에서는 애플리케이션 패키지를 별도로 빌드해야 할 경우가 불가피하게 생긴다. 이런 사실을 인식하고 안드로이드 스튜디오에서는 빌드 변이와 플레이버의 개념을 도입하였다. 따라서 이것을 사용하면 애플리케이션의 여러 변이를 빌드하는 작업을 더 쉽게 관리할 수 있다.

찾아보기

ㅂ

ㅅ

ㅇ

ㅋ

ㅌ

ㅍ

ㅎ